KB274436

한국근대정치사

역사를 바로 알면 미래가 보인다

| 양 재 윤 편저 |

에스엠

温故知新

丁亥 亀山 梁□之

독
립
선
언
문

우리 조선은 이에 우리 조선이 독립한 나라임과 조선 사람이 자주적인 민족임을 선언하노라. 이로써 세계 모든 나라에 알려 인류가 평등하다는 큰 뜻을 뚝뚝히 밝히며, 이로써 자손 만대에 일러, 민족의 독자적 생존의 정당한 권리를 영원히 누리도록 하노라.

반 만 년 역사의 권위를 의지하여 이를 선언함이며, 2천만 민중의 충성을 모아 이를 두루 펴 밝히며, 겨레의 한결같은 자유 발전을 위하여 이를 주장함이며, 인류가 가진 양심의 발로에 뿌리 박은 세계 개조의 큰 움직임에 순응해 나가기 위하여 이를 내세움이니, 이는 하늘의 분명한 명령이며 시대의 큰 추세이며, 온 인류가 더불어 같이 살아갈 권리의 정당한 발동이기에, 하늘 아래 그 무엇도 이를 막고 억누르지 못할 것이니라.

낡은 시대의 유물인 침략주의, 강권주의에 희생되어, 역사 있은 지 몇 천 년 만에 처음으로 다른 민족에게 억눌려 고통을 겪은 지 이제 십 년이 지났는지라, 우리 생존권을 빼앗겨 잃은 것이 무릇 얼마이며, 겨레의 존엄과 영예가 손상된 일이 무릇 얼마이며, 새롭고 날카로운 기백과 독창력으로써 세계 문화의 큰 물결에 이바지할 기회를 잃은 것이 무릇 얼마인가!

오호, 예로부터의 억울함을 떨쳐 버리려면, 지금의 괴로움을 벗어나려면, 앞으로의 위협을 없이 하려면, 겨레의 양심과 나라의 체모가 도리어 짓눌려 시든 것을 키우려면, 사람마다 제 인격을 올바르게 가꾸어 나가려면, 가엾은 아들딸들에게 괴롭고 부끄러운 유산을 물려주지 아니하려면, 자자손손이 완전한 경사와 행복을 길이 누리도록 이끌어 주려면, 가장 크고 급한 일이 겨레의 독립을 확실하게 하는 것이니, 2천만 각자가 사람마다 마음의 칼날을 품고, 인류의 공통된 성품과 시대의 양심이 정의의 군대와 인도의 무기로써 지켜 도와주는 오늘날, 우리는 나아가 얻고자 하매 어떤 힘인들 꺾지 못하랴? 물러가서 일을 꾀함에 무슨 뜻인들 펴지 못하랴?

병자 수호 조약 이후 때때로, 굳게 맺은 갖가지 약속을 저버렸다 하여 일본의 신의 없음을
죄주려 하지 아니 하노라. 학자는 강단에서 정치가는 실제에서, 우리 옛 왕조 대대로 물려 온
터전을 식민지로 보고, 우리 문화 민족을 마치 미개한 사람들처럼 대우하여, 한갓 정복자의
쾌감을 탐할 뿐이요, 우리의 오랜 사회 기초와 뛰어난 겨레의 마음가짐을 무시한다 하여, 일
본의 의리 적음을 꾸짖으려 하지 아니하노라. 우리 스스로를 채찍질하기에 바쁜 우리는 남을
원망할 겨를을 갖지 못하노라. 현재를 준비하기에 바쁜 우리는 묵은 옛일을 응징하고 가릴 겨
를도 없노라.

오늘 우리의 할 일은 다만 자기 건설이 있을 뿐이요, 결코 남을 파괴하는 데 있는 것이 아니
로다. 엄숙한 양심의 명령으로써 자기의 새 운명을 개척함이요, 결코 묵은 원한과 한 때의 감
정으로써 남을 시기하고 배척하는 것이 아니로다. 낡은 사상과 낡은 세력에 얽매여 있는 일본
정치가들의 공명심에 희생된, 부자연스럽고 불합리한, 그릇된 상태를 고쳐서 바로잡아, 자연
스럽고 합리적인 바른 길, 큰 으뜸으로 돌아오게 함이로다.

당초에 민족의 요구로서 나온 것이 아닌 두 나라의 병합의 결과가 마침내 한때의 위압과 민
족 차별의 불평등과 거짓으로 꾸민 통계 숫자에 의하여, 서로 이해가 다른 두 민족 사이에 영
원히 화합할 수 없는 원한의 구덩이를 더욱 깊게 만드는 지금까지의 실적을 보라! 용감하고
밝고 과감한 결단으로 지난날의 잘못을 바로잡고, 참된 이해와 한 뜻에 바탕한 우호적인 새
판국을 열어 나가는 것이 피차간에 화를 멀리하고 복을 불러들이는 가까운 길임을 밝히 알아
야 할 것이 아닌가?

또 울분과 원한이 쌓인 2천만 국민을 위력으로써 구속하는 것은 다만 동양의 영구한 평화
를 보장하는 길이 아닐 뿐 아니라, 이로 말미암아 동양의 안전과 위태를 좌우하는 굴대인 4억
중국 사람들의, 일본에 대한 두려움과 새암을 갈수록 짙게 하여, 그 결과로 동양의 온 판국이
함께 쓰러져 망하는 비참한 운명을 불러올 것이 분명하니, 오늘날 우리 조선 독립은 조선 사
람으로 하여금 정당한 삶의 번영을 이루게 하는 동시에, 일본으로 하여금 그릇된 길에서 벗어

나 동양을 지지하는 자의 무거운 책임을 다하게 하는 것이며, 중국으로 하여금 꿈에도 면하지 못하는 불안과 공포로부터 벗어나게 하는 것이며, 또 동양 평화로 그 중요한 일부를 삼는 세계 평화와 인류행복에 필요한 계단이 되게 하는 것이라. 이 어찌 구구한 감정상의 문제리요?

아아! 새 천지가 눈앞에 펼쳐지도다. 힘의 시대가 가고 도의의 시대가 오도다. 지난 온 세기에 갈고 닦아 키우고 기른 인도의 정신이 바야흐로 새 문명의 밝아오는 빛을 인류의 역사에 쏘아 비추기 시작하도다. 새 봄이 온누리에 찾아들어 만물의 소생을 재촉하는도다. 얼어붙은 얼음과 찬 눈에 숨도 제대로 쉬지 못하는 것이 저 한때의 형세라 하면, 화창한 봄바람과 따뜻한 햇볕에 원기와 혈맥을 떨쳐 펴는 것은 이 한때의 형세이니, 하늘과 땅에 새 기운이 되돌아오는 때를 맞고, 세계 변화의 물결을 탄 우리는 아무 머뭇거릴 것 없으며, 아무 거리낄 것 없도다. 우리의 본디부터 지녀온 자유권을 지켜 풍성한 삶의 즐거움을 실컷 누릴 것이며, 우리의 풍부한 독창력을 발휘하여 봄기운 가득한 온누리에 민족의 정화를 맺게할 것이로다.

우리가 이에 떨쳐 일어나도다. 양심이 우리와 함께 있으며, 진리가 우리와 더불어 나아가는도다. 남녀노소 없이 음침한 옛집에서 힘차게 뛰쳐나와 삼라만상과 더불어 즐거운 부활을 이루어내게 되도다. 천만세 조상들의 넋이 은밀히 우리를 지키며, 전세계의 움직임이 우리를 밖에서 보호하나니, 시작이 곧 성공이라, 다만 저 앞의 빛으로 힘차게 나아갈 따름이로다.

　　1945년 8월 15일 미국과 UN에 의해 우리나라는 일제로부터 해방되어 1948년 남한에 단독으로 자유민주주의 독립국을 수립하게 됨으로써 비로소 우리는 그때부터 잃었던 우리말과 우리역사를 다시 공부하기 시작했다.

　　우리나라는 단군성조檀君聖祖 이래 5천 년의 긴 역사와 찬란한 문화를 가진 민족이라고 배웠다. 세계 제1차대전과 제2차대전을 승리로 이끈 세계최대강국인 미국의 역사는 불과 200년 정도밖에 안 되었고 총과 대포 그리고 전투 비행기를 만들어 우리나라를 짓밟고 동남아세아 전역을 무참히 휩쓸었던 일본은 원래 모든 문화가 우리나라에서 배워간 섬나라 미개민족이었다.

　　미국과 UN의 힘으로 해방이 되었지만 국민들은 먹을 것이 없어 초근목피草根木皮로 연명延命을 해야 했고 미·소 강대국의 이해관계로 나라는 다시 남南과 북北으로 갈라졌으며 김구 선생을 위시한 상해임시정부파와 이승만을 위시한 미국 독립운동파 그리고 여운형과 박헌영을 위시한 공산주의파 간에 사상思想과 이념理念투쟁 그리고 수차에 걸친 미·소공동위원회의 결렬과 신탁통치信託統治 반대투쟁 등으로 해방정국은 격동과 혼미를 거듭하다가 1947년 9월 23일 UN 총회에서 남한 단독정부수립을 위한 UN 감시 하의 자유선거실시를 결의함으로써 1948년 5월 10일 겨우 남한 단독정부가 수립되었다.

　　그러나 도시에서 지방에서 우후죽순雨後竹筍격으로 쏟아져 나온 정치단체들의 권력각축전과 그 동안 왕도정치와 식민치하에서 움추리고만 살았던 국민들은 해방의 자유를 방종으로 착각하리 만큼 사회는 극도로 혼란에 빠졌고 집권자와 정치인들은 권력투쟁과 파벌조성에 혈안이 되어 민생고 같은 것은 안중에도 없었다.

　　역사는 과거 잘한 일도 잘못한 일도 사실 자체가 모두 역사인 것이다. 그래서 역사는 그 나라의 거울이라고 하지 않는가. 그런데 요즘 정치인들은 정권이 바뀔 때마다 역사를 바로잡는다느니 역사를 바로 세운다느니 하는 말을 자주한다. 역사는 고칠 수도 없고 바로 세울 수도 없는 것이다. 다만 지난 역사를 통해서 새로운 역사를 창조해 나갈 뿐이다. 그래서 있었던 사실을 그대로 거울을 삼아 우리는 잘했던 일 잘못했던 일을 분석하고 반성하고 연구해서 발전적인 새로운 앞날을 계획하기 위해 우리가 역사를 공부하는 의의가 여기에 있는 것이다.

이승만 대통령은 90평생 조국독립을 위해 국궁진력鞠躬盡力하여 대한민국을 건국하신 분이다. 그리고 한국전쟁에서 북한괴뢰군을 격퇴하여 나라를 보존했고 한·미상호방위조약을 체결하여 공산침략으로부터 국가를 보호하는 등 국부라 칭송을 받았던 애국자였으나 장기집권으로 인한 3·15 부정선거, 대한중석불사건(8·5 정부통령선거자금), 4사5입개헌사건 등 정치 경제의 부패로 집권 12년 만에 4·19혁명에 의해 역사적 죄인이 되고 말았다.

4·19 혁명으로 정권을 이어받은 민주당 장면정권은 추잡한 당파싸움과 무능한 정치 그리고 부정부패로 국민대중은 극도로 생활고에 허덕이게 되었고 실업자와 절량농가絶糧農家 그리고 농어촌고리채農漁村高利債는 날로 누증累增되어 빈곤과 절망의 악순환이 되풀이되어 사회질서는 혼미를 거듭하고 있었으며 북한괴뢰집단은 이와 같은 정치적 사상적인 공백을 이용 각 계각층에 침투하고 있었으나 민주당 정권은 이에 대해 속수무책이었다.

이러한 역사적 필연성을 배경으로 위급한 나라를 구하고 국민을 도탄에서 구해낸다는 명분 아래 우국애憂國愛에 불타는 청년장교들이 일대개혁의 쾌도快刀를 든 것이 5·16 군사혁명이다.

역사는 보는 관점에 따라 해석이 다를 수도 있다. 그러나 역사는 강물처럼 끊임없이 흐르고 있지만 흐르는 강물에 내 몸을 얹어 나만 부귀와 영광을 누리며 흘러간 정치인이 있는가 하면 강물을 막아 관개灌漑하고 관리하여 옥토沃土를 만들어 농업을 이루고 전력을 생산하여 공업과 산업을 일으키며 국방을 튼튼히 하며 경제를 부흥시켜 국민이 대대로 안전하게 잘 살아갈 수 있는 복지국가로 미래지향적인 새로운 역사를 창조해 나가는 위대한 정치지도자도 있다.

이승만 대통령은 독립을 위해 평생을 바쳤고 미국과 UN을 움직여 일본으로부터 나라를 찾아 자유 대한민국을 건국한 건국대통령이다. 장면 내각수반은 4·19 국민의 혁명으로 정권을 얻었기 때문 혁명세력인 학생과 국민에게 강력한 통치력을 행사하지 못해 무능한 정부가 되었지만 반면에 국민들은 건국 이래 처음으로 정치·사회적으로 자유를 만끽했던 정부이기도 했다. 박정희 장군은 민주당 정부의 국가관리 능력부재와 극도의 사회적 혼란으로 인한 공산괴뢰집단의 위협을 막는다는 명분 아래 헌정질서憲政秩序를 파괴하고 무력으로 정권을 잡았다. 그러나 혁명정부는 무법천지의 사회질서를 바로잡았으며 국민정신을 개혁하여 도약을 위한 기반을 조성했다.

우리나라는 수천 년의 긴 왕권통치와 36년간의 일본식민통치를 거쳐 1948년 근대자유민주국가로 다시 탄생한 이후 위와 같은 격동激動을 겪으면서 5·16 군사혁명세력인 제3공화국과 제4공화국, 박정희 대통령이 살해되고 전두환 장군의 "쿠데타"로 다시 군부가 정권을 잡은 제5공화국과 그 뒤를 이은 노태우 정권의 제6공화국 그리고 김영삼 민주화 정부와 김대중 국민의 정부, 그리고 소위 386세력의 노무현 참여정부를 겪으면서 오늘날 우리 대한민국은 세계10대 경제대국으로서 선진국들과 어깨를 겨루며 세계화 속에서 전진하고 있다.

오늘날과 같이 풍요로운 사회에서 살아가고 있는 젊은 세대들은 북한이 6·25의 남침으로 평화스러운 남한을 피바다로 만들어 전국토를 초토화焦土化 시킨 북한의 만행을 실감하지 못하고 있고 그들의 아버지 어머니가 보릿고개를 못넘겨 풀뿌리와 나무껍질로 연명해온 찌들었던 가난을 모른다.

이들의 부모들은 먹을 것도 제대로 못먹고 입을 것도 제대로 입지 못하면서 흐르는 강물을 막아 땅을 파서 농업을 일으켰고 댐을 막아 전기를 생산해서 공장을 돌렸던 오늘의 선진한국을 건설하기 위해 새벽잠을 설친 부모들의 세대를 이해하지 못한다.

지금 세계는 배고픈 이념理念이나 허울 좋은 민주화 경쟁이 아니라 경제전쟁이다. 우선 경제가 발전하여 나라가 부강해져야 국민이 복락福樂을 누릴 수가 있고 나라가 부강해지면 평화도 민주화도 모두 그 안에 있기 때문이다.

자고 나면 바뀌는 교육제도 때문에 자손만대로 이어나갈 우리의 뿌리교육인 역사교육이 소홀해진 것 같아 필자는 안타까운 생각을 많이 한다. 역사를 모르는 민족은 미래를 기대할 수 없기 때문이다.

나라를 건국한 이승만 대통령 동상의 목을 비틀어 쓰러뜨렸고 UN 총회에 나가 유창한 영어

로 대한민국만이 유일한 합법정부임을 역설하여 UN회원국을 감동시켜 남한 단독정부수립에
크게 기여한 장면 총리를 무능한 정치인으로만 규정했으며 부패腐敗와 구악舊惡을 일소하고
국민정신을 개혁하여 경제를 부흥하고 절망絶望과 기아飢餓에서 허덕이는 가난을 면케 한 박
정희 대통령을 군부독재자로만 규정한 오늘의 정치인들이나 젊은 세대들의 역사관은 과연 옳
은 것인지, 과거를 모두 부정하고 집권했던 민주화 정부, 국민의 정부, 참여정부는 과연 국민
소득 2만 불 시대를 여는 오늘의 한국건설에 무슨 업적들을 남겼는지 국민들은 역사를 바로
보고 역사를 바로 알 때 미래에 대한 비전이 설 수 있을 것이다.

필자는 역사를 전공한 학자도 아니오 평론가는 더더욱 아니지만 일본 식민치하에서 나라가
없는 설움을 겪어보았고 자유당 정부의 정치파동과 6·25의 참상을 직접 경험한 사람으로서
혁명정부에서 혁명사를 편찬할 때 많은 자료를 수집하였고 공부를 할 기회가 있었다. 그 동안
세월이 많이 흘러 세상이 많이 변했지만 예나 지금이나 인류가 추구하는 것은 경제를 발전시
켜 복지사회를 건설하는 것이다. 그리하여 그 동안 잊고 살아왔던 옛 기록과 서적들을 뒤적이
다 이것들을 정리하고 싶은 생각이 들었다.

이 책의 내용들은 1960년 이전에 대학을 나온 사람이면 모두 겪은 것이며 알고 있는 사실들
이다. 다만 언내별로 사산별로 사실들을 정리한 것이므로 필자와 같은 연대에 계신 분들에게
는 오늘과 같은 풍요로운 사회에서 살면서 어려웠던 옛시절에 대한 격세지감을 느끼게 될 것
이지만 특히 어려움을 모르고 살아가고 있는 젊은 세대들에게는 뿌리의식을 고양하고 한 국
가의 흥망성쇠興亡盛衰에 국가지도자의 리더십이 얼마나 중요한 결과를 가져오게 되는지를 이
해하는 데 도움이 되었으면 하는 바램이다.

1948년 헌정수립憲政樹立 이후부터를 우리 한국의 근대사近代史로 보고 자유당 정부와 6·25
전쟁을 거쳐 민주당 장면 정부까지 중요사건을 통한 정치 경제 사회상황과 특히 세계10대 경
제대국으로서 오늘과 같은 세계 속의 한국으로 성장할 수 있는 선진국을 향한 국가 백년대계
의 설계와 도약을 위한 기반조성基盤造成을 이룩한 혁명정부1961~1963의 업적을 비교적 자세하

게 정리함으로써 오늘의 한국이 있게 한 우리 조국의 근대역사近代歷史를 이해하는 데 도움이 되고자 이 책을 쓴 것이다.

끝으로 필자는 이 책을 통해 어느 특정한 정치인을 감히 비호庇護하거나 비하卑下할 의도는 전연 없으며 다만 지난 사실들을 자료에 의거 적시 제시함으로써 독자 여러분이 바른 역사관歷史觀을 정립하는 데 조금이라도 도움을 주고자 노력하였음을 밝혀 둔다.

자료를 제공해 주신 국회사무처, 국사편찬위원회, 경제기획원, 한국은행 조사국 제위께 감사를 드립니다. 그리고 학계의 대 원로이신 연세대학교 명예교수 김동길 박사님께서 격려해 주시고 친히 추천을 해 주서서 많은 위로와 용기를 가지고 이 책을 출판하는 바입니다.

※ 참고문헌 : 한국국사편찬위원회기록, 한국군사혁명사, 민주한국혁명청사, 국회10년지, 대한민국국회사

2007년 8월 15일 광복절

저자 양 재 윤

추 —
천 —
사 —

　　독일의 역사가 「랑케Leopol ecion Ranke」는 역사 연구의 목적은 진정한 사실을 알아내는
데 있다고 밝힌 바 있다. 역사를 풀이하기에 앞서 사실부터 알아야 한다는 말이다.

　　이번에 양재윤 선생이 펴낸 책 한 권 "역사를 바로 알면 미래가 보인다"는 우선 우리나라의
근세사를 연구하는 모든 학자들에게 필독서가 될 뿐 아니라 일반 독자들에게도 크게 도움이
될 것을 확신한다. 왜냐하면 이 책은 5 · 16 군사혁명과 그 군사정권에 관한 모든 자료를 다 수
록하였다고 해도 지나친 말이 아니다. 저자 자신은 역사가가 아닐 뿐 아니라 5 · 16 군사혁명
의 주체도 아니다. 다만 행정고시를 거쳐 공직자로서 정부에서 열심히 일했던 엘리트 중 한
사람이었을 뿐인데 기구한 운명으로 그 와중에 있게 되어 5 · 16 군사혁명과 혁명 정부에 관한
모든 자료와 수기 · 메모 등을 다 간직하게 된 것이었다. 저자는 이제 나이도 많고 해서 수십
년 간직해온 이 귀중한 자료들을 후학들에게 넘겨줄 생각도 했지만 아무래도 자신의 손으로
엮어 후세에 전하고 싶어서 각고의 노력 끝에 이 책을 마침내 탈고한 것이라고 하였다. 그는
조국 역사의 이 시기를 스스로 판단하거나 평가하려 하지 않고 우리들에게 그 일을 부탁하는
듯한 느낌이다.

　　영국의 역사가 카E. H. Carr는 스스로 "역사란 무엇인가"라는 질문을 던지고 스스로 이렇게
대답하였다. "역사란 과거와 현재의 끊임없는 대화"라고. "역사를 바로 알면 미래가 보인다"
의 저자는 우리에게 당부하는 것도 같다. "과거를 옳바르게 모르고는 오늘과의 대화가 불가능
합니다. 내가 아는 사실과 가진 자료들을 그대로 전해 드리오니 과거와 현재의 진지한 대화를
통하여 이 겨레의 나아갈 길을 밝혀 주소서."

　　저자의 진실이 내 마음에도 적지않은 감동을 주어 이에 추천의 글을 몇 마디 적는 바다.

2007년 8월 15일 광복절

연세대학교 명예교수　김동길

차 례

제1편 | 8·15 조국광복

제2편 | 대한민국 정부수립

제5편 | 4 · 19혁명

제6편 | 민주당 정부

제7편 | 5 · 16 군사혁명

제8편 | 혁명정부의 업적

8 · 15 해방과 대한민국정부수립

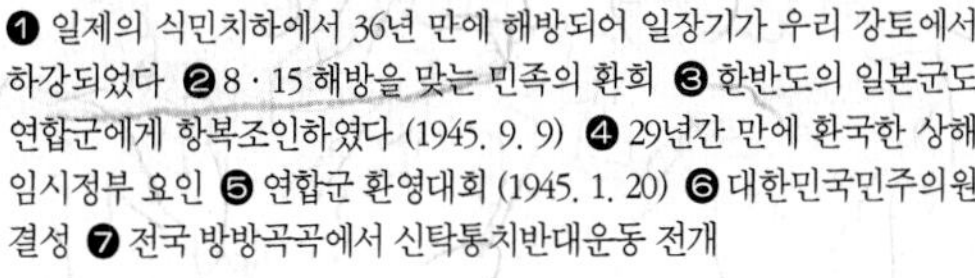

❶ 일제의 식민치하에서 36년 만에 해방되어 일장기가 우리 강토에서 하강되었다 ❷ 8 · 15 해방을 맞는 민족의 환희 ❸ 한반도의 일본군도 연합군에게 항복조인하였다 (1945. 9. 9) ❹ 29년간 만에 환국한 상해 임시정부 요인 ❺ 연합군 환영대회 (1945. 1. 20) ❻ 대한민국민주의원 결성 ❼ 전국 방방곡곡에서 신탁통치반대운동 전개

❶ 미·소공동위원회 개최 (1946. 1. 16)　❷ UN감시하에 처음으로 실시된 5·10 총선거 (1948)　❸ UN 한국위원회 제1차회의 (1948. 1. 12)　❹, ❺, ❻ 신생대한민국의 초대내각

❶ 국군의 모체인 국방경비대 창설 ❷ 여순반란사건의 참상 ❸ 6·25 전쟁전 개성 송악산상의 아군초소 ❹ 6·25 전쟁 직전인 6월 21일 미 국무장관 덜레스의 38선 경비상황 시찰 ❺, ❻ 공산괴뢰군은 소위 의봉군이란 미명 아래 수많은 청년을 강제동원했고 남녀노소 할것 없이 강제노동에 혹사했다 ❼ 북한군의 불법남침 (1950. 6. 25)

❶, ❷ 북한군의 불법남침 (1950. 6. 25) ❸ 공산군의 방화로 인해 많은 가산이 폐화되었다. ❹ 적치 90일간 기아선상에 있었던 서울 시민 참상 ❺, ❻, ❼ 공산군은 수많은 인사를 납치했고 양민을 학살하는 등 갖은 만행을 자행했다.

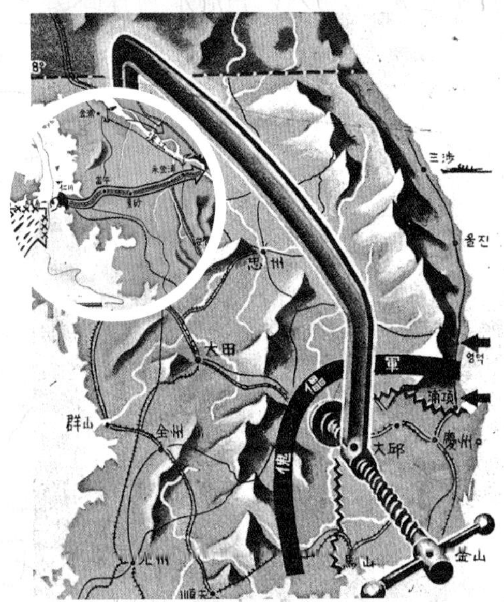

❶, ❷ 역사적인 UN총회에서 59개국 중 43개국이 한국지원을 찬성하여 미·영·프를 비롯한 16개국이 참전 UN군 총사령관에 맥아더 장군이 임명되었다. ❸, ❹ 인천에 상륙한 UN군이 동 26일 서울을 탈환하여 중앙청에 태극기를 양양 (1950. 9. 15)

❶ 평양입성환영시민대회 (1950. 10. 29) ❷ 압록강까지 진격했던 UN군은 중공군의 인해전술로 인해 북한을 철수, 북한동포들은 자유대한을 찾아 파괴된 대동강교를 건너 남하 ❸ 북한동포, 북진하는 국군을 열광적으로 환영 ❹ 아이젠하워의 미 대통령 한국전선 시찰 (1952. 12) ❺ 휴전협정의 홍정 (1953. 7)

❶ 발췌개헌안통과 (1952. 7. 4) ❷ 휴전협정 서명하는 크라크 장군 (1953. 7. 27) ❸ 휴전반대·북진통일을 시위 ❹ 한미방위 조약체결 (1954. 8. 26) ❺ 군사정전위원회 대회의

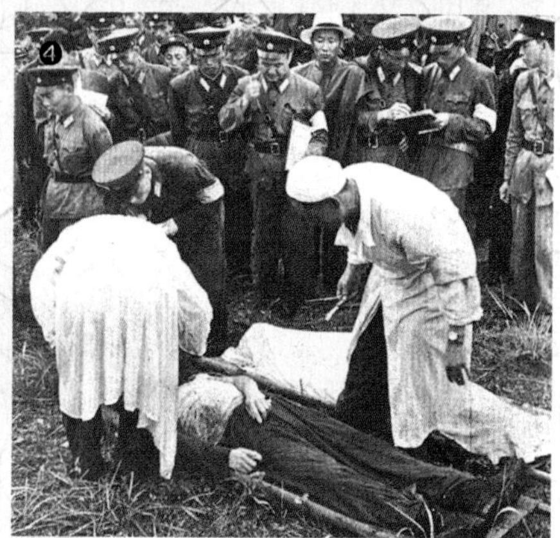

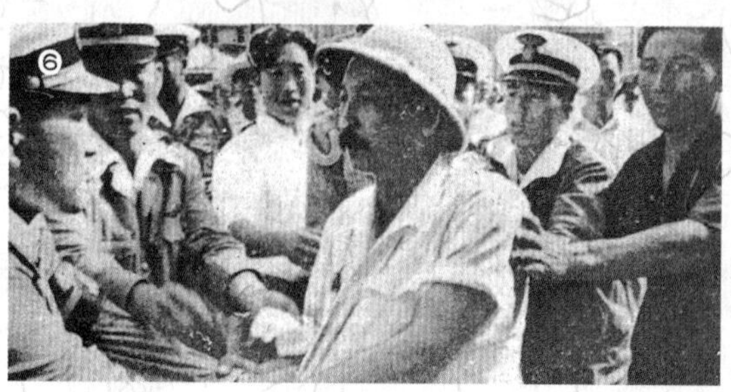

❶ 중국의 반공포로 대만 이송 ❷,❸ 빈번하게 불법납침한 괴뢰군의 사살사건을 양측대표들이 헌장검증 ❹ 정부통령선거에서의 소위 올빼미표, 쌍가락지표로 악명높던 대구개표 중단 사건의 현장 (1956. 5. 15) ❺ 7·27 국회의원 데모 (1956. 7. 27) ❻ 야당국회의원의 데모를 경찰이 탄압 제지

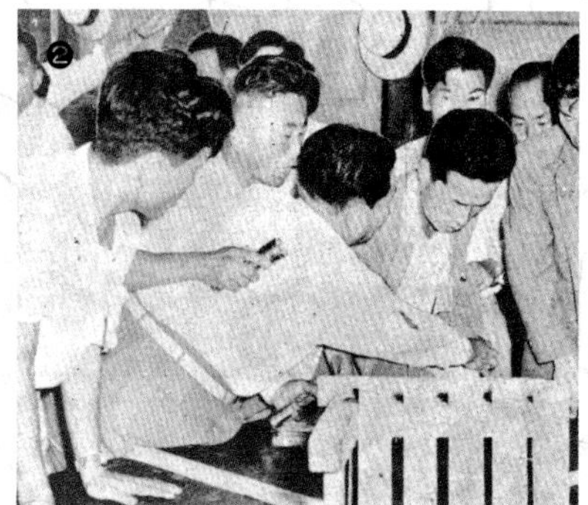

❶ 야당집회를 표한들이 방해 ❷ 정전이 되자 괴한의 야당표 도취 ❸ 제4대민의원 선거 (1958. 5.2) ❹ 자유당의 언론탄압으로 폐간된 경향신문 ❺ 국가보안법 개정을 반대하고 의사당에서 농성시위하는 야당위원들을 무술경관이 강제로 축출 ❻ 국가보안법 심의를 여야간의 난투극

❶ 재일교포의 북송 ❷ 거국적인 재일교포 북송반대 궐기대회 ❸ 제4대 대통령입후보자였던 고 조병옥 박사의 국민장

❶ 극심한 야당의 탄압과 폭행·살인으로 치룬 3·15 정·부통령선거 ❷ 자유당 경찰의 최후발악 ❸ 4·19 희생자 합동 위령제 ❹ 국회에서 이승만 대통령 사표를 수리하기로 의결 ❺ 4·19 대학생 데모대 ❻, ❼ 7·29 총선거 (1960년) ❽ 매일같이 민주당 정권의 무능무위를 성토하는 데모행렬

❶, ❷ 폭력과 불법행위가 또 다시 개표장에 난무하여 국민주권을 행사한 신성한 한 표 한 표가 불태워지고 흩어져 버렸다. ❸,
❹ 민주당정권으로 하여금 무능무위하여 매일같이 각종 데모는 자행되었고 자유당·원흉들에 대한 처벌이 또한 무능했던 탓으
로 4월의 사자들은 국회의 의장석까지도 점거했었다.

❶ 박정희 장군 혁명군을 지휘 (1961. 5. 16) ❷ 혁명군 서울시 일원을 경비 ❸, ❹, ❺ 육·해·공군 사관생도들 군사혁명을 지지 환영 ❻ 대한상이용사회 혁명 지지환영

❶ 장면내각 총사퇴성명 (1961. 5. 18) ❷ 윤 대통령 하야결의 번의 (1961. 5. 20) ❸ 국가재건최고회의 회의 (1961. 5. 19) ❹ 혁명내각 선서 (1961. 5. 21) ❺ 혁명 과업 완수를 위한 혁명초대 각료(1961. 5. 21) ❻ 최고 위원전원과 혁명내각각료 전원 (1961. 5. 21)

혁명초기 외국사절 박정희 장군을 예방

❶ 주한필리핀 대사 박정희 부의장을 예방환담 (1961. 5. 25) ❷ 주한 로제 쌍루르 불란서대사 박부의장을 예방 환담 (1961. 6. 28) ❸ 문란했던 교통질서의 확립 ❹ 주한 버거 미대사 박부의장 예방 환담 (1961. 6. 28) ❺ 댄스 광들의 처벌 ❻ 사회의 안일을 좀먹던 깡패와 불량배들이 개과하는 시가행진 (1961. 5. 21) ❼ 거리를 방황하던 부랑아들 국토건설에 헌신

전국적으로 국가재건 범국민운동 촉진대위

❶ 대구 (1961. 6. 26) ❷ 서울 ❸ 부산
(1961. 6. 19) ❹ 혁명재판소 개소
(1961. 7. 12) ❺, ❻ 부정선거원흉의 제
1회혁명재판 (1961. 7. 29) ❼ 장도영
반혁명사건공판

8 · 15 조국광복

돌이켜 생각해 보면 8·15 광복이 우리 민족의 역량으로 이룩한 결과가 아니기에 만세부르고 기뻐할 우리만의 승리로 단정하기에는 부족함이 있다.
8·15 해방은 태평양전쟁을 일으킨 일본이 미국 주도의 연합군에 항복함으로써 얻어진 것이며 뉴스 매체가 빈약한 때라 그 순간을 대다수의 국민이 몰랐으며 며칠이 지나면서 풍문으로 방방곡곡으로 알려 졌다.

제 1 편

8 · 15 조국광복

1. 독립운동과 해방

1910년 일본제국주의의 간악한 침략으로 우리 민족은 국권을 잃고 36년 동안이나 피압박민족으로 설움을 받고 살아왔다. 그러던 중 1914년에 일어난 제1차 세계대전이 1917년 미국의 참전으로 독일이 불리하게 되자 당시 미국 대통령 「윌슨」이 1918년 1월에 14개조로 된 강화조약안(약소민족의 권리를 옹호하며 각 민족은 타민족의 지배를 받지 않고 자립하여야 한다 라는 내용)이 1919년 6월에 파리에서 조인됨에 따라서 빌간반노와 발틱해 연안에 있던 여러 약소민족이 독립하게 되었다.

이러한 세계사적인 움직임에 호응하여 우리 민족도 드디어 국내외에서 1919년 3월 1일 기미독립운동己未獨立運動이 대대적으로 일어나게 되었는데, 1919년 1월 22일 때마침 고종황제高宗皇帝가 일제의 사주로 독약을 먹고 급서하여 그 인산일因山日이 3월 3일로 다가오게 되매 수십만의 동포가 서울로 모여든 틈을 타서 손병희 등은 최남선이 지은 독립선언문獨立宣言文을 2만여 매나 인쇄, 배포하는 한편 전국적으로 대한독립만세운동을 일으켰으며 이 운동은 이후 국내외에서 6개월 동안이나 전개되었고, 중국으로 망명한 애국지사들은 동년 4월 11일에 상해 불국조계 금신부로桑海 佛國租界 金神父路에 모여 대한민국임시정부를 세우고 항일광복운동을 국내외적으로 줄기차게 전개하기 시작했다. 3 · 1운동 독립선언서는 "오등은 자에 아 조선의 독립국임과 조선인의 자유민임을 선언하노라", "금일 오인의 차거는 정의, 인도, 생존, 존영을 위하는 민족적 요구이니 오직 자유적 정신을 발휘할 것이요 결코 배타적 감정으로 일주하지 말라"라고 명시되어 있는 바와 같이 민족의 독립과 정의, 인도, 생존, 영존을 얻고자 하는 데 있었다. 이러한 독립선언서는 애국지사들의 손을 거쳐 미국 대통령과 파리강화회의에 전달하여 침략자 일본인에 대한 한민족의 항쟁기사가 계속적으로 지상에 보도되게 하니 중국, 미국이 한민족에 대한 이해와 동정이 높아지게 되었고, 상해에 본거를 둔 대한민국임시정부는 1921년에 손일선孫逸仙의 국민당을 비롯한 중국인 단체로부터 공인까지 받게 되었으며 임시정부의 대통령이던 이승만李承晩은 미국으로 건너가 미국과 UN에 호소하며 독립운동을 계속했던 것이다.

그러나 일본은 1931년 9월 만주사건과 1937년 7월에 중일전쟁中日戰爭을 일으킴으로써 제2차 세계대전의 전초전을 벌이고 있었다. 이때 대한민국임시정부 김구金九 주석은 중국에 있는 여러 민족단체를 연합하여 1937년부터 한국광복진선韓國光復陣線을 펴는 한편 장개석蔣介石의 국민정부가 수도를 옮김에 따라 본거지를 장사長沙, 광동廣東, 중경重慶 등지로 옮겼고, 그리고 1940년 9월에는 중경에서 한국광복군 총사령부를 결성하고 동년 11월에는 동총사령부를 서안西安으로 옮겨 일본군에 대항하여 유격전을 전개했다.

이러는 사이에 유럽에서는 1939년 9월 2일 독일군이 네덜란드Holland를 공격함으로써 제2차 세계대전을 일으키게 되었고, 동양에서는 1941년 12월 8일 일본공군이 하와이의 진주만Pearl Habor을 기습함으로써 태평양전쟁이 시작되었다. 이로 인해서 「루스벨트」 미국 대통령은 「처칠」 영국 수상과 만나 전쟁의 확대를 방지하고 세계의 안전을 보장한다는 내용의 이른바 대서양헌장The Atlantic Charter을 1941년 8월 14일 제정 공표하였다. 이 헌장은 후일 UN헌장United Nations Charter의 근본정신이 되었으며 그 중 피압박민족의 해방을 규정한 제3조는 "우리는 각 민족이 자기가 의거하여 생존할 정부의 형태를 선택할 권리를 존중한다. 동시에 주권과 자치정부를 강제적으로 박탈되고 있는 각 민족이 그것을 회복하기를 희원한다." 이 대서양헌장은 곧 우리의 3·1운동정신과도 부합되는 것이었다. 바야흐로 한민족에게도 독립의 서광이 비치게 된 것이다.

이러한 세계사의 움직임에 따라 장개석의 국민정부 국방최고위원회는 1942년 4월에 대한민국임시정부 승인안을 통과시켰고 동년 7월에는 한국광복군과 협정을 체결하여 동년 9월에 부서를 개칭하여 한민족의용대韓民族義勇隊라는 이름으로 당당하게 연합군에 편입하여 항일전쟁에 참여하고 있는 중 동년 9월까지 일본, 독일과 함께 침략전쟁을 감행해 오던 이탈리아가 연합군에 무조건 항복하게 되니 「루스벨트」 미국 대통령과 「처칠」 영국 수상 그리고 「장개석」 중국주석은 동년 11월 22일부터 이집트의 카이로에서 3거두회담을 열고 동년 27일에 이른바 「카이로선언문The Cairo Declaration」[1]을 다음과 같이 의결 공표함으로써 드디어 한국에 자유독립을 줄 것을 공약하게 되었다. 이 놀랍고도 반가운 소식을 들은 대한민국임시정부 의

정원에서는 곧 미·영·중 3국 거두에게 감사의 메시지를 타전했다. 그리고 1944년 3월에 임시정부는 국무위원을 개편하여 김구를 주석, 김규식을 부주석으로 하고 국내공작특파위원회와 군사외교단을 설치하여 동년 4월에는 대한민국임시헌장을 수정 공포하였으며, 기관지인 독립신문을 속간하여 국내외의 애국지사에게 발송하기 시작했다.

이와 같이 한국민족에게 독립이 공약됨을 안 일본정부는 최후의 발악으로 1944년 1월부터 학병제를 실시하여 모든 한인학생들을 강제로 동원하여 전선으로 보냈으나 그들 중 중국전선으로 배속된 한인학병들은 교묘히 탈출하여 연합군 측에 가담함으로써 일본군의 사기를 꺾고 한국광복군의 기세를 높여주었으며, 광복군의 제2·제3지대는 중국주둔 미공군사령관「웨더마이어」장군으로부터 원조를 얻어 동년 5월부터는 낙하산 훈련을 실시하는 등 국권회수에 대비하게 되었다. 동년 6월에는 프랑스와 네덜란드 정부가 우리 임시정부를 승인한다는 통고문을 보내왔고 드디어 1945년 2월에 임시정부는 당당하게 일본과 독일에 대하여 선전을 포고하게 되었다.

동년 2월에「루스벨트」미국 대통령과「처칠」영국 수상 그리고「스탈린」소련 수상이 서해안의 얄타에서 비밀협정을 맺고 독일 항복 후 소련이 대일전선에 참가할 것과 연합군이 독일을 공동으로 점령할 것 그리고 대서양헌장의 원칙을 재확인할 것 등을 결정했다. 그런데 2달 후인 1945년 4월 12일 갑자기「루스벨트」대통령이 서거하게 되어「해리 트루먼」대통령이 그 뒤를 잇게 되었으며, 독일은 예측한 바대로 동년 5월 6일에 무조건 항복을 하니 남은 나라는 일본뿐이었다.

그간 전쟁에 시달림을 받아오던 세계 51개국 대표들이 1945년 4월 말부터 미국 샌프란시스코에 모여 동년 9월 26일에 UN 헌장을 의결 채택하였고 이어서「해리 트루먼」미국 대통령,「처칠」영국수상과 동 외상「애틀리」그리고「스탈린」소련 수상이 독일 포츠담에서 회의를 열고 주로 독일의 전후 처리문제를 협의하고 다시 중국「장개석」주석과 만나 동년 7월 26일에는 일본에 무조건항복을 촉구하는 이른바「포츠담선언문Postdam Declaration」을 발표하게 되었다. 미·영·중 3대국 거두이름으로 발표된 포츠담선언문은 전문 13조로 되어 있는데 그중 한민족의 독립을 재확인한 제8조는 다음과 같다.

---

1 각군 사절단은 일본에 대한 장래의 군사행동을 협의하였다. 3대 동맹국은 해로, 육로 및 공로에 의하여 야만적인 적국에 대하여 가차없는 탄압을 가할 결의를 표명하였다. 이 탄압은 이미 중대되고 있으며 3대국 동맹은 일본의 침략을 정지시키고 이를 벌하기 위하여 이번 전쟁을 속행하고 있는 것이다. 위의 동맹국들은 자국을 위하여 어떠한 이익을 요구하는 것이 아니며 또 영토를 확장할 아무런 생각도 가지고 있는 것이 아니다. 동맹국의 목적은 일본국으로부터 1914년 제1차 세계대전 이후 일본이 탈취하고 또 점령한 태평양의 도서를 모두 박탈할 것과 만주, 대만 및 팽호도彭湖島와 같이 일본이 청국으로부터 도취한 일체의 지역을 중화민국에 반환함에 있고 일본은 또 폭력과 탐욕에 의하여 일본이 양취한 다른 일체의 지역으로부터 구축될 것이다. 전기 3대 동맹국은 한국민족의 노예상태에 유의하여 적당한 시기에 한민족이 자유독립할 것을 결의한다.

"카이로선언 조항은 이행될 것이며 일본국의 주권은 본주, 북해도, 구주 4국과 아등이 결정할 제 소도諸小島에 국한한다. 만일 이를 수락하지 않을 때는 3대국 및 연합국의 육·해·공군을 총동원 하여 일본 본토를 완전히 파괴할 것이다.”

이와 같이 일본에 최후 통고를 내렸다. 그러나 일본 정부는 이 최후 통고를 받아들이지 않아 미국은 드디어 동년 8월 6일에는 괌으로 동 9일에는 「나가사키長崎市」에 원자탄을 투하 하게 되었다. 이날 소련도 포츠담선언에 가담하고 대일전선에 참가하게 되니 일본은 할 수 없 이 동년 8월 11일 천황통치권의 인정을 조건부로 포츠담선언을 수락한다는 신청을 「스웨덴」, 「스위스」를 거쳐 보내고 이에 대한 미·영·중·소의 승인이 내려지자 8월 14일 무조건 항복 을 결정하고 익일 15일 정오 방송을 통하여 일본 「히로히토裕仁」 천황이 항복을 선언하게 됨으 로써 한민족은 36년간에 걸친 일제의 사슬에서 자유 해방을 맞이하게 되었으니 이 얼마나 감 격적인 순간이었으랴! 삼천리강산은 태극기로 덮이고 3천만 동포는 희망에 용약하게 되었다.

2. 미·소 양군의 진주와 국토분단

8·15 해방은 한민족에게 그지없는 기쁨을 가져다 주었지만 원래 이 해방이 타율적으 로 이루어진 것이었기 때문에 곧 독립을 의미한 것은 아니었다. 포츠담선언문에도 명시되어 있는 바와 같이 한민족이 독립국을 이룩하기까지는 많은 준비와 시간이 필요했다.

소련군은 미국과의 얄타 비밀협정에 의해 일본군이 항복을 통고해 오기 2일 전부터 북 한에 진주하기 시작했는데 그때 공산군의 정체를 몰랐던 북한 인민들의 열렬한 환영을 받으 며 북한 전역을 쉽게 점령하게 되었다. 그리고 그들은 계획대로 한반도 적화사업을 하나하나 진행해 갔던 것이다. 소련군 사령관 「치스차코프」는 8월 22일 포고령을 내려 북한 각 도에 인 민정치위원회를 구성했으며 행정을 담당하게 하여 9월 16일에는 소련의 정치국원으로 구성 된 군정을 수립하였다. 10월에는 소련에서 들어온 김일성(원명은 김성주)을 중심으로 조선공산 당 북조선중앙국을 설치하여 이른바 인민정치위원회의 5도 대표회의를 평양에서 개최하는 등 공산정권의 조직을 강화해 나가고 있었다.

그러나 한민족을 해방시켜 준 미군은 이보다도 한 달이나 늦은 9월 8일에야 인천으로 상륙하기 시작했는데, 이때 남한은 해방의 기쁨과 일본군의 반발 그리고 좌익분자의 공작에 의한 이른바 조선인민공화국의 출현 등으로 극심한 혼란상태에 빠져 있었다. 한편 7일 일본어 전회의에서 무조건 연합군에 항복을 결정했다는 전보가 조선총독부에 도착했고 이에 따라 조 선주둔군 참모 「가미사기神崎」와 총독부 정무총감 「도후지遠藤」은 정권이양을 할 목적으로 8

월 11일 상오 11시에 경기도지사 「이게다生田」으로 하여금 3·1운동 주역 48인 중 한 사람인 전 동아일보 사장 송진우를 만나게 하여 조선인끼리 행정위원회를 조직하여 독립의 준비를 하도록 건의하였고 만일 이를 수락한다면 일본총독부가 가지고 있는 권력의 3/4을 넘겨주겠다고 제언했다. 그러나 일본이 망할 것을 알고 있는 송진우는 이를 거절했고, 드디어 8월 15일 정오를 기해 무조건항복을 선언하는 일본 「히로히토裕仁」천황의 떨리는 목소리가 전파를 타고 온세상에 발표되었다.

바로 이때 여운형, 안재홍이 주도하던 조선건국준비위원회가 맨 먼저 정권이양을 맡겠다고 나왔다. 여운형은 1944년 8월부터 전쟁의 추세를 의식하고 조국의 독립을 위한 조선건국동맹 이라는 지하조직을 주도하고 있다가 1945년 8월 11일 미국에 있던 동지 손웅孫雄으로부터 일본이 미국에 천황제도의 존속을 조건으로 항복교섭을 하고 있다는 정보를 입수하고 즉시 이만규李萬珪로 하여금 독립선언문을 짓게 하고 건국동맹원들의 소집준비를 하였다. 한편 송진우와의 교섭에 실패한 「도후지遠藤」 정무총감은 8월 14일 「오가岡」 경찰부장을 시켜 여운형에게 독립준비를 갖추도록 종용했고 15일 아침 7시에는 스스로 여운형을 만나서 일본이 패전했으므로 치안을 맡아줄 것과 일본인들의 생명을 보존해 줄 것을 애원했다. 이때 여운형은 다음과 같은 5가지의 조건을 제시했다.

1. 전조선의 정치 경제범을 즉시 석방할 것.
2. 8, 9, 10 3개월간의 서울시민 식량을 확보토록 할 것.
3. 치안유지와 건설사업에 대한 일본의 간섭을 배제토록 할 것.
4. 학생의 훈련과 청년의 조직을 찬동할 것.
5. 전조선노동자의 흡수 지배를 인정할 것.

「도후지遠藤」 총감은 이와 같은 조선을 수락했고 여운형은 곧 그날로 건국준비위원회를 결성하고 스스로 위원장이 되었으며 부위원장 안재홍, 총무부장 최근우, 재정부장 이규갑, 조직부장 정백, 선전부장 조동우, 경찰부장 정태석을 위촉하는 한편 학도치안대를 편성하여 치안유지를 담당토록 하였다. 이때 경향각지 형무소에서 정치·경제범이 석방되어 서울로 모여들게 되니 16일 여운형은 휘문중학교정에서 「도후지遠藤」 총감과의 회담보고 연설을 했고 17일에는 국내치안권의 인수와 방송국 등 언론기관을 접수하고 체육계 대표, 체육교사, 전문대학의 학생 등 건국동맹핵심인물 24명으로 치안대, 보안대, 학도대를 조직하여 정권인수를 서두르고 있었다. 여기서 보는 바와 같이 여운형이 주도하는 건국준비위원회는 공산당식의 좌익형태를 띠고 있음을 알 수 있다.

이러한 건국준비위원회의 움직임에 대하여 민족주의를 주장하는 송진우, 김성수, 장덕수 등은 연합군 진주 이전에 정권을 인수함은 부당할 뿐만 아니라 중경의 임시정부 및 해외독립 애국지사들이 환국하기 이전에 정권을 수립하여 기정사실화 함은 온당치 못하다는 이유로 제휴협조를 거부하였으며, 김병노, 백관수 등은 건준위를 방문하여 정권을 정무총감에게서 받는 형식을 버리고 각계 유지를 총망라하여 건준의 임무를 치안유지 정도로 하되 그 명칭도 치안유지회 같은 것으로 하는 것이 타당하다고 제의했으나 받아들여지지 않은채 여운형 건국준비위원장은 20일 장문의 선언문을 통해 "국내의 진보적 민주주의적 제세력은 통일전선의 결성을 갈망하고 있다. 이 정권은 전국적인민대표회의에서 선출된 인민위원으로서 구성될 것이며 해외에서 조선해방에 헌신하여온 혁명지사들과 그 지도적 집결체에 대하여는 적당한 방법에 의하여 전심적으로 맞이할 것이다"라고 그의 정치노선을 밝혔다. 8월 31일 현재 남한전역에 걸쳐 건준의 지부라는 이름으로 145개의 인민위원회를 결성하고 26일에는 중앙집행위원회를 개최하여 1국(서기국) 12부로 공산정권과 비슷한 본부를 설치하고 기구와 인선을 마쳤다.

그러나 건준의 부위원장이던 안재홍이 동 건준의 성격이 공산정권과 비슷하며 그 구성원이 좌익계 인물들임을 알고 건준 내의 반 여운형 인사와 여운형 노선을 비판하는 외부인사 135명을 규합하여 확대위원회를 조직하여 건준을 대폭 개혁하려 하자 8월 31일 여운형은 긴급히 집행의원회를 소집하고 총사퇴를 선언했다. 그리고 여운형은 다시 9월 2일 정·부위원장을 유임시킨 채 좌익투사 허헌을 부위원장으로 보선하고 중앙집행위원 일부를 개편하여 건준을 재발족시켰다. 그러나 건준 부위원장이던 안재홍은 9월 1일 중경임시정부를 지지한다는 성명서를 발표하고 건준에 참여하기를 끝내 거부하였으나 여운형은 9월 6일 하오 7시 이들의 반대를 무시하고 창덕여자고등학교 강당에서 전국인민대표자대회(약 600여 명의 위원)를 열어 헌법기초위원(인민위원) 55명을 선출하고 임시정부조직법안을 통과시켜 이른바 조선인민공화국을 조직 선포하였다.

한민족에 역사적인 해방이 되고 그 동안 해외각처에서 독립운동을 했던 애국지사들이 귀국도 하기 전에 남한에 공산당 정부를 세운 조선건국준비위원회 중앙집행위원 명단 그리고 조선인민공화국 기구와 각료명단을 게재함으로써 역사에 참고하고자 한다.

옆측에서 보는 바와 같이 조선인민공

【조선건국 준비위원회】

위 원 장		여운형		
부위원장		안재홍 허 헌		
위 원	총무부	최근우	김기홍	
	조직부	이강국	이상수	
	선전부	이여성	양재하	
	치안부	최용달	유석현	정의식
		장 권	이병학	
	문화부	함병기	이종수	
	건설부	윤형식	박용칠	
	조사부	최익한	고경흠	
	양정부	이 광	이정구	
	후생부	정구충	이경봉	
	재정부	김세용	오재일	
	교통부	김형선	권태과	
	기획부	박문규	이순근	
	서기국	최성환	정처묵	정화담

【조선인민공화국 정부조직과 각료】

직책	각료	
주 석	이승만	
부 주 석	여운형	
국무총리	안재홍	허 헌
내무부장	김 구	
외무부장	김규식	
재무부장	조만식	
문교부장	김성수	
사법부장	김병노	
경제부장	하필원	
체신부장	신익희	
서기국장	이강국	
법제국장	최익한	
기획국장	정 백	

화국 구성원 명단을 보면 좌우익인사를 망라하였으나 실은 거족적 조직임을 과시하고자 한 술책에 불과했고 실은 국내 우익중진들에게는 연락도 안했으며 아직 환국하지 않은 해외 독립애국지 사명단도 임의로 도용을 했던 것이다. 그리고 이어서 27개조로 된 정책을 채택 발표하고 중경임시정부의 존재를 완전히 무시한 채 앞으로 진주할 미군으로부터 사실상의 과도정부임을 승인 받기 위해 맹렬한 선전을 전개하면서 1945년 9월 6일 여운형 일파는 사실상 남한에 조선인민공화국 과도정부수립을 공포하고 있을 때, 9월 2일 연합군 최고사령관 「맥아더Douglas MacArthur」 장군은 동경만에 정박하고 있는 「미조리Missouri」 함상에서 「우미스梅津」으로부터 항복조인을 받고 동시에 동아각전선의 일본군 무장해제 및 접수를 위한 연합국 각국 간의 지역분담을 내용으로 하는 연합군사령부 일반명령 제1호를 발표하였으며 이어서 9월 7일 남한에 미제24군단을 진주케 하고 미군정을 실시한다는 포고령 제1호를 발표함으로써 여운형 일파가 조직한 소위 조선인민공화국 조직은 순간 무너지고 말았다.

예정대로 9월 8일 「하지」 장군이 지휘하고 있는 제24군단이 남한에 진주하기 시작했고 그 시명은 다음과 같다.

1. 일본군의 항복을 받고 무장을 해제시키며 한국으로부터 일본제국주의를 구축한다.
2. 질서를 유지하고 한국에 일본정부를 대치하기 위한 민주적인 노선에 따라 효과적인 정부를 세우고 한국의 독립을 위한 기초로서 건전한 경제를 재건한다.
3. 한국인들에게 그의 자신들의 일을 감당할 수 있도록 훈련시키고 한국을 자유로운 독립국가로서 스스로 통치할 수 있도록 준비한다.

9월 9일에 한국인의 열렬한 환영을 받으며 서울로 들어온 「하지」 장군은 동일 하오 4시에 총독부 청사귀빈실에서 총독 「게후노부유끼下府信行」과 조선주둔군 일본사령관 「가미사기神崎」로 부터 항복서에 서명을 받았고 10일에는 미주둔군 사령부를 서울 용산에 설치했으며 11일에는 미군정 방침을 발표하고 군정장관에 미보병7사단장 「아놀드」 장군을 임명했다. 그러나 남한에서는 인민공화국이 나타나는 등 극도로 사회가 혼란해 있었고 이러한 남한사정에 대해서 아무 것도 몰랐던 「하지」 장군은 이를 진정시키고 질서를 회복하기 위해서 「게후노부유끼下府信行」 총독을 비롯한 일본관리들을 당분간 잔류하도록 하고 109명의 미국장교로 하여금 군정사무를 담당케 하였다.

이어서 9월 19일에는 군정청의 명칭을 선포하고, 22일부터는 「게후노부유끼下府信行」 총독으로부터 모든 행정사무를 인계 받았으며, 9월 25일에 일본인 재산이양에 관한 법령, 동 28일에 일본 육·해군 재산처리에 관한 법령 등을 발포하는 한편, 10월 5일에는 김성수를 비롯한 한국정계인물 11명을 군정장관 고문으로 위촉하고, 10월 9일에는 일제시의 치안유지법, 출판법 등 폐지에 관한 법령 등을 발표하였으며, 10월 10일에는 소위 공산주의 조선인민공화국의 존재를 전면 부인하였다. 10월 11일에는 소작료의 3·7 제를 실시할 것을 발표했으며 10월 15일에는 김용우를 대법원장에 취임하게 하고 10월 24일 일본인에 대한 철퇴령을 내려 일본 육·해·공군 약 20만 명과 민간인 약 70만1천6백여 명을 일본으로 송환시키고 그중 100여 명의 기술자만 잔류하도록 하였다가 이들 역시 다음해인 1946년 12월 31일 완전 송환시킴으로써 남한으로부터 일본인을 완전 철퇴시켰다.

이와 같이 일제 36년 만에 독립을 얻은 한반도는 38선을 경계선으로 다시 북한은 소련군이 남한은 미군이 분담하게 되었으며 군사상의 필요로 설정된 38선이 상술한 바와 같이 소련의 신속한 공산화정책으로 말미암아 후일 정치적 경계선으로 굳어지게 되어 북한 일대는 끝내 철의 장막으로 봉쇄되는 결과를 가져오게 되었다

3. 정당의 난립과 좌·우익의 대립

해방 후 가장 먼저 정치 정당의 형태를 띠고 나타난 단체는 기술한 바와 같이 남한에 미군이 진주하기 전까지는 인민공화국으로까지 발전한 건국동맹을 모체로 하여 형성된 여운형 계의 건국준비위원회였다. 한편 8월 16일 일부 공산주의자들은 서울 장안빌딩에서 조선공산당을 재조직하였는데 때마침 나타난 극좌파의 박헌영이 서중석, 이관술, 이강국, 최용달과 더불어 동당을 가로채서 순식간에 인민공화국으로 만들어 버렸다. 때를 같이 하여 전석담 중심의 인민정치당, 원세훈 중심의 고려사회민주당, 황신덕 중심의 건국부녀동맹, 학병 중심의 학병동맹이 나타나고 각종의 청년회, 학회 등이 활동을 재개하게 되니 정당 사회단체가 우후죽순과 같이 쏟아져 나왔다.

해방 직후에는 좌익적 단체가 많이 나타났는데 그 중 조선공산당에서는 8월 16일 덕성

여자실업학교 교정에서 혁명자대회를 개최했는데 여기에 모인 군중은 10만 명이 넘었다. 이 군중은 소련군이 서울역에 도착한다는 좌익의 허언 선동에 따라서 독립만세와 혁명가를 부르며 태극기와 붉은기를 휘두르며 일장기를 찢고 일본인을 농간하다가 일본 헌병에게 수십 명이 사살되는 대혼란이 일어나기도 했다. 그런가 하면 건준산하의 청년학생들이 일본인의 상점, 창고, 공장 등을 습격하고 의류, 석유, 자동차 등을 강점하니 일본군대는 1개 사단의 병력으로 서울을 포위하려고 하자 경기도 「오가岡」 경찰부장이 각종단체의 수뇌를 종로경찰서로 호출하고 정치단체 해산명령을 내림으로써 인민정치당과 고려사회민주당은 간판을 내렸고 여운형, 허헌, 이강국, 이관술, 최용달에 의한 이른바 인민공화국이 나타나게 되었다.

　　이와 같은 좌익진영의 술책에 대항하여 8월 28일 김병노, 백관수, 원세훈, 조병옥, 이인, 라용균, 함상훈, 김용무 등은 조선민족당 창당을 추진했고, 9월 1일에는 백남훈, 김도연, 허정, 장덕수, 홍성하, 이순택, 구자옥, 유억겸, 윤치영, 윤보선 등은 한국국민당 창당을 추진하게 되었다. 그러나 이 두 정당은 중경의 임시정부를 지지하는 민족진영의 단체였으므로 9월 4일 합류발기대회를 열고 동 8일에 한국민주당 발기인 명의로 “인민공화국 타도”의 결의문과 민족의 나갈 길을 밝히는 성명서를 발표하였다. 또 한편에서는 9월 7일에 해방 전부터 임시정부를 지지하던 송진우, 김성수, 서상일, 장택상, 김중연, 안동원, 설의식 등은 동아일보 사장실에서 대한민국 임시정부 요인의 환국에 대비하기 위한 국민대회준비위원회를 결성하였는데 이 위원회는 한국민주당의 자매단체였다. 이리하여 9월 16일 한국민주당은 천도교강당에서 1,000여 명의 당원이 모여 창당총회를 열었는데 그 내용은 다음과 같다.

직 책	성 명							구분	인원
영　　수	이승만	김 구	이시영	문창범	서재필	권동진	오세창		
수 석 총 무	송진우								
총　　무	원세훈	백관수	서상일	김두엽	허 정	배난훈			
사 무 국 장	라용균							국 원	4명
당 무 부 장	이 인							부 원	9명
조 직 부 장	김약수							부 원	19명
외 무 부 장	장덕수							부 원	9명
재 무 부 장	박용희							부 원	8명
선 전 부 장	한상훈							부 원	14명
정 보 부 장	박찬희							부 원	9명
노 동 부 장	홍성하							부 원	18명
문 교 부 장	김용무							부 원	9명
후 생 부 장	이 진								
조 사 부 장	유진희							부 원	9명
연 락 부 장	최윤동							부 원	9명
감 찰 위 원 장	김병로							위 원	29명

이 한국민주당은 좌익세력인 인민위원회를 타도하기 위해서 결성된 정당이기도 했기 때문에 자금도 풍부했고 한 달 후에 서울시 당부를 결성하고 동년 연말까지 각도 당부와 부산, 대구, 전주 등 주요 도시 및 일부 군에 이르기까지 조직망을 넓혔으며 1947년 5월 현재 공칭 당원수가 100만을 헤아리게 되었다. 이와 같이 조선공산당(건준에서 파생한 인민공화국)과 한국민주당이 정치주도권을 놓고 치열하게 활동하고 있을 때 1947년 9월 11일 「하지」 장군이 군정방침을 발표하고 정당 문화단체 등의 등록을 실시하자 이때 등록을 마친 단체의 수는 무려 54개에 달했다. 「하지」 장군은 9월 12일 이들 단체의 대표 600여 명을 부민관에 모이게 하고 회담을 했는데 이 일이 있은 후 이어서 13일에는 임영신을 중심으로 여자국민당이 창립되고, 17일에는 명제세를 중심으로 민중공화당이 창설되었으며, 24일에는 건준의 부위원장을 했던 안재홍이 조선국민당을 결성해 중간우파 5개정당의 합동위원장이 되었다.

이와 같이 정당이 난립함을 우려하여 일부에서 통합운동이 일어남에 따라서 10월 5일 양세환 중심으로 정당통일간담회와 오하영 중심의 정당통일기성회가 발족되었고 7일에는 말썽 많던 건준이 해체되었으며 14일에는 43개 정당단체대표가 모여 행동통일책을 논의하기도 했지만 복안이 서로 다른 정당 간의 행동통일을 기대하기란 쉬운 일이 아니었다.

이 무렵 10월 16일 이승만 박사가 미국으로부터 귀국했고 익일에 민족의 대동단결과 통일촉성을 절규하는 환국 제1성을 발표함으로써 정당통일운동은 활기를 띠기 시작했다. 이어서 이승만 박사는 환국전 임의로 주어진 일체의 직위를 사퇴하고 오로지 하나로 뭉칠 것을 호소하니 민족진영에서는 이를 대환영했고 공산진영에서는 그를 헐뜯기 시작했다. 그러나 이승만 박사는 10월 25일 대동단결의 일환으로 각 정당단체대표 200여 명과 회담하고 초당파적인 독립촉성중앙협의회를 결성하여 그 회장이 되었다. 같은 날 한국민주당, 국민당, 조선공산당(장안파) 대표도 행동통일을 협의한 끝에 "민족통일을 달성하고 중경임시정부를 적극 지지한다"는 내용의 3당 공동성명서를 발표하고 독립촉성중앙협의회의 발족에 적극 협력할 뜻을 밝혔다.

그러나 박헌영을 수령으로 한 공산진영(국내파)에서는 "민족통일문제에 원칙이 있어야 한다"고 주장하면서 통일보다는 분열을 책동하다가 10월 30일 조선공산당을 핵심체로 이른바 "민주주의 민속봉일전선"을 결성하고 11월 3일에는 이승만의 통일안에 반대한다는 성명서를 발표했다. 따라서 이승만 박사는 11월 7일 방송을 통하여 인민공화국을 부인했고 그의 주석직 취임을 거절하였으며 공산당과의 제휴를 끊겠다고 성명을 발표하니 중간좌파의 여운형은 11월 11일 조선인민당을 결성하고 동 20일에는 인민위원회 대표자회의를 열고 인민공화국 해체를 반대하였으며 동 22일에는 장안파공산당이 해체하게 되었다.

11월 23일 임시정부 주석 김구, 부주석 김규식, 국무위원 이시영, 문화부장 김상덕, 선전부장 엄환섭, 총참모장 유동열 등이 상해로부터 미군기로 김포공항에 환국했고, 12월 1일에는 의정원의장 홍진, 국무위원 조성환, 동 황학수, 동 장건상, 동 김명준, 동 성주식, 동 유임, 동 김성숙, 동 조경한, 재무부장 조완구, 외무부장 조소앙, 내무부장 신익희, 국방부장 김약산, 법무부장 남형우 등이 환국하였는데 이들 임정 요인들은 미군정의 반대로 각각 개인자격으로 환국하여 서대문 경교장에 유숙하게 되었고 임시정부는 원래 각당 각파로 구성되어 있었기 때문에 초당파적인 견지에서 민족의 기대는 자못 컸었다.

독립운동을 위해 중국 상해로 건너간 지 27년 만에 조국으로 돌아온 김구 선생은 11월 24일 아침 8시 방송을 통해 "우리는 한데 뭉쳐 통일독립완성을 최소한도로 단축시켜야 한다"라는 요지의 첫 성명을 발표하고 바로 그날 조선호텔에서 이승만 박사와 「하지」장군을 만나 요담을 하고 이어서 동 26일에는 이승만 박사가 "임정을 우리정부로 지지할 것"을 국민에게 호소하였으며, 동 27일에는 「아놀드」미군정 장관이 인민공화국을 비난하는 성명을 발표했다. 그러자 동 27일에 인민공화국 측 허헌을 임정 측에 보내와 양측이 통일합작할 것을 교섭해 왔으나 이를 거부하였고 11월 30일 「하지」장군은 여운형을 만나 인공을 해체할 것을 제의하였으며 12월 12일에는 "인공이 한국의 독립을 방해하고 있다"라는 성명서를 발표하게 이르니 때를 맞추어 민족진영의 오세창, 권동진, 김성수, 안재홍 등은 12월 9일 대한국민총회를 결성하고 38선의 철폐와 대한민국의 즉시독립을 연합국에 요청할 것을 결의하게 되니 공산진영에서는 동 13일에 통일원칙으로서 친일파, 민족반역자, 국수주의자國粹主義者들을 제거하고 좌·우익대표를 동수로 하여 통일추진체를 구성할 것을 발표하면서 민족의 분열을 조장하고 나섰다. 이러한 공산진영의 민족분열공작에 대하여 12월 14일 22개 정당은 합동으로 신한민족당을 결성하고 이승만 박사는 동 16일 방송을 통하여 "공산주의의 파괴행동에 경계하라"는 내용의 담화를 발표하고 동 21일에는 대한독립촉성전국총연맹대회를 개최하며 동 23일에는 독립촉성중앙협회를 결성하여 그 회장이 되었다. 이때 12월 9일 「아놀드」미군정 장관이 해임되고 동 16일에 군사법의 권위자인 「리취」소장이 후임으로 착임하여 동 18일에 「카이로선언문」의 공약을 실천하겠다는 신임담화문을 발표했다.

상술한 바와 같이 해방 후 4개월 동안의 남한정국은 이른바 인민공화국 출현, 미군정의 실시, 임시정부 요인의 환국, 대소정당의 난립, 공산당의 민족분열공작 등으로 혼란을 거듭하고 있었으며 특히 좌우익의 날카로운 대립은 1945년 말에 있었던 모스코바 3상회의에서 신탁통치안이 발표됨에 따라서 민족분열양상이 노골화되어 갔다. 1945년 12월 17일부터 미국, 영국, 소련의 3개국 외상이 모스코바에서 모여 카이로선언의 공약을 실현하고 제2차대전의 전후문제를 토의하기 시작했는데 동 27일에는 "미·영·중·소 4개국이 한국에 대하여 최고 5년 기한의 신탁통치를 실시하여 한국독립의 준비단계로 삼는다"라고 결정하고 이를 동 28일에 공표하였는데 그 내용은 다음과 같다.

1. 한국을 독립국가로 재건설하여 민주적 제원칙 하에 발전시키는 여러 조건을 조성하고 가급적
   으로 속히 장구한 일본통치로 인한 참담해진 한국의 공업, 교통, 농업과 한국민족문화의 발전
   에 필요한 모든 조치를 취할 임시한국민주주의정부를 수립한다.
2. 임시정부수립을 협조하고 이에 적당한 예비적 조치를 강구하기 위하여 남한주재 미군사령부
   와 북한주재 소련군사령부의 대표자로서 구성된 공동위원회는 한국의 민주제정당 및 사회단
   체와 협의하여야 한다.
3. 임시한국정부와 한국민주제단체의 참여하에 한국민의 발전과 독립을 원조하고 협조(신탁)할
   제조치를 강구함이 공동위원회의 과업이다. 공동위원회의 제제안은 추후 5년 기한으로 한국
   에 대한 4개국 신탁통치에 관한 협약을 실행할 미 · 영 · 중 · 소의 공동심의를 위하여 임시한국
   정부와 협의후 제출되어야 한다.
4. 남 · 북한의 제문제와 미 · 소 양군사령부 간의 제문제를 조정하기 위하여 주한 미 · 소 양국대
   표자회의가 2주일 이내에 소집된다.

이 신탁통치안은 1945년 2월 8일 "얄타"의 "리바디아" 궁전에서 「루스벨트」 미국 대통령이 「스탈린」 소련 수상과 비밀회담을 갖고 "나는 한국을 미 · 중 · 소 3국 대표로 구성된 신탁통치위원회의 관리 하에 둘 의사가 있다"라고 제의하여 두 사람이 합의한 것이 후에 모스코바 3상회의에서 구체화되어 미 · 영 · 중 · 소의 4개국에 의한 5년 기한부의 신탁통치로 변경 결정된 것이다.

동 12월 27일 신탁통치 결정이 한국에 전해지자 김구 중심의 임정 요인들과 한독당을 비롯한 우익정당들은 크게 놀라 곧 28일 거족적인 반탁운동을 전개하기 위한 임정산하의 각종단체가 연석회의를 열어 동 29일에 신탁통치반대 국민총동원위원회를 결성하고 그 위원장에는 권동진, 부위원장에 안재홍을 선출함으로써 바야흐로 전국이 반탁운동으로 격하게 되어 언제 어디서 무슨 일이 발생할지 모를 정도로 흥분과 긴장에 쌓이게 되었으며 이를 우려한 주한미군 사령관 「하지」 장군은 동 29일 특별담화를 발표하고 "신탁이란 용어는 고문 또는 원조라는 뜻이다"라고 변명까지 하게 되는 일이 벌어졌다. 그러나 국민의 감정은 극도로 격앙되어 있었고 동 30일 신탁통치반대국민총동원위원회 주최로 서울운동장에서 범국민적 반탁국민대회를 열어 국민들의 군은 결의를 표명하였으며 이 운동을 전국적으로 확대시켰다. 또 신익희 임정내무부장관이 포고문을 발표하고 전국민에게 파업과 철시를 지시하였으며 이에 따라 군정청의 한국인 공무원들도 태업을 감행하고 반탁운동에 가담하게 되었다.

이때 동 30일 한국민주당의 수석총무 송진우가 동방회원인 한현우에 의해 암살되었는데 한현우는 민족주의를 표방하여 좌 · 우익의 통일을 부르짖다가 뜻대로 되지 않자 그 부하 유근배, 김의현으로 하여금 여운형, 박헌영도 살해하려 했으나 실패했다. 이로 인해 처음에는 공산주의자 박헌영, 김두봉, 김무정, 이극노, 홍명희, 김약수 등도 신탁통치반대국민총동원위원회 위원으로 같이 참여를 했었으나 결국 좌 · 우익의 대립은 유혈의 비극을 자아내고 말았

고, 동 1월 1일에는 5천여 명의 부녀자들이 모여 영하 15도의 혹한을 무릅쓰고 탁치배격대회를 열어 사상초유의 여성시위행진을 하기도 했다.

정국이 이처럼 걷잡을 수 없는 혼란에 빠지게 되자 1월 2일 「하지」 장군은 "한국인에 고함" 이라는 특별담화를 발표했고 아울러 「아놀드」 장군으로 하여금 이승만, 김구 등 우익지도자를 만나 사태수습을 간청하였다. 이에 김구 선생은 "우리 한국인은 미국을 반대하는 것이 아니고 신탁을 반대한다"는 뜻을 분명히 하고 동시에 반탁지휘단체들에게도 다음과 같이 지시를 했다.

1. 생활필수품점 및 식당을 개업토록 할 것.
2. 군정에 협력하며 직장에 복귀토록 할 것.
3. 반탁의사만을 표명하고 우방제국에 대하여 예의나 감정을 손상시키지 말도록 할 것.

그리고 1월 4일 김구를 중심으로 한 우익진영은 구체적인 독립방안으로 비상국민회 조직을 발표하였다. 조직 내용은 국내외의 각 대표로서 비상정치회의를 열고 과도정부를 수립한 후 다시 국회에 해당하는 국민대표회의를 소집하여 헌법을 제정하고 정식으로 정부를 수립하여 사실상 신탁통치를 배격하자는 것이었다. 우익진영의 이와 같은 반탁일관주의를 지켜보고 있던 좌익진영은 1월 2일부터 태도를 변경하고 조선공산당은 모스크바 3상회의 결정을 지지한다는 성명을 발표해 중앙인민위원회 이름으로 연합군에 감사의 전문을 발송했다. 그리고 박헌영, 허헌은 3일 서울운동장에서 반탁국민대회를 열겠다고 거짓 선전을 해서 많은 국민들이 모인 가운데 돌연 모스크바 3상회의 신탁통치를 지지한다는 결의를 채택했으니 이것이야 말로 국민을 기만하고 민족을 분열시켜 민족주의를 말살하려는 국제공산당의 악독한 획책인 것이다.

이러한 좌익진영의 찬탁행위에 대하여 이승만 박사는 1월 7일 기자회견을 통해 "신탁통치는 망국음모"라고 선언을 했고, 이 날부터 전국학생들이 궐기하여 12일에는 서울운동장에서 반탁국민대회를 열고 공산당 타도를 절규했고, 18일에는 반탁학생들이 인민당, 인민보, 서울인민위원회를 습격하였으며, 19일에는 종로 YMCA에서 서울시 각동회장회의를 열고 공산당의 선전을 분쇄할 방침을 토의하였으며, 20일부터는 경교장에서 비상국민회의수비회를 여는 등 반탁운동과 좌익세력을 규탄하고 있을 때 좌익진영에서는 또 1월 10일 각도인민위원회 대표자대회를 서울에서 열고 모스크바 3상회의의 결정 지지대회를 열었으며, 19일에는 공산당과 인민당의 합동으로 민주주의민족전선(의장단 여운형, 허헌, 박헌영, 김원봉)을 결성하여 우익진영의 활동에 대항을 계속했다.

이와 같이 해방 후 남한에는 중경에서 환국한 임시정부와 여운형과 박헌영이 주도하는 인민공화국으로 대립되었던 좌익과 우익은 또 반탁 찬탁으로 분열되어 1946년 2월부터는 민족진영의 비상국민회의와 공산진영의 민족주의민족전선으로 분립되게 되었다.

4. 제1차 미 · 소공동위원회의 결렬

모스크바 3상회의의 결정에 따라서 남 · 북한의 제문제와 미 · 소 양군사령부 간의 제문제를 조정하기 위한 주한 미 · 소 양국 대표자회의가 서울에서 열리기로 되어 있었으나 민족진영의 거족적인 반탁운동에 봉착한 「하지」 장군은 이 회의를 순조롭게 진행하기 위해 1월 7일부터 민족지도자와 정당대표자들을 설득하여 1월 9일까지 대다수의 정당 · 단체들로부터 모스크바 결정에 호의적인 공동성명을 발표하게 했다.

드디어 미 · 소공동위원회 대표들이 서울에 들어오기 시작했는데 1월 8일에 북한주재 소련군 사령관 「치스차코프」 장군이 그리고 1월 15일에는 소련군 수석대표 「스티코프」 장군 이하 73명이 서울로 들어왔으며, 미군정부는 1월 14일에 「아놀드」 장군을 수석대표로 결정하여 비로소 1월 16일부터 군정청 제1회의실에서 미 · 소공동위원회 예비회담이 열리게 되었는데 미국수석대표는 「찰스 제이아」 중령을 보좌관으로 대동하였고, 소련수석대표는 이름난 문서작성자인 「K. 짜리프킨」을 대동하였다. 통역관을 두고 회담을 진행했는데 처음부터 토의가 순조롭게 진행되지 못하고 의례적인 상견례, 시민의 환영회 등으로 아무런 성과없이 보내다가 2월 6일, 오는 3월 초에 각 대표 5명으로 위원회를 서울에서 다시 개최한다는 공동성명서를 발표하고 폐회했는데 소련대표는 7일에 평양으로 떠나버렸다.

미국 측은 이 회담에서 ① 한국으로부터의 중요물자의 반출문제 ② 재래 도경계선에 따른 38선의 변경문제 ③ 방송계통의 통일 및 신문의 자유배포문제 ④ 통화의 통일 및 전화 · 전보 통신문의 재개문제 ⑤ 한국인의 전거주지로의 이전허가문제 ⑥ 통학생의 경계선 왕래허용문제와 같은 긴급사항을 토의하고자 제의하였으나 소련 측은 이들 문제들이 긴급하지 않다거나 범위 외의 문제라며 도외시하고 다만 38선 변경문제에 대해서만 고려하겠다는 약속과 전거주지로의 이동에는 60일 전에 이유서를 제출하여야 한다는 단서를 붙였고, 통학생 경계선 왕래문제만 승인하기로 동의하고, 한편 북한의 석탄과 남한의 쌀을 교환하게 하자고 제의를 했다. 그러나 미측은 남한에는 전재민이 매우 많은 관계로 여유의 쌀이 없다는 이유로 이를 거부하였다.

이렇게 미 · 소공동위원회가 예비회담부터 좋지 않은 징조를 보이고 있을 때 우익정당의 대표자들은 1월 21일부터 경교장에서 비상국민회의수비회의와 2월 1일 명동 천주교대강당에서 전국 90여 단체의 대표가 모인 비상국민회의를 열어 의장 홍진, 부의장 최동오의 사회로 헌법과 선거법의 기초위원을 선출하고 동회의를 2월 2일에도 같은 장소에서 속개하여 향후 정부조직과 일체의 정무를 집행할 최고정무위원회의 조직권한을 이승만, 김구 양인에게 일임하기로 의결하였다. 그리하여 2월 3일에는 비상국민회의의 13부 임원이 결정되고, 2월 4일에는 헌법, 선거법의 초안이 작성되었으며, 2월 13일에는 최고정무위원 28명의 명단이 발표되기에 이르렀다.

이와 같은 비상국민회의의 움직임을 본 미군정당국은 이 조직을 「하지」 장군의 잠정적 자문기관으로 하기 위한 남조선국민대표민주의원을 설치할 것을 이승만에게 제의하였다. 이승만은 「하지」 장군의 제의를 김구, 김규식과 협의한 후 군정청의 제의를 받아들이기로 합의하고 2월 14일, 남한 각 정당 및 단체의 대표 31명을 선정하여 군정청 제1회의실에서 남조선민주의원을 창설하였는데 그 임무는 "자주적 민주주의 과도정권과 기타 긴급한 제문제의 해결에 관하여 관계 방면과 필요한 조치를 취한다"라고 정하고 그 부서는 다음과 같았다.

의 장	이승만
부 의 장	김규식
총 리	김 구
의 원	원세훈 조소앙 조완구 김명준 최익환 함태영 장 면 정인보 김준연 김도연 김법린 김 선 김여식 김창숙 권동진 오세창 이의식 백상규 박용의 황현숙 백관수 백남훈 안재홍
공보부장	함상훈 윤치영
서무국장	고의동
통계국장	조종구
기획국장	최 익

이렇게 탄생된 민주의원은 2월 18일부터 창덕궁에 본부를 설치하고 정무를 개시하였으며 동 20일에는 본민주의원의 정치적 성격을 천명했다. 그리고 동 25일에 15부4국으로 구성된 조직과 임원을 정하고 동 26일 앞으로 열릴 미·소공동위원회에 참가할 뜻을 「하지」 장군에게 전했다.

또한 좌익진영의 인민당과 공산당은 여러 노동단체와 부녀학생단체와 더불어 2월 15일 종로 YMCA회관에서 민주주의민족전선을 결성하고 73명의 상임위원과 의장단 등의 부서를 결정하고 역시 미·소공동위원회에 참석할 준비를 갖추고 있었는데 그 부서는 다음과 같다.

의 장 단	여운형 박헌영 허 헌 김원봉 백남훈
부 의 장	홍남표 백용희 유영준 김성숙 이여성 장건상 성주식 윤기섭 정노시
사무국장	이강국 외 조직, 선전, 문화, 조정, 기획, 조사의 6부

한편 평양에서는 1946년 2월 8일 북조선임시인민위원회가 조직되었는데 위원장에 김일성, 부위원장에 연안파의 김두봉, 서기장에 강양욱으로 구성되었다.

이와 같이 미·소공동위원회 본회의를 앞두고 민족은 확연하게 좌·우익으로 갈라져 있었고, 3월 초에 열리기로 되어 있는 미·소공동위원회는 소련의 불성의로 지연되던 중 해방 후 첫 번째로 뜻깊은 3·1절 행사를 맞이하게 되었다. 마땅히 온 국민이 거족적으로 거행되어야 할 행사가 좌익진영의 분열공작으로 두 진영이 따로따로 행사를 하였는데 우익진영은 서울운동장에서 관공서, 학교, 정당의 대표 그리고 군정의 요인 등 10여만 명이 모인 가운데 성대한 기념식이 거행되었으나 좌익진영에서는 일부 학생들을 선동 유치하여 남산의 조선신궁 광장에서 기념식을 따로 했으니 참으로 볼꼴 사나운 광경이 아닐 수 없었다.

소련의 거부로 지연되어 오던 미·소공동위원회는 1946년 3월 19일 소련「스티코프」장군 대표의 일행이 서울에 도착함으로써 동 20일에 덕수궁 석조전에서 다시 열리게 되었으나, 또다시 개회 벽두부터 난관에 부딪히고 말았다. 그 이유는「스티코프」소련대표는 개회사에서 "모스코바 3상회의의 결정을 반대하는 정당이나 단체 그리고 개인과는 한자리에서 회의를 할 수 없다"라고 주장을 하고 나왔기 때문이다. 이 말은 곧 4개국 신탁통치를 반대하는 우익진영은 빼고 좌익진영만을 협의의 대상으로 하여 한반도를 공산화하겠다는 노골적인 속셈을 드러낸 것이다. 이러한「스티코프」발언에 대하여 미측 대표「아놀드」장군은 즉시 이의를 제기하여 4주일간이나 치열하게 논쟁을 벌인 끝에, 4월 18일 "모스크바 3상회의 결정을 지지할 것을 선언하며 공동위 제의에 관여함으로써 정부수립에 협조한다는 문서에 서명하는 단체에 한하여 협의대상이 될 수 있다"라고 합의한 공동성명서 제5호를 발표하게 되었다. 그리고 미·소 양측은 각각 관할지역 내에 있는 정당·단체의 명단을 제출했는데 또「스티코프」소련대표가 남한의 정당 및 단체명단에 이의를 제기하고 나섰다. 즉 남한의 정당단체 명단 중에서 협의대상이 될 수 있는 단체는 3개의 진보적 민주주의 정당단체뿐이고 6개의 종교단체와 극우단체 등 기타는 모스크바 결정을 배반하는 반동단체로서 협의대상이 될 수 없다. 그리고 60여만 명의 노동조합원을 가진 전평全評과 30여만 명의 회원을 가진 여성동맹과 65만5천 명의 회원을 가진 전조선민주청년연맹과 300만 명이상의 조선농민을 대표하는 전조선농민총연맹 등 대중조직단체가 명단에서 빠졌다고 주장하고 나선 것이다. 이에 대하여 미측「아놀드」장군은 북한의 명단에는 민족주의자의 우익단체는 하나도 들어 있지 않으며 남한의 대중단체라고 등록된 단체는 공산극렬분자들에 의하여 조작된 폭도의 집단이라고 반발을 하고 나섬으로써 또다시 미·소공동위원회가 논쟁이 거듭되는 것을 지켜보고 있던 남한의 민족진영은 한국독립당, 한국민주당 그리고 반탁독립투쟁위원회를 중심으로 뭉쳐서 미·소공동위원회 반대운동을 일으키기 시작했다.

이에 당황한「하지」장군은「아놀드」장군과 우익지도자 김규식, 장덕수 등을 불러 협의한 끝에, 4월 27일 "이 선언에 서명하는 것은 서명한 정당단체가 신탁통치에 찬성지지할 의무를 부과시키는 것은 아니다"라고 지난 4월 18일 발표했던 공동선언 제5호에 대한 해석이라는 성명을 내놓았다. 우익진영에서는 이 성명에 논란은 있었으나 미국 측의 입장을 이해하고 노동절이던 5월 1일 김규식계와 우익단체들이 공동위에 참가하여 반탁투쟁을 전개한다는 전제조건 하에 이에 서명을 하였다. 그러나 「스티코프」 장군은 또 이렇게 조건부로 서명을 한 단체는 제거해야 한다고 주장하고 나왔고 이에 「아놀드」 장군은 언론자유와 민족자결의 원칙을 주장하며 확고한 태도를 견지하며 5월 6일 돌연 38선을 철폐하자고 제의했다. 갑자기 제의를 받은 「스티코프」 장군은 임시정부 문제를 논의하기 전에 38선 문제를 토의하는 것은 미 · 소 공동위원회의 권한이 아니라고 이를 거절하였다. 「아놀드」 장군은 그렇다면 이제 토의할 것이 더 없지 않느냐고 응수를 하니 「스티코프」 장군은 24시간의 여유를 청했고 결국 5월 8일 밤 일행을 데리고 북한으로 철수해 버림으로써 사실상 미 · 소공동위원회는 이렇게 결렬되고 만 것이다.

　　「하지」 장군은 그 날로 미 · 소 공동위의 경위와 회의를 좌절시킨 책임이 소련에 있다는 성명서를 발표하고 이어서 「치스차코프」 사령관에게 "한국정당에 대한 의사표시만을 보장한다면 조속히 회의를 재개할 용의가 있다"라고 서한을 보냈다. 그러나 이 서한에 대해서 회답은 없었고 6월 30일자 「푸라우다」지에 "한국임시정부수립문제"라는 제목으로 미 · 소공동위원회 좌절에 대한 책임이 미국 측에 있다는 비난 기사를 다음과 같이 발표했다.

　　소련에 대하여 공공연하게 반대하는 반동적 지도자를 한국정부에 참가시키기 위하여 또는 한국에 있어서의 민주주의적 발전을 방해하기 위하여 또는 그러한 방법으로 한국을 미국세력 하에 예속시키려고 미국은 노력하고 있는 것이니, 이러한 것은 비민주주의적 방어放語라는 가면 하에서 일하고 있는 미국측 대표자들의 진정한 목적인 것이다.

5. 남한단독정부수립 움직임과 좌우합작 경위

　　이와 같이 제1차 미 · 소공동위원회가 난항을 거듭하고 있을 때, 4월 6일 뜻밖에도 샌프란시스코발 통신에 주한미군 당국이 이승만을 주석으로 남한에 단독정부수립을 구상하고 있다는 보도가 나와 국내외가 놀라고 긴장을 했으나 곧 워싱턴 당국과 「러취」 미군정 장관이 이를 부인하는 일이 있었는데 이러한 분위기에 긴장한 한국독립당(위원장 김구, 부위원장 조소앙)은 4월 18일, 안재홍의 국민당과 군소정당의 연합체인 신한민족당을 통합하여 한민당에 맞서게 하고, 임정의 김규식은 좌 · 우합작운동을 일으키면서 중간 우익의 노선을 걷게 되었다. 제1차 미·소공동위원회가 결렬되었다는 소식을 듣고 우익진영은 5월 12일, 서울운동장에서 독립전취국민대회를 열고 반탁원칙 하에 독립정부의 수립을 전취할 것을 결의하였고, 이 대회에 참석했던 일부 청년들이 자유신문, 중앙일보, 인민보와 공산당, 전평, 민청 등의 사무실을 습격하여 찬탁을 부르짖는 좌익에 경종을 알리기도 했으나 익일 이로 인해 대회책임자 오화영 등 8명이 구속되기도 했다.

5월 15일, 미군정은 공보국을 통하여 "공산당이 본부로 사용하고 있는 조선정판사에서 위조지폐 1,500만 원을 인쇄사용하여 남한의 경제를 교란한 사실이 발각되었다"는 발표가 나와 내외가 어수선하였는데 16일 조선공산당은 이를 전면 부인하고 나왔으나 군정당국은 18일 공산당본부를 압수 수색하고, 그 기관지인 해방일보를 정간시켰으며, 정판사의 문을 닫게 하고 5월 27일에는 공산당본부 건물에 명도령을 내렸다. 또한 공산분자의 침투를 막기 위하여 5월 23일부로 허가 없이는 38선의 경계를 넘지 못하도록 했으며 6월 3일에는 학원 내에서 좌익공작을 하고 있는 경성대학 교수 도상록, 백남운을 파면토록 조치했다. 이와 같이 미군정 당국은 공산당에 대한 강경조치와 함께 좌·우합작을 한국정부수립방안으로 내세운 김규식으로 하여금 5월 25일부터 여운형과 접촉을 하도록 하고 6월 14일에는 원세훈, 허헌과 더불어 4자회합을 갖게 하였다.

이때 남한일대를 순회하면서 반탁운동을 전개하고 있던 이승만 박사는 6월 3일 전라북도 정읍에서 "남한만이라도 임시정부 혹은 위원회 같은 것을 조직하겠다"라고 담화를 발표하고 상경하여 10일에는 독립촉성국민회 전국대표자대회, 18일에는 독촉애국부인회대회를 열고 남한단독정부수립운동을 벌였다. 익일 11일에 미군정 장관「러취」는 이승만의 단독정부수립안에 반대의 뜻을 표명했으나 이승만 박사는 동 27일에 민족의 단합에 의한 자주독립국가 재건을 목적으로 "민족통일총본부"를 조직하고 임정계통의 비상국민회의와 한민당을 산하에 끌어넣어 다음과 같이 부서를 조직하였다.

총　재	이승만								
부총재	김　구								
협의원	이시영	조성환	오하영	김성수	이범석	윤보선	김동원	허　정	방응모	이묘묵
	김순당	노마리아							
정경부	김병노	김상덕	이윤영						
노농부	고창일	장자일	전진한						
선전부	홍성하	장석영	긴선호						
청년부	김철수	김효석	김　산	박용만					
부녀부	박현숙	바승호	임영신	환신덕					

　　그러나 김구를 중심으로 한 임정계 인사들을 망라해서 일단 조직을 결성했으나 실은 임정계는 처음부터 남·북좌우의 합작에 의한 통일정부수립을 목표로 했었기 때문에 이승만의 남한단독정부수립안에는 부정적인 생각을 갖고 있었으므로 동 29일 비상국민회의에서 이승만을 중심으로 조직한 민족통일총본부에 불참할 것을 결의하였다. 그리하여 이승만은 일본으로부터 보내온 윤봉길, 이봉창, 백정기 3의사의 유골을 국민장으로 효창공원에 안장하는 7월 6일 국민대회에서 민족통일총본부결성에 대한 내용만 알리고 독립촉성회(위원장 이시영)와 한민당 그리고 일제시의 관료 경찰을 흡수하여 지방조직을 계속 강화해 나갔다. 물론 민족통일총본부의 노선은 남한자율정부수립과 공산주의에 대한 적극투쟁이었다.

　　그런데 「하지」 장군은 이승만 박사의 노선과는 달리 6월 30일 김규식의 좌·우합작을 지지한다고 성명을 발표하고 또 7월 2일에는 김규식계와 여운형계 합작이 효과를 거둘 것을 확신한다고 발표를 했다. 그리고 7월 9일 「러취」 군정 장관이 7월 1일 「하지」 장군에게 제안한 남조선입법기관설치안을 찬성한다고 발표했다. 이러는 사이 7월 8일 김규식과 여운형은 좌·우합작공작에 의견의 일치를 보았고 동 13일 양측의 공식합작교섭회의와 동 21일 합작예비회의를 거쳐 동 25일에 덕수궁 석조전에서 정식회의를 열었는데 우측 대표는 김규식, 원세훈, 안재홍, 최동오, 김명준 등이며 좌측대표는 여운형, 이강국, 정노시, 성주식 등이 참석하여 양측이 각각 합작원칙을 제시하였는데 우측은 ① 미·소공동위원회재개와 신탁통치문제를 임시정부수립 후 해결토록 하고 ② 임시정부수립 후 6개월 이내에 보통선거를 실시하여 의회성립 후 3개월 이내에 정식정부를 수립토록 할 것을 주장한 데 대하여, 좌측은 ① 모스크바 3상회의를 전적으로 지지하고 ② 이른바 북조선민주주의 민족전선과 직접 회담토록 하고 ③ 인민위원회에 대하여 남한정권이 즉시 양보하고 ④ 한의 군정고문제도와 입법기관창설안을 반대하고 나옴으로써 회의가 난항을 겪고 있을때 8월 24일 「하지」 장군은 좌·우합작대표에게 성공을 희망한다는 서한을 보냈으며 8일 27일에는 「러취」 미군정 장관이 오는 10월에 입법기관을 설치할 뜻을 밝히기도 했으나 합작회의는 결렬되고 말았고, 한독당은 이 회담을 조심스럽게 관망을 하고 있었으나 한민당은 노골적으로 이를 반대하고 있는 중 미군정 내부에서는 은연중 이승만 또는 이범석을 미는 분위기였다.

　　미군정 당국은 8월 15일 해방 1주년을 맞이하는 때를 전후하여 좌·우합작에 의한 입법기관 설치를 서두르고 있었으나 이와 같이 합작회의는 결렬되고 말았고, 기술한 바와 같이 미군정당국은 공산당의 정판사위조지폐사건수색과 공산당기관지의 정간처분, 학원 내에 침투한 좌익교수 도상록의 파면조치, 동 6월 24일 서울주재 소련영사관의 철거결정, 동 6월 19일 일제시 관립대학전문교를 통합하여 국립서울대학교설치안 발표, 동 25일 위조지폐사건관련자 대량검거, 동 7월 6일 동 혐의로 공산당 이관술 체포, 동 17일 신당동에서 인민당 당수 여운형 암살미수사건 발생, 동 24일 북한에서 밀파된 요인암살선발대체포 등으로 남한의 정국이 극도로 혼란하고 긴장의 도가니로 휩싸이고 있을 때 7월 29일 서울지방법원에서는 위조지폐 사건의 첫 공판이 열렸는데 좌익계 방청석에서 대소동을 일으키므로 50여 명이 체포되었으며 동 8월 2일에는 민주주의민족전선의 의장단 여운형, 허헌, 박헌영, 김원봉에게 구인장이 발송되었고 동 5일에는 공판장에서 난동을 일으킨 불순자들을 군사재판에 회부했다. 이후 공산주의자들은 지하로 숨게 되었지만 계속 동조자 또는 언론기관을 통하여 미군정을 비난하고 사실무근한 유언비어를 유포하여 민심을 교란시키고 있었다. 9월 3일 장택상 수도경찰청장은 공산당의 지하공작음모를 타도할 것을 천명하고 동 6일 조선인민보, 현대일보, 중앙일보를 정간처분해 동 7일에는 비상계엄령을 선포하여 공산당간부 박헌영, 이단하, 이강국 등에 체포령을 내리고 동 8일에는 명륜동에서 이단하를 체포하였다. 이와 같이 미군정 당국의 좌익에 대한 강압정책이 시행되자 9월 5일 인민당, 신민당, 공산당은 합당의 뜻을 밝히고, 동 23일에는 드디어 남조선노동당 창당에 착수하는 한편 지하조직망을 통하여 각 직장에 총파업 내지 맹휴를 지령하였다.

이때 남한 전역에는 식량난이 극심했는데 그 이유는 해방 후 북한 및 해외동포가 수백만이 들어온 데다가 군정 1년간의 경제정책이 혼란한 틈을 타서 일부 상인들의 매점매석이 이루어져 쌀값 폭등을 조작했기 때문이다. 8월 21일 미군정 당국은 이를 극복하기 위해서 급히 3,500만 불의 미국 잉여농산물을 도입한다고 발표했고, 또 9월 13일에 운크라를 거쳐 그 일부를 받아들였으나 식량난을 극복하기에는 태부족한 상태였다. 따라서 물가는 평균 3배로 폭등하여 서민과 봉급자의 생계가 어려워졌고 농민 또한 불평이 높아지고 있었다. 또한 일제 시 경찰공무원이 대다수 그대로 남아 자리를 지키고 권력을 남용하고 있어 원성이 높았다. 그리하여 9월 20일 미군정은 모든 행정권을 한국인에게 이양한다고 발표하고 민심안정에 노력을 했다.

지하로 잠입한 공산당은 계속해서 9월 5일 서울대학교 이공학부 교직원 38명을 선동하여 국립대학안 반대를 외치며 총사직을 하게 했고, 9월 24일에는 용산철도공장을 중심으로 철도공무원 1만5천명이 식량특별배급과 처우개선을 요구하며 파업에 들어가 경찰과 충돌을 일으키게 되니 공산당은 각 직장조직망을 통해서 이른바 동정파업을 지령하여 9월 말부터 10월 초에 걸쳐 남한의 철도, 출판, 전신, 선기, 해운 등 주요 기관이 한때 마비되었고 일부 학원들은 동맹휴학을 일으키며 반미데모로 확산되어 가고 있었다. 그 결과 가장 큰 사건이 대구 10 · 1 폭동이다.

1) 10 · 1 대구폭동사건

1946년 10월 1일 대구에서도 군중의 시위가 있었는데 이를 제지하던 경찰과 충돌하여 몇 학생들의 사상자가 발생했었다. 이를 기화로 좌익노동자와 학생이 군중을 선동하여 폭동을 일으켜고 동 2일에는 경찰서를 습격 점령하여 경찰관 20명이 살해되고 50명이 부상당했으며 30명이 행방불명되는 등 많은 시민의 희생자가 발생하게 되었다. 미군정 당국은 계엄령을 선포하여 경향 각지의 파업 및 폭동주모자를 검거하기 시작했는데 철도파업 관계자만도 1,700명을 체포하였다. 이와 같은 대구폭동의 여파는 곧 영남과 호남 그리고 충청도 지방까지 소요가 일어났으며 동 3일에는 대구형무소 죄수 400여 명이 탈옥한 사건이 발생했다. 대구의 치안이 회복된 것은 7일이었지만 남한 전역은 동 10월 중순에 이르러서야 소요가 진압이 되었다. 10월 7일, 조병옥 경찰부장은 이번 대구폭동사건의 주모자는 손기영 대구공산당책임자였고 폭도사상자 42명, 피검거자 636명, 경찰사망자 33명, 동 부상자가 135명이었다고 발표했으며, 10월 15일에는 전국적으로 이번 소요사건에 관련되어 체포된 자가 2,700명이라고 발표했다.

2) 좌·우 합작의 극적인 합의

궁극적으로 민족의 존재를 말살하려는 공산주의자들의 파괴공작에 의해 민족이 해방된 1년여 동안 동족끼리의 살상과 소요를 겪은 후 이제까지 좌우합작에 엉거주춤하고 있던 미군정 당국이 우측으로 확실하게 태도가 변했고 좌익의 과격파가 자취를 감추게 되니 10월 2일 좌익대표 여운형이 입원 중인 우익대표 김규식을 심방하고 요담한 끝에 10월 7일 합작회의를 재개하게 되었다. 우익대표명단은 제1차회의 대표명단과 같았으나 좌익대표단은 여운형, 장건상, 백남운, 박건웅, 김성숙 5명으로서 비교적 온건파 인물들이었다. 따라서 회담이 순조롭게 진행되었고 안건 ① 미·소공동위원회의 재개요청 ② 좌·우합작에 의한 임시정부수립 ③ 좌·우합작위원회에 의한 입법기관구성원칙의 작성 등 7대원칙에 합의 발표하고 익일에는 입법의원을 90인으로 하되 관선 민선 동수로 하는 등 실행세칙을 작성하여 「하지」 장군에게 전달하였다.

3) 이승만 박사의 도미

이러한 좌·우합작위원회의 성과에 대하여 10월 8일 「하지」 장군은 입법기관 설치에 공헌할 것을 기대한다는 성명을 발표하고 동 11일에는 이 문제를 가지고 김구와 회담을 하였고 동 11월 18일 김구는 좌·우합작위원회에 기대한다는 담화를 발표함으로써 그의 노선을 재천명한 것이다. 그러나 이승만 박사는 10월 7일 담화를 통해서 "좌·우합작에 관하여 당분간 침묵을 지키겠다"는 뜻을 이미 밝힌 바 있었고 동 14일에는 김구와 더불어 비난의 담화를 발표하고 동 12월 2일에 미국 고위층과 접촉을 위해 도미의 길에 올랐다.

6. 입법원의 개설과 제2차 미 · 소공동위원회의 결렬

1) 입법의원 개원

미군정 당국은 1946년 9월 19일에 남조선입법의원의 개설과 그 내용에 대해서 이미 발표한 바가 있었으므로 합작위원회로부터 원칙 및 세칙이 전달되니 급속도로 구체화되어 동 10월 12일에 "남조선과도입법의원 설치에 관한 법령"을 군정법령 제118호로 공표하고 동 22일에는 남조선과도입법의원 창설절차를 공포하였다. 이에 따라 입법의원의 의원총수는 90인으로 하고 그 중 민선의원 45명은 11월 2일까지 각도단위로 간접선거에 의해 선출되었는데 단체별로는 독립촉성회 및 한민당계가 40명, 한독당계 2명, 민주주의민족전선계 2명, 김규식계 1명이었고, 관선의원 45명은 미군정 당국에 의하여 좌 · 우합작파를 비롯해서 각계각층의 인사로 12월 7일 인선을 마쳤다. 이렇게 선출된 입법의원의 1947년 9월 현재 명단은 다음과 같다.

민선의원	신익희	김도연	이갑성	이종근	양제박	최명환	문진교	유래완	하상훈	백남용
	백관수	윤석구	홍성하	고광표	서우석	이남규	천진철	황보욱	서상일	김국태
	긴영규	황철성	홍순철	유 호	김원봉	이종철	유영근	정진희	이일우	백남채
	이 활	김광현	김용모	오이상	신중묵	하만한	손문지	오용국		
관선의원	김규식	최도오	신기석	원세훈	김명준	박건웅	황진남	방무술	강 순	탁창혁
	차기언	김학배	이봉구	신의경(여)	황신덕(여)	박승호(여)	박현숙(여)	여운홍	장자일	김지강
	장연송	하경덕	허강용	김 호	허 규	고창일	김 돈	변성옥	정광조	김법린
	장 면	오하영	정의영	김약수	이응진	이순택	엄우용	김원용	신 숙	안동원
	김상덕	김익동	이갑수	박용의	이관구					

이상 민선 당선내용을 보면 한민당과 독립촉성회 등 이승만계가 압도적으로 승리를 거두었다. 물론 지방조직이 강대한 탓이기도 했지만 영남과 호남지방에서는 소요사건으로 불안한 분위기 가운데 일부경찰의 위압적인 간섭의 영향도 있었다고 김규식은 「하지」 장군을 방문 일부지방의 선거를 무효로 할 것을 요구하기도 했으나 「하지」 장군은 관선의원은 좌우합작파가 우세하므로 단결하여 이를 견제할 것을 종용하였다. 1946년 12월 11일 의원들의 등록을 마치고 동 12일에 역사적인 민주주의 삼권분립정신에 의한 입법기관으로서 남조선과도입법의원 개원식을 갖고 김규식을 53 대 19표로 의장으로 선출했으며 동 20일부터 본회의를 열고 1947년 1월 1일에 최동오, 윤기섭을 부의장으로 선출하였다. 입법의원의 권한은 "일반복리

와 이해에 관계되는 사항 및 군정장관이 위탁한 사항에 관하여 군정장관이 동의하고 서명 날인할 때 법률로서 효력을 갖는 법령을 제정함"에 있었다. 또한 입법의원에는 8개의 상임위원회와 6개의 특별위원회를 두고 총 50여 개의 법을 제정했는데 그 중 가장 중요한 것은 1947년 6월 27일에 통과한 총선거를 위한 선거법이었다.

2) 남조선과도정부 수립

미군정청은 행정권을 한국인에게 이양하겠다는 1945년 9월 20일자 성명에 따라 1947년 2월 5일 안재홍을 민정 장관에 취임하게 하고 지금까지 미군정 장관이 군사령관 밑에서 관장했던 13부(문교, 사법, 경무, 농무, 상무, 재무, 운수, 체신, 보건후생, 공보, 국방, 토목, 노동)와 6개처(인사행정, 식량행정, 물가행정, 관재행정, 외무행정, 서무행정) 부처장을 한인으로서 안재홍 신임군정 장관이 관할하게 되었으며 미국인 전부처장은 고문역을 맡게 되었다. 이리하여 안재홍 초대민정 장관은 동 12일에 시정방침을 발표하여 혼란된 정국타개수습에 힘을 기울였으며 이어서 3월 15일에 인사행정권을 인수받고 4월 4일에는 중앙청의 기구를 13부 3처 3원으로 개편하였다. 이와 같이 국내의 모든 행정권이 한국인에게 이양됨에 따라 지금까지 재조선미군정청 조선인기관이라 부르던 것을 6월 3일부터는 남조선과도정부라고 부르게 되었고, 6월 20일에는 미국에 체류하고 있는 서재필 박사를 특별의정관으로 임명하여 7월 1일에 환국하여 고문이 되게 하였다.

3) 미 · 소공동위원회의 결렬

이렇게 하여 과도정부가 초보적인 삼권분립의 형태를 갖추어 입법의원의 틀이 잡혀가고 있을 때 1956년 12월 26일 의원직을 거부하고 미국으로 건너간 이승만 박사는 임병직, 임영신을 UN 총회에 보내 한국문제 상정을 꾀하는 한편 미국정부요인을 찾아다니며 주한미군정 당국이 좌익에 호의를 가지고 있다고 비난하고 1947년 1월 15일에는 워싱턴에서 방송을 통해서 남한에서의 반탁폭동설을 전면 부인하고 동 2월 7일에는 남한과도정부수립을 발표함으로써 남한단독정부수립을 촉구하였다. 상황이 이렇게 돌아가니 2월 14일 「하지」 장군도 한국문제를 협의하기 위해 미국으로 떠났고, 동 17일에는 미 · 소공동위원회의 미측대표가 남한임시정부 수립이 모스크바 협정을 실천하는 첫 단계라고 성명을 발표하고 동 2월 27일 「하지」장군도 남한정부의수립을 인정한다고 발표를 했다. 이어서 3월 5일 워싱턴에서 다시 남한에 있어서의 군정계속은 한국의 독립을 저해하는 것이라고 발표했으며 동 28일에는 민주남한을 건설하기 위한 경비로 6,800만원을 미국정부에 요청한 후에 4월 5일 서울로 돌아왔는데 바로 같은 날 북한주둔 소련군사령관 「치스차코프」 대장이 해임되고 후임으로 「코로토프」 중장이 취임했다. 이어서 4월 21일에는 이승만 박사가 미국유세를 마치고 서울로 돌아오게 되니 미군정

당국은 이승만 박사를 조심스럽게 도우면서 미ㆍ소공동위원회 재개를 촉구하게 되었다.

　　미국정부는 이와 같이 이승만 박사의 노선에 따라 남한 임시정부수립 방침을 내외에 밝히는 한편 1947년 4월 8일자로 「마샬」 미 국무 장관은 미ㆍ소공동위의 재개를 위한 시일과 장소를 지정하여 줄 것을 요구하고 "미ㆍ소공동위원회는 의사발표자유의 민주주의권리를 존중하는 기본정신 하에 모스크바 결정에 의하여 그 의무를 추진시킬 것이나 만일 실패하면 미국은 필요한 조치를 단행하겠다" 라는 서한을 소련외상 「모로토프」에게 보냈다. 동 4월 19일 「모로토프」 외상은 공동위원회를 5월 20일 서울에서 재개할 것을 제의하고 "어떠한 단체를 회의에서 제거하려고 한 것은 미국이었고 소련이 아니므로 미국이 회의 실패에 책임을 져야 한다"는 회신이 왔다. 이와 같이 소련이 회의 재개를 수락한 것은 때마침 워싱턴에서 공산주의를 방어하기 위해 트루만정책에 의하여 3개년간 일방적 한국원조정책이 입안되고 있었기 때문이었다. 이렇게 해서 「하지」 장군과 「치스차코프」 장군 사이에 합의된 조문을 원칙으로 하여 1947년 5월 21일 덕수궁에서 제2차 미ㆍ소공동위원회가 재개되었다.

　　그러나 이에 앞서 남한에서는 정판사위조지폐사건 등으로 공산당에 대한 탄압이 본격화되고 있을 때 1946년 8월 북한에서는 김일성의 북조선공산당과 김두봉의 조선신민당이 합당을 하여 북조선노동당을 결성했고, 이에 호응하여 남한에서도 동 9월 초부터 조선인민당, 신민당, 조선공산당이 합당하여 남조선노동당 창당을 추진하였으나 각 당의 이념 차이와 주도권쟁탈로 실현을 보지 못하다가 10월 16일 인민당의 여운형, 신민당의 백남운, 공산당의 강진 등이 사회노동당을 결성했고, 또 11월 23일은 인민당의 이기석, 신민당의 허헌, 공산당의 박헌영 등이 남조선노동당을 결성하였다. 그 후 사회노동당은 남노ㆍ북노당으로부터 좌익분열자라는 혹평을 받는 한편 당내주도권문제와 좌ㆍ우합작문제 등으로 자체 내에서 알력을 일으키다가 1947년 초에 다시 남노당과의 합당을 시도했지만 해방파의 대거탈당으로 말미암아 무산되고 말았다. 또 5월 24일에 여운형은 근로인민당을 결성하여 스스로 위원장이 되고 부위원장에 백남운, 이영, 장건상 그리고 상임위원으로 이여성, 이상백, 문갑송, 이만규, 정배, 이은우 등 27명을 선임하고 미ㆍ소공동위원회에 적극 참여하여 친일반역자들을 배제하고 인민위원회의 체제 하에 인민공화국이라는 민주통일임시정부를 수립한다는 노선을 분명히 내걸었다.

　　또한 이러한 좌익정당의 움직임에 대하여 특히 대구폭동사건을 계기로 우익진영에서는 여러 청년단체가 탄생되어 공산당의 파괴공작에 대항을 하게 되었는데 1946년 10월 12일 이범석을 단장으로 한 민족청년단, 동 28일에는 독립촉성전국청년회, 동 12월 13일에는 서북청년회 등이 결성되었는데 특히 서북청년회는 공산치하로부터 남하한 서북인들로 구성되어 강력하게 공산주의 타도를 외쳤던 단체이며, 민족청년단은 12월 2일부터 훈련소를 개설하여 대공투쟁교육을 실시했다. 그리고 이들 청년단체들은 이승만 박사의 노선에 따라 남한단독정부 수립을 지향하고 있었다.

이와 같이 좌·우익정치단체들이 치열하게 세력다툼을 하고 있을 때 제2차 미·소공동위원회가 열리게 된 것이다. 1947년 5월 12일 미국 측 수석대표 「브라운」 장군은 미측위원을 소집하여 대책을 숙의하고 동 18일에는 이승만, 김구, 김성수, 조소앙, 백남운, 조완수, 장덕수, 서상일 등을 덕수궁으로 초청하여 의견을 타진하였다. 그러나 동 19일에 이승만 박사는 공동위원회에 불참할 것을 공표하였으나 예정대로 동 20일 소련 측 대표 「스티코프」 일행이 서울에 도착했고, 미군정 당국은 회담을 순조롭게 진행시키기 위해서 만일 공동위원회를 반대하는 행동이나 언동을 하는 자는 엄벌하겠다는 담화를 발표했다. 그리고 동 21일부터 덕수궁에서 회의가 열리게 되었는데 1주일간은 의례적인 상견례와 연회 등으로 보냈고 동 5월 28일부터 본회의에 들어갔으나 벽두부터 협의단체 범위에 대한 양측의 의견대립으로 회의는 난항을 겪다가 동 6월 11일에야 공동위원회의 질문서를 각 정당단체에 배부하여 선언서 답신서를 제출하도록 했다. 동 6월 20일까지 310개의 정당단체가 문서교부를 받았고 그 중 56개의 단체가 선언서에 서명함으로써 이로써 동 6월 25일 중앙청 제1회의실에서 공동위원회와 정당대표의 합동회의를 하였으며 동 6월 29일에는 평양으로 가서 7월 1일부터 북한정당대표와 합동회의를 하고 동 7월 4일에 서울로 돌아왔다.

미·소 공동위원회에 참가하기를 청원하는 단체가 남한에서 452개, 북한에서 38개 도합 463개였으나 그 중 마감일인 4일까지 답신서를 제출한 것은 432개의 단체였다. 이리하여 7월 8일 미·소 공동위원회는 다시 본회의를 열고 답신서를 검토하기 시작했는데 7월 15일 양측은 협의대상문제로 다시 의견을 달리하기 시작했다. 즉 국호, 임시정부의 수립방법, 토지개혁 및 친일반역자 처리 등을 기입한 답신서의 내용을 정리하면 대체로 다음 3가지로 되어 있었다.

우익의 연합체인 임시정부수립대책협의회는 ① 국호를 대한민국으로 할 것 ② 임정의 수립방법을 공위협의단체를 통하여 공위와 4개국의 동의로 발효할 것 ③ 토지개혁을 유가매상有價買上 유가분배有價分配로 할 것 ④ 친일파의 처리를 법률로 정하되 민족에 해를 끼친 악질자에 국한할 것 등을 주장한 데 반하여, 중간파인 시국대책협의회는 ① 국호를 고려공화국으로 ② 임정의 수립방법을 공위협의단체의 대표자회의로 달성할 것 등을 주장하고, 좌익의 합동체인 민주주의민족전선에서는 ① 국호를 조선인민공화국으로 ② 임정의 수립방법을 공위협의단체의 건의로 공위가 내각을 조직하고 4개국 승인으로 성립토록 할 것 ③ 토지개혁을 무상몰수無償沒收, 무상분배無償分配 ④ 친일파를 일제 시의 귀족원의원貴族院議員, 수작자授爵者, 중추원고문·참의, 도부회 의원, 총독부 도·시·군의 책임자, 경찰, 헌병, 검사국, 재판소의 책임자 또는 악질복무자, 군수품생산자, 경제자원제공자, 친일단체, 황민화운동의 지도자로 할 것을 주장했다.

이렇게 공동위원회의 의견이 대립되고 있던 7월 19일 혜화동 로터리에서 근로인민당 당수여운형 암살사건이 발생했다. 이로 인해 7월 21일 소련 대표 측에서 협의대상에서 반탁진 영을 제거해야 한다고 성명을 발표했고, 7월 27일 우익진영에서는 국민대회를 열고 미·소 공 동위원회 철폐를 결의했다. 이어서 좌익진영은 남한적화계획과 군정파괴음모를 노골화하니 8월 11일부터 미군정 당국은 좌익진영의 대검거선풍을 일으켜 10일 동안에 500여 명을 포고 령 위반으로 검거하니 이에 소련 측 대표가 비난을 하고 나섰다. 그러나 「하지」 장군은 8월 23 일 성명을 통해 좌익검거는 소요방비책이라고 일축했고, 8월 26일 방한한 「웨더마이어」 미국 대통령 특사에게 보고한 후 소련 측 대표에게 한국문제에 관한 4개국회의를 개최할 것을 제의 했다. 그러나 9월 8일 소련은 이를 거부했고 9월 9일에는 공동위의 공동보고문작성조차 거절 했다. 9월 17일 미국은 할 수 없이 한국문제를 UN 총회에 상정시켜 9월 23일에 41대 6표로 한 국문제 토의안을 통과시키니 9월 26일 제61차 공동위원회 본회의에서 소련 측 대표는 내년 초 에 미·소 양군이 동시에 철병할 것을 제의하고 나왔다. 이에 대하여 미국 측 대표는 한국문 제토의가 10월 18일 UN 총회에서 완료될 때까지 공동위원회를 휴회할 것을 제의했고, 9월 19 일 UN 전체회의에서 소련 측의 철병안을 미측에서 정식으로 거부하고 동 9월 20일 휴회로 들 어가 9월 21일 소련측 대표단 전원이 철수함으로써 미·소 공동위원회는 완전히 결렬되고 말 았다.

7. UN의 한국문제 처리와 남북협상의 실패

제2차 미·소 공동위원회가 이렇게 결렬의 위기에 직면하자 1947년 8월 28일 「마샬」 미 국무장관은 「모로토프」 소련 외상에게 서한을 보내 한국문제를 미국, 소련, 영국, 중국 등 4개 국회의에 회부할 것을 제의했다. 그러나 소련 외상은 이를 또 거부했다. 그리하여 미국은 1947년 9월 17일 다시 소련에 서한을 보내 "미국정부는 소련 측 거부를 고려한 후 한국독립문 제를 차기 UN 총회에 회부하기로 결정하였다"라고 통고한 후 바로 UN 사무총장에게 한국독 립문제를 의안으로 채택해 줄 것을 요청했다. 그리고 동 9월 21일에 열린 UN 운영위원회에서 이 안은 11 대 2로 가결되었고 동 9월 23일 총회에서 41 대 6표로 채택이 되었다. 이렇게 한국 독립문제는 1947년 10월 19일 전체회의에서 한국문제를 제1정치안전분과위원회에 회부하여 심의토록 하고 그 결과를 총회에 보고토록 하였다. 이에 따라 제1정치안전분과위원회는 1947 년 10월 28일부터 한국문제를 토의하기 시작하여 동 10월 30일에는 한국에 UN위원단을 파견 하는 안을 41 대 0으로 가결했으며 1947년 11월 6일에는 한국에 UN 감시위원회를 설치하는

안을 43 대 6 기권 4표로 가결했다.

또한 이 회의에서 미국은 UN 감시 하에 총선거를 실시하여 정부수립과 동시에 미 · 소 군이 철수하고 이들을 감시 또는 협의하기 위하여 UN 한국임시위원단을 설치할 것을 제안한 데 반하여 소련대표는 본문제 토의를 위해 남북대표를 정치위원회에 참석하게 할 것과 한국 자신의 정부수립을 위하여 미 · 소 양군이 동시에 철수할 것을 내용으로 하는 반대안을 제출 했으나 정치위원회는 미국안을 채택하고 이를 총회에 상정한 바 11월 14일 찬성 43대 0표 기 권 6표로 원안대로 미국안이 통과되었다. 그리고 11월 18일 UN 총회에서는 한국총선거비용 으로 53만 8천 불을 지출할 것을 의결하였다. 또한 11월 24일 UN 사무총장은 미 · 소 양국에 대하여 UN 한국임시위원단이 한국에서 활동하는 데 협조를 할 것을 전달하고, 12월 2일에는 한국위원단파견 등에 관한 법안 작성 그리고 12월 3일에는 UN 극동경영위원회로 하여금 한 국위원단구성 및 한국점령군과 협의할 사항을 의결하였는데 그 내용은 ① UN 한국위원단은 호주, 캐나다, 중국, 엘살바도르, 프랑스, 인도, 필리핀, 시리아, 우크라이나 등 9개국 대표로 구성하고, 단장에는 중국대표 「호세택胡世澤」으로 하며 ② 1948년 3월 30일 이내에 한국 전역 에 걸쳐 UN 감시 하에 총선거를 실시하여 국회를 구성하고 ③ 국회는 중앙정부를 구성하여 UN 한국위원단에 통고하여 ④ 중앙정부는 UN 한국위원단과 협의하여 보안군의 편성과 일체 의 군사단체의 해산과 남북한점령군사령관 또는 민정당국으로부터의 정권이양과 가능하면 90일 이내에 점령군의 완전철수를 실시하고 ⑤ UN 한국위원단은 그 결과를 UN 총회에 보고 하며 사태의 진전에 따라서는 소총회와 협의한다. 그러나 12월 18일 소련정부는 UN 한국위원 단의 파견을 반대한다는 성명을 발표함으로써 그 위성국인 우크라이나도 참가를 거부했다.

모처럼 기대를 했던 한국정부수립을 위한 UN 한국위원단 파견문제가 소련의 불참으로 어렵게 되자 12월 18일 이승만 박사는 성명을 발표하고 민족자결로 총선거를 실시할 것을 주 장하고 나왔고, 12월 22일에는 김구 선생이 남한단독정부수립을 반대한다는 성명을 발표하여 소위 민족지도자들 사이에 이견이 분분할 때 1948년 1월 8일 UN 한국위원단 사무국장 「호세 택胡世澤」, 중국대표 「류어만 劉馭萬」, 프랑스대표 「폴발큐」, 호주대표 「잭슨」, 필리핀대표 「아 렌스」 등 일행이 입경하여 이를 환영하는 이승만 박사를 중심으로 1월 10일에 민족대표단의 부서가 결정되었다.

이리하여 동 1월 12일부터 한국위원단은 덕수궁 석조전에서 회의를 열고 인도대표 「메 논」을 임시의장으로 선출하고 1월 13일에는 한국대표와도 협의할 것을 결의하고 1월 19일까 지 3개의 분과위원회와 1개의 특별위원회와 감시단을 설치하여 남북한을 통한 총선거 실시방 법을 본격적으로 토의하게 되었다. 1월 20일 메논 의장은 「하지」 장군과 요담을 했고, 1월 21 일에는 전국방송을 통하여 한국인의 염원인 독립의 위업을 반드시 완수토록 하겠다는 성명을 발표하는 한편 북한주둔 소련군 사령관에게 면담을 요청하였으나 거절을 당했다. 그리하여 한국위원단이 북한을 방문하기 위해 소련정부에 요청을 해보았지만 역시 이루지 못하고 말았다. 한편 1월 22일 한국위원단은 한국인협의대상자를 이승만, 김구, 김규식, 김성수 등을 지명하고 1월 25일부터 협의를 시작했는데 이 자리에서 이승만 박사는 한국인의 국권회복은 당연한 권리라고 주장한 데 대하여 김구는 그것이 남북한주둔군 철수 후 자유선거실시로 가능하다고 주장함으로써 의견의 대립을 보이고 있을 때 1월 29일 군정장관 「딘」 소장은 한국민이 결심만 하면 자유선거는 언제나 가능하다는 담화를 발표하기도 했다.

한편 2월 3일에 이승만 박사는 사상과 행동의 통일로 민족자결정신을 발로하자는 담화를 발표했는데 2월 6일에는 김구 선생이 남북협상방안을 한국위원단에 제출하고 2월 10일에는 "삼천만 동포에 읍소하노라"라는 성명을 통해 북과 협상을 하겠다는 뜻을 국민에게 발표하고 있을 때 북은 이날 북한 단독으로 이미 헌법을 공포하고 김일성 정부, 즉 인민공화국수립을 마쳤으며 또 인민군을 편성하여 38선을 굳게 지키고 있었다. 이와 같이 38선이 군사적 경계선으로부터 정치적 경계선으로 굳어져 가는 것을 본 UN 한국위원단은 서울을 떠나 한국정세를 UN 소총회에 보고하니 2월 24일 UN 정무회에서는 UN 소총회에 "한국의 가능한 지역에 한하여 총선거를 실시할 방안"을 제의하게 하여 2월 25일 소총회에서 영국, 필리핀 등 8개국 대표의 지지연설을 거쳐 2월 26일 찬성 31 대 6 기권 11표로 가결되었다.

이와 같이 UN 소총회의 결정이 내려지자 2월 28일 「하지」 장군은 이를 지지하는 성명을 발표하고 3월 1일 3 · 1절 기념식상에서 5월 9일(일요일) 남한지역에서 총선거를 실시한다고 발표를 했다. 이어서 3월 2일 미군정 장관 「딘」 소장이 정진설, 최두선 등 15인을 중앙선거위원으로 임명 발표하였다. 그리고 동 3월 4일 UN 안전보장이사회에서 미국대표가 한국의 분할독립을 역설한 후 동 3월 12일 남한총선거실시안을 4 대 2로 의결하고 동 4월 3일 총선거일자는 기독교인들의 반대로 일요일을 피하여 5월 10일로 연장한다고 결정하였다.

1) 남북조선정치사회단체 대표자연석회의

이와 같이 미군정에서는 UN 안전보장이사회의 결정에 따라서 남한단독선거를 준비하고 있을때 3월 8일 김구, 김규식은 북한 김일성에게 남북협상회의를 제의하는 서한을 보냈고 3월 25일 북한 김일성은 이를 수락한다는 회신을 보내왔는데 그 내용은 "4월 초에 평양에서 조선정세에 대한 의견을 교환하고 남조선의 반동선거를 찬성한 UN 총회의 결정을 반대하여 투쟁하는 남북지도자회의를 열자"고 제의하고 동 3월 28일에는 남한지도자 15명에게 초청장을 보내왔다. 이에 따라 김구, 김규식, 홍명희, 이극노 등은 동 4월 2일 밤 경교장에 모여 대비책을 숙의한 후 동 4월 6일 연락원을 북에 보냈다. 이러한 김구, 김규식 등의 움직임에 대하여 미군정 장관 「딘」 소장은 논평을 통해서 "동회담에 방해도 후원도 할 의사가 없다"라고 발표했다. 이리하여 동 4월 19일부터 동 26일까지 평양 모란봉극장에서 남 · 북조선 46개 단체대표

545명이 모인 가운데 "남북조선정치사회단체 대표자연석회의"가 열렸는데 이 회의에 김구, 조소앙, 조완구, 이극노, 홍명희, 백남운, 허헌, 박헌영 등이 참석을 했고 김구는 "우리의 공동투쟁목표는 남조선만의 단독선거를 반대하는 것이어야 한다"는 요지의 발언을 한 후 김규식, 김일성, 김두봉 등 4자회담을 했다. 그리고 3차에 걸친 회담에서 ① 양군철수 후 남북조선정당사회단체대표로서 임시정부를 세우고 그 뒤 전국총선거로서 입법기관을 설치하여 헌법을 제정하고 정식통일정부를 세우자 라는 "조선정치정세에관한결정서"와 ② 남조선선거는 조국을 분할시켜 외국에 예속시키려는 매국노의 발호跋扈라고 동조자들을 선동하는 "조선인민에 보내는 檄文"을 공산당 주도 하에 채택을 하고 회의를 마쳤는데 5월 5일 김구 일행은 서울로 돌아와 5월 9일 "우리 일행은 큰 소득은 말할 수 없으나 장래 남북의 우리 동포는 통일적으로 영구히 손잡고 살아가겠다는 기초를 닦아놓았다"라고 성명을 발표하였지만 사실은 이로써 남북협상은 깨지고 만 것이다.

2) 제주4 · 3 폭동사건

상술한 바와 같이 남한에서는 총선거를 실시하여 남한단독정부수립계획이 진행되고 있고 또한 이를 반대하는 김구를 중심으로 남북협상이 추진되고 있는 사이에 남한의 좌익진영에서는 남한 각처에서 총선거방해공작을 펼치고 있었는데 그 중 가장 큰 사건이 1948년 4월 3일 제주도에서 발생한 소위 제주4 · 3폭동사건이다. 제주도는 해방 후 1946년 7월 13일 도로 승격하여 도민 출신인 박경훈을 초대 제주도지사로 임명했는데 교통상 미군정의 행정력이 미약한 틈을 타서 남노당의 도당간부 김달삼, 이호제 등이 북로당으로부터 다수의 무기를 입수하고 배타성이 강한 도민들을 선동하여 관공서를 점령하고 살인, 약탈, 방화 등으로 많은 인명과 재산의 피해를 입혔으나 그 지역에 주둔해 있는 조선경비대 제9연대의 병력으로는 진압할 수 없이 여수부대의 지원을 받아 몽 7월 15일에 겨우 치안을 회복했으나 일부 무장폭도들은 한라산으로 잠입하여 이후 3년여에 걸쳐 때때로 출몰하여 치안을 소란시켰으며 이 사건으로 말미암아 군경 및 민간인 수만 명이 생명을 잃게 되었다.

3) 남한의 국방경비대 상황

여기서 잠시 남한의 국방경비대 상황을 살펴보지 않을 수 없다. 1945년 11월 13일 미군정하에 국방부가 설치되고 익년 1946년 1월 15일에 육군 1개 대대의 병력으로 남조선경비대라는 이름으로 육군을 창설하여 단독정부수립하기까지 5개 여단의 병력을 갖게 되었고, 1945년 11월 11일에 진해에서 70명의 동지로 결성된 해방병단이 1946년 6월 15일 1천여의 병력을 가지고 조선해안경비대로 출발을 해서 정부수립 후에 해군과 해병대로 나누어지게 되었다. 또한 공군은 1948년 4월 1일 7명의 동지가 남조선경비대보병학교에 들어가 동년 5월 5일 동경비대 항공기지부대를 편성하였고 1949년 10월 1일 독립하게 되었다.

　　이와 같이 당시는 남한의 군사력이 아주 보잘 것이 없었으므로 남북한의 주둔군을 철수시키고 총선거를 실시하자고 주장한 것은 결국 공산당의 우세한 조직망을 통하여 전한반도를 적화하려는 흉계였던 것이다. 그 한 예가 바로 제주공산당조직의 무장폭도사건이었으며, 뿐만 아니라 남조선경비대내에도 이미 상당한 공산분자가 침투되어 있어 정부수립 직후인 1948년 10월 19일 제주로 이동하던 경비대원이 "남북통일을 달성하려는 인민군으로 행동하자"는 구호를 외치며 여수반란사건을 일으켜 한때는 순천까지 점령을 하여 동족끼리 많은 유혈참사를 저지르기도 했다.

대한민국 정부수립

역사적인 대한민국 정부 수립
초대 대통령에 취임한 이승만 박사가 화동으로부터 축하 꽃다발을 받고 있다. (1948. 8. 15)

제**2**편

대한민국 정부수립 _

1. 5 · 10 선거

(1) 5 · 10 총선거

남조선 과도정부는 UN 감시위원단의 건의대로 사상 처음 민주주의방식에 따라 자유분위기속에서 선거를 치르기 위해 1948년 4월 8일 복역 중인 정치범을 모두 석방시키고 선거인 및 입후보자의 등록을 실시하였다. 그 결과 등록된 민 21세 이상의 유권자 수는 784만여 명이었고, 만 25세 이상의 입후보자 수는 902명이었다. 이리하여 역사적인 1948년 5월 10일 제주도를 제외한 남조선일대에 총선거가 실시되었다. 선거일을 앞두고 제주도와 영남지방 일부에서 좌익들의 방화, 살인과 선거사무소 습격 등 무려 348건의 불상사가 일어났으나 와중에 UN 감시위원단 입회하에 유권자의 91%인 748만여 명의 투표로 총선거를 마치게 되었다. 입후보자의 소속과 당선자 명단은 다음과 같다. 【참조. 1】

남한총선거구는 총 200이었으나 북제주군의 갑 · 을구에서 소요사건이 발생하여 선거무효를 선언함으로써 198명이 선출되게 되었고, 북제주군은 익년 5월 10일 재선거를 실시하여 국회의원수 200명을 채우게 되었다. 그리고 북한동포를 위해 100석을 남겨두었다. 남한에서 이와 같이 5 · 10 선거가 끝나자 북조선은 동 5월 14일부터 남조선에 전기송전을 끊어버리고 동 8월 25일 북조선총선거를 실시한 후 동 9월 9일에 김일성의 조선민주주의인민공화국을 설립했다.

입후보자소속 및 계열		당선자	
무소속	366명	85명	
대한독립촉성국민회	246명	53명	(이승만 계)
한국민주당	100명	29명	(김성수 계)
대동청년당	90명	14명	(이청천 계)
민족청년단	22명	6명	(이범석 계)
대한노동자총연맹	22명		
기독교	12명		
한국독립당	8명		
조민당 · 민통 등	약간명	11명	
계	902명	198명	

(2) 초대국회의 개원

남조선총선거를 통해 198명의 제헌국회의원이 선출됨에 따라서 동 5월 20일 입법의원이 폐원하고, 동 5월 29일에는 민주의원이 해산을 하게 되었다. 그리고 동 5월 31일 상오 10시에 중앙선거위원회의 소집으로 부민관에서 역사적인 초대국회 개원식을 갖게 되었다.

그리고 선거법에 따라 최고연장자인 이승만이 임시의장이 되어 개원식절차를 결정한 후 의장, 부의장을 무기명투표로 선출하였는데 그 결과 이승만이 188표로 의장이 되고, 부의장에는 신익희, 김동원이 각각 선출되었다.

이승만 국회의장은 개회사에서 ① 본국회는 기미 3 · 1운동 이후 상해에서 조직된 임시정부를 계승하는 것이며 ② 이북의 450만 동포가 하루속히 선거를 실시하여 국회의석 100석을 채울 것이며 ③ 미군은 국군의 편성이 완료될 때까지 주둔할 것을 강조하였다. 이렇게 하여 국회가 성립되고 동 6월 3일부터 국회법을 심의하여 동 6월 10일에 이를 통과시켰다.

(3) 헌법, 정부조직법 제정 공포

국회는 헌법, 정부조직법의 기초의원을 다음과 같이 선정하고 심의를 착수하였는데 동 7월 12일 헌법은 유진오 안을 원안으로, 유승열 안을 참고안으로 통과시켰다.

그리고 동 6월 11일 이승만 국회의장이 국회성립사실을 UN 한국위원단에 통고하고 동 6월 25일 UN 한국위원단이 이를 승인하였다. 이어서 동 7월 1일 국회는 신생국호를 대한민국이라 정하고, 동 7월 16일에는 정부조직법을 통과시켜 동 7월 17일에 이 법과 103조로 된 대한민국헌법을 공포하게 되었다.

【헌법기초위원】

위원장 : 서상일

유성갑 유옥주 김주년 오석주 윤석구 신현돈 백관수 오용국 최규옥 김명인 이종린
이훈구 유홍열 연병호 조헌수 김익기 정도영 김상덕 이강우 허 정 구중회 박해극
김효석 김병회 홍익표 서성달 조봉암 이윤영 이청천 (이상 30명)

그런데 이 헌법이 심의 통과되기까지 적지 않은 의견의 대립이 있었는데 초안자인 유진오를 비롯하여 중진들이 정부형태를 초안대로 내각책임제로 결정하고 이 안을 본회의에 상정했으나 이승만 국회의장이 대통령중심제로 하지 않으면 의장직을 하야하고 국민운동을 일으키겠다고 강력히 주장함으로써 번안하여 의결을 하게 되었다.

(4) 정·부통령선거와 정부조직

이와 같이 신생국 대한민국헌법과 정부조직법이 공포됨에 따라서 국회는 동 7월 20일 부의장 신익희의 사회로 대통령과 부통령선거를 실시하였는데 재적의원 198명 중 196명이 출석한 무기명투표에서 이승만이 180표, 김구 13표, 안재홍 2표, 서재필 1표(외국국적으로 무효)가 나와 180표를 얻은 이승만이 대통령에 당선되었고, 부통령선거는 제1차 투표에서 이시영 113표, 김구 65표, 조만식 10표, 오세창 5표, 신익상 3표, 서상일 1표가 나왔는데 재석의원 3분의 2 득표자가 안나와 제2차 투표를 실시한 바 이시영 133표, 김구 62표, 이구수 1표, 무효 1표가 나와 133표를 얻은 이시영이 부통령으로 당선되었다.

이리하여 1948년 7월 24일 중앙청광장에서 역사적인 대한민국 건국 초대 정·부통령취임식이 성대하게 거행되었다. 이승만 대통령은 첫 취임사에서 "여러분이 나에게 맡기는 이 직책은 누구라도 한 사람의 힘으로 성공할 수 없습니다. 애국동포남녀의 합의 합력만이 가능합니다. 우리는 공산당을 반대하는 것은 아닙니다. 공산당의 매국주의를 반대합니다. 이북의 공산주의자들은 하루속히 회심개과해서 평화적인 남북통일을 해서 모든 복리를 다같이 누리게 되기를 바랍니다" 라고 취임사를 발표했다.

이승만 대통령은 동 7월 27일 이북동포로부터 신망을 받고 있던 이윤영을 국무총리로 지명하여 국회의 인준을 요청했으나 재석의원 193명 중 가 59표, 부 130표로 부결되었고 동 8

월 2일 두 번째로 민족청년단장 이범석을 지명하여 재석198명 중 가110표, 부 84표, 무효 4표로 이범석을 국무총리로 임명했다.

이어서 동 8월 4일까지 조각을 완료했는데 그 내용을 보면 다음과 같다.

내무부 장관	윤치영		문교부 장관	안호상
사회부 장관	전진한		교통부 장관	민희식 (이상 무소속)
무임소 장관	이윤영 (이상 독립촉성국민회)		공 보 처 장	김동성
재무부 장관	김도연 (한국민주당)		법 제 처 장	유진오
상공부 장관	임영신 (여자국민당)		총 무 처 장	허 정
무임소 장관	이청천 (대동청년당)		기 획 처 장	이교선.
농림부 장관	조봉암		대 법 원 장	김병노.
체신부 장관	윤석구		국 회 의 장	신익희
외무부 장관	장택상		부 의 장	김약수
법무부 장관	이 인			

이와 같이 조각을 완료한 이승만 대통령은 동 8월 5일 중앙청에서 첫 국무회의를 열고 미군정으로부터 정권이양절차와 조병옥 의원을 대통령특사로 파견할 것을 결정하고 동 8월 11일에는 장면, 장기영, 김활난을 UN 총회에 한국대표로 파견할 것을 결정했다.

그리고 드디어 해방 3주년을 맞이하는 1948년 8월 15일 아침 중앙청광장에서 대한민국 정부수립을 세계만방에 알리는 뜻깊은 기념식을 거행하게 되었는데 이 자리에는 동경에 주둔하고 있는 맥아더 미극동군사령관내외와 한국주재 로마교황사절 번Byme 주교가 참석했다. 또한 번 주교는 교황 비오 12세의 축전을 대통령에게 전달했으며 외교단을 대표하여 "이제 대한민국이 독립되고 정부수립도 완료되었으니 세계열국은 이를 승인하기 바라며 마땅히 승인할 것이다" 라는 축사를 했다.

이어서 이승만 대통령은 미군정으로부터 행정권 이양을 위해 동 8월 16일부터 정권 이양에 관한 한 · 미회담을 열었고 행정기관 앙도에 관한 대통령령 제1호를 공포하였으며, 동 8월 23일에는 무치오가 주한미국특사로 부임하고, 동 8월 24일에는 콜터 소장이 주한 미8군사령관으로 교체되고 하지 중장은 퇴임하게 되었으며, 동 8월 25일에는 한 · 미 간 잠정군사협정을 체결하고 동 9월 1일에는 경찰권이 이양되었으며, 동 9월 11일에는 한 · 미 간의 재정 및 재산에 관한 행정협정을 조인하고, 동 9월 13일에 한 · 미공동성명을 발표하여 행정권의 완전 이양을 밝혔고 동 9월 18일 국회에서 이를 인준함으로써 그 효력이 발생하게 되었다.

2. UN의 승인

이로써 대한민국은 독립국가로서 완전한 기능을 발휘하게 되었고 UN 총회의 승인을 받기 위해 동 9월 9일 한국대표로 임명된 장면일행과 조병옥 특사가 미국을 거쳐 제3차 UN 총회가 열리는 파리로 출발을 했는데 동 9월 21일부터 12월 12일까지 파리 사요 궁전에서 58개국 대표가 모인 총회에서 개회 첫 날부터 소련대표가 한국으로부터의 양군철수 문제를 가지고 이의를 제기함으로써 미·소대표 간에 설전이 벌어져 한국문제 토의를 회기말로 미루게 되었다.

여기서 UN 총회에 파견된 한국 측 대표들의 활동에 대해서 잠깐 언급을 하고자 한다. 파리에 도착한 장면대표 일행 9명은 고급 호텔에다 한국문화재를 많이 진열해 놓고 먼저 언론계와 지도자들을 초청하여 한국을 알리며 대한민국 승인을 위한 여론을 조성했다. 그 결과 프랑스 언론들은 한국문제를 신문에 대서특필하여 대한민국 승인을 적극 지원하였다. 특히 장면은 천주교인 입장에서 UN 총회관계자와 세계 각국에서 운집한 통신기자 및 방송인들의 마음을 한국문제에 집중시켰으며 또한 천주교와 깊은 관계가 있는 UN 각국 대표들을 개별적으로 방문하여 대한민국을 승인해 줄 것을 설명 부탁을 한 바 미국, 중국, 필리핀, 칠레, 페루, 브라질, 아르헨티나를 비롯한 라틴아메리카의 20개국 대표들로부터 한국독립 승인을 찬성하겠다는 약속을 받아냈다. 동 10월 3일 장면은 또 특별한 기도를 드리기 위해 파리 서북방에 위치한 성녀 소화테레즈의 거주지인 리지니로 순례를 떠났는데 기차 속에서 우연히 호주 UN 대표 오브라이언을 만나 인사를 나눈 뒤 한국문제를 자세히 설명할 수 있는 기회를 갖게 되었고 또 UN 총회 의장인 호주대표 에버트를 만날 수 있도록 부탁을 하였다. 그리고 장면은 익일 밤 그의 숙소로 찾아가 젊은 호주인을 만났는데 이 청년이 바로 이번 총회에서 한국문제를 담당하고 있는 플림솔이었다. 이 청년은 밤늦게까지 장면으로부터 한국사정을 듣고 적극 도와주겠다는 약속을 하게 되었으니 장면대표 일행의 외교노력이 적지 않았음을 알 수 있다.

UN 총회는 말기에 접어들어 12월 6일부터 정치위원회에서 한국문제가 토의되기 시작했는데 원래 한국대표는 UN 사무국으로부터 초청장도 받지 못하고 갔었기 때문에 이날은 옵서버의 자리에서 방청만 할 수밖에 없었다. 이때 중국대표가 대한민국대표를 초청하자는 동의를 제기하여 공산 측과의 장시간에 걸친 설전 끝에 절대다수표로 채택되는 한편 소련이 제기한 북한대표 초청안은 부결되었다. 따라서 동 12월 7일부터는 장면 등 한국대표가 UN 정치위원에 정식으로 참가하게 되어 장면은 유창한 영어로 한국의 독립을 승인해 줄 것을 호소하니 중국대표를 비롯해서 인도, 프랑스, 버마, 네덜란드, 도미니카 대표들이 이를 적극 지지하는 찬성발언을 하였다. 토의는 공산 측의 맹렬한 반대로 지루한 설전 끝에 동 12월 8일 투표에 붙여 41 대 6표 기권 2표로 한국의 독립승인안을 UN 총회에 회부하기로 의결하고 2일간 휴회를 마친 뒤 회의 마지막 날에야 한국승인안이 총회에 상정되었다. 역시 공산 측의 치열한 반대로 설전을 계속하고 있을 때 많은 국가대표들이 지쳐서 떠나갈 준비를 하고 있었지만 동 12월 11일 한국대표들의 끈질긴 개별방문설득으로 표결에 참여하여 48 대 6표로 대한민국독립승인안이 가결된 감격의 순간을 맞게 되었다.

UN 총회에서 한국독립의 승인이 있은 후 1949년 1월 1일부터 1년 동안 한국을 승인한 민주우방의 승인일자 순으로 살펴보면 다음과 같다.

승인일자	국 명	승인일자	국 명
1월 1일	미국	1월 3일	중화민국
1월 18일	영국	2월 6일	프랑스
3월 3일	필리핀	4월 13일	로마 교황청
5월 27일	칠레	7월 14일	볼리비아 · 쿠바
7월 15일	도미니카	7월 16일	브라질
7월 19일	캐나다	7월 25일	네덜란드
8월 12일	코스타리카	8월 13일	터키 · 하이티
8월 15일	호주 · 백이이	8월 20일	니카라과
9월 4일	엘살바도르	9월 24일	이란
10월 5일	에콰도르	10월 21일	태국
12월 8일	우르과이	12월 17일	페루

이와 같이 신생 대한민국은 UN의 승인과 더불어 겨우 1년 동안에 민주우방 25개국으로부터 정식승인을 받고 외교관계를 수립하게 되었다.

장면은 대통령특사자격으로 동 12월 17일 로마교황 비오 12세를 예방하고 미국을 예방하고 있을 때, 이승만 대통령은 장면 특사에게 전문을 보내 별도의 지시가 있을 때까지 워싱턴에 머물러 있을 것을 지시하고 동 1월 6일 장면을 주미내사로 임명하였다.

장면 대사가 트루먼 미국 대통령에게 신임장을 제청한 것이 1949년 3월 27일이였고, 주한 미국대사 무치오가 한국정부에 신임장을 제청한 것은 동 4월 21일이었다. 이와 같이 빠른 시일에 국제적 진출을 할 수 있었던 것은 말할 것도 없이 세계민주진영을 영도하고 있는 미국의 물심양면의 원조와 도움이 있었기 때문이다. 미국은 군정 3년 동안에도 한국인의 생활안정을 위해 2억3천여만 불 상당의 원조를 했는데 이를 연도별로 보면 1945년도에 493만 불, 1946년도에 4,949만 불, 1947년도에 1억7,537만 불이었는데 대한민국정부 수립 이후에도 미국의 원

조는 더욱 많아졌다. 이외에도 교육자, 행정가, 기술자 등을 미국에 보내 많은 선진문화를 배워
오게 하였다.

제 3 편

6 · 25 전쟁

6·25전쟁은 1950년 6월 25일 한반도에서 북한군이 불법 남침하여 1953년 7월 27일 휴전협정이 조인될 때까지 3년 1개월 동안 계속된 전쟁이다. 6·25전쟁은 민족통일을 표방한 전쟁이었으나 민족의 분열과 대립을 심화시키고 분단체제를 고착시키는 결정적인 계기가 되었다.

6 · 25 전쟁 _

1. 북한괴뢰군의 남침

북한괴뢰집단은 대한민국을 무력으로 점령 공산화하기 위해 1950년 6월 25일 새벽 4시를 기해서 전 병력을 동원해 소련제 탱크를 앞세우고 38선을 넘어 남침을 감행했다. 전연 예기치 못하고 속수무책인 남한의 허술한 방어의 틈을 이용해 공격해 들어온 북한인민군은 3일 만에 서울을 탈환하고 삽시간에 거침없이 경상북도까지 진격을 해서 마지막 부산을 남겨놓고 아군의 낙동강 방어선에 부딪혀 치열한 전투를 벌이게 되었고 UN 안전보장이사회의 결의에 의한 UN군의 개입으로 북괴군이 격퇴되어 1953년 7월 27일 휴전협정이 체결되고 전투가 중지될 때까지 3년간에 걸쳐 우리의 전영토는 폐허가 되었으며 재산과 인명살상의 피해가 이루 헤아릴 수 없게 되었다.

8 · 15해방 후 민족적 숙원인 통일정부는 국제적 냉전과 공산주의자들의 거부와 방해로 성취되지 못한 채 인위적인 38선을 경계로 국토가 양단된 후 소련의 조종을 받는 북한괴뢰집단은 남한에 유격대를 침투시키고 폭동을 유발하여 끊임없이 남한의 사상, 정치, 경제의 교란과 파멸을 책동하여 대한민국정부를 전복하려 했으나 이와 같은 간접적 방법으로는 불가능함에 따라 대거 무력으로 남침을 감행했던 것이다.

북한의 6 · 25 남침계획은 국제정세와도 관련이 있으나 특히 당시의 국내정세와 직접적인 관련이 있다고 할 것이다. 즉 당시 남한은 사상적으로도 혼란상태에 있었고 군소정당이 난

립하여 정정이 불안정 상태에 있었으며, 또한 1950년 1월에 애치슨 미국무 장관이 태평양방어
선을 아류샨 - 일본 - 유구 - 필리핀선에 한정하고 한국은 방어선 외에 있는 것 같은 연설을 했
기 때문에 북한은 대한민국이 자유진영에서 고립되어 그들이 남침을 하여도 미국의 군사원조
가 없을 것으로 예측을 했고 남한의 방위군이 너무 허약해 있었기 때문이다.

　　1950년 1월 이후 정계는 내각책임제 개헌안과 차기 국회의원 선거시기를 둘러싸고 파
쟁이 격화되고 있었고 또 미국정부에서는 "만약 한국정부가 지금 인플레에 대한 안정책과 5
월 총선거를 단행하지 않으면 미국의 대한경제원조를 고려하지 않을 수가 없다"고 경고를 했
기 때문에 5월 30일에 총선거를 실시하지 않을 수 없었고 정부는 5 · 30 선거가 자유민주주의
선거의 표본이라고 하였으나 결과는 무소속의원이 과반수를 차지하고 여당이 32명으로 참패
를 당함으로 해서 현 정부가 국민의 지지를 받지 못하고 있는 것으로 국내외에 많은 영향을 주
게 되었다. 북한은 5 · 30 선거기간 중 중립파의 매수 등 온갖 방법으로 선거를 방해했으며 공
산주의가 많은 지지를 받을 것으로 예측을 하고 있었다.

　　이렇게 국내외가 어수선할 때 북한은 무력에 의한 남침을 위해 치밀한 계획을 세우고
있었다. 북한은 1948년 2월에 인민군경비대와 보안대를 창설했고 1950년 3월에는 조 · 소 군
사비밀협정과 조 · 중 방어협정을 체결하였으며, 북한군은 소련으로부터 군사기술교육과 막
대한 군사원조를 받았고 6 · 25남침 직전의 북한인민군 병력은 육군10개사단, 기갑1개사단,
보안대, 경비대 및 해군, 공군 등 약 200,000명과 장비는 전차, 기갑차 약 300대, 각종포 약
1,500문, 비행기 약 200대, 함정 약 30척에 이르고 있었다. 이에 반하여 남한은 1949년 6월에
미국최고정책심의회는 한국의 전략적 가치를 과소판단하고 한국에 군사고문단 약간명만 잔
류시키고 주한미군을 모두 철수시키고 말았다. 그리고 1950년 1월에야 한 · 미군사협정이 체
결되었고 6 · 25 전쟁 직전까지 1,700만 불 상당의 경무기가 원조되었을 뿐이었다. 그리하여
6 · 25남침 직전 남한의 국군병력은 육군 8개사단, 1개의 기갑연대, 1개의 독립연대를 보유하
고 있었으나 그중 제8사단은 겨우 2개연대로 구성되어 그 정수를 채우지 못하고 있었고 총병
력이 97,000명이었고 장비로는 105mm포 60문, 대전차포 140문, 기갑차 27대, 해군함정 약 30
척뿐이었으며 비행기는 겨우 연습기 몇 대, 전차는 단 한 대도 없었고 낡은 곡사포와 대전차포
를 몇 대 보유하고 있었을 뿐 수류탄, 무연탄은 겨우 제조를 시작하고 있었을 때이니 북한의
병력에 비교도 되지 않았다.

　　그러나 남한정부는 선거전을 앞두고 정부에 유리하도록 항상 남한의 군사적 우월을 강
조했고 심지어 1949년 10월 이승만 대통령은 "우리는 북한의 수도 평양을 3일 만에 점령할 수
있을 것을 확신한다"고 호언을 하였으며 또 신성모 국방부 장관은 1950년 1월과 5월 기자회견
에서 "공산괴뢰군이 38선에서 병력을 이동하는 점으로 미루어보아 남침의 위험성이 있다고
전제하면서도 실지회복을 위한 모든 준비는 다 되어 있으므로 다만 명령만을 기다리고 있다.

우리에 대한 적의 도전이 있을 때 북한에 대한 행동을 언제든지 개시할 수 있다"라고 장담하면서 완전히 국민을 기만하고 있었으며, 또한 북한은 6월 8일 방송을 통해 남한정당 및 사회단체에 평화호소문을 발표하고 통일정부수립을 위한 회담을 요청하는 등 남침계획을 철저히 은폐하면서 뒤로는 6월 초부터 38선 일대에 병력을 이동 6월 23일까지 남침을 위한 병력배치를 완료해 놓고 있었다.

1950년 6월 25일 일요일 미명에 북한인민군은 계획대로 남한을 기습적으로 공격하였으며 북한은 남한군대가 도발적 침공을 하였기 때문에 부득이 공격을 개시한다고 허위선전을 하며 동일 8시 30분에 선전포고를 발표하며 개성과 춘천, 강릉, 의정부를 일시에 진격해 들어오고 있었는데 이때 남한의 옹진반도의 제17연대, 개성지구 제1사단, 춘천지구 제6사단, 강릉지구 제8사단의 38선경비대가 결사적으로 방어전을 폈고 예비병력 중 1개 사단병력까지 전선에 투입하여 적의 진격을 막았으나 적의 전차와 우월한 병력 앞에 아군은 속수무책으로 밀려 방어선이 무너지고 서울을 위협하고 있을 때 정부는 상황판단조차 하지 못했고 당황한 끝에 동 6월 25일 밤 수원을 거쳐 대전으로 도피를 한 후 동 6월 27일에는 또 서울까지 인민군에게 내어주고 말았다.이러한 상황에도 정부는 방송을 통하여 오히려 아군이 반격 중이라고 발표를 하여 국민을 착각하게 하고 있었다.

그리고 동 27일 육군본부참모회의에서는 인민군전차가 서울시내에 진입을 하면 한강도하를 막기 위해 한강철교 및 인도교를 폭파할 것을 결정하고 육군공병감 최창식대령에게 명하여 동 6월 28일 새벽 2시 40분에 마침내 한강교가 폭파되었던 것이다. 이렇게 한강교가 폭파됨으로써 이 사실을 모르고 남하하려는 많은 서울시민들을 죽음으로 몰아넣게 했을 뿐만 아니라 그 후 작전수행에도 많은 차질을 가져와 후일 정부는 앞을 보지 못하고 경솔하게 결정을 한 담당책임자를 처형하여 국민의 이목을 전향하려 했다.

2. UN군의 참전

북한이 남침을 하자 미국은 즉시 UN 안전보장회의소집을 요청했다. 그리하여 UN 안전보장회의는 북한이 남침을 감행한 지 3시간 만에 미국의 요청에 의하여 회의를 개최하고 UN 한국위원단과 주한미국대사의 보고를 토의한 결과 북한인민군의 공격은 평화를 파괴하는 행동으로 규정하고 남침을 즉시 중지하고 북한인민군대는 38선까지 철수할 것을 9 대 0으로 의결하였다. 그러나 북한인민군은 이를 무시하고 공격을 계속함으로 동 6월 27일 UN 안전보장이사회는 UN회원국은 북한인민군대를 격퇴시키고 남한에 평화와 안전을 회복하는 데 필요한 원조를 제공할 것을 건의하기로 의결하였다. 이 날 트루먼 미국 대통령은 UN 안전보장회의의 의결에 따라 일본주재 미8군이 한국으로 급파하고 미해군은 한국의 전해안을 봉쇄하였으며 미공군은 작전상 북한에 공격의 권한이 부여되게 되었다.

또한 동 7월 7일 UN 안전보장이사회는 국제평화와 안전을 회복하기 위하여 대한민국을 원조하는 데 있어서 UN 회원국이 신속하고도 강력한 지지를 해준 데 대하여 환영을 표했고, 각 회원국의 군사 및 원조는 미통합사령부에서 효용토록 하며, 또한 통합군사령관에게 대북한작전 중에는 UN기를 각국의 국기와 함께 임의로 사용할 수 있는 권한을 부여한다는 결의를 하였다. 이리하여 역사상 처음으로 국제기관이 침략자에 대하여 군사적 제재를 UN기 아래에서 가하게 되었고 동 UN군 사령관에는 미국 맥아더 원수가 임명되었다. 이와 같은 UN의 결의에 따라 UN군을 파견한 나라는 미국, 호주, 영국, 프랑스 등 16개국 그리고 의료반을 파견한 나라는 서독, 이탈리아 등 6개국, 기타 제국가들도 약품과 식량 등을 많이 원조하게 되었다.

6·25 전쟁은 이와 같이 UN군이 개입함으로써 국제적 전쟁으로 화하게 되었고, 수도 서울의 방어선이 무너져 분산도강한 아군들은 경기도 시흥지구에서 재규합 전투부대를 편성하고 김홍일 준장이 사령관이 되어 방어선을 재구축하였고, 동 6월 28일에는 미군 전초지휘소가 수원에 설치되었으며, 동 6월 30일에는 정일권 준장이 3군참모총장에 임명되었다. 그러나 서울을 점령한 인민군 5개사단의 주력부대가 한강을 넘어오니 아군의 방어망은 다시 금강선까지 후퇴하여 UN군의 지원하에 흩어진 군사를 재편성하여 금강선에 방어선을 치고 경부선 이서지구는 미제24사단이 맡고 이남지구는 국군이 담당을 하게 하였다. 인민군 주력부대는 금강방어선을 붕괴하고 대전을 협공하여 동 7월 20일 대전을 함락했는데 이 전투에서 최후까지 진두지휘하던 미제24사단장 딘 소장이 실종 포로가 되었다(후일 포로교환시 생환하였음). 이렇게 인민군주력부대는 계속 경부선을 따라 급진적으로 남하하고 있을 때 미제25사단과 제1기갑사단이 도착하여 그간 평택에서 재편성된 제1군단과 제2군단이 협동작전을 펴서 본격적으로 방어지연작전태세를 갖추게 되어 적에게 출혈을 입히기 시작했다.

UN 작전보고 제1호에서 지적한 바와 같이 UN군은 병력이 20 대 1밖에 안되는 불리한 악조건 하에서 미공군, 해군 그리고 호주 등의 전략항공대의 긴밀한 지원 때문에 가장 어려웠던 지연작전을 훌륭하게 수행함으로써 통합군이 강화되었다. 이리하여 UN군의 참전과 국군의 재편성으로 인민군의 진격속도는 저하되기 시작했고 동 7월 20일 맥아더 장군이 "전쟁의 제1단계는 마치고 인민군이 승리할 기회는 지나갔다"라고 성명을 발표하기에 이르렀다.

이로써 북한이 남침계획을 함에 있어서 2가지의 중대한 착각을 했음이 드러났다. 첫째는 정치 면에서 미국과 UN 회원국이 한국에 무력원조를 할 것을 예측 못했고, 둘째는 남한의 국민이 공산군을 환영하고 많은 지원을 할 것으로 착각했던 것이다. 또한 북한은 작전상으로도 2가지 큰 과오를 범했는데 첫째가 그들은 서울을 점령한 후 정치적 활동을 하느라 시간을 허비하여 한강이남 경부선 방면이 전연 무방비상태였음에도 불구하고 계속 공격을 할 기회를 놓쳐 국군이 재편성할 수 있는 시간적 여유를 주어서 국군과 UN군의 연합방어선에 부딪히게 된 것이고, 두번째가 북한군은 진격에만 주력한 나머지 포위작전을 하지 못하여 초전에서는 승리를 거두었으나 국군의 병력에는 큰 손실을 입히지 못한 것이다.

금강 방어선을 뚫고 급진격을 계속한 인민군 2개 사단은 전연 무방비상태인 호남지방을 석권한 후 합천, 마산을 공격하여 부산을 서쪽에서 위협하고, 경부선을 따라서 남하하던 또다른 인민군 2개 사단은 대구와 창녕 방면을, 또 중부지구의 인민군 4개 사단은 대구·영천지구를, 동부지구의 인민군 2개 사단은 포항을 공격하여 동 8월 15일에는 최후 총공세로 대구를 공략하고 부산을 점령하려 했었다. 그러나 제공권을 완전히 장악한 UN 공군의 대량폭격으로 북한군의 후방기지와 보급기지가 철저히 폭파되었고 병력도 크게 손실된 상태에서 낙동강 방어선에서 아군의 완강한 반격을 받게 되었다.

낙동강 방어선에서의 아군의 배치는 마산에서 왜관에 이르는 서부전선에는 미제25사단, 미제2사단, 미제24사단, 영제27여단, 국군 제1사단이 배치되었고, 중부전선에는 국군 제6사단과 제8사단이 그리고 동부전선에는 국군수도, 국군 제3사단이 배치되어 있었는데 부산을 기점으로 낙동강 방어선의 공방전은 그야말로 피아의 결전이었다. UN 공군의 폭격과 해군의 함포사격 그리고 지상군의 반격으로 막대한 타격을 받으면서도 북한군은 서부전선에서는 마산을 공격하고 동부전선에서는 포항을 점령했으며 대구정면에서는 낙동강을 건너 파상적 총공격을 시도하는등 그야말로 단말마적인 공세를 취하고 있었는데, 동 8월 16일 B29폭격기 99대가 왜간지구를 융단폭격 했다. 이는 제2차 세계대전이후 최대의 폭격이며 이 지역 적군에게 섬멸적 타격을 주었다. 그 후 북한인민군은 9월 3일 동부의 보병 4개 사단과 전차 1개 사단, 중서부의 보병 4개 사단과 전차 1개 사단을 집결하여 총공격을 개시해 왔다. 그러나 국군 제2군단이 9월 10일 영천지구에서 북괴군의 최강부대인 제15사단을 포위 섬멸함으로써 8월 초부터 시작된 낙동강 방어전은 아군이 주도권을 장악하고 있었기 때문에 이제는 반격작전의 기회가 된 것이다.

이때에 맥아더 UN군 사령관은 북한적군을 섬멸하려는 중요한 전략을 계획하고 있었는데 바로 이 계획이 인천상륙작전이었다. 북한인민군은 UN군이 전선후방에서 상륙작전이 감행하리라는 것을 예측 못한 바는 아니지만 상륙지점이 인천이라는 것은 예상하지 못했다. 드디어 동 9월 15일 저녁에 UN참전 17개국의 함정 261척과 한국해병대 2개 대대, 육군 제17연대, 미제1해병사단, 미신편제10군단이 인천으로 상륙하여 북한민족보위상 최용건이 서울방위사령관에 임명되어 약 2만 명의 군대가 서울을 사수하고 있는 북한인민군과 치열한 시가전 끝에 적군을 완전소탕하고 적의 수중에 있던 수도 서울을 3개월 만에 탈환하는데 성공했다. 그리고 이승만 대통령이 맥아더 장군과 함께 비행기로 서울에 도착하여 동 9월 29일에 수도

서울을 UN군으로부터 대한민국정부에 반환하는 수도반환식이 거행되었다. 한편 낙동강방어
선에 있는 국군과 UN군은 인천상륙작전과 때를 같이 하여 동 9월 15일부터 총공격전을 개시
하여 동 9월 27일에는 인천으로 부터 남진하는 미제7사단과 북상하는 미제1기갑사단이 서정
리에서 연결되었고 북한적군은 완전히 전의를 상실하여 지리멸렬되고 말았다.

3. 정부 환도와 부역자 문제

1950년 6월 27일, 전세가 불리해짐에 따라 정부는 수원으로 천도하였고, 그러면서도 국민
에게는 "전세가 호전되어 천도를 중지하였으니 국민은 동요하지 말라"는 성명을 발표하였다. 그
리고는 동 29일에는 대전으로 이동하였으며, 동 7월 14일에는 대구로 계속 밀려 동 18일에는 다
시 부산으로 마지막까지 밀려 내려가게 되었다. 이런 과정에서 정부는 3군참모총장에 정일권 준
장을 임명했고 내무부 장관에 조병옥, 공보처장에 김활란을 임명하여 전시내각을 보강했다. 또
한편 국회는 많은 의원이 남하하지 못하고 정 · 부의장과 의원 7명으로 비상위원회를 구성하고
정치, 외교, 군사, 정보 등에 걸쳐 긴급조치를 추진하려 했으나 동 7월 27일에 의원 130명이 출석
하여 제8회 임시국회를 개회하여 그간 정부의 긴급명령 등을 승인했으나 혼란기에 국회의 제기
능을 발휘할 수는 없었다.

드디어 인천상륙작전의 성공으로 전세가 역전되어 서울을 회복하고 총반격하여 전남
한이 수복되고 행정이 정상화되어감에 따라 부역자에 대한 처리문제가 대두되게 되었다. 즉
부역자라 함은 북한침략자에 점령된 지역에서 점령기간 중 침략자에 협력하고 대한민국을 배
반한 자를 말한다. 피점령지역 주민은 목숨을 보존하기 위하여 점령군의 명령을 따를 수밖에
없었던 그런 경우를 말하는 것이 아니고 실제로 북한침략자들이 침범을 하자 솔선해서 그들
에게 협조하고 가담해서 많은 인명을 살상하고 재산을 강탈한 자들이 있었다. 이와 같은 자들
은 대부분이 그 동안 지하에 잠복하고 있었던 공산분자 내지는 간첩들이었다.

먼저 북한침략자들의 점령기간 동안 국민의 실징에 대해서 살펴보지 않을 수 없디. 북
한침략자들은 초기에는 비교적 관대한 태도를 보이면서 인민위원회 선거, 토지개혁실시 등을
시행하면서 지식인이나 농민의 환심을 사도록 노력했다. 그러나 시일이 경과하고 전세가 불
리해짐에 따라 목적을 위해서는 수단과 방법을 가리지 않는 공산당의 본성인 포악상을 드러
내기 시작했다. 북한침략자들은 점령지역의 공공재산은 물론 중요물자를 모두 압수하였고 생
활필수품의 공급 내지 반입을 금지시켜 피점령지역 주민들의 생활이 비참하기가 말로 할 수
없었다. 또한 공산도당들은 각처에서 인민재판을 열어 남한의 군인, 경찰, 각공무원 그리고

청년당원이나 민족주의자들을 반동분자로 몰아서 즉석에서 모두 학살시켰다. 그리고 청장년들은 물론 부녀자 노인까지 전쟁터로 강제노동에 동원했고 14세 이상 45세 이하는 의용군이라는 이름으로 가두검문과 가택을 수색하여 모두 징집을 당해 끌려가는 등 생명의 위협으로 공포에 떨고 있었다. 특히 동 9월 하순 북한침략자들이 총퇴각을 할 무렵에는 그 포악성이 극에 달해 남침 3개월여 동안 전국적으로 양민피살자는 195,000여 명이었고 납치당한 자는 23,000여 명에 달했다.

이리하여 정부로서는 부역자에 대한 처리문제를 서두르지 않을 수가 없게 되었고 특히 서울시민들은 침략자들의 학정에 비례하여 정부의 무책임한 철수에 대하여 원한이 컸기 때문에 정부당국자의 실책에 대한 책임문제를 들고 나왔다. 이리하여 국회는 동 9월 17일 "부역행위특별심사법안附逆行爲特別審査法案과 사형금지법안私刑禁止法案을 상정하여 동 12월 1일 통과시켰다. 법률 제157호로 공포된 "부역행위자특별처리법"의 내용을 적기하면 대략 다음과 같다. 부역자 중에서 ① 역도의 압력으로 불가피하게 행위한 자 ② 다수 민중을 구하는 애족적 행위를 한 자 ③ 역도가 수사 중에 있는 자를 은닉 기타의 방법으로써 박해를 면케 한 자 ④ 자수한 자 등은 그 형을 경감 또는 면제하고, 또한 부역자 중 ① 단순히 부화수행附和隨行한 자 ② 각 직장에서 단순히 그 직무를 수행한 자 ③ 역도가 조직한 단체에 단순히 가입함에 그친 자는 형을 면제하였고 신중을 기하기 위해서 심사위원회를 설치하기로 하였다. 또한 관련하여 사형금지법私刑禁止法으로 사적인 감정으로 보복할 수 없도록 미연에 방지를 했다.

동 9월 13일, 이승만 대통령은 수도 입성에 대한 특별성명을 발표했는데 정부의 무책임한 서울철수에 대해서나 피탈지구 국민의 어려움과 수복 후 새로운 시정방침에 대해서는 한마디도 없이 부역자에 대한 처리문제에 대해서 정부방침만 발표한 데 대해 피탈지구 주민들에게 많은 실망을 주기도 했다. 성명내용을 보면 "모든 공산주의 괴수들이 우리국민과 촌락과 공장시설에 대해서 헤아릴 수 없는 손해를 주었습니다. 그러나 대한민국정부와 국민은 살육과 약탈을 감행한 자와 그들에게 끌려들어간 자를 분별할 수 있을 것입니다. 그러므로 무사려한 보복수단은 쓰지않을 것입니다. 죄를 범한 자는 체포될 것이요 법에 따라 처벌될 것이나 아무 조리도 없이 무법하게 유린되지는 않을 것입니다. 이전에 공산주의자들에게 강제로 끌려가서 그들에게 봉사한 사람은 누구를 물론하고 항복하고 죄를 자백한 후에 장차 우리국민의 복리를 위하여 일할 수 있도록 용서를 받아야 할 것입니다"라고 하였다. 사실 그 당시의 국민은 살인, 방화 등 악질적 부역자에 대한 엄중한 처단을 희구하고 있었다. 그런데 이승만 대통령의 성명내용은 부역자에 대해서 합법적으로 관대하게 처리할 것을 약속한 것처럼 보였지만 그 실은 수복 후 민심수습에 대한 정부의 확고한 방침이 서 있지 않았기 때문에 말단기관에서는 권력이 남용되는 일이 많았고 또 일부 몰지각자들의 보복행위로 인하여 피탈지역 주민의 민심이 많이 동요되기도 했다. 또한 이 부역자처리문제를 둘러싸고 정부와 국회가 극단적으로 대립하여 동 10월 8일에는 국회의 정·부의장과 각분과위원장이 사표를 제출했고 또 국회는 정부에서 새로 지명한 내각총리 백남준을 부결하고 내각총사직을 요구하는 결의안을 제출했다. 아직도 전쟁이 계속되고 있어 거국일치단결하여 국력을 모아야 할 때 이와 같이 정치적으로 난맥을 계속하다가 동 11월에야 다시 지명한 장면 총리를 국회에서 승인을 하고 정부는 내각일부를 경질함으로 비로소 정부와 국회관계가 정상화되게 되었다. 이리하여 부역자처리문제를 다시 협의한 결과 동 12월 1일, "부역행위자특별처리법"을 통과시키고 이 법에 의거해서 수감된 부역자 중 경범자는 그해 크리스마스 특사로 출감시키게 되었다. 그러나 수복 후 민심수습에 실패한 것이나 부역자처리문제로 정부와 국회가 대립하였다는 것은 역사상 큰 오점을 남긴 것이라 아니할 수 없다.

4. 아군의 북진과 후퇴

UN군의 인천상륙작전과 아군의 총반격전으로 북한인민군은 퇴각로가 차단되고 괴멸직전에 이르게 되어 동 9월 30일, 맥아더 UN군 총사령관은 북한 인민군 총사령관에게 다음과 같은 항복권고문을 발표하였다. "그대의 군대와 잠재적 전투능력은 불원간 전면적으로 패배되고 완전히 파괴되는 것은 불가피한 일이다. UN의 결의가 최소한의 인명손실과 재산파괴를 요구하고 있으므로 본관은 UN군 최고사령관으로서 그대와 그대의 지휘 하에 있는 군대가 민국의 어느 지점에서든지 본관이 지시한 군사감독 하에 무장을 버리고 적대행위를 중지할 것을 요청한다." 그러나 북한침략괴수는 가능한 무기를 보유하고 후퇴하도록 하여 차기작전에 대비하도록 하였다. 그리하여 동 9월 30일, 워커 미제8군사령관은 아군에게 38선을 넘어 북으로 진격할 것을 명하여 동 10월 1일 국군 제3사단이 양양지구에서 38선 이북으로 진격을 하였고 제7, 8사단은 중부전선에서 북진을 계속하고 UN군은 서부지구에서 북으로 진격해 들어갔다. 그리하여 동 10월 19일, UN군은 국군 제1사단을 선두로 북한의 수도 평양을 점령하였다. 이와 같이 UN군이 북진을 계속하는 동안 적은 거의 저항을 못했고 도처에서 투항을 해온적의 항복군 처리에 어려움을 겪기도 했다. 또한 북진공격작전은 동 10월 20일, 평양북방인숙천, 순천간에 미 제11공정사단 제18연대의 낙하산부대를 투하하여 적의 퇴각로를 차단하였으며, 동 10월 26일에는 국군 제6사단 제7연대가 압록강의 국경도시 초산楚山을 점령하고 미제7사단의 선발대는 혜산진에 도달하였으며, 동 10월 29일에는 미 제10군단이 원산으로 상륙하여 함경도를 점령하였다. 이리하여 국군과 UN군은 압록강과 두만강 선에 이르러 북한을 완전히 장악하고 민족적 숙원인 국토통일을 눈앞에 두고 있었다.

그런데 동 10월 26일, 예기치 않은 중공군(가칭 의용군) 약 20여만 명의 대부대가 초산의 국군제7연대를 기습하면서 본격적인 전쟁이 시작되었다. 이와 같이 중공군이 개입함으로 해서 전세가 갑자기 불리해져 UN군은 정주, 박천博川, 영월, 개천价川, 덕천선으로 일단 후퇴했다가 다시 계속 후퇴를 하지 않을 수 없게 되었다. 그리하여 동 11월 28일, 맥아더 UN군 사령관은 "총병력 20만 이상의 군단, 사단 등으로 조직된 중공의 대주력부대가 현재 북한에 있는 UN군과 대전하여 우리는 새로운 전쟁에 당면하게 되었다. 따라서 국경을 향하는 우리작전은 급속한 전쟁종말과 조속한 UN군의 철수를 결과하고 한국문제를 한국인 자신의 해결에 맡길 것이라는 우리의 고귀한 희망을 분쇄하는 것이다"라는 성명을 발표하였다.

UN군은 대량 공군폭격을 감행하여 중공군에 엄청난 피해를 주었지만 이들은 소위 인해전술로 끊임없이 남진을 계속함으로 동 12월 2일 UN군은 평양을 철수하고, 함경도지역의 UN군은 흥남으로부터 해상철수를 하게 되었는데 동 12월 31일, 중공군 약 17만 명, 인민군 약 6만 명 계 23만여 명의 대병력이 38선을 돌파하여 UN군은 서울을 철수하고 다시 후퇴를 하지 않을 수 없었다. 1951년 1월 초 UN군 방어선은 대체로 오산 - 장호원 - 제천 - 영월 - 삼척선을 연결하는 선까지 후퇴를 하였다. 여기까지 UN군이 후퇴하는 동안 리치웨이 미8군사령관이 "중공군을 죽이고 우리가 살자"라고 말한 것과 같이 일대 도살전을 감행하여 동 1월 15일을 기해서 총반격전을 개시한 바 동 3월 말일에는 서울을 재탈환하고 38선까지 재진격을 하였다. 그리고 동 3월 12일, 리치웨이 미8군사령관은 "38선에서 정전한다면 UN군의 대승리"라는 성명을 발표했고 동 3월 24일, 맥아더 UN군 사령관은 "현지휴전회담을 개최할 용의가 있다"라고 성명을 발표함으로써 UN군은 38선을 경계로 작전을 종결하겠다는 암시를 하게 된 것이다.

그러나 적은 38선 북방에서 신병력을 투입하여 춘계대공세를 준비하고 있었고 UN군과 국군은 제한공격으로 동부와 서부에서 대거 공격을 하여 인제와 양구를 탈환하고 화천을 재점령 하였다. 이때 4월 11일, 미국 트루먼 대통령은 맥아더 UN군 총사령관을 해임하고 「리치웨이」 장군을 새로 임명하였으며, 미8군사령관에는 밴프리트 중장을 임명했다. 이와 같이 한국전쟁이 다시 소련과 중공이 가담함으로 해서 새로운 정치적 움직임이 일어나고 있을 때 4월 12일, 적의 제1차 춘계공격으로 UN군이 다시 38선 이남으로 후퇴를 하게 되었으나 UN 공군의 폭격과 지상군의 대반격으로 5월 7일에 다시 38선을 돌파하였고, 1차 공격에서 실패한 적은 5월 16일 춘천지구에서 다시 제2차 공격을 시도했다가 역시 막대한 손실을 보고 또 실패하고 말았다. 이렇게 UN군은 재반격을 계속하여 동 5월 중순부터 6월 초에 걸쳐 서부에서는 임진강 연안과 연천선 까지 진격하고, 동부에서는 전략적 요지인 평강, 철원, 금화를 연하는 소위 철의 삼각지대의 쟁탈전이 치열하게 계속되는 등 결국 38선을 중심으로 피아 간에 전략요충지와 고지쟁탈전 등 제한전투를 하고 있을때 동 6월 23일, 마르크 소련 UN대표로부터 현지 정전회담 제안이 있었다. 이리하여 북한이 남침을 한 이래 1년 만에 전쟁은 소강상태에 들어

가게 되었다.

6 · 25 전쟁을 계기로 모처럼 아군과 UN군이 평양을 거쳐 백두산까지 북진을 하여 통일을 눈앞에 두고 있을 때 중공군의 참여로 다시 후퇴를 거듭하여 전쟁이 장기화됨에 따라 정치적으로 경제적으로 많은 문제가 발생하게 되었는데, 특히 1951년 1월 3일, 서울을 다시 부산으로 옮긴 후 1953년 7월 정전이 성립할 때까지 정부가 부산에 있었을 뿐만 아니라 전란을 통하여 정부의 행정능력은 마비되고 부패해 있어 국민들로부터 지지와 신뢰를 잃고 있었으며 여기에 국민방위군사건, 거창사건, 5 · 26정치파동, 중석불사건 등 파렴치한 사건들이 계속하여 일어나고 있었다.

5. 국민방위군사건

정부가 부산으로 재천도한 후 경상남도청사를 임시청사로 정하고 국회는 부산극장을 임시의사당으로 사용하게 되었는데, 1 · 4후퇴는 정부가 비교적 계획을 세워서 후퇴를 했기 때문에 수도의 정치, 경제, 문화 등 각 기관이 부산으로 같이 이동을 했고 그 후 전쟁도 소강상태였으므로 부산주변에는 천막을 쳐놓고 피난민학교가 개설되기도 했고, 피난민의 생활근거지로 국제시장이 형성되는 등 제법 수도의 축소판이 되어가고 있었다.

1년여 전란 중 국회가 제구실을 하지 못하고 있다가 1951년 1월 15일, 휴회 중이던 국회가 다시 열려 제6차 본회의를 개의하고 "제2국민병처우문제"를 안건으로 상정했다. 본회의 벽두부터 김종회, 이재영 의원이 "국가운명을 짊어지고 나선 국민병들이 천리길을 걸어 다니며 입은 옷과 신발을 팔아서 끼니를 잇고 있는 비참한 상태에 있다"고 지적하면서 국민방위군에 대한 의혹을 조사해야 할 필요성을 주장했다. 이에 대해 장경근 국방부차관은 전세의 급전으로 계획대로 되지 못한 점에 대해서 사과를 하고 빠른 시일 내에 수습책을 강구할 것을 약속한 후 일단 방위군중 비병력요원을 귀환조치 하였다.

그 후 3월 20일, 국회는 신년도 예산안심의를 앞두고 국정감사를 실시할 것을 의결하였는데 그 동안 전란 중이었으므로 국회가 거의 무시되어온 것도 사실이고 특히 부역자 처벌문제를 계기로 정부와 국회가 반목되어 있어 국회는 이번 국정감사를 통해서 북한남침 이후 1년여에 걸쳐 일어난 정부의 국정 전반에 걸쳐 운영비위를 철저하게 조사할 것을 벼르고 있었다. 이리하여 동 3월 29일, 엄상섭 의원이 "국민방위군의 부정처분액이 15억 원에 달하는데 그 중 다액이 횡류되었고 군기숙정에 대한 민원이 고조되고 있는 이때 이러한 부정사건이 감행된 것은 중대한 사건이다"라는 이유를 들어 국민방위군사건진상조사에 대한 긴급동의안을 제출하여 절대다수로 의결을 했다. 이리하여 동 4월 3일부터 동 4월 29일까지 정부 각 기관에 대해 국정감사를 실시했는데 그 결과 정부의 많은 시행착오와 부정이 적발되었으나 그 중에서도 정계와 사회에 커다란 파문을 일으킨 것이 국민방위군사건과 거창사건이었다.

해방 후 우리나라 헌법이 제정공포된 후 처음으로 국토방위의무에 관하여 1949년 8월 6일 병역법이 제정공포되어 국민개병의 정신하에 징병제가 실시되었다. 그 후 6 · 25전쟁을 계기로 병력의 증강과 보충문제와 향토방위대책의 필요에 의해 1950년 7월 22일, "비상향토방위령"을 공포하여 만 14세 이상의 남자는 향토방위의 의무를 지게 하였고, 동 7월 6일, "징발에 관한 특별조치령"을 공포하여 필요한 군수물자, 시설 또는 인적자원을 징발 징용하여 국민총궐기태세를 갖추고자 하였으나 국회의 승인을 받지못하여 동 8월에 일단 폐기되었다가 다시 공포했는데 동 9월에는 그에 대한 개정법률이 제정되는 등 일관되지 못하고 그 실효를 거두지 못하였다. 그 후 동 9월 18일 수도 서울을 탈환한 후 동 12월 21일 정부는 병력동원을 신속히 할 목적으로 법률 제172호 "국민방위군설치법"을 공포하여 만 17세 이상 40세 미만의 제2국민병을 지원에 의하여 국민방위군에 편입시켜 훈련과 동원에 응하게 하였고 국민방위군사령관에는 김윤근을 임명했다. 이렇게 하여 발족된 국민방위군은 전시국민동원에 있어서 민족적 오점과 역사적으로 큰 의혹사건을 낳게 했는데, 이 의혹사건을 이해하기 위해서 국민방위군설치법 중 주요사항을 살펴보기로 한다.

국민방위군설치법 주요 내용

1. 국민방위군은 국민개병의 정신을 앙양시키는 동시에 전시 또는 사변에 있어서 병력동원의 신속을 기하기 위해서 설치한다.
2. 국민으로서 만 17세 이상 40세 이하의 남자는 지원에 의하여 국민방위군에 편입할 수 있다.
3. 국민방위군은 지역을 단위로 하여 편성함을 원칙으로 한다.
4. 국민방위군은 육군참모총장의 명에 의하여 군사행동을 하거나 군사훈련을 받는 이외는 정치운동, 청년운동과 일반치안에 관여할 수 없다.
5. 전시 또는 사변에 제하여 군작전상 필요할 때에는 병역법의 정하는 바에 의하여 집단적으로 국민방위군을 소집할 수 있다.
6. 육군참모총장은 국방부 장관의 지시를 받아 국민방위군을 지휘 감독한다.

국민방위군설치법이 공포되고 소집된 제2국민병은 그 대부분이 농촌출신 장병들이었고 그 수는 약 500,000명에 달했다. 그리고 국민방위군사관은 대부분 정규군 기피자들이었으며 또 그중에는 과거 형법에 의한 전과자도 포함되어 있었다. 그런데 편성된 지 얼마 안 되어 중공군이 한국전에 참여하게 되자 UN군이 후퇴를 함에 따라 국민방위군도 집단적으로 남하를 하게 되었는데 방위군간부들은 국고금과 식량, 의복, 의약품 등 보급물자를 부정 착복하여 엄동의 혹한에 의복 식량의 보급을 받지 못하고 도보로 남하를 하다가 수만 명의 장정들이 아사 내지 병사하는 참상이 일어났다. 또 국민방위군은 정치에 관여할 수 없다고 규정되어 있음에도 불구하고 방위군사령관 김윤근이 이승만 대통령으로부터 두터운 신임을 받고 있었을 뿐만 아니라 방위군간부 대부분은 정치에 관여하고 있었다.

상황이 이러했음에도 불구하고 1951년 1월 8일, 김윤근 방위군 사령관은 "우리는 국민방위군 50만이 있고 또 몇 백만의 장정남녀가 있다" 고 호언을 하는가 하면 1951년 1월 9일, 이승만 대통령은 "방위사령관이 발표한 성명을 보면 우리방위군과 청년단이 수십 만이 있다 하니 우리청년단은 자원으로 나서야 한다" 고 김윤근을 전폭적으로 지지하는 성명을 발표하기도 했다. 또 국회에서 방위사건이 논란되자 동 1월 20일, 김윤근은 "백만국민병을 편성 훈련 중에 있다. 일부 불순분자들이 국민방위군편성에 대하여 여러 가지로 낭설을 퍼트리고 있는 것은 실로 유감이다" 라고 허위 장담을 계속하고 있었고, 신성모 국방부 장관은 이승만 대통령의 성명과 김윤근 방위사령관의 말을 지지하면서 "국민방위군사건은 UN군의 후퇴란 돌발적 사태에서는 희생이 적은 편이고 제오열준동第五列蠢動이 가장 위험한 일이니 제오열책동第五列策動에 동요되지 말라" 라고 발언하여 마치 국민방위군에 대한 논란이 제오열의 책동에 의하여 조작된 것 같은 감을 국민에게 주려하고 있었고, 당시 국내외 정세 하에서 국민방위군사건의 진상을 규명한다는 것은 어려운 일이긴 했으나 국회조사위원회와 군 수사기관에서 철저하게 조사를 진행한 결과 동 4월 25일, 국회 제6차 본회의에서 서민호의원의 진상조사중간보고를 통해서 본 일대의혹사건의 전모가 들어나기 시작했는데 서민호의원의 보고내용을 적기해 보면 다음과 같다.

서민호조사특별위원 보고문

1. 제2국민병 중 귀환장정의 20%는 노력불가능자일 것이고 20%는 생명이 위독하다.
2. 방위군의 실제인원과는 큰 차이가 있는 인원수를 재무감실에 보고하여 부정영달을 받아 막대한 금액을 착복하였다.
3. 대용식품 "젤리"를 제조한다는 명목으로 유령제과회사를 만들고 "젤리" 원료로 백미 4,500석 가공료로 5,000석 현금 3억7전만 원을 지출한 것으로 되어 있으나 실제는 지불하지 않고 있고, "젤리" 원료를 구입한다고 군량백미를 1입당叺當 2,500원에 매각하고 찹쌀을 5두斗 1입당叺當 125,000원씩에 구입하였으며 부식비, 모포, 의류, 의료품 등의 부정은 손을 댈 수 없을 정도다.
4. 국민병 귀환 시에는 1인당 백미 9승升 현금 6,450원을 지급하도록 되어 있어 충분한 보급과 영달을 받았음에도 불구하고 실제로는 백미 3승升과 500원만을 지급하였을 뿐이다.
5. 이외 방위군 51교육대 15, 22연대의 많은 재정부정을 지적했다.

이상 국회조사단 보고에서 지적한 바와 같이 방위군의 부정사건은 행정과 재정의 난맥상을 이루고 있었고 그 부정횡류액은 정확히 판단할 수 없을 만큼 그 규모가 컸었다. 이리하여 국회는 동 4월 30일, "국민방위군 및 비상향토방위령의 설치에 관한 법률안"을 제안하고 재적 152인 중 83 대 3으로 통과됨에 따라 동 5월 12일 시행 공포되어 국민방위군이 완전 해산하게 되었다.

그런데 이와 같이 국민방위군사건을 조사하는 과정에서 행정부와 국회 그리고 정당에까지 크게 연관되어 순조롭게 조사활동을 펼치지 못했는데 마침 이승만 대통령의 비호를 받고 있던 신성모 국방부 장관이 거창사건으로 사임하자 이를 계기로 방위군사건전모를 발표하게 되었다. 특히 총 50여 억의 부정 횡령금액 중 윤익헌부사령관 기밀비로 3억1천만 원이 지급되고 또 모정파에 1억여 원이 제공된 사실을 포착하고도 사법부의 정치적 압력으로 진상은 조사하지도 않고 김윤근 방위사령관은 구속되지도 않은 채 하급간부 몇 사람만 체포되었을 뿐이다. 이에 격분한 국회가 사건처리위원회를 구성하기까지 이르니 이시영 부통령은 국회에 사임서를 제출하고 그 이유를 다음과 같이 밝혔다. "현명하신 제공에게 간절히 요청하고자 하는 것은 국정감사를 더욱 엄정하게 단행함으로써 모든 관료들의 이도吏道에 어그러진 비행을 적발 규탄하여 모든 부정사건을 미온적인 태도에서 좀더 적극적인 조처를 취함으로써 국민의 의혹을 석연하게 하여 주실 것입니다"라고 방위군사건의 엄정한 조사처리를 촉구하였다. 사태가 이에 이르러서 방위군 사령관 김윤근이 최경록 헌병 사령관에 의해 체포되고 1951년 7월 19일, 대구 중앙고등군법회의에서 김윤근, 윤익헌, 박기완 등에 사형이 언도되어 동 8월 13일 사형이 집행됨으로써 국민방위군부정사건은 일단락이 되었다. 그러나 이 사건은 국내적으로는 그 후 제2국민병 징모에 많은 장애가 되었을 뿐만 아니라 정부와 국회의 대립, 국회 내에서의 정파분열 대립, 국민의 행정부에 대한 불신감을 주게 되었고 국제적으로는 국가의 체면을 크게 손상시킨 결과를 가져오게 되었다.

6. 거창사건

아군의 반격전으로 퇴로가 차단된 북한군 잔병들은 지리산과 가야산 그리고 중부산악지대로 들어가 유격작전을 펴 후방지역의 치안교란과 국가시설을 파괴하려 했다. 특히 남한 지하에서 살인 방화를 일삼고 있던 악질공산당들은 인민군 패잔병과 합세하여 그 총수는 약 40,000명으로 추산되고 있었는데 이 거창사건이란 이들 공비를 소탕하는 과정에서 일어난 불상사였다.

경상남도 거창군 일대는 공비의 출몰이 심한 지역으로 1950년 12월 5일에는 거창군신원면 경찰지서가 공비의 습격으로 경찰관 등 30여 명이 전사한 사건이 발생하기까지 한 지역이다. 국군은 이지역의 공비를 토벌하기 위해 제11사단 9연대 3대대(대대장 한동석소령)가 거창군에 진주하게 되었는데 당시 이지역의 주민들은 공비와 향토방위경찰 사이에서 아주 난처한 입장을 겪고 있었다. 사실 이 촌락 내에는 공비와 내통하는 자가 있어 공비의 학살을 면하기 위해서는 표면적으로라도 공비들의 지시를 받지 않을 수 없었다. 그런 상황에서 국군공비토벌대가 거창군에 들어오자 한편으로는 환영을 하면서도 한편으로는 전전긍긍 할 수밖에 없었다. 또한 거창에 진주한 국군 제3대대는 군민들에게 민폐를 끼치기도 했고 작전상 거창군 북상면 민가 1,200호를 소각하여 민원을 사게 되었는데 이 후 이 지역에서 마침내 동포학살사건의 민족적 비극이 발생하게 된 것이다.

거창사건이 발생하게 된 이유를 당시 제11사단장 최덕신 장군은 다음과 같이 국방부에 보고했다. "신원면 일대의 각 부락민은 남녀노소를 막론하고 적정에 대해서 함구할 뿐만 아니라 식사 기타 금품을 제공하였기 때문에 비참한 민족사를 연출하였다." 신원면에 진주한 제3대대는 대현, 와룡, 성곡, 중유 등 6개 부락민이 공비와 내통하였다는 이유로 약 700여 호를 소각하고 동 2월 10일에는 청년 100여 명을 총살했으며 잔여주민 중 군경 및 공무원가족을 제외한 남녀노소 약 500여 명을 율원초등학교에 집단수용하고 박산계곡까지 몰고 가서 전원 살해한 후 증거인멸을 위해 시체는 휘발유로 태워서 암매장하였다. 이 사건은 공비소탕작전을 위해 군작전상 장애물을 제거하기 위한 부득이한 조치라고는 하지만 민주주의 법치국가에서는 상상할 수 없는 참극이 발생한 것이다.

이리하여 피난국회에서는 거창학살사건을 조사하기 위하여 동 3월 30일 신중묵, 김종순, 이충환 의원을 조사위원으로 선출하고, 정부 측은 계엄민사부장 김종원을 국방부장관특명조사관으로, 치안국경무관 장영복을 내무부장관 특명조사관으로 각각 임명하여 국회조사의원과 합동조사를 위해 거창으로 출발하였다. 그러나 조사위원 일행이 거창군 남산면과 신원면 사이의 계곡에서 정체불명의 폭도들로부터 총격을 받아 부득이 현지조사를 단념할 수밖에 없었고 거창경찰서로 돌아와 경찰관과 주민의 증언만 청취하고 무위귀환하게 되었다. 이때 신성모 국방부 장관은 조사결과를 별도로 발표했는데 "거창에서의 양민학살이란 전연 근거없고 양민이 아니라 공비를 토벌한 것이다"라고 대통령에게 보고를 했다. 이렇게 해서 이 사건은 철저하고 공정한 조사가 이루어지지 못한 채 정치적 복선으로 사건을 왜곡조작한 느낌을 주어 크게 오점을 남기고 말았다. 그러면 최덕신 당시 제11사단장이 제출한 국방부 보고서 중 사살시체처리 결과보고 항목에서 "1951년 3월 10일경 신원면 고정리 및 대현리에서 사살한 주민의 시체를 제9연대 한소령은 부하 100여 명을 출동시켜 그 중 약 40명은 고지에 은밀히 배치하여 지방인의 출입을 경계케 하고 약 100명 정도의 인원으로서 현지에 방치된 양민의 시체를 현지로부터 약 2km 떨어진 계곡에 은밀히 암장하였다. 이때 국회의원과 지방유지 등이 현지를 시찰하고자 하였으나 현지에 배치된 경계병의 다발총사격으로 뜻을 이루지 못하고 돌아왔다 함"라고 지적한 바와 같이 주둔군이 이 사실을 은폐하려 한 것은 국방부 장관과 특명조사관 김종원이 직접 개입한 사건은폐조작임을 알 수 있다. 이리하여 무위귀환한 국회조사단의원은 동 4월 18일 국회 비공개회의에서 조사경과를 보고하고 그 사후책을 논의하고 있는 중 외국기자가 이 사건을 취재 보도하게 됨으로써 이 거창사건은 급작이 확대되게 되었다.

그리하여 조병옥 내무부 장관은 거창사건이 국내외로 확대될 것을 우려하여 이승만 대통령에게 이 사건을 신속하게 처리할 것을 건의한 바 이승만 대통령은 국무회의에서 "거창사건은 내무, 법무, 국방 3부 장관이 서로 협조하지 않는 까닭에 국가의 체면이 국제적으로 크게 손상되었다" 라는 이유로 3부 장관의 사퇴를 요구하였다. 이에 3부 장관이 사퇴를 했고 그 후임에 국방부장관에 이기붕, 내무부 장관에 이순용, 법무부 장관에 조진만을 임명했다. 그런데 특히 조병옥 내무부장관은 사임서에서 대통령에게 ① 행정은 제도상으로 운영되어야 하며 개인의 의욕으로서 움직여서는 안 된다. ② 정치는 재인在人이니 양심적 유능한 인사를 등용할 것. ③ 대한민국은 민주국가로서 탄생하였으니 반드시 민주국가로서 성장 발전하여야 한다 라고 당시의 대통령 일인독재와 정치부패에 대해 노골적인 비판을 하였는데 이러한 비민주적 부패정치가 일익일천하여 마침내는 4 · 19혁명을 유발하게 하였던 것이다.

동 5월 14일 국회에서 거창사건이 공비출몰지역이라 하여도 그 행형방법이 극히 불법 무자비하다는 이유를 들어 거창사건조사처리에 관한 결의안을 채택하게 되니 이승만 대통령은 할 수 없이 국회와 사회여론의 압력에 의해 12월 12일, 부득이 이 사건에 관련된 자들을 군재에 회부하여 오익환 육군대령, 한동석 육군소령에 무기징역, 그리고 육군대령 김종원에 3년 징역을 언도하여 그간 국내외적으로 물의를 일으켰던 거창학살사건에 대해 일단락을 지었다. 그러나 이승만 대통령은 수개월 후에 이들을 대통령특사로 사면 출옥시켰으며 특히 김종원을 치안국장으로 영전을 시켜서 일반국민들을 의아하게도 했다.

7. 개헌안과 정쟁의 격화

국민방위군사건과 거창사건에 항변하여 이시영 부통령이 사임을 한 사건은 국민들에게 커다란 충격을 주었을 뿐만 아니라 정쟁에 불을 붙인 계기가 되었고 동 5월 15일 국회에서 부통령보선에서 야당지도자인 김성수가 절대다수로 당선이 됨으로 해서 국회와 정부의 대립은 물론 원내야당세력이 절대우세함을 입증한 것이기도 했다. 이로 인해 정부는 국회의 안정세력구축을 위해 신정동지회와 공화구락부 두교섭단체를 통합하여 공화민정당을 결성하여 의원수 90명으로 국회 제1당을 차지하게 되었다. 그리하여 정부는 원내에 지지세력은 얻었으나 반면에 여야 간의 정쟁은 더욱 격화하게 되었다.

또한 이승만 대통령은 종래의 정당무용론을 번의하고 동 8월 15일 광복경축사를 통해서 "일반국민이 정당의 의미를 철저히 알기 전에는 정당제도를 실시하는 것이 이르다고 생각되었던 것입니다. 정당의 제도는 각각 일가의 복리를 위해서 사당을 만드는 것은 아닙니다. 그러나 지금은 시기가 와서 전국에 큰 정당을 조직해서 농민과 노동자들을 토대로 삼아 일반국민이 나라의 복리를 위해 자기들의 공동복리를 보호하기 위해서 정당한 정당을 만들 때가 왔다는 것입니다"라고 천명을 함으로써 이를 계기로 원내외에서는 신당조직운동이 본격적으로 일어나게 되었다. 이승만 대통령이 이와 같이 정당제도를 주장하고 나온 배경은 국회 내에서 야당세력이 커짐에 대한 여당의 결성을 서둘러서 차기 대통령선거를 위한 예비적 복선이기도 한 것이다.

동 11월 30일, 행정부는 계획대로 정·부통령 직선제와 상·하양원제를 골자로 한 헌법개헌안을 국회에 제출하고 이를 통과시키려 했으나 국회에서는 1개월 동안 격론 끝에 1952년 1월 18일 재석의원 163명 중 부 143, 가 19, 기권 1의 절대다수로 부결되고 말았다. 이후 정부는 이승만의 재선을 위해 모든 비합법적인 행위를 감행하기 시작했다. 정부는 특히 원외자유당 각 산하단체와 지방관서를 동원하여 관제민의와 폭력데모로 국회를 비난하고 의원소환운동을 전개하기도 했다. 이때에 국회에서는 야당인 민주국민당에서는 정부의 개헌계획에 대응하여 내각책임제개헌을 서두르고 있었다. 그러나 이때 장택상 국무총리인준 문제를 놓고 국회의원 간에는 의견이 대립되어 있었는데 결국 장택상이 국무총리로 인준됨으로 해서 야당의 통일적대정부정책이 무너지고 말았다. 또 동 4월 25일, 처음으로 실시된 지방선거에서 관권으로 여당인 원외자유당이 압도적으로 승리를 하여 자유당지방의회의원들이 주동이 되어 내각책임제 개헌을 추진하고 있는 야당의원들은 "반민의의원反民意議員이다"라고 각 지방에서 성토대회를 열어 야당의원을 궁지로 몰고 갔다. 또 한편 정부는 동 5월 25일 0시를 기하여 공비토벌이란 이유로 부산지구에 계엄령을 선포하여 이 날로 내각책임제 개헌을 추진하고 있는 수동 국회의원을 전격 구속하는가 하면 국회의원 47명이 탄 버스를 헌병대로 납치하여 국회의 기능은 완전히 마비상태에 빠지고 말았다.

이와 같은 일련의 사태는 한국민주주의의 일대위기였으며 국제적 관심을 모으게 되어 UN한국위원회에서 "한국정계에관한성명서"를 발표하고 "한국 국회의원들이 계엄령하에서 체포되었고 현재 역시 구금되어 있으며 기타 의원들 마저 체포 또는 구금의 공포 속에서 살고 있어 그로 인하여 국회출석이 저지당하고 있다"라고 지적하고 부산시의 계엄령 해제와 구금의원 석방을 건의하였으며, 또한 리 UN 사무총장은 "민주적 정부 토대를 위협 파괴하는 전횡적 방법이 행사될 때에는 무관심하게 있을 수 없다"라고 성명을 발표하기에 이르렀다. 이어서 내각책임제 개헌을 지지한 야당지도자 김성수 부통령은 부통령 사임서에서 "원컨대 앞으로 국가민족의 운명을 염려하는 일개 평민의 입장에서 우리나라의 전제군주적 독재정치화의 위협을 제거하고 진정한 민주주의를 실현함으로써 전자유세계의 동정과 원조를 획득하여 항구적인 자유와 평화와 복지를 이 나라 이 겨레에 가져 오도록 하기 위하여 국민대중과 함께 결사투쟁할 것을 맹서하는 바입니다"라는 비통한 성명을 발표하고 부통령직을 사임하고 나왔다. 사태가 이렇게 되니 장택상 국무총리는 그를 주동으로 하는 "신라회"로 하여금 계엄령 해제를 전제조건으로 하고 정치적 타협안으로서 대통령중심제와 내각책임제를 절충안 소위 발췌개헌안을 제출하여 동 7월 4일, 삼엄한 경계 속에서 야간국회를 열어 재적 188명 중 166명이 참석한 가운데 기립표결로서 이 발췌개헌안을 강제로 통과시켰다. 이로써 자유당은 1당독재의 길을 열게 되었고 이승만 정부의 야망을 달성할 수 있는 토대를 마련하게 된 것이다.

이와 같이 개헌을 둘러싼 일대정치파동 이후부터 휴전협정이 성립될 때까지의 정부와 정계의 동태는 어떠하였는가. 발췌개헌안이 통과된 후 동 8월 5일, 정·부통령선거에서 이승만은 압도적으로 대통령에 당선되었고 부통령에도 이승만이 지지하는 함태영이 당선된 것은 말할 것도 없으며, 국회에서도 자유당은 신라회와 부동의원을 흡수하여 국회의원 과반수를 만들어 놓았으니 표면상 이승만 정부는 국회의 다수의원들로부터 지지를 받게 된 것이다. 이렇게 자유당 정부는 다수 국회원내세력을 기반으로 이승만 일인독재는 더욱 강화되었고 특히 거물급 정치인을 기피하고 국무총리 및 장관을 인물중심이 아닌 친정아부인사로 인해 행정의 무능과 부패로 정부와 국회가 국민들로부터 많은 우려와 실망을 낳게 했다.

8. 전쟁 중 사회 및 경제

북한이 남침을 한 1950년 6월부터 휴전회담이 시작되고 전쟁이 소강상태에 들어간 1951년 8월 30일까지 정부에서 계정한 인적 물적 피해상황은 다음과 같다. 【참조. 2】

이외 1·4후퇴 이후의 이북동포가 남하한 피난민은 약 800만 명으로 추산하고 있다.

6·25전쟁 중 국민생활은 형언할 수 없을 정도로 비참했다. 전화지구의 국민들은 대부분 주택과 가재를 상실하였고 대부분의 피난민들은 도보로 남하를 하였으며, 특히 1·4후퇴 시에는 혹한으로 인해 많은 피난민이 동사 내지는 아사를 하는 비참한 참극을 당하기도 했다. 남하한 피난민들은 자연적으로 대구, 부산 등 도시로 집중되었는데 주택 식량난이 극심했고 정부는 이들을 거제도와 제주도로 분산시키고 각지에 집단수용소를 설치 수용을 했으며 UN

【참조. 2】

사상자	200만				
각부처의 피해액	1조 8,787억 1,127만 2천 원				
각도의피해	8,533억 6,222만 7천 원				
민간재산피해액	4조 5,278억 6,656만 7천 원				
건물피해	일반주택	전소 :	414,825동	반소 :	1,000,120동
	일반기업체	전소 :	21,345동	반소 :	8,605동
	공영건물	전소 :	8400여동	반소 :	721동
	도 시 군청사	전소 :	56동	반소 :	85동
	읍 · 면청사	전소 :	887동	반소 :	735동
	초등학교	전소 :	1,005동	반소 :	2,052동
	중학교	전소 :	103동	반소 :	143동
	대학교	전소 :	18동	반소 :	28동
	종교단체	전소 :	429동	반소 :	530동

을 위시하여 제우방국가들로부터 막대한 양의 구호물자 지원을 받았으나 이들을 수용하기에는 너무도 역부족한 형편이었다. 그런데 설상가상으로 유행성 전염병마저 유행하여 처참한 생활고로 피난민 중에는 자살을 한 사람도 적지가 않았다. 또한 조국수호를 위한 성전에서 불구가 된 상이군경에 대한 구호대책이 제대로 되어 있지 않았기 때문에 이들은 다방, 음식점, 상가 등을 헤매며 문전걸식을 할 수밖에 없었으니 이들의 불평불만 또한 하늘을 찌를 만큼 커가고 있었다. 당시의 경제사정으로 보아 UN의 구호원조가 있었지만 피난민과 상이군경에 대한 원호사업을 수행할 수 있는 경제적 여유가 없었으니 불가피한 일이었다고는 하나 사실은 전시에도 불구하고 고위층들은 오히려 부유하고 사치한 생활을 하고 있었으며 요정은 흥청대고 정부와 결탁을 한 간상배들은 폭리를 취하여 일확천금을 한 사람도 많았다. 또 피난민과 상이군경이 문전걸식을 하며 아사선상에서 헤매고 있을 때 UN구호물자가 횡류되어 시장상인에게 빠져나갔고 우리나라 특산물인 "오징어"가 UN구호물지로 둔갑을 해서 입하되는 웃지 못할 행정의 난맥상이 연출되기도 했다.

　6 · 25 전쟁 이전의 한국경제는 연평균 초과수요로 약 1억5,000만 불이 넘는 아주 미약했었다. 그나마 6 · 25 전쟁으로 전산업시설이 완전 파탄되어 물가상승으로 인한 인플레이션으로 경제사정이 악화일로에 있었다. 그럼에도 불구하고 정부는 인천공업시설을 방치해 두었고 비료생산, 농기구생산, 수리사업 등을 등한시했을 뿐만 아니라 농민은 280여 종에 달하는 잡부금에 시달려 농촌경제 또한 파탄에 이르고 있었다. 6 · 25 전쟁 이후 1953년 1월까지 한국

은 총5억 900만불에 해당하는 경제원조를 받았다. 그러나 이 원조는 주로 소비물자에 치중된 것이었고 정부는 이 소비재 원조를 토대로 하여 목전의 경제파탄을 미봉하는 데 급급했었다. 특히 6·25 전쟁을 계기로 상업통화면에서 일부 소비재의 재생산업자들이 정부여당과 결탁을 하여 금융과 외환을 독점하고 기형적인 활기를 일으켜 통화를 흡수하게 되고 그들의 획책으로 물가가 등귀하여 국민생활의 위협은 물론 국내산업을 전면적으로 위축시킨 사실은 간과할 수 없는 일이라 하겠다.

9. 휴전회담 중의 전투와 치안

휴전회담이 1951년 7월부터 개성에서 열리고 있는 동안에도 북한은 병력을 계속 증강시켜 개성 북방에 300대의 전차를 집결시켜 놓고 있었으며 증강된 포부대로 아군에게 맹공격을 퍼붓고 있었다. 이에 아군은 제한공격으로서 전선의 정비와 유리한 전략고지를 점령하여 만일 휴전회담이 결렬될 경우에는 공격을 계속하겠다고 적에게 경고하였다.

당시 아군의 전황을 살펴보면, 동부전선의 아군은 양구 동북방의 전략고지인 "피의전선"과 양구 북방의 "단양의능선"을 점령하였고, 동 10월 13일, 추계작전으로 국군 제2, 6, 8사단과 미제24사단이 일제히 공격을 개시하여 금성시를 점령한 후 중요고지를 점령함으로써 적의 보급 중심지인 금성을 실질적으로 그 기능을 상실하게 하였다. 휴전제의 이후의 전투 특성은 쌍방이 다 제한공격을 주로 하는 것이었으나 그 전투는 초기전투보다 치열하여 전사상자를 많이 냈다. 얼마나 포격전이 치열했는가 하면 적은 8월 3일 금성 공격에서 1분 간격으로 총 500발을 쏘았고, 아군은 "피의능선" 공방전에서 39만발의 포탄을 적에게 퍼부었다. 한편 8월 10일 서부전선에서는 동부전선의 추계공세에 호응하여 국군 제1사단, 미제1사단, 미제1기갑사단, 미제25사단, 미제3사단, 영연방제1사단이 일제공격을 개시하여 3 내지 4리를 전진하고 방어선을 구축했다. 이렇게 아군과 UN군의 추계공세의 성공으로 동 11월 26일 휴전회담에서 임시정전선으로 임진강구 - 판문점 - 웅공리 - 산명리 - 관포동 - 금곡 - 금성북방고지 - 송정 - 가바우골 - 노루목 - 신탄리 - 사비리 - 신대리 - 덕산리 - 남강남방위선이 결정되었고 이후는 피아 간에 소규모의 탐색전이 있을 뿐 전투는 다시 소강상태에 들어갔다. 그러나 휴전회담이 1년 동안이나 진전없이 공전하고 있는 동안 적의 지상군은 100만 명으로 증강되었고 항공기를 200대 늘렸으며 휴전회담에서 아측에 군사적 압력을 가하기 위해 1952년 9월초부터 대공세를 개시하였는데 금화동북방의 전략고지인 "수도고지"에 하루동안 47,000발의 포탄공격을 해왔다. 그리하여 2주 동안이나 그야말로 백병전을 계속하다가 우리 국군수도사단의 완강한 방어전으로 적의 공격이 좌절되고 말았다. 그러나 동 10월부터 적은 다시 백마고지 저격능선에 걸친 중부지구에 대하여 공격을 재개해 왔는데 이 전투의 규모와 치열성은 지난 9월공격보다 더큰 것이었다. "철의3각지"의 교통적 요충지인 백마고지를 점령하기 위해 적은 전차 중포의 지원을 받으며 20일간이나 인해파상공격을 해왔다. 그러나 아군의 강열한 방어전으로 적은 32,000명의 대손실을 입고 결국 국군 제9사단이 이 요충지를 점령하는 데 성공했다. 이후 잠시 동안은 또 큰 전투가 없었다.

5개월간 무기휴회에 들어간 휴전회담이 1953년 4월 6일에 재개되어 정전경계선 획정에 대한 회의가 시작되자 적은 유리한 전략적 요지를 탈환하기 위해 또다시 중동부전선의 국군 제2군단에 공격을 가해 왔으며 또 7월 13일에는 15만대군의 인해전술로 최후총공격을 가해왔다. 그러나 아군은 필사적으로 격전을 감행하여 단1보도 양보하지 않고 적을 물리쳤고 마침내 동 7월 27일 휴전협정이 조인됨으로써 마침내 3년간에 걸친 전쟁이 일단 무기한 휴전에 들어가게 된 것이다.

10. 남 · 북 휴전협정 체결

북한의 남침으로 전쟁이 치열해지자 UN 안전보장회의에서 우선 평화조정을 시도했고 또 이집트, 유고, 영국이 미국을 통하여 정전협상을 제안한 바가 있었다. 그러나 이러한 노력이 공산측의 거부로 이루어지지 않았고 또 UN군이 인천상륙작전으로 총반격전을 개시한 후 에치슨 미국무 장관이 북한에 "전투를 중지하고 UN과 함께 전한국의 통일정부를 수립하는데 협력하라"는 성명을 발표하여 간접적으로 공산 측에 정전회담을 종용한 바도 있었다. 그러나 북한과 소련은 중공군의 개입으로 그들의 야망인 남한을 무력으로 점령할 수 있다고 믿었기 때문에 이에 호응하지 않고 있다가 국군과 UN군의 재반격작전으로 전세가 다시 불리해짐에 따라 비로소 정전회담에 응하게 되었던 것이다.

1951년 6월 23일, 마리크 소련 UN대표가 38선 정전안을 제의하여 이에 미국은 소련의 진의를 살피면서 리치웨이 미군사령관을 통해 현지교섭을 추진하게 되었다. 그러나 이때 동 6월 27일, 이승만 대통령은 "무서운 전쟁의 서곡이 될 수 있는 여하한 평화제안도 수락할 수 없다"는 한국정부의 입장을 밝혔는데, ① 전한국민은 민족통일을 원하고 있으며 38선에 의한 국토분할은 한국민에게 깊은 실망을 준다. ② 장차 한국민에 대한 공산침략이 다시 일어나지 않는다는 확실한 보장이 있어야 한다. ③ 한국민은 그들이 민주주의적으로 또 합법적으로 선출한 내표들, 즉 한국정부를 통하여 평화교섭이 진행되는 동안 계속적으로 정보를 받을 수 있어야 한다는 세 조건을 제시하고, 마리크 소련대표의 제안을 완강히 거절 이를 절대 반대하였다. 그리고 동 29일에는 정부와 국회가 모처럼 한목소리를 내어 "대한민국국회는 38선 정전을 절대 반대한다. 다만 공산제국주의 침략군의 전면적 무장해제와 또한 압록강, 두만강 국경 외로 철수한 후 국토통일을 완수하고 한국의 영원한 안전보장을 국제적으로 확약하는 조건 이외는 우리는 고려할 여지가 없음을 재천명한다"는 정전반대결의문을 발표했고, 또 동 7월 1일에는 부산에서도 국토통일과 38선 정전반대 국민총궐기대회가 열렸었다.

그러나 결국 1951년 7월 8일, 예비회담을 열어 쌍방의 회담대표명단을 다음과 같이 발표했다.

<table>
<tr><td colspan="3">【UN군 측 대표】</td></tr>
<tr><td>수석대표</td><td>미해군중장</td><td>C.T. 조이</td></tr>
<tr><td>대   표</td><td>미공군소장</td><td>L.C. 크레기</td></tr>
<tr><td>대   표</td><td>미육군소장</td><td>H.I. 홋지스</td></tr>
<tr><td>대   표</td><td>미해군소장</td><td>A. 버어크</td></tr>
<tr><td>대   표</td><td>미육군소장</td><td>백선엽</td></tr>
</table>

<table>
<tr><td colspan="3">【공산 측 대표】</td></tr>
<tr><td>수석대표</td><td>인민군대장</td><td>남 일</td></tr>
<tr><td>대   표</td><td>인민군소장</td><td>이상조</td></tr>
<tr><td>대   표</td><td>중공군대장</td><td>등 화鄧華</td></tr>
<tr><td>대   표</td><td>중공군대장</td><td>사 방謝方</td></tr>
</table>

이리하여 1951년 7월 10일, 개성에서 휴전회담 본회의가 열리게 되었다. 그러나 회의 초부터 UN측 대표부는 정치문제나 경제문제 그리고 한국에 관계없는 사항은 토의하지 않는다는 입장이었고, 공산 측은 ① 38선을 군사경계선으로 획정할 것 ② 포로교환에 대한 협의 ③ 단기간 내에 전외군의 철병실행 등을 주장하여 서로 입장이 상충되어 있었고, 또 회담에 기자참석문제로 회담이 일시 중단되기도 했으나 마침내 공산 측이 신문기자의 자유취재를 수락하여 동 11일에 회의를 속개하고 다음과 같이 5개 항목을 의제로 할 것을 합의했다.

합의된 5개항의 의제

1. 의제의 채택
2. 한국에서의 적대행위정지를 위한 기본조건으로서 양측이 비무장지대를 설정할 수 있는 군사경계선의 확정
3. 한국에서 정전을 실현하기 위한 구체적 조치. 그 중에는 정전 및 휴전에 관한 조항을 수행하기 위한 감시기관의 구성과 권한 및 그 기능에 관한 규정을 포함한다
4. 포로에 관한 협정
5. 양측의 관계 제국정부에 대한 권고

이렇게 회담을 진행하고 있던 중 중공군의 중립지대 침범사건으로 논란 끝에 결국 동

10월 8일 회담장소를 판문점으로 이동하고 그간 한국 측 대표를 이형근 소장으로 교체하여 회담을 진행하게 되었다.

휴전회담의 첫 논란은 역시 의제 제2항인 비무장지대 설정문제였다. UN군 측은 원칙적으로 현전선을 주장했고 공산 측은 남측 이전의 원상으로 복귀하여 군사적인 이득뿐만 아니라 그들의 불법남침의 죄악을 UN군에게 전가하기 위해 38선을 고집하고 나왔다. 논란을 계속하다가 동 11월 23일에야 "양측 간에 존재하는 실제 접촉선을 군사경계선으로 하고 조인된 휴전기간 중 비무장지대를 설치하기 위하여 이 선으로부터 2km씩 철수한다"라고 협정에 합의를 했다. 이 합의에 의해서 고도인 개성이 적의 수중으로 넘어갔는데 이는 참으로 전국민이 통탄을 금치 못하는 일이라 아니할 수 없는 일이다.

그리고 의제 제3항의 토의에 들어갔다. 그러나 UN 측의 "휴전기간 중의 병력증강금지 및 휴전감시를 위한 합동감시단의 설치"와 "감시단 구성을 위한 중립국의 규정" 문제를 둘러싸고 난항이 계속되고 있던 차 동 12월 10일, UN 측에서 의제 제4항인 "포로에 관한 협정"을 병행해서 토의하자는 제의에 의해 포로교환합동분과위원회를 구성했다. 이 회의에서 UN 측은 공정한 감시하에 규율적으로 교환할 것과 교환 전 또는 교환 중에 있어서도 상병자에 대하여서는 인도적 대우와 휴양을 보장하기 위한 적절한 감시를 실시할 것을 원칙으로 주장한 데 대하여 공산 측은 전원교환을 주장하고 나와 의견대립이 있었고 또 UN 측에서는 국제적십자로 하여금 포로수용소를 방문케 하고 포로의 명단과 수용소위치를 명시 발표하자고 제의를 했으나 이것도 공산 측은 거부하다가 동 12월 18일 겨우 포로명부를 교환하는 데 합의를 했다. 이때 양측에서 발표한 포로수는 다음과 같다.

UN군 측 발표	북한인민군 111,754명 · 중공군 20,720명
공산군 측 발표	국군 7,142명 · 미군 3,193명 · 기타 UN군 1,216명

공산군 측이 발표한 국군과 UN군 포로숫자는 도저히 믿을 수가 없는 숫자로 적어도 만여 명 이상이 탈락된 것으로 추산되었다. 그리하여 쌍방은 포로숫자에 대한 논란과 UN 측 주장인 포로자신의 자유의사에 의한 귀환문제로 의견이 팽팽하게 대립되어 있었으나 UN 측의 계속 양보로 포로자유송환문제를 제외하고는 양측의 의견이 접근되고 있었으나 타의제는 여전히 교착상태로 형식적인 회담만 되풀이되고 있었다.

그런데 1952년 5월 7일, 거제도 포로수용소에서 폭동이 일어나 포로수용소 소장 인돗드 준장이 포로들에게 납치되어 78시간이나 구금된 해괴한 사건이 발생했다. 이와 같은 불상사는 UN군은 공산포로에 대해 분에 넘치는 대우를 해 줌으로써 포로수용소 내의 공산도당들은 자유로이 외부와 연락할 수 있어 북한으로부터 모든 지시를 받고 있었다. 그리하여 수용소 내의 공산분자들은 조직화하여 반공포로를 학살하고 단체시위를 자행해도 UN군 감시병은 속수무책이었다. 그리하여 휴전회담에서 심각하게 대립되고 있는 UN군 측의 자유송환주장에 대한 공산측의 강제송환주장에 유리한 입장을 견지하기 위해 계획된 폭동으로 돗드 준장을 납치해 놓고 석방의 조건으로 4개항을 제시했다. ① 포로학대와 독가스사용 및 세균전을 중지할 것, 국제법에 의해서 포로의 인권과 생명을 보장할 것 ② 자유의사에 의한 포로송환방침을 중지할 것 ③ 포로의 심사를 중지할 것 ④ 포로대표단을 인정하고 이와 협력할 것. 등을 조건으로 제시했다. 결국 돗드 준장은 구출되었으나 그 여파로 인해 각처의 포로수용소에서도 시위와 폭동이 일어나 반공포로가 100여 명이나 학살되었을 뿐만 아니라 공산 측에 악질적인 허위선전재료를 제공하게 되었고 나아가서 회담을 중단시키는 결과를 가져오게 하였다. 이와 같이 포로송환문제로 휴전회담이 중단되고 장기 휴회로 들어가자 UN 총회에서 "전포로를 인도 중립지대에 이송하고 귀국을 원하지 않는 포로는 고위정치회담에서 해결하자"고 의결을 하였으나 실행되지 못하고 있었는데 이때 미국에서는 대통령선거에서 아이젠하워가 대통령으로 당선이 되고, 소련에서는 6 · 25 전쟁의 원흉인 스탈린이 죽고 마렌코프가 등장하여 자유진영에 소위 "동서양대진영의 평화공존"이란 추파를 던지면서 1953년 3월 28일, 돌연 중경상포로를 교환하자고 제의를 해와 회담이 중지된 지 5개월 만에 휴전회담은 다시 열리게 되었다. 그러나 한국정부는 휴전협정을 다시 반대하였고, 국회도 "평화는 자유와 통일을 보장하는 평화여야 할 것이며 정전도 이 목적을 달성하려는 성의를 가진 정전요청이라야 할 것이다"라고 공산국가의 허위성을 경고하고 "UN군은 대한민국 3천만 국민의 자유와 통일을 보장하는 동시에 UN 존립의 기본정신을 살려서 침략자를 응징하고 안전보장을 확립할 때까지 승리에로 용약 매진해 주기를 요청하는 바다"라는 결의문을 발표하였다. 그러나 해리슨 UN군 대표는 아군 대표인 최덕신 소장과는 사전협의도 없이 공산 측과 타협을 하려하자 최덕신 소장은 해리슨 UN군 대표에게 항의를 제출하고 회의참가를 거부하였다 그러나 해리슨 UN군 대표는 한국 측 대표가 불참한 가운데 동 6월 8일 굴욕적인 포로교환협정이 체결되고 말았다. 이 협정에 의하여 북한출신의 반공포로도 포로설득장에 서게 되었는데, 동 6월 18일 이승만 대통령은 UN군과 협의도 없이 단독으로 전국포로수용소에 수용 중인 반공포로 34,000명 중 27,000명을 석방하여 전세계를 경악하게 하였다. 이로 인해 UN군연합긴급회의 한국참전국대표회의 등 긴급회의가 열려 분위기가 삼엄했지만 미국정부는 원만한 수습을 위해 로버트슨 미국무장관보를 아이젠하워 대통령특사로 한국에 보내와 이승만 대통령은 미국으로부터 한국에 적극적인 원조를 보장 받음으로써 긴장이 완화되어 동 7월 27일 판문점회담을 재개하고 동 오전 10시에 해리슨 UN군 대표와 남일 공산군 대표 간에 전문 5조 36항으로 된 휴전협정이 조인됨으로써 6 · 25 전쟁은 종결을 짓게 된 것이다.

제4편

자유당 정부

3월 15일 선거에서 대통령 이승만은 12년간 지속된 장기집권체제를 연장하고, 승계권을 가진 부통령에 이기붕(李起鵬)을 당선시키기 위하여 대규모 부정행위를 저질렀다.

그러나 3월 15일 마산에서 부정선거에 항의하는 대규모 시위가 발생, 시위진압 도중 경찰의 실탄발포로 최소한 8명이 사망하고, 72명이 총상을 입는 사건이 발생하였다. 이어 4월 19일 대규모 시위가 전국적으로 확산되었다. 결국 4월 25일 대통령 이승만이 하야성명을 발표함으로써 자유당 정권은 붕괴되었다.

자유당 정부_

Ⅰ. 정치_

1. 자유당의 탄생

5·10 총선거 후 정당무용론을 극구 주장하던 이승만 대통령은 6·25 전쟁 중 국민방위사건 및 거창양민사건 등으로 입법부와 일반국민들로부터 불신과 불만이 높아지자 차기 대통령선거에서의 재선이 거의 불가능함을 깨닫게 되어 민주주의적 소양이 거의 없는 국민대중이 직접 투표할 수 있는 직선제 개헌이 필요했고, 이렇게 개헌을 하기 위해서는 추종자들을 중심으로 하는 정당이 필요했다. 이러한 열망에 의해서 탄생한 정치단체가 바로 자유당이다. 이승만 대통령이 1951년 8월 15일 광복기념석상에서 농민과 노동자를 토대로 신당조직을 시사한 것을 계기로 원내외에서 신당조직운동이 활발하게 전개되었는데 원외에서는 국민회, 대한부인회, 대한청년단, 대한노동조합총연맹, 대한농민총연맹 등 5개 단체가 중심이 되어 소위 신당발기협의회(세칭 신협)를 구성하여 여타의 사회단체규합에 나섰고, 원내에서는 여당격인 공화민정회를 중심으로 민우회의 일부의원까지 포섭하여 신당준비위원 30명이 원외와 제휴를 시도하였으나 이는 정책수행 면에 있어서 이해상반과 선거구에서의 원내외의 각축대립 때문에 결렬되고 말았다. 그리하여 이승만 대통령은 그의 지지정당을 원외에서 구하기로 하고 동월 23일 원외당원 준비위원회는 부산 동화극장에서 결당대회를 열고 이승만을 당수로 추대하고 부당수에는 족청파의 수령 이범석을 선출하였다. 한편 원내에서는 이와 맞서서 원외와 같은 날 국회의사당 안에서 자유당결단식을 갖고 부위원장에 김동성, 이갑성을 선출하여서 2개

의 자유당이 탄생했는데 이를 두고 세칭 전자를 원외자유당, 후자를 원내자유당이라 일컬었다. 이승만 대통령은 이 중 원외자유당을 택하여 이를 정치기반으로 했고 이때부터 서서히 국회에 압력을 가하기 시작했는데 특히 한청과 국민회 등의 원외자유당의 산하단체로 하여금 이미 부결된 정부가 제안한 개헌안부결반대민중대회와 국회해산 및 반민의국회의원 소환 운동을 전개했으며 1952년 2월 5일 실시한 부산무구 등 8개구의 국회의원선거에서 이승만 대통령을 지지한 윤치영, 배은희 등 6명이 당선됨으로써 드디어 국회 원내세력을 조종할 수 있게 되어 동년 3월에는 이승만 대통령의 계파인 족청을 중심으로 하여 다음과 같은 역사상 그 유례를 볼 수 없었던 부정과 부패의 아성인 자유당을 창당하게 되었다.

당　수	이승만	부　당　수	이범석		
당무국장	정현모	동부국장	홍범희		
총무부장	유화청	재무부장	안준상	선전부장	진승국
조직부장	원상남	문화부장	박순석	조사부장	김영기
통계부장	황호현				
사회국장	이　활	동부국장	조용기		
농민부장	최상석	노동부장	최용수	부녀부장	조현경
정무국장	양우정	동 부국장	문봉제		
의사부장	김철수	제1부장	김인선	제2부장	김　철
외무부장	강석천				
감찰위원장	안호상				

　　　이렇게 결성된 원외자유당은 결국 원내자유당과의 합동을 단념한 채 원내에 자파세력을 부식시켰고 동 4월 25일과 5월 10일에 실시한 시·읍·면 및 도의원선거에 지방조직을 동원하여 무려 70%의 다수석을 획득함으로써 당시 기성정당인 민주국민당이 참패를 하게 되었다. 또한 의원포섭공작을 적극적으로 추진하여 원내자유당의 중앙상무위원회 간부 불신임운동을 펴 삼우장파(합농파, 이승만지지파)와 잔유파(간부파, 이승만반대파)로 분열시키는 데 성공을 하였으며 그 뒤 신라회의 일부까지 삼우장파에 포섭함으로써 국회 내의 기반을 완전히 구축한 셈이 되었다. 이렇게 해서 당시의 장택상 국무총리가 조직편제를 담당하고 이범석 내무부 장관과 홍범희 내무부차관이 실제 주동이 되어 소위 발췌개헌안을 통과시켰는데 이때부터 한국의 민주주의는 제한되기 시작했고 자유당정부의 부패가 시작된 것이다.

2. 서민호 사건

국민방위사건 등과 관련하여 여당 측으로부터 미움을 받고 있던 서민호 의원이 1952년 4월 24일, 즉 지방선거가 있던 전날 순천시에 있는 평화관이란 요리점에서 서창선 대위를 호신용 권총으로 사살한 사건이 발생했다. 이 사건은 서민호 의원과 정진동 국회내무치안전문 위원, 한상휴 순천우체국장, 이판호 승주군수, 그리고 이해필, 황석수 등과 같이 술을 마시고 있었는데 이때 군복차림의 서창선 대위가 서민호의원이 있는 방안을 문틈으로 엿보는 것을 서의원의 호위순경이 발견하여 시비 끝에 서대위가 권총을 빼어들고 공포를 발사하자 서의원 이 자기의 호신용 권총을 빼어 응사한 것이 서대위를 사살한 결과가 되었다. 이 사건은 후일 마침내 여·야 간에 정치파동의 계기를 가져오게 되었다. 서의원은 다음날인 25일 아침 8시경 에 광주지검 순천지청에 자진출두하여 순천경찰서수사주임에 의해 구속되었으며 5월 3일에 검찰총장의 명에 의하여 부산지검에 이송되었고 그곳에서 5월 10일 살인죄로 기소되어 3년 4 개월 동안 재판을 거쳐 8년형을 언도받았다. 그러나 5월 14일, 속개된 국회에서 국회의원신분 보장규정을 적용 90 대 0으로 서의원 석방을 의결함으로 해서 5월 19이 일단 석방을 하게 되 었다.

그러나 담당검사는 다시 항고를 제기하여 이 사건은 동 6월 4일 영남고등군법회의로 이 송되었고, 대구고등법원에서는 서민호 의원에 대한 구류집행정지결정을 취소하고 재구속하 여 동 7월 1일 영남고등군법회의에서 사형을 언도하였다. 이에 대해 국회에서는 국회의원 130 명의 이름으로 재심리를 요구하는 연판청원서를 제출하였다. 동 7월 4일 이승만 대통령은 이 청원서에 의해 원용덕 계엄사령관에게 재심을 지시했고 이에 따라 원용덕 계엄사령관은 판결 부에 재심명령을 내려 동 8월 1일에 징역 8년형을 선고받았으나 이듬해인 1953년 5월 6일 계엄 령이 해제되고 이 사건은 다시 부산지법으로 이관되었다. 이리하여 국회에서는 변호사출신인 김광준, 김의준, 엄상섭, 양병일 의원 등이 직접 그의 변호를 담당하고 있는데, 동 7월 26일에는 부산지법에서 서의원에 대해 배임과 업무횡령이란 두 가지의 혐의사실을 추가하여 병합심리 를 하기로 결정하고 동 10월 20일 배임에 징역 10월 집행유예 2년, 살인과 업무횡령은 무죄 선 고를 받았다. 그러나 담당검사는 즉석에서 또 공소를 제기했고, 서의원도 동 10월 22일 불복항 소를 제기하여 1954년 4월 22일 대구고등법원에서 배임에 징역 10월에 집행유예 2년, 살인은 면죄, 업무횡령은 무죄로 판결이 나므로써 서의원은 이를 대법원에 상고를 했고 담당검사도 이를 상고했다. 그리하여 이 사건은 다시 1955년으로 넘어가 1월 16일 대법원에서 원심을 파기 하고 대구고등법원으로 환송함에 따라 대구고등법원에서는 이 사건을 재심을 하게 되었고 재 심결과 동 5월 25일 배임은 징역 10월 미결구류 270일 통산, 살인은 면죄, 업무횡령은 무죄의

판결을 내렸는데 검찰은 이를 다시 대법원에 항고했다. 동 9월 16일 대법원이 이를 기각함으로써 장장 3년 3개월 21일간의 긴 판결기록을 남기고 서민호 사건은 일단락이 되었으나 만일 4월혁명이 없었다면 영남고등군법회의에서 내린 8년 징역형으로 야당의 선봉이었던 서민호의원의 정치생명은 영원히 끝나고 말았을 것이다.

3. 부산 정치파동

국회는 국회에서 제안한 내각중심제 개헌안과 행정부에서 제안한 대통령중심제 및 직선제개헌안을 일단 뒤로 미루고 지방의원선거를 먼저 실시한다는 원칙을 세우고 지방의원선거와 독려를 위해 모두 선거구로 내려갔는데 이때를 맞추어 각 지방에서는 자유당계의 지방단체들이 국회의원 환영대회라는 명목으로 내각책임제개헌안을 지지하는 의원을 규탄하는 사실상 국회의원 소환대회를 열고 있었고, 자유당은 이러한 분위기를 만들어 관권과 강압으로 지방선거에서 무려 70% 이상으로 대승을 거두게 되었다. 지방선거에서 이렇게 대승을 거둔 자유당은 이제 정부제안의 개헌안을 통과시키기 위해 전력을 기울이고 있던 차 공교롭게도 서민호 사건이 일어났고 장장 3년 3개월 만에 마침내 서민호의원이 석방됨에 따라 국회와 행정부는 정면으로 대립상태를 이루고 있었으므로 자유당은 이 틈을 이용하여 국회를 타도하기에 발을 벗고 나섰던 것이다. 무지한 민중들을 일당을 지불하면서 동원하여 주권재민의 원칙을 금과옥조로 내세워 "우리 손으로 직접 국가원수를 뽑겠다는데 국회는 무엇 때문에 대통령직선제를 부결시켰느냐", "서대위를 사살한 서민호를 사형에 처하라"라는 벽보와 전단을 부산거리에 뿌리면서 시위를 하게 하고 한편은 날조된 건의서, 진정서가 날마다 쌓이며, 반민족국회의원 성토대회, 반민의국회의원 규탄대회, 민중자결 선포대회 등으로 부산 충무로광장은 온통 국회의원 성토대회장이 되고 말았다. 또한 백골단, 민중자결단 등 폭력단체를 동원하여 국회의원들에게 압력을 가하는가 하면 급기야는 국회의사당을 포위하여 국회의원의 신변까지 위협을 하여 주한미군까지 동원하는 사태가 발생하기도 했다. 이승만 대통령은 이범석 자유당부당수를 내무부장관으로 홍범희 자유당 당무국장을 내무부차관으로 등용하여 더욱 관제민의를 강화하고 이들의 데모를 뒷받침하기 시작했다.

행정부의 이러한 계획적이고 불법적인 대국회공세는 날이 갈수록 고조되어 자유당의 하수인 불법폭력단체에 의해 국회가 포위되고 의원들이 국회에 감금되어 화장실도 갈 수 없는 굴욕을 겪게 되었다. 그러나 국회의 태도가 더욱 강해지자 이승만 대통령은 동 5월 25일 0시를 기해 일요일임에도 불구하고 국회의 승인도 없이 공비소탕을 이유로 부산, 동래를 비롯한 23개군에 비상계엄령을 선포하고 부산에 영남지구계엄사령부를 설치하여 사령관에 원용덕을 임명하였다. 어떤 긴박상태도 없는 부산거리에 계엄령을 선포해 놓고 정권연장을 위해 세계헌정사상 유례를 볼 수 없는 국회의원 납치사건을 야기했던 것이다.

4. 국회의원 납치사건

5월 25일 0시를 기해 계엄령이 발표되자 이에 당황한 국회의원 40여 명이 동 5월 26일 상오 10시 30분경 국회전용버스를 타고 임시중앙청인 경상남도 도청정문을 통과하는 순간 그대로 헌병대로 연행되었던 것이다. 이미 이날 아침 내각책임제 개헌안 추진파의 주동의원 정헌주, 이석기(원내자유당의원), 양병일(민국당), 장홍담(민우회) 등이 구속되었고, 납치연행된 버스 안에 타고 있었던 의원 중 서범석, 임홍순(민국당), 김의준(민우회), 이용설(무소속) 등을 국제공산당에서 유입된 정치자금을 썼다는 이유로 구속하였고, 동월 30일에는 곽상훈(무소속), 권중돈(민우회) 등을 국제공산당혐의로 구속하여 개헌파의 입을 완전히 봉쇄하고 말았다.

이러한 일련의 사건으로 국회는 기능이 완전히 마비되어 있었고, 동 5월 27일에는 UN 한국통일부흥위원단이 계엄령 해제와 국회의원 석방을 강력히 요구하고 나왔으나 허사였고, 동 5월 28일, 국회는 모처럼 정족수를 이루어 비상계엄해제안을 만장일치로 의결하고, 그리고 국회의원버스 납치사건을 추궁하기 위해 법무 · 국방 · 내무의 3부 장관의 국회출석을 강력하게 요구를 했다. 그러나 이들은 출타 중이라는 이유로 국회출석을 거부하고 말았다. 그리고 동 5월 29일 원용덕 영남지구계엄사령관이 다음과 같은 요지의 국회의원 버스납치에 대한 진상을 발표했다.

1. 계엄령 하에서 각 중요기관을 경비 중 5월 26일 오전 10시 30분 한 대의 버스가 임시중앙청 정문앞 검문소를 무단출입함으로 이를 제지하고 즉시 차내에 있는 인원의 신분증명서 제시를 요구하자 그들은 이를 거부하고 차의 출입문과 불투명한 차를 차내에서 폐쇄한채 운전수에게 전진을 명령하는 고함소리만 들렸다.
2. 경비원은 사태의 이상함을 인식하고 즉시 전진을 제지하려 하니 차내에서는 운전수만을 낙하도주케 하고 아무런 대처가 없었으므로 경비원들은 일단 멀리서 경계하고 있었으나 차내의 인원들은 자발적으로 하차를 하지 않은 채 수시간이 경과되어 부득이 견인차로서 제70헌병대 차고로 직행하기로 되었다.
3. 헌병대에서도 확인된 검문불응자의 명부를 상부에 보고하였던 바 그들이 국회의원임이 판명되어 지시에 의하여 자유로 행동하도록 조치한 것이다.

이상의 보고내용은 국회표식이 붙어 있는 국회전용버스를 몰라보았다는 것도 납득이 가지 않을 뿐만 아니라 이는 정부의 계획된 국회탄압에 헌병대가 이용을 당한 것이라 아니할 수 없는 일이다. 이와 같은 이승만 정부의 국회에 대한 압력과 불의에 항거하여 김성수 부통령은 마침내 다음과 같은 사임청원서를 국회에 제출하게 되니 국내정정은 더욱 험난한 길로 빠져들고 있었다.

5. 부통령 사임청원서

경애하는 의장 및 의원 여러분

작년 5월 국회에서 불초한 나를 부통령으로 선거하였을 때 처음 나는 그것을 수락할 의사가 추호도 없었습니다. 그것은 내가 국가와 민족의 운명에 대하여 무관심해서가 아니라 현정부의 일원이 되어 무슨 유익한 공헌을 할 수 있으리라고 생각하기 어려웠기 때문입니다.

현 정부의 수반인 이 박사는 충언과 직언을 염오厭惡하고 아첨阿諂만을 환영하며 그의 인사정책은 사적 친분으로 일관된 중에도 자기의 하료下僚조차 항상 시의猜疑의 눈으로 보아 모든 국사를 그 자신이 일일이 직결하려고 하며 또한 자신이 임명한 장관을 견제하기 위하여 그의 심복인을 차관에 배치하고 차관을 견제하기 위하여 다른 심복인을 국장에 임명하는 것과 같은 수단으로서 그의 밑에서는 아무도 가진 바 역량과 포부를 발휘할 여지가 없다는 사실을 나는 너무도 잘 알고 있습니다.

이로 인하여 과거에 대한민국 정부는 거족적인 열망과 민주우방의 기대를 저버리고 아직껏 아무런 건설적인 시설을 한 일이 없이 민생을 도탄에 몰아넣었고 더욱 사변발발 직후에는 국민을 기만하여 적의 마수 하에 남겨둔 채 무질서한 도주를 감행하여 저 무수한 애국자를 희생시킨 천추의 통한사痛恨事를 저질러 놓고도 한 사람도 책임을 지고 국민 앞에 사과하는 자가 없었을 뿐만 아니라 도리어 마치 구국의 영웅이나 된 양으로 권력을 남용하여 민주국가에서 도저히 상상할 수도 없는 중대한 인권유린을 감행하였으며 또 국가동양의 재재材가 될 다수의 귀중한 자질子姪들을 소위 국민방위군이라는 명목 하에 기한飢寒에 병들게 하고 참혹하게 폐사斃死케 하였던 것입니다.

이와 같이 하여 대한민국의 무능과 부패는 이미 고맹膏盲에 사무쳐 있으며 그것은 나의 전임자이신 성제省齊 이시영 선생의 고덕과 지성으로서도 만회할 길이 없었던 것입니다. 그러므로 내가 이제 그 자리에 앉아본들 이것을 광구匡救할 아무런 자신도 성산도 없었으며 오히려 그것은 내 일신에 불명예로운 오점을 가져올 뿐이라는 것을 나는 충분히 예기하고 있었던 것입니다. 그리하여 나는 부통령 취임을 굳이 사퇴하였던 것입니다. 그러나 당시 나에게 교섭하러 온 국회의 대표 제위는 나의 이 뜻을 용납하지 아니하고 나의 사퇴로 말미암아 부통령선거를 재차 행하게 된다면 혼란한 정국을 일층 혼란하게 할 뿐이라고 하며 심지어는 국민대표기관인 국회에서 선임한 것을 거부함은 곧 민의를 배반한 것이라고 까지 하여 강권함으로 부득이한 사세를 이기지 못하여 장시간의 논의 끝에 공의를 위하여 사아私我를 굽히고 결국 이것을 수락하였던 것입니다. 그 후 나는 도노徒勞에 끝날 줄 알면서도 다소라도 국정을 바로잡아 이반된 민심을 수습하여 보려고 국무회의에 나가게 되었고 내가 참석한 최초의 국무회의석상에서 나는 이러한 소관사항을 가지지 않은 자유로운 입장에서 국민의 질고성疾苦聲을 비교적 용의하게 들을 수 있으므로 장차 이와 같은 민정과 민의를 국정에 반영시키도록 노력하는 것을 나의 직분으로 삼겠노라고 선언하여 나의 결의를 표명하였으며 그 후 실지로 그렇게 행하여 왔습니다. 그런데 이처럼 하여 내가 국무회의에 참여하자 즉시 봉착한 문제는 전국방부 장관 신성모의 주일대사 임명문제였습니다. 천하가 주지하는 바와 같이 신성모는 가장 비민주적인 권모와 술수로서 국정을 혼탁케 하여온 장본인으로 서울 철수시에는 애국시민을 적의 호구로부터 탈출하지 못하게 하였을 뿐만 아니라 심지어 한강을 건너려는 자를 총검으로 방해 했으며 군용금을 횡령하여 사적 정치자금으로 유용하는 등 그가 국가민족에 끼친 해독은 실로 죄악만사라 하여도 과언이 아닐 정도입니다. 그러하거늘 그에게 징벌을 주기는 고사하고 도리어 외교의 요직에 등용하여 국가를 대표하게 한다는 것은 민족의 정기를 살리기 위해서나 정부의 기강을 세우기 위해서나 또는 대외적인 체면을 유지하기 위해서나 도저히 묵과할 수 없는 일이었습니다. 그래서 나는 이의 부당성을 고창하고 그 임명을 철회할 것을 극력 주장하였습니다. 그러나 이 대통령은 끝내 고집하여 결국 신성모를 일본에 파견하고 말았던 것입니다. 여기서 나는 국운이 기울어져감을 목전에 보고 일제 이래 수십 년간 흉중에 울적한 심화가 일시에 충천하여 마침내 병석에 눕게 되었던 것입니다. 그 후 나는 몇 번이나 사표를 제출하려고 하였습니다. 그러나 그때마다 나의 주위에서는 국사가 어지러움은 아무 권한도 갖지 못한 부통령의 소치가 아닐 뿐만 아니라 남은 임기도 얼마 남지 않은 지금 새삼스러이 사직을 함은 도리어 평지에 파란을 일으키는 것이라는 허물을 입게된다고 하여 만류함으로 임염荏苒 뜻을 이루지 못한 채 금일에 이르렀습니다. 그러나 그 후인들 우리나라의 정세는 어찌 나로 하여금 병석에 안와安臥할 수 있게 하였으리오.

정부에서는 여전히 위헌, 위법, 부당의 처사를 거듭할 뿐 아니라 소위 신당운동을 일으켜 우리나라의 애국적인 민주주의 세력을 분열 약화시키기에 가진 책략을 다 하였고 이 박사는 그 자신이 과거 4년간 절대적인 권력을 장악하여 왔으므로 모든 실정의 책임은 마땅히 그 자신이 져야 할 것임에도 불구하고 도리어 그것을 남에게 전가하기에 급급하였던 것입니다. 그리고 나아가서 그의 대통령 재선을 꾀하고 국회를 무력화 할 노골적인 의도 하에 소위 대통령직선제 및 양원제개헌안을 제출하였습니다. 국회에서는 이것을 143표 대 19표라는 압도적 다수로 폐기하고 반대로 우리나라에 진실한 민주주의적인 책임정치를 실현하기 위한 국무원책임제 개헌안을 준비하게 되었던 것입니다. 이 민주주의적인 책임정치를 실현하기 위한 국무원책임제만이 우리나라의 국정에 적합한 제도라고 믿어왔으나 최근의 사태는 나의 확신을 더욱 굳게 하였습니다. 내가 부통령에 취임한 후 각하閣下라는 칭호를 폐지하기로 국무회의에서 정식 결정되어 널리 공고되었음에도 불구하고 여전히 구두 혹은 서신으로 각하閣下를 붙이는 자가 뒤를 끊지 아니하였을 뿐 아니라 극단한 예로는 부통령폐하副統領陛下라는 존칭을 써서 나에게 송한送翰해 온 자가 있을 정도입니다. 이 웃

지 못할 사실에 접하고 나는 우리 국민을 급속히 민주화하기 위해서는 한 사람이 거의 황
제에 가까운 강대한 권한을 쥐고 있는 현행 대통령제를 개변하지 않으면 아니되겠다는 것
을 통감하였던 것입니다.

영국과 같은 민주주의가 발달한 나라에 있어서도 정부의 독재화를 방지하기 위하여 내각
책임제를 채용하고 있을 뿐만 아니라 야당의 의견을 존중하려고 노력하고 있습니다. 하물
며 우리나라와 같이 민도가 낮고 권력의 발호跋扈가 자심한 곳에 있어서랴; 우리는 이미 대
통령제의 산고酸苦를 충분히 체험하였습니다. 더욱이 지난번의 보궐선거와 지방선거에 나
타난 관권의 압박을 볼때 우리나라에 있어서 대통령직접선거라는 것은 곧 현집권자의 재
선을 의미하는 것이며 그가 재선되면 장차 국회는 그의 추종자 일색으로 구성될 것이며 그
후에 그는 그의 3선, 4선을 가능하게 하도록 헌법을 자유자재로 고칠 수 있을 것이니 이처
럼 하여 종신대통령이나 세습대통령이 출현하지 않으리라고 그 누가 보장할 수 있겠습니
까. 그러므로 우리나라에 진정한 민주주의를 실현할 것을 희망하는 자라면 누구나 대통령
직선제를 반대하고 국무원책임제를 지지할 것입니다.

그런데 이 박사는 대통령직선제를 압도적으로 부결하고 국무원책임제를 재적의원 3분의 2
의 연명으로 제안한 국회를 민의배반이니 의회독재니 반민족적이니 하여 험구 악설할 뿐만
아니라 무지각한 일부 정상배政商輩들을 선동하고 관력을 이용하여 소위 소환운동, 국회의
원규탄운동을 개시하였던 것입니다. 그리하여 전시 하의 사회질서를 교란하고 도처에 소동
을 일으켜 국민을 불안과 공포에 빠트리고 적비賊匪의 도양跳梁을 심하게 하였으며 심지어
난도亂徒들은 나의 거주를 포위하고 "국회를 타도하라" "국회의원을 총살하라"고 규환叫喚
할 지경에 이르렀습니다.

한편으로 그는 단순한 정당방위사건에 지나지 않는 서민호 의원 문제를 구실삼아 암암리
에 국회와 군부를 이간반목하게 하여 폭력행사에의 길을 닦기 시작하였습니다. 이와 같이
하여 그의 일연의 행동은 가장된 민의와 군중심리를 이용하여 건전한 이성을 말살하고 절
대권력을 장악하려는 전형적인 독재주의의 노선을 걷는 것이었습니다. 이 모든 사태를 와
석방관臥席傍觀하지 아니하면 아니되는 나의 울분과 안타까운 심정은 어찌 필설로 표현할
수 있으리오. 그러나 나는 이때까지도 아직 대한민국의 최고집권자가 그래도 완전히 사직
을 파멸하려는 반역행동에 까지 나오리라고는 차마 예기하지 못하였습니다. 그랬더니 그
는 돌연 비상계엄의 조건이 하등 구비되어있지 아니한 임시수도 부산에 불법적인 비상계
엄을 선포하고 소위 국제공산당과 관련이 있다는 허무맹랑한 누명을 날조하여 계엄 하에
서도 체포할수 없는 50여 명의 국회의원을 체포 감금하는 폭거를 감행하였습니다. 이것은
곧 국헌을 전복하고 주권을 찬탈하는 반란적 쿠데타가 아니고 무엇입니까.

만약 그에게 일편의 애국심이 있다면 지금이 어떠한 시기이며 우리가 처하고 있는 환경이
어떠한 것이길래 국가의 비운과 민생의 고난도 모르는 척 일신의 영욕을 위하여 어찌 이다
지도 난맥의 행동을 할 수 있겠습니까. 여기에 있어서 나는 이 이상 단하루도 이승만 정부
에 머물러 있지 않기로 결심하였습니다. 나는 지위가 비록 시위소찬尸位素餐에 지나지 않
고 내가 한번도 현정부의 악정에 가담한 일이 없다고 하더라도 나의 변변치 않은 이름을
이 정부에 연連하는 것만으로 그것은 내 성명 3자를 더럽히는 것이며 민족만대에 작죄하
는 것이기 때문입니다. 나는 이에 사표를 국회에 제출하여 나를 선거해준 의원동지 여러

분과 국민 앞에 내가 오늘까지 무위하게 국록을 받았음을 깊이 사과할 따름입니다. 원컨 대 앞으로 국가민족의 운명을 염려하는 일개 평민의 입장에서 우리나라의 전제군주적 독 재정치화의 위협을 제거하고 진정한 민주주의를 실현함으로써 전자유세계의 동정과 원조 를 획득하여 항구적인 자유와 평화와 복락을 이 나라 이 겨레에 가져오도록 하기 위하여 국민대중과 함께 결사분투할 것을 맹서하는 바입니다.

1952년 5월 26일
부통령 김성수

이상과 같은 김성수 부통령의 사임청원서는 당시의 정정과 이승만의 독재적이며 독선 적인 성격의 표현을 가장 절실하게 나타내주는 것으로 역사의 증언서가 되리라고 확신을 하 며, 이로인해 이승만 행정부에 커다란 타격은 물론 정치파동에 큰 자극제가 된 것도 사실이었 다. 그러나 이승만의 추종자들은 자유당의 재집권을 위해 완전히 이성을 포기하고 폭력배를 동원하여 일국의 부통령의 신변까지도 위협을 가해 한 때는 미국병원선으로 피신을 한 일이 있었다. 또 한편 주한 UN 한국위원단은 이러한 한국사태에 대하여 동 5월 31일 "부산지구의 계엄령을 해제하고 전국회의원이 장애와 위협을 받지 않고 국회에 참석하도록 하고 또 위헌 될 우려를 지각할 시에는 그 의무로서 여기에 대한 활동을 주저함이 없이 개시한다. 끝으로 본위원단은 항상 대한민국에 진력할 것을 거듭 성명한다"고 충고를 하였으며, 같은 날 미국에 체류 중이던 당시 주한미국대사 무초 도 기자단과의 회견을 통해 한국의 정치정세의 완화를 희망한다고 발표하였다. 그러나 한국의 정정은 날이 갈수록 심해졌고, 동 6월 2일에는 클라크 UN 군사령관과 밴프리트 주한미군사령관이 다시 이승만을 방문하여 요담을 하였고 동 3일에 는 트루먼 미국 대통령이 무초 대사를 통하여 UN은 민주주의를 수호하기 위하여 한국에 군사 원조를 하고 있다는 각서를 보내 이승만의 각성을 촉구하였으나 이에 대하여 이승만은 동 4일 "정치정세는 그다지 중대한 것이 아니며 국회해산은 민의에 의거할 섯"이라고 발표하고 비상 계엄령 하에 이승만 지지를 위한 데모와 대회만이 무성하고 있었다.

6. 발췌개헌안 통과

주한 UN 한국위원회의 충고가 내정간섭이라는 이유로 6월 2일 자유당합동파(삼우장파) 와 개헌추진파 간에 격돌이 일어났는데 이로 인해 합동파가 국회출석을 거부함으로써 국회가 마비상태에 있었는데 이승만은 "정부개헌안의 채택만이 해결의 길"이라고 하며 정부제안의 헌법개정안을 통과시키도록 강력히 시사를 하고 나왔다. 또 한편으로는 지방의회의원을 중심으로 반민의대국회 해산 총궐기대회를 열어 국회해산을 주장하고, 국회외곽경비를 맡고 있던 경찰관들을 훈련이라는 명목으로 모두 철수시켜 버렸으니 그야말로 국회의원들은 사면초과로 신변의 위협까지 겪게 되었다. 이때 6월 5일 장택상 국무총리를 주축으로 신라회가 중심이되어 다음과 같은 제3의 절충개헌원칙을 제시했다.

1. 국무위원의 임명은 국무총리의 제청으로 대통령이 임명한다.
2. 국무원에 대한 불신임결의는 하원의원 2/3 이상 출석에 출석의원 2/3 이상의 찬성으로 한다.
3. 상·하양원제로 한다.
4. 대통령 직선제를 채택한다.

이와 같이 구체적인 개헌안을 제출한 것이 아니고 4대 원칙만 제시하였는데 이미 공고 중에 있는 대통령직선제와 상·하 양원제를 골자로 한 정부가 제출한 개헌안과, 국회가 제안한 내각책임제개헌안 중에서 절충적인 것만을 채택하여 양 개헌안을 분할 표결한다는 기상천외의 제안을 한 것이다. 이리하여 개헌추진파에서는 계엄령 해제를 전제조건으로 했고, 자유당합동파는 정부가 제출한 개헌안을 통과시키는 것만이 국회해산을 모면하는 길이라고 주장함으로써 여·야가 이견접근을 이루지 못하고 평행선을 걷고 있을 때 자유당합동파에서는 그간 관제민의와 행정부의 뒷받침을 얻어 개헌파 5의원을 이탈시키고, 부동의원 10명을 가입시켜서 마침내 제3개헌안인 발췌개헌안拔萃改憲案의 서명공작에서 과반수를 차지하게 되었다.

그리고 18일로 임기가 만료되는 정·부 의장의 선거를 사태가 수습될 때까지 보류하기로 하고 임시의장에 신익희, 부의장에 조봉암, 김동성을 선출하였다. 또한 개헌안이 통과되지 않은채 대통령 임기도 박두하고 있어 자유당합동파와 신라회는 일단 대통령 임기를 8월 14일까지 연장시키는 데 성공을 했다. 이러한 와중에 6월 20일, 내각책임제개헌추진파의 주동세력인 민국당을 중심으로 부산 국제구락부에서 호헌운동의 일환으로 정당, 사회단체 및 문화단체가 회합을 가지고 진정한 민의를 선양하려 했으나 경찰관들이 폭도를 가장하여 대회장에 침입해 돌맹이, 의자, 화분 등을 닥치는 대로 집어던져 대회장을 아수라장으로 만들어 버렸고, 또 부산 충무로광장에서 열린 6·25기념식식상에서 유시내, 김시현 등이 이승만을 암살하려다가 실패함으로써 국회의 야당입장은 더욱 위축되어 갔다.

드디어 6월 21일, 관제데모가 국회를 포위한 가운데 정부와 국회가 제안한 개헌안을 국회에 상정을 했으나 개헌추진파로 부터 정치적 자유분위기를 보장하라는 이유로 국회출석을 거부하여 국회는 다시 유회를 거듭하다가 7월 1일부터 2일간이나 자유당합동파와 신라회 의원들이 의사당에서 숙박을 하면서 경찰력을 동원 강제로 의원들을 국회에 출석시켜 삼엄한 경계 속에서 7월 4일 7시 30분에 신익희 의장의 사회로 야간국회를 속개하고 동 하오 9시 30분에 소위 발췌개헌안을 기립표결한 바 재적 188명 중 166명이 출석하여 찬성 163표, 기권 3표로 통과시키게 되니 이로써 개헌파동은 종지부를 찍게 되었고 여기서 기권한 의원은 양병일, 윤담, 김영선 3사람이었다. 이렇게 해서 한국의 민주주의는 이때부터 자유당의 독재 장기집권의 발판이 이룩된 것이다.

7. 중석불 사건

중석불重石弗은 일명 정부보유불 또는 은행불이라고도 하는데 이 돈은 양곡이나 비료는 수입하지 못하도록 규정되어 있었다. 그런데도 불구하고 정부는 긴급을 요한다는 이유로 1952년 3월 하순경 대한중석회사에다 노무자양곡도입용이라는 명목으로 중석불 20만 불을 불하했고 이어서 미진상사, 고려흥업, 남선무역, 영동기업, 신한산업 등 총 14개 상사에 15만 불 혹은 20만 불씩을 극비리에 불하한 것이 무려 400여만 불에 달했는데 이 돈은 대부분 관계 과장이나 계원을 거치지 않고 극비리에 관계부처 책임자가 직접 처리를 했기 때문에 아무도 모르고 있었다.

불하된 중석불은 주로 소맥분과 비료도입에 충당하였는데 이로 인해 업자들은 무려 500억원(1차화폐 개혁 이전)이라는 엄청난 이익을 본 것이다. 특히 전년도의 비료부족과 흉년 및 기타 사정으로 양곡이 부족하여 농촌이 어려움을 겪고 있을 때 간상배와 정치모리배는 도입한 이 비료를 농민들에게 입도선매를 하도록 강요하여 굶주린 농민들을 착취한 것이다. 이러한 행위는 사회적으로 정치적으로 크게 물의를 일으키게 되어 결국 동 7월 18일 국회에서는 정부보유불 취급상황조사위원회를 결성하여 지방각처에서 성행하고 있는 입도선매의 실정과 중석불 불하의 이면상을 조사하여 동 9월 10일에 제1차보고를 함으로써 이 문제가 더욱 확대되었던 것이다.

당시 주무장관은 백두진 재무부 장관, 함인섭 농림부 장관이었는데 당시 서상권 법무부 장관은 그 진상을 다음과 같이 발표했다. "중석불로서 최근에 들어온 1,554,327대袋인 9,740톤 중 7월 19일 그 20%를 정부지정가격에 의해 업자가 소원하는 자에게 판매(소위 자유처분)하도록 하고 나머지 80%는 정부의 지정가격으로 정부가 배급하기로 결정하였는데 국무총리는 업자의 자유처분수량을 80% 이상으로 결정하라고 누차 지시하고 7월 29일에 서면지시까지 있어 농림부는 부득이 80%를 자유처분하게 하고 20%를 정부가 배급하기로 하였다는 것이다. 이에 업자들은 이를 판매할 때에 정부가 지정한 가격보다 매포당 3만원 내지 4만 원씩의 부당이득을 보았다 했고, 또한 비료판매처리에 대하여는 수입비료총량 11,264톤 중 7월 4일 국무회의 의결전에 들어온 10,104톤은 자유처분하였고 나머지 1,160톤은 7월 26일에 입하되어 농림부에서 판매가격과 판매처를 지정하기로 되었던 바 7월 30일 농림부에서는 시비적기施肥適期를 상실치 않고 조속수송을 요한다는 이유로 정부지정 가격대로 그 약 80%를 또한 업자의 자유처분에 맡겼는데 이것 역시 정부지정액보다 한 포당 3~4만원씩의 부당이익을 취했다 그래서 행정면의 처리는 농림부의 책임자를 이미 면직시켰고 검찰당국은 이를 예의 수사한 결과 폭리와 양곡관리법 위반사실이 드러나 위법한 자를 기소하였으니 법원에서 공개재판이 있을 것이라고 했다.

그러나 미진 2억8천만 원, 남선 11억4만 원, 영동 4억3천만 원, 신한 4억14만 원 등의 폭리사실이 드러나 그 주모자들을 구속하기 위해 구속영장을 발부하였지만 누구도 체포되지 않았고 피의자들은 여전히 부산시를 활개를 치고 돌아다니고 있었는데, 실은 정부에서 잘못을 했기 때문에 피의자들을 체포할 수가 없었던 것이다. 이리하여 중석불 사건은 오리무중으로 빠져들고 말았는데 당시 국회조사위원회의 4차에 걸쳐 조사한 내용에 의하면 정부는 중석불을 6,000대 1로 불하하였다고 하지만 실은 약 11,000 대 1로 불하하여 총 차액 240억 원 내지 350억 원을 거두어 들였다고 한다. 또한 황성수, 최주일, 황병규 등은 자기선거구에서 비료 한 가마니에 13만 내지 15만 원씩을 받고 팔았는가 하면 현금이 없는 농민들에게는 입도선매를 강요하기도 하여 만들어진 엄청난 불법이득으로 자유당은 부산정치파동의 관제민의 조작에 사용을 했을 뿐만 아니라 앞으로 다가올 8·5 정·부통령 선거자금을 준비했던 것이다.

8. 8·5 정·부통령 선거

1952년 7월 7일 기립표결에 의해 통과된 발췌 개정헌법이 공포되고, 동 18일에는 대통령과 부통령선거법을 제정 공포함으로써 동 8월 5일에 우리나라로서는 최초로 정·부통령 직선제를 통하여 국민이 직접선거를 치르게 되었다.

자유당은 조직된 시는 얼마 안되었다고는 하나 행정부의 강력한 도움과 중석불사건으로 막대한 선거자금이 준비되어 있었기 때문에 사실상 선거에 만전을 기하고 있었으나, 야당은 선거운동기간이 불과 20일밖에 남지 않은 데다 조직과 선거자금의 취약성 때문에 선거전의 결과는 이미 명약관화할 수밖에 없었다. 이러한 상황에서 자유당은 7월 19일 대전에서 임시전당대회를 열고 이승만을 대통령 후보로, 부통령 후보로는 족청계의 수령 이범석을 지명하였다. 반면 야당계에서는 자유당과 대결을 이기기 위해 연합전선을 결성하고 인기있는 지도자를 후보로 세우려 했으나 당시 야당연합의 지도적 인물들이 정치파동과 국제구락부 사건 등으로 정치적인 억압을 받고 있었기 때문에 사실상 마땅한 후보를 내세울 수가 없어 정·부통령선거 대책은 완전히 공백상태로 아무런 전략도 세우지 못한 채 수수방관만 하고 있을 수 밖에 없었다. 이리하여 8·5 정·부통령선거는 야당없는 여당을 중심으로 선거가 치러졌는데 출마한 후보명단을 보면 다음과 같다.

대통령 후보	여당계 : 이승만						
	야당계 : 이시영	조봉암	신흥우				
부통령 후보	여당계 : 이범석	이갑성	이윤영	임영신	함태영	정기영	백성도
	야당계 : 조병옥	전진한					

이승만은 세력이 너무 커진 이범석이 자유당 부통령 후보로 지명된 것에 대해 우려하고 있다가 선거종반전에 들어가서 갑자기 함태영을 지지한다는 비밀지령을 내려 경찰로부터 부당한 압력과 간섭으로 결국 이범석은 선거에서 패배를 하게 되었고 이범석은 동 8월 1일 경찰의 선거간섭을 이유로 김태선 내무부 장관, 윤우경 치안국장을 고발했는데 이것은 여당이 정부를 고발한 기현상이라 아니할 수 없다.

선거결과는 당시 총유권자수 8,259,428명으로 투표자수는 8,218,100으로 거의 100%의 투표율을 보였고, 이 중 이승만 대통령 후보는 5,238,760표를 얻어 투표자 60%의 지지를 얻었으며 아무도 당선을 예기치 않았던 함태영 부통령 후보가 2,944,813표를 얻어 투표자 40%의 지지를 얻어 각각 당선이 확정된 것이다.

9. 자유당의 재편과 5·20 총선거

(1) 자유당의 재편

1952년 8월 5일 정·부통령 선거에서 자유당부당수인 이범석이 부통령 후보의 지명을 받았음에도 불구하고 이승만의 지령에 의한 경찰의 압력과 간섭으로 낙선의 패배를 입은 이범석 족청계는 당시 국무총리 장택상과 내무부 장관 김태선을 걸어 선거소송을 제기하고 이에 대한 책임을 물어 족청계의 백두진을 국무총리에, 진헌식을 내무부 장관으로 교체하는 데 성공을 한 뒤 이어서 그들의 반대세력을 하나하나 제거하고 농림부 장관에 신중묵, 상공부 장관에 이재영, 내무부차관에 황호현 등을 배치하여 족청계의 전성기를 이루었다.

이와 같이 8·5 선거를 계기로 이승만은 자기의 반대세력이 될 수도 있는 족청파의 세력이 커짐에 불안을 느끼게 되어 드디어 그 첫 단계로 자유당 조직체제를 개편하여 당수와 부당수를 폐지하고 총재제를 채택하였으며 중앙상무위원회와 중앙감찰위원회를 폐지하고 대신 소수의 집행부와 중앙위원제로 개편하되 중앙위원은 당무집행에 관한 최고의결권과 지휘권을 가지게 되는 것이므로 중앙위원제는 3명의 후보자를 각 기간단체(한청, 국민회, 노총, 농민회, 부인회 등) 대회에서 선출하여 당총재인 이승만의 인준을 받도록 했다. 이리하여 자유당의 부당수 이범석은 평당원이 되고 기간단체에 자파의 세력이 미약한 족청파로서는 큰 타격이 아닐 수 없게 되었다. 당시 절대권력을 가진 이승만의 방침에 복종할 수밖에 없었던 족청파는 이제 기간단체에 자기세력을 부식시키기 위해 전념을 했고, 각종 기간단체 내에 분규를 조성하여 이 틈을 이용해 자기들의 세력으로 하여금 주도권을 장악하는 데 성공했다. 이승만은 이러한 족청계의 세력구도는 1954년에 있을 국회의원선거에서 자유당 내의 반대세력으로 작용할 것에 우려한 나머지 1953년 9월 12일 성명을 통해 "자유당 내에 구민족청년단을 중심으로 하는 세력부식자들로 말미암아 창당한 나의 의도에 대립되어서 당내 통일정신을 해치며 전민족의 통일정신을 위험하게 하여 민족을 분열시키고 있으니 이는 단지斷指의 고통을 당하더라도 숙청하겠으므로 자유당에서 이런 분자들은 제외하여 본 정신대로 재건하겠다"고 발표하고 측근자인 이기붕, 이갑성, 배은희 등으로 하여금 숙당작업을 명했다. 이로 인해 족청계는 추풍낙엽으로 진헌식 신중묵은 파면되고 양우정은 정국은鄭國殷 사건으로 구속되었으며, 족청계의 행동대장인 신형식은 "김일성의 뒤를 따르자"는 망언사건으로 구속되니, 자유당내의 반이승만계인 족청파는 완전히 몰락하고 말았다.

이리하여 이승만은 대통령 비서실장과 국방부 장관을 역임한 이기붕을 자유당의 제2인자로 등장시켜 새로운 자유당조직개혁요강을 작성보고하게 함으로써 자유당의 재편작업이 착수되었고, 그리고 1954년의 국회의원선거를 2개월 앞둔 3월 10일 자유당은 수복 후 처음으로 시공관에서 제5차전당대회를 개최하고 당헌일부를 개정하여 중앙위원회를 폐지해 중앙당부 부·차장을 이에 대치하는 등 조직을 재편하였는데 그 내용은 다음과 같다.

총 재	이승만						
총무부장	이기붕	**훈련부장**	이선근	**동차장**	조필현 김장성	**동차장**	안동준 김영근
조직부장	임철호	**청년부장**	문봉제	**동차장**	원현국 이남규	**동차장**	최용근 장창원
선전부장	박용만	**조사부장**	진승국	**동차장**	이병국 조영환	**동차장**	임환혁 김성완
문화부장	황성수	**국민부장**	배민주	**동차장**	박상길 최재웅	**동차장**	김일휴 한백수
재무부장	구용서	**산업부장**	최순주	**동차장**	채대식 설경동	**동차장**	박승하 강경옥
감찰부장	이범영			**동차장**	이정재 박 호		

이상과 같이 자유당의 새로운 편제와 구성요원들은 이승만의 절대권력을 행사하기에 편리한 구조와 추종자들로 조직이 이루어져 실은 이때부터 자유당은 부정과 부패의 온상화의 필연성을 내포하고 재출발을 하게 된 것이다.

(2) 5 · 20 총선거

1954년 5월 20일에 실시된 제3대 민의원 의원선거는 국내적으로 6 · 25 전쟁 후 4년여 동안 불안과 공포 그리고 빈곤에 지친 국민들은 안정과 자유를 희구하는 선거였으며 대외적으로는 제네바 회담에서 한국의 통일문제를 놓고 의견대립으로 국제적인 혼란이 야기되고 있었다. 그러나 자유당으로서는 국내적인 여망이나 국제적인 신의보다도 우선 자유당의 계속적인 집권을 위해서는 이번 선거에서 과반수 이상의 의석을 확보하는 문제였고, 야당 측에서는 부산정치파동이후 그 동안 관권의 압력으로 유린당한 민권을 다시 찾아 참다운 민의의 소재를 밝혀주고자 하는 관권과 민권의 대립 시현이라 할 수 있었다. 이승만은 선거공고일을 3일 앞두고 특별담화를 발표했는데 "중대문제에 대한 국민투표제와 민의배반국회의원의 소환문제" 등을 골자로 하는 개헌의사를 표명하였다. 즉 이 내용은 행정부의 강력한 권리를 중심으로 하되 독재권에 구열이 생길 때는 관권으로 억압할 수 있는, 즉 관제민의를 조작할수 있는 국민투표제를 말하는 것으로 만일 뜻대로 움직이지 않은 민의원은 관제민의의 발동으로 소환하겠다는 하나의 협박으로서 그의 3선을 노리는 포석을 친 것이라 할 수 있다. 그리고 동 8일에는 자유당 부 · 차장 회의를 소집하고 "당의 공천을 원하는 입후보자는 다음 각서에 서명 날인하여야 한다"고 의결을 하였다.

1. 본당 총재각하의 지시와 당책을 절대 복종함.
2. 민의원으로 당선된 후에는 민의에 의한 당결정의 개헌을 절대로 지지함.

이와 같이 민주주의 사회에서 있을 수 없는 사전 복종서약을 받고 공천을 주는 오직 자유당만이 할 수 있는 선거를 계획하고 있었다. 또 한편으로는 부산 정치파동 때 행동단체였던 민중자주연맹으로 하여금 개헌추진위원회를 만들게 하고 거국적인 국민운동을 전개한다는 설까지 있어 야당 측에서는 한때 선거를 기권하겠다는 설까지 나오기도 했었다. 이와 같이 해방 후 처음 여 · 야의 정당이 대립하여 선거전은 파란을 예상한 가운데 행정부에서는 1954년 4월 9일 선거일 공고를 통해 동 5월 20일로 선거일자를 공고했고 그 결과 자유당 330명(공천 179명), 민국당 80명(공천 67명), 국민회 30명, 무소속 600명, 총수 1,291명이 등록을 했으나 경찰의 음성적인 간섭 등으로 후에 81명이나 입후보를 취소하는 사태가 일어났다.

자유당은 예상했던 대로 경찰이 노골적으로 선거에 간섭하게 하고 백혈단, 백골단, 청산암살단, 구국돌격대, 애국청년결사대란 유명무명의 단체들을 만들어 야당 입후보자를 공갈협박은 물론 폭력단으로 변하여 야당의 선거유세장이나 개인집을 뒤져가며 행패를 부림으로써 국민을 공포의 도가니로 몰아넣었다. 그 실례를 들면 동 4월 26일 원주에서는 백골단이 야당 입후보자의 사퇴를 종용하는 협박장과 전단을 붙이고 있었고, 군위에서는 경찰서장이 공공연하게 등록을 방해했으며, 광주에서 출마한 야당영수 신익희 후보의 운동원도 폭력배들의 협박에 못이겨 도망을 가버린가 하면 어느 야당후보는 경찰의 방해로 겨우 청중 5사람을 앞에 놓고 눈물로 유세를 하고 있는 형편이었다. 또한 부산에서 출마한 전진한 후보는 마이크와 지프차를 강탈당했고, 허정 후보의 운동원은 피살을 당했으며, 포항에서는 선거분위기를 단속차 나간 대구지검 검사의 침실에 권총을 발사했고, 경북 달성에서 출마한 조재천 후보에게는 애국청년결사대명의로 협박장이 오는가 하면 유세장에 투석을 하는 등 이렇게 경찰과 정치깡패들의 야당선거방해운동은 지방으로 갈수록 심했던 것이다. 또한 당시 야당지도자인 조병옥은 "5·20 선거는 다른 선거구에서도 모범적인 부정선거를 자행하였거니와 나의 선거구는 형언조차 하기 어려운 부정선거가 관권에 의하여 자행되었던 것이다. 나의 상대방인 자유당공천자 손인식 후보는 매표의 자유, 향연의 자유, 관권간섭의 자유가 허용된 것은 물론이려니와 특히 폭도들이 통행금지시간을 이용하여 개인의 주택에다 인조폭발물을 투척하여 고막이 떨어진 나의 운동원 몇몇이 있었으며, 또 가재와 가옥을 파괴당한 30여 명의 선거운동원도 있었다"라고 분개하여 성명을 발표하기도 했다.

이상과 같이 5·20 선거는 노골적인 관권의 개입으로 과거 정치파동 이후에 있었던 정·부통령 선거와는 전연 양상이 다른 것이었다. 즉 당시는 이승만과 이범석의 반목 사이에 끼어 음성적이었던 관권이 이번에는 양성적으로 노골적인 간섭과 금권의 배경을 얻어 그 목적을 달성하는 후진국 특유의 법칙을 만들어 놓고 말았다. 이러한 5·20 총선거는 유권자 8,446,509명 중 7,698,390명인 91.1%가 선거에 참가하였고, 정당별 당선자는 자유당 114명, 민국당 15명, 무소속 67명, 국민당 3명, 국민회 4명으로 자유당의 압도적인 승리와 야당의 참패를 기록하게 되었다.

그러나 비록 이번 선거에서 민국당이 패했다고는 하지만 신익희, 조병옥, 유보선, 조재천, 김상돈 등의 야당지도자들이 당선된 반면 자유당 중앙최고위원인 이갑성, 배은희 등이 낙선되고 이승만 직계인 이기붕, 함동석, 장경근, 한희석 등이 당선되어 자유당의 중심세력을 형성하게 되었고 경기, 강원, 충남, 충북에서는 자유당이 압도적인 당선율을 보였으나 서울, 대구 등 도시와 경남, 경북, 전남, 전북에서는 반수를 확보하지 못한 현상이 벌어졌다.

이와 같은 선거결과에 따라 동년 6월 9일, 제3대국회 임시회가 열렸고 자유당은 계획대로 의장에 이기붕(자유당), 부의장에 최순주(자유당), 곽상훈(무소속)을 선출하였으며 이때부터 이기붕은 자유당의 제2인자가 된 것이다.

한편 동 6월 19일 교섭단체등록을 보면 자유당 137석, 무소속동지회 36석으로 야당으로 자처했던 민국당은 교섭단체조차 구성하지 못하고 무소속동지회에 잔류하고만 결과가 되고 말았다.

10. 4사5입개헌과 5 · 15 정 · 부통령 선거

(1) 4사5입개헌四捨五入改憲

1) 개헌의 추진

자유당은 이미 5 · 20 선거전에 서약서를 받아 놓은 국회의원 114명 외에 무소속의원을 포섭하여 개헌에 필요한 2/3선인 136석을 확보하는 데 성공했다. 그리고 1954년 7월 9일 이기붕 자유당 대표는 임철호, 윤만석, 장경근, 한동석과 정부 측 대표 백한성, 조용순, 박일경 등과 모여 국민투표제, 국회의원소환제, 국무장관제, 대통령궐위 시의 잔여임기문제, 경제조항 개정 등의 5개항에 대해 공동심의를 하고 동 7월 17일 자유당은 제헌절을 기하여 당 · 정에서 합의된 개헌안을 발표했는데 여기에 국회의원소환제를 삭제하고 국무장관제를 폐지한 대신에 국무위원 개개인의 인준권을 국회에 부여한다고 발표를 했다. 한편 정부 측에서는 이 자유당안에 대하여 국회의 국무위원 개별인준권과 대법원장인준권을 삭제하고 참의원에 인준권을 부여하는 동시에 법안심의에 있어서의 민의원우선권을 폐지하고 양원동시권 부여를 삽입하여 자유당안과 정면으로 대립하게 된 것이다. 이에 당황한 자유당은 초대대통령중임제한의 철폐를 삽입하여 동 8월 18일 미국에서 귀국한 이승만을 진해별장으로 찾아가 자유당에서 제안한 개헌안에 재가를 받고 말았다. 그러나 정부 측에서는 이를 탐탁지 않아 마침내 이승만이 직접 개입하여 이왕 재가가 난 것이므로 국무위원과 협의해서 하라는 명령을 내림으로 해서 사태는 급진전을 보게 되어 국회의원 소환제와 국무위원 개별인준제를 서로 삭제한 것으로 합의를 보게 되었다.

동 8월 31일을 기하여 자유당과 행정부 간에 합의를 본 개헌안 서명운동이 전개되었고, 동 9월 5일까지 자유당은 김두한을 제외한 135명의 당원서명날인을 받은 데 성공하였으며 또 당시 횡령피의사건으로 약점을 잡히고 있었던 윤재욱의 찬성을 얻어 헌법개헌선인 2/3 이상인 136명을 확보하여 동 9월 6일에 제안하여 동 9월 8일에 전각료의 부서로서 이를 공고하게 되었는데 자유당에서 제안한 개헌안은 30조항에 걸친 광범위한 것으로서 중요한 골자는 다음과 같다.

1. 국민투표제의 채택
2. 참의원의원의 부제변경部制變更
3. 대법관 기타 고급공무원의 임명에 대한 참의원의 인준권 부여
4. 국무총리제 및 국무원의 연대책임제의 폐지와 그에 수반하는 필요한 조치의 규정
5. 군법회의의 헌법적 근거명시
6. 경제조항의 개정
7. 국민에게 헌법개정 제의권 부여
8. 기타 개정사항
　①국회의 정기회의 집회기일을 법률로서 규정할 것
　②양원의 권한관계를 명백하게 하고 혹은 변경할 것
　③국회의 탄핵소추의 발의를 자율로 할 것
　④대통령이 궐위 되었을 때 또는 대통령, 부통령 모두 궐위되었을 때에 관한 규정
　⑤각군 참모총장의 임면을 국무회의의 의결을 거치게 할 것
　⑥헌법개정의 한계를 규정할 것
　⑦현대통령에 한하여 중임제를 폐지할 것

이와 같이 자유당의 개헌안이 공고되자, 야당으로부터 자유당에서 개헌안에 날인을 조건으로 국회의원 1인당 50만 원씩을 부정대출하였다는 사실을 폭로함으로써 개헌추진에 첫 반발이 일어났고, 한편 유일한 야당으로 자처하면서도 국회 내에 교섭단체도 구성하지 못했던 민국당은 동 9월 20일과 동 9월 29일 양차에 걸쳐 이를 비판하는 신랄한 반대성명서를 발표하여 참의원 구성문제, 국민투표제, 국무총리제의 폐지, 현대통령의 중임제에 강력한 반대를 표명하고 급박한 국제정세에 부딪혀 있는 현실을 무시하고 정계의 분규를 일으킴은 이해할 수 없는 일로서 헌법정신과 정치도의에 위배되는 처사라고 맹렬히 반대하는 동시에 개헌반대투쟁위원회를 조직하여 자유당과 정면으로 대립하고 나왔다. 이에 대해 자유당의 원내총무였던 이재학은 "이는 헌법개정을 반발하기 위한 반대"라고 일축했고, 무소속은 주로 지상을 통해서 개헌의 부당性을 누누이 지적히였다.

2) 자유당의 고민
헌법개정안 공고기간이 끝날 무렵 자유당 내에서는 전북 진안 보선의 공천문제로 이기붕과 배은희 사이의 대립과 자유당의원부와 중앙당부와의 대립 등 내분이 있어 10월 7일 공고기일이 끝나는 대로 국회에 상정하려던 계획에 차질이 생기게 되었다. 이러한 당론 통일에 어려움을 알게 된 이승만 당총재는 변영태 총리에게 일괄표결을 중지하고 각 사항별로 표결하

라는 지시를 내렸는데, 자유당의원부 역원회의에서는 법이론상 불합리하며 정략상으로도 불리하다는 것을 이유로 이를 반대하고 일괄사표를 단행할 것을 결의함으로써 당내에서는 개헌 절차에 양론이 대립하고 있는 중 또 당중앙부 부·차장들은 "개헌을 단시일 내에 표결시킬 것, 개헌추진 중에는 당의 기타사업을 일체 중지하고 개헌추진에만 전념할 것 등 2개 조건을 원내 측에 제시하고 만일 개헌안이 통과된 후에는 부·차장 전원이 총사직을 하겠다고 결의하여 이러한 자유당의 내부갈등과 또한 자유당중앙당부 문화부에서는 일선장병을 위문한다는 명목으로 전매청으로부터 전재상인으로부터 압수한 양담배 중 3만 갑을 수배하여 암시장에 횡류 착복했다는 사건으로 사회 여론의 지탄을 받게 되니 자유당으로서는 만신창이가 되어 있었다. 자유당은 이러한 관심을 다른 방향으로 돌려 야당의 기세를 꺾기 위해 조작한 사건이 바로 신·조 뉴델리 회담설이었다.

3) 신·조 뉴델리 회담설

1954년 10월 20일자 국도신문(여당계)지상에 보도된 바에 의하면 전국회의장이며 민국당소속 국회의원인 신익희가 영국 엘리자베스 여왕 대관식에 참석하고 돌아오는 길에 인도의 뉴델리에서 북한사회안전성계통의 남북협상총선거추진위원장 조소앙과 회담하였다는 것으로 이 문제를 제3세력(비공산 비민주세력)과 결부시켜 북한과 일본 등지를 연결하는 정치세력이 대한민국에도 침투하고 있다는 것이다. 이 사건의 발설자는 동 10월 26일자 도하 각 신문에 "전민국당 동지에게 고함" 이란 장문의 성명서를 발표한 당시의 민국당 정책위원회 부위원장이며 중앙상무위원인 함상훈이었다. 이에 당황한 민국당은 함상훈의 언설은 악의에 찬 모략으로 밝혀졌으며 허위의 사실을 여당계의 일간지에 제공하여 민국당을 모략한 함상훈을 제명 처분하였다고 성명을 발표했다. 그러나 수세에 몰려 있던 자유당으로서는 이러한 조작극을 최대한 이용하여 야당이 기를 꺾기 위해 국회에 이사건을 회부하고 1구일에 긍하여 여·야 간 격론을 하다가 11월 5일 당시 신익희를 수행했던 김동성과 함상훈을 증인으로 출두시켜 증언을 청취하였는데 증언대에 오른 함상훈은 "믿을 만한 사람에게 들었다. 밀회설의 증거로는 신익희가 귀국 후 집필한 기행문에 인도에 들렀으면서도 그 말을 뺀 것은 이해가 가지 않는다. 그리고 국회의장으로서 중립국감시위원단의 구성국가인 인도에 안들렀다는 것도 이해가 안간다"는 등 마치 추리극을 연출하는 것 같이 허황하기까지 했으며, 김동성은 신申·조趙의 회담설을 부정하며 신익희 결백을 주장했으며 신익희는 신상발언을 통해 "내가 이 시간까지 대표하고 있는 민국당이 일개 정당으로 대한민국에 배반하는 행동이 있다고 할 것 같으면 내 일신이 생존하는 한 내 목숨이 붙어 있는 시간까지 내가 숙청할 것" 이라고 자기의 결백을 주장하였다. 이리하여 이 사건을 내무, 법무부로 이관하였으나 행정부에서는 제3세력 침투에 집중 조사를 하다가 결국 실마리를 풀지 못하고 흐지부지되고 말았다. 이 뉴델리 회담설로 야당의 공세가 약화된 것을 계기로 자유당은 개헌안 표결을 기명투표로 할 것을 제의하고 나왔는데 이는 자유당 내 일부에서도 반발을 했고, 야당 측에서도 이를 맹렬히 반대를 하고 나왔다.

4) 개헌안의 통과

1954년 10월 30일 이승만 대통령은 경무대를 방문한 자유당의원들에게 개헌안을 조속히 국회에 상정할 것을 지시했다. 이에 따라 자유당의원부와 정부 측에서는 만반의 준비를 갖추어 동 11월 18일 국회본회에 개헌안을 상정하고 이재학 자유당원총무가 제안설명을 함으로써 본격적으로 국회심의가 시작되었는데 야당 측은 민국당의 조재천, 무소속의 정재완, 이철승, 윤형남의원이 공격진을 폈고, 자유당에서는 이재학, 장경근, 황성수 의원진이 방어를 했는데, 야당 측은 현대통령의 중임제한 철폐는 장기집권에서 오는 독재화의 우려가 있는 비민주적인 입법이며 국민투표제는 국회권한의 무력을 위한 민의조작의 계기를 만들 의도 외는 그 필요성을 인정할 수 없으며 국무원연대책임제를 폐지하고 대통령중심제를 강화함은 현대통령의 초헌법적 행동을 조장하고 국정의 혼란을 더 격화시킬 뿐이라고 주장하는 데 반하여 자유당 측에서는 현 정국의 수습은 오로지 국민이 직접 선출한 현 대통령을 중심으로 강력한 정치를 하는 데서만 기대될 수 있으며 헌법적 불비를 이 기회에 시정하고 국가민족의 백년대계를 위해 주권재민의 원칙에 입각한 국민의사의 존중을 위해 주권제약과 영토변경을 가져올 중대사항은 국회 가결 후라도 국민의 결정에 맡길 것을 주장하며 개헌안을 합리화하려 했다. 이렇게 국회는 10일간에 걸쳐 치열한 논쟁 끝에 1954년 11월 27일 마침내 국회 제90차 본회의에서 표결에 들어가려든 차 "자유당에서 투표에 암호를 사용하여 동당의 행동 통일을 기하려고 한다"는 설이 유포되어 여·야 간에 소요가 일어나고 있었다. 그러나 최순주 부의장이 개표 후 비밀을 보장하겠다는 약속을 하고 나서 하오 4시 30분부터 20여분 간에 걸쳐 무기명 비밀투표를 실시했다. 그러나 재적의원 203명 중 202명이 출석하여 가 135표, 부 60표, 무효 7표로서 자유당소속의 최순주 부의장은 본 개헌안이 부결된 것을 선포하였다. 이리하여 이승만의 3선 내지 자유당의 영구집권계획이 순간 무너지고 말았으니, 자유당의 중진 간부들은 당황한 나머지 긴급회의를 소집하여 대책을 숙의하던 중 재적의원 2/3의 정족수 결정문제를 다시에의 검토하는중 장경근의원 발외로 당시 서울대학교 최윤식 교수의 4사5입 수학적인 해석을 인용 재적 2/3는 135.3333−으로 되기는 하나 135명을 초과한 0.333−을 한 개의 인격으로 취급할 수 있는 판단하에 동정족수를 135명으로 규정하고 일단 부결되었던 개헌안을 가결된 것이라고 주장하고 나왔다. 그리고 자유당 의원부에서도 동 11월 28일 상오 의원총회를 긴급소집하고 본 개헌안 표결에서 나온 135명의 가표는 정족수임을 합의하고 이재학 원내총무의 명의로 동개헌안은 통과된 것이라고 성명서를 발표하였다. 이러한 자유당의 억지에 대하여 원내 민국당 무소속동지회 등 야당은 아연 격분하였을 뿐만 아니라 전국민들 역시 지대한 관심사가 아닐 수 없었다.

자유당의 억지에 반대하는 야당 측의 이론적 근거로 203명의 3분의 2 정족수는 엄격히 따져서 135.333-인 만큼 숫자상으로도 135명만으로 0.333-이 부족한 데다가 한 사람을 쪼갤 수는 없으므로 0.333-도 한 개의 인격으로 취급하는 것이 정당하다는 판단 하에 동정족수 규정에 있어서는 136명 이상이어야 한다는 것이었다. 그러나 한편 정부에서는 동 11월 28일이 일요일임에도 불구하고 긴급국무회의를 소집하고 정부대변인 갈홍기 공보처장을 통해 "개헌안 통과에 필요한 정족수는 정확하게 계산한 전례가 없다고 지적하고 개헌안은 통과된 것이 정부의 견해다"라고 담화를 발표하였다. 또한 동 11월 29일 상오 10시에 국회가 개회되자 최순주 부의장은 "지난 27일 표결한 개헌안은 정족수의 숫자적 착오로 그때 부결이라고 선포한 것은 착오이니 이를 취소한다"고 전일의 부결선포를 번복하였다. 이때 야당 측에서는 노성과 함성으로 명패를 두들기며 일대 소란이 일어났고 김상돈, 이철승 의원 등이 사회석으로 뛰어 최부의장을 끌어내리려 하자 자유당의 김상도, 정규상 의원 등이 또 사회석으로 올라가 여·야 간에 일대 난투극이 벌어졌는데 이때 무소속동지회소속의 곽상훈 부의장이 사회석으로 올라가 최 부의장을 물리치고 "최부의장이 부결된 것을 다시 취소함은 불법이며 부의장의 한 사람으로 나는 개헌안이 정원수 미달로 부결된 것임을 확인하고 부결을 선포한다"고 울부짖고 야당계 의원은 강세향 의원을 제외하고 전원 퇴장을 하니 남아 있던 자유당의원만으로 회의를 계속하여 전차회의 회의록의 "부결"을 "통과"로 번복 수정의결하여 동일 하오 정부에 이송, 이승만 대통령의 서명을 거쳐 동일자로 개정헌법을 공포하여 즉일로 그 효력을 발생시켰다.

이로 인해 법을 가장 잘 지켜야 할 그들이 불법임을 알면서도 지위와 권력 및 장기집권을 위해 수학적 이론까지 동원해서 4사5입 계산으로 개헌안을 통과시켰다는 것은 또 하나의 헌정사상에 큰 오점을 남기게 된 것이라 아니할 수 없다.

이와 같은 개헌파동은 국제적으로도 많은 관심사로 당시 UN한국통일부흥위원단의 보고서에도 이의 불법성을 지적했고 언론인과 많은 지성인들이 헌법개정절차의 부당성을 제기하여 정계가 혼란에 빠져들게 되었는데 한편 이를 계기로 해서 범야세력이 규합을 하여 민주당이 결성되기도 했다.

(2) 5·15 정·부통령 선거

1) 불온문서 투입사건

4사5입으로 개헌안이 통과된 후 야당은 국회출석을 거부하며 범야세력을 규합하고 있었고, 자유당내부에서도 일부양심적인 의원들의 반발로 혼란이 지속되자 자유당은 다음 정·

부통령선거를 걱정하지 않을 수 없었다. 그리하여 자유당에서 조작해낸 사건이 "불온문서사건"이다. 이 사건은 북한괴뢰인민최고회의 명의로 된 불온문서가 대한민국 국회의원 김상돈, 신익희, 곽상훈, 김준연 등의 야당의원 집에 투입된 사건으로서 이는 부산정치파동 때 계엄사령관으로서 국회의원이 탄 버스를 납치하도록 지시한 사건으로 인해 헌병사령관이 된 원용덕이 야당의원들의 사상을 검토한다는 이유로 헌병총사령부 제2국제5부 김진호에게 지시하여 직접 불온문서를 투입한 사건이다.

이 사건이 세상에 알려진 것은 1954년 12월 20일 원내 호헌동지회소속 김준연 의원이 긴급발언권을 얻어 동 12월 28일밤 북한괴뢰집단의 명의로 인쇄된 불온문서가 배달된 신문에 싸여 자택에 투입되었다고 보고함으로써 문제가 발단되었다. 이 보고를 계기로 야당 측인 곽상훈, 김상돈, 신익희, 소선규, 정일형 등의 의원집에도 동일 밤 같은 불온문서가 투입되었음이 밝혀졌다.

국회는 즉시 백한성 내무부 장관을 국회에 출석시키고 이 문제를 추궁하였는데 내무부 장관은 답변을 통해서 "북한괴뢰집단에서 해안과 육상을 이용하여 이러한 호소문을 각계 각 저명인사들에게 송치해 오는 사실이 있다"고 말하고 이것이 정치적인 음모라면 국가에 해가 될 망정 이익은 없는 것이니 경찰은 이런 일을 하지 않을 것이다"라고 경찰 조작설을 부인했다. 그리고 동 22일 제2차 증언에서는 "지금까지의 수사결과로는 야당계 인사에게 투입된 불온문서는 어떤 정치적인 장난에 의한 것이 아니라 분명히 북한괴뢰의 공작대원 혹은 좌익계열이 투입하였다는 것을 발견했다"고 자신 있는 답변을 되풀이했다. 이렇게 경찰은 절대로 개입한 사실이 없다고 내무부 장관이 강력히 부인하고 있던 중 1955년 1월 15일 국회는 이 사건에 대한 여·야 동수의원으로 특별조사위원회를 구성하기로 의결하였다. 이리하여 국회특별조사위원회는 약 2개월에 걸쳐 광범위하게 조사를 하고 동 3월 15일 유진산의원이 그 결과를 국회에 보고했는데 "범인들은 공산괴뢰의 의식적인 지령밑에서 움직인 것이 아니며 배후에 어떤 정치세력의 줄거리가 있다는 정보도 있었습니다마는 시간과 기술관계상 정치세력의 배후조종에 대하여는 확신을 얻지 못하였다"라고 전제하고 전기와 같은 사건의 대체와 관련자를 밝혔다. 이리하여 사건처리에 대하여 법무, 내무, 국방 3부가 협의 처리할 것을 내용으로 내정부건의안을 재택하고 괸련혐의지는 특무대에 이송함으로써 이 사건은 일단락을 지었다.

이와 같이 불온문서사건이 헌병사령부에서 조작한 사실이 밝혀지자 원용덕 헌병사령관은 "우리 기관이 정치에 관여할 수 있느냐는 물음에는 우리 기관이 과거에 어떠한 일을 해왔느냐 하는 것으로 대답할 수밖에 없다. 내가 다시 말씀드리는 것은 특수한 군인은 할 수가 있다는 것입니다"고 그들의 행동을 합리화했으며, 더욱 우스운 것은 동 3월 23일 이승만 대통령은 이 불온문서에 대하여 "헌병사령부는 이런 것을 하는 것이 직책이다. 헌병사령부가 시켜서 한 것이 알려진 뒤에는 그 갇힌 사람들을 내놓아야 한다"고 사건연루자의 석방을 요구하는 담화를 발표하여 모두 석방시킴으로써 이 사건을 모두 마무리해 버렸다.

2) 민주당의 결성

부결된 개헌안을 자유당이 번복통과시킨 데 대해 분개한 야당 측은 국회출석을 거부하면서 대여정책을 숙의하였는데, 야당의원 60명은 민의원의원대책위원회를 구성하고 조병옥, 곽상훈, 장택상, 소선규 등으로 하여금 여당과의 투쟁방법을 강구하게 하는 동시에 부결된 개헌의 번복 통과는 불법이라는 것을 지적하면서 호헌구국의 대의를 위하여 계속 투쟁할 것을 다짐하는 성명서와 함께 1954년 12월 3일 호헌동지회의 이름으로 원내교섭단체 등록을 했는데 이것이 후일 민주당의 모체가 된 것이다. 또 이때 원외에서도 호응하여 신당조직촉진위원회를 구성하고 원내의 호헌동지회와 제휴를 했다. 이와 같이 신당태동을 계기로 하여 동 12월 4일부터 야당은 국회에 출석하여 이기붕과 최순주 국회부의장을 징계할 것을 주장했으나 실패했고, 또 개헌안가결선포와 자유당의원끼리 회의록을 정정하여 의결한 불법성을 지적하고 무효를 주장하여 회의록 번복안을 제출하였으나 또 폐기되었으며, 동 12월 14일에는 정부규탄안과 내무부 장관 불신임 및 공보처장의 파면결의안 등을 제기했으나 역시 자유당의 다수 앞에 모두 패배하고 말았다.

불온문서사건을 계기로 손권배, 민관식, 이태용, 한동석, 현석호, 김영삼 등 10여 명이 자유당을 탈당하고, 이에 자유당은 탈당을 방지하기 위해 도진희, 박영종, 김두한, 김지태 등의 의원을 제명하는 등 자유당 분위기가 어수선한 때 야당 측은 범야세력을 규합하여 신당조직운동을 활발히 전개하고 동 12월 24일에 공산주의와 일체의 비민주적 요소의 배제, 건전한 대의정치와 내각책임제의 구현, 사회정의에 입각한 수탈없는 국민경제의 수립, 민주우방과의 제휴를 통한 평화적 국제질서의 수립 등의 대원칙을 천명하고 1955년 초에는 발기준비위원회를 구성하고 신익희, 장면, 조병옥, 김도연 등의 총무위원 7명을 두어 지도운영기관으로 하였다가 후일 인원이 많아짐에 따라 총무위원을 18인으로 늘려 18인위원회로 하여금 신당조직의 산파역을 맡게 하였다.

발기준비위원회 조직요강을 작성함에 있어서 좌익전향자 및 독재행위나 부패행위의 현저한 자를 제외할 것을 규정함으로써 좌경적인 조봉암의 입당이 문제가 되고 이를 계기로 하여 자유민주파(보수파)와 민주대동파(혁신파) 간에 대립이 생겨 18인위원회가 총사퇴를 하는 사태가 발생하여 신당발당의 추진이 지연되고 있던 중 동 6월 6일 호헌동지회를 열어 좌익전향자에 대한 조항을 빼고 문호를 개방하여 동 6월 말까지 발기인준비위원회를 구성하기로 의견을 모았으나 쉽게 진전이 없자 마침내 1955년 9월 18일 자유민주당을 중심으로 시공관에서 1,200여 명의 대의원이 참석한 가운데 민주당 창단식을 갖게 되었는데 이렇게 성립된 민주당은 초기의 범야세력규합에는 실패했으나 한민당의 후신인 민주국민당이 거당적으로 통합을 하여 다소 이질적인 요소가 있기는 하였으나 그 무게를 더해 주기도 했다. 참고로 여기서 선출된 민주당지도체제와 당 간부명단을 아래에 기록해 둔다.

대표최고위원	신익희			중앙상무위원		50인
최 고 위 원	조병옥 장 면 곽상훈 백남훈			중앙감찰위원		16인
총무부장	홍익표	차장	민영남 이상돈	선전부장	조재천	차장 구철회 김재순
의원부장	윤보선	차장	김의택 이석기	조사부장	정희송	차장 김구연 이홍열
조직부장	현석호	차장	이철승 고영환	문화부장	이시묵	차장 정헌주 홍영진
정책부장	한동석	차장	윤형남 김영선	훈련부장	조한백	차장 천세기 박인준
재정부장	이정래	차장	고학환 김은만	섭외부장	정일형	차장 신정호 김용성
부녀부장	박봉애	차장	곽경범 미 정	농림부장	신각휴	차장 김진구 미 정
산업부장	서동진	차장	김판술 한종건	어민부장	정애완	차장 최 천 김영삼
노동부장	유진산	차장	정성태 양재천	청년부장	서범석	차장 오상직 최계명

3) 원면原綿사건(자유당의 선거자금)

자유당이 1952년의 정·부통령 선거에서 중석불의 부정처분으로 정치자금을 마련하였다는 것은 이미 기술한 바 있거니와 자유당은 또 1956년의 정·부통령 선거 때도 국군의 월동용 원면을 횡취하여 선거자금으로 유용을 한 것이다. 당시의 책임자는 국방부 장관 손원일이며 이재담당은 국방부 차관보 장건식이었다. 물론 이 사건은 이기붕에 의해서 이루어진 것이지만 직접 지휘한 손원일은 이기붕의 압력에 의해서 끝내 전모를 밝히지 않았다.

국방부에서는 1952년에 FOA에 50만 불 상당의 원면도입을 요청 수령하였는 바 이는 1953년 11월 9일부터 1954년 6월 24일 사이에 1954년도 3군장병의 월동용 침구와 방한복제작용으로 긴급 할당을 받은 원면인 것이다. 이 원면은 본래 민수용으로서만 구입하게 되어 있는 것을 국방부가 상공부로부터 전쟁수행에 긴급하다는 이유로 전량을 강제적으로 군수용으로 돌렸던 것이다. 그리하여 국방부는 이 원면을 일선장병 월동용으로 거우 0.3%만 남기고 나머지 전량을 일반업자에게 팔아서 10억 환 이상의 이윤을 남겼고, 더욱 웃지 못할 일은 월동용 피복 침구제조 공임조로 상업은행에서 7,338만 환까지 융자를 했으니 이 얼마나 국민을 착취한 파렴치한 행위인가.

국회에서는 이 사건을 조사하기 위하여 1955년 6월 2일 조사위원회를 구성하고 상이군인들이 국방부로 몰려가 성토를 하게 되니 원조기관인 OEC에서 나와 조사를 하게 되었고 그결과 민수용 원면을 군수용으로 전용시켜 부정 처분한 대가상환代價償還을 요구하는 등 이를 계기로 미국측 경제원조 조건이 더욱 까다로워지기도 했다.

4) 관제민의官製民意의 발동

1인독재 장기집권을 위하여 4사5입이라는 전무후무한 해괴한 수학계산법을 동원해 개헌을 단행한 자유당은 이로 인해 흐트러진 민심과 잃어버린 위신을 만회하고 이승만의 재출마를 합리화시키는 일에 몰두하기 시작했는데 그 하나는 이승만을 우상화하는 것이라고 생각했다. 그리하여 전국 방방곡곡에다 이승만과 이기붕의 초상화를 그려 붙이고, 이승만 행차에는 연도에 국민을 도열시켜 박수를 강요하는가 하면 각 도시에는 이승만의 호를 딴 운암로, 운암교, 운암공원, 운암회관 등이 생기고 심지어는 서울시를 운암시로 고치려고까지 획책하였다. 서울에서는 파고다공원과 남산마루에 이승만의 동상을 세워 이승만 우상화를 추진했으며, 한편으로는 관권을 총동원해서 전국에 세포망을 조직 강화하여 5 · 15 정 · 부통령 선거를 준비하고 있었다.

드디어 1956년 3월 5일 자유당은 전국대의원대회를 열어 계획한 대로 대통령 후보에 이승만, 부통령 후보에 이기붕을 지명했다. 그러나 이승만은 동대회에 보낸 메시지를 통해 "3선은 민주주의 원칙에 배타되므로 연부역강年富力强한 인물을 골라서 내세우라"하고 불출마의 사를 전달했다.

3선을 위해 이미 4사5입 개헌까지 해놓은 이승만의 갑작스런 불출마의사에 대하여 사회의 양식있는 여론은 그의 3선을 합리화시키려는 제스처에 불과한 것으로 냉철한 비판을 가했다. 당시의 AP통신은 "이 대통령은 그의 입장을 한층 강화하고 정적들의 기능을 저상沮喪시키기 위하여 여론의 강조에 의한 출마를 희망하고 있다는 인상을 주고 있다"고 논평을 하였고, 또한 민주당에서는 "자유당총재 이승만 박사는 지난 5일 대통령 불출마를 언명했다. 그러나 이 언넝은 석중하여 또다시 민의는 발농되었고 민의의 강조라면 재고려할 것을 시사하면서 4사5입개헌의 강행으로 얻어놓은 3선의 길을 노린 것이며 4년 전 부산에서 한 것과 동일한 수법을 써서 국내외에 대하여 체면을 세우고 교묘하게 선거의 승리를 거두려는 것이다"라고 성명서를 발표하였다.

예상대로 이승만의 불출마의사 표시는 동 3월 6일부터 자유당산하 기간단체로부터 시작하여 전국각지에서 이승만의 번의출마를 촉구하는 소위 관제데모가 일어나기 시작했다. 이러한 가운데 동 13일 경무대를 방문한 민의원 각분과위원장들과 동월 14일 경무대를 방문한 참전동지회장에게도 불출마의사를 재천명하는가 하면 애국노인회 등 유명무실한 대표자들에게는 앞으로는 글로 써서 보내라고 언명을 하기도 했다. 그리하여 이날부터는 재출마요청 결의문과 전보 연판장이 사태를 이루었다. 이와 같이 관제민의에 의한 데모, 연판장, 전보는 데모 1,004회(연인원 4,505,890명), 메시지 2,152통, 전보 7,700통으로 집계되었다. 이렇게 하여 이승만은 400만의 지지라는 명목 아래 동 3월 23일 마침내 예정했던 대로 민의에 못이겨 재출마를 한다는 특별담화를 발표하고 그의 런닝 메이트로 이기붕을 지명했다.

5) 입후보등록과 선거전

이승만의 재출마가 결정되자 유일야당인 민주당은 지방핵심당부도 미처 조직을 못한 채 선거에 임하게 되었고 대통령 후보에는 신익희가 거의 결정적이었으나 부통령 후보에는 조병옥과 장면이 경합이 되었으나 후에 조병옥이 양보를 해서 급속도로 당론이 모아져 동 3월 28일 전당대회를 열어 대통령 후보에 신익희, 부통령 후보에 장면을 만장일치로 추대하였고, 또한 혁신계를 자칭하는 진보당에서도 대통령 후보에 조봉암, 부통령 후보에 박기출을 추대하는 등 동 4월 7일 자정전까지 등록을 마침으로써 진정한 민의에 의한 평화적인 정권교체를 위한 3파전으로 선거를 치르게 되었는데 입후보등록자는 다음과 같다.

대통령입후보자	이승만(자유당)　　신익희(민주당)　　조봉암(진보당)		
부통령입후보자	이기붕(자유당)　　장　면(민주당)　　박기출(진보당)　　이범석(공화당)		
	이종태, 백성도, 윤치영, 이윤영(무소속)		

3대 정·부통령 선거는 초반부터 자유당과 민주당의 대결로 시작이 되었고, 자유당은 300만의 당원과 거기에 관권과 행정 각 기관의 협조 그리고 풍부한 선거자금을 가지고 선거에 임했으나 창당된 지 얼마 안된 민주당은 빈약한 선거자금과 지방당부도 채 조직을 못한 채 선거를 치러야 했기 때문에 이를 극복하기 위해서는 정책구현의 공약과 정부와 자유당의 부패성을 신랄하게 폭로하여 민심을 집중시키는 데 총력을 기울였다. "못살겠다 갈아보자" 이렇게 가장 선동적이고 자극적인 선거구호를 내걸고 빈궁한 생활과 독재자의 억압으로 울분해 있는 유권자에게 필사적으로 호소를 했던 것이다. 그러나 선거전은 당초 예견했던 대로 자유당의 부정으로 시종 일관했으니 야당이 사용할 만한 집회장소는 모두 봉쇄당하여 야당은 천변川邊이나 자갈밭, 백사장 그리고 이름없는 공지에서 유세를 하지 않으면 안 되었다. 또한 자유당은 공무원과 정부관리기업제의 책임사급을 사유당 정·부통령신거 중앙대책위원 및 임원으로 임명하고 공무원을 직접 선거에 참여시켰는가 하면 야당운동원들에게는 공갈, 협박, 구타, 납치 등을 통하여 선거운동을 방해했으며 면장, 지서장 들은 소위 계몽좌담회라는 것을 열고 자유당후보를 지지하지 않는 자는 역적이라고 까지 위협을 하여 유권자들을 불안에 떨게 하였다.

이와 같이 관권에 의한 험한 선거분위기 속에서도 민주당은 강력한 유세반을 조직하여 전국 방방곡곡에 천변, 자갈밭, 백사장 등의 공지를 찾아다니며 자유당의 부정과 부패상을 속속들이 폭로함으로써 유권자 대중의 절대적인 지지를 받고 있었다. 이 중에서도 한강백사장에서의 민주당 유세장은 우리나라 선거사상 전무한 대성황을 이루었는데, 경찰의 끈질긴 방해 속에서도 교묘하게 빠져나와 모여든 서울시민의 수는 무려 30만 명이 넘었다.

이와 같이 불안과 공포 속에서 진행되고 있던 선거가 종반전에 접어들고 있을 무렵 전 국민의 기대를 한 몸에 지고 있던 민주당 대통령 후보 신익희가 동 5월 5일 유세차 열차편으로 호남지방으로 내려가다가 열차 안에서 서거했다. 이로 인해 승리를 자신했던 민주당은 하늘이 무너진 듯 절망한 것은 물론이고 국민들은 극도로 흥분하여 고인의 유해가 서울역에 도착하자 눈물로써 유해를 효자동 자택으로 운구하면서 "자유당 정부 타도하자", "신대통령 만세"하면서 구호를 외치다가 경찰관과 충돌하여 유혈사태까지 일어나기도 했다. 이렇듯 신익희 후보가 급서하게 됨으로써 대통령 선거전은 조·이 양인의 경쟁으로 이는 두말할것도 없이 이승만의 3선이 결정적일 수밖에 없었다. 동 5월 10일을 고비로 선거전이 종반에 들어서자 선거전은 부통령선거에 전국민의 관심이 집중되었다. 역시 자유당은 이기붕의 당선을 위해 장면 후보에 대한 모략과 인신공격으로 공포분위기가 극심했고, 투표일에는 참관인이 납치당하고 구타당하는 일이 비일비재하여 선거사범으로 검찰에 입건된 것이 81건이나 되었다.

6) 정·부통령 선거결과

1956년 5월 15일 드디어 세계적인 관심 속에서 오전 7시부터 전국 6,343개의 투표소에서 일제히 투표가 개시되었다. 그러나 아침부터 도처의 투표소에서는 야당참관인이 축출 또는 구타하는 사태들이 벌어지기 시작하고 있었는데, 어느 곳에서는 엄연히 경찰관을 입회시켜 놓고 괴한들이 참관인을 구타하고 또는 참관인을 공산당으로 몰아 연금시키고 있어 그야말로 유권자들은 불안과 공포 속에서 투표를 하고 있었다.

하오 5시 투표가 완료되고 하오 7시부터 개표가 시작되었는데 각 지방은 물론 서울에서까지 무더기 표가 쏟아져 나오고 있었고 야당 측 개표참관인들은 구타 축출당하고 없는 개표가 진행된 곳이 많았었다. 대통령에 이승만의 당선은 거의 확실시 되었으나 부통령에는 민주당후보 장면이 절대 우세를 보이고 있었으므로 이에 당황한 자유당에서는 마침내 대구 개표중단사건을 야기 시키기도 했다. 즉 이 사건은 동 5월 16일 대구 1, 2, 3 지구의 개표가 진행되고 있는 중 당시 대구시장이 이기붕의 유효표 94매가 장면의 유효표로 넘어갔다고 개표위원장에게 지적을 함으로 해서 발단이 되었는데 이로 인해 개표사무가 중단됨은 물론 평 자유당원들이 개표장에 난입하여 선거관계 종사원들을 구타하는 등 대난동이 벌어졌다. 이때까지 개표결과가 민주당 장면 후보가 자유당 이기붕 후보를 약 87,000여표나 압도를 하고 있어서 자유당으로서는 무슨 방법을 동원하더라도 이것을 뒤집으려 하고 있었기 때문이다. 그러나 대구가 야당도시임은 다 알고 있는터에 자유당의 억지가 통할 리 없었다. 마침내 동 20일 새벽부터 개표가 다시 진행되어 결국 장면이 이기붕을 무려 141,560표를 더 얻어 당선이 확정되었다. 이는 신익희에게 갈 동정표가 장면에게 집중된 데도 원인이 있다고 볼 수도 있다.

이와 같이 해서 대통령에 자유당 이승만, 부통령에 민주당 장면이 각각 당선되었는데 이승만은 이번 선거에서 관권을 동원한 부패선거라는 오점을 남기면서까지도 겨우 유권자의 52%밖에 지지를 받지 못한 데다가 민주당 부통령과 일을 같이 해야 하는 슬픈 승리라 하지 않을 수 없었다. 5 · 15 정 · 부통령 선거 득표상황은 다음과 같다.

총유권자수	9,606,807명	부통령 입후보자 득표상황	
총투표수	9,068,247명	장 면	4,012,654표
대통령 입후보자 득표상황		이기붕	3,805,502표
이승만	5,046,437표	윤치영	241,178표
조봉암	2,163,808표	이윤영	35,308표
무 효	1,858,002표	백성도	230,556표
		이범석	322,579표

7) 장 부통령 저격사건과 행정부

1956년 5월 15일 제3대 정 · 부통령 선거에서 서로 정당소속이 다른 대통령과 부통령이 당선됨으로 해서 야당과의 마찰은 필연적이라 아니할 수 없지만 이러한 불편한 감정이 정 · 부통령 취임식에서부터 표출되고 말았다.

1956년 8월 15일, 정 · 부통령 취임식에는 행정부 · 입법부 · 사법부의 수뇌와 주한외국 사절단의 좌석이 모두 마련되어 있었음에도 장면 부통령의 좌석은 마련되지 않았고, 이승만 대통령은 식전에 참석한 모든 귀빈들을 다 소개하면서도 장면 부통령은 본체도 하지 않았으니, 국민들은 이러한 감정적인 처사에 놀랐을 뿐이다. 이후 장면 부통령과 행정부 사이에 반목은 더욱 심화되어 가고 있었고 결국 자유당간부가 개입된 장면 부통령 저격사건까지 발생하게 되었다. 이 사건은 1956년 9월 28일 제2회 민주당 전당대회가 시공관에서 열리고 있었는데, 대회가 거의 끝날 무렵인 하오 2시 38분 시공관 복도에서 장면 부통령이 괴한으로부터 저격을 당한 것이다. 다행히 장면 부통령은 손에 약간의 부상을 입었을 뿐이었고 범인은 현장에서 체포되어 경찰에 인계되었으나 범인 김상붕은 자기는 민주당이라 주장을 하며 동아일보 기자신분증을 소지하고 있었다. 그리고 이 일은 자기 단독범행이라고 주장을 하고 나서니 자유당은 이를 역이용하여 민주당의 내분이 폭발한 것이라고 뒤집어 씌우기도 했다. 민주당에서는 내무부 장관을 국회에 출석시켜 증언을 청취하는 한편 동 10월 11일 "이 사건이 당내 내분에 기인한 것이라고 함은 진정한 범행동기를 은폐하려는 것이다"라고 반박성명을 내고 "이 사건이 아무런 정치적 배경없이 김상붕, 최훈 두 사람의 부랑폭력배만으로 감행되었다는 말은 국민들이 상식적으로 수긍하지 않는 것"이라고 주장하여 그 배후조사를 철저히 할 것을 촉구하였다. 이 같은 민주당의 강력한 공세와 국내여론의 비난 속에서 마침내 사건 배후인물로 이덕신 성동경찰서 수사주임으로 밝히며, 그 이상의 배후를 밝히지 않은 채 사건을 종결하고 말았다.

그러나 4·19혁명 후 김종원의 자진진술에 의하면 이 사건은 당시 이기붕의 지시에 의하여 임흥순이 음모를 계획하고 이익홍 내무부 장관에게 지시했고 이익홍은 치안국장 김종원에게 김종원은 다시 정보과장 장영복과 중앙사찰분실장 박사일에게 지시했고, 이들은 다시 시경사찰과장 오충환에게 구체적인 지령을 내려 오충환은 이덕신으로 하여금 직접 행동을 취하도록 했다는 그 배후가 밝혀지기도 했다. 이와 같이 장면 부통령은 행정부의 냉대 속에 때로는 민의를 대변하여 정부의 잘못을 충고라도 하면 자유당의원들은 국가원수에 대한 모독이라 하여 부통령경고결의안 등을 통과시켜 그의 입을 봉쇄하였고, 헌법에 보장된 부통령의 권한을 한번도 발휘할 수 없는 그야말로 유명무실한 부통령이 될 수밖에 없었다. 당시 헌법에 보장된 부통령의 중요한 권한을 적기해 둠으로써 독자의 이해를 돕고자 한다.

1. 참의원의장으로서 국민의 복지를 법적으로 보장하기 위한 입법을 담당한다.
2. 탄핵재판소장으로서 행정부요인의 비위를 규탄하고 견책할 권한을 가진다.
3. 헌법위원회위원장의 직책을 가지며 행정부의 위헌적인 처사를 비판하고 법의 준수와 헌법의 수호를 주장할 수 있다.
4. 대통령이 궐위된 때에는 부통령이 대통령이 되고 잔임기간 중 재임한다.

11. 자유당의 내분과 8월 지방선거

(1) 자유당의 내분

자유당은 1956년 5월 22일 정·부통령의 당선자가 공표됨을 계기로 해서 선거패배의 원인을 이승만 대통령에게 구신하였다. 그 내용은 패배의 일반적인 원인과 구체적인 원인 그리고 그 타개책이었다. 자유당은 집권여당으로서 정강정책을 시정에 반영시키지 못하였을 뿐만 아니라 조령모개하여 정부의 위신을 땅에 떨어뜨리고 국민의 기대가 점점 냉각해져서 여당적 역할을 다하지 못하였음을 시인하고 더욱 이승만 대통령의 유시나 지시가 당정책이나 결의보다 우위에 서게 되어, 당은 대통령에게 맹종만 하는 단체가 된 것을 솔직히 시인하며 그 타개책을 다음과 같은 6개 항목의 건의서를 대통령에게 제출하였던 것이다.

    1. 국무원을 국회의원 중심으로 전면 개편할 것.
    2. 자유당 당면정책을 실천함에 있어 국무위원과 공동책임을 지도록 할 것.
    3. 자유당 당면정책을 조속히 실천할 것.
    4. 지엽적인 국무처리는 각부 장관에게 일임할 것.
    5. 대통령 비서는 일반행정에 관여하지 말 것.
    6. 청년당을 지도육성할 것.

그러나 이승만 대통령은 일언지하에 이를 거절하고 말았다. 이에 분개한 당원 중에는 과거 정치파동 때 탔던 버스를 다시 타는 일이 있더라도 이 이상의 맹종은 감수할 수 없다고 주장하는가 하면 자유당의 살 길은 내각책임제를 단행하는 데 있다고 주장하여 동 5월 25일에 는 자유당의원 50명이 혁신정치 단행을 호소했는데, 받아들여지지 않자 마침내 자유당은 주 류와 비주류파로 나누어지고 말았다. 즉 주류파란 자유당의 제2인자인 이기붕을 중심으로 한 이재학, 장경근, 한희석 등의 관료출신으로 5·20선거를 전후하여 입당한 이승만의 절대적인 추종자들이며, 비주류파란 조경규, 유지원, 김기철 등 창당 때부터 관계한 청년단 또는 국민회 출신들로 당의 혁신을 주장하는 이승만과 이기붕의 독재권을 견제하고 민주당과 같이 집단지 도제를 확립하려는 사람들이었다. 그런데 이 주류파와 비주류파의 대립은 자유당간부의 총사 퇴로까지 발전하여 마침내 5월 31일 비주류파의 영수격인 국회부의장 조경하가 이기붕과 맞 서 국회의장에 출마할 것을 시사하여 자유당의 내분은 물론 양파의 대립이 노골적으로 표면 화되게 되었다. 그러나 사태를 관망하고 있던 이승만 대통령은 동 6월 3일 국회의장을 바꾸지 말라고 지시를 내렸다. 야당에서는 행정부가 입법부를 간섭한다고 맹렬하게 반발을 했으나 같은 자유당 내에서 비주류파인 조경하가 자유당의 제2인자인 이기붕과 맞서 싸운다는 것은 모험일 수밖에 없다고 판단하여 의장 출마를 포기하고 말았다. 국회는 동 6월 8일 주류파의 세획내로 의장에 이기붕, 부의상에 소경하, 황성수 이렇게 자유낭원이 모두 당선이 되었다. 그러나 사태는 이것으로 해결이 되지 않았고 조경규의 의장 출마포기에 분개한 자유당의 이 충환, 김형덕, 유지원, 김기철, 하태환 등 6명을 동 6월 22일 자유당중앙대의원대회에서 분파 행동을 한다는 이유로 제명을 시킨다고 하여 이들은 결국 맹종만을 강요하는 주류파의 처사 를 다음과 같이 비난성명을 발표하고 자유당을 탈당했다.

    1. 자유당은 우리들의 혁신운동을 마치 당에 대한 반대운동으로 간주하고 계속하여 일인중심의

정당운동의 구태를 탈피하지 않고 있다.

2. 당원이라면 당 내에 있어서 의사발표의 자유가 있음에도 불구하고 어떠한 사람에 대한 비판과 충고를 마치 분파책동과 같이 취급함은 언어도단이다.

3. 제명된 6의원이 사리를 도모하였다고 하는데 이는 터무니없는 모략중상이며 과연 누가 사리를 추구하였는가는 국민 여러분의 현명한 판단에 맡길 뿐이다.

4. 민주국가에 있어 건전한 여·야 정당의 대립이 요청되므로 우리는 자유당이 5·15선거의 귀중한 체험을 통하여 대오일성 진정한 민주정당으로서 신발족하기를 타산지석으로나마 요망하는 바다.

이 성명에서 보는 바와 같이 자유당의원들은 이승만 대통령 일인중심체제로 자기의사도 제대로 발표를 하지 못하고 맹종을 해야 했으니 이들 6의원의 탈당에 이어 강승구, 김상현 의원 등이 계속 탈당을 하였고 결국 이승만과 이기붕체제로 팀워크가 짜여져 갔다. 이리하여 1956년 6월 22일 자유당중앙대의원대회에서 선출된 당간부명단은 다음과 같다.

총 재	이승만			부 총 재	이기붕		
총 무 부 장	임흥순						
조직부장	홍창섭	차장	최갑환, 이강일	문화부장	전성천	차장	표양문, 심 문
선전부장	김의준	차장	손도심	산업부장	박정근	차장	김병순, 이인식
재정부장	강성태	차장	이영희, 신경철	사회부장	이 활	차장	박길래
정무부장	장경근	차장	정명섭, 백종덕	감찰부장	김상도	차장	안준기
훈련부장	하을춘	차장	김춘호	무임소부장	유각경		
조사부장	임문환	차장	김선우, 김수학				

(2) 등록방해와 국회의원 시위

1) 등록방해

앞에서 설명한 바와 같이 자유당은 이승만과 이기붕 체제로 완전재편성한 후 이제는 지방선거에서 압승을 거두기 위해 선거방해공작전술개발에 몰두하였는데, 이번 시·읍·면장 선거와 서울시장 및 각도의원 선거에는 지난날 부정선거전을 그대로 답습하는 것이 아니고 아예 등록부터 하지 못하도록 방해하여 선거 중의 잡음을 일소하는 방향으로 전략을 세우고 있었다.

1956년 7월 14일부터 입후보등록을 시작하였는데, 자유당 정부는 계획대로 야당계열의 입후보예상자들을 하나하나 사소한 일을 핑계로 경범죄를 적용하여 1주일 내지 25일간의 구류처분을 내리는 등 검거선풍을 일으켰다. 이들의 죄목을 대략 살펴보면 아편불법소지, 무허가음식영업, 무허가양곡소비, 도정업자의 미곡 부정처분, 세탁소문앞 간판 설치, 음식점 불결 등으로 처벌을 받은 것이다. 심지어 등록마감일에는 사복형사들이 입후보예정자 집에 직접 나타나 등록서류를 조사한다는 핑계로 등록서류를 압수해 가는가 하면 백주 대로상에서 괴한이 나타나 서류를 탈취해 가는가 하면 선거위원회의 직원이 자리에 없다는 핑계로 서류를 접수하지 못하고 야당입후보자는 등록조차도 아예 못하도록 철저하게 방해를 했으니 이것을 어찌 민주주의 국가라 할 수 있겠는가. 이러한 험난한 분위기 속에서 야당이 생각해낸 방법이 야당집단등록 방법이었는데 이 역시 괴한들의 폭행과 서류탈취로 인해서 부산의 경우 시의원 입후보자 86명 중에서 야당은 겨우 3명밖에 등록 하지 못했다.

2) 국회의원의 시위

이와 같은 지방선거등록방해를 보다 못한 야당의원들은 동 7월 23일 각파 연석회의를 열어 등록방해에 대한 긴급대책을 협의하고 내무부, 법무부의 예산삭감, 내무, 법무부에 항의 제출, 지방선거등록일자의 연기, 사태불여의시의 농성투쟁 등을 결의한 후 동 7월 25일 다음과 같은 "지방의회의원과 시 · 읍 · 면장 후보자의 등록기간에 관한 임시조치법안"을 제출했다. 야당 측은 유진산, 현석호, 윤제술, 소선규, 민관식, 강승구, 백남식 등 7명으로 국민주권옹호투쟁위원회를 구성하여 여당과의 타협을 시도해 보았으나 실패했고 전기 임시조치법안도 자유당의 방해로 상정마저도 하지 못하고 말았다. 이렇게 철저하게 배제당한 야당에서는 60여 명의 국회의원들이 동 하오 4시 15분부터 헌정사상 초유의 국회의원데모를 감행하게 된 것이다. 60명의 국회의원들은 "민권없이 국권없다", "민권의 붕괴는 국권의 붕괴다" 등의 현수막을 들고 시청 앞을 통과 반도호텔 앞으로 시위를 하였는데 이때 군복으로 무장한 백여 명의 경찰관이 이를 저지하자 피아 간에 격투가 벌어졌고 이를 지휘한 책임자는 이익흥 내무부 장관과 김종원 치안국장이었으며, 검찰에서는 이사건으로 김선태 의원을 체포함으로써 국내외에 비상한 관심을 일으키기도 했다.

이와 같이 행정부의 불법간섭으로 치러진 지방선서에서 자유당이 압승을 한 것은 당연한 결과이나 그 결과를 보면 다음과 같다.

서울특별시 및 도의원 선거 (8월 13일)							
서울특별시의원	자유당	1명	민주당	40명	농민회	1명	무소속	5명
도 의 원	자유당	249명	무소속	83명	민주당	58명	국민회	6명

시 장	자유당	5명	무소속	1명					
읍 장	자유당	19면	무소속	11명					
면 장	자유당	349명	무소속	184명	민주당	9명			
시의원	자유당	289명	무소속	68명	민주당	54명	국민회	4명	기타 2명
읍의원	자유당	570명	무소속	36명	민주당	50명			
면의원	자유당	11,789명	무소속	3,472명	민주당	260명	국민회	11명	기타 11명

(3) 환표사건

1) 함평 환표사건

1956년 8월 19일 당시 도의원에 출마했던 민주당소속 김봉수가 선거무효소송을 제기함으로써 자유당의 교묘한 부정선거전술이 폭로되게 되었다. 김봉수 소장에 의하면 전남 함평군 대동리 제2, 제3투표소의 투표함을 이송하는 트럭 안에서 미리 다른 한 개의 투표함을 준비 적재해 놓고 트럭이 제1투표소로 향하는 도중 대동면, 아차동과 향교 사이에서 투표함을 교환하였다고 지적했다. 또한 제3투표구에서는 투표함을 수송하는 도중 진양리 양림부락 장씨제각앞 노상에서 동 트럭에 탑승한 사복경찰관 수명이 투표함을 열고 투표용지를 위조 투표지와 교환하는 것을 김영령이 목격하고 추격을 하였으나 정복경찰관 2명과 사복형사 1명이 나타나 좇아오면 권총으로 쏘아 죽이겠다고 위협을 하여 부득이 추격을 단념할 수밖에 없었다는 사실을 동 10월 10일 김의택 의원이 국회에 정식으로 이의를 제기함에 따라 세인의 관심이 집중되자 자유당에서는 시치미를 뚝 떼고 선거에 패배한 민주당의 단순한 조작극이라고 돌리려 하는가 하면 전라남도 선거위원회에서는 투표함 봉인에 이상이 있다고 인정을 했음에도 불구하고 치안국장 김종원은 동 10월 13일 이런 사실을 보도한 동아일보, 경향신문의 편집책임자를 소환 심문을 하고, 김의택 의원까지도 소환할 기세를 보이며 함평서장은 명예훼손으로 고소까지 하였다. 그러나 야당의 끈질긴 항의와 엄연한 증거로 인해 1957년 2월 10일 관계경찰관 7명을 기소하여 동 5월 19일 광주지법에서 유죄판결이 내려졌고 동 12월 28일에는 대법원에 의해 당선무효 확정판결이 내려졌다.

2) 정읍 환표사건

정읍 환표사건은 지방선거가 끝나고 15일이 지난 1956년 8월 28일 정읍경찰서 소성지서에 근무하고 있는 박재표 순경이 경향신문사를 찾아와 다음과 같은 양심선언을 하였다.

"도의원선거가 있었던 8월 13일 6시 30분경 제1투표소 투표함이 경찰서 전용트럭편으로 소성면 면사무소에 도착하여 나는 이때부터 트럭에 탑승하여 소성면 제1투표구 선거위원장 정남열, 동 제2투표구 위원장 장재순, 동 제3투표구 위원장 성채경, 소성면 서무계장 장재성, 동 회계원 조덕환, 군출장원 곽규봉, 본서사찰계 형사반장 국정섭, 형사 김종현, 소성지서주임 최기순, 동주재형사 한연득, 본서근무순경 1명 및 노령대대원 2명 등과 동송하였는데 정읍 입구 다리목에서 자동차가 고장이라고 해서 동승한 경찰관들과 선거종사원들이 하차하여 주막집으로 들어갔다. (본인은 노령대대원 1명과 함께 잔류) 약 10분 후 주막집에서 국정섭 형사반장은 소성면 제1투표구 투표함을 이리저리 흔들며 탁탁 치더니 투표함 봉함지를 뜯고 투표함을 열어 운전대에 타고 있던 김종현 형사로부터 책보 하나를 얻어 트럭바닥에 펴고 투표함 속에 든 투표지를 꺼내어 쌓은 후 김종현 형사로부터 다른 책보에 든 투표지를 받아서 빈 투표함 속에 투입하였다." 또한 이들은 동 투표함뿐만 아니라 소성면 제3투표구 투표함도 전기와 같은 방법으로 투표지를 교환했다는 사실까지도 폭로하였다.

그러나 김종원 치안국장은 전기 박재표와 이에 관련된 박재언, 은성의, 은종숙, 라종대, 은형표 등을 구속하였고, 이들은 도의원이 낙선된 자가 박재표를 매수하여 조작한 허위사실이라고 발표를 했고, 자유당에서도 정권획득에 혈안이 된 민주당 계열의 사주에 의해 허위날조된 사실무근한 일이다 라고 오히려 민주당에 그 죄를 뒤집어 씌우려고 했다. 그러나 전주지법에서는 전원 유죄판결을 받았던 이들은 이듬해에 1958년 6월 21일 광주고법 공소심의에서 박재표에게 직무유기죄로 징역 6월에 집행유예 1년을 선고하고 타 피고인에게는 무죄를 선고함으로써 결국 환표사건을 인정하게 된 것이다. 그리고 이외에도 8월 지방선거에서는 군산개표중단사건, 대구, 군산, 포항의 무더기표사건, 광주혼표사건, 강화군의 입후보임의사퇴처분사건, 영천의 민주당원 폭행사건, 군인의 투표권 묵살사건 등 이루 헤아릴 수 없는 부정이 자행되었던 것이다.

12. 협상선거법 통과와 5 · 2 총선거

(1) 당시 정치상황

1) 야당정치활동봉쇄

1956년 8월 18일 장면 부통령은 UPI 통신기자에게 "이 대통령의 철권적 권력의 일부를 제거하기 위하여 4년간 적극적으로 여론을 조성하겠다"고 발표를 하자 자유당은 부통령에 대하여 경고결의안을 국회에서 통과시키는가 하면 민주당전당대회를 기회로 장면 부통령을 암살하려 했고, 또 국민반을 조직하여 국민의 동태를 감시하고 공무원들의 성분과 학생들의 성분을 철저히 조사하는 등 8월 지방선거에서 승리를 거둔 자유당은 또, 1958년에 있을 국회의원선거 승리를 위해 이와 같이 야당의 정치활동을 봉쇄하기 시작했다.

2) 장충단집회방해사건

이와 같은 여당의 압력을 배제하기 위하여 야당은 국민주권옹호투쟁위원회를 중심으로 내무부장관 불신임, 이승만 대통령에 대한 경고결의안 등 대항을 했으나 자유당은 다수의 횡포로 국회를 유회, 혹은 퇴장 등의 방법으로 무산 또는 무력화시키고 말았다. 이리하여 이러한 자유당의 횡포를 천하에 폭로하여 국민의 인식을 새롭게 하기 위해 개최된 것이 장충동공원시국대강연회였다. 1957년 5월 25일 오후 3시, 장충단공원에 30여만 시민이 운집한 가운데 민관식의 사회로 시국대강연회가 열렸는데 그 첫 번째 연사인 전진한의원이 나와 "민주주의를 수호하기 위하여는 국민이 궐기하여야 한다"는 요지의 연설이 끝나고 민주당의 조병옥 의원이 등단 연설도 중 정체불명의 괴한들이 연단에 돌입하여 기물을 있는 대로 파손하며 강연장을 수라장으로 만든 뒤 마침내 휘발유를 뿌려 모두 소각시켜 버렸다. 야당은 이에 분개하여 국회와 언론기관을 통해서 사건진상을 규명하려 했으나 역시 자유당의 다수횡포로 이 사건이 흐지부지되고 말았다. 특히 당시 장택상이 이승만을 가리켜 식민지대통령이라고 평했다가 자유당에 의해 징계위원회에 회부된 유명한 사건도 있다. 한편 장충단사건을 계기로 해서 장경근 내무부 장관은 일체의 옥외집회를 금지하여 야당은 결국 집회의 자유마저도 박탈을 당하고 말았다.

(2) 협상선거법 통과

자유당은 소위 정치깡패들로 하여금 야당탄압과 부정선거로 이탈된 민심을 수습할 방도를 찾아야 했고, 야당은 야당대로 관권의 난동을 막는 방법을 찾아야 했기 때문에 나름대로 각기 선거법을 개정해야 할 필요성을 느끼고 있었다. 그리하여 자유당은 1957년 4월 24일 원내간부회의에서 선거의 철저한 공영제, 입후보의 난립방지, 선거사범의 형량가중 등의 3개원칙을 중심으로 한 선거법개정을 제출하였고, 동 5월 22일 민주당은 참관인 권한의 확대를 주장으로 하는 선거법개정안을 국회에 제출하였으나 전에 일어났던 장면 부통령 저격사건, 야당집회방해사건 등으로 여·야 간 공방전이 계속되고 있어 동 9월에 민주당의 조병옥, 자유당의 이기붕, 정우회의 장택상이 협상을 통하여 여·야의 의견을 절충 반영시킨다는 명목으로 각대표들로 하여금 협상선거법을 토의하기로 했다.

이에 따라 자유당의 한희석, 조순, 박세경, 박홍규, 정준수와 민주당의 조재천, 김의택, 유진산 그리고 정우회의 김홍식 등이 동 9월 18일부터 반도호텔에서 협상을 거듭하여 동 10월 15일에 소선거구제채택, 정당추천위원의 선거위원회참가, 기탁금제, 운동원제한, 공영제, 참관인권한확대, 선거자금공개, 선거사범의 엄벌 등 중요안건을 거의 합의했다. 그러나 자유당에서는 선거법 중에 선거사범죄, 선동죄, 허위사실공표죄 등을 일방적으로 삽입하려 했고, 또 방송부정이용죄 등의 언론조항을 삽입하여 언론의 탄압을 합리화하려고 했다. 이렇게 여·야가 다시 대립된 상태에서 동 12월 4일 언론조항반대 24시간 파업을 시작했고, 민주당도 언론조항을 삭제하지 않는다면 선거법협상에 응하지 않겠다는 성명을 발표했으나 결국 야당은 나름대로 참관인 권한확대, 각선거위원회의 정당대표참가, 벌칙의 확대 등으로 최대한으로 선거부정을 방지할 수 있다고 판단하여 양보함으로써 극적인 합의를 이루고 동 12월 30일 1958년도 예산안을 통과시킨 후 이듬해인 1958년 1월 1일 협상선거법안을 통과시키고, 동 1월 25일에 공포하게 되었다.

(3) 5·2 총선거

1958년 1월 25일 협상선거법을 공포하고, 동년 3월 31일 제4대 민의원선거일을 5월 2일로 확정 공고하였다. 자유당은 각 도단위로 당을 개편하고 입후보자공천 방법은 중앙지명공천제를 채택하였다. 한편 제1야당인 민주당은 김준연 탈당 이후 신구파문제로 공천에 난점을 안고 동 3월 19일 선거대책중앙본부를 설치하고, 동 3월 22일에는 공천대회를 열어 선거 준비를 완료하였다. 이번 선거는 선진국과 같이 양당정치실현 여부와 여·야당이 서로 정강정책을 내걸고 대결하는 선거전이어서 국민들이 많은 관심을 갖고 지켜보는 선거였다.

민주당은 경찰의 정치적 중립, 특권층의 경제독점배격, 인정과세폐지, 토지수득세 금납제, 교육자치제의 확립, 국군의 정병화와 사병의 처우개선 등 5개항을 선거공약으로 내걸고 "썩은 정치 갈아보자" 구호를 외치며 선거전에 임했고, 자유당은 4개정강 46개 당면정책을 내걸었다. 동 4월 10일로 후보등록을 마감했고, 그 수는 총 841명(870명 중 사퇴 25명 등록무효 4명)이며 소속별로는 자유당 236명(무공천시구술마자보함), 민주당 199명, 통일당 13명, 노농당 7명, 민혁당 6명, 무소속 기타 38명 이었다.

5·2 선거는 새로운 협상선거법에 의하여 처음으로 실시하는 공영선거이며 가두방송, 호별방문 등이 금지되어 비교적 평온한 분위기였으나 역시 자유당은 관권을 동원하여 도처에서 부정을 일으켰는데 선거가 끝난 5월 7일 민주당에서 발표한 "5·2 총선거의 추악상"이라는 다음과 같은 성명서를 보더라도 자유당의 부정행위가 어떠했는지 짐작할 수 있다.

1. 새로 증설된 투표소와 군인만의 투표소에 야당의 투표구선거위원 및 야당후보자의 투표참관인은 참가를 불능하게 하였다.
2. 여당후보자는 서명금지조항을 위반해 가면서까지 추천인의 날인을 받게 하며 야당 후보자에 대하여는 그 추천인이 되지 못하도록 위협하는 등 갖은 방법으로 등록신청서를 각하함으로써 여당만의 무투표당선을 획책하였다.
3. 도시에서는 유령선거인 및 선거인명부의 번호표를 배부하지 아니하므로 인한 소위 기권표를 모아 대리투표를 하였다.
4. 농촌과 군대에서는 자유당 측 참관인에게 투표인을 한 투표용지를 보인 다음 투표를 하는 방식을 취하여 여당후보자에 대한 투표를 강요하였다.
5. 경찰관, 공무원, 교원에게까지도 여당을 위한 투표책임제를 시행하여 공공연하게 여당운동을 하게 하였다.
6. 야당추천의 선거위원과 야당후보자의 투표 또는 참관인을 협박하여 사퇴 또는 참관불능케 하였다.
7. 개표 시에는 참관인의 좌석과 개표탁자와의 거리를 법에 규정한 이상으로 멀게 하고 또 개표 종사원으로 하여금 야당후보자의 득표에 주인朱印으로서 가점加點하여 무효화 하였고 야당후보자의 득표를 여당후보자의 득표로 가산하는 사례도 허다히 있었다.
8. 개표 시에 야당후보자 측에서 불법과 부정을 발견하고 항의하게 되면 미리 대기시켰던 폭한으로 하여금 소란을 일으키게 하여 야당 측의 참관인 등을 축출하였고 공정하게 하려는 선거위원에게는 폭행을 가하여 사퇴를 강요하는 등의 불법을 감행하되 검찰과 경찰은 이를 방치하였다.
9. 개표소에서 야당후보자의 참관인은 부정과 불법의 시정요구에 언성을 높여도 경찰에게 끌려가거나 폭한들에게 심한 폭행을 당했으며, 경찰관의 총기까지 탈취하여 선거위원 등을 구타하는 여당 측 인사의 만행은 방임하였다.
10. 개표 도중에도 야당후보자가 최고득점자일 때에는 선거위원을 경질시켜 가면서까지 여당 후보자를 최고득점자로 만든 사례가 있다.

　　이상에서 보는 바와 같이 음성적인 선거부정이 곳곳에서 일어났는데, 그 예를 들면 서대문 을구의 성암동테러사건, 대전시장의 무더기표 호언 등이며 그 외 공개투표, 아이롱투표, 피아노개표, 올빼미개표 등의 새로운 말이 생겨난 것도 바로 이 5·2선거였다. 이리하여 선거사범이 어느 때보다도 많은 1,065건이나 되어 당선무효에 대구 을·병지구 그리고 선거무효 및 일부 무효에 영일 을구, 인제, 보성, 내덕, 울산 을구, 월성 을구 등이다.
　　여하튼 5·2 총선거의 결과는 자유당이 126명, 민주당이 79명, 무소속 기타 28명이 각각 당선되어 야당으로서는 자유당의 갖은 압력 속에서도 원내 개헌선을 상회하는 의석을 얻게 되어 일반국민과 더불어서 다소 안도감을 갖게 되었다.

13. 2 · 4 파동과 3·15 부정선거

(1) 2 · 4 파동(보안법 파동)

1) 국가보안법개정안의 법사위 통과

5 · 2 총선거에 참패를 한 자유당은 이미 3대국회 초에 출판물단속법, 국민보호법 등을 제정하려다가 여론공세로 이루지 못했고, 협상선거법에 언론조항을 삽입해 보았으나 소기의 목적을 달성할 수가 없다고 판단하여 착안한 것이 신국가보안법 제정이었다. 이리하여 정부는 1958년 8월 11일 신국가보안법안을 국회에 제출하고 연내에 이를 통과시키려고 하자 민주당대표최고위원 조병옥이 이를 결사반대하고 나서므로 해서 보안법시비는 표면화하게 된 것이다.

자유당은 그 이유를 현행보안법의 미비를 보완하고 간첩을 발본색원하기 위한 것이라고 주장했으며, 민주당과 일부 무소속의원들은 간첩개념의 확대규정은 정 · 부통령 선거를 앞두고 야당 및 언론인의 활동을 제약하려는 것이며, 또 변호사접견금지 및 2심제는 헌법위반이라고 반대를 하였다. 자유당은 이와 같이 대내외로 분위기가 심상치 않자 제출한 신국가보안법안을 철회하고 동 11월 18일 1959년도 예산안과 함께 전문 40조 부칙 2조로 된 더욱 보강된 신국가보안법안을 다시 제출했다. 그러나 민주당은 동 11월 22일 원내대책위원회를 구성하고 이를 전면거부하기로 방침을 세웠다. 즉 '정부가 제출한 국가보안법은 공산분자를 더 잡을 수 있는 이점보다도 언론자유를 말살하고 야당을 질식시키며 일반국민의 공 · 사생활을 위협할 맹점이 많으며 현행보안법, 형법, 국방경비법 만으로도 간첩을 잡는 데는 별지장이 없으며 반공은 언론탄압을 반대하고 언론자유를 보장하며 복수정치를 발전시키는 데 있다' 는 요지의 성명서를 발표하고 범야세력규합에 나섰다. 또 동 11월 25일에는 범여세력을 발판으로 국가보안법개정반대투쟁위원회를 결성하고 조병옥, 장택상, 곽상훈을 지도위원으로 선임하는 동시에 "국가보안법반대투쟁에 생사를 돌보지 않을 것" 이라는 선언문과 함께 자유당에 정면으로 대항하여 이를 규탄하기 위해 옥외집회를 신청했으나 이강학 서울시경국장은 일체의 옥외집회에 대해서 금지명령을 내렸다. 한편 자유당은 반대투쟁위원회의 지도위원인 무소속의 장택상을 유치하여 반공투쟁위원회 위원장에 취임하게 하여 범야조직체를 붕괴시키려 함과 동시에 민주당의 남북통일론을 문제삼아 보안법제정의 정당성을 주장하며 야당공세에 맞섰다. 또한 야당은 법사위의 단독심의는 위헌이라 주장하고 국방, 내무위에서 병행심의할 것을 주장했으나 자유당의 거부로 결국 동 12월 8일 법사위에 회부되어 법사위 단독으로 심의하게 되었다.

법사위는 동 12월 8일부터 예비심사에 들어가 11일에는 법무부 장관이 제안설명이 있었는데 야당 측의 비난과 욕설로 회의가 수라장이 되어 정부 측의 제안설명조차 할 수 없었다. 그리하여 결국 김의준 법사위원장은 서면을 통하여 구두제안설명을 대신하겠다고 선언을 했다. 허를 찔린 야당의원들은 동 12일 국회본회의에서 서면설명은 불법이므로 날치기 사회를 한 김의준 위원장의 인책요구와 보안법안반려동의안을 제출했으나 다수당인 자유당에 의해 부결되고, 동 17일에는 여 · 야 3명씩 연사를 내세워 공청회를 열었으나 결국 여 · 야의 의견을 대변한 데 그쳤다. 이때 보안법개악반대원내투위와 원외 측의 범야국민대회준비위가 보안법 및 지방자치법개정의 전면 거부투쟁에 들어갔다. 그러나 자유당은 연내 통과방침을 굳히고 있어 민주당은 필사적으로 이를 방해하고 회기를 넘기기 위한 지연 전술로 조재천 의원으로 하여금 2일간이나 단상에서 질의를 계속하며 단상에서 내려오지 않고 있어 자유당은 12월 19일 계속되는 조재천의 질의를 중지하고 하오 3시에 다시 계속하기로 하고 일단 휴회를 한 후 오후 3시 정각에 자유당의원만이 법사위를 속개하여 조재천 의원의 질의를 종결하고 정부 측 답변은 서면으로 제출토록 하고 정부 측 원안대로 통과시키자는 최규옥 의원의 동의에 임철호 의원이 재청하여 개회한 지 단 3분 만에 통과시키고 자유당의원들은 퇴장을 해버렸는데 뒤늦게 야당의원들이 입장을 했으나 이미 자유당의원들끼리 회의를 속개하여 법안을 통과시킨 뒤였다.

2) 보안법개정안 본회의 통과

국가보안법안을 법제사법위원회에서 날치기를 당한 야당의원(민주당 72, 무소속 5)들은 이제 본회의 통과를 막기 위하여 "여당의 천인공노할 폭악에 대하여 극한투쟁을 개시하는 동시에 우국동포의 열화 같은 성원을 기대하여 마지 않는다"는 성명서를 발표하고 의사당을 점거하고 농성에 들어갔다. 이와 같이 여 · 야 간의 국회분위기가 살벌해지자 일부 여당 내 온선파는 예산안선심을 내걸어 대야협상의 길을 모색해 보기도 했고, 민주당 측의 구파는 수정안준비와 절충내각책임제개헌을 내세워 타협을 시도했으나 양당 강건파의 반대로 결국 타협의 길을 찾지 못했다. 동 12월 20일 자유당의원들이 등원을 하자 헌정사상 유례가 없었던 여 · 야 격돌이 야기되어 마침내 국회기능이 마비되고 말았다. 또한 원외에서는 김창숙, 이완구, 백남훈 등 사회지도층을 중심으로 보안법개악반대국민대회준비위원회가 조직되어 자유당의 폭거에 항거했고, 원내에서는 의사당점거농성이 계속되고 있는 가운데 정부에서는 의사당앞 태평로일대와 민주당중앙당부 앞의 교통을 차단하는 동시에 준비상경비령을 선포하여 통행시민을 검색하는 등 삼엄한 분위기가 지속되고 있었다. 이런 가운데 12월 23일 민주당 조병옥은 자유당 이기붕에게 거두협상을 제기했으나 자유당은 이를 거부하고 국회의장의 경위권 발동 계획을 하고 있었다. 자유당은 이미 12월 22일 밤 부평에 있는 경찰전문학교에 국회사무총장

과 자유당의원을 보내 무술경위를 소집하여 만반의 준비를 하고 있었다

운명의 날인 12월 24일 9시 정각 한희석 국회부의장은 서면으로 경위권을 발동하여 동 9시53분에 무술경위 300명이 의사당 안으로 몰려들어왔다. 필사적으로 항거하던 야당의원들은 무술경위에 의해 휴게실과 지하식당에 연금되었고 경위에게 반항하던 김상돈, 조일환, 허윤수, 유성권, 전영석, 박창화, 구철회, 윤택중, 김재곤, 김응주, 박순천, 조일재 등 12의원이 부상으로 세브란스병원에 입원을 하는 소동이 벌어졌다. 경위권발동 하의 국회는 자유당의원만이 참석한 가운데 한희석부의장의 사회로 신국가보안법안을 비롯하여 3,988억 환의 국가예산안, 지방자치법개정안, 12개세법개정안 등 그 동안 야당의 저지로 계류 중인 27개 의안을 불과 몇 시간 내에 일사철리로 무더기 통과를 시킴으로써 2 · 4파동은 막을 내리게 되었다.

이렇게 통과를 시킨 신국가보안법에 대해서 국외에서도 많은 우려의 소리가 높았는데 동 1월 27일 덜레스 미 국무장관은 다우링 주한미대사를 소환하고 "한 · 미관계에 있어서 미국은 공산파괴음모에 대처하려는 한국정부의 강력한 조치가 11년의 공화국역사를 가진 한국에서의 민주주의를 약화시킬지도 모른다" 고 우려했고 "아세아에서 모범적 민주국가로서의 역할을 할 수 있는 발전을 계속 하도록 보장하기 위하여 한국이 수락한다면 미국은 어떤 충고적 압력이라도 가하기를 원하고 있다"고 했으며, 한편「콜론」보고서는 이러한 사태를 야기한 자유당을 1 · 5정당제(하나 몫의 일을 하는 정당이 아니라 제몫 이외에 반을 더할 수 있는 정당)이라고 극언을 했다.

이와 같이 2 · 4파동이 국제적으로도 여론이 조성되어감에 힘을 얻은 야당은 2월 4일 결의를 무효화하기 위해 임시국회를 소집했으나 물론 자유당이 응할리 없었고 또한 원외의 보안법반대국민대회준비위원회에서는 대대적인 시위계획을 세워 1959년 1월 7일 시위계를 냈으나 경찰의 제지로 좌절되고 말았다. 야당은 이것으로 무효화투쟁을 포기하지 않고 민주구국원내투쟁위원회와 민권수호구민총연맹을 발족시켜 장기투쟁에 들어가니 이후 국회는 제32, 제33회기 약 200일 동안이나 단 한 건의 의안도 처리하지 못한 것을 보더라도 2 · 4파동의 여파가 얼마나 컸었는지 알 수 있다.

(2) 3 · 15 부정선거

1) 자유당 선거자금 부정염출

자유당은 1960년에 있을 정 · 부통령 선거자금으로 약 70억 환을 준비했는데 이를 위해 이기붕을 중심으로 한희석(자유당기획위원, 자유당정 · 부통령선거대책위원회위원장, 대통령선거사무장)과 자유당 총무위원장인 박용익은 송인상 재무부 장관에게 김영찬 산업은행총재와 협의하여 43억 환의 산업금융채권과 24억 환의 농업금융채권을 발행하여 이를 4대은행과 국영기업체에

배당하도록 지시했다. 즉 조흥은행 9억 환, 제1은행 5억 환, 농업은행 27억 환, 산업은행 5억 환 그리고 잔여금액은 국영기업체에 배당하여 이들은 형식상 채권자가 되고 산업은행이 채무자가 되는 동시에 정부가 보증인이 된다는 형식으로 자금을 염출했다.

산업은행총재 이영찬은 1960년 2월 이 돈으로 산업금융채권 50억 환을 책정하고 인플레이션을 억제한다는 핑계로 국회의 승인을 얻어 시중 4개은행 및 국영기업체에 강제로 할당한 후 친자유당계의 국영기업체에 대부한 것으로 꾸며 산업은행 총재실에서 곧바로 자유당의 선거자금으로 들어갔다. 물론 이들 국영기업체들은 선거가 끝나는 대로 특혜조치를 받도록 되어 있었다.

5·16 군사혁명재판소에서 밝혀진 바에 의하면 자유당은 당시 52개 기업체에서 62억 1,650만 환의 국고금을 부정선거자금으로 유용한 것이다. 또한 박수희 농업은행총재는 농민 고리채를 정리한다는 명목으로 공무원연금 금 24억 환을 빌려서 선거자금으로 뿌렸다. 그리고 김진형 한국은행총재와 배제인 부총재는 1960년 2월 "달러" 환율인상 직전에 한국정유 남궁련에게 은행보유불 500만 불을 구환율 500 대 1로 낙찰을 시켜서 그 차액 7억5,000만 환을 자유당 선거자금으로 제공하게 했다는 설도 있어 전기 혁명재판소에서 밝힌 바와 같이 자유당은 100억 환의 자금을 뿌려 3·15 부정선거를 치렀으며, 이 부정한 자금은 3·15 부정선거를 위해 경찰 및 공무원에게 뿌려진 것이다. 그 내역을 밝혀둠으로써 자유당 정부의 관권이 얼마나 깊이 선거에 개입을 했었는지 이해를 돕고자 한다.

경　　찰	1. 경찰국 10개소 : 500만 환씩(경남북,전남은 600만 환, 제주는 200만 환)
	2. 경찰서　166개소 : 250만 환씩(단 경무대 33만 환)
	3. 지서와 파출소 1,668개소 : 8만 환씩
	4. 투표구담당경찰관 8,108명 : 6만 환씩
기타공무원	1. 서울특별시 및 각도내무국장 10명 : 200만 환씩 (단제주 100만 환씩)
	2. 시장 26명 : 70만 환씩, 구청장 15명 : 100만 환씩
	3. 민의원의원선거구 2구 이상 군수 30명 : 100만 환씩
	4. 기타 군수 110명 : 70만 환씩, 읍·면장 1,492명 : 2만 환씩
	5. 교육감 166명 : 30만 환씩

2) 선거전의 정정(민주당 대통령후보 급서)

이승만은 1959년 3월 19일 내각을 내년도 정·부통령 선거를 위한 심복인사들 중심으로 선거내각으로 개편을 단행했다. 내무부 장관에 최인규, 재무부 장관에 송인상, 부흥부 장관에 신현호, 농림부 장관에 이근직, 교통부 장관에 김일환 등으로 보강하였으며, 선거주무장관인 최인규는 자기 수족인 서울시경국장 이강학을 치안국장으로 보하고 이때부터 철저하게 선거대책을 강구했다. 그리고 이승만은 1959년 4월 15일 제4대 대통령선거에 출마할 뜻을 밝힌 후 동 4월 29일 자유당은 전당대회를 열고 이승만을 대통령 후보로, 이기붕을 부통령 후보로 각각 지명했다. 이에 따라 민주당도 동 11월 29일 전당대회를 열고 대통령 후보에 조병옥, 부통령 후보에 장면을 지명하여 자유당과 선거전이 시작되었는데, 자유당은 이미 언론과 야당의 억제를 위해 신국가보안법과 지방자치법을 통과시켜 놓았고 야당의 선봉지인 경향신문을 폐간시키고 또 선거전위대로 반공청년단이란 폭력단을 조직 훈련하고 있었으며 명동깡패 두목인 임화수를 시켜 반공예술인단을 조직하여 선거의 도구로 이용하였다. 그러나 자유당은 제3대 정·부통령 선거를 패배했던 과오를 되풀이하지 않기 위해 어떤 일이든 할 수 있는 방법을 다했다. 1959년말 동일 티켓의 개헌을 시도했으나 야당의 강력한 반대로 뜻을 이루지 못하게 되니 이제는 조기선거를 들고 나왔다. 즉 1959년 12월 31일 자유당 이기붕의장은 차기 정·부통령선거는 1960년 3월에 실시하는 것이 좋겠다고 제의를 한데서 발단이 되었는데 1960년 1월 2일 장면 부통령이 이에 대해 반대담화를 발표함으로써 이 문제가 표면화했던 것이다. 민주당은 동 1월 24일에 확대간부회의를 열고 선거는 농번기가 아닌 5월 중순에 하는 것이 적당하며, 또 조병옥 민주당 후보의 신병으로 3월선거는 페어플레이가 될 수 없다는 이유를 들어 이승만 대통령에게 서면진정을 냈다. 그러나 이승만 대통령은 동 1월 28일 그의 회한에서 "지금도 나는 선거는 농번기가 시작되기 전에 하는 것이 옳은 것으로 생각한다"고 그의 뜻을 굽히지 않았다. 그런데 조병옥 민주당대통령 후보는 병이 더욱 악화되어 할수 없이 신병치료를 위해 도미를 결심하지 않을 수 없었고 이승만 대통령을 방문하여 조기선거에 임할 수 없음을 설명하고 이승만 대통령으로 하여금 그가 돌아오지 않는 한 선거를 하지 않겠다는 약속을 받은 후 동 1월 29일 조병옥 후보는 안심하고 도미행정에 올랐던 것이다.

그러나 조병옥이 미국으로 떠나자 이승만 대통령이 조병옥 민주당대통령후보와 약속을 저버린 채 최인규내무부장관은 "3월 선거는 불변이다"고 발표를 하여 그들의 집권을 위해서는 정치적 도의 같은 것은 헌신짝처럼 박차버렸다. 이와 같은 자유당의 태도에 분개한 민주당은 동 2월 1일 서울특별시 및 각도당 간부회의를 개최하고 영일 을구와 영주재선거에 대한 자유당의 부정 불법을 규탄하며 다음과 같이 결의를 했다.

1. 헌법정신과 정치도의에 배치되는 3월 선거를 반대한다.
2. 경찰과 자유당에 의한 탈당강요를 즉시 중지하라.
3. 선거인명부작성에 있어 유령유권자를 조작하지 말라.
4. 정치공포분위기 조성을 절대 반대한다. 여당의 정치적도구인 반공청년단을 즉시 해체하라.
5. 내무, 법무장관을 정치적 중립인사로 교체하고 공명선거를 보장하라.

그러나 선거에 이기기 위해 물불을 가리지 않고 있는 자유당은 이러한 국민의 여론이나 야당의 목소리를 묵살한 채 1960년 2월 3일 정부는 일방적으로 정·부통령 선거일을 3월 15일로 확정 공고하고 말았다. 미국 월터스리드 육군병원에 입원하고 있던 조병옥 후보는 이 소식을 전해 듣고 "조기선거란 뒤에서 총을 쏘는 것과 다름없는 일"이라고 절망하며 비난을 하였다.

2월 4일부터 2월 13일 사이 정·부통령 후보등록을 마쳤는데 대통령에는 자유당 이승만, 민주당 조병옥 그리고 부통령에는 자유당 이기붕, 민주당 장면, 여자국민당 임영신이 각각 등록을 했다.

그러나 1960년 2월 15일 미국병원에서 수술가료 중이던 조병옥 민주당후보가 서거했다는 비보를 접하게 되었으니 민주당으로서는 벌써 2번이나 대통령후보를 잃게 된 민주당의 비통함은 말할 것도 없거니와 모처럼 부패한 독재정권교체의 계기를 마련해 줄 것을 학수고대했던 국민들의 애석한 마음 또한 컸던 것이다.

3) 자유당의 부정선거

자유당은 3·15 부정선거에 관권 및 부정 불법수단을 총동원하였는데 이들의 최고정책기관인 당무위원회와 정·부통령 선거대책위원회의 자유당골수분자의 명단을 살펴볼 필요가 있다.

【자유당당무위원회】

총　　　재	이승만					
국 회 의 장	이기붕(중앙위원회 의장)					
국회부의장	한희석(중앙위원회 부의장)					
당 무 위 원	총무위원장	:박용익	선전위원장	:조　순	조직위원장	:이재화
	선거대책위원장	:정기섭	정책위원장	:장경근	감찰위원장	:정존수
	무임소위원	:유옥경				
자동겸임자	민의원부의장	:이재학	민의원부의장	:임철호	자유당원내총무	:정문흠

【정 · 부통령선거중앙대책위원회】

고 문	함태영, 이갑성	
위 원 장	한희석	
부 위 원 장	이중재, 박만원	
선거사무장	대통령선거사무장 : 한희석(겸직)	부통령선거사무장 : 이중재(겸직)
기 획 위 원	당무위원 전원	

또한 1960년 2월 9일 선거대책중앙기획위원회는 137명의 학계인사를 정책자문위원 및 과학기술특별위원을 선정하여 자유당선거대책을 세우는 데 강제동원되었고, 이들이 만든 부정선거방안을 최인규 내무부장관은 국무회의 내부에 있는 비공식기구인 6인위원회 합의를 거쳐 이성우 내무부차관, 이강학 치안국장, 일반담당 최병환을 통해 즉시 행동으로 옮겨졌던 것이다. 당시 자유당기획위원회의 부정선거 각본을 보면 다음과 같다.

1. 자연기권표, 유령유권자표, 매수기권표 등의 유권자 40%에 해당하는 표를 투표개시 전에 무더기로 투함하게 할 것. (40% 사전투표)
2. 자유당에 투표하기로 된 유권자로서 3인조, 9인조를 편성, 조장이 조원의 기표상황을 확인하고 기표한 투표지를 자유당선거위원에 제시한 후 투표토록 할 것.
3. 자유당계 유권자에게 완장을 착용하게 하고 야당 측 유권자에게 심리적인 압박을 가하여 자유당에 투표하게 할 것.
4. 민주당 측 참관인의 매수가 불여의할 때에는 변기를 투표소 내에 가지고 왔다는 등의 구실로 투표소 밖으로 추출할 것.

또 내무부 장관 최인규는 1960년 1월 30일 이강학 치안국장을 통해서 내무부치안국회의실에서 전국 각시도 경찰국장회의를 소집하고 부정선거지침을 다음과 같이 내렸다.

1. 자유당 완장을 착용한자 상당수를 투표소 100미터 밖에 배치하여 분위기를 자유당일색으로 할 것.
2. 투표함 운송중 환함換函할 것.
3. 투표 시에 혼표 또는 환표換票할 것.
4. 개표완료 후 투표계산서를 위조 공표할 것.
5. 자유당입후보자의 득표목표는 5 대 1 즉 80% 이상으로 할 것.

이와 같은 완벽한 부정선거계획의 실천을 위해 전남북과 경기도 일대는 이성우, 경남북, 강원도, 서울특별시는 이강학 최병환으로 하여금 부정선거실천계획의 실천 여부를 확인

독찰하게 하였다. 자유당의 이와 같은 계획이 동 3월 3일 민주당에 의하여 폭로되자 이강학 치안국장이 선거의 양상을 일부 바꾸기를 제의했으나 최인규 내무부 장관은 "내가 한 달 전만 해도 계엄령 하에서 선거를 치르려 했었는데 무슨 말이냐"고 했다니 만일 조병옥 민주당 후보가 급서하지 않았다면 어떤 중대사건을 핑계로 계엄령을 선포해 놓고 계엄령 하에서 3·15 부정선거를 실시했을지도 모를 일이었다. 내무부 장관 최인규는 치안국장을 통해 이와 같이 치밀한 계획을 시달해 놓고도 믿지를 못하여 치안국경무과장 전병두, 보안과장 장영복, 통신과장 김회동, 총경 김문석 등 15명과 66명으로 조직된 105 독찰반을 가동 전국적으로 확인 독찰했고, 치안국장 이강학은 108호 라는 비밀조직을 가동하여 직속상관인 최인기는 물론 자유당의 당무위원까지도 감시했다고 한다.

4) 정·부통령선거와 자유당의 몰락

1960년 2월 25일 조병옥 민주당 대통령 후보의 국민장이 끝나자 자유당은 반공예술인단, 반공청년단 그리고 유명무명의 단체를 총동원하여 이승만, 이기붕의 초상화를 방방곡곡에 붙이고 본격적으로 선거운동을 시작하였다. 전국 각 대학의 총·학장·교수 등으로 정책자문위원단을 구성하여 대대적으로 정부업적을 홍보하였는데 도시의 각 영화관 그리고 지방 순회영화반을 만들어 이승만, 이기붕의 일대기와 자유당의 업적을 찬양하도록 하였다. 사실 이번선거는 경쟁자인 민주당 대통령 후보가 급서하였으니 이승만의 대통령 당선은 명약관화한 일이므로 부통령선전이라고 해도 과언이 아니었다.

대통령 후보인 조병옥 박사의 서거로 비통과 실의에 빠진 민주당은 동 2월 28일 장면 부통령후보의 대구유세를 계획했다. 그러나 자유당은 이 날이 일요일임에도 불구하고 대구시내 모든 중고등학교에 지시하여 시험, 등산, 소풍 등의 이유를 붙여 모든 학생들을 등교하게 하여 유세에 나가지 못하도록 방해를 했다. 동 3월 3일 민주당은 전기한 자유당의 불법 부정한 선거전술을 중앙선거위원회에 호소하고 그 시정을 요청하기도 했으나 역시 일축당하고, 동 3월 4일 민주당이 광주에서 유세를 하자 자유당은 또 광주의 모든 극장을 무료로 개방하여 시민들을 극장으로 유인했고 반공청년단, 대한부인회, 통반장회의를 유세시간에 맞추어 소집하는가 하면 광주공설운동장 유세장으로 가는 길목에는 모두 "공사중"이라는 표시판을 세우고 골목마다 사복형사들이 지켜 서서 시민의 행동을 감시하였다.

또 민주당은 동 3월 7일 이와 같은 자유당의 불법 부정한 선거분위기에서는 도저히 선거를 할 수 없으며 군인들의 선거관여를 금지해 줄 것을 호소하였다. 그러나 자유당정부가 이를 받아들일 리 없었고 오직 무능한 기성세대에 도전하는 학생들만이 학원의 자유와 부정선거 배격을 외치며 각 지역에서 산발적으로 시위를 벌이고 있을 뿐이었다.

이렇게 하여 선거가 종반전에 들어서자 자유당은 이제 폭력적으로 변하기 시작했다. 야당에 마이크를 빌려준 라디오상에 테러를 하는가 하면 경찰관이 직접 선거 전단을 붙이고 다니고 동 3월 11일에는 여수에서 민주당간부가 선거운동 도중 자유당 선거폭력배에 의해 구타 치사 당했으며, 광주에서도 같은 날 폭력배에 의해 살인소동이 벌어졌다.

　　이와 같이 조직적이고 삼엄한 분위기 속에서 드디어 3월 15일 투표일을 맞이하였다. 자유당은 철저한 감시 하에 당초계획한 40% 사전투표와 3인조, 9인조의 공개투표를 질서정연하게 진행했던 것이다. 이를 보다 못한 민주당은 이날 오후 4시 30분 "3 · 15 선거는 불법 무효다"라고 선언을 하고 전국투표장에 있는 야당참관인을 전원 철수시키고 말았으니 자유당 일방적인 공개투표와 비밀개표를 진행하여 세계역사상 유례가 없는 득표수의 과잉이란 해괴망측한 사건이 발생하기도 했다. 이와 같이 해괴한 개표결과를 어떻게 처리할 것인지 즐거운 고민에 빠진 자유당 기획위원들은 최인기 내무부 장관에게 대통령 85%, 부통령 75% 로 각각 조절하도록 긴급지시를 내리도록 하여 이렇게 인위적으로 조절하여 발표한 개표결과는 다음과 같다.

총 유 권 자 수	11,196,490명
총 투 표 자 수	10,559,432명
대통령 이승만	9,512,793표
부통령 이기붕	8,220,587표
장　면	1,844,257표
김준연	245,526표
임영신	99,090표

　　이와 같이 자유당의 철저한 불법부정의 사전계획에 의해 치러진 3 · 15 선거의 결과에 대해 분노에 찬 국민들이 마침내 4 · 19 혁명으로 폭발하게 된 것이다.

II. 사회 _

1. 사회개관

    세계 제2차대전에서 연합군의 승리로 우리 한국은 일제로부터 해방을 하여 미국식 민주주의 정치체제를 갖추기 위해 노력을 했으나 반세기에 가까운 세월을 일본군국주의 압제 하에서 시달려 왔기 때문에 민주주의적인 소양이 거의 없는 데다가 갑자기 들어온 자유의 물결은 방종으로 착각을 한 국민이 많아 이 나라의 민주주의는 기형성을 탈피할 수 없었다. 또한 미·소양국 간의 이해관계로 남북이 분단됨으로 해서 좌·우익의 이념갈등은 혼란한 사회를 더욱 무질서하게 만들었다. 독립국가로서 건국된 지 아직 일천하여 뿌리가 내려지기도 전에 북한괴뢰의 남침으로 인해 국토는 폐허가 되고 경제가 파탄되어 국민도의는 피폐할 대로 피폐하여 사회질서가 혼란에 빠져 있었다.

    그러나 자유당 정부는 자기들 중심의 특권층을 형성하여 권력만능을 구가하고 있을 때 죽도 못먹는 완전실업자 수는 120만 명에 달했으며 농촌은 피폐하여 도시로만 이농을 하는 참상이 일어났는가 하면 6·25 전쟁으로 생긴 전쟁고아가 60만 명이 넘어 이들은 사회악의 근원을 이루기도 했다.

    자유당 정부는 매일같이 실업자구제, 농촌부흥 등을 부르짖었지만 행정의 난맥과 권력층의 부패로 사회의 질서를 회복하지 못하고 있었다. 그 예를 들면 중석불사건, 제1·2농림부의혹사건, 금융부정사건, 귀속재산부정불하사건, 연계자금사건 등 헤아릴 수 없는 부정으로 사리사욕을 채우기에 급급했고 근로자, 농민은 박봉과 빈약한 수입으로 생활고에 허덕이고 있었으며 정상적인 노력과 경제활동이 아닌 권력에 아부하거나 전후혼란을 이용하여 일확천금을 노리는 기형적인 사회풍조가 만연하고 있었다.

이와 같이 경제는 파탄되어 감에도 불구하고 권력의 힘으로, 혹은 요행으로 갑자기 돈을 번 소위 해방귀족들이 늘어나 득세를 하고 있었으니 이에 맞추어 다방, 요정, 당구장, 댄스홀 등 사치와 유흥업이 흥행을 이루게 되었고, 무질서한 문교행정으로 학생을 수용할 시설도 능력도 없으면서 1958년 4월 말 현재로 대학생 수가 92,087명에 달했는데, 이들은 거의 모두가 해방귀족들의 징집보류를 위한 기업체로서 금권과 결탁하게 되었으며, 능력이 있어도 권력의 배경이 없으면 취직을 할 수 없었으니 1958년 3월 졸업생이 9,023명이었는데 취직이 된 자는 겨우 24%인 2,038명에 불과했다. 이와 같이 소위 해방귀족들의 득세와는 정반대로 소외된 일부 국민들은 가난과 절망의 환경 속에서 불합리한 환경에 반발하여 강도, 절도, 사기, 횡령, 독직, 밀수, 자살, 살인, 사창, 마약, 밀수, 간첩 등 끔직한 범죄를 야기시켜 1954년에 일반범죄자 수가 5,989건, 특별범죄자 수가 62,254건이던 것이 1957년에는 일반범죄자가 61,793건, 특별범죄자가 114,149건으로 격증했던 것이다. 이와 같은 양극단의 사회현상으로 지칠 대로 지친 일반서민들은 마침내 "못살겠다 갈아보자"는 구호가 스스로 튀어나오게 되었던 것이다.

다음은 자유당 치하에서 사회적으로 크게 물의를 일으켰던 몇 가지 사건을 들어 자유당 행정부의 사회상의 일 단면을 살펴보기로 한다.

2. 윤락여성의 급증

6·25 전쟁을 겪은 이 나라는 많은 미망인과 윤락여성을 속출하게 했다. 1959년 6월 말 집계에 의하면 전국 미망인 수는 505,296명에 달했으며 그 중 군인관계 미망인 수가 48,418명, 경찰관계 미망인 수가 11,769명, 납치인사 미망인을 포함한 기타 미망인이 445,119명이었으며, 윤락여성의 통계는 기생 705명, 작부 3,370명, 여급 2,284명, 댄서 1,112명, 하녀 1,869명, 위안부 2,985명, 미군과 동거녀 3,016명 도합 15,341명인데 여기에 등록되지 않은 수도 수만이 넘는다고 한다. 이들은 빈한한 생활의 수단으로 할 수 없이 몸을 파는 직업으로 나선 사람들이 대부분이다. 그러나 한편 해방이 가져다 준 자유민주주의를 잘못 이해하고 방종과 허영에 들뜬 유한층은 다방 댄스홀을 전전하며 시대의 첨단을 걷고 있었다. 그 예로 전직차관의 부인이 댄스로 바람이난 사건과 댄스홀을 무대로 약 14개월 동안에 여대생을 포함한 70여 명의 부녀를 농락한 박인수 사건 등을 들 수 있다. 그러나 사유딩 징부는 이들에 대한 근본대책

도 수립하지 못했고 가끔 비밀댄스홀 등을 급습하는 고식적인 단속이 고작이었다. 그리고 전기한 미망인이나 윤락여성보호시설이라고는 모자원 62개소, 자매원 4개소 등 전국에 겨우 공사립으로 총수용인원 만여 명밖에 안되는 66개의 시설밖에 없었으니 요구호자 미망인만 해도 25만 명이 넘는 현실을 타개할 계획도 없었다.

3. 사설계 파동

6·25 전쟁 후 경제가 거의 파탄상태에 있었으니 자유당 정부나 일반금융기관에서도 서민층의 자금융통에 도움을 주지 못하고 있어 자연발생적으로 사설금융형태로 계가 성행하였고 이 사설계私設契는 영세사업자금을 조달 내지는 적은 목돈을 마련하려는 방법으로 등장을 했다가 광범위하게 성행을 하여 한때 금융계를 지배하고 국가재정에까지도 영향을 미치게 되었지만 자유당정부는 속수무책으로 방관만 하고 있었다. 그러나 이러한 계의 성행은 일반구매력과 도매물가를 하락시켰고, 여기에 정부의 긴축재정과 환율문제 등으로 경제가 더욱 어려워지자 계원들의 월불입금연체현상이 일어나 종국에 계가 도중에 깨져 피해를 보는 사람이 속출하게 되었다. 즉 대표적인 중심계가 무너지면 이로 인해서 연쇄반응으로 수십 개의 중소계가 파탄되어 계주와 계원간에 소송사태까지 일어나 서민층의 금융에 큰 파란을 일으켰다. 1954년 12월 25일 현재로 이 계로 인한 고소사건이 3,406건, 피해인원은 1,719명, 계주에 의한 피해액이 2억9,296만 환에 달했다. 대표적인 실례를 들면 군산의 김금순 사건(137만환, 47만 환 편취), 서울 선데이다방 마담 황일수 사건(1,400만 환 약정금불입 불이행), 영등포 김재원 사건(계금 100만 환 사기), 대구 동신교 히장로 ㄴ정암 사건(계금 9천여백만 환 편취 일본으로 도망), 포항시 유분사건(계금 1천만 환 편취 도망) 등 헤아릴 수 없지만 그 중 1953년 말부터 1954년에 걸쳐 전국에 파문을 일으켰던 광주계 소동은 국회에까지 비화되어 사회에 커다란 충격을 주기도 했다. 즉 광주시는 무려 1,700종에서 2,000종에 달하는 계의 계약총액은 4억 환에 달했으며 계에 가입한 부녀자 수는 5천 명이 넘었다고 한다. 시중에 돈이 귀해지자 계원들이 계금을 물지 못하게 되어 하나의 계가 깨어지면 100사람이 망하게 되어 계가 가속적으로 무너지게 되어 계금을 못내서 피신하는자가 많아지고 채권자와 채무자 간에는 소송이 끊길 줄을 몰랐다. 경찰국은 무진령無盡令위반 및 긴급통화조치령 위반 등으로 연일 10여 명씩 호출하여 심문을 하는가 하면 광주시는 온통 고소사건으로 자살과 이혼 등 가정파탄이 속출하게 되었다.

4. 원호사업의 공전

　　원호사업은 일반원호사업과 군경원호사업이 있는데 일반원호사업은 65세 이상의 노약자, 13세미만의 유아를 가진 모, 불구폐질자 등 타의 보조없이는 생활을 유지할 수 없는 자 또는 천재지변으로 인하여 일시적 긴급구호를 요하는 자 등에게 구호를 실시하는 것이다. 그러나 자유당정부는 이들에 대한 항구적인 구호방침을 세우지 못했고 다만 그때그때 긴급구호에만 그쳤던 것이다. 말로는 육아시설, 양노원시설, 모자원시설, 불구자시설 등의 후생시설과 나병요양소, 결핵요양소, 구호병원 등을 벌려놓고 구호에 힘쓴다고 했으나 실제 수용능력은 10여만 명에 불과했기 때문에 요양소 같은 곳에는 관권의 배경이 있는 자만이 수용되었고 진정 구호를 받아야 할 사람들은 그대로 죽어 갔으며, 60여만 명의 전쟁고아들은 걸식을 하며 거리를 방황하다가 구두닦이나 절도 등으로 전락하여 사회악을 조성했고, 소위 사회사업자라고 하는 사람들은 고아를 미끼로 구호물자를 받아다가 횡령하여 사복을 채우기 일쑤여서 굶주린 고아들이 탈출을 하는 일이 비일비재하였다.

　　다음 군경원호사업이란 자유당 정부에서 1949년 4월과 1951년 4월에 2차에 걸쳐 제정 공포한 군경원호법에 의한 것으로 대상은 상이군경 및 전몰군경유가족이며 이 원호를 기본원호(생계부조, 직업보호, 수용보호, 연금지불 등)와 행정조치(승차, 승선, 유가족의 취학 등)로 나누어 원호하게 되어 있었다. 그리고 이러한 군경원호를 위하여 민간기관으로서 1951년 9월 1일 대한군경원호회가 조직되어 전몰장병 및 순직경찰관유족과 상이군경 기타 출정군인가족에 대한 원호를 담당하고 있었고 뒤에 유족들의 편의를 도모하기 위하여 대한군경유족회라는 것이 조직되었다. 이와 같은 군경원호법에 의하여 책정된 부조금 지급액을 다음과 같이 책정했다.

생계부조	초기 1인당 1일	5환
	후기 1인당 1일	30환
의료부조	조산부조 장의부조	
	초기 1건당	200환
	후기 1건당	2,000환 이내
생업부조	초기 1건당	400환
	후기 1건당	2,000환 이내
육영부조	후기 1건당	2,000환 이내
결혼부조	후기 1건당	8,000환 이내

그 외에도 상이군경정양원, 상이군경직업보도소, 고등기술학교 등의 설치와 전몰유가족의 직업 알선, 수산장 운영, 교육재원부담 감면조치, 정부전매품매팔우선권의 부여, 지방부역의 감면 등의 시책을 표방하였으나 이름만 화려했을 뿐 이러한 혜택을 받을 수 있는 자는 지극히 국한되어 있어 대부분의 상이용사들은 그 혜택을 받지 못하고 기차나 버스 안에서 연필이나 껌을 팔아 생계를 유지하고 있었다.

1952년 9월 26일 전몰군경유가족과 상이군경에 대한 연금법을 공포하였는데 대상인원은 1954년에 73,020이었고, 1959년에는 181,495명에 달하였다. 이들에게 지불될 매인당 지불액과 연간지불액은 다음과 같다.

매인당 지불액	1952년도	6,000환
	1953년도	12,000환
	1955년도	24,000환
지 불 총 액	1952년	209,457,000환
	1953년	1,085,697,000환
	1954년	879,240,000환
	1955년	1,752,480,000환
	1956년	3,764,691,000환

그러나 이 연금이 단한번도 제때에 지급된 일이 없었고 지급되었다 하더라도 물가지수를 따르지 못해 도저히 생활을 할 수 없었다. 1957년에는 노동능력이 전연 없는 15,000명에게 재무부로부터 자금영달이 안되었다는 이유로 아예 연금을 지급하지 안했다. 또한 약간의 노동능력이 있다고 보아지는 약 150,000만 명의 상이군경에 대한 직업보도는 겨우 8,558명에 불과했으니 나머지는 거리로 쏟아져 나올 수밖에 없었다. 군경원호회라는 것은 일반국민들로부터 회비를 거두어 유용 내지 횡령하고, 상이군경의 수중에는 겨우 2%밖에 안되었다고 한다. 또한 상이군경유족회 역시 연금 및 보조금을 부정하게 횡취당하여 유족들의 생활은 비참하기만 했다.

5. 노동문제와 노총분규

자유당 정부는 농업의 발전과 중소기업 그리고 기간산업 등을 발전시키지 못하여 국민들은 일자리를 구하지 못해 실업자는 인구의 증가와 더불어 매년 늘어나고 있었다. 1958년 부흥부가 발표한 바에 의하면 14세 이상의 노동력 총인구는 14,409,000명인데 그 중 취업인구는 9,386,000명으로 65%에 해당하며 완전실업자가 35%인 52만여 명이라고 발표하였다. 완전실업자란 총인구 수에서 학생, 연소자, 연로자, 가정주부, 농업 및 각업에 종사하는 자 등을 제외한 완전무직을 말하는 것인데 위장실업자를 이에 포함시키면 실업자 수는 100만이 넘는다고 할 수 있을 것이다.

한편 1957년 12월 현재의 서울특별시 근로자 임금실태를 보면 최고임금사무원 158,180환, 최저임금사무원 15,600환, 최고임금기능자(선원) 114.150환, 최저임금기능자(제사공) 5,543환으로 최고임금사무원과 기능공(선원)을 제외한 대다수의 노동자가 모두 월평균 15,000환에서 3만 환의 적자로 살아간다고 하니 직업을 가진 자도 어려운 생활은 마찬가지였다. 이와 같은 노동자의 권익을 옹호하기 위해 노동조합이 결성되어 있었으나 우리나라의 노동조합은 불행히도 노동자의 권익을 보호하기보다는 자유당 정치기반을 구축하는 데 도구로 활용을 하고 있었다. 우리나라 노동조합은 1946년에 조직된 대한독립노동조합총연맹이 처음이며 후에 대한노동조합총연합회로 개칭하여 대한노총이라 약칭했으며 역대위원장에는 홍윤옥을 비롯하여 조시원, 전진한 등이 역임하였고 대공투쟁에 큰 공을 세우기도 했다.

그러나 노동대중의 권익과 복리증진에 힘써야 할 대한노총이 1951년 이승만의 신당운동에 참가함으로써 노동자를 위한 독자성을 완전히 상실하고 자유당의 일선 행동부대가 되고 말았다.

노총분규는 1954년 4월 전국대회에서 정대천의 대한노동조합전국대회소집준비위원회파와 이진수의 대한노총전국대의원대회파 사이에 생긴 알력을 시초로 끊임없이 분규가 일어나고 했는데 즉 전국대회에 정부가 개입을 하여 패배한 정대천파에게 지도권을 주고 김홍주, 이준수 등을 최고위원에 당선시켰다. 또 1956년 10월 25일에 개최된 연차대회에서도 정대천, 김주홍, 이준수 등이 최고위원선거에서 패배하고 성주갑, 하광춘 등이 당선되자 자유당의 절대적인 지지를 받고 있던 정대천은 대한노총협의회를 별도로 조직하여 노총을 장악하자 손창환 보건사회부 장관이 다시 개입을 하여 동 12월 19일 대회를 재소집하게 하고 최고위원수를 늘여서 정대천파에게 다시 지도권을 갖도톡 했다. 이와 같이 노총은 정치에 개입을 하여 자유당 정부의 기간단체가 되어 당시 전국 246,049명의 조합원들은 오히려 자유당 정부의 지시에 움직이는 정치도구가 되고 말았다.

6. 불교계의 분쟁

불교분쟁은 1954년 5월 23일 당시 이승만 대통령이 "대처승은 사찰에서 물러가고 독신 승만이 절을 지키라"는 불교정화에 대한 담화를 발표한 데서부터 시작되었다. 이와 같은 담화가 발표된 후 불교 내에서는 속칭 총무원總務院파와 선학원禪學院파로 갈라져 각각 상대파를 부인 비판하면서 교단과 사찰정화문제로 분규가 심화되고 있었다. 이때에 동 6월 16일 이승만 대통령은 "대처승帶妻僧은 사사私事관계를 희생하고 대의를 생각해서 물러가라"는 담화를 다시 발표하여 불교정화에 강한 정책을 시사함으로써 이에 힘을 얻은 비구승 963명은 동 8월 2일부터 5일까지 조계사에서 전국승려대회를 개최하고 전에 대처승이 구성한 종정 및 일체의 총무원 간부를 해임하고 조직을 해체할 것을 결의하고 신간부와 628명의 주지스님까지 임명하였는데 그 명단은 다음과 같다.

종　　정	하동산					
총무원장	이청담					
총무부장	고경덕	**정무부장**	김상호	**재무부장**	박기종	**감찰원장** 정금조

이와 같이 정부의 불교정화정책에 따라 대처승들은 한때 집단이혼사태를 빚어내 사회의 관심거리가 되기도 했다. 그러나 대처승의 고위층에서는 여전히 태고사(조계종)를 점거하고 내놓지 않고 있자 동년 11월 4일 이승만 대통령은 또 대처승 퇴거담화를 발표하였다. 이에 힘을 얻은 비구승측이 대고사에 들어가 비구比丘, 대처帶妻가 같이 동거를 하면서 동 10일에는 태고사를 조계사로, 조계종총무원을 한국불교조계종중앙총무원으로 개칭하고 종정 하동산과 총무원장 이청담은 대처승제 폐지를 선언하였다.

이와 같이 비구, 대처가 같이 사찰을 점거하고 위기를 조성하고 있던 차 대처승 종정 송만암측에서 먼저 폭력을 행사하여 비구승을 몰아내니 사상 처음 불제자들은 폭력에 의한 종파싸움이 벌어지게 되었는데 동 11월 25일에는 비구 측에서 총무원을 습격 폭력으로 난투극을 벌임으로써 1955년 1월 21일 서울지방검찰청에는 주거침입죄로, 서울지방법원에는 사찰용도소송 제기 등 드디어 승단의 분쟁은 법원으로까지 파급되게 되었다.

한편 수적으로 우세한 대처승 측이 범어사, 도이사, 통도사를 점령하니 이에 분개한 비구승에서는 동 5월 16일 비구승 258명이 집단적으로 단식투쟁에 들어가자 300여 명의 대처승들이 또 집단적으로 이를 습격하여 32명의 부상자가 발생하는 사건이 일어나기도 했다. 이러한 불교분쟁은 국회로까지 비화가 되어 문교부와 내무부에 대해 신앙과 종교의 간섭은 헌법에 위배되는 사안이므로 간섭을 하지 말라는 결의문을 채택했다. 그러나 이승만 대통령은 동 6월 16일 다시 "대처승은 물러나라"는 담화를 발표했다. 이리하여 이선근 내무부 장관은 내무부와 법무부의 관계관회의를 열고 대처승을 부인하는 행정처분을 내렸고, 문교부는 동 7월 13일 비구승대표와 대처승대표 각 55명을 불러 타협을 종용했다. 그러나 대처승 측이 회의를 거부하고 퇴장함으로써 자연히 비구측이 전권을 잡고 조계사에서 당국의 입회 하에 전국승려대회를 개최하였는데 여기서 종정에 설석우, 총무원장에 이청담 등 역원을 다시 선출하여 불교의 종통을 비구승 측이 장악을 했다. 그러나 대처승 측에서는 이를 불복하고 서울지방법원에 소송을 제기하여 1956년 6월 25일 승소를 하였다. 이에 비구승이 고등법원에 상소를 해서 1959년 5월에 승소를 하니 대처승 측에서 다시 대법원에 항소한 채 4 · 19 혁명을 맞게 되었다.

7. 유도회 분쟁

자유당은 1956년 5월 15일 정 · 부통령 선거에 전국 70만의 회원을 가진 유도회儒道會를 선거전에 끌어들일 계획으로 김창숙 유도회장을 사주했으나 그는 일언지하에 이를 거절하고 향리인 성주로 은거하고 말았다. 그러나 자유당은 유도회상임위원인 이성주, 이명세를 사주하여 유도회선거추진위원회라는 간판을 걸고 본격적인 자유당의 선거운동을 했고 그리고 선거가 끝나자 이들은 유도회를 본격적으로 개편하기 시작했는데 그 첫째로 아무 죄도 없는 김창숙 유도회장을 혐의를 씌워 고발함으로써 사회 이목을 갖게 하여 결국 성균관대학총장직에서 물러나게 하였다. 또한 1956년 12월 14일 신청자의 명의만 다르고 내용이 똑같은 유도회전국대회 집회허가신청서가 당국에 접수되었다. 당국은 일시 장소가 똑같다는 이유로 쌍방 모두 허가를 하지 않았다. 그러자 이성주파는 농업은행 회의실로 장소를 변경하여 일방적으로 회의를 개최하였는데 이것이 세칭 농은파로서 자유당의 유도회 분열공작이 성공한 셈이 되었다. 한편 김창숙 측의 정통파는 집회신청이 거부된 그 다음날 성균관 명륜당에서 동대문경찰서 형사 수명이 감시하는 가운데 전국대회를 개최하고 농은파와 수습을 위한 9명을 선임하여 유도회수습대책위원회를 구성하였다. 그러나 농은파는 타협의 기색은 없고 오히려 동 12월 17일 자유당국회의원인 김상도, 송경섭이 유도회사무실에 난입하여 횡포를 부려 대립이 벌어졌다. 이성주는 이 일을 가지고 1957년 1월 7일 정통파 상임위원 등 16명을 동대문서에 고발을 하여 동 13일에는 10여 명의 경찰관들이 성균관을 포위하여 사무실 직원을 모두 연행한 틈을 타서 농은파에서는 아무 저항도 받지 않고 유도회사무실을 점거해 버렸다.

　이와 같이 농은파는 경찰과 합작으로 사무실을 점거하고 임의대로 위원장에 이기원, 부위원장에 김상도를 선출하고 또 소위 중앙위원회는 의장에 이성주, 부의장엔 김노동을 선출공표하였다. 그러자 정통파 측은 서울지방법원에 농은파를 고소하여 동 5월 17일 승소판결과 함께 가처분결정이 내려졌으나 갖은 구실을 달아 정통파회장인 김창숙을 몰아내고 농은파 마음대로 임원을 개선해 버렸는데 그후 향리에 은거하고 있던 김창숙은 법에 이를 호소하여 두 차례나 승소를 하였으나 그들 뒤에 버티고 있는 자유당의 비호로 끝내 유도회는 자유당의 기간단체가 되고 말았다.

8. 반공청년단의 출현

　우리나라에는 해방과 더불어 반공이란 이름으로 무수한 청년단체가 생겨났다. 즉 대한청년단, 민족청년단, 서북청년단, 반탁학생연맹 등 이루 헤아릴 수 없이 많았으나 나름대로 사회여론을 이끌어 반공투쟁을 해왔고 민족의 중흥을 위하여 계몽사업과 사회여론선도에도 앞장을 서왔었다. 그러나 자유당의 영구집권을 위해서는 독자적이며 애국적인 이들의 운동이 걸림돌이 될 수도 있다고 판단한 이승만 대통령은 1953년 5월 20일 청년단체를 일체 해산하고 말았다. 이때부터 자유당은 그들의 부정과 부패를 은폐하는 데 필요한 세력만이 필요성을 느꼈던 것이다. 그래서 소위 백골단, 땃벌레, 민중자주연맹 등 이름으로 깡패집단이 자유당정권을 위한 하수인으로서 신문사, 야당강연장에 나타나고 때로는 관제데모의 선봉이 되어 정체불명의 폭력을 행사했던 것이다. 이들 깡패집난늘은 자유당이 정치적으로 필요할 때만 나타나는 것이었기 때문에 자유당으로서는 공공연한 합법적인 단체가 필요하게 되었던 것이다. 이리하여 반공이란 미명을 붙여 3·15 부정선거를 앞두고 1959년 1월 22일에 일선행동단체로서 반공청년단을 조직하였던 것이다.

　이 반공청년단체의 모체는 소위 자유당 기간단체였던 국민회청년건설대로서 초대단장에 전국방부장관 김용우였다. 그는 이 단체를 진정한 반공단체로 육성해 보려고 노력하다가 자유당과의 알력으로 곧 물러났고 동 8월 23일 그 후임으로 일본 강도관 출신 유도 5단이며 대구출신 민의원인 신도환을 임명했다. 신도환은 이승만 대통령을 반공청년단 총재로, 부총재에는 이기붕 부통령을 모시고 1960년에 있을 정·부통령선거의 전위행동대로서 만반의 준비를 시작했다. 그는 우선 경찰의 협조를 얻어 모든 대한민국청년들을 강제로 입단을 시켜 단원이 200만이 넘는 거대한 단체로 조직을 확대했다. 이들의 표면적 지도이념은 이승만의 반공통일정신을 받든다고 하면서 내면적으로는 정·부통령 선거의 행동대로서의 훈련을 쌓게 했다. 그리고 그들은 경찰에서 압수한 부정차량에다가 치안국의 수사차량번호판을 달고, 국방부 장관의 승인 하에 군용지프차까지 동원하여 기동력을 갖추었으며, 그 운영비는 표면적으로는 독지가의 찬조와 단원의 회비로 충당한다고 해놓고 실은 자유당의 부정선거자금으로 운영되고 있었던 것이다. 그리고 동 단체의 조직은 총무처, 조직처, 특수정보처, 학술처, 사정처 등이 있었는데 이 중 특수정보처는 선거관계, 사정처는 감찰관계로서 여기에는 악명높은 깡패들로 구성되어 있었다. 바로 이 깡패조직이 3·15부정선거에서 악역을 맡아 주도적인 부정선거를 자행했던 것이다

Ⅲ. 경제 _

1. 농촌경제

당시 우리나라 산업의 기간은 농업에 있었기 때문에 반봉건적 토지소유제도를 폐기하고 영농기술향상을 통한 농촌경제의 부흥을 위하여 1950년 3월 10일 농지개혁법을 통과시켜 동 3월 25일부터 지주들의 맹렬한 반대를 무릅쓰고 토지개혁을 단행했다. 즉 당시의 분배농지 답畓 352,409 정보町步를 1,549,532호戶의 소작농과 소작농 겸 자작농 및 기타 영세농가에 분배하고 이에 대한 투지대가는 해당농지의 1년 생산고(평년작)의 15%로 하되 연 3%씩 5년간에 걸쳐 연부상환키로 하여 1954년 3월까지는 완납이 되었어야 했음에도 상환은 끝나지 않았고 분배농지의 암매매 등으로 소작농이 다시 성행하게 되어 토지개혁의 성과를 거두지 못했다. 또한 농민에 부과되는 각종 과다한 세금과 농업생산품과 도시생산필수품의 가격비율 등 빈농과 부농의 차가 더욱 심해졌으며, 1951년 6 · 25 전쟁 중에 고갈된 국가재정을 보충하기 위해 임시토지수득세법을 제정 시행함으로써 농촌경제는 더욱 어려웠던 것이다.

이리하여 1954년 9월에 동법을 완화하여 개정했는데 주요내용을 보면 다음과 같다.

【일반농지】		
	1951년	1954년
5석(石) 이하	100분의 8	100분의 8
5석(石) 이상	100분의 14	100분의 11
10석(石) 이상	100분의 20	100분의 14
20석(石) 이상	100분의 25	100분의 17
30석(石) 이상	100분의 26	100분의 21
50석(石) 이상	100분의 28	100분의 25

【분배농지 및 귀속농지】		
	1951년	1954년
5석(石) 이하	100분의 5	100분의 5
5석(石) 이상	100분의 11	100분의 10
10석(石) 이상	100분의 17	100분의 13
30석(石) 이상	100분의 21	100분의 16
40석(石) 이상	100분의 23	100분의 20
50석(石) 이상	100분의 24	100분의 24

위에서 본 바와 같이 1957년까지 농가에서 거두어들인 토지수득세는 국가 조세수입의 20% 이상을 차지했으니 농가의 조세부담이 얼마나 과중했는지 알 수가 있다. 한편 분배농지의 상환대금이 부진함으로 해서 지가증권대금지불이 어렵게 되어 국가재정이 압박을 당하게 되었으니 당초 목적인 지주자본의 산업자본화도 어렵게 되었을 뿐만 아니라 동란의 혼란을 틈타 정상배들은 자유당 정부와 결탁하여 신흥재벌을 형성하여 중소기업은 더욱 위축되었고 급등한 인플레이션으로 농민들은 빈곤과 기아에서 헤매고 있었다. 1955년 9월을 기준한 물가기준을 보면 1960년의 곡물가격은 약 5%가 하락을 했는 데 비하여 제조공업품은 65%가 상승을 했으니 농민의 부채증가로 도시와 농촌의 빈부격차는 더욱 심해지기만 했다. 당시 농민의 부채현황을 보면,

농업인구 1호당		
평 균 수 입	428,500환	
지 출	농업비	122,400환
	조세공과금	17,400환
	가계	453,500환
	적자	-164,800환

겸업 및 부업 1호당	
농업외수입	142,300환
농업외지출	12,300환
흑 자	130,000환

이것을 농업인구 1호당 평균 수입의 적자 164,800환을 농업외수입의 흑자 130,000환으로 보충한다고 해도 연간 순적자는 34,800환이 된다. 따라서 대부분의 영세농가는 자가식량도 부족한 상태였으며 1955년의 전국 절량농가수는 514,045호로 전체농가호수 2,233,562호의 약 40%에 해당하였다.

농가수지의 이와 같은 불균형으로 마침내 농민들은 현물고리채現物高利債를 얻어 쓸 수밖에 없었고 빚 독촉에 못이겨 입도선매立稻先賣까지 하게 되어 그야말로 농촌경제는 파탄에 이르게 되었는데 이를 틈타 일부 악질상공업자들은 음성적으로 토지매점행위를 하여 소위 부재지주不在地主계급이 생겨났고 부채로 토지를 잃은 농민은 다시 이들의 소작인이 될 수밖에 없었던 것이다.

2. 물가안정책의 실패

일제로부터 해방이 된 우리나라는 혼란한 치안유지비로 많은 예산을 소모하게 되었고 모든 생산공장이 휴업상태인데다 6·25 전쟁을 겪으면서 막대한 인적, 물적 피해를 겪게 되어 모든 경제질서가 파괴되어 국민경제가 파멸의 위기에 처하게 되었다. 그리하여 1945년 해방 당시 통화발행고는 불과 8,800만 환이던 것이 6·25 전쟁이 일어나기 직전인 1949년에는 7억5천만 환에 달했고 1953년 통화개혁 직전에는 무려 1조 1,367억 환이란 천문학적인 숫자로 증가했던 것이다. 그리고 물가는 통화증발률보다도 더 빠르게 올라 1952년 2월부터는 불과 2주 동안에 11%가 올랐으니 이러한 악성 인플레이션은 악덕상인들의 매점매석행위로 이어져 걷잡을 수 없는 경제적인 사회혼란이 일어나고 있었다.

그리하여 자유당 정부는 1953년 2월 15일 0시를 기해 대통령긴급명령 13호로 긴급통화조치(화폐개혁)를 선포하였던 것이다(국회 사후승인). 이 화폐개혁의 내용은 현재 사용하고 있는 원화를 폐지하고 신통화로 환화를 발행하는 동시에 신구화폐의 교환율을 100 대 1로 하고 17일부터 25일까지를 교환기한으로 하였으며 그 동인의 생활비도 가속 1인당 500환(구화 50,000원)을 지불하고 잔여는 전부 예금하도록 하여 이를 20일 이후의 신조치로 정부안을 작성하여 국회에 제출하기로 하였다. 1953년 2월 15일이 한국 음력 설날이었다. 전국 시장이 모두 철시를 했고 시중에 쌀이 자취를 감추어 쌀 한가마에 무려 450만 원을 주어도 살 수 없을 만큼 시장의 모든 경제행위가 중지되어 버렸다. 동 26일 국회는 이번 통화조치에 있어 구권예입분에 대한 정부의 체감률에 의한 지불제한이 너무 가혹하다는 이유로 이를 대폭 완화하여 당초 정부가 예상했던 30억 환의 통화량감축은 실패하고 실지 수축된 통화는 멸실권滅失券 3억 200만 환을 합하여 16억4,100만 환에 불과했다.

인플레이션을 억제하기 위해 단행한 통화개혁으로 누적되었던 UN군 대여금 중 8,580만 불을 상환했고, 체납세금과 금융기관의 연체대금이 약간 회수되었고 거래단위의 축소로 인한 경제활동과 국민생활상의 불편을 제거했다는 것 외에 인프레의 악화가 가져온 편재구매력偏在購買力의 흡수란 새로운 환경제질서의 기반을 수립하는 데는 실패하였다. 당시 외국신문에도 "동그라미가 2개 떨어져 나가 계산하기가 편리하게 되었다"는 정도로밖에 평가를 하지 않았다. 긴급통화조치 이후 6개월이 못되어 물가는 다시 급속도로 앙등하기 시작했고 이를 억제하기 위해 정부는 1년 동안에 약 1억 불의 정부보유불을 방출하였으나 정부는 계속적으로 통화의 증발을 불가피하게 되어 긴급통화조치 당시의 통화발행고가 113억 환이었는데 겨우 1년도 못되어 배가 넘는 227억환으로 증가했고, 1958년의 통화량은 214배로 팽창했고, 통화발행고는 200배, 서울의 도매물가는 126배로 등귀했다.

3. 금융계의 부정과 신흥재벌

일제 치하로부터 해방된 우리나라는 민족자본에 의한 재벌이 없고 대개 군정시대에 일제가 남기고 간 귀속재산의 점유 및 6·25 전쟁을 계기로 자유당 정부와 정치적 결탁으로 생장되었다고 보아도 과언이 아니다. 즉 당시 신흥재벌들은 자유당정부에서 불하한 귀속재산의 특혜, 6·25 전쟁 후 복구를 위해 외원外援으로 들여온 자재 특혜, 신설기업시설도입을 위한 우선적 외화배정 등 특혜를 받아 기업을 독점하게 되었던 것이다. 특히 금융부정대부 및 귀속체歸屬體, 귀속은행주 불하 등 그들 신흥재벌을 이룰 수 있었던 몇 가지 요소를 살펴보기로 한다.

부정대부의 예를 보면 대신무역공사 김성기는 1955년 4월부터 5월 말까지 화폐개혁 직후인데도 불구하고 백두진 국무총리 겸 재무부 장관과 김유택 한국은행총재, 임송본 식산은행두취 등과 짜고 1,800만 환을 부정대출 받았다. 표면상으로는 광산개발자금으로 나갔지만 그실은 자유당의 관제민의를 동원하는 데와 폭력단으로 하여금 국회를 압박했던 소위 민중자결단의 운영자금으로 사용했다. 또 1953년 7월 7일자 채남식은 식산은행에서 1,670만 환을 무담보로 대출을 받아 한미호텔을 사서 후에 그 호텔을 담보로 제공하도록 하여 자기돈 한 푼도 없이 호텔 주인이 되기도 했으며, 또한 소위 "땃벌떼"의 책임자인 화생산업주식회사 윤광빈은 1953년 5월의 정치파동때 전후 6차에 걸쳐 3,250만 환을 무담보로 부정대출을 받아 자유당 정부에 기식한 신흥재벌이 되었는데 이와 같은 부정대출은 한국은행만도 1953년 6월 말 현재 62,146건으로 금액은 3,315,410,174환에 달했고 이 금액은 당시 통화량의 9.7%에 해당하는 것이었다.

해방 후 국가귀속기업체를 민영화하기 위하여 1949년 10월 27일 귀속재산처리법을 공포하고 이에 의거 국내 16개 중요귀속기업체를 불하하게 되었는데, 예를 들면 당시 고려방직은 연대延大재단에서 임대계약으로 운영을 하고 있었는데 관재청이 중간에 들어 연대와의 임대계약을 일방적으로 취소시키고 백락승과 수의계약을 해줌으로써 오늘날의 태창방직을 이루게 된 것이다. 또한 대구의 조선방직공장은 2,788종의 정방기와 500대의 방직기를 가진 거대한 방직으로 당시 싯가 20억 환을 평가하던 것을 단돈 8억 환에 설경동과 수의계약을 해서 불하를 해주고 선거자금재원을 조성했던 것이다.

1948년 5월 5일 민주주의 자유경제체제를 지향하기 위한 은행법을 제정 공포하기는 했으나 자유당 정부의 금융권실권 장악문제로 은행법실시가 지연되어 해방 초기 각 은행에 약 70%를 차지하고 있는 귀속주를 불하하지 못하고 있다가 1955년 7월 24일 이중재 재무부 장관을 중심으로 은행귀속주불하추진위원회를 조직하고 동 11월 9일에 일반공매에 의한 분산불하원칙을 공표하였다. 이후 7회에 걸쳐 은행귀속주와 금융기관상호주의 공매입찰을 실시한 결과 자유당 정부의 의도와는 전연 다른 기업들에게 낙찰이 되었던 것이다.

조흥은행귀속주	민덕기 조선맥주	흥업은행귀속주	이병철 삼성물산
상업은행귀속주	진영수 합동증권	저축은행귀속주	윤석준 조선제분

그리하여 자유당 정부는 이들에게 재력부족 등 갖은 이유를 들어 낙찰포기를 종용하여 결국 자유당의 정치자금조달자인 설경동과 정재호에게 불하를 해주고 말았다. 이와 같이 자유당과 결탁하여 은행부정대출, 귀속업체부정불하, 은행주부정불하 등으로 치부한 신흥재벌들은 자유당정부에 예속하여 정치자금의 조달원이 되었던 것이다.

4. 외원外援의 악용

우리 한국은 일제 36년 동안 일본으로부터 모든 것을 수탈당했고, 해방을 맞은 지 얼마 안되어 북괴의 6·25 전쟁으로 인하여 국가경제가 파탄에 이르러 우방국으로부터 많은 경제원조를 받았는데 이러한 원조는 주로 점령지역 행정구호계획에 의한 순구호자금과 미국의 군사 및 경제원조 ECA, 한국전재민구호 CRIK, 휴전 후 미국의 MSA법에 의한 전재복구 및 경제부흥비 FOA, ICA와 미국공법 제480호에 의한 잉여농산물 등에 의한 원호로서 미국에 의하여 제공된 것이 총원조의 80%를 차지했다.

그 원조액을 연도별로 보면 다음과 같다.

1945년	$ 4,943,000.	1946년	$ 49,496,000.	1947년	$ 199,899,000.
1948년	$ 197,592,000.	1949년	$ 116,399,000.	1950년	$ 54,231,000.
1951년	$ 129,486,000.	1952년	$ 159,612,000.	1953년	$ 193,459,000.
1954년	$ 147,252,000.	1955년	$ 243,931,000.	1956년	$ 335,814,000.
1957년	$ 373,995,000.	1958년	$ 265,000,000.	1959년	$ 210,000,000.
1960년	$ 180,000,000.				

위에서 보는 바와 같이 이승만 자유당 정부는 조국해방 이후 1960년까지 무려 2,743,090,000불이란 천문학적인 원조를 받았다. 그러나 이와 같은 엄청난 외국원조를 받았음에도 한국의 국민생활은 나아지기는커녕 더욱 빈궁해졌으니 당시 미국정부가 작성한 부흥백서에 한국 국민생산고의 추이推移를 보면 다음과 같다.

1953년도	4,820억 환	1954년도	5,290억 환	1955년도	5,633억 환
1956년도	5,774억 환	1957년도	6,490억 환		

이상의 국민생산고의 추이를 1인당 평균 생산액으로 환산하여 보면 1953년에는 23,100환, 1954년에는 25,000환, 1955년에는 26,200환, 1957년에는 29,200환으로 증가하였다고 하지만 1957년까지의 외국원조액은 2,353,090,000불에 달하며 이를 시중환율인 1,000 대 1로 환산하면 2,353,090,000,000환에 달하며, 공정환율로 계산한다고 하더라도 1,176,545,000,000환이 된다. 이를 당시의 인구 22,220,000명으로 나누면 적어도 1인당 최고 94,000환에서 최하 47,000환이 되는데 29,500환밖에 되지 않는다고 하는 것은 당시 자유당 정부가 얼마나 외국원조자금 사용에 부정이 있었는가를 알 수 있다. 자유당 정부는 자금사정으로 시설투자를 적절히 못했고 사업자의 재력과 사업경험 부족 그리고 대출자금방출의 일반적인 지연 등을 이유로 변명을 하고 있었지만, 그 실은 중요시설업자는 외국상사와 결탁하여 시설자재 도입비를 횡류했고, 자기자본도 없는 업자가 정치적 배경으로 원조금을 얻어 겨우 자재만 도입해 놓고 시설자금이 없어 공사를 못하고 부두에 그대로 방치하는 등 완공을 한 공장이 거의 하나도 없었으니 전후복구와 경제재건을 위해 우방국인 미국이 보내준 귀중한 원조를 부정으로 낭비를 했던 것이다.

1957년 7월 23일 조셉 켑벨 미국심계원장이 미국 하원에서 보고한 한국에서의 ICA 원조사업에 대한 감사보고서를 보면 "원조계획이 행정상의 최대효율을 구사하지 못했다"고 전제하고 "국영기업체의 국내경제지배와 합법적 신용기관의 결핍은 개인투자를 저하시켜 필수 산업발전에 치명적 장애가 되었다"고 극렬히 비난을 하였으며 비현실적이고 저율인 500 대 1 의 환율과 한국정부의 비협조적 태도를 지적했는가 하면, 또한 「콘론」 보고서에도 "1953년 이 래 대한외원은 17억불로서 압도적으로 대부분은 미국에서 했다. 이 원조금액이 본래 목적한 대로 능률적으로 사용되지 않았으며 그 사용에 관련되어 미국의 이익과 목적이 충분히 설명 되고 수호되지 못했고 미국의 원조가 많은 한국인의 백만장자를 만들어 냈으며 극히 많은 수 의 부패행위를 조장해 왔다는 비난이 많다"고 논평을 했었다.

_ IV. 문화

1. 한글간소화 시비(문화파동)

소위 문화파동이라고 일컬어진 이 한글파동의 발단은 1953년 4월 27일 국무총리훈령 제8호로 "우리 한글은 쌍자법이 복잡 불편하니 교과서 타이프라이터에 관하여는 준비상의 관계로 다소 지연되더라도 정부용 문서에는 즉시 간이한글쌍자법을 사용하도록 훈령함" 이라는 훈령이 발표되자 문화계와 교육계에서 즉시 반대를 하고 나왔고 국회에서는 김봉재 의원 등 97명이 교육용어에 대한 법률안을 제출하여 무리가 일어나게 되었는데 문교부에서도 때를 같이 하여 국어심의위원회를 만들어 한글문제에 대하여 심의를 한 결과 현행 한글맞춤법은 이상 더 간이할 수 없고 만일 더 나아간다면 한글을 풀어 가로로 쓰는 수밖에 없다" 라고 결론을 내렸다.

이에 대하여 농 10월 9일 한글날 기념식에서 이승만 대통령이 "한문을 폐지하고 한글을 전용하되 현행 쌍자법은 복잡하니 옛날 쌍자법을 사용하라" 는 담화를 발표함으로써 이에 따라 동 12월 21일 최현배 문교부 편수국장이 사임을 했고, 1954년 2월 9일에는 김법린 문교부 장관이 사임을 하였다. 이어서 1954년 3월 17일 이승만 대통령은 "3개월 이내에 현행 맞춤법을 버리고 구한국말엽의 성경책에 쓰인 맞춤법으로 돌아가라" 라고 다시 성명을 발표하자 이에 대하여 동 4월 18일 한글학회는 "단순한 권력에 의한 문자혁명은 천만부당하다" 라고 성명을 발표했으며, 또 동 4월 25일에는 전국문화단체총연합회에서 현행 맞춤법의 보편화된 정당한 원칙을 근저로부터 파괴하고 무법 무체계하며 자연 그대로 방치된 불통일의 쌍자법이며 낡은 시대언어표기법인 구성경 쌍자법의 혼란 속으로 다시 들어가는 것을 반대한다”는 요지의 성명을 발표함으로써 정면으로 반대하고 나왔다. 이와 같은 반대여론 속에 동 4월 22일 이선근이 70여 일이나 자리를 비웠던 문교부 장관으로 취임을 하여 동 7월 3일 한글간소화안을 발표했는데 그 내용은 다음과 같다.

1. 받침은 끝소리로 발음되는 것에 한하여 사용한다. 따라서 종래 사용하던 받침 가운데 ㄱ, ㄴ, ㄷ, ㄹ, ㅁ, ㅂ, ㅅ, ㅇ, ㅈ, ㄺ, ㄻ, ㄼ 등 10개만을 허용한다. 다만 받침으로 사용될 때의 ㅅ의 음가音價는 ㄷ의 음가音價를 가지는 것으로 하고 ㄷ은 받침으로는 쓰지 아니한다.
2. 명사는 어간語幹이 다른 말과 어울려서 딴 독립된 말이 되거나 뜻이 변할 때에 원사原詞 또는 어원語源을 밝혀 적지 아니한다.
3. 종래 인정되어 쓰이던 표준말 가운데 이미 쓰이지 않거나 또는 말이 바뀌어질 것은 그 변천된 대로 적는다.

위와 같이 간소안이 발표되자 동 7월 7일 한글학회에서는 “불합리, 무조리하여 도저히 문명국민의 현대적 글 노릇을 할 수 없음”을 지적하였고, 한글 연구가인 미국의 사무엘 마틴 교수까지도 문교부 장관에게 서한을 보내어 “만일에 이 새로운 쌍자법이 실행된다고 하면 한국은 언어의 후퇴를 초래한 유일한 국가로서 세계교육계에 조롱의 대상이 될 것이다”라고 안타까워 했다. 또한 국회에서도 동 7월 11일부터 공청회를 열고 학계의 의견을 물었으나 13명 중 정경해, 서상덕을 제외하고는 모두 반대를 했다.

사실 문교부 간소안은 문자조직에 있어서 일정한 원리가 없어서 학술적인 문자가 될 수 없었고, 표음인 동시에 표의表意여야 하며 청각적이어야 할 문자의 생명을 잃게 된 것이며 또한 수백만의 아동이 배워온 쌍자법을 다시 교육해야 하며 막대한 예산을 들여 이룩한 문맹퇴치는 허사로 돌아가야 하고 특히 교과서와 출판물의 활자를 고치려면 천문학적인 경비가 소요되는 등 많은 문제점을 안고 있었다.

이러함에도 불구하고 이선근 문교부 장관은 동 7월 13일 국회에 나와 이를 반대하는 의원들을 향해 요즘 이북방송에서 비난하는 말과 같다느니 과거에 김두봉 일파가 조작한 지나치게 복잡한 한글을 강요하던 북한공산도배는 이제와서 이극로일파를 동원하여 파괴적인 문화공세를 전개하고 그 계기를 이 한글간소화 반대에 보촉하고 있는 것이라고 비난하면서 공산당과 결부시켜 이승만의 독선을 합리화하기에 바빴다. 그리고 이선근 문교부 장관은 각 교육기관에 일체 반대발언을 못하도록 함구령을 내리고 동 7월 20일에는 한글쌍자법심의회를 설치하고 쌍자법 보급강습비로 2,430,000환을 지불하기로 하였으며, 또 동 8월 1일에는 정경해, 박정서, 김노산, 최경현, 장봉선, 양제칠 등 한글과는 전연 인연이 먼 사람들로 하여금 대한어문연구회 라는 단체를 만들게 하여 간소화안의 합리화를 도모하였으나 장봉선 등의 "한글간소화에 대한 그들의 태도와 학문의 이념이 전연 배치된다"는 성명과 함께 탈퇴소송이 일어나 발족한 지 며칠 안 되어 해산되고 말았다. 이 무렵 자유당은 4사5입개헌, 불온문서투입사건, 5·15 선거 등으로 정치파란을 겪은 후 1955년 9월 19일 급기야 이승만 대통령이 한글간소화 문제는 "국민들이 원하는 대로 하겠다"는 담화를 발표함으로써 수난을 면하게 되었다.

2. 자유당의 언론탄압

이승만 자유당 정부는 겉으로는 언론의 자유를 부르짖었지만 실은 대공사찰이 무색할 정도로 언론사찰이 심했다. 협상선거법에 언론조항을 삽입했고 국가보안법을 남용하여 언론을 규제했고, 불리한 기사가 나면 테러단까지 동원하여 기자를 구타하거나 신문을 도중에 탈취시키는 일이 비일비재하였으니 한국의 언론사상 가장 큰 사건이었던 대구매일신문 테러사건과 경향신문 폐·정간사건을 예로 자유당정부의 언론탄압상을 살펴보기로 한다.

1) 대구매일신문 테러사건

대구매일신문은 1946년 남선경제신문으로 창간되어 6·25 전쟁 중 시사지인 대구매일신문으로 개칭되었고, 이후 천주교대구교구에서 인수하여 경영하고 있는 영남지방의 유일한 야당지였다. 그런데 1955년 9월 14일 국민회 경상북도지부 총무차장 김민과 자유당 경북도당 감찰부장 홍영섭이 지휘한 폭한들에 의해 테러를 당했다. 이 사건의 직접적인 원인은 동신문 9월 13일자 사설에 "학도를 정치도구로 이용하지 말라"라는 당시 주필(최석채)의 사설 때문에 발단이 된 것인데 그 일단을 소개하면 다음과 같다.

> 이즈음에 와서 중·고등학생의 가두행렬이 매일 다반사처럼 되어 있다. 모종 행렬만이 아니라 최근 대구시내의 예로서는 현관의 출영까지 학생들을 이용하고 도열을 지어 3~4시간이나 귀중한 공부시간을 허비시켜 가면서 잔서의 폭양 밑에 서게 한 것을 목격하였다. 그 현관顯官이 대구시민과 무슨 큰 인연이 있고 또 거시적으로 환영해야 할 대단한 국가적 공적이 있는지 모르겠으나 수천 수만의 남녀학도들이 면학을 집어치우고 한 사람 앞에 10환씩 내어 수기를 사가지고 길바닥에 늘어서야 할 아무 이유를 발견하지 못했다.

> 이때는 마침 적성감위축출適性監委逐出에 대한 비방이라는 것이며 또한 현관은 당시 주

미대사로 있던 임병직을 가리킨 말이다. 이로 인하여 그 동안 눈에 가시처럼 여겼던 경향신문을 실력으로 제재할 수 있는 좋은 구실이라 생각한 자유당은 김민, 홍영섭이 인솔한 폭력패들을 동원 백주에 대구매일신문사에 난입하여 공장 내의 인쇄시설은 물론 각종 통신시설을 모두 파괴해 버렸으며 이들은 발송준비 중이던 신문까지도 모두 탈취하여 도주해 버렸다. 그러나 경찰은 이들의 테러범을 체포하려 하지도 않고 오히려 동 17일 피해측의 최석채를 이적행위로 몰아 전격 체포하고 말았다. 이후 테러단을 직접 지휘했던 김민과 홍영섭은 이 테러사건을 따지고 있는 국회방청석에 의젓이 앉아 있는가 하면 자유당정책강연회와 경찰서를 무상으로 출입하고 있는 데도 불구하고 경찰은 이들이 소재불명이라 체포를 못하고 있다고 변명을 하고 있었다.

동 10월 8일 국회조사단의 보고에서 자유당의 박순석 의원은 "이 사건은 테러가 아니라 의거다"라고 하는가 하면 조사위원장인 최창섭 의원은 "애국심에 불타서 테러를 한 청년에게는 국가의 훈장을 수여해야 할 것으로되 우리나라는 법치국가인 만큼 그들에게 도의적인 책임을 지우자"는 등 망언을 해서 야당의원들이 총퇴장을 하는 소동이 벌어진 끝에 동 14일에 다음과 같은 대정부 건의안을 채택하게 되었다.

1. 경북경찰국장 이하 대구매일신문사건 관계경찰책임자를 파면할 것.
2. 언론자유의 보장을 확립할 것.
3. 김민, 홍영섭 등 주모자를 구속 처벌할 것.
4. 정부는 10월 말까지 국회에 처리결과를 보고할 것.

이리하여 이 사건은 국민여론에 못이겨 주모자인 김민과 홍영섭은 체형을 받았고, 이순구 경북도경국상과 농 사찰과장 등은 가벼운 견책으로 이 사건을 매듭지었으며 대구매일 주필 최석채는 무죄석방되었다.

2) 경향신문 폐ㆍ정간사건

자유당은 1960년 정ㆍ부통령 선거를 앞두고 국가보안법을 개정하여 언론의 자유와 야당활동을 봉쇄해 놓았지만 안심이 안되었던 것이다. 특히 장면 부통령과 관련이 있는 천주교의 재단에서 운영하고 있는 경향신문이야말로 눈의 가시가 아닐 수 없었다. 1959년 4월 30일 오후 10시 15분 공보실장 전성천 명의로 다음과 같은 이유로 경향신문발행허가취소통지서가 전달되었다.

1. 지난 1월 11일자 사설 "정부와 여당의 지리멸렬상"의 내용에 허위사실을 보도하였다.
2. 2월 4일자 조간 여적란餘滴欄을 통하여 헌법에 규정한 선거제도를 부정하는 동시에 폭동을 선
   동하였다.
3. 2월 16일자 홍천 모사단 유류부정사건을 허위보도하였다.
4. 4월 3일자 조간 3면에 "간첩 하모 체포" 기사를 게재하여 간첩의 도피를 방조하였다.
5. 4월 15일자 석간 이 대통령 기자회견기사에서 "국가보안법개정도 반대".

등의 제목으로 허위 보도하여 수차에 걸친 중대한 위법사실을 범하였을 뿐만 아니라 그 폐해를 더욱 조장하는 듯한 행동으로 나오고 있음은 사회의 안녕과 공공의 복지에 중대한 관심을 갖는 국가와 정부로서 묵과할 수 없는 일이다. 그 때문에 정부당국으로서는 더 이상 방치할 수 없어 이에 국가의 안녕과 참된 언론계의 발전을 위하여 부득이 경향신문을 법령(미군정법령) 제88호에 의하여 서기 1959년 4월 30일자로 그 발행허가를 취소한다.

청천병력 같은 자유당 정부의 이와 같은 폭거에 당황한 경향신문사는 동 5월 1일 행정가처분신청을 했고, 동 5월 5일에는 공보실장 전성천을 상대로 행정처분취소청구소송을 제기했으며, 또한 동 6일에는 동처분의 집행정지결정신청을 하고 사장 한창우는 진해로 가서 이승만 대통령과 이기붕에게 간곡한 진정을 했으나 끝내 폐간조치를 풀어주지 않았다. 또한 「다우링」 주한미국대사도 "미군정법령 제88호를 공포한 것은 그 당시 한국의 국내치안을 위협하던 공산파괴선전을 막으려는 데에 그 의도가 있었다"고 해명을 했으며, 로버트슨 미국무부차관도 "한국정부가 미군정법령 제88호 규정으로 서울에 있는 경향신문을 폐간시켰다는 보고를 접수하고 매우 우려하고 있다"고 견해를 표명했다. 그리고 동 5월 9일에는 한국신문편집인협회에서 경향신문폐간처분을 취소하라는 성명서와 함께 국회에다 폐간취소청원서를 내고 전국언론인의 연판장 서명운동을 전개하고 나섰다. 또한 사회인사로 조직된 민권수호연맹에서도 성토대회를 열고 자유당행정부의 언론말살정책을 맹비난하고 나섰다.

이와 같이 사회여론 속에 동 6월 26일 서울고등법원에서 "발간허가취소행정처분집행정지의 결정"이 내려져 동 6월 27일 조간부터 경향신문이 폐간된 지 56일 만에 다시 속간하게 되었다. 그러나 자유당 정부는 여기에서 물러서지 않고 동일 오후 10시 15분에 다시 "무기한발행정지처분"을 내렸으니 폐간된 지 56일 만에 힘차게 돌아가기 시작한 윤전기가 다시 멈추게 되었다.

이와 같은 자유당의 야비한 횡포에 대해 동 7월 4일 야당국회의원들은 경향신문의 폐·정간책임과 대일외교실패를 들어 장관불신임안을 제출했으나 다수당인 자유당에 의해 부결되었고, 동 7월 7일에는 공보실장 전성철 파면결의안을 제출했으나 역시 자유당에 의해 부결되고 말았다. 경향신문은 서울고등법원에 효력정지가처분신청을 냈으나 동 8월 29일 김치걸

판사에 의해 정간처분은 적법하며 "미군정법령 제88호는 위헌이 아니다"라고 하여 발행인의 청구는 이유없다고 각하해 버렸다. 이어서 경향신문은 대법원에 상고를 했는데 대법원에서는 군정법령 제88호가 헌법에의 위반 여부를 자신이 심사할 권한이 없으므로 그 위헌 여부를 헌법위원회에 제정함으로써 헌법위원회를 구성하게 되었는데 자유당 정부에서 위원회 구성인원에 대한 이의를 제기하여 의견상충을 일으켜 끌다가 끝내 자유당이 집권하는 동안 복간되지 못하였다.

3. 반공예술인 단체

자유당은 3·15 부정선거를 위해 국가보안법을 개정 통과시켜 언론과 야당활동을 규제하는 데 성공했고, 학계 문화계를 총동원하여 범여권선거대책위원회를 결성하고 다시 정책자문위원을 선정하여 그들의 부정을 합리화하는 데 성공했다. 이어서 자유당은 직접행동체로서 예술인들로 조직된 어용문화단체조직이 필요했던 것이다. 그리하여 자유당 정부는 또 정·부통령선거 1년을 앞두고 1959년 3월 19일 반공예술의 보다 진지하고 참신한 활동으로 대한민국의 국권 하에 이룩되는 조국통일을 완수할 때까지 3·1 운동의 숭고한 정신을 계승하고 그를 귀감龜鑑삼아 끝까지 투쟁할 것을 국민에게 엄숙히 선언하는 바다"라는 선언문과 함께 반공예술인단체를 탄생시켰다.

이 단체는 당시 깡패들의 소굴인 반공청년단과 같이 쌍벽을 이루는 자유당의 예술행동단체로서 단장은 당시 한국연예주식회사 사장이며, 한국영화제작가협회장, 전국극장협회부회장, 전국문화단체총연합회선거위원인 일자무식 통대문깡패 임화수(본명 권중각)였다.

이렇게 탄생한 반공예술인단은 반공이란 미명 아래 자유당 선거운동의 수족역할이 되어 여기에는 사회적으로 명망이 있고 지성인으로 자처하던 시인 작가들까지 동원되어 매일같이 시민위안의 밤 등을 빙자하여 "대통령에 이승만 박사, 부통령에 이기붕 선생"을 연호하면서 전국을 누비고 다녔으니 이와 같이 화려한 예술인의 활동 이면에는 이렇게 하지 않으면 깡패의 주먹세례는 물론 자유당 치하에서는 지위와 신분을 유지할 수 없었기 때문이었는데 임화수가 희극배우 김희갑을 구타한 사건 등이 그 좋은 예이기도 하다. 이렇게 임화수가 선거운동선봉에 서서 막강한 권력을 휘두르게 된 것은 당시 경무대 경호책임자 곽영주가 뒤에 있었기 때문이다.

이와 같이 정·부통령 선거의 승리를 위해 반공예술인단은 거의 모든 배우를 총동원해서 "독립협회와 청년 이승만"이란 영화를 제작하여 전국에 상영함으로써 이승만을 신성불가침의 우상으로 만들어 놓았던 것이다. 예술인을 폭력으로 지배하여 정·부통령 선거를 승리로 이끌었던 임화수는 그 공노로 한때 문교부 장관설까지 있었으며, 동 4월 14일 일본 동경에서 열린 아세아영화제 단장으로 갔다가 귀국 시에는 그 졸도들이 비행장에 모여 장군나팔로 그를 환영했다고 하니 자유당 정부는 그들 목적을 위해서는 폭력패들까지도 얼마만큼 정치에 이용을 했었는지 알 수 있다.

V. 외교 _

1. 외교정책

자유당 정부의 외교는 한마디로 해서 이승만 일인외교라고 해도 과언은 아닐 것이다. 그는 일관된 반일, 반공, 반중립을 지향하고 있어 조금이라도 이에 배치되면 친일분자, 적색분자로 규탄을 받아야 하는 도덕외교, 정의외교, 사상외교정책으로 국제적으로는 외골수로 일관했었다. 이와 같은 외교는 마침내 미국으로부터 대한원조의 삭감을 가져왔고 상대적으로 일본의 외교적 지위를 강화시켜 미국이 태평양방위선에서 한국을 배제함으로써 6 · 25 전쟁의 참변과 재일교포 강제북송으로 나타나게 되었다.

또한 자유당행정부의 행정운영은 대통령 혼자서 정책을 수립하고 전망했기 때문에 대외관계도 외무부가 관장한다는 원칙만 취하고 행정적이고 기술적인 것은 각기 해당부처가 담당하게 하였다. 그리하여 국제교섭, 협정체결에까지도 행정적 기술적인 협정은 해당 부처장을 국가의 대표로 하여 체결하는 것이 통례였다. 즉 우편에 관한 협정은 체신부 장관이 국가를 대표하고, 경제문제에 관한 협정은 재무부 장관이, 통상협정은 외무부 장관이 대표하여 수석장관인 외무부장관은 자기소관사항 밖에는 모르게 된다. 이리하여 각 부처별 대외관계가 대통령에게만 직결되어 있어 군사, 재정, 경제 등의 국가 중요사항을 대통령만이 알고 있었고 종합적인 전망 계획 또한 대통령만이 할 수 있었다. 따라서 외무부 장관과 타부서 간에 의견 충돌이 많았으며, 이승만 대통령은 외국에 나가 있는 외교관에게도 직접 개별지시를 함으로 해서 공관장과 외무부장관 사이에 불협화음이 생기기도 했다.

2. 한·일 회담

제2차 세계대전이 끝나고 한국이 자주독립을 한 후에도 오래도록 한·일 간 정식외교 관계를 수립하지 못하고 있었다.

제1차 한일회담(1951년 10월 20일 ~ 1952년 4월 2일), 1951년 9월 8일 미·일 간에 체결된 샌프란시스코 강화조약에 의하여 한국의 독립과 일본의 대한재산권 포기, 한·일어뢰협정체결의 교섭권리, 한·일 통상협정체결의 교섭권리 등이 포함되어 있으므로 동조약의 효력이 발생하기 전에 한·일회담을 열어 전기 각 조항을 중심으로 한·일 양국 간의 현안 문제에 대한 의견 조정을 위해 일본 동경에서 제1차 한일회담을 개최하고 한국측 수석대표에는 양유찬, 일본 측 수석대표에는 「마츠모토松本俊一」, 연합군사령부의 옵저버가 참석했었다. 이 회담에서는 재일 한인의 법적지위위원회와 한국선적선박위원회 및 기본관계위원회, 재산 및 청구권위원회, 어업문제위원회 등 5개위원회를 구성하여 양국 간의 국교정상화를 시도했었다. 그러나 일본 측은 아직도 지난날의 통치자로서의 우월감이 남아 있었고 한국 측으로서는 피압박민족으로서의 비분의식 때문에 한일 간의 외교는 상당히 어려운 입장에 있었다.

따라서 일본 측은 한·일회담을 새로운 관계에 따르는 각종 현안문제해결을 위한 우호회담으로 생각하는 반면 한국 측은 이를 실질적인 강화회담으로 하자는 주장이었기 때문에 회담의 진전을 보지 못하고 있다가 다음 해인 1952년 1월 18일 한국정부에서 평화선을 선포하자 일본은 동 2월 15일에 재한재산권문제를 들고 나와 격론 끝에 동 4월 21일에 이 회담이 완전 결렬되고 말았었다.

제2차 한일회담(1953년 4월 15일 ~ 7월 23일)은 한국 측의 주일공사 김용식을 대표로 하고 일본 측은 「오쿠무라奧村」 외무차관을 대표로 하여 동경에서 개최하였으나 한국 측은 제1차회담 때와 같이 강화회담을 전제로 하고 우신 한·일 합병조약의 무효선언을 요구한 데 반하여 일본 측은 전차회담의 결렬조건이었던 평화선부정을 근본조건으로 내세웠다. 즉 한국 측은 인접해양에 대한 주권선언으로 생긴 평화선에 대하여 대공산방위의 필요성과 어족보호의 견지에서 정당성을 주장했고, 일본 측에서는 공해상의 자유항해권을 방해하는 것이라고 주장을 해서 또 회담이 결렬되고 말았다.

제3차회담(1953년 10월 6일 ~ 21일)은 제2차회담이 결렬된 후 한국은 평화선을 침범한 일본 어선 70여 척을 나포하여 보호심판에 회부함으로써 사실상 인접해양에 대한 주권을 발동시키자 일본 측의 요청으로 개최된 것이다. 한국 측에서는 김용식, 양유찬 등을 대표로 하고 일본 측에서는 「구보타간이치로久保田貫一郎」 외무성 참여, 「시모다다케조下田武三」 외무성 조약국장 등을 대표로 하여 회담이 진행되었는데 한국 측은 재산권청구권 문제를 주의제로 했고, 일본 측은 평화선 철회를 주의제로 내걸어 격론을 벌이다가 동 10월 15일 재산 및 청구권분과위원회에서 일본 측 수석대표 「구보타久保田」가 다음과 같은 망언을 했다(세칭 久保田 망언).

1. 평화조약 이전에 일본과 관계없이 영토를 처리(한국의 해방)한 것은 국제법 위반이다.
2. 연합국의 명령으로 재한일인 60만 명이 일본 본토로 송환된 것은 국제법 위반이다.
3. 연합국의 명령으로 재한 일인의 재산이 몰수되고 처리되었다는 미국무성의 견해는 국제법 위반이다.
4. 카이로회담에서 한국인의 노예상태라고 선언한 것은 연합국의 전시 흥분의 표현이다.
5. 36년간에 걸친 일본의 한국 통치는 한국국민에게 은혜를 베풀었다.

이와 같은 망언에 한국 측 대표는 분개하고 일본의 대한재산권의 포기와 久保田 망언의 철회를 강력히 요구함으로써 이 회담은 불과 15일 만에 또 결렬되고 말았다.

제4차회담(1958년 4월 15일 ~)은 제3차회담이 결렬된 후 근 5년간이나 한·일관계는 답보상태에 있다가 1957년 일본의 「기시노부스케岸信介」 내각이 들어서서 한국과의 친선을 희망하는 분위기가 조성되었고, 또 그 동안 김유택 주일대사와 일본외상 「후지야마아이이치로藤山愛一郎」 사이에 꾸준한 교섭을 가진 결과 1957년 12월 12일 「구보타久保田」 망언의 취소, 일본의 대한재산권포기, 일본 「오오무라大村」 수용소에 수용 중인 한국인의 밀입국자를 제외한 자의 현지석방, 부산에 수용 중인 형기만료의 일본인 어부의 본국송환 등을 내용으로 한 양국의 공동성명서가 발표되었다. 이와 같은 공동성명서에 입각하여 한국 측에서는 일본어부 900명을 송환하고 일본 측은 우리 문화재 97점을 보내옴으로써 제4차회담이 재개된 것이다.

한국 측 수석대표에는 임병직, 일본 측 수석대표에는 「사와다코조澤田康三」로 회의가 진행되었는데 분과위원회를 개편하고 한·일 양국의 기본관계를 규정하는 우호조약체결문제, 한국 측의 대일재산청구권문제, 평화선과 어업문제, 재일한인처우문제, 선박양도문제를 중요의제로 회담이 진행되었었다. 그러나 1958년 7월에 있었던 일본의 중의원의원선거가 끝난 다음부터 일본의 태도가 돌변하여 사사건건 대립이 되었는데 그 요지는 다음과 같다.

1. 2차대전 당시 불법반출한 한적선박 9만4천 톤(R.C.T.)의 반환을 요구하는 한국 측 주장에 일본 측은 6천톤의 선박을 그것도 증여형식으로 인도하겠다고 응답.
2. 평화선에서 나포된 161척의 일본어선 반환문제를 선박소위원회에서 토의하자는 일본 측 주장을 한국 측이 거부.
3. 한국 측은 대일재산청구권을 3억 불 이상으로 추산한데 대하여 일본 측은 불과 44만 불 내외로

추산한 것.
4. 1957년 12월 31일의 한·일협정을 무시하고 일본 측에서는 1958년 9월 26명의 친공교포를 석
   방하였고 이어서 15명을 다시 석방한 것.
5. 한·일 간에 공개하지 않기로 되어 있는 미국무성각서를 일본 측에서 일방적으로 공개한 것.
6. 재일교포의 영주권을 부인하고 본국여행희망자의 재입국 사증발행을 거부한 것.

이상과 같은 문제로 한·일 회담은 완전히 교착상태에 빠져 아무 진전도 없이 다음해인 1959년 2월 중순경에 회의를 재개하기로 합의하고 회의를 끝내고 말았다.

3. 재일교포의 북송

당시 자유당행정부는 재일교포들이 일본에서 갖은 냉대와 고통속에서 고생하고 있는 재일교포에 대한 관심이 거의 없었다. 반면에 북한괴뢰정권은 6·25 전쟁때 잃어버린 인적자원을 보충하기 위해 1957년부터 59년 2월 말까지 2년간에 재일교포의 교육비로만 일화로 무려 6억여 원을 투입하였으나 한국정부는 겨우 기천만원을 썼을 뿐이었다. 또한 북한괴뢰정부의 후원을 받고 있는 소위 조선인연맹에서는 일본 전국에 대학 1개와 각급학교 226개를 설립하여 운영을 하고 있었으며, 1959년 말 현재 24,401명을 취학시키고 있는 반면에 우리 거류민단에서는 유치원 2, 초등부 10, 중등부 4, 고등부 2, 도합 12교에 겨우 2,087명을 취학시켰을 뿐 재일동포들에 대해 신경을 쓰지 않고 있었다. 이리하여 북송문제로 국제적으로 물의를 일으키고 있을 때 재일거류민단총본부는 "민단은 이제와서 자유당 정부를 신임 지지할 수 없다"고 결의를 하고 반기를 들고 나왔으니 당시 재일교포에 대한 대외정책이 얼마나 소홀했었는지를 알 수 있다.

이와 같이 자유당 정부의 냉대 속에 제4차 한·일 회담이 진행되고 있던 1958년 후반기에 북한괴뢰정권은 노동력부족을 타개하기 위한 목저으로 "북한으로 가면 농지도 분배받고 직업도 마련되어 잘 살 수 있다"고 감언이설로 일본의 자치단체와 극좌분자계의 재일조선인연맹을 선두에 세워 생활고에 허덕이는 교포들을 선동하였으며 북괴는 이 계획을 추진하는데 무려 7억여원의 자금을 쏟아 붓고 있을 때 1959년 1월 30일 일본외상이 신문기자회담을 통해 "북한으로 가기를 원하는 재일한국인의 북송이 곧 시작될 것"이라고 발표를 했다. 또한 일본정부는 재일한국교포북송결정이 "국제적으로 공인된 거주지선택의 자유원칙에 입각한 인도주의적 견지로 취해진 것"이라고 전제하고 그 이유를 다음과 같이 발표했다.

1. 북한송환문제에 관한 한국 측 요망을 수락한다 해도 한일회담에서 한국은 이 이상 더 양보하지 않는다.
2. 재일한국인들의 생활이 빈곤하여 송환은 인도문제로서 긴급하게 되었다.
3. 현재의 출입국관리로서는 북한귀국을 막을 근거가 없다.

뿐만 아니라 일본 내각은 동 2월 12일 한국교포북송의 구체적 방안으로서 국제적십자위원회로 하여금 조사단을 파견하게 하여 재일교포의 귀국희망사항을 조사하도록 의뢰한 다음 북한으로의 송환희망자에게 송환권고가 있으면 희망에 응하는 조치를 취하기로 결정하였다. 이에 당황한 자유당 정부는 여·야를 초월한 외교방침을 세우고 재일교포북송반대전국위원회를 결성하여 거족적으로 북송정책을 규탄하고 한편 주일대표부를 통해 일본의 북송안 번의를 촉구하는가 하면 국제적십자와 자유진영의 여론에 호소했으나 모두 허사가 되고 드디어 동년 1959년 8월 19일 세계자유우방의 여론을 감수하며 일본과 북괴는 조약을 체결하였고, 동년 12월 14일 북송의 1진이 일본 「니카타新潟」 항을 떠나고 말았다.

_VI. 기타

윤보선 민주당대표의 이승만 12년 집권에 대한 비판

이상 자유당 정부의 실정과 부정·부패를 대략 살펴 보았지만 당시 유일 야당이었던 민주당의 윤보선이 1959년 12월 30일 발표한 "이승만 대통령 12년 집권비판"을 참고로 게재하여 독자의 이해를 돕고자 한다.

첫째, 현 정부는 과거 12년간 권력에 도취하여 권력을 남용해 왔고 권력을 영속화하기 위하여 권력을 강화 사용하는 정치적 악순환에 함입陷入하여 민주주의에 역행하는 코스를 걸어온 것입니다. 8년 전 임시수도 부산에서의 5·26 정치파동과 4년 전의 4사5입 개헌파동은 모두가 정권유지 계속을 위한 불법적 수단이었으며 기억에도 새로운 작년 이때의 야당의원들을 의사당에서 축출감금하고 국가보안법, 지방자치법의 개정 등 20여 개의 법안을 일방적으로 강행 표결한 소위 2·4변란사태는 명년의 정·부통령선거를 훔쳐보려는 발악적 준비공작이었으며,

둘째, 작년 5월 2일 민의원의원 선거에서의 환표換票와 도표盜票를 자행한 가지가지의 사실은 대법원의 판결에 의하여 그 편모片貌나마 백일하에 폭로되어 적어도 12개구 여당당선 지구에서 선거무효가 선포되었는 바, 아마도 명년 정·부통령 선거에 있어서는 종래 우리가 맛보지 못하였고 현재 상상조차 할 수 없는 전율戰慄할 민주말살의 광경이 국제적 환시리環視裏에 전개될 것을 생각하면 모골이 소연함을 느낄 따름입니다.

셋째, 현 정부는 헌법에 보장된 기본인권을 무참하게 짓밟아 버렸습니다. 사문화한 군

정법령을 원용하여 야당지인 경향신문을 폐간하는 따위의 언론기관을 탄압하고 집회, 결사, 평화적 시위의 자유를 유린하였으며 각종단체와 조직을 어용화하고 경찰을 사병화하였으며 정치적 폭력과 테러를 백주에 자행하여 흡사히 중세기적 전제정치의 상태가 도처에 야기되고 있으니 정·부통령선거를 앞둔 금일 오직 암담무뢰暗澹無賴의 전도가 전망될 뿐입니다.

넷째, 정부는 우방원조를 남용 악용하여 경제부흥과 건설을 저해하고 회복할 수 없는 상처를 국가 및 국민에게 주었습니다. 약 28억 불에 달하는 거액의 원조가 왔거니와 6·25 전쟁의 손실을 30억 불로 추산한다 하더라도 여당에 아부하고 정치적 헌금을 하는 기개의 특권 정상배를 제외하고는 국민의 절대적 다수가 국민시책의 권외로 축출되어 비참한 생활을 면치 못하고 있으니 결국 우방제국의 막대한 경제원조는 한국에서 소수인의 신흥재벌을 만들어냈을 뿐이라는 외국인의 혹평이 과언이 아닌 것입니다.

다섯째, 현 정부와 자유당은 이에 야합하는 특권계급과 합작하여 경제를 독점 농단壟斷하였습니다. 산업발달에 가장 긴요한 역할을 담당한 금융을 완전히 어용화하고 예속화하였습니다. 왕년의 연계자금連繫資金을 비롯한 난맥 부패상은 이루 형언할 수 없으며 서민은 물론 기업가일지라도 특권계급이 아니면 금융기관과는 절연거세絕緣去勢되고 있으니 산업의 발전은 커녕 산업의 질식폐쇄窒息閉鎖를 촉진시키는 감이 있으며 세무행정은 무능하고 무질서하여 행정력을 강화하는 명목 하에 중소시민에게 부담을 가중할 뿐 거액납세자에 대한 진정한 납세원은 고사하고 탈세를 거의 방지하지 못하고 있어 민원은 충천하고 있습니다.

여섯째, 정부는 농촌을 파멸시켰습니다. 부담공평원칙負擔公平原則에 배치되는 토지수득세제도는 전세기적유물前世紀的遺物인양 그대로 존속하고 있어 농민에게 과중한 부담을 강요하고 있으며 정부시책의 중점은 농촌의 희생을 강요하면서 도시의 특권층만 지나치게 보호육성하는 방향으로 집중되어 왔습니다. 일개 방직공장이나 제분공장에 수십억의 특혜융자를 함에는 그다지도 유례를 볼 수 없을 만큼 과감 신속하였으나 1전4백만 명의 농민에게 연간 80억의 국내분의 영농자금을 살포함에 있어서는 그렇게도 엄격한 조건이 붙고도 주저 막심하여 매양 실기한 것이 실례인 것입니다.

일곱째, 현 정부는 과거 12년간에 기조억幾兆億에 달하리라고 추산되는 막대한 국가자산을 낭비 손모하였습니다. 귀속재산과 국유재산을 헐값으로 특수계층에 팔아버린 것이 얼마였으며 지가증권의 보상을 부당히 천연시키어 이를 생산자본화하지 못하고 낭비함이 얼마였으며, 앞서 말한 바와 같이 재정자본과 금융자금의 부정지출이 얼마였으며 세계에 그 유례를 볼수 없는 외환관리법의 제정조차없이 원조자금의 비효율적 사용과 정실방출로서 이를 소진함이 얼마였으며 밀수출 밀수입 및 범칙물자의 부정처분이며 군수품의 망실과 국방비예산의 부정지출이 그 얼마였는가 이루 헤아릴 수가 없습니다.

여덟째, 현 정부의 군기와 관기의 문란은 극도에 달하여 종식할 바를 모릅니다. 병사행

정의 불공정과 군영내의 인권유린은 장정들에게 입영기피의 기풍을 조장하였으며 군간부의
탐재욕과 군부내의 인사행정의 불명랑 또는 군인의 선거간섭은 군의 사기를 떨어뜨리고 국군
의 위신을 손상시켰으며 국가공무원과 지방공무원 간에 부패 정실 뇌물수수는 상습화하여 악
화가 양화를 구축하는 철칙이 여기서도 적용되어 행정은 문란하고 관폐로 인한 민원은 극도
에 달하였습니다.

　　아홉째, 현 정부는 사법권의 독립을 침해하여 이에 부당한 압력을 가하려고 시도하고
있으며 법관의 연임을 이유없이 거부하여 법원을 행정부의 예속하에 두려고 음모하여 왔습니
다. 정치적 중립을 엄격히 지켜여야 할 검찰과 사법경찰은 여당의 장악하에 들어 토원사土願使
를 감수하는 비참한 현실이요 대공사찰의 중대한 임무를 위하여 책정된 인원과 예산은 야당
의 사찰간섭과 탄압하는 데 전용되고 있는 것입니다.

　　열째, 현 정부 12년간의 패정稗政은 사회질서와 폭력과 우범소년과 걸인과 도범 등의 사
회악은 매년 늘고 있으며 제대자, 전재민, 고아, 노환자에 대한 국민복지는 거의 속수무책이며
특히 전몰군경유가족과 상이군경에 대한 법정연금미불금이 96억 환에 달하는 것을 방치한 채
새삼스러이 공무원연금제도를 운위하는 정부의 처사는 정신착란의 징조인가 생각됩니다.

　　열한째, 정부는 또한 문교행정에 있어서 무능과 무위를 노정하였습니다. 교육세를 신설
하였음에도 불구하고 국민학교의 잡부금을 근절하지 못하고 국민경제에 상응하지 않는 중·
고등교육기관과 대학 등의 남설濫設과 그 상업화를 정리하지 못하고 있으며 학원인사에 대한
관료적 간섭은 독립불기의 창설적 기풍을 양성하기는커녕 곡학아세曲學阿世하는 비굴한 기풍
을 학계에 강요하여 민족융흥의 기초가 되는 사상적 독창성은 찾을 곳이 없게끔 되었습니다.

　　열두째, 정부는 또한 외교적 실패로 우리나라를 국제적 고아의 운명으로 몰아 넣고 있
습니다. 접종接踵하는 정치적, 경제적 실정으로 인하여 국제적 위신을 상실하였으니 예로 「콘
론」 보고서가 언급한 것 같이 "한국은 비공산세계에서 거의 고립되어 가고 있다"는 것입니다.
대공사상전의 선전공세에 주도권을 장악할 만한 하등의 정책도 수립되어 있지 않을 뿐만 아
니라 대일외교의 무책과 외교관인사 배치의 실패 및 재일교포에 대한 지도보호정책의 등한시
등은 마침내 사상초유의 재일교포 강제북송이라는 비극을 연출하였습니다.

　　열셋째, 이러한 모든 실정의 근본원인은 이 대통령 권한의 무제한증대와 일인 정치의
강화, 이에 반비례하는 아부적 행정가의 출세와 직언고간直言苦諫의 문호폐쇄 등으로 두꺼운
인의 장막은 행정자의 이목을 엄폐하고 종합성, 연대성, 책임성이 없는 이료吏僚들에게 중대
한 국사가 위임되고 수반의 통솔력과 행정력은 시간적으로 능률적으로 황폐하는 결과가 되어
단편적이요 즉흥적이요 정실에서 유리되고 독선적인 행정만이 남아 있을 정도입니다. 또 입
법부에 있어서 의장의 직위가 다년간 유명무실하게 포기상태에 있음도 가장 불행한 일 중의
하나입니다.

제5편

4 · 19 학생혁명

4·19 혁명은 처음부터 정권탈취를 목적으로 한 투쟁이나 어떤 정치이념을 구현하기 위한 체제변혁을 목적으로 한 것이 아니었다. 또한 어떤 정치적 주도세력이 개입된 것도 아니며 조직적 투쟁 계획이나 목표가 있었던 것도 아니었다. 다만 정의감에 불타는 청년학생들이 불의에 항거한 의분이 집단행동으로 휘하는 과정에서 사태가 변전하고 발전되어 나타난 하나의 결과적 현상이었다. 4·19 혁명은 한국의 정치 발전사에 하나의 획기적인 전기를 기록한 역사적으로 큰 의미를 지니는 일대사건이었다.

4 · 19 학생혁명

1. 4·19혁명의 배경

　3·15 정·부통령 선거를 앞두고 조병옥 민주당의 대통령 후보가 갑자기 사망함으로써 이승만 자유당 후보의 재선이 확실시되었지만 자유당에서는 이승만 총재가 너무 고령이므로 앞으로 4년간을 더 지탱할 수 있을지에 대해서 걱정이 된 나머지 이기붕을 부통령에 꼭 당선시키기 위해 모든 수단을 동원하지 않을 수 없었다. 더구나 4년 전 정·부통령 선거에서 부통령지리를 야당인 장면에게 빼앗겼던 쓰라린 경험을 가지고 있었으며, 한편 이기붕의 인기가 날로 떨어져 민의원선거에도 본래의 선거구였던 서대문구를 버리고 경기도 이천에서 억지로 무투표당선을 하지 않으면 안되었을 정도였으니, 3·15 정·부통령 선거에서 부통령선거야말로 자유당의 운명을 결정지을 중대기로였던 것이다.

　선거전이 최고조에 달했던 1960년 2월 28일 장면 민주당 부통령 후보가 대구에서 정견발표회를 갖게 되었다. 이 지역은 4년 전 자유당 측의 가진 방해에도 불구하고 그를 부통령당선의 승리를 결정지어준 곳이기도 했다. 이 날은 일요일이었음에도 불구하고 학생들이 휴일을 틈타서 정견발표장에 나올 것을 막기 위해서 학교당국은 전학생들에게 등교명령을 내렸다. 학교당국의 이와 같은 비열한 처사에 격분한 학생들은 일단 등교를 하였다가 동 28일 하오 1시경 학원의 자유와 인권옹호를 외치며 교문을 나와 3 ~ 40명씩 집단을 지어 산발적인 데모를 하다가 동 1시 30분경에 경북 도청 앞에 이르러 일요일 강제등교의 부당을 규탄하고 학원의 자유를 외치는 학생 데모대의 수가 500여 명에 이르렀다. 이로 인해 약 30여 명의 학생들이 연행되고 데모는 일단 해산했지만 그러나 이 조그마한 반정부 반항이 훗날 조국의 운명을 바꾸어놓은 역사적 사실의 도화선이요 전주곡이 되었던 것이다.

부정과 허위적인 방법으로 선거가 진행되던 3월 15일 오전 10시 30분 민주당 마산시당부는 자유당의 부정선거방법을 시당부 앞에 모인 시민들에게 폭로하고 독자적으로 선거포기를 선언함으로써 시민들을 선동하여 동 하오 3시 30분경 현수막을 앞세우고 데모를 감행했다. 이 데모 행진은 많은 시민들의 호응을 받아 일모 무렵에는 그 수가 1,000여 명으로 늘어나 남성동 파출소 앞으로 행진을 하였는데 대기하고 있던 소방차가 데모 군중을 향하여 물을 뿌리기 시작하자 데모대는 투석전으로 경찰에 대항하였고 경찰은 마침내 실탄을 발사하게 되었다. 이리하여 데모대는 정전된 암흑세계로 변한 마산시 거리를 휩쓸며 일부는 북마산 방향으로 다른 일부는 시청으로 육박했으며, 이날 밤 마산시는 암흑 속의 수라장으로 변하여 북마산 파출소가 불타버리고 시청청사와 자유당소속 민의원가옥이 파괴되었으며 경찰의 발포로 인해 7명의 사망자와 13명의 중상자, 59명의 경상자를 내고 주모자로 지목된 26명이 구속되었다.

마산시민들의 부정선거에 항거하는 의거는 다음날 곧 국내외에 커다란 물의를 일으켜서 자유당 정부를 아연케 했으며, 부정을 은폐하기 위하여 시민들의 의거를 공산분자들의 책동이라고 선전하는가 하면 구속된 데모 주동자들을 혹독하게 고문하여 허위사실을 자백시키려 했다. 마침내 대전, 충주, 수원, 부산, 오산, 포항 등 지방의 주요도시에서 학생들의 동조 데모가 계속해서 일어남으로 해서 언론계, 법조계, 학계와 외국의 관심이 높아지자 할 수 없이 자유당 정부의 기세도 꺾이기 시작해서 발포경관을 구속하고 내무부 장관을 교체하는 등 일련의 조치를 취했으나 이러한 피상적이고 미온적인 방법으로 사태가 수습될 리 없었고 여기에 제2의 마산사건이 일어나고 드디어는 4·19혁명으로 확대되었던 것이다.

정부의 제1차 마산사건수습책이 임기응변인데 불만을 품고 재기의 기회를 노리고 있던 마산시민들은 4월 11일 마산시 중앙동 부두에서 낚시꾼에 의해 의거학생의 처참한 시체를 발견하게 되었다. 이 시체는 제1차 의거에 참가했다가 경찰의 발포로 살해되었던 김주열 군이 부둣가에 표류하고 있었던 것이다. 경찰의 발포로 실해된 시체를 본 시민들은 도립병원 앞에서 분노를 참지 못하고 살인경관의 처벌을 외치며 파출소, 관공서, 자유당국회의원가옥, 기업체, 시장관사, 자유당시당사, 서울신문 지사 등을 모조리 파괴하였고 다음날에는 시내 남여 중·고등, 대학생들이 일제히 시위에 가담하여 경찰과 충돌을 하였으나 13일에야 겨우 일단 진정이 되었는데, 이 불길이 이젠 서울에서 재연하게 되었다.

제2차 마산의거가 있은 지 꼭 1주일 만인 4월 18일 서울의 고려대학교에서는 신입생환영회를 준비하던 중 이 모임이 혹시 데모로 변할 것을 우려한 경찰당국은 사복경관을 파견시

켜 학생들의 동정을 살피게 했다. 이를 알게 된 학생들이 마산사건 이후 기회만 노리고 있던
차, 이를 계기로 이날 오후 1시 정각 약 3,000여 명의 학생들이 반정부 데모를 시작했다. 이들
은 신입생 환영을 위해 만든 수건으로 머리를 동여매고 책가방을 든 채 스크럼을 짜고 학원의
자유와 마산구속학생들의 즉시 석방을 외치며 일제히 교문을 박차고 시내 중심가로 뛰쳐나왔
다. 데모대는 이를 저지한 경찰의 저지선을 교묘히 뚫고 의사당 앞에 집결하는 데 성공했고
의사당 앞에 집결한 데모학생들은 부정선거의 무효와 대학의 자유, 부패폭력정치의 배격, 민
주정치의 확립, 마산학생의 석방, 기성세대에의 불신 등을 결의 요구하고 대통령의 출석을 요
구하며 그들의 목적이 달성될 때까지 농성을 계속하겠다고 외쳤다.

그러나 동교 유진오 총장의 만류로 데모를 일단 중지하고 질서 있게 열을 지어 귀교하
는 행렬이 종로4가 천일백화점 앞에 이르렀을 때 갑자기 100여 명의 폭력배에 의해 피습을 당
한 것이다. 이 폭력배는 자유당의 비호와 경찰의 묵인 하에 흉기까지 소지했으며 이들은 순식
간에 40여명 의 고려대학생들을 중경상을 입혔으며 6명의 신문기자들에게도 부상을 입혔다.
또한 의사당에서부터 고대생 행렬의 뒤를 따르던 고교생 일부와 청소년들은 천일백화점 앞에
서의 폭력배의 습격을 보고 격분하여 약 500여 명이 집단을 이루어 종로4가에서 세종로를 향
하여 새로운 시위를 전개하기 시작했다. 이들은 돌과 곤봉으로 무장을 하고 저지하는 경찰관
들과 투석전을 벌리며 청진동 입구까지 이르렀다가 통행금지시간에 이르러 해산했다.

이승만정권의 독재와 자유당의 부정에 대해서 국민들의 비판과 반항은 벌써 부산정치
파동에서부터 점차 심각해지기 시작했었다. 그러나 당시는 전시 하에 있었기 때문에 정부를
비판 대항 할 수가 없었으나 3 · 15 부정선거가 강행되던 1960년도는 6 · 25 전쟁이 멈춰진 지
7년이란 세월이 지났고 그나마 야당이 있어서 정부를 비판하고 국민여론을 선도하고 있었기
때문에 이런 분위기 속에서 청년학생들의 우국심과 정의감이 발동하여 대구학생사건, 마산사
건, 고대생 데모 등 일련의 행동들이 4 · 19 혁명의 도화선이 되었던 것이다.

2. 4 · 19 혁명의 경과

마산시민과 학생들의 2차에 걸쳐 부정선거와 경찰의 만행을 규탄 궐기하다가 경찰의
발포로 많은 사상자가 발생한 데 대해 전국의 주요도시에서도 마산의거를 지지하고 동조하는
학생들의 데모가 연달아 일어나게 되었고 특히 4월 18일 고대생들의 데모와 이를 습격한 정치
폭력배의 만행에 자극되어 19일 서울시내의 중 · 고등학교 및 대학교가 일제히 행동을 개시했

던 것이다. 이날 오전 8시 30분경 1,000여 명의 대광고등학교학생들이 데모의 자유와 경찰의 부당한 학원 간섭을 외치며 교문을 박차고 나와 동대문을 지나 종로5가와 서울대학교 앞을 지나 혜화동으로 행진을 했으며, 그 뒤를 이어 9시 20분 동숭동 서울대학교 문리과대학생, 음악대학생, 법과대학생, 약학대학생, 수의과대학생 등 2,000여 명의 학생들이 부정선거를 규탄하고 재선거를 주장하면서 경찰의 저지에 많은 부상자와 연행을 당하면서 국회의사당 앞으로 진격을 하였다. 이에 호응한 건국대학생, 동국대학생, 서울대학교 사범대학생, 동성고등학교학생 등 5,000여 명의 학생들과 일부 시민들까지 합세하여 국회의사당 앞과 세종로 거리를 메웠으니 서울의 중심가는 마치 부정선거를 규탄하는 함성소리로 하늘이 진동하는 듯했다.

이때 또 1,000여 명의 흰 가운을 입은 서울대학교 의과대학생과 4,000여 명의 중앙대학교학생, 3,000여 명의 연세대학교학생, 2,000여명의 성균관대학교학생을 비롯하여 경기여대, 단국대학, 국학대학, 국민대학, 한양대학, 서라벌예술대학, 성신의과대학, 홍익대학, 외국어대학과 시내 고등학교까지 무려 100,000명을 헤아리는 학생들이 민권투쟁의 광장으로 몰려나왔고, 그 일부는 노도와 같이 밀려 철통 같은 경찰의 방어선을 뚫고 경무대어구까지 진격을 하였는데, 경무대를 수비하던 경찰이 이들을 향하여 무차별 실탄사격을 가함으로써 경무대로 향하던 대로는 온통 피로 물들여졌었다.

한편 경무대로 진격하던 선두학생들이 총탄에 맞아 피 흘리며 쓰러져 가는 모습을 본 데모 학생들의 흥분은 다스릴 수 없을 정도로 고조되었다. 한편 중앙청 앞에 있던 데모대는 중앙청 철문을 파괴하고 청사에 투석을 하며 경찰무기고를 점령하려다가 경비경찰의 실탄사격으로 또한 많은 사상자를 내기도 했다. 또 한편에서는 소위 정치폭력배의 총본산인 반공회관을 불지르고, 자유당 정부의 기관지역할을 했던 서울신문사를 불태운 후 법원 앞으로 몰려가 3·15 부정선거의 진정한 판단과 사법의 독립을 외쳤으며, 다른 일부의 데모대는 부정선거의 총지휘소였던 내무부 앞에서 마산사건의 해명을 요구하고 2대의 소방차를 탈취하여 내무부청사로 진입하려다가 경찰의 장갑차와 기관총사격으로 또 많은 사상자를 냈다. 또 광화문과 국회의사당 앞에서 시위를 하던 일부 데모대는 서대문으로 진격하여 부정선거의 장본인 이기붕 집 앞까지 육박 연좌하여 국민에 대한 사죄를 요구하기도 했다. 이와 같이 분노에 들뜬 데모대의 기세가 중천하자 경찰도 그 기능이 마비뇌어 궁시에 몰리게 된 자유당정부는 드디어 계엄령을 선포하게 되었다.

그러나 극도로 흥분된 데모대의 기세는 계엄령도 아랑곳 없이 해가 진후에도 일부 데모대는 무기와 자동차를 탈취하여 경찰서와 파출소를 닥치는 대로 습격 방화하여 경찰과 충돌함으로써 무력전을 방불케 하였으니 여기에서 쌍방 간에 많은 희생자가 발생하게 되었다. 드디어 계엄군의 출동으로 데모대는 일단 고려대학교로 후퇴를 하여 피살당한 동지의 시체를 안고 밤을 지샌 후 계엄군에 의해 무장을 해제당하고 주동자 일부를 제외하고는 모두 귀가 조치함으로써 4월 19일의 서울혁명은 일단 진정이 되었다.

한편 경상도지방에서는 마산사건 후 학생들의 동조 데모가 있은 후 4월 18일에는 동래고등학생 3,000여 명이 시위를 하다가 최루탄과 공포를 쏘는 경찰과 충돌하여 30여 명이 연행되었고, 4월 19일에는 부산상업, 경남공업 등 각 고등학교 학생들이 시위 도중 경찰의 발포로 100여 명의 사상자를 냈으며, 이밖에 진주, 삼천포, 충무, 울산, 김해, 밀양 등 각지에서도 데모가 일어났고, 대구에서는 4·19 이후 시민들이 봉기하여 도지사 및 경찰국장의 관사와 자유당도당부, 파출소, 자유당간부의 가옥 등을 불태웠으며, 이밖에 포항, 안동, 상주, 경주, 김천 등 도시에서도 살벌한 데모가 진행되고 있었다.

전라도지방에서는 4월 19일 광주에서 광주고등학생을 위시해서 많은 학생들이 경찰파출소 수개를 태우며 격렬한 데모를 하다가 경찰과 충돌하여 데모대 30여 명과 경찰 20여 명의 사상자를 냈으며, 4월 20일 목포에서도 시민과 고등학생들이 시위를 했으며, 4월 27일 순천에서도 주요기관장들의 사퇴를 요구하는 학생들의 시위가 있었다. 또한 전주에서는 4월 20일과 4월 24일에 걸쳐 계엄령으로 인한 휴교조치를 반대하는 대학생, 고등학생들이 도지사의 사표 제출을 요구하며 서울신문사와 자유당도당사무실을 파괴하였으며, 동시에 군산과 이리에서도 학생들이 일어나 데모를 진행하고 있었다.

경기도 지방에서는 4월 21일부터 23일까지 인천에서 학생들은 횃불과 팔에 상장喪章을 두르고 4·19 희생학생을 조상하는 데모를 하는가 하면 수원과 죽산, 안성, 동두천, 서정리 등지에서 일제히 동조 데모를 진행하고 있었다.

충청도지방에서는 4월 20일에는 대전에서 대학생과 고등학생 간에 데모계획이 사전에 발각되어 주모자가 연행되는 일이 발생하였으나 4월 26일부터 27일에 걸쳐 다시 데모가 일어나 대전경찰서와 서대전경찰서를 비롯하여 8개의 파출소와 데모대에 물을 뿌린 소방차 그리고 자유당사무실과 반공청년단 사무실이 완전히 파괴되었으며 이 결과 130여 명의 시민과 학생이 연행되었으며 대전시장이 데모대의 요구로 사표를 제출하게 되었다. 한편 4월 18일과 19일 충주에서도 데모가 일어나 충주시장이 사표를 제출했으며 동시에, 공주와 천안 등지에서도 동조 데모가 일어나고 있었다.

강원도지방에서는 4월 25일 춘천고등학생들이 거리로 뛰쳐나와 전국구속학생석방과 고문경찰관처벌을 외쳤고, 4월 27일에는 제주도에서도 동조 데모가 일어났다. 이와 같이 마산혁명과 4·19혁명이 기폭제가 되어 전국 각지에서 학생 시민들이 그 동안 쌓인 자유당정권의 독재와 횡포를 규탄하고 국민의 기본권을 전취하기 위한 전 국민의 운동으로 자유당정권을 송두리째 뒤흔들어 놓은 것이다.

3. 4 · 25 교수데모와 이승만 대통령 하야

4월 19일 서울을 주로 하는 도처에서 학생, 시민의 의거를 당한 자유당 정부는 전국 경찰력을 총집중하여 실탄발사로 이를 진압하려 했으나 분노한 학생들은 동료들의 희생에 더욱 자극을 받아 불을 뿜게 되자 경찰의 기동력은 완전히 마비가 되고 파출소가 불타고 경찰들은 도산하여 치안력이 완전히 무너지니 정부는 당황하여 갈피를 잡지 못하게 되었다.

4월 19일 상오부터 각료회의를 개최하고 있던 정부는 데모대의 중앙청습격으로 혼비백산을 하였다가 하오 1시에 서울, 부산, 대구, 광주, 대전 등 5개 도시에 경비계엄령을 선포하기로 의결하고 사태를 관망하였으나 데모가 더욱 치열해지자 동일 하오 5시에는 비상계엄령을 선포했다.

송요찬 육군참모총장을 계엄사령관으로 임명하고 육군본부에다 계엄사령부를 설치하는 한편 포고령 제1호를 발표하여 낭설유포, 직장의 무단포기, 질서파괴 등을 경고하고, 포고령 제2호로 집회해산을 시달하고 옥외집회의 불허, 계엄령지구 각급학교의 휴교, 통행금지시간의 연장, 언론, 출판, 보도의 검열을 시달했다.

한편 경찰력의 마비로 완전히 기능을 잃은 치안을 유지하기 위하여 동일 10시 30분경 보병 제15사단을 서울에 진주시켰고 포고령 제3호로 부산, 대구, 광주, 대전 등지의 계엄사무소장을 각각 임명하였다.

4월 19일 밤 매카나기 주한미대사는 경무대로 이승만 대통령을 방문하고 돌아와서 4 · 19사태에 깊은 관심과 폭력행사와 그것을 유발한 조치에 대한 유감의 뜻을 표시하고 법과 질서의 회복, 시위자들의 정당한 불만의 해결에 대한 희망을 표시하는 성명서를 발표하여 일반시민들에 심대한 자극을 주었다. 뿐만 아니라 미국무장관은 양유찬 주미대사를 초치하고 한국사태에 대한 미국의 관심을 표명한 각서를 수교하고 "한국에 있어서의 시위운동이 부정선거와 비자유민주주의적인 정부시책에 대한 불만의 반영이라고 보며 한국정부의 정치적 반대세력에 대한 공정치 못한 차별조치의 방지, 언론, 집회, 출판의 자유를 비롯한 민주적인 제권리를 보호하기 위한 소치를 희망하는 '성명서' 를 발표하였다.

정부에서는 4 · 19사태에 대한 유감을 표시하고 학생들의 거사는 어느 배후세력의 선동에서 일어난 것이고 이러한 배후세력의 태도는 악랄한 비민주적 만행이며, 민주당 측에서는 시위행렬에 대한 발포가 무자비한 것이라고 하나 그것은 데모대의 투석, 경찰관에 반항, 파출소습격, 정부청사습격, 경무대침입기도 등에 대한 부득이한 처사였음을 국민들은 이해하고 질서유지에 합심해야 한다는 국민에게 호소문을 발표했다. 그러나 이에 대하여 민주당은 계엄령선포의 부당성을 지적하고 사태수습의 방안으로 자유분위기 하에서 정 · 부통령 선거를 다시 하자고 주장하였다.

그러나 이승만 대통령은 동 4월 20일 담화를 발표하고 "지금은 원인과 책임을 논의할 때가 아니고 법과 질서를 회복하여 계엄령의 필요를 없게 하여야 하며 질서가 유지되면 소요 사건조사에 최대의 노력을 기울일 것이며 죄 있는 사람들은 죄를 받을 것이고 불평의 주요원인이 있으면 모두 시정될 것이다"라고 했고, 계엄사령부 당국은 경찰관의 학생에 대한 보복행위를 금지시키고 서울시내 각 대학의 총학장 및 학생대표와 회담하여 4·19 때 연행된 학생들의 석방문제를 의론할 것이며, 학생시위의 정당성을 인정하고 발포경관을 처벌할 것을 약속했다. 또한 매카나기 주한미국대사는 경무대로 이승만 대통령을 방문하고 4·19사태에 대한 미국정부의 견해와 관심을 전달하며 깊은 관심을 표명했다.

이와 같이 국내외에서 4·19사태에 대한 깊은 관심과 우려에 이승만 대통령은 드디어 심경의 변화를 일으키게 되어 동 4월 21일 가장 신임을 했던 이기붕 부처와 자유당의 최고 간부들의 면담요청을 거절하고 허정, 변영태 등 재야인사를 초치하여 사태수습에 대한 의견을 청취하는가 하면 "이기붕의 부통령 당선을 사퇴하게 하는 것이 사태수습의 중요방책"이라고 통일당 위원장 김준의 진언에 대해서도 고려해 보겠다는 답신을 보냈다.

이승만 대통령이 이렇게 심경의 변화를 보이자 자유당과 정부에서도 반성과 인책의 분위기 속에서 동 4월 21일 상오에는 자유당 정부의 전 각료가 4·19사태의 책임을 지고 대통령 보좌에 미흡하였음을 통감한다는 성명서와 함께 일괄사표를 제출했으며, 자유당도 의원총회를 열고 국회에서의 초당적인 수습대책위원회를 구성하고, 전 국무위원과 당무위원의 개편, 사건의 주모자는 엄단하되 직접 파괴에 가담한자 이외의 구속학생석방, 마산사건에 관련된 고문경찰관과 데모 학생에게 폭행한 폭력배의 색출처단 등을 내용으로 하는 사태수습책을 결정 발표하고 전당무위원은 일괄사표를 제출했다.

이리하여 지유당 운명은 이미 전락일도에 늘어서게 되었는데, 동 4월 23일 상오 11시 50분에는 이기붕이 부통령 사퇴고려 성명이 발표되고 곧 이어서 장면 부통령 사임성명이 발표되었다. 그리고 12시 40분에는 홍진기 내무부 장관이 이기붕은 사퇴고려가 아니라 결정적인 사실이라고 밝히고 아울러 내각책임제개헌도 논의되었다고 밝혔다. 이어서 동일 오후에는 그동안 자유당의 비호 하에 온갖 부정과 폭력을 자행했던 정치폭력배의 두목 임화수와 유지광 등이 구속되었고 드디어 동 4월 24일 이승만 대통령의 자유당총재직 사퇴성명이 발표되었다.

이승만 대통령의 자유당총재직 사퇴성명이 발표된 다음날인 25일에는 서울시내 각 초등학교가 일제히 개학하였고, 27일에는 중학교가, 29일에는 고등학교가 각각 개학될 예정이었으며, 통행금지시간도 25일 이전으로 환원하였고, 같은 날 부산, 대구, 광주, 대전 등지의 비상계엄도 경비계엄으로 낮추었으며 구속학생 전원석방과 보도관제도 일체 해제하였다. 그리고 이승만 대통령은 자유당내각의 총사퇴서를 수락하고 재야인사 허정과 변영태를 초치하여 전면개각을 의뢰하였다.

당시 이승만 대통령의 생각은 건국초창기에 민국당, 족청파 등 정치세력을 이용했다가 불필요할 때는 이들 세력을 일축해 버리고 자신은 언제나 초연한 위치에 서서 다른 정치세력을 이용했던 것처럼 이미 국민의 지지를 잃어버린 그의 수족들과 자유당을 결별하고 재야인사 중 비교적 무난하다고 보이는 허정과 변영태를 등용하여 사태를 수습하고 계속 집권을 유지하려 했었던 것이다.

이승만 대통령으로부터 전면개각을 의뢰받은 허정과 변영태 양인 중 변영태는 이를 거절했고 결국 허정이 이를 수락하여 동 4월 25일 밤 허정을 수석국무위원인 외무부 장관에 임명하고 내무부 장관에는 이호, 법무부 장관에 권승열이 각각 임명되었다. 이리하여 신임 수석국무위원 허정은 25일 밤 비상사태의 급속처리, 책임정치제도의 확립과 공무원, 특히 경찰의 정치적 엄정중립, 관기숙청 등 당면정책을 발표하여 이승만 대통령의 거취에는 관계가 없는 범위 내에서 수습될 것처럼 보이기도 했었다.

그러나 동 4월 25일 하오 3시경 서울대학교 교수회관에서 서울시내 각 대학교수 약 25여 명이 모여 4·19 사태의 수습을 위한 긴급회의를 열고 마산을 비롯한 전국학생데모의 정당성과 순수성을 주장하는 한편 경찰의 만행을 규탄하고, 대통령과 전국회의원 그리고 대법관들의 사퇴와 3·15 부정선거조작자의 처형, 동선거의 재실시, 발포경관 및 그 하명자의 처벌, 경찰의 중립과 학원의 자유보장, 사이비학자와 정치에 이용된 문화인과 예술인의 배격, 학생들에게의 경고와 권유 등 14개항에 달하는 시국선언문을 발표하고 노교수들을 선두로 시가행진을 시작했다.

교수들의 시가행진은 "학생의 피에 보답하라"라는 현수막을 선두에 들고 서울대학교를 출발하여 수많은 시민들의 호응을 받으면서 종로5가를 지나 화신백화점 앞과 미국대사관 앞을 거쳐 태평로 국회의사당 앞에 와서 4·19 혁명에 희생된 제자들을 위한 묵념을 올리고 조용히 해산을 했다. 이와 같이 대학교수단의 데모는 질서정연하고 평온한 가운데 이루어졌지만 교수단의 시가행렬을 뒤따르던 시민들과 학생들은 다시 용기를 얻어 교수단의 행렬이 해산한 뒤에 이들은 곧 다시 분노의 행동대로 돌변하여 중앙청과 이기붕의 집 그리고 폭력배의 두목 임화수 이정재의 집으로 몰려가 집기와 기구를 모두 파괴하였다. 그러나 계엄군은 대단히 우호적이어서 끝내 불상사는 일어나지 않고 해산되었지만 이 데모는 다음날 다시 계속되었다.

이리하여 동 26일 2시 30분에 계엄당국은 포고문 제9호를 발표하고 차량의 통행을 금지시켰으며 학생들의 등교를 중지시켰다. 그럼에도 불구하고 데모는 계속되어 이승만 대통령 하야를 외치며 을지로, 종로, 세종로 등지가 온통 데모대로 메워졌으며 데모를 저지하기 위해 동원된 국군들도 데모대와 호흡을 같이 하여 계엄군전차에 편승한 데모대가 국군만세를 부르니 데모대는 삽시간에 증가되어 걷잡을 수 없도록 사태가 긴박해져가고 있었다.

이때 시민 대학생 고등학생 대표 5명이 경무대에서 이승만 대통령을 만나 대통령직을 하야할 것을 권유하였는데, 이승만 대통령은 드디어 동일 상오 10시 국민이 원하면 대통령직을 사임할 것과 부통령선거를 재실시할 것, 이기붕을 모든 공직에서 사퇴하게 할 것, 국민의원에 따라 내각책임제개헌을 할 것 등을 내용으로 하는 성명을 발표했다. 이 성명은 대통령직을 사임하겠다는 확실한 의사표시도 아닐 뿐만 아니라 사임성명도 아니었다. "국민이 원한다면"라고 단서를 붙임으로서 다만 재선거문제와 이기붕의 공직사퇴, 내각책임제의 개헌 등을 제시한 것뿐 이었다. 그러나 이러한 성명은 이승만 대통령과 자유당정부를 몰아내는데 승리한 분위기로 거리를 메웠던 데모대와 시민들은 대한민국만세를 부르며 환호성을 쳤다.

한편 경무대를 다녀온 매카나기 주한미국대사는 "오늘은 한국국민과 해외에 있는 많은 한국친구들이 오래도록 기억해야 할 날이다. 나는 당국자들이 국민의 불만에 대하여 정당화할 수 있는 길로 일해 줄 것을 믿어 의심치 않는다. 그러므로 나는 한국국민들이 법과 권위에 대한 존엄성을 보여줄 것을 믿으며 조속히 한국국민들의 유용한 과업과 일상직무가 이 위대한 국민의 안녕과 안전을 그리고 번영을 촉진하는 방향으로 향하여 나아갈 것을 믿는다. 이것은 이날을 영예롭게 하는 길인 것이다. 미국은 한국에 대하여 전폭적인 후원을 계속할 것이다"라고 성명을 발표함으로써 사실상 이승만 대통령 하야 결정을 재촉한 것이다.

한편 국회의사당 앞에 집결되어 있는 시민들은 긴급국민대회를 열고 이승만 대통령의 즉시 하야와 정·부통령 선거의 재실시, 내각책임제개헌의 조속 단행, 3·15부정선거원흉의 의법 처단, 내각책임제개헌후의 민의원해산, 주미대사 양유찬과 주일대사 유태하의 파면 등 6개항을 국민의 이름으로 원한다고 결의를 했다.

또한 국회에서는 하오에 긴급 국회본회의를 열고 국민대회에서 결의한 6개항을 보고사항으로 접수하고 이승만 대통령의 즉시 하야와 정·부통령 선거 재실시, 과도내각 하에서의 내각책임제개헌단행, 개헌안통과후의 민의원해산과 총선거실시 등 안을 만장일치로 가결하였다. 이와 같이 주한외국공사관, 국민대회, 민의원 등에서 차례로 이승만 대통령의 즉시 하야를 재촉하게 되자 드디어 동 4월 27일 하오 2시 5분 이승만 대통령은 국무원사무국을 통하여 국회에 대통령직사임서를 제출하게 된 것이다.

이리하여 10여 년에 걸친 이승만의 자유당정권은 그 막을 내리게 되었고 흥분된 군중들은 3·15 부정선거의 원흉이었던 이기붕 부통령 과 최인규 내무부 장관의 가옥이 불타고 파괴되었고 이승만의 동상은 길거리로 쓸어져 뒹굴고 있었다.

3·15 부정선거로 부통령에 당선했던 이기붕은 의거가 일어나던 날 포천에 있는 제6육군단에 피신을 하고 있다가 김정열 국방장관 등 각료들로부터 부통령당선포기권고를 받았으나 자유당간부들의 만류로 태도결정을 미루고 있다가 결국 사퇴 성명을 냈으나 후에 사퇴고

려성명으로 이를 번복한 후 4월 25일 교수 데모에 이어 데모대가 그의 집을 습격하였을 때 그는 또다시 가족들과 함께 서울을 벗어나 제6군단에 다시 피신을 요청했다가 거절을 당하고 다시 서울로 돌아와 경무대관사 36호에서 피신을 하고 있었다.

그러나 동 4월 27일 국회에서 이기붕을 비롯한 자유당간부의원 8명에 대한 부정선거관련으로 의원직사퇴권고결의안이 가결되었고 또한 이승만 대통령이 사표를 내고 28일 이화장으로 이거한다는 계획이 발표되자 이기붕과 그의 가족은 동 28일 새벽 5시 40분에 그의 장남이며 이승만의 양자였던 육군소위 이강석에 의해 소지한 권총으로 4명 가족 전원이 자결하고 말았다.

한편 이기붕가족이 집단자결을 한 동 28일 오후 2시 50분 이승만은 주위 인사들의 만류를 뿌리치고 경무대를 떠나 이화장으로 옮겨 갔다.

4. 과도정부의 성립과 정정政情

4·19 혁명으로 폭발한 국민들의 분노를 이승만 대통령은 이기붕을 모든 공직에서 사퇴시키고 자신이 자유당과 결별함으로써 이를 수습하려고 했기 때문에 자유당을 대신할 정치세력으로 4월 23일 전 국무총리였던 변영태와 총리서리를 지낸 바 있는 허정을 경무대로 초치하여 사태수습방안을 논의했다. 여기에서 그들은 수습방안으로서 이승만 대통령의 초당적 위치와 거국내각의 조직 등 안을 건의함으로써 그 결과 동 24일에는 이승만 대통령이 자유당 결별을 선언했고, 또한 자유당 국무위원 전원의 사표를 수리하고 수석국무위원인 외무부 장관에 허정, 내무부 장관에 이호, 법무부 장관에 이승열이 임명되었으니 과도내각은 여기에서 비롯된 것이다.

이승만 대통령이 이렇게 새로운 내각을 구성하기 위해 3부 장관을 임명한 동 25일 하오에 서울대학교 교수들의 데모로 사태가 다시 돌변하게 되었고, 급기야 다음날 이승만 대통령은 하야성명을 발표했다. 한편 국회에서는 내각책임제개헌인과 과도정부 수립안 등을 의결하여 이승만 대통령에 의해 임명된 3부장관이 과도내각의 모체가 되어 수석국무위원이었던 허정 외무부장관이 그대로 과도내각의 수반이 되었던 것이다. 이리하여 허정 과도내각은 4월 28일 오후 6시경 조각을 완료하고 재무부 장관에 윤호병, 문교부 장관에 이병도, 부흥부 장관에 전예용, 상공부장관에 전택, 보사부 장관에 김성진, 교통부 장관에 석상옥을 각각 임명하였다.

3부 장관을 제외하고 조각을 거의 완료한 허정수반은 이날 담화를 발표하여 국민의 요망에 따라 3·15 부정선거의 책임을 철저히 밝혀내 엄정 처벌할 것과 경찰을 정치로부터 완선히 독립된 중립경찰로 재편하여 무질서한 사태를 회복할 것을 약속하였으며, 동 4월 29일에는 첫 각의를 개최하고 과도정부가 국내외의 신임획득을 위하여 노력할 것이며, 각도의 지사와 경찰국장을 전면 경질 정리할 것을 결의하고, 치안확보, 공무원의 기강쇄신, 주미대사 양유찬과 주일대사 유태하의 사표수리 등을 결정하였다.

한편 허정 내각은 이날 주한미국대사를 만나 그 동안 중단되었던 미국의 경제원조를 즉각 재개할 것에 합의를 보았고, 최인기, 한희석 등 구정권 하에서의 부정선거관련자들을 구속하기로 결정하였으며, 동 5월 3일에는 확고한 반공정책의 진전, 부정선거처벌대상자 제한, 혁명적 정치개혁을 비혁명적 방법으로 단행할 것, 4·19 혁명시 미국의 역할을 내정간섭이라 운위하는 자에 대한 조치, 한일관계의 정상화, 일본인 기자의 입국 등을 내용으로 하는 과도정부의 5대 정책을 발표하였다.

이리하여 과도정부는 점차 그 지위가 안정되어간 것처럼 보이기는 했으나 오랜 장기 독재정권의 잔재와 4·19 이후 정치적으로 유리해진 일부 정치세력의 압력 등으로 많은 어려운 난관들을 겪게 되었다. 즉 동 5월 3일 과도정부가 시행한 경찰인사조치에 대하여 극심했던 국민들의 증오심을 풀어주지 못하였다 하여 여론이 험악해져 결국 내무부 장관 불신임안이 제출되어 임명된 지 불과 2일 만에 장관발령을 취소하였으며, 구정권에 의해 임명된 대법원장의 사표가 과도정부에 의해 반려된 것과 또 과도정부의 각료 중 구정권하에서의 증회贈賄사건과 관련 있는 자가 있어 많은 비난이 일기도 했다.

동 5월 29일에는 대통령직을 하야하고 이화장에 우거寓居하고 있던 이승만이 허정 과도정부수반의 직접주선으로 하와이로 망명을 떠났다. 이는 이승만의 처 프랜체스카 여사와 매카나기 주한미국대사가 신병요양을 구실로 허정내각수반에게 미국망명을 요청했고, 하와이 교포단이 보낸 전세기로 그를 출국하게 했던 것이다. 이 문제는 국민들에게 커다란 충격을 주었을 뿐만 아니라 국회에서도 문제를 제기했는데 허정내각수반은 이에 대하여 이승만의 출국은 시국수습에 도움이 될 것이며 필요하다면 언제든지 소환할 수 있다고 답변하였다.

그러나 국민들은 과도정부의 이와 같은 처사에 격분하였으며, 4월혁명 단체들은 허정 과도정부의 축출과 인책을 외치며 또다시 데모 행진이 시작되었다. 이런 가운데 허정 과도정부는 의거 이후 사태수습과 차기정권수립을 위한 총선거를 관리해야 할 중차대한 사명을 감당해야 함에도 불구하고 정부로서의 권위도 제대로 갖추지 못하였고, 국회 내에 지지 세력도 없었을 뿐만 아니라 자유당 몰락 후 국회 내에 주도권을 쥔 민주당이 차기집권을 목표로 각종 압력을 가하고 있어 실로 과도정권은 존재 자체가 기형적인 운명이 아닐 수 없었다.

이러한 과도정권 하에서 국회는 자유당소속 정·부의장의 사퇴와 함께 새로 의장단이 보선되었고, 6월 15일은 국민여론에 준한 내각책임제개헌안을 공포하여 총선거일을 7월 29일로 결정하고 대소정치세력들은 총선거준비활동에 들어갔다. 그러나 7·29 총선거도 자유당

치하의 부정선거에 못지 않게 부정과 난동이 난무하였으나 과도정부는 이를 제지하고 선거질
서를 유지하기에는 너무도 무력하였으며, 일부 난동자들을 의법 조치를 했으나 이들은 대부
분 민주당과 관련이 있는 자들이었으므로 민주당 정부가 들어선 후 거의 다 유야무야 해버리
고 말았다.

제6편

민주당 정부

매일같이 민주당정권의 무능무위를 성토하는 데모행렬

민주당 정부 _

1. 내각책임제 개헌과 7 · 29 총선거

자유당 몰락 이후 국회 내의 가장 유력한 정당으로 등장한 민주당은 자유당시대부터 장면을 영수로 하는 신파와 조병옥을 영수로 하는 구파로 분열되어 파쟁과 반목을 거듭해 오다가 조병옥이 사망하자 당내 파쟁은 필연적으로 신파에 유리하게 되어가고 있었으며 자유당의 몰락과 이승만 대통령의 하야 그리고 이기붕이 자결을 한 당시의 정세 하에서는 국무총리와 부통령을 역임한 민수낭의 장면 신파영수가 가장 유력한 차기 집권자로 부각하게 되었다.

이와 같은 정치 분위기에서 국회는 1960년 5월 15일 대한민국 정부수립 이래 처음으로 내각책임제로 헌법을 가 208표, 부 3표라는 절대 다수의 찬성으로 통과시켰다. 이에 따라 과도정부는 즉일 이를 공포하였고 동 6월 22일에는 선거법안을 통과시켜 총선거일자를 1960년 7월 29일로 결정 공포함으로써 민의원과 참의원 선거전이 본격화하게 되었다.

입후보자 등록이 시작되자 과거 기반을 가졌던 자유당원들과 그 동조세력들이 도처에서 출마를 하게 되니 4 · 19 혁명의 주체세력으로 자처하는 일부 학생들과 시민들이 자유당관계자의 출마반대를 규탄하며 그들의 선거사무소와 가옥을 습격하는 폭력사태가 도처에서 일어났다. 사실 당시의 사정으로는 소위 자유당세력의 당선가능성이 아주 많았으므로 자유당세력의 출마를 방해하는 행동파의 배후에는 순수한 의거정신만이 아닌 즉 차기집권을 노린 정치세력의 조종이 있었던 것이다. 이와 같이 구자유당세력의 출마를 제지하기 위해 각종단체의 방해 행위로 말미암아 사상 보기 드문 난동 속에 총선거를 맞이하게 되었다.

그 예를 들면 경남 삼천포에서는 이재현 전 자유당의원의 출마취소를 요구하며 그의 집 앞에서 단식 데모를 하다가 투표 당일에는 5,000여 군중이 삼천포시청 앞 개표장에 몰려와 김기훈 민주당 후보의 득표보다 이재현 자유당 후보가 1,176표로 승리하자 일제히 개표장으로 난입하여 전투표함을 불사르고 4명의 중상자를 냈다.

또 경남 고성에서는 전자유당 최석림의 출마를 방해하기 위하여 "재경유학생고성출신 동지회"라는 단체이름으로 동 7월 2일부터 그의 선거사무실 앞에서 단식연좌 데모를 하며 최석림의 부친으로 하여금 아들을 출마시키지 않겠다는 현수막을 들고 행진을 시키는 등 선거를 방해하자 동 7월 25일 군선거관리위원 전원이 총사퇴서를 제출하기도 했다. 이러한 분위기에서 개표결과 최석림이 유리해지자 개표소를 포위하고 있던 1,000여 명의 군중이 투표함 90여 개를 불지르고 수십 명의 부상자를 냈다.

7·29 총선거 중 소위 자유당세력의 출마를 제지하기 위한 대표적인 난동은 경남 창녕에서 일어났다. 창녕의 민의원 입후보자 중 신영주는 원래 경찰관 출신으로 전자유당의원이었고, 박기정은 민주당 공천자로 신파의 중요인물인 오한영계의 인물이었다. 이 두 후보는 이 지방에 유력한 배경을 가지고 있었기 때문에 선거전이 개막되자 이들 양 입후보자 간의 대립과 반목의 격화는 결국 타지방으로부터 직업적인 폭력배를 동원시키기에 이르렀다.

개표가 시작되자 44개의 투표함 중 30개의 개표결과 신영주의 득표수가 박기정의 표보다 992표를 앞서자 민주당 측이 투표에 부정이 있었다고 군중을 선동하자 신영주의 선거운동원과 군중 간에 난투극이 벌어져 30여 명의 부상자가 발생했으며, 투표함 9개를 불사르고 신영주 후보를 납치하여 만옥정에서 소위 군민재판을 하여 생매장을 시키려 하다가 일단 경찰에 인계하였는데 경찰은 이날 밤 그를 탈출시켰던 것이다. 그러나 경찰이 신영주를 탈출시킨 사실을 안 데모 군중 2,000여 명에게 경찰서장이 납치당하여 심한 봉변 끝에 겨우 도망을 쳐 나왔는데 그의 부인에게 대신 참혹한 봉변을 겪게 하는 난동이 벌어졌는가 하면 이성을 잃은 난동자 앞에 경찰력은 완전히 무력화되고 선거위원장의 집이 파괴되고 신영주 측근자의 집까지 파괴되는 등 한동안 무법천지가 되고 말았다. 이리하여 동 8월 1일 군대가 출동하여 이를 겨우 진압했는데 이밖에도 광산, 김천, 밀양, 영양, 서천, 괴산, 내전, 인제 등지에서 투표함의 파괴와 소각사건이 연발했다.

이와 같이 7·29 총선거는 관권의 간섭과 압력은 없었지만 그 대신 자유당세력의 출마 제지를 빙자한 폭력배의 난동으로 사상초유의 폭력과 난동의 선거가 되고 말았으니 전국에서 300여개의 투표함이 소각 파괴되었으며 무려 1,371건의 선거소송이 제기되어 그 중 민주당 당선자 1명을 포함한 336건이 기소되었다. 창녕에서 민주당 후보로 당선된 박기정은 난동사건의 주모자혐의로 피소되었으나 부산지방검찰청에 의하여 불기소처분 되었다가 다시 신영주

측의 재정신청으로 대구고등법원에서 준기소명령이 내려 결국 유죄판결을 받고 말았다.

　　7·29 선거의 결과는 예상했던 대로 민주당이 절대다수의 의석을 차지하여 민의원에서만 180석을 확보했는데 이와 같은 민주당의 우세는 또한 민주당의 파쟁을 더욱 조장시키기도 했다. 이리하여 동 8월 4일에는 민주당 구파 측에서 한 정당이 의석의 2/3를 차지하면 1당 독재의 우려가 있으며 2개 이상의 정당정치가 확립되어야 하며 건전한 야당의 존재가 정국안정에 필요하다는 이유와 민주당 신·구파의 구차하고 형식적인 혼합체로서의 운영은 강력한 국정수행에 어려운 점이 있으며 그러므로 구파는 국민여망에 의하여 책임 있는 정권담당에 매진할 것과 7·29 총선거시에 발생한 폭력, 파괴, 부정개표 등 민주반역행위 등을 국회개회 벽두에 규탄할 것 등을 내용으로 하는 성명서를 발표하여 사실상 분당할 의사를 밝히는 한편 7·29 총선거 당시 발생한 난동의 책임을 사실상 신파에 돌리려 하였다.

　　이와 같은 구파 측의 성명서가 발표되자 민주당내부의 온건파와 중도파들은 큰 반발을 보였으며 구파 측에서도 일부 의견의 일치를 보지 못하여 실천하지는 못했지만 양파는 전혀 개별적인 입장에서 정책수립과 요직안배공작에 분망했는데 동 8월 6일에는 신파 측에서 당선자총회를 열고 구파 측의 불참에도 불구하고 13인소위원회를 조직하였고 다음날에는 구파 측이 별도로 당선자총회를 열어 23인 위원회를 발족시켜 각기 자파의 명단을 발표하고 우세를 자랑하였다. 그러나 양파가 발표한 명단은 본인의 의사와 상반된 것은 물론 이중으로 발표된 자도 있었으며 지방당선자 중 신·구파의 구별이 분명하지 않은 자의 포섭을 위하여 수단과 방법을 가리지 않은 실정이었다. 이러한 분위기는 동 8월 8일 국회가 개회되고 민의원 의장단 선거가 실시되자 신·구양파는 드디어 치열한 대립으로 나타나게 되었다.

　　신파 측은 민의원 의장에 자파의 곽상훈, 부의장에 구파의 이영준, 무소속의 이재영 등 3인을 내정하였으나 구파에서는 부의장에 이재영 대신 서민호를 내정하여 투표에서 승리하였다. 한편 참의원 의장단선거에서는 의장에 구파 측에서는 소선규, 신파측에서는 고의동을 각각 밀었고, 참의원 내의 다수의석을 차지한 무소속의원들은 백낙준을 밀고 나왔다. 그러나 투표결과 구파측의 소선규가 당선이 되었다.

2. 민주당신파 장면 내각 출범

　　민·참의원 의장단선거가 끝나자 정계의 초점은 곧 행정수반인 국무총리의 지명권을 가진 대통령선거에 집중되었는데 신파 측에서는 대통령에 구파소속인 윤보선을, 국무총리에는 자파영수인 장면을 밀어 구파측의 유력한 지도자인 윤보선을 상징적 지위인 대통령에 추대함으로써 실권있는 국무총리직 경쟁에서 강적을 제거하고 한편 신·구파 간의 요직안배의 명분을 세우려는 책략이었다. 이에 반하여 구파 측에서는 대통령에 윤보선, 국무총리에 자파인 김도연을 내정하여 민·참의원 의장단선거에서 성공한 여세로 계속하여 정권의 완전장악을 기도하고 있었다. 이처럼 신·구 양파는 같은 당에 소속되어 있으면서도 파벌집권을 꾀하고 있었으니 사실상 당시 민주당정권은 신·구 양파가 완전히 분리된 양대 정치세력을 형성하고 있었다.

한편 민주당의 분열과 앞으로 있을 대통령선거와 국무총리 인준문제 등에 타협점을 찾기 위해 윤보선, 장면, 곽상훈 민주당의 3인 지도층이 회담을 갖기도 했지만 타협점을 찾지 못한 채 동 8월 12일 대통령선거를 실시하게 되었던바 결과는 예상했던 대로 구파소속의 윤보선이 대통령에 당선이 되었다.

이제 대통령선거는 비교적 무난히 실시되었으나 양파의 경쟁초점은 국무총리지명과 그 인준에 있었다. 즉 구파 측 입장은 물론 대통령이 자파의 총리후보를 지명한다 하더라도 신파의 강력한 반발로 국회인준이 난관이었고 신파 측에서는 강력한 총리경쟁자인 윤보선을 대통령으로 추대하기는 했으나 대통령에 당선된 윤보선이 자파소속인물을 총리후보로 지명한다면 국회에서 이를 저지해야하는 문제로 양파는 제각기 무소속포섭에 치열한 경쟁이 벌어졌다.

이러한 상황에서 동 8월 16일 윤보선 대통령은 자파인 구파소속의 김도연을 제1차로 국무총리에 지명을 하여 동 17일 국회에서 표결을 한 바 재적과반수에 3표 미달로 김도연 인준이 부결되고 말았다. 이리하여 윤보선 대통령은 제2차로 신파소속의 장면을 국무총리후보로 지명을 했는데 신파 측에서는 장면이 확실하게 국회인준을 받아내기 위해서 만일 장면이 총리가 되면 최소한 5개의 각료석을 구파에, 2석을 무소속에 할애하겠다는 거국내각론을 내놓고 치밀한 작전 끝에 동 19일 국회표결에서 장면은 무난히 총리인준을 받게 되었다.

이렇게 총리인준이 끝남으로 해서 정권은 12년간의 자유당정부는 젊은 학생들의 의거에 의해서 무너지고 허정 과도정부를 거쳐서 장면을 영수로 하는 민주당 정부로 넘어가게 된 것이다.

그러나 장면 총리의 인준과정에서 금전, 이권, 관직을 미끼로 한 불미스러운 정치협상의 후유증으로 총리인준의 책략으로 내세운 소위 거국내각구성제의에 구파가 이를 불응하고 원내에 구파민주당으로 별개의 교섭단체를 등록하기로 의결하였다. 결국 장면은 거국내각구성에 구파의 호응을 얻지 못하고 동 8월 23일 원내 민주당신파 11명, 원·내외의 무소속 각 1명, 원내 민주당구파 1명으로 구성된 제1차 내각명단을 발표하였다.

장면의 제1차 내각구성은 당초 약속한 거국내각과는 거리가 멀었고 사실상 민주당신파의 독점내각이었으며 2명의 무소속각료도 민주당신파와 가까운 자들이었고 유일한 민주당구파 출신인 정헌주는 이미 민주당신파로 전향한 자였다. 이와 같이 장면의 제1차 내각은 민주당신파가 완전히 독점한 것이어서 각계에서는 파벌내각이니 신파내각이니 국가보다 민주당신파를 중시한 내각이라는 혹평을 받았으며 또한 제1차 조각은 민주당 신파 중에서도 13인소위원회중심이었기 때문에 신파 내의 소장측에서는 극도로 반발을 하여 결국 개별세력을 형성 "소장동지회"를 조직하여 별도 규약을 채택 발표하였으며, 구파 소장 측에서도 장면 정부를 비방하는 성명을 발표하는 등 이와 같이 장면의 제1차 조각은 구파와의 관계를 더욱 악화시켰을 뿐만 아니라 어렵게 정권을 잡은 민주당은 사분오열하여 파쟁으로 격화되어 드디어 동 8월 31일에는 구파 측이 정식으로 "민구동지회"라는 새로운 원내교섭단체를 등록하고 장면 정부를 사사건건 반발하고 비방하고 나서니 장면내각은 견디다 못해 출범한 지 불과 10여일 만에 다시 개각을 하지 않으면 안되었다.

9월 12일 장면 내각은 드디어 심한 정쟁을 지양하고 정국안정을 도모하기 위하여 부득이 구파의원 5명을 포함한 제2차 개각을 단행하게 되었다. 그러나 제2차 개각 역시 거국내각이 되지못하고 구파에 몇 개의 각료직을 양보한 것에 불과하여 각계에서는 또 이번 개각을 이익을 추구한 야합 이니 혹은 일시적인 미봉책이라고 평하기도 했다. 이와 같이 장면의 제2차 개각으로도 여전히 구파의 우호적인 협조를 얻지 못하고 구파는 여전히 당중앙상임위원회의 출석을 거부하여 당 기능을 마비시켰으며 그 결과 행정력 또한 극도로 저하하고 있었다.

동 9월 20일에는 신·구파 간의 불협화음을 타개해 보기 위해 신·구파대표 각 7명이 회합을 했으나 끝내 타협점을 찾지 못하고 구파 측에서 신당발족을 선언함으로써 신파는 독자적으로 동 9월 23일 민주당으로 원내교섭단체등록을 마쳤고, 구파는 동 10월 18일 신민당으로 발족하게 되니 민주당의 신·구 파쟁은 결국 분당으로 결말이 나고 말았다. 이렇게 민주당 구파가 분당하여 신민당으로 발족한 후 민주당은 비로소 독자적으로 잘 운영이 되어나갈 것처럼 보였으나 구파가 분당히여 나긴 후 민주낭 내무에서는 또 노장파와 소장파 그리고 합작파의 파쟁이 점차 심각해지고 있었다.

소장파들은 7·29 선거 때부터 신파의 선봉으로 맹렬히 활동을 해왔고 총리인준 때도 무소속과 중도파포섭에 큰 공을 세웠음에도 불구하고 조각에서 소장파의 공이 도외시 당하고 노장측이 각료직을 독점한 데 대한 반감으로 소장동지회를 조직하여 구파의 분당 후에는 당 기구의 개편문제를 둘러싸고 심한 대립을 보여주고 있었다. 즉 각료직을 노장파에 독점당한 소장동지회는 당의 요직 점유를 목적으로 당기구를 개편하기 위한 전당대회의 조속한 개최를 주장하며 노장파에 압력을 가하는가 하면 1961년 1월 4일 제1회 추가경정 예산안이 제출되었을 때 소장파대표가 총리를 찾아가 전당대회를 2월 28일 이전에 개최하여 당기구를 정비하고 당책을 정한 후에 추가경정 예산안을 편성 제출할 것과 정부기구를 개편하여야 한다고 주장함으로써 노장파에 의해 만들어진 당책에 정면으로 대립하였다.

또한 소장동지회는 노장파의 노련한 자멸공작에도 불구하고 더욱 결속하여 동 1월 26일에 이를 신풍회로 개편하고 국방심의회, 정견조사연구회, 해외시찰단파견주선위원회 등 기구를 두어 당내에서의 독자적 지위를 확보함으로써 노장파와 행정부에 크게 타격을 주기도 했다.

이러한 소장파의 불만을 무마하기 위하여 장면총리는 요직을 다시 안배하기 위한 제3차 개각을 결심했으나 소장파의 각료석안분비율의 의견차이와 또 합작파에서도 각료석을 요구하고 나와 당내 파쟁을 무마하기 위한 개각 역시 어려운 일이 아닐 수 없었다. 진통 끝에 동 1월 20일 장면총리는 제3차 개각을 발표하였는데 이는 제2차 조각 때 물러났던 현석호와 오위영을 다시 입각시켜 노장파의 세를 강화하고, 한통숙을 입각시켜 민주당소속 참의원들을 무마하였으며 김판술을 입각시켜 합작파의 반발을 막고, 신풍회에서 탈퇴한 우희창을 정무차관에 임명하여 그 공에 보답하는 한편 가장 불평이 많던 신풍회의 간부급에서 김재순과 김준태를 정무차관에 임명함으로써 당내파쟁을 무마시키려 했었다.

그러나 제3차 개각이 발표되자 합작파의원들은 곧 불만을 표시하고 "정안회"란 당내 야파조직을 만들었으며, 신풍회에서도 단 2사람의 정무차관입각에는 만족하지 못하고 다시 전당대회개최를 재촉하고 나왔다. 그러나 노장파에서 전당대회일자를 고의로 지연시켜 이를 5월 10일경으로 결정하게 되자 당내 노장파와 소장파 간에 정쟁은 치열해졌고, 한편 소장파의 함종빈 의원은 노장파의 수령인 오위영 의원이 중석불수출에 거액의 금전뇌물을 받았다고 발설하여 정쟁은 더욱 절정에 달하고 말았다.

이리하여 장면 총리는 5월 3일 다시 제4차 개각을 단행했는데 내용은 여전히 노장파가 우위를 점하는 한편 정안회 측은 김판술 이외에 이병하, 민장식의 기용으로 상당히 후대를 받았으나 신풍회는 교통부 장관으로 밀었던 김준태 부흥부 차관이 그대로 유임되고 김재순 외 겨우 박민기가 정무차관으로 기용된 데 대해 또다시 불만이 제기되어 김준태마저 사표를 제출하고 신풍회원의 당공직 불참을 결정하는가 하면 중석불 뇌물사건을 다시 들고 나왔다. 이로써 민주당은 구파가 분당한 후 노장파, 소장파의 신풍회, 정안회, 중도파 등으로 갈라져 정쟁을 계속하다가 1961년 5월 16일 군사혁명으로 정권을 상실하고 말았다.

3. 경제적 혼란

4 · 19 혁명으로 자유당이 몰락하고 과도정부에 의하여 새로운 정부수립을 위한 7 · 29 총선거가 준비되고 있을 때 유일한 차기정권담당자였던 민주당은 정치자금, 선거자금을 염출

하기에 혈안이 되어 그 방법은 자유당 때보다 오히려 더 혹심했다. 더구나 민주당은 신·구파로 분열되어 각기 차기집권을 노리며 개별적으로 자금을 염출하였으므로 경쟁이 심하였고, 자유당치하의 부정축재자들이 그 재산유지를 위하여 차기집권유력인사들과 야합을 하려고 날뛰고 있을 때였으므로 재벌들도 민주당의 신·구파로 갈라져 줄을 서고 있었다.

7·29 선거가 절정에 달하고 있을 때 자유법조단自由法曹團 소속의 신태악은 자유당치하의 부정축재자들로부터 18억 환이 민주당의 선거자금으로 제공되었다고 폭로했는가 하면, 구파 소속의 조영규는 시중금융기관에서 20여억 환이 모당 모정파에게 방출되었다는 설과 또 모당 모정파에서는 의원 1인당 1,000만 환 내지 3,000만 환씩 배당했다는 설이 있어 국회에서 특별조사단이 구성되기도 했었다.

또 국무총리 인준 시에는 민주당 신·구파는 정치자금을 염출하기 위하여 일부부정축재자들과 야합을 한 사실이 드러나 민주당 정부가 출범한 후 부정축재자처벌문제에 비혁명성을 드러내기도 했다. 참의원의 "부정정치자금유출특별조사위원회"가 조사한 바에 의하면 민·참의장단선거와 대통령선거, 국무총리인준을 전후한 7월 1일부터 8월 10일까지 40여 일 간에 걸쳐 약 40여억 환이 시중은행을 통해서 부정축재자들에게 대출된 사실이 드러났는데 이 돈은 동 기간 중 시중 7개 은행의 금융자금 중 3분의 2에 해당하는 금액이다.

민주당 신파의 부정정치자금염출은 국무총리 인준 후 민주당 신·구파의 분당을 계기로 원내 안정 세력을 확보하기 위해 소위 합작파 30여 명을 포섭해야 했으며, 또한 노장파에 대항하는 소장파의 무마를 위해 거액의 정치자금이 필요했던 바 이 역시 염출대상은 자유당치하의 부정축재자였으며, 주로 방직협회, 보험회사, 석유협회 등 국내유수 재벌들이며 민주당에서 염출한 정치자금은 총 45억 환에 달했다고 한다.

민주당 정부가 염출한 정치자금의 구체적인 실례를 들어보면 박해정 교통부 장관은 교통부산하단체인 강생회에서 약 34만 환, 한국운수주식회사에서 44만 환 도합 78만 환을 정치자금으로 제공했고, 김영선 재무부 장관은 7·29 총선거와 지방선거자금으로 화신산업 박흥식 외 13명으로부터 1억 환을 갹출했고, 삼성 이병철로부터 전후 4차에 걸쳐서 약 64만 환을 받았으며, 금융단으로부터 소위 4월 위기설을 무마하기 위한 공작금으로 1억 환을 갹출하였다. 오위영 무임소장관은 7·29 총선거자금으로 재벌들로부터 353백만 환과 4월 위기설 무마 공작금으로 고려, 동해 등 화재보험회사에서 545백만 환을 갹출하였으며 주요한 상공부장관은 정일형 등 UN대표를 파견하기 위한 비용으로 전업단電業團, 석탄공사에서 120만 환을 염출하였고 민의원 상공위원회와 참의원 산업위원회의 증회금으로 직할기업체로부터 800만 환을 거두었으며 역시 4월 위기설 무마공작금조로 대한석유협회에서 4차에 걸쳐 345백만 환을 갹출하였다.

민주당의 정치자금 갹출방법은 이들 민주당 간부들에게만 국한한 것이 아니고 그 측근자들 까지 동원되었는데 한우창 경향신문사장은 부정축재자들로부터 2억 환을 받아들이기도 했다. 이와 같이 거액의 정치자금을 동원한 이면에는 반드시 각종 부정이 개재되어 있었으므로 이는 곧 국가경제와 국민경제에 지대한 영향을 주는 요인이 되고 있었던 것이다.

민주당 정부가 정치자금을 염출하기 위하여 국영기업체를 부당하게 이용한 가장 대표적인 예가 소위 중석사건이다.

중석은 전략물자로서 한국 수출품 중 가장 중요한 위치를 차지하고 있었으며 집권자의 정치자금조달보고로서 자주 이용되고 있었다. 이 중석은 자유당치하에서도 중석불 사건으로 정계, 경제계를 크게 흔들어 놓았지만 민주당 정부 하에서도 중석문제는 정치자금과 관련되어 크게 문제가 된 것이다.

장면 총리는 집권하자 그의 정치자금 후원자였던 문창준을 대한중석광업주식회사 사장으로 임명하였다. 당시 중석은 1958년 이래 미국의 콘티넨탈 회사에 위탁판매를 하고 있다가 마침 1961년 1월 23일로써 계약기간이 만료되어 재계약을 하면서 대한중석회사는 미국, 영국 등 여러 나라의 계약제기를 물리치고 또 용공상사라는 말썽까지 있는 일본의 동경식품상사와 400톤 수출계약을 하고 약 40만 불의 약정금을 받았는데 이때 민의원 신풍회 소속 함종찬 의원이 이 계약에 100만 불의 커미션이 거래되었다고 폭로하여 큰 파문이 일어나기도 했다.

그리하여 이 문제는 국회에서 중석수출계약사건 진상조사단을 결성하여 조사한 바 동경식품상사와의 사이에는 정계약과 다름없는 판매계약이 체결되어 있었고 모든 부정의 원인은 선수금으로 대한중석을 불하받으려 한데서 발생한 것이었다고 밝혔다.

결국 민주당고위층은 중석판매계약을 일본인 상사와 체결하여 2백만 불의 계약금을 받고 한편으로는 대한중석회사불하위원회로 하여금 중석회사불하를 추진시켜 일본인상사로부터 받은 계약금으로 중석회사를 불하받아 영구적인 정치자금 조달원으로 하려 했던 것이다. 그리하여 이 문제는 당시 여ㆍ야 간에 심한 정쟁으로 비화하여 5월 11일 감찰위원회에 의하여 대한중석회사 사장 문창준을 파면시키고 결론을 내지 못하고 일단 차기회기로 이월되었다가 5ㆍ16 군사혁명을 맞이했다.

1960년도 말에 집계된 결산보고에 의하면 상공부산하 8대기업체의 적자누계가 무려 455억환에 달하였는데 그 원인은 국영기업체장의 정치적 정실인사와 국영기업체를 정치자금 조달원으로 이용을 했기 때문에 당시의 국영기업체는 거의 대부분이 적자운영을 하고 있는 실정이었고, 이 중석사건조사를 통해서 대한중석 외에도 다른 20여 개의 국영기업체도 불하시킬 계획이 진행되고 있었음이 밝혀졌다.

이와 같이 정치적 혼란과 국가경제의 혼란을 겪고 있을 때 공정환율의 현실화와 단일화 문제는 당시 민주당 정부의 중요한 당면과제가 아닐 수 없었다. 이리하여 10월 7일에 워싱턴에서 한·미 환율협상이 개최되었는데 한국정부 측에서는 현행 650 대 1 공정환율을 1,000 대 1 환율을 주장했고 미국 측에서는 1,300 대 1을 주장했으나 결국 한국 측 주장대로 1,000 대 1로 합의를 보고 1961년 1월 1일부터 시행했으나 불과 10여일 후 미국경제담당차관보가 내한 하여 미국대통령특별기금 약 2,500만 불과 국토개발자금 1,000만 불을 원조하는 한편 환율을 1,300 대 1로 개정 다시 인상하기로 결정했다. 이에 따라 쌀을 비롯한 모든 생활필수품이 급등 하여 사회적 혼란과 민생고는 더욱 어렵기만 했다.

4. 행정의 혼란

(1) 민주당 통일정책의 혼란

민주당 정부는 대내외적으로 많은 변화를 가져왔는데 특히 민족적 숙원인 남북통일문 제와 해방 후 12년간이나 절연상태에 있는 한·일 외교문제에 있어서 많은 정책의 변화를 가 져왔다.

즉 남북통일문제에 있어서는 자유당 이승만정권 시대 일관했던 북진통일론에 대해서 현실성이 어려운 무모한 정책이란 비판과 함께 7·29 총선거 때 "통일문제는 UN의 감시 하에 남북한을 통한 자유선거로서 평화적 통일을 도모하는 것을 원칙으로 한다, 그리고 선거감시 단의 구성은 UN결의로써 선임하되 진정한 자유선거를 실시하는 회원국가로서 한다"라고 민 주당이 발표한 정강정책을 내세워 자연히 평화적 통일론이 대두하기 시작했다. 이리하여 장 면 총리는 첫 기자회담에서 통일문제연구소를 설치할 것을 시사하고 총리취임사에서도 통일 방안은 구정권의 안과 달리 국제연합 자유국가들의 노선과 일치하는 국제연합 감시 하에 남 북을 통한 자유선거에 의한 통일을 달성할 것이라고 발표하여 사실상 민주당정부의 통일정책 을 발표했다.

또한 제15차 UN총회를 앞두고 9월 20일 정일형 외무부 장관은 남북한을 통한 UN감시 하의 대한민국헌법 절차에 의한 총선거를 주장하겠다고 발표를 했으나 그 구체적인 방안도 없이 다만 한국정부의 기본태도라고만 밝혔을 뿐이었다. 이와 같이 민주당 정부는 통일문제 에 있어서 막연하게 평화통일이란 원칙만 가지고 있었을 뿐 아무런 방안과 대비책도 마련하 지 못하고 있었다.

이런 때에 맨스필드 미국 상원의원이 일본시찰을 마치고 미국 상원외교위원장 앞으로 제출한 보고서에서 "미국은 제강대국들과의 협의를 통하여 1955년에 오스트리아를 중립화하였던 바와 같은 토대 위에서 한국의 통일문제를 해결할 가망성을 조심스럽게 검토하여야 한다"라는 구절이 있음이 국내에 전해지자 여기에 또 하나의 통일방안이 대두하게 되었다. 그러나 민주당정부는 중립통일론을 반대하고 있었다. 그 이유로는 첫째, 지리적으로 호전적인 인접 국가를 가지고 있고, 둘째, 한국은 자유진영방위의 제1선이므로 중립적 입장이 될 수 없으며, 셋째, 한국은 오스트리아와는 달리 정치적으로나 이데올로기 면에 있어서 완전히 양단이 되어 있을 뿐만 아니라, 넷째, 소련과 중공의 보장 없이는 한국의 중립은 실현성이 어렵다.

한편 이와 같은 중립통일론에 대하여 조야정치인 중에는 무력통일을 포기하고 평화통일론을 전제로 하는 중립통일문제도 신중히 연구해볼 과제라고 주장하는 인사들도 있었다. 이와 같이 통일문제에 대해서 정부나 국민의 관심은 적극적으로 높아가고 있었으나 이에 반해 정부나 정당에서는 평화통일이란 대전제를 뒷받침할 수 있는 이론이나 방법이 준비되어 있지 않아 혼란만 야기되고 있을 때, 11월 1일 서울대학교민족통일연맹(가칭)발기인대회를 열고 "남북통일을 위한 남한정당 및 사회단체의 총선거대비촉구, 남북통일을 위한 장면총리의 미·소 방문, 남북한서신왕래촉구" 등 대정부 와 사회건의문을 발표하여 국내외에 파문을 일으키기도 했다.

이러한 학생들의 건의문내용에 대하여 워싱턴의 소식통들은 그것이 북한의 침투공작원들에 의하여 주도된 것이라고 규정하고, 중립은 중립자체를 보장할 세력의 균형이 필요하므로 현정세 하에서는 불가능할 뿐만 아니라 비현실적이며, 북한공산괴뢰도 현재 연방안과 중립화안으로 남한에 대해 선전공세를 가하고 있는데 연방안과 중립화안을 수락하는 것은 오직 자유와 안전을 상실하는 길만을 열어놓는 것이라고 논평을 했다.

이와 같이 통일론으로 남한에서 의견이 분분하고 있을 때 11월 23일 북한괴뢰 측은 물자교환과 경제협조를 위한 쌍방대표회담을 제의해 왔다. 그리고 다음날에는 평양방송을 통하여 최고인민회의의장 최원택의 명의로 UN 감시 하의 남북한총선거폐기, 남북한단교관계회복, 경제문화활동을 조정할 남북한연방체조직에의 동의, 연방체조직에 반대할 경우 쌍방의 실업자로서 구성되는 순수한 경제위원단의 설치, 남한에서의 토지개혁수행, 남북한간의 자유여행과 우편교환, 기자교환, 쌍방병력의 10만 이하 감축, 남북협상회의안 등을 대한민국 국회에서 심의할 것을 요구하였다.

이와 같은 북한괴뢰 측의 태도에 대하여 정일형 외무부 장관은 그것은 국제연합의 결의에 의하여 수립된 합법정부인 대한민국을 무로 돌리고 국제연합의 권위를 배격하는 것이며 남북통일 이전에 국제연합군을 철수시킴으로써 제2의 6·25 전쟁을 일으켜 무력에 의한 공산통일을 꿈꾸는 것이며 그들이 주장하는 남북협상은 민주선거로 수립된 대한민국과 외세강권에 의해 수립된 공산괴뢰집단을 동등이 취급하려는 수단이며 경제 및 문화교류는 대한민국의 경제 및 사회기본조직을 파괴하려는 목적에서 행해지는 상투적 선전책동에 불과

한 것이라고 일축하고, 북한괴뢰 측의 꾸준한 공세에도 민주당정부는 그때마다 반대성명이나 반발성명으로 응수하고 있을 때 한편 국내에서는 남북한교섭과 중립통일을 책동하는 일부 혁신계의 움직임이 일어나고 있었다.

즉 혁신정치를 표방하는 인사들이 창당을 준비하고 있던 사회당의 간부들은 기자회견을 통하여 "통일을 실현하기 위해서 미·소 양대 진영에 의존하지 않는 민족자주적인 중립화를 통한 방안을 강구하여야 한다고 주장하였고 역시 혁신계의 혁신당결당준비위원회는 그 취지문에서 민족자결정신에 입각한 자주적인 주체세력을 구축하고 대외적으로는 UN과 협조하여 자율적이고 평화적인 방법으로 국토를 통일하고 영세중립국가로서 세계평화달성에 기여하겠다고 하였는가 하면 사회대중당도 민주사회주의가 실현되는 통일을 촉진시키기 위하여 동당은 영세중립이 보장되는 통일방안을 기본 과업으로 할 것이다"라고 남북한의 서신교환을 주장했다.

이와 같이 혁신계정당의 중립통일안, 남북교섭안 등이 제기되고 있을 때 12월 7일 신민당소속 김영삼 의원은 국회에서 "이승만정권은 될 수 있으면 남북이 통일되지 않는 방향으로 통일방안을 제기하여 왔으며, 통일보다는 UN가입을 중요시해 왔다. 장면 총리는 평화공세에 대처할 어떤 방안을 가지고 있는가?"라는 질문에 장면 총리는 "통일방안은 현실적 정세에 따라 여러 가지 경우가 있을 것이므로 구체적으로 이야기하기도 어려운 것이다. 세밀하게 이것이 방안이라고 이야기 하는 것은 외교적으로 보더라도 현명한 것인지 의문이다"라고 답변하였는데 사실 민주당정부는 자유당 정부의 북진통일정책을 반대하면서도 통일에 대한 다른 어떤 방안이나 정책을 가지고 있지 않았다. 그러다가 북측과 남한의 혁신계에서 연방제론이니 영세중립국론을 들고 나와 끈질기게 주장을 하니 1961년 1월 8일 민주당은 "중립화통일론의 부당성, 남북협상에 대한 사전준비의 필요, 남북인사교류의 불필요, 서신교환에 있어서의 국제기구 주선의 필요" 등을 내용으로 하는 성명을 발표했다.

이와 같이 민주당이 국회에서 중립화통일론의 부당성을 공식당론으로 천명했음에도 불구하고 사회대중당은 대한민국의 통일방안과 북한괴뢰의 제안을 놓고 국민투표를 실시하자고 주장하는가 하면 일부 정당의 보수층이나 개인도 남북교섭론을 주장하고 나타나게 되었다.

또한 신민당은 당내에 통일연구위원회를 설치하고 새로운 통일방안을 연구하도록 한바 동 위원들은 통일정책의 일환으로 남북서신교류, 언론인교류, 의료시설제공, 체육인교류, 국제올림픽에 파견할 남북혼성팀 구성 등 5개 항목을 주창하였다.

신민당소속 서민호 민의원 부의장은 UN총회를 다녀온 후 "통일방안은 UN에만 일임할 수 없고 우리 국회가 결의한 대한민국헌법절차에 의한 남북총선거도 실현성이 전연 없는 것이다. 통일문제를 우리 스스로 해결하기 위해 남북한의 협상 같은 것도 생각할 수 있다"고 하였고, 동당의 양일동 원내총무도 "남북통일을 위해 남북한의 정치인과 정당 사회단체의 지도자들은 통일협의체를 구성해야 하며 무력통일을 거부한 이상 좋든 싫든 북한정권의 정치인들과 자리를 같이 하지 않고 우리 단독으로 통일한다는 것은 전연 현실성이 없는 꿈이다"라고 하였다.

이와 같이 일부 보수정객들까지 통일을 실현하기 위해서는 남북한의 교섭이 이루어져야 한다는 주장을 하고 있을 때 소위 서울대학교 민족통일연맹은 대의원대회를 열고 통일을 위한 선행조건으로서 남북학생회담, 학생기자교류, 학생토론대회, 예술, 학문, 창작의 교류, 체육대회 개최 등을 주장 결의 발표하였는데 이에 대하여 북한괴뢰정부의 내무성과 북조선학생위원회, 민청중앙위원회, 북한노동당 등이 열렬히 이를 환영하였다.

이러한 사태에 민주당 정부는 남북학생의 제의는 정부의 근본방침에 위배되므로 허용할 수 없다고 일축했으나 민족통일전국학생연맹결성준비대회에서도 서울대학교 민족통일연맹의 남북학생회담제의를 지지하고 심지어 남북학생회담을 실현하기 위한 장소, 일자를 정하고 남북한정부의 편의제공을 요구하고 나왔으며, 드디어 5월 13일에는 서울운동장에서 민족자주통일연맹 주체로 남북학생회담 환영 및 통일촉진궐기대회를 열고 남북학생회담을 지지하고, 학생회담에 필요한 경비를 조달하기 위한 성금운동과 장면 정부의 협조와 UN군이 협조할 것을 강력히 요구하고 나와 사태가 급박하게 진행되고 있었으나 5월 16일 군사혁명으로 인해 모두가 진정되고 말았다.

(2) 한 · 일국교관계 정립의 혼란

한 · 일 문제에 있어서는 이승만 자유당 정부가 무너짐과 동시에 과도정부는 양국 간의 장벽을 깨고 1960년 5월 17일 건국 후 최초로 일본인 기자의 입국을 허락하였으며, 양국간의 국교정상화문제를 중요한 시정방침의 하나로 정하였고, 또 이러한 과도정부의 정책에 일본정부도 고무적인 호응을 보임으로써 모처럼 한 · 일교섭은 활발하게 진행되기 시작했다.

즉 8월 23일에 조각을 마친 민주당정부는 동 9월 6일에 일본외상 「고사카겐타로小坂善太郎」을 단장으로 한 친선사질단을 입국시켜 한 · 일 친선관계 수립을 위한 한 · 일회담을 개최하기로 합의하고 이에 대한 공동성명을 발표하였다. 그러나 한국정부의 이와 같은 적극적인 태도와는 달리 일본정부는 한국정부와 국교정상화를 위한 예비회담을 개최하고 있는 중에도 동 10월 25일 일본적십자사는 북한괴뢰정부와 교포북송연장에 합의를 하는 등 북한괴뢰정부와의 관계를 계속하고 있었다.

민주당 정부는 이와 같은 일본의 태도에 항의서를 보내 그들의 성의를 촉구하였으나 일본수상은 오히려 2개의 한국을 전제로 하는 대한정책을 운위하면서 교포북송을 계속하였고,

평화선문제, 재산청구권문제, 문화재반환문제 등에 하등의 성의를 보이지 않은 채, 한 · 일회 담을 무제한 끌고 나가는 한편 한 · 일국교개선 평의회, 한 · 일문제 간담회 등을 통해서 민간 인들로 하여금 한국에 침투시켜 경제적 이권을 취하는데 방법을 가리지 않고 있었다.

일본 측의 이러한 태도에도 불구하고 민주당인사들은 그들의 정치자금을 조달하기 위 하여 일본상인들을 비밀리에 입국시켜 이면교섭을 하게 하여 중석판매계약을 하는가 하면, 5 월 6일에는 일본 자민당소속 중의원의원 8명이 방한하여 민주당요원들의 후대를 받고 가는 등 민주당정부의 무정견한 한 · 일국교정상화교섭이 계속되고 있었다.

(3) 반혁명세력 처리에 대한 혼란

과도정부는 국민의 여망에 의하여 자유당 정부의 부정에 가담했던 자와 3 · 15 부정선 거관련자 그리고 권력에 붙어 온갖 악행을 자행했던 폭력배들을 구속했다. 그러나 이와 같은 반혁명분자들에 대한 혁명재판은 민주당 정부로 이관을 했다.

즉 4월 23일 고려대학생 데모대를 습격한 폭력배, 부정선거를 총지휘한 전내무부장관 최인규, 전치안국장 이강학, 전자유당중앙위원회부의장 한희석, 전내무부차관 이성우, 전내 무부지방국장 최병환, 전경무대 경호책임자 곽영주 등이 체포되었고 뒤이어 자유당의 기획위 원 13명, 전공보실장 전성천, 4 · 19 데모대에 발포경관, 전치안국수사지도과장 이상국, 전시 경국경비과장 백남규, 전반공청년단장 신도환, 전한국은행총재 김진형, 전심계원장 최하영, 전농업은행총재 박준희, 자유당의 당무위원 전원, 그리고 부정선거에 관련된 각도지사와 경 찰국장 등이 구속되었었다.

이들 반혁명사건의 재판과정에서 일부 법원당국자들은 6월 15일자로 대통령직선제를 내각책임제로 개헌함으로써 이들이 위반한 정 · 부통령선거법이 폐지되었으므로 면소판결되 어야 한다는 해석을 내려 한때 난관을 겪기도 하였으나 혁명재판을 이관 받은 민주당 정부는 이들 반혁명분자들을 일괄 구형하여 곽영주와 유충렬에 사형, 부정선거관련 사건은 징역 최 고 7년에서 최하 2년, 장부통령저격사건은 전원사형, 전내무부장관 홍진기에 사형, 치안국장 조인구에 3년, 폭력배두목 임화수 이정재 유지광 등에게 각각 징역 10년을 선고하고, 부정선 거를 직접 지휘한 내무부관계 최인규, 이성우, 이강학, 최병환 등에게 사형, 전자유당 기획위 원들에게 최고징역 15년에서 최하 12년, 부정선거자금을 조달한자 전원에게는 징역 10년을 각각 구형하고, 동 10월 8일에 1심판결을 하였다.

소위 10 · 8 판결의 결과는 구형량이 거의 무시되고 다만 시경국장 유충렬에게만 사형 이 선고되었을 뿐 그 외는 무죄 혹은 무죄에 가까운 형을 선고함으로써 4 · 19 발포사건의 총 책임자로서 시경국장 유충렬에게만 전책임을 지우고 또 직접 발포한 몇몇 경관만 처벌함으로써 이 사건을 마무리 하려고 했던 것이다.

이와 같이 비혁명적 판결이 발표되자 국민들은 의분을 참지 못하였고 국회와 법원을 규탄하는 소리로 한때 사태가 몹시 험악해지자 담당판사는 피신을 가고 정부는 서로 책임을 전가하기에 급급하였다.

급기야 10월 11일 대통령이 국회에 특별법제정을 위한 개헌촉구서한을 제출하였고, 동상오에는 4·19 부상학생 약 50여 명이 민의원의사당으로 난립하여 10·8 판결을 규탄하며 의장단상을 점거하고 민주당정권 자진포기를 외쳤다.

이와 같이 4·19 부상학생들의 의사당점거에 자극을 받은 국회는 동 12월 30일 민주반역자임시처리에관한특별법안을 통과시켰고 10·8 판결에 의해 석방된 자들에게 다시 체포령이 내려졌으나 자유당정치인 수명과 행정관리 수명 그리고 은행원 1인을 재구속했을 뿐 이미 도피한 자도 많았다.

이와 같은 특별재판부 와 특별검찰부가 제 기능을 발휘하지 못한 이유를 우선 공소기간이 짧고 범죄발생시기가 1년이 넘어서 범인수사와 증거수집이 어려웠다고 변명을 하지만 사실은 극심한 정쟁과 민주당파쟁으로 혁명재판에 충실할 여유가 없었으며, 부정축재자 처벌에 있어서는 민주당의 신·구파쟁의 정권장악을 위한 막대한 정치자금을 염출함에 있어 부정축재자와 관련이 있었기 때문에 단호한 처벌을 할 수 없었던데 그 원인이 있었던 것이다.

5. 사회적 혼란

4·19 혁명으로 자유당정권이 무너지고 민의에 의하여 최초로 정권이 교체되었으나 이후도 지나치게 데모가 범람하여 사회를 크게 혼란케 하였는데 시일이 갈수록 만성화하여 결국 정치적, 경제적, 사회적 문제로 발전하였다.

4·19 학생 데모와 4·25 교수 데모로 이승만 대통령이 하야했으나 아직 자유당의원들이 의석의 과반수를 차지하고 있는 상내에서 내각제개헌을 맡길 수는 없다는 이유로 대학생들과 혁신계인사들이 매일같이 국회의사당 앞에서 데모를 하였고 또 부산에서는 국회해산을 요구하며 데모를 하고 있었다.

또 한편으로는 4·19 이후 석방된 정치범의 복권을 요구하는 데모, 7·29 총선거에 반민주세력의 출마를 규탄하는 데모, 민주당의 신·구파 패권다툼으로 당의 분규를 반대하는 지방의원들의 데모, 민주당신파가 집권한 후 구파에서 신파로 전향하여 장관이 된 자를 규탄하는 데모, 민주당정부의 개방된 대일정책에 의하여 일본친선사절단의 내한을 반대하는 데모, 혁명재판에서 반혁명분자를 변호하는 변호인 규탄 데모, 10·8 판결에 불만을 품은 4월 상이학생들의 의사당점거 그리고 데모 규제법과 반공임시특별법 제정을 반대하는 혁신계 단체들의 데모 등으로 정치적인 대혼란이 야기되고 있었다.

1961년 3월 18일 서울운동장에서는 30여 개의 혁신단체가 연합하여 소위 2대악법제정 반대 데모가 벌어졌고, 동 3월 22일에는 동 2대 악법 반대성토대회를 열고 횃불 데모를 하였는데 이에 호응한 마산, 부산, 광주, 전주 등에서도 횃불 데모가 일어나 민주당 정부를 당황하게 하였다.

또한 이와 같이 사회가 혼란한 때 일부학생들이 남북학생회담을 주장하며 극열하게 시위를 벌여 사태를 매우 긴박하게 하였다.

이와 같은 정치적 성격을 가진 데모 외에도 각종 각양의 데모로 그야말로 데모 천국을 이루고 있었는데, 즉 미군부대노동조합원들이 한국노동법의 적용과 한·미행정협정 체결을 촉구하는 데모, 전기3사 노동조합원들의 3사 통합반대 데모, 중요도시 금은상인들의 물품세 부과반대데모, 어민들의 물품세 면제요구 데모, 철도노조 및 각 국가기관 노동조합원들의 임금인상요구데모가 연일 일어나고 있었다.

또한 각종 학원에서는 재단분규에 따르는 학생들의 데모, 초등학생들의 학교당국의 잡부금징수를 규탄하는 데모, 고아원 원아들의 처우개선을 요구하는 데모, 사범학교 출신들의 취직보장 데모, 제대교원들의 복직을 요구하는 데모, 전국 각급교 직원들의 교원노조결성요구 데모, 무허가 판자집 철거를 반대하는 데모, 상이군경들의 생활대책요구 데모, 도시빈민들의 식량과 직장을 요구하는 데모, 기생들의 야녀夜女축출 데모, 분뇨차종업원들의 중간착취를 규탄한 데모, 경찰 간부를 구타한 국회의원처사에 항거한 경찰관 데모 등으로 사회질서가 극도로 문란했다.

이외 같이 데모와 파업이 성행한 가운데 일반국민에게 많은 영향을 준 것은 운수업계의 파업이다. 합승자동차업주들이 중간업자의 해체를 요구하며 파업을 하였고, 버스 운전사들은 차주들에게 근로시정을 요구하며 총파업을 단행하여 도시민들의 발을 묶어놓았고, 열차기관사들이 안전운전을 이유로 발착시간을 무시하고 서행운행을 하여 전국 각 노선의 열차가 몇 시간씩 연착을 하는 소동을 일으켰고, 경성전기주식회사의 노동조합은 노임 인상을 요구하며 부분파업을 하는가 하면 이밖에도 각 산업기관의 종업원들 즉 영화기술자노동조합, 은행노동조합, 부두노동조합, 체신노동조합, 철도노동조합, 전매청노동조합 등이 임금인상을 요구하며 파업 또는 위협을 하고 있었으나 정부는 이들 앞에 완전히 무력하여 사회적 혼란이 극에 달하고 있었다.

또한 이와 같은 사회적 혼란을 조장시킨 것은 언론기관의 부패와 횡포였다. 과도정부에서 개헌된 내각책임제헌법은 언론자유에 보류조항을 삭제함으로써 언론기관의 허가제가 등록제로 바뀌어 언론자유는 법률로서도 제한할 수 없게 되었다. 이렇게 언론자유를 최대한으로 보장한 근본정신은 건전한 언론기관을 통하여 올바른 민주주의의 발전을 기하려는 데 있었으나 그 결과는 사이비언론인과 언론기관이 난무하여 사회를 더욱 혼란케 하였던 것이다.

우선 허가제가 등록제로 바뀐 후에는 언론기관의 수가 격증하여 1960년 말의 통계로 당시 등록된 신문, 통신사의 수가 일간이 343, 주간이 420, 월간이 428, 기타가 171 로서 합계 1,362사에 달했고, 다음 해 4월 통계에는 1,600사로 증가하였으며 이들 언론사에 종사하는 기자 수는 16만명이나 되었다.

헌법개정 후 갑자기 늘어난 많은 언론사들은 간판만 걸어놓고 창간호도 못 내거나 혹은 겨우 한 두호를 냈을 뿐이며 여기에 종사한 많은 기자들도 기자적 도의나 교양을 갖추지 못하였으니 이들에 의한 무책임한 보도는 신문지상을 온통 오보 항의, 해명서, 성명서 등으로 메우게 하였고 그들의 불법적인 직업남용으로 인해 입은 우매한 국민들의 피해가 적지 않았다.

이리하여 1960년 7월부터 8월까지의 불과 1개월간에 무려 50여 명의 소위 공갈기자가 발생하였는데 이에 대하여 한국신문인협회는 언론계정화 성명서를 발표하여 자체적으로 정화를 기도하였으나 성과를 거두지 못하고 국회에까지 이 문제가 비화하여 1961년 3월 15일 윤명운 민주당소속 민의원의원이 "지방기자들의 각종행패로 전국의 말단행정이 마비상태에 빠져 있다. 만일 이대로 기자범람을 방치해 두면 큰 사회문제로 화한다는 것을 알면서 정부는 왜 이것을 방치하고 있는가?" 라고 정부의 언론정책을 경고하기도 했다.

민주당 정부는 집권초기에 폭력배를 일소하겠다고 국민과 약속을 했지만 이와 같이 사회질서의 문란과 헤이해진 행정력 때문에 각종 사회악은 더욱 횡행하여 오히려 범죄발생 수는 증가하고 있었다.

1960년 5월 1일부터 9월 말까지 발생한 각종 범죄 수는 146,000여 건이었는데 그중 살인사건이 141건, 절도사건이 28,000건, 강도사건이 500건이었다. 또한 1960년 8월 15일부터 익년 2월말까지 약 반년 간 서울시내 강도사건은 400여 건, 1960년 11월 11일부터 20일간 군경검 합동수사반에 적발된 강력범수는 3,500여 건, 은행가에서는 월평균 4만 환 정도가 날치기를 당했다.

한편 사건의 검거율은 68%로 하락하였으니 당시 수시행정이 얼마나 무능하고 부패했었는지 알 수가 있다.

4 · 19 혁명으로 자유당정부가 무너지고 과도정부 하에서 내각책임제개헌을 통하여 7 · 29 총선거를 거쳐 집권하게 된 민주당은 우선 당을 통솔할 수 있는 강력한 지도체계가 되어 있지 않았다. 즉 당이 안고 있었던 신파와 구파 간의 파쟁은 집권 후의 권력다툼으로 심화되고 결국 분당이 되어 당 자체의 운영마저 어려웠다.

이러한 집권당의 파쟁과 약체성으로 행정부는 역시 독자적인 기능을 발휘할 수 없었고,

10여 년간의 일인 독재가 무너지자 갑자기 밀어온 무절제한 자유풍조로 인해 정치적으로 경제적으로 사회적으로 극심한 혼란을 겪게 되었던 것이다. 우리나라는 수천 년 동안 봉건적 사회질서에서 외국자본주의의 식민지통치를 거쳐 민족해방으로 민주주의원칙 하의 정치체제를 겨우 갖추었으나 봉건적인 잔재위에 관료적인 근성이 겹쳤던 10여 년간의 일인 독재시대를 무너뜨리고 오랜 세월 갈구했던 자유의 기쁨이 비록 방종이나 무질서에 가까웠다고 하더라도 국민의 자유가 최대한으로 인정받을 수 있었던 것이 앞으로의 진정한 민주주의 시대를 열어 가는 데 하나의 초석과 반성의 계기가 되었다고 할 수 있을 것이다.

5 · 16 군사혁명

박정희 장군이 1961년 5월 16일 미명을 기해 육군사관학교 제8기생 장교들을 주축으로 한 군사혁명
군을 지휘하고 있다.

제7편

5 · 16 군사혁명 _

Ⅰ. 군사혁명의 배경 _

누적되어온 구정권의 정치적 부패와 부정 그리고 침체한 경제는 국민들을 절박한 생활고에 허덕이게 했다. 한편으로는 실업자와 절량농가의 수가 급증하여 농어촌고리채는 날로 누증하고 있는 반면, 몇몇 특권계급과 부정축재자들만 부를 누리고 있어 사회질서는 혼미하고 빈곤과 절망의 악순환이 계속되고 있었다. 이러한 정치적 사상적 공백을 틈타 북한괴뢰집단은 각계각층으로 침투하고 있었으나 장면 정권은 속수무책으로 혼란만 계속되고 있어 또 다시 제2의 6 · 25남침을 우려하지 않을 수 없는 위급한 계제에 처해 있었던 것도 사실이었다.

이와 같은 사회적 혼란과 정치적 부패는 군숭견장교들의 정의감에 격심한 자극을 주었으며, 특히 3 · 15 정 · 부통령선거의 부정은 4 · 19 학생혁명을 유발하게 하였고, 이를 계기로 육군본부에 뜻을 같이 한 중견장교들이 허정 과도 정부와 민주당 정부에 군부 정화운동 소위 '정군운동' 을 시작한 것이다.

이들 장교들은 1960년 9월 10일 낮 김형욱, 김종필, 오치성, 길재호, 옥창호, 석정선, 김동환, 이택민, 김달훈, 석창희, 신윤창 중령 등 11명을 대표로 하여 마침내 새로 집권한 민주당 정부의 초대 국방부 장관 현석호를 찾아가 정부 측의 구체적인 정군계획을 듣고 정군건의사항을 전하려 했으나 장관을 면담하지 못하고 돌아왔다.

4 · 19 학생혁명으로 집권한 민주당 정부에 기대를 했던 군부정화를 위한 정군계획이 장관의 면담조차 거절당함으로써 기대를 걸었던 장교들은 민주당 정부에 극도의 실망과 낙담을 하게 되었고, 드디어 그들은 방문이나 건의 등의 방법으로 뜻하는 정군이 불가능하다고 결

론을 내리고 그날 밤 그들은 충무장에 모여 평화적인 방법으로 추진해 오던 정군문제를 지양하고 더 나아가 민주당정권 자체를 제거하는 거국적인 무력혁명을 단행하여 정군의 목적을 달성하기로 결의한 것이 5·16 군사혁명의 기초가 된 것이다.

II. 거사계획 _

1. 혁명정책의 구상

혁명거사 성공 후에 혁명정부가 시행해야 할 주요정책은 조직단계인 1961년 초부터 박정희소장을 주축으로 혁명 후 정책수립에 대한 국내외의 정치, 경제, 사회, 문화 특히 농촌경제문제의 특수성 등에 관한 자료를 수집하여 종합하고 또 이 이념과 정책을 수행할 정부형태 등을 광범위하게 준비를 했는데 그 내용은 다음과 같다.

(1) 혁명이념

혁명공약의 기본정신이며, 혁명공약의 구현이 곧 그 실천방안으로 삼았는데 그 내용은 다음과 같다.

1. 반공태세의 재정비.
2. 국민으로부터 신뢰받는 정치, 즉 국민을 속이지 않는 정치, 성의의 정치를 함으로써 국민의 신망을 터전한다.
3. 국민에게 희망을 주는 정치를 함으로써 퇴폐된 국민의 감정을 되살리고 민족의욕을 고취시킨다.
4. 국가의 근대화를 기하기 위한 기간산업을 재건함으로써 후진성을 극복하여 국가를 재건하는

경제개발 5개년 계획을 실시한다.

5. 국민도의와 민족정기를 앙양한다.

6. 악폐습을 타파하여 새로운 사회기운을 진작하는 데 있다.

(2) 혁명정책

혁명정책은 정치, 경제, 문화, 상공, 농림, 문교, 사회, 건설 등 각 분야에 대한 기본정책과 그 실천방안으로서 혁명 후 긴급시책, 경과시책, 영구시책 등으로 구분되어 있다. 여기 중요시책의 제목만을 나열하면 다음과 같다.

1. 국가재건최고회의 구성
2. 국방력의 정비강화
3. 반공태세의 실질적 정비 및 강화
4. 민족자주외교의 강화
5. 재건국민운동의 전개
6. 정치활동 금지와 정당 및 사회단체 해체
7. 폭력배단속과 사회정화
8. 교통질서 확립과 공중도의 앙양
9. 병역기피자 처리
10. 밀수근절과 세리稅吏 부패 방지
11. 관기숙정과 공무원 인사제도의 개혁
12. 행정관리제도의 개혁
13. 공무원 처우개선
14. 금융의 민주화
15. 부정축재자의 처리
16. 원조援助 효율의 제고
17. 세제개혁
18. 상업융통 질서의 정화
19. 수리사업의 혁신
20. 학원정화와 대학정비
21. 대외선전강화
22. 민족예술문화의 진흥
23. 언론계 정비 및 정화
24. 재정투융자의 확대와 공정집행
25. 증권시장의 육성
26. 중소기업의 육성
27. 국내산업의 보호
28. 광산개발의 촉진
29. 기간산업체의 운영과 건설촉진
30. 동력개발
31. 수출 진흥과 수입시책
32. 농촌재건과 농산물 증산
33. 비료정책의 쇄신
34. 산림녹화 및 조림사업 강화
35. 농협의 운영쇄신과 확대
36. 수산시책의 쇄신
37. 경제개발 5개년계획의 수립
38. 국토건설사업의 확대 강화
39. 통화의 안정화
40. 물가의 조정
41. 정부직할 기업체의 운영의 합리화
42. 철도건설과 철도운영 합리화
43. 보건위생행정 및 사회정책 쇄신
44. 근로자 권익옹호와 노동정책의 개선

2. 제1차(5·8) 계획

거사계획은 1960년 2월부터 당시 부산군수기지 사령관 박정희 소장을 중심으로 정의감이 예리한 청년장교들이 민족의 영원한 장래를 설계하여 우리나라 초유의 군사혁명을 계획하기 시작하였다.

장소는 주로 해운대, 동래온천, 불국사 또는 박정희 소장 숙소에서 모의가 진행되었고, 작전계획은 해병 제1상륙사단을 주력으로 약 5,000명의 병력을 서울에 투입할 계획을 세우고 거사일자를 육군참모총장이 5월 5일 도미한 뒤인 5월 8일로 정했으나 4·19 학생혁명으로 중지되고 말았다.

3. 해병대(4·15) 단독 계획

4·19 학생혁명으로 군 정화를 기대했으나 군내정화는 고사하고 해병대 내의 인사처리가 정치적 배려로 좌우되고 혁신의 기풍을 찾아볼 수 없게 되자 해병 제1여단장 김윤근 준장을 중심으로 젊은 해병대 영관급장교들이 정군을 실현하기 위한 유일한 방법으로 1961년 4월 15일 해병대창설기념일을 거사일로 정하였으나 박정희 장군의 혁명계획이 진행되고 있음을 안 후 육군과의 연계작전을 하기 위해 4·15 거사계획을 일단 보류하고 후일 박정희 장군이 주도하는 5·16 혁명군으로 일익을 수행했던 것이다.

4. 제2차(4·19 기념일) 계획

제1차 5·8 거사계획이 중단된 것은 4·19 학생혁명으로 독재와 부정부패로 누적된 자유당정부가 무너졌기 때문이었다. 그러나 허정 과도정부를 거쳐 민주당정권이 들어선 이후 부정과 부패는 더욱 심화되었고 정상배에 아첨한 고급장성들의 부패로 군내부의 혼탁한 기풍과 엄정한 기강을 바로잡기 위해서는 대수술이 필요하다고 생각한 일부 중견장교들은 소위 5·8 연판장사건을 필두로 군부정화운동이 줄기차게 일어났으나 결국 하극상으로 낙인을 받은 16명사건 등으로 정군운동이 성과 없이 좌절되자 이제는 사회전반에 대한 대수술이 필요하다는 결론을 내리고 제2차의 거사계획을 모의하게 되었다.

그러한 가운데 민주당 정부의 무패와 무능으로 사회는 더욱 혼란해져 1961년에 접어들어서는 3, 4월 위기설까지 나돌게 되었다. 이에 당황한 민주당 정부는 군에 대해 폭동진압훈련을 지시하여 제6관구 사령관 지휘 하에 강력한 훈련이 실시되고 있었다. 그러나 4월 위기설과 함께 사회분위기는 날로 험악해져 4 · 19 기념일을 기하여 1년 전과 같은 대대적인 민중봉기가 있을 것이라는 징후가 보임으로써 군부혁명세력은 4 · 19 제1주년 기념일에 있을지도 모르는 민중봉기나 학생 데모에 편승하여 거사를 행할 것을 결정하고 제2차 거사일을 4월 19일로 정했던 것이다.

그러나 4월 위기설에 불안했던 민주당 정부는 막대한 정치자금을 뿌려 격렬 학생들을 매수하고 데모 무마공작을 펼쳐 다행하게도 4 · 19 기념일은 의외로 평온하여 진압출동의 구실을 얻지 못하여 거사할 수 없었다.

5. 제3차(5 · 12) 계획

4 · 19 제1주년 기념일 거사계획이 좌절되자 동 4월 21일 박정희 소장은 다음과 같은 새로운 작전지침을 혁명주체에 하달하였다.

1. D일은 5월 초순.
2. 4 · 19 기념일계획을 수정하여 적극적 행동계획을 수립할 것.
3. 출동부대의 전투편성을 재정비할 것.
4. 서울주변의 지형정찰을 철저히 할 것.
5. 각 중요목표의 점령병력을 재배정할 것.
6. 전 행정 및 작전계획을 재검토할 것.
7. 서울 이외 지역에 대한 작전 및 행동방침은 박장군이 직접 조정지시할 것이다.

이리하여 거사핵심동지들은 그들의 업무수행분장을 행정반과 작전반으로 조직을 2분하여 거사계획과 사후의 대책까지도 치밀하고 세밀하게 재정비하고 있을 때 동 4월 28일 박정희 소장으로부터 아래와 같이 새로운 작전(부대투입계획) 지시가 하달되었다.

1. 공수단 - 방송국 점령, 요인체포 등의 특수임무수행.
2. 해병대 및 제30, 33사단병력 – 시내요소 및 서울외곽에 배치.

3. 제6군단포병단 - 예비병력으로 확보.
4. 제6관구통신대 - 중요통신망의 장악 및 그 절단임무의 수행.
5. 이들 부대들의 모든 임무는 H시 20분까지 완료되어야 한다.

이와 같이 5·12의 거사계획이 착착 진행되고 있던 중 혁명동지의 한 사람인 이종태 대
령이 육군본부에 근무하고 있는 모중령을 포섭하는 과정에서 혁명거사계획이 탄로가 되어 또
다시 거사계획은 중단되고 말았다.

6. 제4차(5·16) 계획

5·12 거사계획이 좌절되자 박정희 소장은 비장한 결심으로 대구에서 상경하여 즉시
비행기편으로 제5사단장 채명신 준장을 찾아가 혁명에 아낌없는 협조를 약속하고 다시 서울
에 돌아와 경복주점에서 옥창호 중령, 김종필 예비역중령, 김형욱 중령, 오치성 대령, 이석제
중령, 유승원 대령, 김동환 중령 등의 핵심체 멤버들과 마지막 거사계획을 점검한 후 거사일시
를 정함에 있어 5월 14일은 일요일이므로 부대장병들이 외출을 하기 때문에 좋지 않고, 5월 15
일은 장면 총리가 제1군 창설기념식에 참석하기 때문에 그가 돌아온 후인 5월 16일 3시로 확
정했다.
박 장군은 다시 해병대 동원을 책임진 김동하 예비역소장을 집으로 방문하여 거사시일
과 제반계획을 재확인한 후 밤 10시경 서울북창동 남강 일식점에서 송찬호 준장과 박치옥, 김
재춘 대령을 만나 거사시일을 일리고 다음과 같은 내제석인 실천계획을 수립하였다. 즉 5월
16일 0시를 기하여 행동을 개시 3시까지 목표물 점령과 행동개시에 앞서 5월 15일 밤 12시까
지 핵심체 멤버전원이 영등포 소재 제6관구사령부 참모장실에 일단 집합하여 박장군이 5월
16일 0시 정각에 나오면 그로부터 최종지시를 받고 각 행동대의 출동을 독려하기로 했으며,
또 각행동대의 병력동원은 제30, 제33사단에서 각 1개대대, 공수단에서 1개 대대 그리고 제1
군사령부예하 제6군단포병단에서 5개 대대, 해병대 제1여단에서 1개 대대를 출동하기로 결의
를 했다.
그리고 박정희 장군은 5월 13일밤 약수동 김종락(김종필 중령 형) 씨 집에서 핵심혁명동지
김형욱, 김종필, 오치성, 길재호, 유승원, 옥창호, 김동환, 이석제, 김성용, 박종규, 이락선 등
전원과 제30사단 및 제33사단의 작전참모 이백일, 오학진 두 중령과 회합을 갖고 혁명군의 진
주에 앞서거나 병행될 정치적 특수임무에 대해 다음과 같이 결정했다.

1. 정부요인의 체포 – 박종규 소령, 길재호, 김형욱, 김성용, 옥창호 중령, 오치성 대령
2. 포고문작성 및 반포 – 김종필 예비역중령, 이락선 소령
3. 보도, 방송 – 이석제 중령
4. 가두선전 – 유승원 대령

위와 같이 구체적인 행동계획을 끝낸 박정희 장군은 5월 14일 약수동 김종락 씨 집에서
혁명거사핵심주체들과 다시 모여 혁명군 거사를 봉화작전이라 명명하고 가장된 비상훈련을
실시함으로써 모든 계획을 완료하였으며, 최후의 1인까지 싸워서 혁명을 성공으로 이끌어야
한다는 박정희 장군의 격려사로 비장한 최종회의를 마쳤다.

Ⅲ. 혁명의 성공 _

1. 혁명 제1성

친애하는 애국동포 여러분!
은인자중하던 군부는 드디어 금조 미명을 기해서 일제히 행동을 개시하여 국가의 행정, 입법, 사법의 3권을 완전히 장악하고 이어 군사혁명위원회를 조직하였습니다.
군부가 궐기한 것은 부패하고 무능한 현 정권과 기성정치인들에게 더 이상 국가와 민족의 운명을 맡겨둘 수 없다고 단정하고 백척간두에서 방황하는 조국의 위기를 극복하기 위한 깃입니다.

군사혁명위원회는
첫째, 반공을 국시의 제일의로 삼고 지금까지 형식적이고 구호에만 그친 반공태세를 재정비 강화할 것입니다.
둘째, UN 헌장을 준수하고 국제협약을 충실히 이행할 것이며 미국을 위시한 자유우방과의 유대를 더욱 공고히 할 것입니다.
셋째, 이 나라 사회의 모든 부패와 구악을 일소하고 퇴폐한 국민도의와 민족정기를 다시 바로잡기 위하여 청신한 기풍을 진작할 것입니다.
넷째, 절망과 기아선상에서 허덕이는 민생고를 시급히 해결하고 국가자주경제재건에 총력을 경주할 것입니다.
다섯째, 민족적 숙원인 국토통일을 위하여 공산주의와 대결할 수 있는 실력의 배양에 전력을 집중할 것입니다.

여섯째, 이와 같은 우리의 과업이 성취되면 참신하고도 양심적인 정치인들에게 언제든지 정권을 이양하고 우리들 본연의 임무에 복귀할 준비를 갖추겠습니다.

애국동포 여러분,

여러분은 본 군사혁명위원회를 전폭적으로 신뢰하고 동요 없이 각인의 직장과 정업을 평상과 다름없이 유지하시기 바랍니다.

우리들의 조국은 이 순간부터 우리들의 희망에 의한 새롭고 힘찬 역사가 창조되어 가고 있습니다.

우리들의 단결과 인내와 용기와 전진을 요구하고 있습니다.

대한민국 만세!

궐기군 만세!

군사혁명위원회 의장

육군중장 장도영

드디어 5월 16일 새벽 혁명 제1성이 전국 방방곡곡으로 메아리치고 수도 서울을 위시한 전국 주요도시가 혁명군에 의해 장악된 것이다.

2. 장내각의 총사퇴

5월 16일 새벽 3시 10분 급보를 받고 숙소인 반도호텔 808호실에서 황급히 칼메리수녀원으로 종적을 감추었던 장면 국무총리는 탈출 55시간 만인 18일 하오 0시 30분 중앙청 국무회의실에 홀연히 나타나 제69차 마지막 각의를 개최하고 16일 9시 육군참모총장 명의로 선포된 비상계엄령을 헌법 제72조에 따라 추인의결하고, 군사혁명위원회에 정권이양과 정치적 도의적 책임을 지고 내각이 총사퇴하기로 의결을 함으로써 4·19 학생혁명에 의해 집권한 지 9개월 만에 장면 정부는 그 막을 내리고 말았다.

3. 한·미 공동성명

혁명위원회는 혁명으로 인하여 잠시 동안이나마 미 제8군사령관의 지휘권을 벗어난 비정상상태의 수습을 위해 미 제8군사령관 매 대장과의 회담을 착수하고 ① 한·미 우호관계 증진 ② 주한 UN군으로 하여금 혁명을 인정할 것과 ③ 작전지휘권의 재정비로 대공방어임무 등을 요구하였으나 매 미8군사령관은 이번 쿠데타로 인한 사태는 대전협정大田協定에 의한 지휘권을 침해한 것이라고 비난하고 6군단포병단, 해병대, 전진주군의 즉시 원대복귀를 요청함으로써 한때 회담분위기가 냉정했으나 다음날 19일 회담에서 혁명은 사전에 보고할 수 없는 특수성을 고려하여 대전협정 위반, 작전지휘권 침해문제 등을 따지지 않기로 하고 혁명을 기정사실화하는 데 성공을 거두었다. 그리고 한·미 간의 상호의견에 합의하고 다음과 같이 한·미 공동성명을 발표하였다.

1. 국가재건최고회의는 UN군사령관에게 모든 작전지휘권을 복귀시켰음을 자에 성명하며, UN군 사령관은 공산침략으로부터 한국을 방위함에 있어서 만이 작전지휘권을 행사한다.
2. UN군사령관은 현재 서울시에서 근무 중인 제1해병여단 및 제6군단포병단의 원대복귀를 지시하였다. 이는 전에 수행하던 전선방어 군사력을 복귀시키기 위함이다.
3. UN군사령관은 제30사단, 제33사단 제1공수전투단 및 전방부대로부터 추가적인 5개 헌병대를 국가재건최고회의 통제 하에 둔다.

4. 윤보선 대통령의 하야 번의

그 동안 윤보선 대통령도 4월 위기설, 절량농민 봉기설, 군부의 동요설 등을 듣고 있었던 중 16일 새벽 장도영 육군참모총장으로 부터 군부 "쿠데타" 보고를 받고 "올 것이 왔다"고 판단했으며, 18일을 기하여 장면 정부가 합법적인 절차에 따라 정권을 혁명위에 이양했기 때문에 제반 사태에 대하여 도의적인 책임을 느껴 당연히 대통령직을 물러나야 한다고 결심을 하고 19일 상오에 혁명위의 장도영 중장과 박정희 소장을 청와대로 초청을 했다. 그러나 그들은 오지 않았으며 그리하여 단독으로 하야 성명을 발표했던 것이다.

19일 대통령의 하야 통고를 받은 혁명위에서는 즉시 하야 번의를 요청키로 결정하고 20일 장도영 중장이 윤보선 대통령을 찾아가 간곡히 만류했으나 응하지 않았다. 그리하여 하오 3시경 외무부사무차관 김용식, 동 파견관 최대령을 청와대로 보내 대통령 하야로 인해 국제상

외교상 발생되는 난점을 설명하였다.

1. 대통령의 하야는 혁명정부가 국제적 승인을 다시 받아야 한다.
2. 따라서 그런 외교적 공백을 이용 공산군이 침공할 때 UN군이 한국을 지원할 국제법상의 법적 근거가 없다.
3. 하야하면 정부(혁명위)에서는 각국에 대한 외교문서, 공문의 법적 근거가 없어진다.

이상 3가지의 사유를 들어 하야 번의 필요성을 설명하고 이어서 박정희 소장의 간곡한 만류로 하야결심을 번의하여 정국안정에 일조를 했다.

5. 국가재건최고회의 발족

5월 19일 하오 3시 혁명위원회는 제1차 총회를 개최하고 입법, 사법, 행정의 3권을 장악하는 국가최고기관으로서 최고위원은 혁명위원 30명과 2명의 고문으로 구성되는 국가재건최고회의를 발족시켰다.

【최고위원 명단】

육군중장 장도영	육군소장 박정희	육군중장 김종오
육군중장 박임항	공군중장 김 신	해군중장 이성호
해병중장 김성은	육군소장 정래혁	육군소장 이주일
육군소장 한 신	육군소장 유양수	육군준장 한웅진
육군준장 최주종	육군준장 김용순	육군준장 채명신
육군준장 김진위	해병준장 김윤근	육군준장 장경순
육군준장 송찬호	육군대령 문재순	육군대령 박치옥
육군대령 박기석	육군대령 손창규	육군대령 유원식
해병대령 정세웅	육군대령 오치성	육군중령 길재호
육군중령 옥창호	육군중령 박원빈	육군중령 이석제

고　　　　문	김홍일 예비역중장 · 김동하 해병소장	
혁명정부 초대각료	수　　반 : 장도영 육군중장	외　　무 : 김홍일 예비역중장
	내　　무 : 한 신 육군소장	건　　설 : 박기석 육군대령
	보　　사 : 장덕승 공군준장	교　　통 : 김광옥 해군대령
	재　　무 : 백선진 육군소장	법　　무 : 고원증 육군준장
	국　　방 : 수반 겸임	문　　교 : 문희석 해병대령
	농　　림 : 장경순 육군준장	상　　공 : 정래혁 육군소장
	체　　신 : 배덕진 육군준장	사무처장 : 김병삼 육군준장
	공보부장 : 심흥선 육군소장	

_ IV. 한국 군사혁명에 대한 국내외 반향

1. 국내 반향

5월 27일 비상계엄 해제는 이미 혁명의 성공을 의미하는 것으로 국민의 각계각층은 구정권의 부패와 무능 그리고 경제의 절망에서 새로운 희망을 기대하며 혁명성공을 환호한 분위기였다. 또한 경향각지의 시민단체들은 혁명지지 환영대회와 시위행진이 계속되었고, 국내 언론에서도 혁명의 불가피성을 인정하며 지지와 격려를 아끼지 않았다. 당시 국내언론 및 학자들의 평을 여기에 소개함으로써 군사혁명에 대한 국내 반향國內反響을 가늠하는 데 참고하고자 한다.

(1) 혁명성공의 환영

-＊5월 19일자 동아일보 사설＊

군사혁명위원회 의장은 5월 18일 상오 기자회견석상에서 이번 혁명을 가리켜 민주적인 절차를 밟은 것은 아니지만 가능한 유일한 길이었다고 그만 부득이한 조치였음을 해명하고 혁명의 목적을 규정하여 반공태세를 강화하고 진정한 민주사회를 건설하는 데 있다고 말하였다.

우리는 의장의 견해에 전폭적인 동의를 보내면서 다음 몇 가지 사항에 유의하고자 한다.

첫째는 기성정치인들의 부패, 무능, 비능률, 무괴도한 정권욕과 이조의 사색당파를 능가하는 사투私鬪로 말미암아 이번의 군사혁명을 불가피하게 만들어 놓았다는 사실을 심히 유감으로 생각하는 것이다. 이것은 민주주의를 근본이념으로 하는 사회에서 민주주의를 옳게 실천하지 못했고 반공을 국시로 하는 나라에서 반공을 제대로 실천하지 못했다는 불명예를 면할 길이 없기 때문이다.

원래 진정한 민주사회를 건설하려는 우리 민족의 열망은 독재를 타도하던 작년 4월에 집중적으로 폭발하였다. 그러나 기성정치인들은 정권을 지중至重한 책임이 아닌 일종의 이권으로 착각하고 독재자의 유산을 쟁탈, 분배, 착복하는 데 혈안이 되었다. 그들의 안중에는 국가도 민족도 없었다. 장황한 수식사를 입버릇처럼 뇌까리는 배후에서는 추잡한 거래가 흥정되었다. 생산기관은 차례로 쓰러지고 민생은 도탄에 빠지고 김일성의 주구走狗들과 그 동맹군들은 때를 만난 듯이 사회를 교란하는 데 발광하였다.

이리하여 조국은 누란累卵의 위기를 향하여 한 걸음 한 걸음 접근하여 갔건만 이들 썩은 분자들은 진보적이니 참신이니 혁신적이니 하는 그럴듯한 형용사를 구사하여 민족을 기만하고 적과의 악수를 절규함으로써 종당에는 이 나라를 괴뢰들에게 팔아넘길 음모를 공공연히 자행하였다.

실로 군사혁명은 구국을 위해서 가능한 유일한 길이었던 것이다. 우리는 우리세대에 이와 같은 사태가 야기된 데 대하여 후세의 역사를 위해서 여기 분명히 기록하여 두고자 한다. 다음은 이 엄숙한 시기에 우리가 해야 할 군·관·민을 막론하고 온 민족이 혁명과업의 완수를 위해 총진군해야 한다 함이다. 그것만이 진정한 민주체제를 부활시키는 첩경이기 때문이다. 혁명과업이란 의장도 천명한 바와 같이 반공과 민주건설이다. 김일성의 주구들과 그 동맹자들을 우리사회에서 철저히 뿌리째 뽑아 우선 사회를 정화해야 한다.

천하의 붓과 입들이 제멋대로 떠들어서 소위 통일방안을 운위할 계제도 이미 지났다. 김일성도당이 항복하면 평화통일이 되는 것이요 그렇지 않으면 실력으로 소탕하고 통일하는 길밖에 없다. 사리도 이와 같이 간단하고 명료하다. 또 조급히 서둘 것도 없다. 서독은 유유히 실력을 배양하면서 통일을 50년 후로 본다고 한다. 문제는 방안에 있는 것이 아니라 실력에 있는 것이다.

또한 우리는 실로 위대한 건설에 일치단결하여 총진군해야 하겠다. 입과 종이 사이를 내왕하는 이른바 계획이라는 것은 휴지통에 쓸어 넣자. 그리고 당장 괭이를 들고 일어서서 건설을 실천하자. 이 건설은 조국을 번영으로 이끄는 건설, 위대한 조국을 구현하는 건설이어야 한다. 지저분하고 너절구레한 것들을 건설이라고 부르던 과거의 악몽을 깨끗이 털어 버리자. 그리하여 온민족의 희망과 정열을 총집결하는 엄청나고도 위대한 건설을 시작해야 하겠다.

처칠은 승리를 위해서는 악귀惡鬼와도 동맹한다고 하였다. 우리는 건설을 위해서 성분을 버리고 파벌을 따지고 턱없이 민족감정을 운위하는 따위의 봉건적인 고리타분한 폐풍을 일소하고 가능한 모든 수단을 총동원하여 즉각 건설에 착수할 시기가 왔다고 확신한다.

이것만이 빈곤을 이 땅에서 영원히 몰아내고 복된 민주주의를 이룩하는 길이요, 북한을 강점한 김일성 역도들을 타도하고 공산노예노동에 신음하는 동포들을 구출하는 길이요, 우리세대가 자손들에게 남겨줄 유일한 역사적 유산이다.

(2) 혁명이념의 지지

1) 혁명과 민주주의 기초

*** 서울대학교 김주숙 교수 논술 ***   (5 · 16 군사혁명의 심리)

혁명은 후진한국에 있어서의 참된 민주주의 길을 개척하며 그 기반을 튼튼히 마련하는 위대한 과업완수에 그 역사적 생명이 있다. 여기에 있어서 또 중요한 것은 현실적 혁신과 함께 민주화를 올바르게 수행하며 그것을 튼튼히 발전시킬 새 세대의 건전한 양성과 교육이 있어야 한다. 자기를 수호할 수 없는 곳에 민주주의가 뿌리 박을 수 없는 것이다. 우리는 자기를 보편성과 구체성을 매개로 한 새로운 특수적인 존재, 즉 새 인간으로서 파악하며 그 구현을 위하여 최선을 다하여야 한다.

*** 단국대학 김기석 총장 논고 ***   (한국혁명과 도덕중정道德重整)

군사혁명을 통하여 한국의 젊은 세대가 이것을 영도했고 안으로 민족의 영광을 보존하고 밖으로 참된 민주주의를 수호하려는 것이 그 목적인 것이다.

*** 서울대학교 최문환 교수 논술 ***   (5 · 16 군사혁명과 경제, 사회문제)

과도정부를 거쳐 국회는 개회되었으나 민의원은 소선거구에서 혈연관계, 금력, 정치적 배경 등에 의하여 선출되었기 때문에 그들의 대부분은 정치적 식견이 비천하고 자기의 이해관계만을 안중에 두었기 때문에 국사보다 사사, 공익보다 사익에 집중하였다. 당쟁은 격화되고 집권당인 민주당은 그들의 정권유지에만 모든 정력을 소모하였다. 그들은 자기정당의 승리의 보수로서 그들의 정당인에게 중요한 관직을 분배하여 전형적인 엽관제도를 재생시켰으며 중요한 국영기업체의 관리인도 역시 그들의 계열에서 임명하였다. 그리고 무원칙하게 경제적 자유주의의 원칙을 썼기 때문에 경제구조의 2원화를 극복하지 못하고 도리어 이를 촉진시켰다. 인플레는 누진하고 실업자율은 23.6%라는 높은 비율을 나타냈다. 이러한 생활불안은 사회불안을 초래하여 민심은 정부에서 이탈되었다. (중략) 이러한 퇴폐상은 공산주의가 암약하는 온상이 되어 수많은 간첩이 침투 활약하고 이에 동조하는 인간들이 있어 우리의 조국은 누란의 위기에 있었다. 이 위기를 정시하고 과감하게 일어난 것이 금반의 군사혁명이라고 할 수 있다.

*** 고려대학교 성창환 교수 논설 ***   (5 · 16 군사혁명과 경제개혁)

우리가 자유민주주의를 누리기 위해서는 첫째로 모든 국민이 정직定職을 얻어 최저의 생활수준이나마 유지할 수 있는 확고한 경제기반이 마련되어야 하고, 둘째는 모든 국민을 계몽교육하여 권리를 주장함에 앞서 각자의 맡은바 직책에 대한 왕성한 책임감을 느낄 줄 알고 각자 천부의 재질에 맞는 천직을 발견하고 전심전력 이에 경주하여 국가사회에 봉사하는 것이 얼마나 존귀한가를 깨달아야 하여, 셋째는 일체의 사대관념, 파벌조성, 허세 과장, 중상모략, 허식낭비를 버리고 각자가 모두 자신에 가장 충실한, 따라서 성실하고도 믿음직한 인간형이 되어야만 하는 것이다. 이것이야 말로 인간개조이며 이를 토대로 하는 사회개조 및 경제개혁 없이는 진정한 자유민주주의를 누릴 자격이 없는 것이다. 이러한 정신적 물질적 토대를 구축하여 진정한 자유민주주의와 경제적 번영을 이 나라에 가져오겠다는 것이 이번 군사혁명의 사명일 것이다. 우방의 물질적 원조라든지 타인의 혜택만으로 손쉽게 구해질 값싼 자유민주주의가 있을 것 같지도 않다. (중략) 전 국민으로 하여금 10년 묵은 체증이 내려가는 듯이 속시원한 감을 느끼게 하고 있으며 한편 강력한 혁명시책과 더불어 관용의 도량조차 보여 줌으로써 전 국민의 혁명정권에 대한 신뢰가 날로 두터워지고 있다.

＊ 5월 28일자 동아일보 사설 ＊

"5·16 직전의 우리 사회는 불행히도 민주적인 합법적 절차만을 고집하고 있었으며 공산화될 그러한 실정에 있었다는 것이 우리 국민들의 절대다수의 결론이다"라고 전제하고 다음과 같이 논술하였다.

5·16 군사혁명은 이러한 시국의 요청에 호응하는 거사였으며 이 나라의 자유민주주의국가 건설을 위한 마지막 희망이다. 금반 군사혁명은 반드시 성공되어야 한다. 이 나라 이 민족이 살아나려면 이번의 군사혁명이 성공하여 자유민주주의국가 건설에 전환점이 마련되어야 한다. 우리 국민들은 5·16 군사혁명의 중대한 역사적 의의와 사명을 주지하고 있으며 이 군사혁명의 현명한 뒷수습만이 이 나라 민주국가 건설을 위하여 남아 있는 유일한 기회라는 것을 충분히 인식하고 있다.

2) 혁명과 민족의 번영

-＊ 사상계 1961년 6월호 권두언 ＊

누란의 위기에서 민족적 활로를 타개하기 위하여 최후수단으로 일어난 것이 다름 아닌 5·16 군사혁명이다. 4·19 혁명이 입헌정치와 자유를 전취하기 위한 민주주의혁명이었다면 5·16 혁명은 부패와 무능과 무질서와 공산주의의 책동을 타파하고 국가의 진로를 바로잡으려는 민족주의적 군사혁명이다. (중략)

5·16 군사혁명으로 우리들이 과거의 방종, 무질서, 수성, 편의주의의 낡은 껍질에서 탈피하여 일체 구악의 뿌리를 뽑고 새로운 민족적 활로를 개척할 계기는 마련된 것이다. 혁명정권은 지금 법질서의 존중, 강건한 생활기풍의 확립, 불량도배의 소탕, 부정축재자의 처리, 농어촌고리채정리, 국토건설사업 등에서 괄목할 만한 출발을 보여주고 있다.

그러나 수백 년의 사회악과 퇴폐한 습성, 원시적 빈곤이 엉클어져 있는 이 어려운 조건 밑에서 정치혁명, 사회혁명, 도덕혁명을 동시에 수행한다는 것이 얼마나 어려운 일인가를 이해하기 어려운 일은 아니다. 여기서 우리는 혁명정권이 치밀한 과학적 계획과 불타는 실천력을 가지고 모든 과제를 해결해 나갈 것을 간곡히 기대하는 동시에 동포들의 자각 있는 지지를 다시금 요청해서 마지않는 바다.

불리한 지정학적 위치와 막다른 정치적 한계상황에서 국제공산제국주의와 대결하면서 자유와 복지와 문화의 방향으로 국가를 건설하여야 할 우리들의 민족적 과업은 크고도 어렵다. 이제 모든 정치권력은 혁명정권에 집중되었고 혁명정권은 민족백년의 운명을 그 쌍루에 짊어지고 있다. 무엇보다도 혁명정부는 우리사회를 첩첩히 억매고 있는 악순환의 사슬을 대담하게 끊어야 한다. 그렇게 할 때 비로소 민정 아닌 군정의 의미가 있는 것이요 혁명의 가치가 평가될 수 있는 것이다.

* 5월 17일자 한국일보 사설 *

금반의 군사혁명이야 말로 수천 년의 고질화된 폐습을 일소함으로써 민족정기를 바로잡고 새로운 민족윤리 새로운 정치윤리를 확립함으로써 민족번영의 터전을 마련할 최종적 기회요 다시 있어서는 아니 될 마지막 혁명이라 아니할 수 없다. 우리들은 이와 같은 엄숙한 시간에 서서 군민 일치단결하여 최종적으로 부여된 이 혁명을 완수하는 길만이 우리 민족의 영원한 삶의 길이라 아니할 수 없다.

* 단국대학 김기석 학장 논고*   (국가재건과 인간혁명)

민족 4천년사를 통하여 국가재건의 기회가 이제 마지막으로 우리에게 온 것이다. 민족의 생존 및 그 운명을 결정하는 역사적인 순간에 서서 3천만이 한 가지로 결심할 것은 각기 자기 스스로의 인간혁명인 것이다. 독립선언서에는 "남녀 노소없이 음울한 고소古巢에서 활발히 기래하여" 란 말이 보인다. 지금까지 우리들이 앉았던 자리 걸어온 길이 음울한 고소古巢인 것이다. 이 어두운 속에서 하던 짓을 버리고 밝은 태양 아래 당당히 걸어갈 때가 닥쳐온 것이다. 5 · 16 군사혁명이 가져온 국가재건의 마지막 기회를 맞아 국가의 독립과 민족의 자유를 보장하는 최초의 선이요 또 최종의 선인 정신주의, 도덕주의 철조망을 한반도 전역에 최후의 1인 최후의 일각까지 둘러치기에 힘써야 한다.

* 학술원회장 이병도 박사 논설 *   (5 · 16 군사혁명의 역사적 의의)

다음 4개항을 들어 군사혁명이 민족사에서 병세를 민족의 손으로 제거하고 민족의 새로운 역사를 민족의 힘으로 창조하려는 큰 전환기라고 지적했다.

첫째, 5 · 16 군사혁명은 조국의 위기를 백척간두에서 구출하였다.

물론 과거의 혁명거사에 있어서도 그 동기가 대개 국정을 부패에서 민생을 도탄에서 구출하려는 전체민심의 동향에 의한바 많지만 5 · 16 군사혁명도 역시 민심을 잘 대표하였던 것이다. 국제정세는 민주, 공산 양진영의 냉전과 분쟁이 가는 곳마다 벌어지고 휴전은 말뿐 공산제국주의자들은 한국에서도 그 불법남침의 기회를 노리고만 있는 준전시상태인 것이다. 여기에 국가실무를 담당한 정부의 무능, 무력, 사이비정치인들의 순간적인 명리만을 노리는 철없는 언행과 이런 현실을 기화로 하여 정계, 학원, 직장 등 각 부문에서의 공산오열과 그 친근자들의 도량선동跳粱煽動은 6 · 25 공산치하에서 피로 수호한 조국을 송두리째 공산침략자들에게 넘기려는 위기일발의 찰나였으며 5 · 16 군사혁명은 곧 민족과 국가를 이러한 내우외환에서 구출한 역사적 장거였던 것이다.

둘째, 5·16 군사혁명은 부패와 구악을 일소하기에 용감하였다.

즉 혁명의 주체자들은 그 용의주도한 계획과 행동이 무혈혁명을 성취하였으며 나아가서는 비상적인 조치로 자유당정권 12년과 민주당정권 1년간의 누적된 모든 병세를 거의 제거하고 혁명 후 겨우 2개월간에 행정부 기타 모든 부문에 있어서 면목을 일신하고 지금 국민의 협력을 얻어 경제재건을 위시하여 통일독립을 위한 모든 실력양성에 씩씩한 발걸음을 올려놓고 있는 것이다. 이것은 다른 어떤 무혈혁명사상에서도 일찍이 없었던 위대한 성과라고 보지 않을 수 없는 것이다.

셋째, 국민도의와 민족정기를 진작하기 위한 노력인 것이다.

혁명공약에서도 "국민도의와 민족정기를 바로잡기 위하여 청신한 기풍을 진작한다"라고 말한 바와 같이 이 혁명과업이 단순히 정권교체, 정치개혁에 그치지 않고 부패하고 혼탁한 사회환경 속에서 퇴폐한 우리의 국민도의와 민족정기를 바로잡기 위하여 인간혁명을 지향하고 전진하게 되었다는 점에서 우리는 혁명지도자들의 구상과 의도하는 바를 높이 평가하지 않을 수 없는 것이다. 과연 고조 앙양된 국민도의와 민족정기가 짝하지 않고서는 어떠한 새로운 과업도 설계도 그 완성을 기할 수 없는 일이다. 앞으로 이러한 정신에 있어서의 새로운 기풍과 진작은 구국운동의 대대적인 전개와 함께 혁명과업의 보다 더 완전한 결실을 가져올 것이라고 보아서 우리는 이 군사혁명의 전도를 크게 축복하게 되는 것이다.

끝으로 정권이양에 대한 확약을 들 수 있다.

민주정치란 다 잘 아는 바와 같이 국민의 국민에 의한 국민을 위한 정치임에도 불구하고 집권층중에는 국민보다도 개인의 영리를 먼저 생각하기도 하고 또 흔히 정권에 대한 미련을 가짐을 볼 수 있다. 그러나 오늘의 혁명정부는 벌써 공약을 통하여 "우리의 과업이 성취되면 참신하고 양심적인 정치인들에게 언제든지 정권을 이양하고 우리들 본연의 임무에 복귀할 준비를 갖춘다"고 다짐한 것이다. 이것은 어느 혁명사실에도 찾아볼 수 없는 군사혁명 주체자들의 겸허하고 진실한 약속인 것이다. 지금까지의 모든 혁명 후의 현상들이 대개 혁명주체세력에 의하여 정권이 계속 장악되었을 뿐만 아니라 거기에 따르는 여러 가지의 폐해도 파생되었음을 볼 수 있다 또 특별한 예이지만 지난번 4월혁명의 경우에 있어서는 그 주체세력이 학생이고 그들은 자유당의 구정권을 도양倒壞시켰을 뿐 새로운 정치체제를 마련하여 놓음이 없이 혁명과업을 그대로 다른 정치인에게 위임한 결과로 나중에는 귀중한 혁명이 몇몇 정치인들에게 농단壟斷의 마당으로 화하고 마는데 까지 이르렀다. 이런 점에서 혁명의 주체세력이 일단 그 목적한 바 혁명과업을 신속히 성취하고 다음 곧 양심적인 정치인들에게 정권이양을 단행한다는 것은 가장 현명하고 실질적인 방안이라고 하겠다. 또한 이러한 혁명과업 혁명공약이 혁명주체자들의 지성일관한 열의 노력과 국민의 혼연일치한 협력으로 하루속히 성취되고 실현되는 데서 5·16 군사혁명은 한층 더 큰 역사적 의의를 가지게 될 것이며 또 혁명사상에서의 한 귀범이 될 수 있을 것이다.

3) 혁명과 경제재건

＊5월 30일자 한국일보 사설 ＊

5·16 군사혁명은 참으로 모든 국민이 정당한 삶을 찾기 위하고 공산주의자들보다는 더 잘살겠다는 굳은 결의 밑에서 이루어지고 지원되는 범국민적 국가재건의 과업인 것이다. 이 혁명의 성공은 그 궁극적 목표가 경제적 복리를 누리는 데 있는 것이라면 우리는 경제적 번영을 위하여 더욱 많은 노력과 협조가 있어야 할 줄 안다.

-＊6월 17일자 조선일보 사설 ＊

우리는 진작부터 민생고의 해결과 국가자주경제 건설의 목표는 우리 민족이 살아나가기 위하여 반드시 이루어져야 할 나라의 기본과제임을 통감하고 그러기 위하여 요청되는 국민소임을 강조하는 데 있어서 항상 앞장서서 이를 권고하여 왔다. 당면한 현재의 고난을 참으며 앞으로 오는 날의 번영에 희망을 걸면서 국민각자가 태만과 호사스러운 생활을 버리고 내핍검소근면에 충실하되 나만이 홀로 뛰어나서 부유하겠다는 욕심으로 경제행위에 있어서 부정 부당한 수법을 버리는 것이 바로 국가재건을 기하는 마당에 있어서 국민각자가 취하여야 할 기본자세인 것이다. 국민의 이러한 기본자세 없이는 제아무리 좋은 경제정책도 성공하기 어려운 것임은 누구에게도 분명한 이치인 것이다. 이렇게 국민의 소임을 다할 것을 다짐하는 우리는 꼭 같은 심정으로 이에 못지않게 중요한 위정당국의 책임을 또한 강조하지 않을 수 없다. 그것은 무엇보다도 민생고의 해결과 경제의 건설은 이와 같은 국민의 협력태세를 기반으로 하여 여기에 올바르고 적절한 제반 경제시책을 안출하고 이 시책들을 건실하게 또 최선을 다하여 수행하여 나아가는 데서만 기대하는 성과를 올릴 수 있기 때문이다.

4) 혁명과 남북통일문제

＊5월 19일자 동아일보 사설 ＊

천하의 붓과 입들이 제멋대로 떠들어서 소위 통일방안을 운위할 계제는 이미 지났다. 김일성도당이 항복하면 평화통일이 되는 것이요 그렇지 않으면 실력으로 소탕하고 통일하는 길밖에 없다. 사리는 이와 같이 간단하고 명료하다. 또 조급히 서둘 것도 없다. 서독은 유유히 실력을 배양하면서 통일을 50년 후로 본다고 한다. 문제는 방안에 있는 것이 아니라 실력에 있는 것이다.

＊서울일일신문 이관구 사장 논설 ＊　　(5·16 군사혁명과 통일문세)

자주통일의 미사여구가 공산주의의 정체인 침략성을 모르는 사람에게는 유혹되기 쉬운 말이 될지도 모르겠지만 6·25 공산침략의 뼈저린 참화를 겪은 우리로서는 그들의 입을 통한 자주통일의 낚시 밥에 결코 걸리지 않을 것이다. 우리는 언제나 서독과 같은 입장에서 소리 높이 자주통일을 부르짖을 날이 돌아올 것인가. 먼저 실력배양이다. 경제의 재건이다. 실력을 갖춘 뒤에 통일이다. 5·16 군사혁명의 목표가 바로 이것이며 또 국가재건국민운동의 목표도 바로 이것이다.

(3) 혁명시책의 호응

1) 부정축재처리에 대하여

혁명정부는 5월 28일 최고회의령 제20호로서 부정축재처리요강을 발표하고 그 결과 동 8월 13일 일반기업주 27명에 대하여 477억 환, 조세포탈액 13억5천만 환, 공무원 및 정당인 24명에 대하여 72억 환 등 총 566억 환의 부정축재자금을 환수토록 결정 발표하였다. 이와 같은 조치에 대하여 당시 신문의 논설을 살펴보기로 한다.

* 6월 15일자 서울일일신문 사설 *

부정축재자의 군상을 미워해서가 아니라 진정코 자주 자립경제의 체제를 완비하는 경제 체제를 차제에 발견하자는 데서 양식 있고 가장 합리적인 처리방법으로 신중하고 신속히 해결하여야 될 것이다. 이번 처리를 계기로 하여 우리 기업경영의 음성적인 가족경영상태는 해체되어야 하며 소유와 경영은 분리되어 널리 자본을 공개, 분산이 집중적으로 질서 있게 이루어져야 하며 한편 가격 경직화와 국민부담의 강요를 해소시킬 필요가 있다.
권력과 유착에 의하여 급작스럽게 축적 집중된 독점적인 산업 및 금융자본은 해체하지 않을 수 없다고 본다. 자본의 무원칙한 해체는 엄계하여야 하며 현하 경제사정의 중대성에 비추어 과도적인 경영과 항구적인 처리를 분리할 것을 제안한다. 지금 부정축재에 속하는 기업체들은 제분, 제당, 방직 등 비교적 유치산업幼稚産業에 속해 있고 이것이 정치적 압력을 이용하여 과잉투자를 자행한 결과로 필요한 국민투자의 순위를 문란케 하여온 것이 실정이니 만큼 이들의 배경인 은행과 더불어 유치업종幼稚業種은 국가의 강력한 통제 하에 두어야 할 것이다.

* 6월 10일자 경향신문 사실 *

부정축재처리는 국민의 기강과 질서를 바로잡고 왜곡된 경제질서를 정상화하여 올바른 자유경쟁의 체제를 확립하기 위해서도 필요하다. 경제인의 부정축재를 처리하게 되면 생산기능의 마비로 인플레를 초래하는 결과밖에 되지 않는다고 주장하는 사람들이 있었다. 이러한 주장은 장정권이 속으로 바라던 바를 대변하는 데 불과하였다.

2) 혁재革裁, 혁검革檢의 활동에 대하여

국가재건최고회의는 비상조치법 제22조 1항에 의거하여 특수범죄처벌특별법을 제정하여 과거 선거부정, 특수밀수자, 특수반국가행위자 등을 처벌할 혁명재판소와 혁명검찰부를 발족했다.

혁명재판소는 7월 29일 공판개시 이래 첫째, 일벌백계의 중점적 처벌, 둘째, 공정하고 신속한 재판의 진행, 셋째, 사법의 독립과 피고인의 인권존중 등을 지침으로 총 321회의 공판을 통하여 10월 11일 까지 총 89건 259명에 대하여 심리를 끝마쳤다.

4·19 이후에도 특검, 특재를 설치하였으나 현행법을 방패로 또는 정치적인 이해관계로 그 처리상태가 아주 미흡하여 일반국민의 심리心裏에 암영을 주었던 것에 비하여 혁명정부의 혁검, 혁재가 그 엄청난 과업을 단시일 내에 완수한 그 업적을 국민들은 높이 평가하고 있었다.

여기에 대하여 당시 12월 11일자 조선일보 사설은 "혁검의 사업은 이 나라 사회의 모든 부패와 구악을 일소한다는 혁명공약을 실천하는 바로 그것으로서 역사적, 민족적 의의가 크며 그러한 관점에서 혁검부장을 비롯한 검찰관 제위의 노력을 크게 치하한다"라고 했고,

동 12월 12일자 한국일보 사설에는 "4월혁명의 특검, 특재모양으로 국민의 빈축을 삼이 없이 중책을 다한 것은 혁명당국자들의 열의와 노력과 아울러 최고회의당국의 공정하고 적절한 지도에 그 공로가 있다. 일벌백계주의로 처리방침에 있어서나 태도에 있어서나 좋은 본보기를 남겨 놓았으며 전체적으로 공정하고 보복적인 혐의가 없었다"고 찬양했으며,

영남일보의 동일자 사설에서는 "민주당시절의 특검에 비해서 그 업적이 뛰어났고 일벌백계주의로 처벌하면서 가혹한 응징의 철추가 내려지기를 원하였던 국민의 의향을 만족시켰고 신속한 완결은 개오를 촉구하고 재생 보국의 기회를 주는 것이다"라고 논평을 했다.

3) 농어촌고리채정리에 대하여

농촌경제의 안정과 성장, 발전을 촉구하기 위해서는 농어촌의 암적 존재인 고리채를 정리하는 것이 숙원의 과제였으므로 최고회의령 제12호로서 농어촌고리채정리법을 5월 25일 공포하고 7월 14일에 동시행령을 공포하였다.

이에 따라 8월 5일부터 8월 24일 까지 신고기간 중 53만여 건에 212억 환이 신고되었는데 그 후 신고기간을 1개월을 더 연장하였고 또 채권자의 어려움을 덜기 위해 상환기간을 2년 거치 5년 분할상환에서 1년 거치 4년 분할상환으로 단축하는 한편 1만 환 이하는 1년 내에 상환토록 고리채정리법을 개정 공포하였다. 그리하여 동 10월 4일 현재 약 535억 환의 고리채가 신고되었으며 그리고 농민들에게 고리채 대신 수백억 환의 영농자금을 빙출하였던 것이다.

농어촌고리채정리법이 발표되자 모든 여론은 농어촌의 경제자립 내지 재건을 위하여 긴급 적절한 조치라고 찬성을 하면서도 첫째, 비싼 이자로 얻어 쓴 돈을 어떻게 싼 이자로 갚을 수 있겠느냐 하는 농어촌민의 도의심과 둘째, 만일 고리채를 신고한다면 다음 어려울 때는 돈을 꾸어 쓸 수 없을 것이라는 채권자의 직접 간접의 압력으로 고리채신고를 주저할 것이다라는 이유로 그 성공을 우려했으나 혁명정부의 친절한 계몽으로 난제였던 농촌재건의 기틀을 마련하는 데 성공했다. 이에 대한 당시 언론기관의 사설을 살펴보기로 한다.

＊ 6월 10일자 조선일보 사설 ＊

우리는 이 기회에 채권자 여러분들의 대국적인 애국심에 호소하여 이와 같은 당국의 시책
에 허심탄회하게 순응할 것을 다시금 권고하는 바이다. 한편 농민도 정부의 이와 같은 획
기적인 시책에 나라의 터전인 농민을 그 빈곤에서 해방하여 부강의 길로 인도하려는데 있
으며 결코 농민의 해이와 태만을 보상하는데 있지 아니함을 깊이 명심하여 앞으로 가일층
의 노력을 함으로써 국가재건을 기하는 진군의 대열에서 뒤떨어지지 말아야 할 것이다.

＊ 6월 10일자 한국일보 사설 ＊

지난 5월 25일 국가재건최고회의령 제12호로써 전격적으로 착수된 농어촌고리채정리를
위한 혁명정부의 과감한 시책은 실로 혁명정부만이 비로소 단행할 수 있는 쾌도난마적인
일대 영단으로서 대다수농민의 뜨거운 환영 속에서 그 성공적인 수행이 기대되고 있다.
(중략) 혁명이 일어난 지 불과 10일도 못되는 지난 5월 25일 과거에 부패된 정권으로서는
도저히 엄두도 못내는 일대영단으로서 이것을 발본색원하는 거보를 내디디게 되었으니
실로 혁명만이 이룩할 수 있는 위대한 장거라 아니할 수 없는 것이다.
사실 오늘날 농어촌에 누적되어온 막대한 고리채는 이번 혁명정부가 취한 "모라토리움"
의 방법에 의하지 않고서는 도저히 해결할 수 없는 막다른 골목에 함입되었던 것이다. (중
략) 더욱이 농가의 고리채는 매년 약 15~20%씩 증가되고 있다고 하니 이것을 그대로 방치
하면 농촌경제는 재기불능의 상태에 빠져 들어갈 것은 명약관화한 일이라 아니할 수 없었
던 것이다. 물론 국가재정이 풍부하다면 거액의 자금을 일시에 방출하여 아무런 출혈 없
이 이것을 정리할 수 있는 터이지만 이것은 도저히 불가능한 일이다. 여기에 있어서 가능
한 유일의 길은 채권을 동결하는 길밖에 무엇이 남겠는가. 과거 장정권 초기에 개최되었
던 종합경제회의의 정부건의가 이 같은 정리방법을 제시한 바 있음을 기억하고 있거니와
이것은 혁명정부에 의한 고리채동결이 국민적 기반에서 이루어진 영단이었다는 것을 보
여주는 증좌라 할 것이다. 실로 이번 혁명정부가 취한 과감한 고리채동결조치야 말로 농
촌경제를 백척간두에서 구출하기 위한 역사적 장거라 할 것이며 그 성과는 크게 기대되는
바 있는 것이다.

4) 재건국민운동에 대하여

국가재건최고회의는 국민운동을 전개하기 위하여 재건국민운동에 관한 법률을 1961년
6월 23일에 공포하고 최고회의 직속 하에 재건국민운동본부를, 그리고 서울특별시 및 각도에
지부를 설치하였다.

6월 13일 서울에서부터 전국촉진대회를 시작하여 7월 3일 제주도촉진대회에 이르기까
지 각도에서 전 국민의 팽배하는 국민혁명에의 의욕이 반영된 촉진대회가 연이어 개최되었
다. 이와 병행하여 국민운동이 전국적인 조직체로서 각 시 · 군 · 면 · 리 · 동 지역적 각급 행
정기구단위로 지구촉진회가 결성되는 한편 각 기관 각종단체 기타 집단별로 집단촉진회가 조
직되었으며 이로써 국민운동이 더욱 활발히 전개되었다.

재건국민운동은 그에 관한 법률에 규정된 바와 같이 그간 우리 국민을 좀먹어온 허다한 병폐를 일소하고 전 국민이 참신한 기풍을 배양하여 신생활체제와 국민복리를 위한 운동인 만큼 국민들은 재건국민운동자체를 찬성하였으며 이 운동은 저명인사나 또는 각 기관 조직체 및 단체의 지도자들의 솔선수범과 위로부터 강제가 아니라 아래로부터 자발적 호응을 얻어 범국민적 운동으로 전개되어야 할 것이라고 하였다.

5) 경제개발 5개년계획에 대하여

1962년 1월 13일 국가재건최고회의는 민생고를 해결하고 국가자주, 자립경제를 재건하여 공산주의와 대결할 수 있는 실력을 배양하기 위한 제1차 경제개발 5개년계획을 세우고 그 개요를 발표하였다.

동 개혁의 개요가 발표되자 각신문은 물론 경제인 및 학자들이 많은 의견을 개진하였는데 그 공통적인 언급은 우리나라의 종합경제기구인 경제기획원이 있으나 역사가 일천하고 기초적 통계수의 미비, 계획기술의 미숙 등 여러 가지 애로가 있음에도 불구하고 단시일 내에 동 계획수립을 완료한 데 대하여 혁명정부의 노고를 깊이 평가하였다.

그리고 6 · 25 전쟁 이후 수많은 경제계획이 주창되었으나 한번도 실천에 옮기지 못하고 있었던 차 이번 5개년계획이 허다한 문제점을 지니고 있기는 하나 혁명정부의 강력한 실천력에 기대를 걸 수 있다고 일단 평을 했고, 계획의 목표와 계획의 내용에 대해서 다음과 같이 지적을 했다.

계획의 목표는 균형된 투자와 생산의 계획 확대라는 선진국적인 균형된 투자배분이 아니라 균형된 성장을 위한 중점적 투자가 요망되므로 개발투자의 우선순위로 전력을 비롯한 "에너지"자원의 개발, 농업생산력의 향상, 기간산업과 사회간접자본의 확충, 국토건설사업의 경영추진, 국제수지의 개선, 기술향상 등을 책정하여 공업화의 기반조성을 꾀하는 것은 계획 방향에 있어서 타당하다고 하겠다. 또한 연간 경제성장목표 7.1%에 대해서도 몇몇 지방신문을 제외한 대부분의 여론이 이를 달성가능한 목표라고 보았다.

계획의 내용은 1962년의 기획원안에 대해서 언론기관이 솔선하여 국민의 협조를 강조하였는데, 당시 언론의 논조는 우리나라는 지금 5개년계획의 설박한 필요성에 직면하고 있는 만큼 계획숫자의 과도한 논평보다도 계획의 성과있는 추진과 달성이 더욱 중요하다는 태도를 취하였으며 이런 입장에서 계획의 성공적인 달성을 위한 정부, 기업인, 국민의 삼위일체적인 협조를 강조하였다.

그러나 불가피한 문제에 대하여는 다음과 같이 비판과 건의를 하였다.

1. 산업기관의 문제에 있어서 한국일보, 서울신문, 경향신문 등 주요일간지는 산업연관표의 작성

활용으로서 관계 산업의 균형적 발전을 기해야 한다고 하였다.

2. 시장문제에 있어서 내외시장의 개척은 실제로 우리가 생각하는 것처럼 용이하지 않을 것이니 이점에 대한 좀더 면밀한 검토가 있어야 한다고 하였다.

3. 기술문제에 있어서는 응급적인 해외기술의 도입에는 거액의 외자가 소요되며 국민기술은 일 조일석에 육성 향상되지 않으니 만큼 이에 주의하여 이제부터라도 기술자 육성에 박차를 가하 라고 하였다.

4. 외자조달문제에 있어서 계획기간 중 약 7억 불에 달하는 외자도입은 그다지 용이한 일이라고 볼 수 없으니 미국 측으로부터 지지약속이나 동정표시에서 한걸음 더 나아가서 확실한 언질을 받아야 한다는 견해를 표명하였다.

5. 내자조달문제에 있어서 한국일보는 민간투자가 지나치게 계상된 것 같다고 하면서 계획의 강 행에서 생기는 인플레의 연쇄반응을 우려하였으며 몇몇 지방지도 이와 같은 점을 지적하면서 국민저축운동의 추진, 자본시장의 육성 등등의 뒷받침이 있어야 한다고 지적하였다.

6) 언론정책에 대하여

혁명 직후 5월 23일 혁명정부에서는 언론정비에 관한 포고 제11호로서 범람하던 군소지 및 사이비언론기관을 대량으로 정비하였다. 이어서 언론인 정화를 위해 1962년 6월 28일 최고회의 문사위는 한국언론계의 체질을 개선하고 언론의 육성과 창달을 지향하기 위한 새로운 언론정책을 발표하였는데 그것이 바로 언론인 및 언론기관에 관계되는 일인 만큼 경향의 각 신문들은 이에 대해 예민한 반응을 보였다.

전반적인 논조의 흐름을 보면 찬반 양론이 있었으나 언론정책 일반에 대해서나 한국언론사상 획기적인 신기원을 이룩하는 고심작이었음은 모두 인정하면서도 세부방침에 들어가서는 질적으로 애로가 많음을 지적하기도 하였다. 당시 주요일간지의 논지를 살펴보기로 한다.

붕아일보는 언론정책의 기본방침 5개항과 20개 세부방침은 대체로 오늘날 한국언론계의 현실적 고민을 그대로 부각한 것이요 이에 대한 현실적인 치유처분을 모색한 매우 선의의 권장으로 볼수 있다고 하였다. 그리고 특히 본질적인 병인이 기업적 후진성에 있다고 진단하고 이에 입각한 처분을 낸 것이라든가 이러한 후진성의 대부분의 병인, 이런 일부 신문인의 부패행위를 불문에 붙이고 앞으로의 올바른 자세에 악센트를 두었다는 데에 혁명정부의 결심을 납득하여 민정이양시까지에는 어떻게 해서든지 이 분야에 있어서의 한국적 후진성을 탈피시키겠다는 동기를 이해할 수 있다고 하였다.

조선일보는 박의장의 신문정책 10개 지침이 발표되는 것을 계기로 소말적消末的인 기개幾個언론인의 도태를 중심으로 하는 언론정화론에서부터 한국 언론계의 구조를 근본적으로 재검토하려는 언론육성으로 방향이 전환된 것이라고 하면서 이번 공포된 언론정책이 이상과 같은 경위와 박의장의 최종단안을 바탕으로 한 것이며 관찰에 따라서는 한국 언론사상 획기적인 신기원을 이룩하려는 야심적인 정책이라고 말할 수 있다고 하였다.

경향신문은 과거혁명정부가 언론계의 정화와 개선을 입법으로 강행하려던 태도를 바꾸어 하나의 권장적 방법으로서 언론계의 협조, 협력에 그 기초를 두는 정책으로 나왔음을 지적하면서 이것은 물론 그간 언론정화에 관한 박의장의 지시에 의한 것이었으나 그 연유야 어찌되었던 하나의 전기를 초래하는 것으로서 우리는 혁명정부의 태도를 다시금 주시한다고 하였다.

이상은 언론정책이 발표된 직후 며칠에 걸쳐서 각 언론에 나타난 반향을 종합한 것인데 대체로 각신문은 언론정책이 갖는 취지와 원칙적인 당위성에 대해서는 한두 개의 신문을 제외하고는 거의 전폭적인 찬의를 표했음을 알 수 있다. 다만 정책의 세부에 있어서 그 의도는 수긍하되 방법이 너무나 획일적이고 이상론에만 흐른다면 한국신문의 현실과 격리되는 결과가 될지도 모른다라고 대개의 신문들이 지적을 하였다.

7) 정치활동정화에 대하여

1962년 3월 16일 최고회의는 과거의 부정과 부패정치인을 제거하고 참신하고도 양심적인 정치인을 등장시킴으로써 새로운 정치풍토를 함양한다는 목적으로 구정치인들의 정치활동을 제한하는 정치활동정화법을 의결 공포하였다. 그리고 동년 5월 30일 정치정화법대상자에 대한 적격판정자 명단을 공고하고, 동시에 박의장은 "부적격판정을 받은 사람은 이제라도 적극적으로 국가에 봉사하여 다시 적격판정을 받을 수 있는 기회를 얻도록 할 것이며, 적격판정불신청자에 대하여서도 양심적이거나 또 앞으로 국가재건에 기여 공헌하는 사람은 다시 검토하여 적격판정을 내리도록 할 것이다"라고 담화를 발표하였는데, 정치활동정화법 해당자로 공고된 4,369명중 적격판정을 받은 인사는 1,336명이었다. 이에 대한 주요 신문사설의 논조를 보면 다음과 같다.

5월 31일 서울신문 사설에는 부패와 비정秕政의 구악이 양성되었던 사회윤리의 책임을 진정코 누가 져야 하는가 라는 것을 쉽게 가릴 수 없는 문제라 하더라도 정치권력으로 이를 주도 조성했던 구정치인들은 오늘날 마땅히 정치적으로 체질替質을 거쳐야 할 것은 당연하다 할 것이다. 정치정화의 대상자들 중 60% 이상의 인사들이 스스로 동법에 의한 직격심판에 응한 것도 그들 자신이 이와 같은 정치의 정화가 필요한 것임을 깨달은 데서 취해진 행동이었다고 할 것이다.

5월 29일자 한국일보 사설에는 크게는 역사적 전환기에 있어서 우리가 당면한 가장 중요한 과업의 하나인 정치정화를 위한 하나의 전기를 마련하였다는 데서 이 과업을 중시하지 않을 수 없으며 적게는 개인의 명예를 보존하며 또는 반성과 각성의 계기를 마련하고 나아가서는 새 시대에 대응할 우리들 국민일반에 산 교훈을 남겨야 한다는 점에 우리의 관심은 한층

쏠리고 있는 것이다.

6월 1일자 삼남일보 사설은 혁명 전의 사회악이나 경제적 빈곤이 정치부패에 기인했던 것이며 혁명공약에 열거된 반공체제의 재정비강화, 우방과의 유대, 민생고의 해결, 국토통일의 지상목적이 완수되려면 정치의 부패요소가 우선 일소되어야 할 것이므로 금번의 정쟁법 실시는 5·16 군사혁명의 가장 중대한 과업 중의 하나임에 틀림없다. 그리고 적격판정결과에 대한 논조는 대개 다음과 같다.

경향신문에서는 "적격판정의 동향을 보건대 적격판정을 받은 자의 수는 우리의 예상과는 좀 적은 감이 없지 않다. (중략) 정쟁위원들은 다소라도 그러한 심판기준에 얽매지 않을 수 없는 실무적 제한 밑에서 여유있는 정치적 고려까지 충실하게 갖추기 어렵다는 고충도 있을 것이라고 짐작되며 이러한 단점은 박의장의 담화문에서도 밝혀진 바와 같이 앞으로 관계 인사들의 국가재건에의 공헌 여하에 따라서 수시로 구제조치가 될 것이니 이에 기대를 거는 바 크다."

대한일보에서는 "구자유당계인사가 많이 구제된 것은 그만큼 허물이 적었던 관계인사들인 것과 신청자수가 많았던 관계라고 추측되며, 민주당 당시에 장관급이 구제 못된 것도 정치적인 실제 책임으로서나 국민에 대한 도의적 견지에서 그럴 것이며 과거 청조회원들이 많이 구제된 것은 그 의욕이나마 그래도 민족과 국가의 앞날을 걱정하고 정계와 사회기풍을 쇄신하여 보자고 한 의기를 평가받은 것이며, 민주당의 핵심당부 간부급들이 배제된 것은 냉정한 자숙을 의미하는 것이라 볼 것이고, 현직 대사 공사 전원이 적격판정을 받은 것은 외교관의 직업적 특성을 고려한 것이며, 항일과 반독재투쟁을 한 작고한 분들의 자제들에 대하여 너그러운 태도로서 모두 구제한 것은 썩 잘한 일이라 하겠으며, 과거 자유당계 경찰관이 많이 구제된 것은 자의가 아니고 타의에 의하여 부정행위를 강요당했던 것을 참작한 것이라 하겠다. 아무튼 공고 이래 2개월로써 이 지난한 사업은 신중한 조사와 검토 아래 공평무사를 원칙으로 하되 관용의 아량과 구제에 대한 최대한의 어유를 잊기 않았으며 대단원을 지었다 하겠다."

매일신문은 "예상한 것보다는 약간 엄격한 것 같이 보이면서도 대체로 무난한 것으로 본다. 좀 엄격하다고 본 것은 심판청구자의 과반수가 채 못되는 45% 밖에 구제되지 않았다는 점이고 무난하다는 것은 개별적으로 보면 다소 섭섭한 느낌이 있으나 전체적인 조준에서 보면 부득이했으리라고 보기 때문이다."

전남일보에서는 "당국이 수차에 걸쳐 관대한 심판을 할 것이라고 강조하면서 심판청구를 권장했던 만큼 의외로 엄격하다는 인상이다. 이것은 그동안 혁명정부가 일벌백계로서 세계 어느 나라에서도 찾아볼 수 없는 관용을 베풀어 왔기 때문에 정쟁법 운용에 있어서는 그러한 정신은 불변이라는 관념을 가진 탓이기도 했다."

2. 국외 반향

(1) 미 국무성의 최초 공식논평

군사혁명위원회의장 장도영중장은 혁명 다음날인 5월 17일 케네디 미국대통령 앞으로 다음과 같은 요지의 서한을 보냈다.

우리는 우리 양국 간에 존재하는 가장 우호적인 유대가 앞으로 계속되며 강화되기를 진심으로 희원한다. 우리는 우리의 사명을 완수하면 참신하고 양심적인 민간인에게 정권을 이양하고 군 본연의 임무로 돌아갈 것이다.

이에 대해 케네디 대통령은 자신을 대신 서울 주한미대사 대리 그린으로 하여금 회신케 하고 그리고 미 국무성 공보관 링컨 화이트로 하여금 기자회견을 열고 처음으로 한국군사혁명에 대한 공식논평을 했다.

우리는 군사혁명위원회의 목표가 우리들의 목표와 상부하기를 믿고 바란다. 한국에서의 우리의 목적은 한국민이 가능한 공산위협에 대한 국가방위와 건전한 경제발전 및 복지향상을 위한 필수적인 기반으로서 민주주의 절차를 통하여 안정과 질서 합헌정치 및 법질서를 성취하도록 원조하려는 데 있었으며 그와 같은 우리의 목적은 변함없이 계속될 것이다. 우리는 정권을 민정으로 이양하겠다는 한국 군부지도자들의 의견표시에 고무되고 있다. 미국은 또한 부패를 제거하고 국민의 경제생활을 향상시킬 것이며 참신하고 양심적인 정치인들에게 정권을 이양할 것이라는 군사혁명위원회 의장의 정책성명에 고무되고 있다.

이와 같은 최초의 미 국무성 논평은 그 내용의 불명확성 때문에 한때 구구하게 해석이 되기도 했으나 5월 19일자 「크리스천 사이엔스 모니터」지는 이에 대해서 다음과 같이 논평하였다.

"선거로 이룩된 한국정부를 그 정부가 자체의 지위를 유지할 가망이 있을 때까지 지지해 온 미국 관리들은 이제 이와 대치된 국가재건최고회의란 기정사실을 승인하고 나섰다. 이와 같은 태도는 국제법의 한 부분이 되어온 만큼 예부터 존중되었으며 현명한 일이다. 한국의 신정부를 구성하는 장성들과 미국대표들 사이에 협조가 없을 리 없다"고 했다.

시카고 「선 타임」지 사설은 "미국은 한국에서 무너진 정권을 지지함으로써 그 체면을 손상했을지 몰라도 소련이 헝가리에서 저지른 것과 같이 무력으로 그 의사를 강제하지 않았다."고 극구 찬양을 했고, 또한 5월 20일 미국 상원외교위원장 풀부라이트는 기자 질문에 다음과 같이 말했다. "장면 정부가 큰 곤란을 겪고 있었다는 것은 워싱턴에서는 오히려 상식으로 되어 있었다. 이번 실각한 민간인 정부가 좀더 효율적으로 기능을 발휘하지 못한데 실망하였다. 미국은 한국의 신정부를 승인하고 지지하여야 한다"라고 강경한 반응이 나왔다.

5월 26일 장의장은 드디어 지난 5월 17일 미국 대통령에게 보낸 메시지에 대한 미국 대통령의 회신을 한·미 양국에서 공표하였다.

> 본인은 미국정부를 대표하여 대한민국의 군사혁명위원회의장 명의로 미합중국대통령에게 보낸 5월 17일자 서한을 미국정부가 접수하였음을 확인하는 영광을 가지는 바입니다. 자유세계의 제 원칙을 지지하고 이 제 원칙에 따라 한국민의 복리를 증진할 결의를 표명한 군사혁명위원회의장 메시지에 명시된 공약을 미국정부는 찬성하는 바입니다. 또한 정권을 민간인에게 이양할 의도를 표명한 데 대하여 우리 정부는 만족스럽게 생각하는 바입니다. 미합중국은 다년간 대한민국과 친밀한 관계를 유지하여 왔으며 한국정부와 국민이 건전하고 번영하는 경제를 성취하고 민주주의 발전과 국방력을 통하여 자유를 유지하려는 노력을 돕고자 힘써 왔습니다. 미국정부는 양국 간의 전통적인 우호관계가 계속될 것과 우리 양국이 한국과 자유세계의 복지와 힘을 증진하는데 계속 협조할 것을 확신하는 바입니다.

(2) 외지에 보도된 한국군사혁명

1) 혁명 직후의 미국언론

5월 17일자 「뉴욕타임스」는 최초로 한국군사혁명에 대해 다음과 같은 사설로 논평하였다.

> 한국사태를 전망하기에는 아직도 너무나 불확실하다. 우리는 미국에 협조하고 공산전복과 침략에 반대한다고 표명한 군사혁명지도자들의 결의에 감사한다. 그들이 혁명의 목적만 달성하면 곧 정권을 민간인에게 이양하겠다고 한 장장군의 성명에도 아낌없는 찬사를 보낸다. 우리는 새로운 군사혁명위원회에 한국정정과 군사조직의 분란을 최소한도로 줄여주기를 바라며 또 그렇게 함으로써 공산당에 이점을 주거나 안정된 정부수립에 곤란을 주지 않도록 힘써 주기를 바라는 것이다.

동일자 「뉴욕포스트」지 사설은 "장면 정부는 부패와 빈곤을 일소하는데 속수무책이었다. 그러기에 장면 정부에 대한 국민들의 지지를 규합하려던 미국의 노력도 실패한 것이다."

또한 「뉴욕타임스」는 링컨 화이트 미 국무성공보관의 공식 논평이 있자 "미 당국은 한국의 군사혁명을 냉정한 사실로 인정하고 가능한 한의 모든 건설적인 방도로 신정부와 제휴하라. 혁명을 일으킨 군사지도자들은 유능하고 애국적인 친미인사들이다. 이들은 지금 물러나게 된 파쟁 부단의 위태로운 정권보다 훨씬 효과적인 정치를 실천에 옮기고 있으며 부패일소에 전력을 경주하고 있다. 따라서 새로이 조직된 국가재건최고회의가 가급적 조속한 시일 내에 지닌 바 과업을 완수한다면 한국을 위한 최대의 봉사를 하게 될 것이다."

동 19일 「뉴욕 헤럴드」지는 "한국의 군사혁명위원회는 그들이 공약한 개혁을 완수할 기회를 얻었으나 아직도 신정권의 제개혁이 확립될 때까지는 상당한 의아심을 받지 않을 수 없을 것이다"라고 했다.

이와 같이 한국군사혁명의 주체세력이 친미 반공세력이었다는 데는 우선 안도감을 가질 수 있었으나 왜 이런 군사혁명이 일어나야 되었는가 하는 문제에 대해서는 아직도 많은 외국인들은 의아하게 생각하고 있었다.

2) 혁명배경과 혁명정부의 과업

미국 라더포드 포스 기자는

한국인의 10명 중 1명은 실업자다. 더욱이 중앙청의 국장급 월급이 불과 60불 내지는 70불 정도이니 필연적으로 부패와 부정이 따르기 마련이다. 미국관리들은 이것이 바로 지난 13개월 동안에 2번이나 혁명을 치러야 했던 경제적 요인이라 보고 있다. 이 어려운 현실은 아직도 한국의 국가재건최고회의나 케네디 미국행정부에 짓궂게 도전하고 있다.

미국관리들은 미국이 한국의 방위와 보존에 대하여 너무나 큰 책임을 지고 있기 때문에 미국인들이 군사혁명에 대한 방법을 어떻게 생각하든 간에 한국의 새로운 군사정부에 향배할 수 없는 처지에 있는 것으로 생각하고 있다. 만일 국가재건최고회의가 민생을 개선하고 실정을 피할 결사적인 시책을 실시하겠다고 한 약속을 이행하지 못하게 된다면 그것은 비단 한국의 비극일 뿐 아니라 미국의 비극이기도 하다.

덜레스 미 국무장관이 남한에다 이룩해 보겠다고 장담하던 민주주의의 쇼윈도우와 계획에는 어쨌든 이미 금이 갔다. 한국의 현 시태는 최소한 미국의 감정이 관련되고 있는 것이다. 미국은 3년간의 한국전쟁 중에 남한을 공산침략으로부터 방위하기 위하여 3만5천 명의 생명과 수억 달러의 재화를 희생하였다.

1954년 이래 미국은 과중한 국방비 부담에 허덕이는 한국경제를 안정시키고 나아가서는 실업자 흡수를 위한 산업진흥을 목적으로 63만1,000명의 한국군에 대한 군사지원외에도 20억 달러가 넘는 원조를 한국에 제공하여 왔다. 2억2,500만 달러로 책정된 미국의 금년도 대외경제원조는 그 액수가 한국정부의 전세입에 해당한다. 미국관리들은 이 미국의 원조가 2,500만 남한인구를 안성시키거나 또는 그들의 경제생활을 약간 개선시키는 데 겨우 족할 뿐이라는 사실을 인정하고 있다. 미국원조의 대부분은 직접간접으로 세계 제4위의 대군을 지원하고 피난민으로 팽창된 남한인구를 부양하고 휴전선을 중심으로 한 인위적인 국토양단으로 말미암아 발생하는 고질적인 적자재정을 보상하는데 충당되어 왔다.
미국의 원조도 역대한국정부의 시책도 정치가들의 약속이나 또는 작년에 이승만정권을 타도한 4월혁명에 의해 고무된 과장된 희망에는 모두 미달하는 것이었다. 이제 한국의 정권을 장악한 국가재건최고회의는 강력한 정부의 수립과 좌익세력타도, 부패일소, 국민 생활향상 등을 맹세 하였다.

또 5월 22일 미국 앨프레드 스므라 기자는 다음과 같이 보도함으로써 한국의 혁명정부에 부과된 2대과업을 지적하였다.

윤보선 대통령이 국가를 위해 사표를 철회하기로 결정했고 새로운 내각도 조직되었다. 우리는 이제 5 · 16 군사혁명의 제1단계가 완성된 것을 쉽사리 짐작할 수 있다. 다음 단계는 가장 중요한 단계 즉 건설의 단계인 것이다.
한국인들의 대다수가 구정권을 지지하지 않았다는 것은 의심할 여지가 없다. 작년의 4월 거사는 민주적 권리로 민권을 유린한 정권을 제거시키는 데 필요하였으며 또 그렇게 하였다는데 이 거사의 극적 의의가 있었다. 그러나 4월혁명은 혁명이란 새로운 사회제도와 새로운 통치정신의 확립을 의미한다는 견지에서 엄정한 의미의 혁명이라고는 할 수 없을 것이다. 그리하여 4월혁명의 뒤에는 실망이 따랐다. 이번 거사에 유혈을 보지 않고도 성사할 수 있었다는데 의미심장한 바가 있다. 사건에 대한 냉철한 직업적 목격자로서 사건을 판단하기보다는 분석하여 보려고 노력하는 본 기자의 눈에는 신정부의 당면한 긴급과제가 우선 다음과 같은 2개 분야에 있는 것으로 보인다. 그 첫째는 경제정세요, 둘째는 언론의 장래 위치를 다루는 문제다.

혁명정부가 공산주의의 저지, 미국을 포함한 자유세계와의 유대강화 같은 문제에 대하여 이미 본연의 태도를 취하고 있는 이상 이 같은 국제문제는 부차적인 문제라 할 것이다. 사회정세에 미치는 가장 중요한 경제문제를 해결하고 모든 정쟁을 지양하는 것이 초루의 급선무임은 명약관화하다. 이 목적을 위하여 한국의 새지도자들과 미국은 민주주의를 시행하는 방법에 관하여 그들이 갖고 있는 관념의 차이와 오해가 어떤 것이든 간에 다음과 같은 사항에 대하여서는 의견을 일치시키고 있는 것으로 보인다. 즉 서민층 특히 농촌의 생활수준을 신속히 향상시키기 위해 엄정하게 해결되어야 할 문제가 있다. 이른바 사회악은 하루바삐 일소되어야 한다. 이는 또한 미국이 앞으로 계속해서 제공하게 될 원조를 행정적으로 분배할 기구의 개선도 의미한다. 실제적 민주주의를 확립하는 데는 민주주의의 정치적 의미를 따지는 것보다는 오히려 더많은 효율성이 필요한 것이다.
한국이 우선 경제적 기반을 공고히 하지 않는 한 우리는 한국의 통일을 생각할 수 없는 것이다. 그러나 한편으로는 국내외로부터 투자를 유인할 만한 신망을 줄 필요가 있다. 이 점에 대해서는 지극히 우국적이며 또 확고한 목적을 지향하여 매진하고 있는 국가재건최고회의가 한국의 인접공업국인 일본과 거래하는 데 있어서 현실적으로 희망하는 바이다. 한

국은 성공적으로 혁명을 완수하였을 때 터키나 파키스탄 같은 나라들이 갖지 못한 이점을
갖고 있다.

5월 24일 미국 에드워드 니랜 기자는 혁명정부의 2대과업을 다음과 같이 기술하였다.

국가재건최고회의가 공약한 강력한 반공사회건설에는 2개의 큰 문제가 있으니 그것은 4
천 년의 한국역사에 끊임없이 나타난 파쟁과 부패다. 이번 신내각취임식에서 나는 그 파
벌과 부패를 상기하였다. 나는 의사당에서 여러 차례 걸쳐서 시도되며 또한 침해당한 것
도 보았다. 나는 의사당에서 주먹싸움, 격론, 연좌데모 등도 보았다. 1958년 12월 24일 당
시의 자유당이 국가보안법을 통과시키고자 약 300명의 경위들을 동원하여 의사당 지하실
로 야당의원들을 몰아 넣은 적이 있었다. 이번의 혁명내각은 일요일을 없애고 국가가 안
전한 기반을 잡을 때까지 공휴일과 휴일에도 관리로 하여금 일을 보게 할 것이라고 한다.
혁명군은 200명의 깡패를 거리로 몰아냈고 그 행진의 선두에는 밤거리의 왕이던 이정재가
앞섰다. 이 깡패들은 캬바레, 유흥가를 상대로 폭력을 자행하여 왔던 것이다.
혁명내각의 출발은 최초 주한미국관리와 다소 알력이 있었지만 현재 순조로이 진행되고
있다. 한국의 장래는 군사혁명위원회의 지도자들의 성격에 크게 좌우되고 있다. 장중장과
박소장은 매수당하지 않는 인물이며 "칵테일 파티" 보다도 힘들고 어려운 일을 하기를 더
좋아하는 인물이다.

5월 28일자 「뉴욕타임스」 사설은 한국 농어촌고리채 정리에 관해서 다음과 같이 말
했다.

남한의 신군사정부는 오래전부터 필요로 하던 수많은 조치를 취하였다. 즉 빈민에게 양곡
을 배급하고 농어촌고리채를 정리하기 시작했다. 공무원들의 근무태세를 강화하였다. 또
한 부패와 부정축재를 제거하기 위하여 엄격한 조치를 취하였다. 신정부는 기본적인 사회
경제혁명의 필요성이 심각한데도 불구하고 이 방면에서는 그다지 좋은 능력을 보여 주지
못하고 있다. 이 문제는 농어촌고리채를 정리한다든가 그 밖에 일시적인 조치를 단행하는
것만으로는 충분하지 못하다. 침체한 한국농촌경제에 특별한 관심을 갖고 총괄적인 계획
을 수립하는 것이 본질적인 문제다. 가난에 시달린 남한농민들은 고리채 혹은 기타 착취
로부터 영원히 보호받지 않으면 안 된다. 그들에게 농업생산을 개량할 방법이 주어져야
할 것이며 보다 많은 토지가 경작되어야 할 것이다. 시장거래가 개선되는 동시에 농촌에
서 실업자가 구제되어 도시에의 집중을 방지하기 위하여 중소기업이 육성되어야 할 것이
다. 신정부는 미국의 대한원조증액을 요청할 예정이라고 보도되었다. 그러나 미국의 대한
원조의 증액 보다는 농촌개혁계획이 더 중요한 과업이다.

또 6월 11일자 「뉴욕타임스」는 "쇠약한 한국경제"라는 제목으로 버나드 카브의 기사를 보도했다.

새로운 군사지도자들은 그들의 혁명이 오로지 번영과 성장을 위한 것이며 부패와 공산세력을 일소하기 위한 것이라고 열렬히 주장하였다. 그러나 그들은 아직도 거대한 국가적 문제, 즉 고질화된 경제문제를 해결하기 위한 실제적 계획을 수립해야 만할 것이다.

당시에 보는 바와 같은 두통거리는 복잡하고 광범위하며 또 고질화된 문제인 만큼 지금까지의 수많은 민간정치인들이 이 문제를 해결하는 데 실패해 왔던 것이다.

인구과잉, 후진성, 실업, 빈곤, 물가앙등과 자원결핍 이런 환경 속에서도 기대는 엄청나게 크다는 사실 이것이 바로 고요한 아침의 나라의 절반을 차지하는 남한의 생생한 모습이다. 이것은 마치 2천5백만 인구가 한 상점 안에 밀어닥쳐 앞을 다투어 물건을 사려는 모습에 흡사하다. 그러나 그 상점에는 그들 전부의 수요에 응할 재고품도 없으며 있더라도 비싸서 살 도리가 없는 것이다.

한국생활에는 좌절, 냉소, 실망 등의 중요한 심리적 요소들이 조성되어 있다. 한국인들은 자신을 한국을 짓밟아온 반세기이상의 세계역사의 희생물이라 생각하고 있다. 모욕적인 40년간의 일제점령에 뒤이어 미소양국에 의한 조국분단, 거기에다 1950년의 공산침략이 있었다. 한국인의 정신적 상처는 쓰라린 것이며 아직도 생생한 것이다.

이러한 경제적 및 심리적 충격은 전쟁의 상처가 가시지 않은 산골짜기에서 전통에 물들어 그날그날 하루살이 생활을 해오는 농촌모습 속에서 찾아볼 수 있다. 전인구의 70%를 그리고 전국경작가능지의 20% 지역에서 일하는 농민의 생활은 부채를 갚으려는 악순환 그것이다. 전국민소득의 40% 이상이 농촌에서 나오고 있다. 도시 특히 200만 인구를 포용하는 서울거리는 전통 어린 고궁과 폐품 드럼깡통으로 세워진 각양각색으로 세워진 판자집을 배경으로 하는 상가와 주민들의 소음으로 떠들썩하다. 반아세아적이며 반서구적인 이 수도는 한국적인 것을 재발견하려는 변이적 도시다. 여기가 바로 혁명정부에 의해 대량검거가 시작되기 까지 깡패와 부패분자와 그들의 동료들이 우글대던 곳이다.

그러나 도시나 농촌을 구렁텅이 속에 빠트리는 것이 다름 아닌 경제적 통요나. 남한은 1959년에야 비로소 국민이 미국의 경제원조자금에 의존하지 않더라도 겨우 전국의 수요를 충족시킬 수 있게 되었다. 1959년의 총국민소득은 180억 환으로 추산되었다. 그보다 2년 전만 해도 한국은 미국의 대외원조 3억7천만 불 중 거의 25%를 소비하여야 생존할 수 있었다.

이러한 사실은 지난 4년간의 국민소득성장이 실패로 돌아갔음을 말해 준다. 1957년은 전후의 재건노력이 진효하고 예상외의 미곡풍작으로 국민소득이 믿지 못할 정도로 8.6%나 상승하였다. 그러나 연간 국민소득은 그 후 계속 하강하여 1960년에는 2.3%의 성장률을 보이는 데 불과했다. 이것은 연간 2.8%의 인구증가율보다 하강하는 성장률인 것이다.

한국주재 외국경제인들은 한국경제가 국가발전의 필요성과 보조를 같이 하는데 실패한 원인을 설명하는데 투자자본의 만성적 결핍 외에도 허다한 이유를 든다. 1945년 이후에 한국에 투입된 30억 불이 넘는 미국원조는 한국인을 오히려 자체의 생활수단 없이도 생활할 수 있다는 사실을 가르쳐 주었고 어느 정도는 비자극적인 투자도 하였다고 일부 경제인들은 판단한다. 또 다른 경제인들은 대다수의 한국인들이 경제발전을 추진하기 위한 계획을 수립하기보다는 미국원조를 자유자재로 소비해 버리기를 택했다고 말한다.

남한의 문제들은 이 아세아반도의 분할에도 기인되고 있다. 국토양단으로 인하여 남한은 산업이 발달하지 못한 부분을 차지하게 되었다. 북한은 1,000만의 인구에 대부분의 지하자원과 공장이 집중한 지역을 차지하였다. 남한은 그 2배의 인구를 소유하는 원시적인 농업지역인 것이다. 약 400만 명의 북한피난민이 이 나라의 인구문제를 더욱 복잡하게 만들었다.

이 밖에도 남한은 공산침략의 가능성에 대비하느라고 전 예산의 거의 3분의 1을 세계 제4위의 50만대군의 육성에 소비하지 않으면 안되는 것이다. 이러한 현상에도 불구하고 한국군의 실제적 예산은 연간 2억 불이 넘는 미국의 지출에 의존하고 있다.

이러한 모든 결과와 과잉인구를 흡수하지 못한 피폐된 경제로 인하여 실업 내지 반실업수가 만연 일로에 있는 것이다. 정확한 실업자통계는 알 바 없으나 약 1,000만 명으로 추산되는 노동인구의 25%가 일정직을 갖지 못한 것으로 알려져 있다.

이러한 부담 외에도 남한경제는 10년간의 누적된 인플레로 쇠약하였다. 경제인들은 1954년에서 1959년 사이에 연간 평균 50%의 인플레가 있었다고 보고 있다. 그래도 그 후 한국경제는 더 안정되었다고 말하고 있다. 그 동안에 원화가치는 통화개혁으로 2번씩이나 저락되었다. 그런데 이것은 일반 한국인들에게는 물가가 계속 앙등함으로 봉급에서 3할의 손실을 보는 셈이 되는 것이다.

1959년 4월에서 1961년 4월간의 소비물가는 20%의 상승률을 보였다. 그러나 보다 중요한 사실은 쌀, 밀, 보리 등 보통가정의 생활비의 45% 이상이 투입되는 곡물가격이 동 기간 중에 60%나 상승하였다는 사실이다. 물가앙등과 박봉 속에 허덕이는 일반인들은 곤궁한 생활을 해올 수밖에 없었다.

남한의 주택문제도 복잡하다. 도시의 주택사정은 구할 수도 없는 직업과 주택을 찾아 시골에서 밀려오는 사람들로 인하여 더욱 심각하다.

외국전문가들의 의견에 의하면 경제재건의 전망은 암담하다고 한다. 그러나 지난주 철저한 경제계획을 열망하는 혁명정부는 "기본적 경제정책"을 발표하여 일반투자에 의한 주요계획에 착수하여 지역사회발전, 미가유지 및 환화교환율의 안정유지 등을 호소하였다. 그러나 혁명정부의 그 밖의 대부분의 목적과 마찬가지로 이 문제의 실천방법을 명시하지 않았다. 혁명당국은 장기적 경제계획 수립을 위해 시간 외의 근무 전문교수들의 초청 등을 단행하고 있으므로 약간의 시간적 여유가 필요하다고 말하고 있다.

다음은 캐나다인 스코필드 박사가 「코리안 리퍼블릭」에 기고한 그의 소신을 보기로 한다.

스코필드 박사는 1919년의 3·1 운동을 직접 자기 눈으로 보고 느낀 사람일 뿐 아니라 몸소 3·1운동에 직접 가담 지원한 사람이며, 또 악랄한 일본제국주의의 독아毒牙에 궐기한 한국최초의 반제운동을 목격하였고, 1960년의 4월혁명과 1961년의 5·16 군사혁명을 직접 목격한 다른 어느 외국인 저널리스트 보다도 정확하고 책임 있는 평이라고 할 수 있을 것이다.

> 한 나라가 정직 부강해 지려면 그 국민이 정직하여야 한다. 한국에서 민주주의가 실패한 것이 아니고 과거 단 한번도 민주주의를 이룩하려는 노력이 시도되지 않았다. 오늘날 피동적으로 가해지고 있는 군대의 기강이 국민의 마음속에 침투되어 그들 자신의 자발적인 도의정신으로 확립되는 날 비로소 한국에는 민주주의가 그 기회를 갖게 되는 것이다.
>
> 가솔린 빼먹기, 깡패, 세금포탈, 증회贈賄, 병역기피, 모리행위謀利行爲, 졸업장위조 등 온갖 교활한 형태의 부패를 숙청하는 일이며 부패된 사회에서는 진정한 민주주의나 건전한 경제를 바랄 수 없다.
>
> 지금 한국을 통치하고 있는 군인들이 계속 앞으로도 국민에게 정직과 검소와 기강의 모범을 보여주고 공정하고 올바른 행정을 하고 정실을 배격하고 만민을 평등하게 처우한다면 이 비극의 땅은 명랑하고 즐거운 땅이 될 것이다. 그러나 한국의 우방과 적은 다같이 이 신정부를 주시하고 있는 것이다. 만일 민간인보다 군인이 같은 잘못에 대하여 가벼운 처벌을 받고 있다는 것이 나타나는 날에는 이 희망의 빛은 또다시 사라질 뿐만 아니라 우리의 마음속에 뿌리박기 시작하던 신뢰 또한 사라지고 말 것이다.
>
> 5·16 군사혁명은 미국의 대한정책에 대한 미국의 국내여론을 환기시켰다. 한국의 군사혁명은 이제 쿠바의 카스트로와 같은 반미운동이 아니라는 사실이 명백해졌다. 그러나 자유민주주의를 신조로 삼는 미국이 이와 모순되는 독재정권의 수립을 묵인하여야 한다면 이것은 확실히 미국으로서 하나의 커다란 고민거리가 아닐 수 없을 것이다.

「월스트리트저널」 5월 28일자 사설에서 "한국의 교훈" 이란 제목으로 다음과 같이 논평하였다.

> 미국은 이제 남한에서 별로 만족스럽지도 못한 한 가지 결론에 도달했다. 즉 그것은 민주주의의 수출이 표면상 유리하게 보이는 경우에서도 얼마나 효과를 거둘 수 없는가 하는 점이다.
>
> 남한은 어떤 다른 나라보다도 미국의 후견성이 농후한 나라처럼 보일 것이다. 미국이 이 나라를 만들었다고 해도 지나친 과언이 아닐 것이다. 미국은 이 나라의 독립을 수호하기 위하여 피흘려 싸웠으며 이 나라의 발전을 돕기 위해 한국경제에 10억 불을 투입하였다.
>
> 그런데 오늘날 우리가 발견한 것은 무엇인가. 그것은 정치, 경제, 사회단체를 불법화한 군사독재인 것이다. 널리 만연된 부패를 제거하기 위해 수십명이 구속당했다. 또 놀랄 만한 실업자와 무한정한 인플레가 존재한다. 요컨대 미국인의 피와 재산은 민주주의 방식을 통해서는 아무런 효과도 거두지 못하였고 번영도 이루지 못했던 것이다.
>
> 이러한 실패는 미국의 잘못에도 일부 기인된다. 이승만 전 대통령이 반공이라는 명목 아래 반대파를 탄압하는 것을 묵인하여 온 것이다. 그 대신 미국이 민주주의의 실현을 종용해 왔더라면 민주주의에 대한 일반국민의 열의는 보다 앙양되었을 것이다. 미국은 또한 거액의 대한원조가 남용되는 것을 방임하여 부패와 인플레를 조장시켜 왔다.

그러나 토지가 비옥하지 못한 곳에는 병든 민주주의가 찾아오기 마련이다. 비단 남한에서만 그런 것이 아니다. 아세아의 도처에 산재한 무수한 도시와 농촌에는 수세기 동안 누적되어온 전제와 무지 그리고 정치적 부패, "두말할 나위도 없이 이것이 감정적 공산주의 온상이다"와 투쟁하여야 할 나이어린 사상이 자리잡고 있다.

민주주의의 원천인 개인주의적 휴머니즘의 실현은 구매할 수도 없고 또 설득하여 이루어지는 것도 아니다. 그것은 서서히 성장하는 것이다. 따라서 거액의 미국원조는 이러한 고질들을 분쇄하려는 자들을 치부하게 만들 수도 있는 것이다.

그렇다고 미국이 남한이나 또 다른 지역에 독재정권을 허용해야만 한다는 것은 아니다. 이식移植된 민주주의가 실패한 최근의 사태는 미국의 방식이 전 세계의 방식이 될 수 없다는 사실과 미국의 원조만이 인류가 자주정부 수립을 위해 전진하는 것을 도울 수 없다는 사실을 상기시켜 주는 것이다.

V. 혁명정부의 수립과 변천 _

1. 국가재건최고회의

　　1961년 5월 16일 수도 서울을 비롯하여 전국 각 주요도시를 장악한 혁명군은 군사혁명위원회를 조직하고 오전 9시를 기해 전국에 비상계엄을 선포하는 동시에 오전 7시를 기하여 입법, 사법, 행정권 일체의 장면정권을 인수했다고 선언했다.

군사혁명위원회의 조직

　　혁명5인위원회는 박정희 소장, 채명신 준장, 윤태일 준장, 송찬호 준장, 김동하 예비역 소장으로 구성하고, 군사혁명위원회 위원장으로는 육군참모총장인 장도영 중장이 추대되었으며, 이를 중심으로 정치에 장경순 준장 외 8인, 경제에 한국찬 대령 외 5인, 문사에 송찬호 준장 외 7인, 정보에 한웅진 준장 외 8인, 행정에 문중섭 준장 외 4인, 보도에 원충연 대령 외 3인 이렇게 각 분과별 부서를 두었다.

　　동시에 당시 야전군의 동향이 좀 미묘하였으므로 수도를 방어하기 위하여 혁명군으로 수도방위군을 편성하여 사령관에 김윤근 해병준장을 임명하였다.

　　그리고 동 18일 하오 0시 30분에는 중앙청에서 장면내각의 마지막 국무회의를 열고 군사혁명위원회에서 선포한 비상계엄령을 추인하고 내각이 총사퇴하기로 의결함으로써 장면

행 정	오치성 대령	농 림	정세웅 대령	내 무	박원빈 중령
상 공	유원식 대령	외무국방	유양수 소장	보 사	길재호 중령
재 무	문재준 대령	교 체	김윤근 준장	법 무	이석제 중령
체 신	옥창호 중령	문 교	손창규 대령	공 보	송찬호 준장
건 설	김진위 준장	공 안	한웅진 준장		

정권은 집권한 지 9개월 만에 물러나게 되고, 현역군인 30인의 위원과 예비역군인 2인의 고문으로 구성된 군사혁명위원회가 이 나라를 통치하게 된 것이다.

그리고 동 18일 군사혁명위원회는 위원과 고문의 명단을 공표하고, 동 19일에는 제1차 총회를 개최하여 그 명칭을 국가재건최고회의로 개칭하였으며, 의장에 장도영 중장, 부의장에 박정희 소장을 각각 선출하였으며, 익일에는 14개 분과위원을 아래와 같이 임명하였다.

그리고 동 5월 21일에는 당면한 혁명과업수행을 위한 국가정책을 연구할 최고회의 기획위원회를 설치하고 그 안에 정치, 경제, 문화, 재건, 기획, 법률 등 5개분과위원회와 최종심의위원회를 두었으며, 동일자로 최고회의 의장고문 6인을 위촉하여 의장고문제도를 두었고, 동 5월 27일에는 최고위원의 각원겸직금지로 인한 내무부장관 한신 소장, 상공부장관 정래혁 소장, 농림부장관 장경순 준장, 건설부장관 박기석 대령 등 4인을 최고위원직에서 물러나게 하고, 김홍일 외무부장관의 고문직을 물러나게 하였으며, 새로이 최고위원으로 김재춘 대령, 홍종철 대령, 김형욱 중령, 오정근 중령 및 김제민 중령을 임명했다. 따라서 이제는 32인의 현역장교로서만 최고회의가 구성되게 되었다.

【최고회의 의장 및 분과위원장 명단】

의 장	장도영	1961. 5. 16 ~ 1961. 7. 3	박정희	1961. 7. 3 ~ 1963. 7.
부 의 장	박정희	1961. 5. 16 ~ 1961. 7. 3	이주일	1961. 9. 4 ~ 1963. 7
법 사 위 원 장	이석세	1961. 6. 12 ~ 1963. 1. 26	김재호	1963. 1. 26 ~ 1963. 2. 21
	강기천	1963. 2. 21 ~ 1963. 7		
내 무 위 원 장	오치성	1961. 6. 12 ~ 1961. 9. 4	조시형	1961. 9. 4 ~ 1963. 1. 26
	김형욱	1963. 1. 26 ~ 1963. 2. 21	김용순	1963. 2. 21 ~ 1963. 7
외무국방위원장	유양수	1962. 6. 12 ~ 1961. 7. 10	김동하	1961. 7. 10 ~ 1963. 1. 26
	김윤근	1963. 1. 26 ~ 1963. 2. 21	김희덕	1963. 2. 21 ~ 1963. 7. 12
	유양수	1963. 7. 10 ~ 1963. 7. 19	박원석	1963. 7. 19 ~ 1963. 7

재정경제위원장	이주일	1961. 6. 12	~ 1961. 9. 4	김동하	1961. 9. 4	~ 1962. 7. 10
	유양수	1962. 7. 10	~ 1963. 7. 12	김희덕	1963. 7. 12	~ 1963. 7
교통체신위원장	김윤근	1961. 6. 12	~ 1963. 1. 26	옥창호	1963. 1. 26	~ 1963. 2. 21
	박두선	1963. 2. 21	~ 1963. 7			
문교사회위원장	송찬호	1961. 6. 12	~ 1961. 7. 3	손창규	1961. 7. 3	~ 62. 7. 10
	김용순	1962. 1. 10	~ 1963. 1. 7	김재춘	1963. 1. 7	~ 1963. 1. 26
	홍종철	1963. 1. 26	~ 1963. 7. 12	이원엽	1963. 7. 12	~ 1963. 7
운영기획위원장	김동하	1961. 6. 12		오치성	1961. 9. 4	~ 1963. 2. 21
	김형욱	1963. 2. 21	~ 1963. 7. 12	장경순	1963. 7. 12	~ 1963. 7

【최고위원명단】

이름	계급	기간		이름	계급	기간
박기석	육군대령	1961. 5.16	~ 1961. 5. 27	김 신	공군중장	1961. 5.16 ~ 1962. 8. 1
장경순	육군준장	1961. 5.16	~ 1961. 5. 27	이성호	해군중장	1961. 5.16 ~ 1962. 9. 28
정래혁	육군소장	1961. 5.16	~ 1961. 5. 27	김용순	육군소장	1961. 5.16 ~ 1963. 1 4
한 신	육군소장	1961. 5.16	~ 1961. 5. 27	갈상욱	육군대령	1961. 9. 4 ~ 1963. 1. 20
문재준	육군대령	1961. 5.16	~ 1961. 6. 6	김동하	해병소장	1961. 5. 27 ~ 1963. 1. 20
최주종	육구준장	1961. 5.16	~ 1961. 6. 6	김재춘	육군준장	1961. 5. 27 ~ 1963. 1. 20
한웅진	육구준장	1961. 5.16	~ 1961. 6. 6	오정근	해병대령	1961. 5. 27 ~ 1963. 1. 20
김제민	육군중령	1961. 5.16	~ 1961. 7. 3	이석제	육군대령	1961. 5. 16 ~ 1963. 1. 20
박치옥	육군대령	1961. 5.16	~ 1961. 7. 3	조시형	육군준장	1961. 9. 4 ~ 1963. 1. 20
송찬호	육군준장	1961. 5.16	~ 1961. 7. 3	김윤근	해병소장	1961. 5. 16 ~ 1963. 2. 21
장도영	육군중장	1961. 5.16	~ 1961. 7. 3	박원빈	육군대령	1961. 5. 16 ~ 1963. 2. 21
채명신	육군준장	1961. 5.16	~ 1961. 9. 4	오치성	육군대령	1961. 5. 16 ~ 1963. 2. 21
박임항	육군중장	1961. 5.16	~ 1962. 6. 18	정세웅	해병대령	1961. 5. 16 ~ 1963. 2. 21
김성은	해병중장	1961. 5.16	~ 1962. 7. 1	유병헌	육군준장	1961. 9. 4 ~ 1963. 6. 25
손창규	육군준장	1961. 5.16	~ 1962. 7. 20	김형욱	육군대령	1961. 5. 27 ~ 1963. 7. 12
유원식	육군준장	1961. 5.16	~ 1962. 7. 20	유양수	육군소장	1961. 5. 16 ~ 1963. 7. 19

　　동일자로 최고회의 내에 운영기획분과를 두어 김동하 소장을 임명하고, 인사소위원회를 구성하고 이주일 소장 외 6인을 임명하였으며, 동 27일에는 부정축재처리위원회를 설치하고 위원 7인, 고문 3인 및 조사단원 22인을 임명하였다.

동 6월 1일에는 수도의 방위를 목적으로 수도방위사령부를 최고회의 직속기관으로 설치하였으며, 6월 6일 국가재건최고회의는 헌법일부조항의 효력을 정지하고 민정이양 시까지 국가재건최고회의가 국가의 최고통치기관으로서의 지위를 갖게 하는 전문 24조 부칙의 국가재건비상조치법을 공포함으로써 법적인 뒷받침을 갖게 되었다.

6월 10일에 공포한 국가재건최고회의법에 의하여 국가재건최고회의에 상임위원회와 분과위원회 및 기획위원회 그리고 필요한 특별위원회를 두기로 결정하였다.

다음은 최고회의 직속기관으로 5월 20일 최고회의의 사무를 관장하는 최고회의 총무처와 6월 10일에는 최고회의 공보실, 중앙정보부, 재건국민운동본부를 각각 설치 발족하였다.

그리고 1961년 7월 3일 국가재건최고회의는 의장 겸 내각수반인 장도영 중장이 사임하고 박정희 부의장이 의장으로 선임되었으며 9월 4일에는 그 동안 공석 중이던 부의장에 이주일 소장이 선임되었다.

【역대 최고회의 직속기관장】

직위	성명	재임기간	성명	재임기간
재건국민운동본부장	유진오	1961. 6. 10 ~ 1961. 9. 7	유달영	1961. 9. 7 ~ 1963. 5. 14
	이관구	1963. 5. 14 ~ 1963. 7		
중앙정보부장	김종필	1961. 6. 10 ~ 1963. 1. 4	김용순	1963. 1. 4 ~ 1963. 2. 21
	김재춘	1963. 2. 21 ~ 1963. 7. 12	김형욱	1963. 7. 12 ~ 1963. 7
총 무 처 장	문중섭	1961. 5. 16 ~ 1961. 7. 12	박희동	1961. 7. 12 ~ 1962. 2. 10
	황종갑	1962. 2. 10 ~ 1963. 7		
공 보 실 장	원충연	1961. 5. 16 ~ 1961. 12. 8	이후락	1961. 12. 8 ~ 1963. 7
수도방위사령관	김진위	1961. 5. 16 ~ 1963. 7		
감 사 원 장	이원엽	1963. 3. 4 ~ 1963. 7. 12		
기 획 위 원 장	함병선	1961. 5. 21 ~ 1961. 6. 23	송요찬	1961. 6. 23 ~ 1961. 11. 20
혁 명 재 판 소 장	최영규	1961. 7. 8 ~ 1962. 5. 31		
혁 명 검 찰 부 장	박창암	1961. 7. 8 ~ 1962. 5. 10		
심 계 원 장	이원엽	1961. 5. 21 ~ 1963. 3. 4		
감 찰 위 원 장	최재명	1961. 5. 21 ~ 1963. 7. 12	채명신	1961. 7. 12 ~ 1963. 3. 4

2. 혁명내각

우리나라 정부조직은 8·15 해방 이후 5·16혁명 전까지 제1차(1949~1954), 제2차(1955~1959), 제3차(1960. 4. 19~1961. 5. 15) 등 3차에 긍하여 대폭적인 개편이 있었는데, 혁명정부는 국가재건의 촉진을 위한 수단으로서 정부조직을 합리화하였고 관리적 개념을 도입하여 조직관리를 과학화하였다. 즉 고대에서부터 8·15 해방까지의 통치조직을 전근대적 의미의 조직이라고 포괄 정의한다면 8·15 해방 이후의 자유당 정부에서 민주당 정부에 이르기까지의 정부조직을 근대적 의미의 민주적 조직이라 할 수 있으며, 군사혁명 이후의 정부조직은 관리적 개념의 조직이라 할 수 있다.

개편의 원칙은 현대적 국가기구의 조직원칙을 반영하여 행정의 민주화와 관리능률의 향상을 목적으로 다음과 같은 개편원칙을 정했다.

1. 현기구의 불합리성을 교정하는 범위 내에서 현재의 기구를 최대한 활용하고 가능한 한 과단위로 조정한다.
2. 행정의 민주화와 능률의 향상을 기하도록 한다.
3. 기획과 집행의 양기능을 분리하고 정책과 기획을 조정 평가할 기관을 설치한다.
4. 통제기능을 위주로 하는 행정업무는 그 독자성을 살릴 수 있도록 제도화한다.
5. 부서의 조직을 기능 및 관리과정과 그 사무량을 감안하여 합리적으로 편제하되 존치필요성이 적은 것은 폐합한다.
6. 행정의 방산관리로 생기는 중복과 비능률을 지양하고 동질적인 사무의 기능을 통합하는 반면 사무가 지나치게 집중되어 있는 부문은 합리적으로 분산 조절한다.
7. 사업관청은 기업적 관리체제를 갖추도록 개편한다.
8. 국토건설사업을 강력히 추진할 수 있는 체제를 마련한다.
9. 도와 서울특별시의 행정기능과 중복되는 특별지방행정기관을 통합하고 종래 중앙관서에 집중되어 있던 권한을 대폭 지방에 이양한다.
10. 정원은 과학적으로 재조정한다.

이와 같은 개편기준에 따라 제1차(1961. 5. 26)국가재건최고회의령 제14호로, 제2차(1961. 6. 22) 법률 제631호로, 제3차(1961. 7. 5)법률 제647호로, 제4차(1961. 7. 22) 법률 제660호로, 제5차(1961. 8. 22) 법률 제687호로, 제6차(1961. 8. 25) 법률 제698호로, 제7차(1961. 10. 2) 법률 제734호로, 제8차(1962. 1. 27)법률 제101호로, 제9차(1962. 3. 21) 법률 제1038호로, 제10차(1962. 5. 10) 법률 제1066호로, 제11차(1962. 8. 18) 법률 제1092호로 이상 5·16 혁명 이후 정부조직의 합리화를 위해 줄기차게 모색되어 오던 정부조직개편의 노력이 일단락되었으나 1963년으로 접어들면서 혁명정부의 당초 계획대로 민정이양을 위한 개정헌법에 부합하는 조직개편이 진행되고 있었다.

3. 사법부

5 · 16 군사혁명 후 사법부는 국가재건비상조치법 및 동법에 의거 1961년 8월 12일에 개정된 법원조직법에 의하여 대법원은 대법관제도를 폐지하고 대법원장을 포함한 대법원판사 9인으로 구성하였고, 민사 · 형사 · 특별부 제도를 폐지하는 동시에 심판권은 대법원판사 전원의 합의제도를 채택하고 3분의 2 이상의 출석에 의하여 행사하도록 하였다.

따라서 대법관 1인 이상을 포함한 5인의 합의부와 대법관 5인으로 구성된 합의부 그리고 연합심판부 등의 구별은 없어진 것이다.

법관의 임명에 있어서는 대법원장과 대법원판사는 국가재건최고회의의 제청으로 대통령이 임명하고, 기타 법관과 법원행정처장, 그리고 지방법원장은 국가재건최고회의의 승인을 얻어 대법원장이 임명하도록 개정을 하였다. 그리고 법률 제679호의 개정으로 모든 법관의 정년을 65세로 단일화하였으며, 단 대법원장은 5년 임기제로 하고 1차에 한하여 중임할 수 있도록 하였다.

또한 법원보조기관을 대폭 확장 강화하였는데 1962년 4월 3일에 공포한 법률 제1043호에 의거 고등법원과 지방법원에 사무국을 두고, 고등법원 사무국에는 총무 · 민사 · 형사 3과를, 지방법원 사무국에는 총무 · 민사 · 형사 · 등기 · 호적 등 5과를 두게 하고 등기소장을 소속 지방법원장 산하에 두도록 하였다. 그리고 1962년 7월 14일에 공포한 법률 제1170호에 의거 법원행정처에 총무 · 조사 · 송무 등 3국으로 1국을 증설 강화하였다.

IV. 국가재건최고회의 특별위원회 활동 _

1. 최고회의 의안처리상황 [2]

1961년 5월 16일 군사혁명 이후 1963년 5월 15일 까지 민정이양을 앞두고 약 2년 동안 국가재건최고회의는 국회의 권한대행, 행정의 권한대행, 내각에 대한 통제와 사법에 관한 행정의 통제 등에 수반하는 각종 의안처리상황을 살펴보면 우선 최고회의 66차, 상임위원회 241차를 개의하여 총 1,143건의 의안을 처리하였는데 그 중 가결된 것이 1,033건, 부결된 것이 3건, 폐기된 것이 77건, 철회된 것이 27건, 반려된 것이 3건이며, 그 외 국가재건비상조치법제13조에 의한 국무원의 권한에 대한 지시통제권한행사와 각종보고사항 처리가 237건에 달한다. 이것은 참고로 제4대 국회 민의원(1958. 6. 7 ~ 1960. 7. 25)의 약 2년간에 걸쳐 처리한 법률안이 108건인 데 비하여 8배에 가까우며, 특히 1961년 7월 15일 법률 제659호로 공포된 구법령정리에 관한특별조치법에 의하여 칙령勅令 64건, 법률 74건, 제령制令 87건, 총독부령 89건, 군정법령 31건, 도령道令 17건, 과정시법령過政時法令 10건, 계 372건을 정리하여 159건의 신법률로 대치함으로써 누년의 민족적 숙제를 풀어 건국이래 처음으로 완전한 법률체제를 구비한 업적은 높이 평가받아야 할 것이다.

---

2 최고회의 의안처리상황은 부록을 참조하세요.

2. 특별위원회 구성과 그 처리상황

(1) 부정축재처리위원회

부정축재자처리는 5 · 16 혁명과업의 하나로서 국가자주경제재건에 총력을 집중하기 위하여 경제구조를 재정비강화하고 건전한 경제적 토대를 마련하는 데 목적이 있었다. 그리고 그 구체적 적용범위는 국가요직공무원 및 정치인뿐만 아니라 공공단체와 국영기업체의 임원으로서 부정축재한 자, 부정이득자 그리고 학원부정축재자 등을 대상으로 하였다.

처리방법에 있어서는 부정축재대상자들이 자진신고토록 하여 경제계의 침체와 부작용이 없도록 하였으며, 신고된 사안은 조사서와 본인의 해명을 종합 검토한 후 심사반에 회부하여 심사토록 하고 그 결과를 위원회에 회부하여 최종결정 통고하도록 하였다.

처리기간은 제1차 처리가 1961년 5월 28일부터 동년 9월 13일까지이고, 제2차 처리는 동년 11월 1일부터 동년 12월 31일 까지 2차에 걸쳐 모두 처리 완료하였으며, 그 결과 동년 8월 12일에 일반기업주 27명에 대한 최종 결정액 47여억환과 부정축재공무원 34명에 대한 최종 결정액 72억 2천여만 환을 통고하였다.

(2) 부정축재환수관리위원회

부정축재처리법에 의하여 확정 통고된 환수금, 추징금, 벌과금, 몰수금, 배상금 등 환수채권을 확보하는 조치와 그 징수 기타 처분의 신속 원활한 집행을 목적으로 1961년 10월 26일에 제정 공포된 부정축재환수절차법에 의거 동 11월 2일 내각에 부정축재환수관리위원회를 설치하고 1961년 11월 10일부터 환수업무가 시작되었다.

부정공무원에 대한 환수실적은 부정공무원 29명 중 4명이 완납하였고 잔여 25명에 대하여는 재산을 압류하여 국세징수법에 의해 공매처분하고 공매되지 않은 재산은 국유화하였다. 이리하여 부정공무원에 대한 총통고액 6억2,500만 원 중 환수완료액은 4억389만 원으로서 통고액에 비하여 64.6%이며 결손처분 예상액은 2억2,100만 원으로 35.4%의 비율을 보이고 있다.

부정이득자 특정인 30명 중 법정납부기일내에 완납한자는 10명이고 잔여 20명 중 부정축재처리법 제18조2에 의한 공장건설해당자가 아닌 특정인 김성용(대한중앙산업주식회사)과 특정인 함창희(독립산업진흥주식회사)는 법정납부기일 경과로 강제징수하여 국유화 조치했으며, 또한 특정인 백남일(태창방직주식회사), 특정인 이용범(대광건설주식회사), 특정인 김녕주(전수방식), 특정인 김진만(북삼화학주식회사) 이상 4명은 제1차 불입연도 1회 불입금을 불입하지 않은 이유로 공장건설의 승인을 취소하고 강제징수하여 국유화 하였다.

또한 특정인 이정임(대한양회공업주식회사), 특정인 남궁연(극동해운주식회사), 특정인 이양구(동양시멘트주식회사), 특정인 설경동(대한방직주식회사) 이상 4명은 공장건설에 소요되는 외자의 조달이 불가능하다고 인정되어 공장건설승인이 취소되었고, 특정인 조성철(중앙산업주식회사)은 설립 중인 중앙시멘트공업주식회사 자본금 1차 불입연도 2회 불입을 못하여 공장건설승인이 취소되었다.

그 결과 부정축재통고금액 5,752,543,368원에서 한국은행에 변제할 외화대전 898,759,108원을 제외한 4,853,784,260원이 부정축재처리자금 특별회계세입으로 국고에 수납될 환수채권인바 1963년 7월 현재 환수액이 2,639,816,828원으로 환수채권에 대비하여 54.3%에 해당되나 주식납부예상액 1,444,215,808원도 환수된 것으로 간주하면 환수총액은 통고액에 대비하여 29.7%를 가산한 84%가 된다.

(3) 상법심의위원회

법전편찬위원회에서 최초로 상법초안이 기초된 것은 1949년 2월 10일부터였으나 1957년 11월 21일 드디어 그 기초가 완료되어 1958년 3월 3일 정부에 이송 1960년 1월 30일 국회에 제출되었다. 그러나 당시 민주당 영도하의 국회는 이를 심의에 착수하지도 못하고 1961년 1월 1일 자동폐기되어 정부에 반송되었다가 동년 1월 31일 정부가 이를 다시 국회에 제출하였으나 5 · 16 군사혁명으로 국회해산과 함께 또 자동폐기되고 말았다.

혁명정부는 1961년 7월 15일 구법령정리에 관한 특별조치법을 공포하고 일제의 법령, 군정시의 법령을 모두 정리하고 정리되지 아니한 구법령은 1962년 1월 20일로써 효력을 상실한다고 규정하였다. 이에 따라 구법령 정비대상 중에 가장 큰 것이 상법전이었다. 그리하여 혁명정부는 1961년 9월 10일 사계의 권위자들로 상법심의위원회를 구성하였다.

【상법심의위원회】

위원장	이석제 (법사위원장)		
위 원	유민상 (자문위원)	박원선 (기획위원)	박영화 (기획위원)
	차락훈 (고대 법대 교수)	서돈각 (서울대 법대 교수)	정희철 (서울대 법대 교수)
	손주찬 (건국대 법대 교수)	조규대 (서울고법판사)	

이렇게 구성된 상법심의위원회는 주야를 가리지 않고 심의의 난항을 거듭한 끝에 1961년 12월 29일 제49차 회의를 거쳐 예비심의를 마치고 원안에 못지않은 방대한 수정안을 작성하게 되었다. 그리고 동 12월 21일에는 공청회를 열어 각계에서 들어온 많은 의견을 참작 반영하여 어음법과 수표법은 특별단행법으로 독립시키고 다른 부분은 모두 상법전에 포함시켜 전문 847개조와 부칙 12개조로 된 거대한 상법수정안이 작성되었다. 그리하여 1962년 1월 19일 국가재건최고회의를 통과하여 동년 1월 20일에 드디어 법률 제1000호로써 어음법 법률 제1001호, 수표법 법률 제1002호와 더불어 공포하였으니 이는 상법초안의 기초가 착수된 지 13년 만에 그 결실을 보게 된 것이며, 그동안 민사령民事令에 의용依用되고 있던 구일본상법이 비로소 우리나라 새상법으로 대치되게 된 것이다.

(4) 종합경제심의위원회

제1차 경제개발 5개년계획의 진도와 실적을 파악하고 또 계획과 실천상황을 평가 분석하며 동 계획을 강력히 추진함에 있어 필요한 종합경제시책을 심사 보고 건의하기 위하여 최고회의법 제2조에 의거 종합경제심의위원회를 국가재건최고회의 의장직속 하에 설치하였다. 그리고 그 임무는 계획실천수단의 정책평가, 투자효율평가, 종합효과평가, 자금조달 및 배분에 관한 검토, 산업연관성 및 사업우선순위심사, 기업체의 운영합리화방안연구, 종합시책에 관련된 법령검토, 기타 의장이 하명한 사항 등이다.

【종합경제심의위원회】

위원장	오정근 최고위원		
보좌간	김교식 대령		
위 원	차균희 자문위원	주 원 자문위원	박두하 자문위원
	송정범 자문위원	박희범 자문위원	김상영 자문위원
	김성범 자문위원	박희선 자문위원	백용찬 자문위원
간 사	최준정 전문위원	박은회 해병중령	백경복 육군중령
	양문석 육군중령		

동 위원회는 1962년 2월 1일자로 설치되었으나 동위원회의 업무를 재정경제위원회에 흡수하여 기능을 일원화하게 함으로써 1962년 7월 28일자로 동 위원회는 해체되었다.

(5) 수산개발위원회

우리나라 산업구조상 절대다수를 차지하고 있는 농어민의 생계수단이 1차산업인 농림, 수산업에 의지하고 있었음에도 불구하고 생산 및 시설투자는 1945년 8 · 15 해방 당시의 수준을 면치 못하고 있었다. 그리하여 최고회의는 1962년 2월 20일에 3면이 바다인 호조건을 살리고 나아가서 국제어장, 즉 태평양, 인도양, 서아프리카 해역 등 풍부한 원양어업을 통한 외화획득을 목적으로 최고회의 직속으로 수산개발위원회를 설치하였다.

【수산개발위원회】

위　원　장	김동하 최고위원		
위　　　원	유병현 최고위원	박태준 최고위원	유원식 최고위원
	오정근 최고위원	장경순 농림부장관	유창순 상공부장관
	박동묘 의장고문	황종율 최고회의 자문위원	
	이종민 최고회의 자문위원	이영운 조선공사사장	
간　　　사	한중건　김명년　김철수		
수산자문위원	정문기　길환진　노갑술　이탁희　김병규		

그리고 선박구입과 시설투자를 위한 국내재원을 최대한 동원함은 물론 외국차관교섭을 모색하기 시작했다. 그리하여 1961년 10월 이탈리아와 프랑스 측으로부터 어업차관제의를 받고 협의를 거듭한 끝에 1962년 2월 12일 이탈리아상사 Dr. Galiani 사장과 선박 950척(117,000톤)의 계약을 체결하였고, 1963년 5월 22일 제1기분(1964 ~ 1965 어선도입분 159척에 $55,151,100)을 체결 완료하고 1964년 5월부터 어선을 도입하기 시작했다.

제2기분과 제3기분은 제1기분의 효율을 보면서 앞으로 집행계약을 체결하기로 하였다. 그것은 제1기분에 도입한 어선으로도 어획되는 어획물로 차관금을 상환하고도 잉여가 생기게 되며 이 선박의 수명은 최소한 20년이지만 선박의 보존 여하에 따라서는 30년 이상을 유지할 수도 있기 때문이었다. 이와 같이 수산개발을 위한 혁명정부의 과감한 대규모 투자조치는 인근국가인 일본을 위시하여 수산업을 영위하는 세계 각국에 커다란 충격을 주었다.

실제로 이와 같은 과감한 수산업개발투자의 효과는 159척의 어선이 조업을 하면 참치 77,700톤의 어획으로 2,000여만 불의 외화수입과 국내소비용 어류 44,000톤의 어획으로 5억 1,000여만 원의 원화수입을 매년 기할 수 있고, 선가상환은 1963년 580만 불, 1974년 680만 불 등 완전 변제를 할 수 있으니 이로 인하여 우리나라 어업의 발달은 건국이래 상상을 초월할 만큼 일대 변혁의 계기를 마련하게 된 것이다.

(6) 정치정화위원회

1962년 3월 16일 최고회의는 국가재건비상조치법중개정안[3]을 통과시키고 이어서 이 규정에 근거하여 정치활동정화법(전문 12조 부칙 4항)을 제정 1962년 3월 16일 법률 제1032호로 공포하였다. 그리고 정치활동정화법 제4조6항의 규정에 의하여 최고회의 산하에 정치정화위원회를 설치하였다.

【정치정화위원회】

위원장	이주일					
위 원	이석제	조시형	유양수	김동하	손창규	김윤근

정치활동정화법 제5조에 의거 조사한 정쟁법의 조항별 해당자는

정쟁법제3조제1항제1호의 자동해당자 600명
동법제3조제1항제2호해당자 653명
동법제3조제1항제3호(가1)의 참의원이 56명
동법제3조(가2)의 민의원이 238명
동법제3조제1항제4호의 대사, 공사가 15명
동법제3조제1항제5호(가1)의 민주당이 795명
동법제3조제1항제5호(가2)의 신민당이 650명
동법제3조제1항제5호(나)의 군소정당이 371명
동법제3조제1항제6호(가1)의 지방장관이 25명
동법제3조제1항제6호(가2)의 시도의원이 444명
동법제3조제1항제6호(나)의 국책은행 및 기업체의 장이 37명
동업제3조제1항제7호의 부정축재자가 32명
동법제3조제1항제8호(1)의 부패정치인이 397명
동법제3조제1항제8호(2)의 반혁명자가 50명

---

3 제22조 제3항에 "국가재건최고회의는 정치활동을 정화하고 참신한 정치도의를 확립하기 위하여 5 · 16 군사혁명 이전 또는 이후에 특정한 지위에 있었거나 특정한 행위를 한자의 정치적 행동을 일정한 기간 제한하는 특별법을 제정할 수 있다"를 신설

이리하여 정쟁법에 해당된자는 도합 4,363명에 달했다. 그리고 1962년 3월 30일부터 1963년 2월 27일 까지 정쟁법제3조제1항제1호 및 제2호의 해당자의 처리는

1. 1차공고 2,906명, 2차공고 1,281명, 추가공고 307명, 도합 4,494명을 지상에 공고하였으며,
2. 1962년 4월 15일 사망자 20명, 중복된 자 111명을 제한 4,363명으로 수정.
3. 판정결과 적격자 1,336명, 부적격자 1,622명, 자동제한자 1,405명을 확정.
4. 1962년 12월 31일부로 171명이 해제.
5. 1963년 2월 1일부로 265명이 해제.
6. 1963년 2월 27일부로 2,322명을 전원 해제하고 단 269명의 제한자만 상임위원회의 의결로서 결정하도록 하였다.

(7) 수출진흥긴급대책위원회

경제개발 5개년계획의 성공적 완수를 위해서는 수출의 증대정책이 최우선이기 때문에 수출 5개년계획을 수립하긴 하였으나 1962년도 상반기 수출실적은 2,226만여 불에 불과하여 동년목표에도 태부족할 실정이었으므로 1962년 6월 4일 최고회의는 당면 목표달성을 위한 긴급대응책과 동시에 장기적 수출의 증대를 위한 보다 근본적 문제를 규명하여 종합적 수출진흥대책을 구체적으로 수립 건의하기 위한 수출진흥긴급대책위원회를 최고회의 산하에 설치하였다.

【수출진흥긴급대책위원회】

위 원 장	박태준				
책임간사	임장순				
시장개척분과위원회 간사	장일강	이태호	최경선	신태황	
수출상품분과위원회 간사	곽동선	이계평	김종수	원종삼	정재원
정책문제분과위원회 간사	정원훈	이상구	유형극	오태성	

그리고 수출증대를 위한 제반사항에 대해서 세밀한 분석과 문제점을 다음과 같이 중점적으로 검토하였다.

① 수출상품 또는 수출가능상품에 대한 검토 ② 종합적인 수출부진의 이유 규명 및 이에 대한 대책강구 ③ 수출부진의 요인을 국내여건과 해외여건별로 분석하고 각 여건에 대한 개폐안연구 ④ 새로운 진흥책의 연구, 구정책 및 제도의 개폐안 연구, ⑤ 이러한 진흥책의 강

구와 정책 및 제도의 개폐를 전제로 한 제1차연도로부터 최종목표연도까지의 수출실적 전망을 과학적으로 판단하여 모든 소요대책 또는 개선안의 건의를 취합 분석하여 "수출진흥에 관한 고찰 및 전망"이라는 189항의 보고서를 작성하였다.

이 보고서를 계기로 우리나라는 1950년대의 무역정책에서 근대산업사회의 무역진흥정책으로 도약을 하게 된 계기가 되었는데 이로 인해서 ① 1962년도 수출실적을 동 보고서에서 전망한 대로 5,670만 불 달성 ② 상역국 기구를 배로 확장 ③ 수출진흥위원회를 설치 ④ 수출직접보상제를 지양하고 간접보상제 실시와 수출링크제를 강화 실시 ⑤ 2차상품 수출확대 ⑥ 통상협정의 시정 및 확대 ⑦ 수출금융의 금리인하 ⑧ 수출물가의 적정원가산출 ⑨ 수출조합의 정비 강화 ⑩ 수출업자의 해외활동을 원활하게 하기 위하여 지점·출장소 설치 ⑪ 수출산업육성을 위하여 재일교포의 산업 및 기술도입을 촉구하고 수출산업지대를 조성 ⑫ 1963년을 수출제1주의의 해로 만들게 하였으며 업계와 관계당국을 위시하여 국민에 이르기까지 앞으로 수출대국으로 가는 꿈을 갖게 했다.

(8) 헌법심의위원회

최고회의는 1961년 8월 12일 국가재건최고회의 의장의 민정이양에 관한 성명에 따라 1963년에 있을 정권이양에 앞서 우리의 이상과 현실이 잘 조화된 합리적이고 능률적이며 국민여론에 부응한 새로운 헌법을 마련하기 위하여 1962년 7월 16일 헌법심의위원회를 설치하였다.

【헌법심의위원회】

위 원 장	이주일					
간사위원	이석제	길재호				
위　　원	김동하	조시형	유양수	김용순	김윤근	오치성
전문위원	유진오	한태연	이종극	문홍주	강병두	박일경	최호진
	이형호	윤천주	김도창	민병태	김성희	신태환	김운태
	이영섭	신직수	이한기	성창환	유민상	박천식	조병완

헌법심의위원회는 1962년 7월 16일 제1차 회의를 열고 헌법을 심의하는 데 있어서의 기본방향과 구체적인 절차를 논의하고 주요한 문제점을 선정하기 위하여 전문위원중 헌법학자

를 중심으로 9인소위원회를 구성하였다. 9인소위원회는 7월 18일부터 7월 23일까지 문제점 12개사항을 선정 작성하였다. 그리고 이 12개사항의 문제점을 효율적이고 깊이 있게 심의하기 위하여 전문위원 중 전공분야별로 다시 4개의 분과위원회를 구성하여 동 7월 24일부터 동 8월 4일까지 검토와 토론을 거쳐 8월 23일부터 8월 30일까지 8일간 서울을 위시하여 각도청소재지 및 인천 마산, 목포 등지의 중요도시에서 공청회와 좌담회를 개최하여 널리 각계각층의 헌법에 관한 국민의 의견을 청취한 뒤 동 11월 1일부터 동 11월 3일까지 헌법심의위원회의 최종적인 헌법개정안을 심의 완료하고, 동 11월 5일 정부에 이송 당일로 각의의 의결을 거쳐 공고되었다. 당시 헌법심의위원회가 밝힌 헌법개정안 제안이유서와 주요특징은 다음과 같다.

혁명공약에서 밝힌 바에 의하여 민정이양을 단행함에 있어 진정한 민주국가인 제3공화국의 기반을 마련하기 위하여 이 헌법개정안을 제안한다.
5·16혁명의 이념은 부패와 부정과 빈곤에서 우리 겨레와 나라를 구제하고 새로운 민주복지국가를 재건하려는 데 있다. 그러므로 민정이양에 앞서 이와 같은 숭고한 이념이 앞으로 탄생될 제3공화국에서는 다시는 과거와 같은 쓰라린 전철을 밟지 않도록 새로운 국가의 튼튼한 기반을 다짐하는 것은 혁명정부의 신성한 의무가 아닐 수 없다.

이에 있어서 혁명정부는 이러한 의무를 다하기 위하여 널리 국민의 여론을 종합하고 진지한 연구와 검토를 거친 끝에 헌법개정안을 작성하고 주권을 가진 국민의 결정으로써 제3공화국의 기반을 마련코자 하는 바이다. 여기에 우리가 마련한 헌법개정안의 주요한 특징을 요약하면 다음과 같다.

1. 자유권, 생존권, 참정권 등의 국민의 기본권을 최대한으로 보장하였다.
2. 건전하고 민주적인 현대적 정당제도를 수립하여 진정한 대의민주정치의 기초를 확립하였다.
3. 참다운 국민의사를 대변하고 깨끗하고 능률적인 의회정치를 기약할 수 있는 합리적인 국회의 조직과 운영을 규정하였다.
4. 안정되고 일할 수 있는 민주적인 정부형태를 택하였다.
5. 국민의 권리보장의 최후보루인 사법권의 독립과 민주화에 만전을 기하였다.
6. 시급한 민생고를 해결하고 국민경제의 조속한 발전을 기할 수 있는 경제체제와 기구를 마련하였다.
7. 공산세력의 침략을 분쇄하고 굳건한 국가안전을 보장할 수 있는 기구를 설치하였다.
8. 국가의 최고법규인 헌법의 개정은 주권자인 국민이 직접 결정하도록 하였다.

국가재건최고회의는 재적위원 1/3이상의 찬성으로 제안된 헌법개정안을 국가재건비상조치법제9조 및 헌법 제98조 제2항의 규정에 의하여 이를 공고하고, 30일 이상의 공고기간을 경과한 동 12월 17을 국민투표일로 정하고 이를 공고하였다.

이리하여 동 12월 17일 국민투표를 실시한 바 총유권자 12,412,798명 중 투표자 수는 10,585,998명이었으며 이 중 찬성이 8,339,333표, 반대가 2,008,801표, 무효가 237,864표로서 유권자 과반수 투표와 투표자 과반수의 찬성으로 동 12월 5일 발의 공고된 헌법개정안이 통과되어 동 12월 26일 이를 공포하였다.

(9) 문교정책심의위원회

최고회의는 문교정책을 과감하게 혁신하여 국민의 절대적인 지지를 받은 반면 일부 졸속한 부문도 없지 않다는 여론의 지적에 따라 문제점을 재검토 분석하여 국가백년대계의 문교정책을 수립하기 위해 교육계의 중진을 모아 문교정책심의위원회를 구성하였다.

【문교정책심의위원회】

위원장	정세웅 문교담당최고위원	
위 원	이승우 문교부차관	권중휘 서울대학교 총장
	유진오 고려대학교 총장	김기석 서울특별시 교육회장
	이관구 재건국민운돈본부 중앙위원	정태시 대한교육연합회 사무국장
	백현기 중앙교육연구소장	최형섭 원자력연구소장
	박준희 이화여대 교무처장	신기석 최고회의 내무위원회 자문위원
	문홍주 법제처장	

문교정책심의위원회는 1962년 11월 29일부터 동 12월 21일까지 중요문교정책 23개를 선정하고 이를 다시 제1분과 교육행정, 제2분과 고등교육, 제3분과 보통교육 및 실업교육, 제4부과 체육 및 문화분야 등 4개의 분과위원회를 구성하여 선정된 23개의 문교정책을 분과위원회별로 검토하고 분석하여 종합보고서를 작성 최고회의에 보고토록 하여 국가백년대계를 위한 교육정책을 확고히 했다. 선성된 23개의 문교정책은 다음과 같다.

① 문교부의 기구개편 ② 교육자치제의 확립 ③ 사학재단(학교법인)의 육성 ④ 교육공무원제도의 합리적개선 ⑤ 교육보수의 합리적개선 ⑥ 대학정비의 검토 ⑦ 교수연구활동의 조성책 ⑧교수연구실적심사제도개선 ⑨ 대학교육내용의 개선 ⑩ 대학설치기준의 재검토 ⑪ 학생생활지도의 강화 ⑫ 교원양성제도에 대한 종합적 검토(사범교육기관) ⑬ 교원양성제도에 대한 종합적인 검토(교원재교육) ⑭ 국가고시제(입학자격국가고사)의 재검토 ⑮ 국가고시제도(학사자격고시)의 재검토 ⑯ 실업 및 과학교육의 강화 ⑰의 무교육의 정상적 운영방안 ⑱ 교과서정책(발행, 공

급) ⑲ 도의교육의 강화 ⑳ 보통교육내용의 개선 ㉑ 국가대표 체육선수 훈련 강화 ㉒ 재외교포
교육의 개선책 ㉓ 종교정화정책.

(10) 정부기구개편위원회

최고회의는 혁명정부의 정치체제와 중요정책에 부응하기 위한 정부조직을 갖추기 위
하여 1961년 10월 정부기구를 전면 개편하였던 것이다. 그러나 1962년도 국정감사를 통해서
그 동안 정부각부처의 의욕적인 사업추진과 업무의 증가에 따른 인원의 중대로 기구를 전면
적으로 재조정해야 할 필요를 발견하게 되었다. 이리하여 1962년 11월 30일 최고회의 내무위
원회에서는 정부기구개편계획을 의결하고 이 계획에 의거하여 정부기구개편위원회를 구성
하였으며 여기서 정부기구개편안을 연구작성하여 내무위원회에 건의토록 하였던 것이다.

【정부기구개편위원회】

위원장	조시형 내무위원장		
위 원	박원빈 최고위원	길재호 최고위원	김재춘 최고위원
	오정근 최고위원	옥창호 최고위원	홍종철 최고위원
	오치성 최고위원		

본 위원회는 1963년 1월 11일부터 각 전문위원분과회의는 각 부처 실무자로부터 각 행
정기관에 대한 조직현황을 청취하고, 실지관찰을 통하여 개편상의 문제점을 축출 이를 분석
검토하여 선문위원선제회의에 무의하였고, 전체회의에서 각 전문위원의 의견을 종합조정하
여 정부기구개편요강을 작성 상임위원회에 제출하였다.

(11) 가정법원법심의위원회

사회발전에 상응할 수 있는 재판제도개선의 일환책으로 가정법원을 설치하여 사법의
민주화와 국민의 권익을 최대한으로 보장하고 국민생활의 중심이 되는 가정사건은 온정과 도
의관념에 비중을 두어 효과적인 교정 선도를 기하기 위해 사계의 권위자로 구성된 가정법원
법심의위원회를 설치하였다.

동위원회는 선진국의 현행 가정법원 운영상태를 연구분석하여 우리나라의 현실에 적
합한 가정법원제도를 모색하며, 처음은 수도 서울에 설치하여 실적에 따라 점차 전국적으로

【가정법원법기초위원회】

위원장	강기천 법사위원장		
위 원	이근상 자문위원	조병완 전문위원	노세우 대법원 조사국장
	권순영 서울소년부 지원장	정관현 서울법대 교수	이태영 변호사
	조규광 서울고법 판사	양준모 변호사	유민상 법제처 차장
	이영섭 대법원 판사	이봉성 법무부 교정국장	김용한 건국대 교수
	장지을 법사위 전문위원	손석모 법사위 법원담당관	

적용 실시하기로 하였으며 그리고 가정법원설치에 따르는 관계법령을 제정 및 개정하기로 하였다.

특히 동위원회는 현재까지 혼인, 이혼, 상속, 부양 등의 가정문제가 일반법원에서 소송형식으로 부부, 친자, 형제, 자매 등의 혈족이 원고 내지 피고가 되어 공개법정에서 대립투쟁을 하여 많은 소송비용과 시간낭비는 물론 가정 내의 문제가 사회에 공개 보도됨으로써 발생되는 개인의 명예나 사회적인 피해를 막을 뿐만 아니라 가정문제는 법률뿐만 아니라 심리학, 정신의학, 사회학, 교육학 등이 참여하여 가정문제를 해결하는 가정법원 설치법안을 마련하여 1963년 7월 18일 최고회의 법사위원회에 회부하였다.

3. 특별감사단 구성과 처리현황

(1) 금융기관 특별감사

최고회의는 경제개발 5개년계획을 성공적으로 수행하기 위해 오정근 최고위원(단장)외 22명으로 금융기관특별감사난을 구성하여 금융기관의 기능과 합리성을 재분석검토하고 금융기관의 업무현황과 운영실태를 파악하기 위하여 1962년 5월 18일부터 동 5월 21일까지 금융기관 특별감사를 실시하였다.

감사대상	산업은행, 제일은행, 상업은행, 중소기업은행, 서울은행, 농업협동조합중앙회
	국민은행, 조흥은행

동감사단은 특히 특정인에 대한 거액고정대출, 구거래선에 대한 치중, 담보제일주의로 인한 봉사정신의 결여, 연체회수의 부진 등 많은 문제점을 지적하고, 경제개발 5개년계획 수행에 따른 자금계획과 사업계획의 빠른 승인과 적기대출 실시, 투자은행으로서의 기능을 다할 수 있도록 산업은행의 기구개편, 시중은행의 거액대출 제한, 자본금의 증자문제, 동원된 자금의 유휴화대책, 금리체계의 재조정 등 종합적인 금융기관 업무개선계획을 작성 최고회의에 보고하였다.

(2) 증권업 특별감사

최고회의는 증권업계의 운영상태를 감사하여 증권파동의 책임소재를 규명하고 제1차 경제개발 5개년계획 수행을 뒷받침할 수 있는 증권시장의 합리적인 육성방안을 마련하기 위하여 유양수 최고위원(단장)외 17인으로 증권업특별감사단을 구성하여 1962년 6월 18일부터 동 6월 22일 까지 18개의 관련기관에 대해 특별감사를 실시하였다.

감사대상	대한증권거래소	일흥증권주식회사	대한증권주식회사	동명증권주식회사
	통일증권주식회사	태양증권주식회사	서울증권주식회사	경희증권주식회사
	대유증권주식회사	한증권주식회사	선업증권주식회사	유림증권주식회사
	금융통화위원회	연합증권금융주식회사	제일은행	상업은행 외 지부

특별감사단은 감사결과에 대한 건의사항을 다음과 같이 최고회의에 보고하였다.

1. 증권파동에 관련된 재무부, 대한증권거래소, 관련증권업자 및 연합증권금융주식회사에 대하여 다음과 같이 문책조치 할 것.
   ① 대한증권거래소의 임원(이사장 및 이사 전원)을 인책 사퇴하게 할 것.
   ② 재무부장관은 수도결제受渡決濟를 불이행한 매수측과 투매행위로써 파동을 조장한 매도측 증권업자에 대하여 응분의 제재를 가하도록 할 것.

2. 5월 말 증권파동을 수습하고 경제개발 5개년계획의 내자조달을 담당할 수 있는 자본시장으로 육성하기 위하여 다음과 같은 기본방침을 채택하고 내각으로 하여금 세부계획을 수립하여 실시하게 할 것.
   ① 증권거래소를 조속히 재개하여 정상적 거래를 성립시킨다.
   ② 증권금융업무는 이를 대한증권거래소에서 분리시켜 연합증권금융주식회사로 하여금 전담하게 한다. (단, 현 연중의 근본적인 개편을 전제로 한다.)

③당면한 증권금융(거래소)에 소요되는 자금을 확보하되 가급적 자체자금으로 충당하게 한다.

④실물거래를 권장하고 과도한 투자열을 억제한다. 특히 증권투기가 건전한 경제활동에 주는 심리적 악영향을 배제한다.

⑤증권파동에 의한 은행과 선의의 투자자의 피해를 가급적 경감한다.

⑥증권거래소의 운영을 근본적으로 쇄신한다.

(3) 보험회사 특별감사

최고회의는 제1차 경제개발 5개년계획을 수행함에 있어 보험업의 건전한 육성과 효율적인 참여를 도모하기 위해 오정근 최고위원(단장)외 15인으로 보험회사 특별감사단을 구성하고 보험업계의 현황과 운영실태를 감사하여 결과를 최고회의에 보고하고 그 대책을 강구하도록 했다.

특별감사단은 1962년 8월 27일부터 1962년 8월 29일 까지 3일간에 걸쳐 26개의 각종보험회사를 감사하고 다음과 같이 그 개선책을 건의하였다.

1. 생명보험
   ①현존 9개 생명보험회사를 4개사 정도로 정리할 것.
   ②세제상의 우우優遇 조치를 고려할 것.
   ③3개사의 자본금을 각각 1억원 이상으로 할 것.
   ④국영보험 및 국민저축조합법과의 관계를 재조정할 것.
   ⑤경제개발 5개년계획에 관한 내용을 생명보험단체에 주지시키고 적절한 업종의 선택에 관한 구체적인 지도를 하고 아울러 주식배당의 보장을 기할 것.
   ⑥효율적인 감독을 할 것.
   ⑦보험요율을 조정할 것.

2. 화재보험
   ①현 11개사를 5개사 정도로 정비 합병시킬 것.
   ②1개사의 자본금은 각각 5억 원 이상으로 할 것.
   ③금융기관을 통한 보험개척의 경쟁을 지양할 것.
   ④보험요율을 인하할 것.
   ⑤해상보험은 전담회사에 이관하고 신종보험의 확대에 치중할 것.
   ⑥제비금(諸備金)의 일부를 투자하게 할 것.

3. 해상보험
   ①현 2개 해상보험회사를 존속할 것.
   ②자본금을 1억원 이상으로 할 것.
   ③외화의 해외유출을 방지할 것.

4. 자동차보험

　① 현 공영사를 주식회사로 전환할 것.

　② 자본금을 1억 원 이상으로 할 것.

　③ 자동차손해배상보장법의 제정

5. 재보험(再保險)

　정부관리보험회사를 설립하고 현 재보험회사를 흡수할 것.

6. 기타

　① 자가유사보험제의 억제.

　② 보험대리업공사의 설립연구.

　③ 정부의 지나친 간섭을 지양하고 창의를 최대한으로 발휘할 수 있도록 육성할 것.

(4) 외환, 물자수급에 관한 특별감사

최고회의는 물가의 안정을 기하고 이의 효율적 운영을 기하기 위하여 유양수 재경위원 장(단장)외 10인으로 외환 및 물자수급에 관한 특별감사단을 구성하고 1963년 2월 2일부터 1963년 2월 20일까지 18일간에 걸쳐 경제기획원을 비롯한 각 관계기관을 감사하였다.

동 특별감사단은 안정과 성장이라는 양주요과제를 동시에 달성해야 할 경제개발 5개년 계획의 성공적인 수행을 위해서는 물자수급면의 안정을 도모해야 함에도 불구하고 물가의 지속적인 등귀와 외화자원의 부족으로 물자수급의 차질과 외자상환의 과중한 부담 등 외국환수급의 원활한 집행을 위해 다음과 같이 건의하였다.

　1. 수출산업의 진흥강화

　2. 원자재의 확보

　3. 수입보증금 등의 국고귀속

　4. 무역행정기술면의 혁신

　5. 수출입 링크제의 재검토

　6. Offer상의 관리

　7. 외환관리법시행세칙 제정

　8. 외국원조교섭 강화

　9. 외자도입의 재조정

　10. 한 · 일 국교정상화의 타결 촉진

　11. 외국환수급계획중 예비비 계상의 필요

　12. 외국환심의위원회 권위의 향상

4. 국정감사와 민정시찰

(1) 1961년도 일반국정감사

혁명정부의 제1단계사업으로 반공태세를 재정비강화하여 국민의 정신무장을 굳게 하고 밖으로는 자유우방과의 유대를 공고히 하여 국제적 지위를 향상시켰으며 안으로는 퇴폐무능한 구악의 적폐를 일소하고 시급한 민생고를 해결하기 위한 참신한 이나라 사회기풍의 터전을 마련함으로 해서 국가재건최고회의는 헌법 제43조 및 국가재건비상조치법 제9조에 의하여 6개의 중앙감사단과 10개의 지방감사단으로 국정감사를 실시하여 국가기본정책의 시정을 위한 실태파악과 신년도 예산심의의 적정을 기하기 위하여 1961년 10월 11일부터 10월 20일까지 10일간에 걸쳐 중앙과 지방의 국정감사를 실시하였다.

(2) 1962년도 제1차 특별국정감사(법사위 · 외무위 소관)

본 특별국정감사는 전년 10월 11일부터 10월 20일까지 10일간에 걸쳐 실시했던 1961년도 일반국정감사에서 지적된 사항의 시정결과를 중점적으로 감사하기 위해 법사위원회 소관 및 외무부에 대한 재감사를 1962년 3월 5일부터 동 3월 19일까지 15일간에 걸쳐 실시하였다.

(3) 재외공관 실태조사

혁명정부는 외교활동의 제1선기관인 재외공관의 중요성에 착안하여 종래 공관장회의나 보고서에 의해 재외공관의 실태를 파악하고 있는 실정으로 외교정책수립에 미급한 점이 많았음을 시정하기 위해서 미주지역, 구주지역, 아주지역의 3개반으로 재외공관 실태조사반을 구성하고 1961년 3월 10일부터 동 4월 12일 까지 40여일에 걸쳐 외교정책 전반에 긍하여 건국 이래 최초로 해외공관에 대한 실대조사를 실시하였다.

해외공관을 조사함에 있어서는 선진외교기관으로서의 갖추어야할 최소한의 수준을 평가의 기준으로 하고, 첫째, 정신 면에 있어서 부패된 수성적 집무태도인 구악의 일소와 둘째, 미국과 대UN정책에 적성여부 평가, 셋째, 조사연구와 계획성 및 전문성의 적부 검토, 넷째, 외교활동에 필요한 인적구성 및 예산의 적정 검토, 다섯째, 행정관리의 현대화를 위한 조직의 적정성 등을 중점적으로 조사하여 급변하고 있는 국제정세에 대처할 수 있는 선진 외교정책을 수립하는 데 있었다.

(4) 중앙 및 지방관서 특별국정감사

최고회의는 혁명과업의 일환으로서 종래의 무사안일주의, 기회주의, 부패 무능을 발본색원하여 참신한 공무원의 기강을 확립하기 위하여 중앙 6개반과 지방 6개반의 12개 특별국정감사반을 편성하여 1962년 6월 1일부터 동 6월 12일까지 중앙 및 각지방관서 특별국정감사를 실시하였다.

감사의 주요내용은 첫째, 중앙관서 3급갑 이상과 지방관서 3급을 국가공무원과 2급을 지방공무원, 정부관리기업체의 장과 임원의 업무수행능력과 참신성, 둘째, 중앙정부시책의 이행도 및 각기관간의 업무협조, 셋째, 우수한 공무원을 선발 표창하여 공무원의 사기를 진작하는 등 공직사회를 혁신하여 혁명과업을 효율적으로 완수하려는 데 목적이 있었다.

(5) 1962년도 제2차 국정감사

국가재건최고회의는 민정이양을 앞두고 1962년 9월 17일부터 동 29일까지 13일간에 걸쳐 국정전반에 긍한 국정감사를 실시하였다.

그 목적은 첫째, 최고회의 기본정책이 국정전반에 긍하여 정확히 반영되고 있는지 그리고 전년도 예산집행실적을 확인하여 신년도 예산편성에 반영, 둘째, 혁명 후 1년 4개월간에 시현된 정부시책의 공과를 파악 분석하여 보완하고, 셋째, 국민의 여론과 민심을 정확히 파악하여 올바른 정책방향을 정립하여 1963년에 있을 민정이양에 다시는 부패와 부정 그리고 퇴폐와 무능이 싹틀 수 없는 공고한 기반을 이룩하는데 그 목적을 두었다. 그리하여 이번 감사는 1961년도 일반국정감사 이후 다음 사항을 중점감사하였다.

1. 최고회의 기본정책 집행실태
2. 경제개발 5개년계획 제1차연도의 사업집행현황과 실적 및 전망
3. 정부중요시책의 기획 및 실적사항과 이에 대한 반향
4. 예산집행상황
5. 국영기업체의 운영계획
6. 국민의 여론청취
7. 전년도 국정감사에서 지적된 사항에 대한 시정여부 확인
8. 기타 신년도 예산심의에 필요한 자료의 수집

(6) 민정시찰 및 관기확립 특별국정감사

최고회의는 민정이양에 대비하여 국가공무원의 기강을 확립하고 민정을 시찰하여 혁명과업을 성공적으로 완수하기 위하여 최고회의 부의장을 단장으로 최고위원을 반장으로 감사단을 구성하여 1963년 3월 3일부터 동 13일까지 10일간에 걸쳐 민정시찰을 겸한 관기확립 특별국정감사를 실시하여 ① 국민의 공복으로서 공무원의 대민봉사정신을 앙양하고 성실하고 양심적인 집무태도를 견지하게 하고 아울러 민정시찰을 통하여 민심동태를 파악하고 정책수립에 자료를 수집한다. ② 국가공무원으로서 법규를 위반했거나 의무를 태만히 한 자, 직권을 이용하여 정치세력에 영합 또는 편승한 자, 기타 기강을 문란케 한 자는 적발하여 의법 조치한다. ③근무성적이 우수한 공무원은 표창한다.

(7) 민정시찰

부정, 부패, 무능으로 백척간두에서 방황하고 있는 조국의 위기를 극복하여 반공태세를 재정비 강화함은 물론 사회의 모든 부패와 구악을 일소하고 퇴폐한 국민도의와 민족정기를 바로 잡고, 절망과 기아선상에서 허덕이는 민생고를 시급히 해결하여 국가자주경제재건의 기틀을 만들기 위해 일대 개혁을 단행한 혁명정부는 민정이양을 앞두고 혁명정부의 시책과 현 하정국에 대한 일반국민의 여론을 최고위원으로 하여금 직접 시찰케 하여 백년대계의 국가개혁정책을 제3공화국에 넘겨주는 데 그 목적이 있었다.

최고회의는 건국 이래 누적되어온 낡은 제도와 부패를 짧은 기간 동안 개선하고 일소하는 동안 1961년 8월 최고위원 민정시찰, 1962년 2월 최고위원 민정시찰, 1961년 5월 최고회의 의장 지방관서 시찰, 1962년 2월 최고회의 의장 중앙관서시찰, 1963년 1월 최고회의 의장 중앙관서시찰, 무려 5차에 걸쳐서 국정과 민정을 직접 시찰을 하여 혁명정책에 반영했다.

제8편

혁명정부의 업적

사회의 안일을 좀먹던 깡패와 불량배들이 개과하는 시가행진 (1961. 5. 21)

혁명정부의 업적 _

Ⅰ. 행정 _

1. 행정行政기구의 개편

(1) 내각수반제 실시 및 정부기구 일부 개편

국무총리를 내각수반으로, 부흥부를 건설부로 개칭하고 건설기구를 강화하였다.

(2) 공보부 신설

공보부를 신설하여 공보부에 국무원사무처 소속의 공보국과 방송관리국을 공보부로
이관하고 그리고 공보부에 조사국과 문화선전국 및 국립영화제작소를 신설하였다.

(3) 내각사무처기구 개편 및 군사원호청 신설

국무원사무처를 내각사무처로 개칭하고 여기에 행정관리국을 신설하였다. 그리고 군
사원호사업의 실효를 거두기 위하여 군사원호청을 신설하였다.

(4) 경제기구 개편

건설부를 폐지하고, 경제기획원을 신설하여 경제개발 5개년계획을 위시한 국가경제기획업무를 관장하며, 재무부에 국고국을 신설하여 외자청을 흡수하고, 농림부에 지역사회개발국을 신설하였다.또한 내무부 통계국 및 재무부 예산국을 경제기획원에 이관하였다.

(5) 감찰위원회 이관

행정부에 속해 있던 감찰위원회를 최고회의 직속으로 하였다.

(6) 기획통제관실 신설

내각수반 소속으로 기획통제관실을 신설하여 국가정책기획을 종합적으로 조정하도록 하였다.

(7) 정부기구의 전면개편

경제기획원의 기구를 기획국, 예산국, 외자도입국, 조정국, 통제국으로 개편하고, 국토건설청에 국토계획국, 국토보전국, 수자원국, 관리국을 두고, 경제기획원 산하에 조달청을 신설하여 관리국, 내자국, 외자국, 감사실을 두었으며, 내각사무처의 법제국을 법제처로 독립 승격하여 제1국과 제2국을 두었다. 그리고 내각사무처에 중앙공무원교육원을 설치하였다.

수반직속기구인 구황실재산사무총국을 문교부에 이관 문화재관리국을 신설하였고, 외무부를 의전국, 정무국, 방교국, 통상국, 정보국, 문서국으로 기구를 개편하였다.

내무부의 토목국을 폐지하고, 전매청에 총무국과 연초국, 인삼국을 폐지하여 관리국, 생산국, 업무국을 설치하였으며, 국방부는 총무국을 폐지하고 군무국, 군수국, 연합참모국을 신설하였다.

문교부는 보통교육국, 고등교육국, 기술교육국, 문화국, 편수국을 폐지하고 학무국, 학교관리국, 체육국, 문예국을 설치하였으며, 농림부는 관리국을 폐지하고 농지국과 수산국을 신설하고, 지역사회개발국을 지역사회국으로 개편하였다.

상공부의 해무청을 폐지하고, 보건사회부는 방역국, 원호국을 폐지하고 보건국과 사회국을 신설하였으며, 교통부에는 해운국과 관광공로국을 신설하고, 체신부는 전파관리국을 신설하는 한편 공보부의 국립영화제작소를 폐지하였다.

(8) 서울특별시의 법적지위 향상

서울특별시는 수도로서 정치, 경제, 문화, 사회의 중심지일뿐 아니라 행정의 질과 양이
복잡 방대함으로 수도로서의 특수성을 고려하여 내각수반 직속하에 두고 서울시장은 별정직
으로서 각의에 참석 발언할 수 있게 하였으며, 기구는 종래의 8국을 11국으로 확대했다.

(9) 농촌지도체계 일원화

다원화되어 있는 농촌지도체계를 통합하여 정책수립과 농업행정관리는 농림부에서 하
고 농업기술의 시험지도보급과 교육훈련은 농촌진흥청에서 담당하며, 사업은 민간공공단체
에서 담당하도록 하였다.

(10) 농림부에 연초재배사무 이관

전매청의 연초생산사무 즉 연초재배의 과정업무는 농림부에 이관하고 전매청은 연초
제조업무만을 담당하도록 하였다.

(11) 원호청을 원호처로 승격

군사원호사업의 중요성에 비추어 합리적인 원호사업을 추진하기 위하여 각 지청 및 출
장소를 지방원호청 및 지청으로 승격하고, 정양원 4개소와 직업보도원 3개소 중 1개소를 통합
하여 종합원호원으로 하였으며, 국립오류동병원을 종합병원인 원호병원으로 개칭하였다.

(12) 울산공업지구 설정

울산에 공업지구 조성 및 도시건설사업을 수행하기 위여 국토건설청에 울산특별건설
국을 설치하였으며, 울산개발계획본부를 설치하였다.

(13) 재무부기구 보강

경제개발 5개년계획을 수행하기 위한 민간저축 목표달성을 강력히 추진하기 위해 저축 과를 신설하였고, 보험과 증권관리를 효율적으로 하기 위해 관리과를 폐지하고 보험과와 증권과를 신설하였으며, 국유재산관리의 통합합리화를 위하여 관재국에 국유재산과를 신설하였다.

(14) 법무부기구 개편

행형의 목적이 응보형주의에서 교육형주의로 전환됨에 따라 형정국을 교정국으로, 형무소를 교도소로, 형무관학교를 교도관학교로 개칭하는 한편 출입국사무는 검찰사무와 관련이 적은 행정적 사무이므로 검찰국에서 법무국으로 이관하고, 검찰국에는 인권옹호의 중요성에 비추어 정보과를 폐지하고 인권옹호과를 설치하였으며, 법무국 소년과를 교정국 소년과로 이관하였다.

(15) 국립의료원기구의 보강

의사과를 신설하여 서무과에서 관장하고 있던 환자의 외래 및 입퇴원에 관한 사항를 관장하게 하고, 임상시험과에 속해 있던 생화학병리, 세균실을 각각 독립과로 승격시켜 스칸디나비아 측 의료편제와 균형을 맞추었다.

(16) 외무부기구의 개편

아세아주와 대양주전역을 담당하는 아주과를 동북아주과와 동남아주과로 2분하여 지역외교를 강화하였고, 정무국에 속해 있던 득수시역과는 그 기능을 정보국에 이관하고 폐지하였다.

(17) 중앙수산시험장기구의 개편

적극적인 해양자원을 개발하기 위하여 자원조사과를 신설하였으며, 각 지방의 기구를 통합 개편하였다.

(18) 국방부기구의 정비강화

각국과의 기능의 중복과 책임의 혼돈을 피하여 업무를 재배정하여 연합참모회의를 구성하였으며, 기획조정관실에 중요시책의 운영계획 및 심사분석과 관리개선업무를 통합하고, 군무국운영기획과와 관리국 관리과를 폐지하고, 법제위원회를 법제과로 병합하고, 증발보상심의위원회를 증발보상과로, 정훈국의 특수전과를 연참국 특수전기획과로, 병무국 인사과에서 상훈제업무를 강화하기 위해 인사근무과로 분리 독립시켰으며, 체육위원회를 보건체육과로 병합하였다.

(19) 경제기구의 개편 강화

경제개발 5개년계획의 성공적인 완수를 위해 관련부처의 기구를 대폭적으로 보완했다.

① 경제기획원의 기획국을 종합기획국으로 개칭하고, 제1과를 제1차산업국으로, 제2과를 제2차산업국으로, 제3과를 제3차산업국으로 승격시켜 각국에 경제계획관을 배치하도록 하였으며, 통계국을 조사통계국으로 개칭하고, 조사분석과를 신설하였으며, 외자도입국과 조정국의 기능을 경제협력국으로 개칭하였다.

② 상공부의 공업국을 제1공업국, 제2공업국으로 확대강화하여 제2공업국에 개발과, 중공업과, 경공업과, 조사과 등 4과를 두었다.

③ 농림부에 농업생산국을 신설하여 농산과, 연초과, 잠업과와 경작과를 신설하였고, 산림국에 보호과를 신설하였다.

④ 국토건설청을 건설부로 승격하고 계획국을 국토계획국으로, 근로동원과를 동원과로, 수리과를 수리간척과로, 중기자재과를 기재과로 개칭하는 동시에 각과의 기능을 재조정하고 감사과를 폐지하였다.

⑤ 부원장보 및 차관보 신설, 경제기구의 하부조직의 확대에 따라 그 통제를 합리적으로 하기 위하여 경제기획원에 부원장보 2인과 상공부와 농림부에 차관보를 각각 2인씩 두었다.

(20) 교통부 기구

철도운송량의 계속적인 증가에 따라 소요설비의 개선확장을 촉진하기 위하여 육운국에 여객과와 화물과를 폐지하고 국내객차신조와 동력차의 다량수입에 따라 공업국에 설계과

를 신설하였고, 또한 항공현업관서의 종합적인 관리통제를 위하여 지방항공관리국에 관리과
와 기술과를 신설하고, 삼척비행장 및 통신소를 신설하였다.

(21) 국립지질조사소 기구강화

경제개발 5개년계획의 중추적 사업인 지질자원개발을 위하여 지하자원에 대한 조사는
독립지질조사소에서, 그 시험연구는 대전시험소에서 각각 분담하도록 하는 현기구를 대폭 개
편 확장하였다.

(22) 내무부기구

지방행정의 효율적 감독을 기하기 위하여 지방국에 기획감사과를 신설하여 지방자치
단체의 운영계획의 조정, 지방행정사무의 감사에 관한 업무를 담당하도록 하였다.

(23) 기타

재무부 공무원훈련소, 체신공무원훈련소, 소년직업훈련소 등의 기구를 강화하였고, 병
무행정을 국방부에 일원화함에 따라 서울특별시 및 각도에 병무청을 설치하였다.

2. 기획제도의 창설

제한된 시간과 공간에서 거창한 혁명과업을 완수해야 할 최고회의는 최소한의 물자와
시간, 기구 그리고 예산을 가지고 행정기능을 합리적으로 운영하여 국가행정사무를 효율적으
로 신속, 정확하게 처리하기 위해서 기획행정제도를 채택하였다.
기획행정은 첫째, 정부의 기획수립 및 정책수립에 대한 능률성과 통일성 및 균형성을
보장하고, 둘째, 국가종합계획을 조정하고 통제하는 기능을 강화함으로써 시책의 강력한 집
행과 감독을 가능하도록 한다.
그러므로 국가의 정책을 연구하고 정책을 입안 심의하며 국가기획의 지침을 작성함과
함께 계획을 검토 조정하면서 성과를 심사분석하는 국가기획제도는 발전, 시행, 그리고 심사
분석이란 3요소의 상관된 운영이 단계적으로 수행되어 나가는 것이다.

국가기획제도는 혁명공약에 명시된 국가의 기본목표 및 당면시책을 성공적으로 수행해 나가기 위한 행정개혁으로서 관기를 쇄신하고 인사 및 행정관리의 적정을 기하는 한편 각 급행정을 재건함으로써 사무관리의 개선과 현대화를 도모함으로써 행정능률을 극대화하는 데 목적이 있는 것이다. 특히 경제개발 5개년계획은 이와 같은 기획행정이 아니고서는 이룩할 수 없는 것으로서 가용할 자원 및 기술의 제약 그리고 여건의 불비를 극복하면서 정부의 노력을 합리적인 방향으로 집중시켜야만 하는 행정혁명이 아닐 수 없다.

이리하여 행정사상 유례가 없는 기획제도의 설립은 1961년 7월 31일 내각수반지시각서 제1호에 의한 기획통제관제 설치계획과 동일부터 9월 17일까지 정부고급공무원 548명에 대해 1주간에 50시간씩 전7기에 걸친 기획교육 실시로부터 출발한 것이다. 국가종합계획과 기본운영계획제도는 동 8월 25일 법률 제698호에 의거 내각수반 밑에 기획통제관실을 설치하고, 각부에는 기획조정관실을 정부조직법에 규정함으로써 결실을 얻게 되었다. 그리하여 정부는 동 10월 16일 각령 제228호로 내각의 정책과 기획을 조정하고, 또 각 부처 간의 기획업무를 긴밀하게 하기 위해 내각에 기획조정위원회를 설치하여 내각 또는 제기구의 중ㆍ장ㆍ단기 기획을 조정할 뿐만 아니라 기본운영계획의 목표 및 방침을 책정하는 한편 각 부처에서 제출한 각종계획을 검토 조정하여 내각에 건의하도록 하였다.

정부는 또한 정부관리기능에 선행하는 기획기능이라는 행정기술로 하여금 정부의 지향목표를 효과적으로 처리하는 데 더욱 합리적인 체계를 마련하기 위해 동 6월 18일 법률 제1092호에 의거 정부조직법 중 개정법률안을 공포하여 각 부처와 각 도에 기획조정실을 설치함으로써 기획행정의 기능이 시작된 것이다.

혁명정부는 처음으로 국가기획제도를 도입하여 초기운영에서 발생될 수 있는 문제점을 해결하기 위해 1962년 1월 22일 각령 제398호에 의거 내각에 국가기획제도연구위원회를 설치하여 기존 기획제도를 심사분석 및 조정하였으며 계속적인 연구를 통해 효율적이고 능률적인 국가기획제도를 확립하였다.

3. 직업공무원제도의 확립

직업공무원제는 공무원이 행정의 주축이 되며 정치적 색채를 띠지 않고 정권의 교체와는 상관없이 신분을 법률로 보장받으며 그 능력이 직위와 승진의 결정적 요인이 되는 인사제도를 말한다.

현대복지국가를 건설함에 있어 경제 및 사회발전을 기하기 위해서는 현대적인 기술과

고도의 전문성이 필요하게 됨으로 능력과 적성에 기준을 두는 직업공무원제가 필요하게 된 것이다.

혁명정부는 지금까지 우리나라의 공무원제도가 일제가 규제한 전근대적인 제도로서 엽관주의나 정실주의 및 관료주의를 벗어나지 못하고 있어 근대산업국가건설에 걸맞은 선진국에서 실시하고 있는 직업공무원제도를 도입하여 1963년 4월 17일자로 신국가공무원법을 제정 공포함으로써 우리나라 선진 인사행정제도를 확립하였다.

(1) 독립합의제 인사기구 설치

공무원의 정치적 중립성과 신분을 보장하기 위해서 실적주의에 입각한 인사관리를 지향하는 독립된 중앙인사관리기구가 필요하게 됨에 따라 내각사무처 안에 중립적 기능을 갖는 비상설기관인 인사위원회와 준사법적 기능을 갖는 소청심사위원회를 설치하여 성적주의의 실현과 공무원의 신분보장 및 공무원의 근무조건을 개선하여 유능한 인재를 적재적소에 등용하고 행정능률을 제고하였다.

(2) 직위분류제 채택

직위분류제도는 종래의 신분적 계급제를 탈피하고 직무분석과 직무평가 작업을 통하여 모든 직위를 직무의 종류와 곤란성 및 책임도에 따라 계급 및 직급별로 분류하며 동일직급에 속하는 직위에 대하여는 동일한 자격요건을 필요로 함과 동시에 동일한 보수가 지급되도록 분류한 것이다.

따라서 종래의 신분적계급제에서는 채용에 있어서도 특정직무의 수행을 위한 능력과 그 적합성이 무시되고 보수에 있어서도 그 직무의 특수성과 전문성 및 기술성을 고려하지 않고 단순히 계급대로 지급함으로써 특수기술이나 전문성이 필요한 특수직종 근무자도 계급이 낮으면 낮은 보수를 받게 되는 현실적 모순을 합리적인 인사제도로 개선을 했다.

(3) 관계법령개정

1) 공무원임용령 개정

첫째, 공무원임용관계각령을 전면 개정하여 직위분류의 기초가 되는 임용후보자등록제를 채택하여 성적주의원칙에 진일보는 물론 직업공무원제의 토대를 확립하였다.

둘째, 종래 자격고시제인 고등고시행정과와 보통고시를 폐지하고 채용시험제로 전환시킴으로써 전통적인 관료주의 풍조를 지양하고 행정의 기술성과 전문성을 살려 적재적소에 인재를 등용할 수 있는 길을 열어놓았다.

셋째, 승진제도를 개혁하여 동일계급 내의 승진과 계급간의 승진으로 구분하여 동종직무에 종사하는 하급공무원 중에서 근무성적평정과 경력평정 기타 능력의 실증에 따라 승진하도록 하여 일체의 정실적 부작용을 배제하였다.

넷째, 3급 공무원 승진시험은 승진할 수 있는 소정의 자격을 구비한자 중에서 공개경쟁시험을 통해 합격자를 승진후보자명부에 등록하여 결원을 보충하는 방법과 3배수로 승진시험을 보게 하여 합격된 자를 임용하는 2가지 방법으로 규정을 하였다.

다섯째, 결원보충방법의 하나로 외부 신규채용은 원칙적으로 공개경쟁시험에 의하기로 하고, 특별기술직인 경우에는 특별채용시험에 의하기로 하였다.

2) 신분보장과 정년제

공무원의 정치적 중립과 직업공무원제의 확립을 위해서는 공무원의 신분보장이 확립되어야 함으로 신분보장규정을 대폭 강화하여 첫째, 공무원은 형의 선고나 징계처분 등 법률이 정하는 사유에 의하지 아니하고는 휴직, 정직, 면직, 강임할 수 없도록 규정을 하였으며, 둘째, 직제 및 정원의 우선적 채용을 규정하였다.

3) 권익보장

공무원이 그 의사에 반하여 파면 또는 면직처분을 받았을 때에는 20일 이내에 후임자의 보충발령을 할 수 없도록 하고, 또한 소청심사위원회로 하여금 해당사건의 최종결정이 있을 때까지 후임자의 보충발령을 유예할 수 있도록 규정하여 공무원의 권익을 보장하였다.

4) 제안제도 창설

행정관리의 능률화와 공무원의 창의력을 증진시키기 위해 제안제도를 창설하였다.

5) 공무원의 처우개선

직업공무원제의 확립을 위해서는 공무원의 최저생활을 보장해야 함은 필수적이 아닐 수 없다. 따라서 직급별 봉급차를 조정하는 한편 공무원의 사회보장의 일환으로 공무원연금제도를 개선하였다.

4. 행정관리의 개선

현대국가가 지향하고 있는 복지국가건설에 있어서 국가기구의 확대와 기능의 다양화를 효율적으로 운영하고 관리하기 위해서는 기업경영의 관리개념인 새로운 행정관리제도를 도입하여 능률적으로 이를 과감하게 개선을 하였다.

(1) 조직관리의 합리화

① 정무차관제도를 폐지하는 등 조직관리를 합리화 ② 내각수반 산하에 기획통제관실과 각부처에 기획조정관실을 설치하여 국가목표를 기획하고 심사분석하는 중앙기획제도를 확립 ③ 농촌진흥청의 설치로 농촌지도체계의 일원화 ④ 경제개발 5개년계획을 강력히 추진하기 위한 경제관계부처의 개편 ⑤ 정부기구의 개폐 및 기능의 조정을 위한 직제의 제정 및 개정 ⑥ 정부기구의 적정인력배정과 인건비 절약을 위해 편제표작성으로 정원관리의 합리화 ⑦ 조직관리업무의 기준이 되는 조직편람 작성

(2) 정원관리의 합리화

근대국가의 일반적 특징인 행정의 양적증가는 필연적으로 공무원의 증가를 가져왔다. 따라서 인력의 효율적 활용과 과학적 관리를 위해 1961년 7월 제1차 인력감사와 1962년 5월 7일 제2차 인력감사를 실시하여 과학적인 정원관리의 기초를 마련하였다.

(3) 직업공무원제 확립

혁명정부는 1963년 6월 1일 신국가공무원법을 제정 공포함으로써 현대행정제도인 직업공무원제를 법제화하였다.

(4) 행정능률의 향상

행정업무의 조직화와 체계화를 통해서 정부공문서 간소화, 민원서류간소화, 보고간소화, 정부문서분류법 채택, 보존문서정리, 지방분권의 강화, 행정감사제도 확립 등으로 국민의 편의와 부담을 경감시키고 행정의 단순화, 행정의 표준화, 행정의 전문화 등 3대원칙으로 행정능률을 향상시켰다.

5. 공무원의 자질향상

(1) 공무원교육제도의 확립

혁명정부는 용두사미가 되고만 공무원교육제도를 개편 강화하기 위하여 1961년 10월 각령 제145호에 의거 내각사무처 행정관리국에 교육훈련과를 신설하여 공무원 기본훈련에 관한 기본정책을 수립하고, 1961년 10월 중앙공무원교육원 설치법을 제정 공포함으로써 공무원훈련제도를 법률적으로 확립하였다.

(2) 공무원교육실시

교육대상은 일반직국가공무원 및 지방공무원과 사법부, 입법부의 사무직공무원에 적용하고, 교원에 대하여는 당해기관장이 적절한 교육을 실시하였다. 그리고 교육과정은 일반사무계와 기술계로 구분하고 이를 다시 연구반, 고등교육반, 보통교육반, 초등교육반, 기초교육방, 특별교육반, 판 · 검사반 등의 과정으로 구분 실시하였다.

(3) 기타교육

① 전국고급공무원교육과정을 설정하여 1,527명의고급공무원에 대하여 반공사상과 혁명의 의의와 혁명과업의 방향에 대해 교육을 시켰다. ② 신공문서규정 교육을 위해 전국 중앙 및 지방과장과 문서 서무담당관 등 530명에 대해 신공문서의 취급요령교육을 실시하였다. ③ 또 18명에 대한 교관교육과 5,494명에 대한 보안교육과 경제인 등 위탁교육을 실시하여 행정능률을 향상시켰다.

(4) 교재편찬

혁명정부는 1961년 11월 10일 중앙공무원교육원에 교재편찬위원회를 설치하여 실무에 직접 활용할 수 있는 교재를 편찬하여 약 88,300부(부당 3권)를 각 교육원에 배부하였다.

6. 서훈제도

해방 후 헌법 제56조에 규정된 현행훈장규정은 군인, UN군 및 외국사절에 한해서만 규정되어있는 상훈제도를 혁명정부는 민족정기 진작에 적응한 상훈제도를 확립하기 위해 건국 이래 초유의 대규모적인 상훈계획을 수립하고 법령을 전면 개정하였다.

(1) 상훈제도의 개선

혁명정부는 상훈행정을 일원화시키고 서훈체계를 확립하고자 근무공로훈장령, 수교훈장령을 제정하고, 산업훈장제도를 신설하였으며, 문화훈장령을 개정하였다.

(2) 각종 유공자 포상실시

혁명정부는 지금까지 실시하지 못했던 각종 국가유공자, 즉 독립유공자 205명, 4·19 혁명희생자 186명, 사회각부문유공자 554명에게 포상을 수여하였으며, 공무수행에 유공한 일반공무원 6,182명과 재외공관에 근무하는 외교관 143명에게 수교훈장을 수여하였다.

(3) 각종 유공자 원호

혁명정부는 국가유공자 및 월남귀순자 특별원호법을 제정하여 유공자본인 및 유족에게 정기적인 원호금을 지불할 뿐만 아니라 직계존속의 유족의 교육비면제 및 직장알선 등의 획기적인 국가보조를 실시하였다.

7. 중앙청사 복구공사

혁명정부는 6·25 전쟁시 폭격으로 일부 파손된 채 10여 년 동안이나 그대로 방치되어 있는 구중앙청사에 대해 이를 복구하여 사용을 할 것인지 아니면 철거를 할 것인지를 검토하기 위해 사계권위자를 중심으로 구중앙청사복구기술위원회를 구성하여 다각도로 종합검토하게 한 바 이를 수리하여 사용하기로 결정함에 따라서 약 2억7,710만 원의 수리비를 들여 1961년 10월에 착공하여 1962년 11월 22일에 역사적인 중앙청개원식을 거행하였다.

II. 외교 _

혁명정부는 구정권의 지극히 소극적이고 추종주의적인 외교정책을 급변하고 있는 국제정세의 조류에 수시 적응 대처할 수 있는 광범위하고도 융통성 있게 적극적인 자주외교정책으로 과감하게 개선을 하였다.

혁명정부는 이미 UN 헌장과 국제협약을 충실히 이행할 것이며, 미국을 위시한 자유우방과의 유대를 더욱 공고히 할 것을 밝힌 바 있다.

따라서 이와 같은 기본외교정책을 더욱 효과적으로 수행하기 위하여 다음과 같이 6개 항목의 외교목표를 설정하였다.

① 혁명에 대한 국제적 이해와 지지의 획득 ② 자유우방과의 유대강화와 국교 확대, ③ UN 및 국제기구와의 협력증진 ④ 대외경제협력의 강화 ⑤ 한·일 간의 현안문제 해결 ⑥ 해외교포의 지도보호와 문화선전 및 공보활동의 강화 등이다.

혁명정부는 이와 같은 목표 아래 구정권에서는 엄두도 내지 못했던 중립국에 대한 외교관계를 적극적으로 과감하게 시도하여 미주지역을 위시한 전 세계의 5대지역에 76개국에 이르는 자유중립제국에 친선사절단을 파견하여 적극적인 국제친선을 도모한 결과 불과 13개국 외교관계와 21개국 공관만을 유지하고 있었던 것을 무려 60여개국으로 국교가 늘어났고 29개의 공관을 유지하게 되었으며, 특히 주목할 것은 인도, 아랍연방공화국, 캄보디아, 버마 등 중립제국에 총영사관을 설치함으로써 중립국에 대한 확고한 외교의 발판을 만드는 데 성공하였다.

또한 혁명정부의 적극적인 외교는 외교망 확장이나 국제적 지위향상뿐만 아니라 경제외교를 통해서 경제개발 5개년계획을 수행하는 데 있어서 차관교섭, 외자도입, 통상진흥에 괄목할 만한 성과를 거두었으며, 우리 민족의 오랜 숙원이었던 해외이민사업을 과감히 추진함으로써 국력의 대외진출의 활로를 개척하게 된 것이다.

1. 자주외교체제의 확립

혁명정부는 적극적인 자주적 외교를 실현하기 위해서 외교기구를 합리적으로 개편 조정하였다. 즉 본부와 공관의 인원을 조정하여 업무를 효율적으로 수행하도록 하였고, 각종 법령을 정리하여 문서행정의 질서를 확립하였다.

또한 무질서 했던 여권발급업무를 법제화하여 국민의 권익을 보장토록 하였으며, 재외공관의 업무를 효율적으로 수행하기 위하여 17개 공관에 전용통신 시설을 설치하였다.

혁명정부는 재외공관의 업무를 확인 발전시키기 위하여 수시 사무감사를 실시하여 애로사항을 청취하고 건의와 시정조치를 통해 적극적인 외교활동을 추진했으며, 수시로 공관장회의를 개최하여 급변하는 국제정세와 국내정책을 종합 조절하여 효과적으로 이를 대처해 나가는 계기로 삼았다.

2. 국제적 이해와 지지의 획득

혁명정부는 5·16 군사혁명이 국민의 지지와 성원으로 성공했지만 국제적으로 특히 미국의 혁명정부에 대해 소극적인 태도를 보이고 있어 국제적인 지지를 획득하는 데 어려움을 걱정하지 않을 수 없었다.

이에 혁명정부는 혁명 직후인 7월부터 76개국의 세계자유우방제국에 친선외교사절을 파견하여 지지와 이해를 구했으며, 동 11월에는 케네디 미국 대통령의 초청에 의하여 박정희 의장이 미국을 방문하여 광범위한 미국조야와 정부의 지지를 얻어냈다.

박정희 의장은 미국에서 돌아오는 길에 일본을 친선방문하여 한·일 국교정상화의 계기를 만들어 이후 김종필 특사의 동남아제국 순방, 1962년의 각종친선사절 파견 등으로 혁명정부에 대한 이해를 획득하여 드디어 제17차 UN 총회에서 71 대 9라는 압도적인 지지를 받아

▲ 박 의장과 케네디 미국 대통령과의 한 · 미정상회담

외교적 승리는 물론 한국의 국제적 지위를 만방에 선양하게 되었다.

3. 유대강화와 외교망의 확장

혁명정부는 대외정책에 관련된 혁명공약을 통하여 UN 헌장을 준수하고 국제협약을 충실히 이행하며 미국을 비롯한 자유우방국과의 유대를 일층 공고히 한다는 기본노선을 천명한 바에 의해 외교목표의 하나인 우방과의 유대를 공고히 하고 국교확장을 추진하기 위하여 미국을 비롯한 자유우방과의 국교정상화촉진은 물론 아시아, 아프리카, 중동지역의 중립국가들에 대한 외교적 접근을 과감하게 시도하였다.

그리하여 혁명정부는 구정권에서 국교가 정상화되어 있지 않던 많은 제국가와 새로이 외교관계를 수립 정상화하는 데 성공하였다.

1961년 7월과 8월에는 미주, 동남아, 구주, 아프리카 그리고 중동 등 5개 지역에 각각 친선사절단을 파견하여 76개국을 순방하였고, 1962년 6월과 7월에는 아프리카지역에 특별사절단을 파견하여 자유우방 및 중립제국들과 유대강화는 물론 외교망을 확장하였으며, 8월과 9월에는 동남아에 문화친선사절단을 파견하여 5개국을 순방하였으며, 동년 9월부터 11월까지는 중남미 9개국과 미주지역에 친선 및 경축사절단을 보내기도 하였다.

뿐만 아니라 친선초청외교로서 미주지역의 미 국무장관과 차관을 비롯하여 아주지역의 태국외상, 주미필리핀대사, 버마의 사무총장, 라오스 부수상, 캄보디아 외무성 의전국장, 호주 외상, 베트남 국회의장, 중국총통 전략자문위원장, 카메룬 외무차장 등을 초청하여 우의를 돈독히 하였다.

4. UN 총회와 특별외교활동

(1) UN 총회

제15차 UN 총회는 소위 「스티븐슨안」으로 알려진 조건부 북괴초청안이 채택됨으로써 북한불법괴뢰집단이 UN 한국통일문제토의에 참석할 수 있는 길이 열리게 되었을 뿐만 아니라 5 · 16 혁명으로 인한 헌정의 일시적 중단으로 인한 공산 측의 격화된 선전공세 등으로 불리한 외교적 여건 하에서 혁명정부는 제16차 및 제17차 UN 총회의 한국문제토의에 임하게 되었다.

1961년 12월 12일 UN 총회 제1위원회에서 한국문제를 토의하기 시작했으나 예측한 대로 공산 측에서는 한국문제는 한국 자신의 문제이므로 남북한대표를 무조건 같이 초청해야 한다고 주장을 해왔다. 그러나 우리 대표들은 대한민국은 UN에 의하여 수립된 유일한 합법정부이며 북괴는 남한을 불법으로 무력침략을 했을 뿐만 아니라 UN의 권능을 거부한 사실들을 통발하면서 남한대표만을 초청할 것을 강력히 주장하였는데 외교활동을 벌인 결과 결국 우리 대표만 초청받아 참석하게 되었다.

그리고 미국대표단과의 협조로 동 12월 14일 제1위원회에서 최덕신 수석대표가 30분 동안 우리의 입장에 대해 연설을 하게 되었고, 또한 우리 측은 미국대표로 하여금 북괴는 UN의 권능과 권위를 명백히 수락치 않았으므로 한국문제토의에 참가할 자격이 없다는 결의안을 제출하게 하여 이를 채택시켰고, 또 실질적 문제토의에 있어서 우리의 통일방안을 확인하는 참전 15개국 결의안을 찬성 55, 반대 11, 기권 20표로 채택하게 하여 크게 외교적 성공을 거두었다.

(2) 제17차 UN 총회

혁명정부는 1962년 3월 제1차 기본대책을 수립함에 있어 주UN대표부를 중심으로 한 친선사절단의 파견, 중요한 외국인사의 초청 등을 포함한 특수외교활동을 전개하였다.

즉 1962년 6월 11일부터 동 7월 8일까지 주 UN대사를 사절단으로 콩고, 브라자빌, 모로코, 세네갈 등 아프리카를 순방하였고, 동년 8월 28일부터 9월 28일까지는 인도, 버마, 실론, 파키스탄, 네팔 등에 문화사절단을 파견했다.

그리고 제17차 UN총회를 위한 제2차 기본정책수립에 있어서는 제기될 가능성이 있는 문제점을 하나하나 연구 분석하여 대책을 세웠고, 제3차 대책은 그 후 국제정세의 변동과 회원국의 동향을 면밀히 파악하여 이를 반영하여 다시 수정 보강하였다.

1962년 9월 18일 개회된 제17차 UN 총회에서 제기된 문제는 ① 소련 측이 주장한 남한에서 외국군철수문제를 소련 측에서는 별도의제로 하자는 주장과 언커크 보고와 외군철수안을 같이 상정하자는 미국 측의 주장 ② 대표초청에 있어서 소련 측은 남북한 동시초청안을 제출했고 미국 측은 한국대표 단독초청안을 제출하여 양측 의견이 팽팽하게 대립된 것이다.

그러나 한국은 아시아와 아프리카제국에 대한 적극외교의 결과로 투표결과 ① 안은 찬성 65표, 반대 9, 기권 26, 결석 10 으로 미국 측안이 채택되었고 ② 안 역시 찬성 71표, 반대 9, 기권 19, 결석 11 이라는 압도적 다수로 미국 측안이 모두 채택됨으로써 한국외교의 커다란 성과를 과시하게 되었다.

또한 한국에 있어서 종래 UN의 입장을 재확인하는 참전 15개국 결의안이 제1위원회에서 찬성 65, 반대 11, 기권 26, 결석 8표로 가결되고, 외국군 철수 및 남북교류를 내용으로 한 자국결의안을 소련이 자진 철회하게 한 것은 국제사회에 있어서 대한민국의 지위를 현저히 향상시켰을 뿐만 아니라 혁명정부의 조직적인 외교활동의 성과라 아니할 수 없다.

5. 한 · 일 및 한 · 미 교섭의 적극화

(1) 한 · 일간 현안문제 교섭

혁명정부는 대일관계에 있어서 일본에 대한 우리 국민의 감정이 깊게 팽배하고 있기는 하나 대국적 견지에서 양국 간의 제현안문제를 원만히 해결하고 그 토대 위에서 건전한 선린관계를 수립하는 것이 한 · 일 양국의 공동번영을 위하고 나아가서 극동의 안전과 자유진영의 결속강화를 위해 필요하다고 판단하여 우리 국민이 납득할 수 있는 방향으로 한 · 일관계를 풀어나간다는 방침 아래 한 · 일 회담 재개와 국교정상화에 주력할 것임을 강조하였다.

그리고 1961년 7월 4일 최덕신 전주월남대사를 단장으로 하는 동남아친선사절단을 일본에도 파견하여 한 · 일 국교의 조속타개를 위해서는 양측의 성의표시가 필요하다는 박정희

최고회의 의장의 친서를 일본 「이케다池田」 수상에게 전달했으며, 이어서 1961년 9월 상순에는 김유택 경제기획원장이 일본을 방문하고 일본정부와 자민당 그리고 재계의 중진들과 접촉 한·일 회담 재개의 소지를 닦는 한편 일본 측의 의향을 타진한 끝에 양국정부는 제6차 한·일 회담을 1961년 10월 20일 동경에서 재개하기로 합의하였다.

이렇게 하여 그 동안 중단되었던 한·일 회담이 다시 열리게 되었고, 특히 과거 제1차에서 제5차 회담까지는 단순히 사무적인 논의에만 그쳤던 데 비해 제6차 회담에서는 필요한 경우에는 고위급정치회담도 병행시킨다는 전제하에 실무·정치교섭을 병행하는 신교섭방식을 통하여 한·일 간의 교섭은 과거 어느 때 보다도 실질적인 많은 진전을 보게 된 것이다.

특히 1961년 11월의 박정희 의장과 「이케다池田」 일본 수상과의 회담, 1962년 3월의 양국 외상회담, 그리고 1962년 말 김종필 중앙정보부장과 「이케다池田」 일본 수상 그리고 「오히라大平」외상과의 회담을 통해 한·일 현안의 주요의제인 재산청구권 문제의 해결원칙에 합의를 이끌어 낸 것은 한·일 국교정상화의 계기를 이루는 데 역사적인 사건이라 아니할 수 없다.

(2) 한·미 행정협정체결 교섭

혁명정부는 우리나라에 주둔하고 있는 미국군대의 지위에 관한 협정체결교섭회의 재개를 위해 노력한 바 드디어 한·미 양국은 실무자교섭회의 재개에 합의하고 1962년 9월 6일 다음과 같이 양국 간의 공동성명서를 발표하게 되었다.

> 주한미국대사는 외무부 장관에게 미국정부가 주한미군지위협정에 관한 교섭을 재개할 용의가 있음을 통보하였다. 외무부 장관은 한국정부를 대표하여 이 제의를 환영하였다. 양국정부는 9월 중에 실무교섭을 재개할 것에 합의하였다. 어떠한 주둔군지위협정도 복잡한 문제를 내포하고 있는 고로 교섭은 상당한 시일을 요할 것으로 인정하는 바다. 따라서 한국에 불원간 있을 헌법개정에 감하여 주둔군지위협정의 체결은 민정이양을 기다려 이루어지게 될 것으로 이해하는 바다.

이로써 한·미 양국은 전통직 우의와 협조정신과 상호신뢰를 바탕으로 하는 우의증진에 또 하나의 이정표를 마련하는 계기를 이룩하였다.

이와 같은 한·미 양국 간의 공동성명에 의거하여 1962년 9월 20일 제1차 실무자교섭회의를 개최하고 앞으로의 회의제반절차와 여러 가지 예비적 행정상의 문제에 관해 토의를 했으며, 1962년 10월 10일 제3차 회의를 열고 제2차 회의에서 교환한 쌍방의 견해를 참작한 포괄적인 범위와 내용에 관해 토의를 하고 다음과 같이 28개의 토의제목을 채택하였다.

서문, 용어의 정의, 토지 및 시설, 항공통제 및 항해보조시설, 합동위원회, 출입국관리,

관세업무, 선박 및 항공기의 기착, 공익물 및 용역, 군표, 군사우편, 예비병의 소집 및 훈련, 미군인 가족 및 재산의 안전조치, 기상업무, 차량 및 운전면허, 외환관리, 비세출기관, 접수국법의 존중, 형사재판관할권, 청구권, 조세, 현지조달, 계약상의 분쟁, 군계약자, 노무, 협정의 비준 발효 및 시행사항, 협정의 개정, 협정의 유효기간 및 만료사항 등 28개항이며 1963년 5월 3일 제21차 교섭회의 까지 17개 항목에 대해 실질적으로 토의를 거듭한 끝에 이중 완전합의를 이룬 것이 서문, 용어의 정의, 합동위원회, 출입국관리, 선박 및 항공기의 기착, 예비병의 소집 및 훈련, 기상업무 등 7개항이며 나머지 10개항에 대해서도 대체로 상당한 진전을 이루었다

6. 경제외교의 강화

(1) 경제개발 5개년계획을 위한 외자도입촉진

혁명정부는 그 동안 누적된 빈곤과 경제적 후진성을 탈피하기 위해 수립된 경제개발 5개년계획을 뒷받침할 수 있는 다각적 경제외교를 전개하여 미국, 서독, 이탈리아, 프랑스 등의 제국으로부터 자본 및 기술도입을 적극적으로 추진하는 동시에 국제개발협회, 에카페 등의 국제경제기구와의 경제협력을 증진하고 콜롬보 계획에 가입함으로써 동남아제국과의 경제적 유대를 더욱 강화할 수 있게 되었다.

경제개발 5개년계획에 소요되는 외자의 총액은 24억 불이며, 이 가운데 투자를 위한 외자는 약 7억 불이 된다. 혁명정부는 이와 같은 외자를 확보하기 위해서 외자도입촉진법을 개정했으며, 또한 해외 민간외자를 적극적으로 도입하고 이를 효과적으로 관리하기 위한 행정 및 법제상의 정비를 단행하였다. 한편 대외적으로는 각종경제사절단을 해외에 파견하여 자본 및 기술원조도입을 적극적으로 추진하였다.

(2) 국제경제협력증진

1) 자본 및 기술원조 교섭

가) 구주지역

혁명정부는 지금까지 미주지역에만 중점을 두었던 경제외교를 구주선진국과 동남아지역에 대하여도 강력한 경제외교를 전개한다는 목표를 세우고 1962년 10월에 정래혁 전 상공

부 장관을 단장으로 하는 경제사절단을 서독과 이탈리아에 파견하여 한국과의 경제협력을 교섭한 결과 서독은 한·독 경제협력각서를 교환하고 1억5천만 마르크의 재정 및 상업차관을 제공하기로 약속함과 동시에 60여 명의 우리나라기술훈련생이 서독에 파견하여 기술훈련을 받게 되었으며 이외에도 많은 기술협력을 약속했다. 그리고 그 후 한·독 간에는 서독경제고문단설치에 관한 협정을 체결하고 이 협정에 의거하여 2명의 서독경제고문단이 내한하여 한국에 기술자문을 해주었다. 한편 이탈리아와도 "한·이 기술협력각서"를 교환하여 양국간의 기술협력을 증진하기로 합의를 하였다.

　　1963년 3월에는 콜롬보 플랜을 통해 영국에 24명, 이탈리아 10명, 벨기에 5명, 오스트리아 8명, 스웨덴 8명, 네덜란드 4명, 프랑스 13명, 이스라엘 2명 등의 한국기술훈련생 파견을 적극 교섭했으며, 1963년 4월에는 이한빈 주제네바대사를 단장으로 하는 기술원조교섭단을 영국, 프랑스, 서독, 이탈리아, 스웨덴, 덴마크, 스위스, 벨기에, 오스트리아, 노르웨이 등 10개 국에 파견하여 우리나라 기술훈련생의 파견을 교섭하였다.

　　다음 민간차관의 도입상황을 보면 1962년 8월에 "프·이 차관단" 대표와 체결한 어선 도입 및 건조를 위한 차관계약에 의하여 약 12만 톤의 어선을 도입하기로 되어 있고, 네덜란드 로부터는 항공기 2대를 도입하기 위한 207만8,000불에 해당하는 차관계약을 체결하였다. 또 스위스와는 930만 불에 해당하는 중고선박도입차관을 맺었으며 영국과는 방직공장시설도입조로 56만9,000 불의 차관을 체결하였다.

나) 북미지역

　　혁명정부는 1962년 5월에 대미원조교섭단을 파견하여 울산지구의 기술용역계약을 체결한바 있으며, 동년 6월에 또 차관교섭단을 미국에 파견하여 IDA로부터 객탄차客炭車도입을 위한 1천400만 불의 차관을 획득하는 데 성공하였고, 캐나다에는 1962년 7월에 이수영 주UN대사를 단장으로 기술원조교섭단을 파견하여 기술원조 및 수력발전차관을 교섭하고 있으며, 특히 캐나다와의 경제협력의 일환으로 1963년도 부족식량을 보충하기 위하여 대맥 5만 톤을 무상으로 도입하기 위한 교섭이 진행 중에 있었다.

　　이와 같은 혁명정부의 적극적인 대외경제외교의 성과로 1963년도 대한원조액은 지원원조가 7,500만 불, 미공법 480호에 의한 잉여농산물원조가 5,432만 불, 개발증여 4,850만 불로서 도합 1억3,415만 불이며, 그리고 정부가 그 동안 AID 당국과 1963년도의 대한추가원조교섭을 추진해온 결과 미국원조당국은 대한추가원조로서 지원원조 1,500만 불, 미공법 480호에 의한 잉여농산물 2차 협정액으로 1,960만 불과 장성탄광개발을 위한 950만 불의 AID차관이 승인되었다. 이로써 1963년도 지원원조는 1차통고액 7,500만 불과 추가액 1,500만 불 그리고

AID 규정위반으로 환불되었던 350만불의 재사용 승인액을 합하면 도합 9,350만 불을 받게 된 것이다. 즉 이는 1962년도 지원원조액 9,250만 불보다 100만 불이 더 많은 셈이다.

또한 민간외교활동으로서는 미 밴프리트 예비역장군을 단장으로 하는 미국의 민간실업인 28명이 62년 5월에 내한하여 경제개발 5개년계획에 책정된 주요사업에 대한 투자가능성을 검토하고 정유공장, 비료공장, PVC공장, 종합제철공장, 볏짚펄프공장, 알미늄공장 등의 건설투자계획을 긍정적으로 협의를 하였다.

다) 아주지역

혁명정부는 62년 8월에 호주정부와 한국기술자파견 및 직업보도 학교 설치 문제를 교섭 중에 있으며, 1963년 4월에는 호주에 추가로 10명의 한국기술훈련생을 파견하기로 합의를 했다. 또한 혁명정부는 1963호주회계연도에 의한 기술훈련계획에 따라 20명의 기술훈련생파견을 호주정부에 제출하였다. 이외에 콜롬보 플랜 회원국으로부터 현재 기술훈련생파견요청을 받고 있는 국가는 인도, 파키스탄, 뉴질랜드, 실론 등이다.

다음으로 한 · 일 간의 경제협력을 위한 외교활동은 특히 재일교포의 본국자본진출과 일본의 민간기업체 대표들의 내한이 활발해져 1962년 9월에는 일본경제연합회 부회장을 단장으로 한 경제시찰단이 내한을 하였으며, 1962년 12월에는 한 · 일경제인협회 부회장을 단장으로 한 제2차 일본경제인시찰단 39명이 내한하여 한 · 일 양국민의 비상한 관심을 샀고, 1963년 1월에는 일본외무성 직원 2명이 한국의 경제를 시찰하기 위해 내한을 했다.

라) 중남미 · 아프리카 지역

혁명정부는 중남미와 아프리카 지역에도 처음으로 경제조사단을 파견하여 수출시장의 확대와 우호증진을 위한 경제외교를 펼친 바 1962년 11월에는 윤석헌 카이로 총영사를 경제조사단장으로 하여 UAR, 에티오피아, 케냐, 남로데시아, 남아공화국, 콩고, 나이제리아, 가나, 라이베리아, 모로코 등 11개국에 파견하여 통상정책과 관세제도 및 한국상품의 수출가능성 등을 조사하게 하는 한편 1962년 12월에는 과테말라, 콜럼비아, 아르헨티나, 칠레 등에 경제조사단을 파견하여 수출시장과 경제협력문제 등을 조사하도록 하여 우리나라의 경제적인 진로를 개척하는 데 성공하였다.

그리고 1963년 3월에는 콩고의 농림부 장관을 단장으로 하는 경제사절단 일행이 내한하여 우리나라와 농업기술협력을 제의함으로써 우리나라는 아프리카지역과의 경제협력을 증진할 수 있는 새로운 계기를 마련하게 되었다.

2) 경제관계협정 체결 교섭

① 서독·이탈리아와의 경제협력각서 교환

② 한·독 투자보장협정 체결

③ 한·독 우호통상황해조약 체결 교섭

④ 미국, 서독, 이탈리아 등과 2중과세회피협정 체결 교섭

⑤ 면직물 수출진흥을 위한 장기면직물협정 가입 교섭

3) 국제경제기구가입 및 회의 참가

가) 콜롬보계획Colmbo Plan 가입

혁명정부의 경제외교활동 중에서 가장 큰 업적은 한국이 동남아최대의 경제조직인 콜롬보 계획에 가입함으로써 동남아시아 제국과의 정치적, 경제적 및 문화적인 유대를 더욱 공고히 하게 된 점이다.

나) 에카페ECAFE총회 대표단 파견

에카페 총회는 UN경제사회이사회의 산하기관으로서 아세아 최대의 경제협력조직체로서 1962년 3월 일본 동경에서 개최되는 제18차 총회에 정래혁 상공부 장관을 단장으로 대표단을 파견하여 혁명정부 경제시책과 경제개발 5개년계획을 널리 소개하고 회원국들의 경제협력을 촉구하였으며, 1963년 3월 필리핀의 마닐라에서 개최되는 제19차 총회에는 김유식 필리핀대사를 단장으로 대표단을 파견하여 한국의 경제개발 5개년계획 제1차연도의 실적을 널리 소개하고 회원국들과의 유대를 공고히 하였다.

7. 통상과 수출 진흥외교

(1) 통상사절단 교환

혁명정부는 경제개발 5개년계획을 성공적으로 달성하기 위해서 외국의 경제인사접촉과 수출시장을 조사하기 위해서 민간경제인을 위주로 통상사절단을 자유우방국가에 파견 교환하기로 계획을 세우고 다음과 같이 해외통상사절단을 파견하여 각국의 시장성조사 및 파악과 경제관계인사와의 접촉, 우리나라 수출상품의 선선 및 서래협의, 긱종신엽체제의 시찰 및

상품견본구득 등 수출산업국가로 도약준비를 위한 괄목할만한 성과를 거두었다.

【동남아 민간 통상사절단】

사절단 구성원	13명
단 장	여상원 대한상공회의소 부회장
고 문	홍종철 최고회의 문사위원
파 견 기 간	1962년 3월 3일 ~ 4월 11일
순 방 국 가	9개국 : 홍콩, 태국, 버마, 말레이시아, 싱가포르, 베트남, 필리핀, 중국, 아이슬랜드

【구라파 민간 통상사절단】

사절단 구성원	11명
단 장	이활 한국무역협회 회장
고 문	김형욱 최고회의 내무위원
파 견 기 간	1962년 5월 18일 ~ 7월 18일
순 방 국 가	10개국 : 스위스, 프랑스, 영국, 스웨덴, 벨기에, 덴마크, 네덜란드, 이탈리아, 오스트리아, 독일

【아프리카 민간 통상사절단】

사절단 구성원	3명
단 장	윤석헌 주카이로 총영사
파 견 기 간	1962년 11월 10일 ~ 12월 24일
순 방 국 가	10개국 : 통일아랍공화국, 에티오피아, 케냐, 남로데시아, 남아공화국, 콩고(브라자빌), 가나, 나이지리아, 리베리아, 모로코

【북미 지역민간 통상사절단】

사절단 구성원	6명
단 장	박도연 이한산업주식회사 사장
파 견 기 간	1962년 11월 6일 ~ 12월 24일
순 방 국 가	미국 주요도시 및 캐나다

【동남아 및 유럽 통상시찰단】

사절단 구성원	4 명
단　　　　장	박태준 최고회의 상공위원
파　견　기　간	1962년 12월 26일 ~1963년 1월 31일
순　방　국　가	10개국 : 일본, 중국, 홍콩, 태국, 통일아랍공화국, 이탈리아, 프랑스, 독일, 덴마크, 스웨덴

【인도네시아 통상사절단】

사절단 구성원	10 명
단　　　　장	유재흥 주태국대사
파　견　기　간	1962년 9월 20일 ~ 10월 5일

【중남미 경제조사단】

제 1 반		제 2 반	
사절단 구성원	3명	사절단 구성원	3명
단　　　　장	박동진 주브라질대사	단　　　　장	이성가 주멕시코대사
파　견　기　간	1962년 12월 2일 ~ 1963년 1월	파　견　기　간	1962년 1월 10 ~ 1월 19일
순　방　국　가	과테말라, 콜롬비아	순　방　국　가	아르헨티나, 칠레

(2) 무역협정체결

　　혁명정부가 우방국가와의 경제유대를 강화하고 무역증대를 도모하고 상호간 수출입무역의 원활을 기하기 위하여 현재 통상관세가 싱립되어 있는 국기 또는 앞으로 교역을 계획적인 국가와의 무역협정 또는 관세협정의 체결을 적극 추진해온 결과 5 · 16 혁명 이전에는 일본, 중국, 필리핀 등 불과 3개국과 무역협정이 체결된 상태였으나 5 · 16 혁명 후에는 태국, 베트남, 브라질, 말레이시아와도 무역협정이 체결되었고 프랑스와는 관세협정, 인도네시아와는 통상약정을 이미 체결하였고 캄보디아, 버마, 캐나다, 이탈리아, 호주 등의 국가와도 무역협정 체결협상이 진행되고 있었다.

8. 문화외교활동의 추진

(1) 문화협정체결 교섭

혁명정부는 국제문화교류의 촉진을 위하여 우방제국과의 문화협정체결교섭을 적극 추진하여 프랑스, 이탈리아, 자유중국 이외에도 중립국과의 교섭도 활발하게 진행을 하였다.

(2) 국보전시회 개최

우리나라는 1957년 12월부터 1년 6개월간 미국 8개 도시에서 전시한 한국문화재는 급기야 유럽 각국에까지 비상한 관심을 일으키게 되어 마침내 영국과 서독정부에서 한국문화재의 구라파전시를 요청해 왔다. 이에 우리정부는 1960. 10. 17 동 전시회에 참가할 것을 결정하고 한국박물관은 전시품안전보장 다변협정을 체결한 후 1960년 11월 15일 152점의 국보를 선정하여 선박편으로 하송하여 1961년 3월 23일 영국 전시를 필두로 네덜란드, 프랑스, 서독, 오스트리아 등 5개국에서 약 1년 3개월에 걸쳐 성황리에 전시를 마치고 1962년 10월 20일 무사히 귀국을 하였다.

현재 각국의 문화소개는 피상적인 선전이 아니고 전문적인 학술연구를 상호 교환하고 있음에 비추어 볼 때 이러한 한국의 국보전시는 우리나라의 고유문화의 우수성을 실증적으로 소개를 하게 되어 우리나라의 문화를 해외에 재인식시키는 데 커다란 성과를 거두게 되었다.

위와 같이 유럽의 5개국전시회에는 53,000여 명이 참관을 하였는데 각 전시국마다 그 나라의 신문, 라디오, 텔레비전 등을 통해서 한국고유문화의 우수성에 대해 칭찬을 아끼지 않았다. 특히 프랑스 신문들의 논평요지를 보면, 다음과 같다.

1. 실제로 한국미술품을 보고 그의 우수성에 경탄하였다.
2. 한국미술품을 통하여 과연 한국미술이 중국이나 일본과 다른 독특한 점이 있다는 것을 인식하였다.
3. 고려청자의 빛의 신비성과 상감기술象嵌技術의 정교함에 경탄하였다.
4. 불상의 우아한 표정과 선의 뉘앙스는 높이 평가할 만하다.

또한 독일의 신문은 이조자기의 현대적 디자인에 대하여 "우리가 지금 미술상 새로운 아이디어라고 내놓는 것이 결코 새로운 것이 못되며 한국에는 이미 수백년 전에 있었다"고 논평하였으며, 그리고 네덜란드, 오스트리아는 종래 한국문화에 대한 편견, 즉 한국문화는 일본

문화권에 속했다는 무지의 편견을 완전히 일소하고 오히려 일본문화가 한국문화의 감화를 많이 받았음을 깨닫고 우리문화에 대해 재인식하게 되었다.

더구나 동양문화연구열이 고조되고 있는 유럽 학자들에게 우리나라에 대한 연구열을 고조시키게 되었고 각 출판사들이 우리 미술에 대한 출판을 하고자 많은 자료의 송부를 요청해 오기에 이르렀다.

9. 교민의 보호육성과 해외이민 촉진

(1) 교민의 등록과 보조

1) 해외동포의 등록

혁명정부는 민족의 단결과 번영의 역사적인 민족적 중흥사업에 해외동포들이 적극적으로 참여할 수 있는 길을 마련하기 위하여 우선 해외동포의 분포상황과 동태를 조사 파악하

【재외국민등록필자 수】

단위 : 명 (1961.10.1 현재)

각국별	등록자 수	각국별	등록자 수
일본	185,946	뉴욕	170
중국	320	멕시코	264
홍콩	193	브라질	56
베트남	143	아르헨티나	12
태국	30	프랑스	27
필리핀	12	이탈리아	7
말레이시아	2	스위스	8
싱가포르	14	그리스	2
인도	4	벨기에	0
호주	22	영국	2
하와이	321	오스트리아	49
로스앤젤레스	204		
샌프란시스코	250	계	188,058

고 동시에 그들에 대한 보호지도책을 마련하고자 1961년 11월부터 재외교민등록을 실시하였다.

그리하여 1962년 10월 1일 현재 일본을 비롯한 세계각지역의 교포등록자 수는 총 188,058명이었으나 그 후 교포등록사무는 계속하여 해외교포의 전원등록을 추진하였다.

2) 교민단체의 육성

해외각국에 거주하고 있는 우리 교포들은 서로 단결하여 친목을 도모함은 물론 거주국 교포사회의 복지향상을 위하여 교민회 및 유학생회 등 교민단체를 이루고 있는데 정부는 이들 교민단체의 운영에 보조금을 지급하여 교포들로 하여금 친목단결을 공고히 하도록 하여 본국과의 유대를 강화하며 조국애와 민족애를 발휘토록 하였다. 이러한 교민단체의 육성사업은 과거 교포간의 분열을 지양하는 데 중요한 공헌을 하였다.

【해외교포보조금지급단체명】

주 일 대 표 부 관 할	재일거류민단 및 각산하 단체
주 미 대 사 관 관 할	나성한인회관, 재미각교민회, 재미각유학생회
주 중 대 사 관 관 할	주대만한교협회, 주대만유학생회
주 태 대 사 관 관 할	재태한국교민회
주 독 대 사 관 관 할	동독탈출학생회
주 불 대 사 관 관 할	재불한국유학생회
주멕시코대사관관할	재멕시코한국교민회
주월남대사관관할	주월남한국교민회
주홍콩총영사관관할	재홍콩한국교민회

(2) 교포 모국방문 장려

1963년 5월 현재 재외교포 수는 약 60만으로 추산되고 있었으나 이들은 대부분 대한민국 정부수립 후 모국을 직접 방문해본 적이 없는 교포들이었다. 그리하여 혁명정부는 그들의 열렬한 조국애와 무한한 동경심을 이해하고 경제개발 5개년계획 수행으로 인한 제반 재정난에도 불구하고 각국에 산재해 있는 교포단체의 중견간부인사를 초청하여 조국의 재건모습과 각종국민운동 그리고 발전상을 직접 관찰 인식하게 하고 국민들과 재외교포 간의 유기적 연관은 물론 그들의 의견과 건의를 참고로 재외교포보호정책수립에 깊이 참고하게 하였다.

이와 같이 혁명정부의 새로운 재외교포정책에 의해 1962년에 일본, 미국, 말레이시아, 베트남, 홍콩, 중국, 필리핀, 멕시코 등 교포 중에서 재외유공자 32명과 재외교포단체 중에서 20개를 선정하여 553명의 교포를 초청 고국방문을 실시한 바 이들은 조국의 재건상과 혁명정부의 과감하고 의욕적인 민족중흥의 대업에 깊은 감명을 받고 조국재건에 깊은 관심과 다대한 공헌을 하였다.

(3) 이민교섭의 추진

혁명정부는 우리 국민의 해외진출을 적극 권장하기 위해서 이민사업을 위한 관계기구(외무부의 교민과, 보사부의 이민과)를 신설하고 1962년 3월 16일부터 4월 15일 까지 약 1개월 동안 정부수립 후 최초로 이민교섭단(단장 보건사회부차관)을 남미의 브라질과 중미의 과테말라에 파견하여 이민교섭을 활발히 전개한 결과, 일차적으로 브라질 이민국으로부터 민간인 시험이민으로 30세대 273명의 이주를 약속받고 이에 따라 1962년 12월 18일 92명의 최초 이민단이 브라질에 이주하게 되었고, 과테말라 이민국으로부터는 200세대의 이주와 이에 대한 원조제공을 약속받았다.

Ⅲ. 국방 _

  1950년 6·25 전쟁 이후 10여 년간 계속하여 오던 군사력중심의 동서세계의 전략은 정치적, 경제적, 심리적 전략과 군사전략을 병행하는 방향으로 전환되어 가고 있었고 공산주의자들은 당시 서西에서 베를린위기를 격화시키고 있었고 동東에서는 월남에 대한 게릴라 침투작전을 확대하는 등 국제적으로 긴장을 조성하고 있었다.

  한편 극동방위의 최첨단을 담당하고 있는 우리나라는 과거 기성부패정치와 무괴도한 파당정치로 군사정책이나 군 운영 면에 있어서 극히 보수적이고 실효성이 없었을 뿐만 아니라 정치적으로 확고한 보장을 받지 못하고 있는 등 허다한 모순과 비합리적인 요소를 많이 안고 있었다.

  이러한 때 반공을 국시의 제1의로 삼고 조국재건과 사회질서의 확립을 목적으로 하는 혁명정부는 다음과 같은 군사정책을 수립하여 일대 쇄신을 하였다.

1. 군은 현 병력수준을 유지하고 북한괴뢰 보다 우월한 군사력을 견지하기 위한 전력을 향상 발전한다.
2. 적의 간접침략을 분쇄하기 위하여 강력한 반공체제를 수립한다.
3. 자유우방과의 집단방위체제를 강화한다.
4. 국방체제를 정비 강화한다.
5. 병무행정을 쇄신 강화하여 인사관리의 적정을 기한다.

6. 군수 및 예산관리의 합리화를 기함과 동시에 국가자립경제발전에 기여한다.

7. 군원업무의 합리화를 기한다.

혁명정부는 이와 같은 정책을 수립하였다.

첫째, 국방본부, 연합참모본부의 개폐와 제주통합사령부를 설치하는 등 국방기구를 조정하였다.

둘째, 전투력을 배양하기 위해 우선 기존 전투장비를 신형장비로 현대화 하고, 신병훈련소의 각종기술교육으로 군의 질을 향상시켰으며, 예비병에 대한 영농기술을 실시하여 농촌진흥의 선도적 역군을 양성하는 데 기여하였다.

셋째, 병무행정기구의 합리화를 위하여 종래 내무, 국방 양부에서 관장하던 이원적인 병무행정을 병무청을 신설하여 이를 일원화하고, 군인사관계법령 및 예규 등을 제정 또는 개정하여 군인사관리를 합리화하였으며, 군형법, 군법회의법을 개정하여 군 사법운영의 적정을 기함은 물론 병역법을 개정하여 병무행정을 개선하고 자수한 40여만 명에 달하는 병역의무불이행자의 병역을 정리하였다.

넷째, 장병들의 정신무장을 강화하기 위하여 저명인사들로 하여금 순회강연을 실시하였으며, 각 군부대에 앰프를 설치하고 군방송을 확대하여 전장병에게 군방송을 청취할 수 있게 하여 반공이념을 고취시켰다.

다섯째, 군수관리의 합리화를 위하여 상가에 범람한 군수품의 부정거래를 단속하는 한

【자매결연 사업활동 상황】

| 자매결연 | | | | 지 수 내 용 | | | | | | | | | |
군 별	활동기간	결연 부대 수	결연 부락 수	가축 (농우등)	농어 기구 (새끼틀 등)	가구 (라디오 재봉틀)	병원 약품	식료 의류	학용 품류	도서류	문화 활동 (영화, 청연회)	노력 지수 (연인원)	기 타 물 품
국방부	61. 11. 1 62. 12. 30	(국) 6	6	2	40	4	20		89	120			
육 군	〃	211	240	4,13 3	384	720	약간	477	7,878	15,661	(회) 275	47,884	428
해 군	62. 1. 5 63. 3. 6	20	24	71	39	5	〃	10	124	4,808	(회) 8	2,642	20
공 군	61. 10. 11 62. 10. 30	19	23	780	398	21	〃	79	3,260	4,505	(회) 36	3,242	
해 병	62. 1. 30 62. 12. 30	11	11	14	130	24	〃	62	57	330	(회) 6	19,720	

편 보급군기를 확립하였다. 또한 군급양향상을 위하여 사계의 권위자와 군관계관으로 구성되는 급양제도연구위원회를 설치하여 보급기준을 쇄신토록 하였으며, 한편 군장구 및 피복류를 국내생산토록 하여 군수산업을 육성시켰다.

여섯째, 군관민의 유대강화를 위하여 국방부 및 각 군부대가 지역주민과 자매결연을 맺게 하여 가축이나 농기구를 지원토록 하고 자매부락을 지도 육성하여 군관민의 상호이해를 증진시켰을 뿐만 아니라, 특히 군 본연의 임무수행에 저촉되지 않는 범위 내에서 농번기에는 군으로 하여금 농촌대민봉사를 하도록 하였고 한해 및 수해가 발생하면 군과 장비를 동원하여 복구사업을 돕게 하여 농촌사업에 크게 기여하였다.

일곱째, 경제개발 5개년계획 수행을 위한 군의 국토건설지원사업으로서 댐공사, 산업도로건설공사, 도로확장 및 포장공사 등에 병력과 장비를 투입 지원하여 많은 국가예산을 절약하였다.

이와 같은 국방정책의 정비와 개선으로 군이 모든 분야에 솔선하여 평화를 유지하고 국토통일을 이룩하기 위한 군관민이 합심 협력하는 강력한 국방력강화를 이룩해 나갔다.

_Ⅳ. 내무

혁명정부는 내무행정에도 역사적인 대개혁을 단행했다. 지방행정, 지방재정, 지방세, 선거, 지방자치단체의 감독, 치안, 소방 및 해양경찰에 이르기까지 내무행정 전반에 관해서 개혁정책을 수립하고 이를 시행하였다.

1962년 내무행정 기본목표

1. 관기를 생명으로 삼고 솔선수범 봉사의 정신을 확립한다.
2. 반공체제를 강화하여 국민의 반공태세를 공고히 한다.
3. 구악과 사회악을 발본색원하여 청신한 사회질서를 확립한다.
4. 지방자치의 기능을 강화여 자조, 협동, 근로의 정신을 진작함으로써 재건에 총진군한다.
5. 행정태세를 정비 강화하여 경제개발 5개년계획 완수에 책임을 다한다.

이에 따른 1962년도 주요목표로서

1. 지방행정수준의 획기적 발전
2. 행정상의 지방분권강화
3. 지방재정의 개선
4. 반공체제의 강화
5. 치안행정의 정비육성으로 명랑한 사회질서 확립
6. 민방공체제의 확립한다.

1963년 내무행정기본목표

1. 국민과 호흡을 같이 함으로써 행정의 민주화를 구현한다.
2. 대공방첩조직을 강화하여 간접침략을 분쇄한다.
3. 사회악을 계속 제거하여 명랑한 사회질서를 확립한다.
4. 지방자치의 기능을 강화하여 주민복지를 증진한다.
5. 지방개발계획을 적극 추진하여 경제개발 제2차연도 사업을 지원한다.

이에 따른 주요목표로서

1. 지방행정체제와 행정관리를 발전시킨다.
2. 지방재정제도를 합리적으로 개선하여 재정운영의 건전화를 기한다.
3. 간접침략을 분쇄하고 사회악을 계속 제거한다.
4. 예방경찰활동을 강화하여 국민의 생명 재산을 보호한다.
5. 민주경찰체제를 확립하고 경찰행정의 능률을 향상한다.

이상과 같은 내무행정기본목표와 주요목표에 의하여 추진한 혁명정부 2년간의 업적은 그 제도면에서나 운영면에서 비약적인 발전과 괄목할 만한 성과를 가져왔다.

우선 지방행정부문 중 제도 면에서 크게 개선된 것은 지방자치제에 관한 임시조치법에 따라 종래의 읍·면단위 자치제 폐지와 군郡의 기초적자치단체화로 금후 자치단체로 발전할 수 있는 기초를 마련하였으며, 또한 지방행정기구를 개편함으로써 지방에 분립 산재해 있던 특수지방관서의 교육, 농업, 수산업 등을 일반행정기관에 통합함으로써 지방행정기관은 명실상부한 종합행정기관으로서 그 동안 기관분립으로 인한 책임혼란과 재정의 낭비를 지양하고 책임행정을 수행할 수 있는 행정기구를 갖추게 되었다.

다음 국세원의 대폭 지방이양 등 세제개혁, 지방재정조정제도의 개선, 행정구역의 합리적인 재획정, 중앙관장사무의 지방이양 등 오랜 현안이었던 많은 어려운 과업들을 단행하였다.

─ V. 법제사법

혁명정부는 모든 영역에 걸쳐서 과감한 개혁을 단행했으므로 법제 면에 있어서도 국가재건비상조치법을 비롯하여 농어촌고리채정리법, 부정축재처리법, 특수범죄처벌에 관한 임시조치법, 반공법, 폭력행위 등 처벌에 관한 법률, 혁명재판소 및 혁명검찰부조직법, 정치정화법 등 혁명과업수행의 뒷받침이 될 여러 기본법과 이에 따르는 부수적인 신법령을 획기적으로 제정 내지 개정을 단행하였다.

건국 이래 국회는 국가의 번영과 국민의 복지는 외면한 채 권력투쟁과 정파싸움으로 일관해 왜정 및 미군 정하의 구법령으로서 아직도 효력을 갖고 있던 4백여 개의 법령을 그대로 방치상태에 두고 있었다. 혁명정부는 이와 같은 구각舊殼을 타파하고 이를 정리하기 위하여 구법령정비에관한특별조치법을 1961년 7월 15일자로 제정 공포한 동시에 법령정리위원회를 설치하고 구법령을 과감하게 정리한 바 과거 10여 년 동안 지지부진 끌어오던 동 정리사업이 1962년 1월 20일을 기하여 완전히 성공함으로써 건국 10년 만에 독립주권국가로서의 면모를 갖추게 되었고 민주주의법 질서를 수립하게 되었다.

법무행정에 있어서는 과거의 안이하고 미봉적인 업무처리 방향을 일소하고 법무행정 전반에 걸쳐 종합적이고 적극적인 준법정신을 확립하였다.

즉 침체된 일반법무행정의 혁신강화와 소년보호사업의 개선 확충을 목표로 법무기구를 개조하여 법무행정의 합리적이며 효율적인 운영과 관계당국으로부터의 법령자문의 신속 처리와 구법령의 정리 및 사회정의 실현을 위한 신법령의 기초, 재야법조인의 정화, 송무행정의 신속정확을 위한 관리, 그리고 소년원생에 대한 직업보도의 강화 및 시설화장에 주력을 하였다.

검찰행정은 과거 무사안일주의와 적당주의를 배격하고 정치적 도구로 이용되었던 과거의 오욕을 벗고 검찰본연의 긍지를 회복하기 위해 부정 무능검사를 정리하였다.

그리고 구정권 하에서 불법처리된 사건 841건을 적발하여 시정 처리하였으며, 갱생보호법을 제정하여 모든 갱생보호단체를 해산시켜 갱생보호사업의 획기적인 재출발의 터전을 구축하였다. 뿐만 아니라 군수물자에 관한 사건 및 부정수표단속법위반사건 등 중요국책에 위반되는 범죄를 발본색원하고 간첩 등 반국가적 범죄를 봉쇄하여 국가의 안전과 반공태세를 강화하였다.

교도행정은 교도작업특별회계법을 제정하여 재소자의 직업훈련에 완벽을 기함으로써 재소자의 교도와 국가세입도 증대시키는 등 획기적인 행형제도를 개선하였다. 또한 의약품 및 주요물품관리에 있어서도 철저한 관리제도를 확립시켜 재소자의 영양부족을 방지하였고, 수형자의 갱생 및 정서교육을 위한 규정을 제정하여 시행하였다.

_ VI. 종합경제개발계획

1. 민생고에 허덕이는 한국경제

1961년 5월 16일 군사혁명이 있었던 당시의 한국경제는 한마디로 말하여 절망과 기아선상에 있었고 직업을 찾아 가두를 헤매는 실업군과 농어촌은 아무리 일을 해도 고리채의 중압을 벗어나지 못하고 초근목피로 연명을 하고 있는가 하면 모든 중소기업체는 자금난 경영난으로 허덕이고 있었고, 국영기업체 역시 적자투성이인 이러한 현상이 당시 우리 국민경제의 실상이었다.

물론 이와 같이 비참하게 된 참상의 원인은 상당한 부분이 불가항력의 외적인 요인, 즉 거의 반세기 동안이나 일본식민지배 하에서 기형적인 경제구조를 강요 당한 데다 해방 후에는 국토가 반으로 갈라졌고 이어서 1950년 6월 25일 북괴의 남침으로 인한 3년여의 한국전쟁으로 그나마 모든 생산시설과 사회간접자본시설을 모두 잿더미로 만들고 밀었다.

한국전쟁의 여파는 여기에 그치지 않았다. 즉 막대한 피난민의 유입은 인구에 비해 자연자원이 부족한 저생산력으로 한국경제를 더욱 압박하였으며, 자본축적이 영세한 우리나라로서는 남북의 대치로 강요되는 국방비부담조차 외원에 의존할 수밖에 없었다. 그러나 위와 같은 한국경제가 갖고 있는 구조적인 어려움 이외에 혁명 이전 구정권의 실정을 지적하지 않을 수 없다.

해방 후 우리나라는 1960년까지 외국으로부터 약 30억 불의 원조를 받았다. 이와 같은 원조로 인해서 전쟁 후 우리나라는 비교적 빠른 시일 내에 전재로부터 복구하였고 1957년부터는 다시 경제발전을 지향할 수 있었다. 그러나 구정권은 이와 같은 절호의 기회를 경제발전을 위한 도약의 발판으로 활용하지 못하고 오히려 경제의 악순환만 거듭시켜 부흥단계의 성장을 지속시키지 못하고 1959년부터는 성장률의 둔화추세를 보이기 시작했다.

(1) 농업경제의 침체

침체와 악순환이 계속되고 있는 가운데 가장 타격이 심한 부문이 농림업 부문이다. 물론 농촌경제의 정체는 후진국경제가 가지는 구조적인 취약성에서 오는 것이라고는 하지만 정부의 시책결함에서 농촌경제의 정체를 가중시켰던 것이다.

첫째, 농산물가격정책의 결함 ; 농산물은 원래 수요의 탄력성이 적고 공급이 경직적인데다가 특히 우리나라에서는 지나친 영농규모의 영세성으로 추수기에 방매하고, 춘궁기에는 오히려 농가가 식량을 구득하여야 하는 처지에 있었다. 그럼에도 불구하고 구정권은 이를 보호는 하지 않고 곡물가격을 인플레 억제의 수단으로 사용하였으므로 결국 농민은 생산비도 안되는 가격으로 곡물을 방매하지 않을 수 없게 되었다. 또한 설상가상으로 식량의 절대부족량을 보전하고 국방비를 조달하기 위해 잉여농산물을 도입함으로 해서 농산물과 공산물의 협상가격차를 확대하였으니 결국 농촌소득의 감소와 농어촌에 고리채를 초래하게 하여 농민의 생산의욕 감퇴는 물론 공산물시장의 협애화狹隘化로 대부분의 생산시설을 유휴상태에 몰아넣고 말았다.

둘째, 농업 생산성의 저수준 ; 과거 농업 생산성 개선정책은 수리사업과 비료공급정책이 고작이었다. 그러나 수리사업자금이 대부분 정치자금이나 국회의원들의 선거기반을 닦는데 횡류되어 오히려 농민의 부담만 가중시켰으며, 비료정책 또한 적기에 충분한 비료를 공급하지 못하여 시비기회를 상실하였을 뿐만 아니라 금비에 너무 의존한 결과 토질의 산성화를 초래하였다. 또한 조림사방을 등한히 하고 산림의 도벌을 방치하여 해마다 홍수해가 발생하여 토지의 생산성이 저하되고 있었다.

또한 영농자금의 적기공급 불이행으로 농가소득이 더욱 영세해져서 농어촌으로 하여금 고리채에 의존하게 되어 결국 그 중압으로 농업의 정체는 필연적이 아닐 수 없었다. 뿐만 아니라 농촌에 있어서의 인습을 타파하지 못하고 있어 더욱 정체를 조장하고 말았다. 이리하여 농촌경제는 저생산력과 고리사채, 입도선매, 인습 등에 얽매여 헤어날 길이 없었던 것이다.

(2) 공업 부문의 정체

공업경제가 침체한 첫째 원인은 산업자금공급의 옹색이다.

첫째, 물가안정을 위해 통화량조절에 주안을 둔 재정안정계획은 정치적 요인에 의한 통화량의 증가를 감쇄시키기 위하여 산업자금공급을 제한함으로 해서 선량한 기업이 고리사채에 의존하지 않을 수 없었다.

둘째, 구정권의 공업정책은 대기업을 위주로 했기 때문에 산업자금융자 및 원조자금사용도 대기업에만 특혜를 주었기 때문에 중소기업은 모두 희생되고 말았다.

셋째, 투자기업의 선택에 있어 합리적인 투자기준이 없이 정실적인 투자가 이루어져 많은 부실기업체와 과잉시설상태를 초래하게 되었고, 공업구조 면에 있어서도 연관산업의 육성을 신중히 고려하지 않고 결국 원료의 대외의존도가 높은 소비재공업에 많이 편중되어 오히려 수입수요의 증대만 가져오게 되었다.

(3) 사회경제적인 부패

여기에 사회적 경제적 부패와 퇴폐풍조가 만연되어 더욱 경제를 어렵게 만들고 있었다. 첫째 밀수의 성행으로 국내산업을 압박하였고 외환의 부당유출과 사치풍조를 조성하였으며, 둘째는 방만한 기업운영으로 탈세와 이중장부가 일반화되어 있었고 국영기업체는 적자투성이로 오히려 자본을 잠식하고 있는 상태였다. 셋째로는 정치적인 부패와 정실에 의한 각종의 부정부패를 들수 있다.

2. 제1차 경제개발 5개년계획

이리하여 혁명정부는 먼저 단기적인 긴급경제시책으로서 경제활동에 활기를 불어넣는 한편 제도적으로 경제의 개혁을 단행하여 1961년 7월 장기적이고 종합적인 제1차 경제개발 5개년 계획을 발표하였다.

5개년계획의 기본목표는 모든 사회 경제적인 악순환을 시정하고 자립적 성장을 위한 공업화의 기반을 구축하는 데 두고 있었다.

(1) 경제개발 5개년계획의 의의

첫째, 정치적으로는 우리나라의 경제적 후진성을 극복하여 민생고를 해결하고 자립적 성장을 목표로 한다는 기본적인 정부시책을 제시한 것이다. 혁명정부는 "절망과 기아선상에서 허덕이는 민생고를 시급히 해결하고 국가자주경제재건에 총력을 경주한다"고 혁명공약에 제시한 바 있고, 이러한 공약을 실천하기 위하여 혁명정부의 기본경제시책에서 "자유로운 경제활동을 토대로 하는 동시에 경제적 후진성의 극복과 국민경제의 균형적 발전을 도모하기 위한 정부의 강력한 계획성을 가미하는 경제체제를 확립한다"고 명시하였다. 이것은 국민의 자유로운 경제활동과 민간 부문의 자발적인 경제활동을 적극 자극하되 국민경제의 자립적 성장을 목표로 정부가 이를 강력히 이끌어 나가기 위한 것을 의미한다.

둘째, 5개년계획은 과거의 경제적 부패를 일소하고 경제질서를 재확립하며 과거 어느 때와는 달리 긴급한 실천이 보장되고 있는 데 의의가 있었다. 과거 우리나라는 행정부의 부패와 무능력으로 한번도 장기 경제개발 계획을 실천해 보지도 못했을 뿐만 아니라 건전한 국민자본을 형성하지 못하고 귀중한 외원을 낭비하여 자립적 성장의 기반을 조성하지 못했다.

셋째, 국제적으로 우리나라도 다른 나라와 같이 종합적인 장기개발계획을 수립하고 실천하고 있다는 데 그 의의가 있다고 할 것이다.

(2) 경제개발 5개년계획의 기본방침

첫째, 자유경제체제를 원칙으로 하면서 강력한 계획성을 가미한 지도받는 자본주의경제체제를 채택하였다. 그리하여 민간인의 자유와 창의를 존중하는 자유기업의 원칙을 토대로 하여 기간산업과 그 밖의 중요사업에 대해서는 정부가 적극적으로 관여하거나 간접적으로 유도책을 써서 균형적인 성장을 도모하도록 하였다. 이 계획은 주로 공적부문을 중심으로 하고 있으며 민간부문에 대하여서는 자발적인 활동을 자극하도록 하는 것이다.

둘째, 우리나라 경제의 구조적인 특성을 고려하여 자립적 성장과 공업화의 기반을 구축하기 위해 다음 각 부문의 개발에 중점을 두었다.

① 전력 석탄 등 공업화의 원동력이 되는 에너지 자원의 확보
② 경제성장을 이끄는 데 주도적 역할을 해야 할 기간산업과 사회간접자본 확충
③ 국토를 보전 개발하기 위하여 국토건설사업을 계속 추진
④ 국제수지의 개선을 위하여 수출을 증대
⑤ 저생산력을 극복하기 위하여 기술을 증진

셋째, 이상과 같은 개발계획을 뒷받침하기 위하여 자연자원과 인적자원의 합리적인 결합으로써 자원을 효율적으로 이용하도록 하였다. 그리하여 국내자원을 최대한으로 동원하고 외화소요의 조달에 있어서는 외자도입에 중점을 두며 정부보유불은 사업목적을 위하여 계획적으로 사용하고 또한 국내 노동력을 최대한으로 활용하여 자본화를 기하도록 하는 한편 재정금융 면에서 안정을 유지하면서 성장목표를 달성하도록 하였다.

(3) 경제기획기구의 강화

국민경제의 급속한 성장을 달성하기 위한 종합장기경제시책으로서 경제기획기구를 대폭 강화하였다.

먼저 해방 이후 변천해온 기획기구를 간단히 살펴보면 1948년 정부수립 당시 국무총리 직속기관으로 기획처가 있어 경제위원회를 포괄하고 있었으나 경제계획기구로서 뚜렷한 활동을 하지 못했고, 휴전 후 1955년 전쟁의 복구를 위하여 기획처는 부흥부로 개편되어 외자청과 자문기관으로 부흥위원회를 가지고 있었다.

또한 외원관장을 위하여 합동경제위원회의 사무국과 외자관리실을 두었으며 1958년에 다시 지역사회개발위원회와 함께 장기계획을 위한 산업개발위원회를 두었다. 산업개발위원회에서는 자유당의 3개년계획과 민주당의 5개년계획을 작성 시도하였으나 각각 시행을 보지 못하고 5·16 군사혁명을 맞았다.

혁명정부는 1961년 5월 26일에 부흥부를 건설부로 개편하고 산업개발위원회를 종합기획국에 흡수시켰다. 건설부는 혁명전부터 입안하기 시작한 5개년계획안을 완성하여 혁명정부의 경제개발 5개년계획의 토대와 소지를 마련하였다. 이렇게 경제개발 5개년계획안을 본격적으로 작성하게 됨에 따라 강력한 계획기구로서 1961년 7월 22일 경제기획원이 발족되었다.

경제기획원은 건설부의 종합기획국과 물동계획국을 계승하였고 재무부의 예산국과 내무부의 통계국을 흡수하였으며 외청으로 국토건설청을 두었으며 동 10월 2일에는 외자도입국을 신설하였다. 그리고 1962년 6월 18일 기획국을 종합기획국, 1차산업국, 2차산업국, 3차산업국으로 대폭 확장 강화하였고, 외자도입국과 조정국을 합하여 경제협력국으로 그리고 기술관리과를 기술관리국으로 승격 확장하였다.

(4) 5개년계획 수립의 경위

5·16 군사혁명 이전에도 우리나라의 경제개발계획은 네이산 보고서의 5개년계획을

비롯하여 자유당정권의 3개년계획, 민주당정권의 5개년계획 등이 있었으나 정부의 부패와 무능으로 실천을 하지 못하고 있었다. 혁명정부는 국민생활의 시급한 개선을 위해 1961년 7월 최고회의에서 종합경제재건 계획안을 의결 공포하고 국민 일반으로부터 널리 건의와 비판을 참작하여 현실적으로 실행 가능한 5개년계획안을 1961년 7월에 발족한 경제기획원이 중심이 되어 약 2개월에 걸쳐서 다시 경제개발 5개년계획안을 작성하고 중앙경제위원회의 심의와 각 의의 조정을 거쳐 1961년 12월 말에 최고회의에서 이를 확정하였다.

(5) 주요경제시책

1) 혁명 직후의 주요경제사회정책

5개년계획을 수행하기 위하여서는 기초조건의 정비가 불가피함으로 정부는 일련의 과감한 경제사회개혁을 단행하였다.

가) 단기긴급시책

혁명정부는 농어촌고리채정리법을 제정하여 누년의 고리채를 일소하였고 생산비를 하회하던 농산물가격을 적정화하여 농가경제의 안정을 도모코자 농산물가격유지법을 제정하여 주요 농산물의 가격을 평준화하였다.

또한 수리조합합병에 관한 조치법을 제정하여 난립되었던 조합을 정리하였으며 농업은행과 농협을 통합하여 업무의 일원화를 실현하였으며, 또한 긴급한 실업문제의 해결책으로 도시 토목사업 등 공공사업을 실시하여 실업자에게 취업의 기회를 줌과 동시에 귀농정착사업을 추진하여 실농세대의 정착을 도왔다. 그리고 위축된 기업활동에 활력을 주입하기 위해 중소기업자금방출, 산업개발회전기금의 설치, 상업어음할인제도의 적극적 활용 등으로 재정금융의 원활한 공급에 기여 하였다.

나) 경제적 개혁

혁명정부는 앞에서 열거한 단기긴급시책과 아울러 순차적으로 장기개발계획을 뒷받침할 수 있도록 재정제도와 세제 등을 쇄신하였고 금융제도를 정비 강화하였는데 먼저 재정운영상개혁을 보면 전면적인 세제개혁을 통하여 간접세 체계로 옮기는 한편 인정과세의 폐단을 없애고 소비유형의 건전화를 기하였다. 또한 재정운영개선책의 일환으로는 국가기획제도의 창설과 성과주의 예산제도 및 기업회계예산제도를 택하였다. 다음 금융제도의 개선 면에서는 금융통화위원회를 비롯하여 은행감독부의 대폭적인 인사쇄신을 단행하는 한편 중소기업은행의 설립, 산은법의 개정으로 중소기업의 보호육성과 산은의 장기투자은행으로서의 면모를 갖추게 하였다. 그리고 막대한 국가재산을 낭비 유용하던 국영기업체를 독립채산제에 입각한 운영체제로 경영의 합리화를 기하였다.

다) 사회적 제도적 혁신

혁명정부는 경제적인 개혁과 아울러 국민생활의 쇄신, 특정외래품판매 단속, 폭력배 소탕, 교통질서의 확립 등 광범한 사회개혁을 추진하는 한편 사회정의를 재건하기 위하여 부정축재자의 엄단, 부정공무원의 처단, 상도덕의 앙양 등을 도모하였다. 이와 같은 과감한 사회적 혁신은 명랑하고 건강한 사회기풍을 진작하였고 앞으로 경제발전의 기반을 구축하게 되었다.

2) 1962년도의 주요경제시책

도약을 위한 경제적 사회적인 기초정비작업을 끝마친 혁명정부는 5개년계획 제1차연도를 맞이하여 다음과 같은 일연의 새로운 시책을 단행하였다.

가) 제1차연도 시행계획 수립

경제기획원은 관계부처의 협조를 얻어 3월에 각의를 거쳐 제1차연도 시행계획을 확정하였다. 그러나 그 후 긴급통화개혁조치와 그 사후대책 및 2차에 긍한 추경예산, 한발대책 등 급격한 제반여건 변동으로 시행계획을 다시 수정하여 9월에 확정시켰다.

나) 기술진흥 5개년계획의 수립

개발계획을 뒷받침할 필요한 인적자원의 확보와 기술수준향상의 기반조성을 위하여 3월에는 기술진흥 5개년계획을 수립하는 한편 기술협조센터를 설치하여 해외파건사의 예비훈련을 실시하였다.

다) 국민저축운동 전개

국민저축조합법의 제정과 더불어 계획수행에 소요되는 내자조달책의 일환으로 대대적인 국민저축운동을 벌리기 위해 지역별 또는 직장별 저축조합을 구성하였다.

라) 물가안정조치 강화

5개년사업 추진과정에서 예상되는 인플레에 대비하고 국민생활의 안정을 기하고자 1961년 11월에 공포된 「물가조절에관한임시조치법」을 적용 8월에 18개 품목의 가격을 1961년 5월 15일선으로 동결하였고, 10월에 그중 두류, 판유리 등 5개 품목을 해제함으로써 신축성 있게 물가를 조절하여 경제를 안정시켰다.

마) 통화개혁단행과 사후조치

국가재건최고회의는 6월 10일 악성인플레를 미연에 방지하고 음성자금을 산업자금으로 양성화하고자 통화개혁을 하기 위한 긴급통화조치법을 제정 공포하였다. 그러나 이는 취약한 경제체제에 충격을 주어 일시 경제순환을 마비시키는 결과를 초래하게 되어 정부는 「긴급통화조치법에의한봉쇄예금계정에대한특별조치법」과 「긴급융자의실시요령」 등의 사후조치를 강구하여 봉쇄된 예금계정을 전면 해제하고 경색된 자금사정을 완화하였다.

바) 단기 종합경제시책 수립

혁명정부는 동 8월 통화개혁에 따른 부작용제거와 한발피해의 저감을 위해 영세민을 위한 무상구호대책과 도시토목공사, 한해대책, 양곡수급책, 생산증강, 수출진흥, 금융대책 등 광범위한 당면 종합경제시책을 실시하였다.

사) 기타시책

울산에 공업센터를 설정하여 종합적인 공업중심지로서의 제반여건을 갖추어 부산물의 상호수요에 의한 연관공업이 파급되도록 하였으며, 또한 외자도입을 촉진시키기 위해 「차관에대한지불보증에관한법」과 「장기결제방식에의한자본재도입에관한특별조치법」 등을 제정 공포하여 국내기업체의 자력과 신용도의 빈약에서 오는 외자유치의 불리한 요인을 타개하였으며 현재 성행되고 있는 연지불방식에 의한 외자도입의 길을 열어놓았다.

3. 제1차 경제개발 5개년계획의 주요내용

(1) 총가용자원과 그 처분

총가용자원의 수요는 목표연도에 이르러서는 기준연도보다 34%가 증가되는데 이는 주로 투자수요가 기준연도에 비하여 136.9%가 늘어나는 데 기인한 것이다. 이러한 투자수요의 증가는 1955년~1959년 사이에 증가한 비율의 20% 상회하는 것으로서 목표성장률연평균 7.1%를 뒷받침하기 위해서였다.

【가용자원의 구성비】

단위: %

구분　　　연도별	1960	1962	1966
배　　　　　분			
투　자　수　요	11.7	17.3	20.7
민　　간	7.9	11.9	13.8
정　　부	3.8	5.3	6.9
소　비　수　요	88.3	82.7	79.3
민　　간	74.5	66.4	65.7
정　　부	13.8	16.3	13.6
총　　수　　요	100.0	100.0	100.0
원　　　　　천			
국 민 총 생 산	86.7	85.9	91.1
해 외 순 차 입	−0.0	3.0	2.6
원　　　　조	13.4	11.1	6.3
총　　공　　급	100.0	100.0	100.0

계획 초기에 있어서는 급증하는 투자소요로 말미암아 자원의 대외의존이 높았으나 제1차년도 후반기부터는 투자활동의 효과가 차츰 나타나게 되어 국민총생산의 누증에 비례하여 점감하게 된다. 그리하여 목표연도에 이르러서는 자원의 의존도가 8.9%로 저하하게 되었다.

자본투하 면에서 보면 한계자본계수가 계획 초기에는 높고 후기에는 낮은데 이는 비교적 회임기간이 길고 투자효과도 전산업에 미치게 되는 사회간접자본의 형성을 위한 자본투하가 계획의 초기연도에 집중되어 있기 때문이다.

또한 본 계획은 자립경제의 달성을 전제로 한 공업화기반 조성이라는 목적이 있었기 때문에 투자의 많은 부분이 자본집약적 부문에 배정되고 있었으나 한편 고용증대나 생산증가의 측면을 고려하여 자본집약적인 투자일변도를 피하였다.

한편 소비수요는 기준연도에 비하여 20.3%가 증가하며 계획기간 중 연평균으로는 4.7%의 증가를 나타내는데 이 가운데서 정부소비지출은 31.8%가 증가한다. 정부소비지출은 장기예산에 의한 재정수지예측으로 결정되는 것으로서 경제사회의 급속한 발전에 따라 정부활동의 확대가 요청되고 있기는 하나 본 계획에서는 최대한의 긴축을 전제로 하였다.

한편 민간소비지출은 계획기간 중 18.2% 연평균 4.5%의 증가를 계획하고 있어 계획기간 중 인구증가를 고려한다면 목표연도의 1인당 실질소비는 기준연도와 거의 동일한 수준을 유지하게 되는데 이는 지난 10년간 급격한 상승을 본 민간소비지출이 5개년계획기간 동안 거의 동일한 수준에서 억제되어야 한다는 사실은 한층 더 높은 국민의 자각과 내핍생활을 요청하고 있음을 알 수 있다.

(2) 경제성장과 산업구조

1) 경제성장

목표도의 국민총생산은 1961년 가격으로 3,269억 원으로 기준연도에 비하여 계획기간 중 40.7%가 증가하였다. 이와 같은 성장은 제1차연도의 5.7%로부터 목표연도의 8.3%에 이르기까지 해마다 누증하여 계획기간 중 연평균 7.1%의 성장을 이룩하게 된 것이다. 이와 같은 경제성장을 뒷받침하기 위해서는 무엇보다 투자의 증가가 필요하므로 매년 국민총생산액 중

【산업류별 성장률】

단위: %

산업별 연도별	전산업	1차산업	2차산업	3차산업
1960	2.3	1.7	4.8	1.8
1962	5.7	5.3	11.1	3.8
1963	6.4	5.5	13.0	4.2
1964	7.3	5.5	16.1	4.5
1965	7.8	5.7	16.5	4.9
1966	8.3	6.2	17.3	4.8
계획기간중	40.7	35.9	101.4	20.4
계획기간중평균	7.1	5.7	14.8	4.4

투자의 비율이 더욱 높아지며 목표연도의 총투자액은 기준연도에 비하여 137%가 증가하게 된다.

이것은 즉 재정투융자의 확대와 함께 민간소비지출의 합리화에 의하여 민간투자를 극대화 함을 말한다. 그러나 투자 중 외자의 비중이 크므로 투자지출 증가는 바로 소득증가로 나타나지 않고 공장건설이 완료되어 생산이 시작되어야 비로소 소득증가로 나타날 것이므로 초기의 급속한 성장은 기대할 수 없고 계획 후반기에 이르러 점증적으로 효과가 나타나게 될 것이다. 이와 같이 계획기간 중 연평균성장률 7.1%는 과거 1954년~1960년 기간 동안 연평균 성장률 4.7%나 동남아개발제국의 1953~1959년 사이연평균성장율 4.0%에 비하면 매우 높은 수준인 것이다.

2) 산업구조

산업구조에 있어서는 우리나라의 구조적인 특성을 고려하여 자립경제의 조성을 위한 공업화기반을 구축하고 산업구조의 파행성을 지양하기 위해 2차산업 부문의 생산을 계획기간 중 101.4%를 증가시켜 전체산업생산에 있어 주도적인 역할을 하도록 하고, 1차산업은 35.9%, 3차산업은 20.4%의 성장을 각각 계획하였다. 그리하여 국민총생산에서 차지하는 2차산업의 비중은 기준연도의 18.2%에서 목표연도에는 26.1%로 상승되고, 1차산업은 36.0%에서 34.8%로, 3차산업은 45.7%에서 39.1%로 변동이 된다.

【산업구조】

단위: %

연도별 \ 산업별	1차산업	2차산업	3차산업
1960	36.0	18.2	45.7
1962	37.1	19.4	43.5
1966	34.8	26.1	39.1

5개년계획기간 중 산업구조를 다시 산업별로 분석 해 보면 1차산업의 수산부문에 있어 기준년도의 1.1%에서 목표연도에는 1.3%로 높아지고 있지만, 농림업 부문에서는 기준연도의 34.9%에서 목표연도에는 34.8%로 비중이 낮아지고 있기 때문에 1차산업 전체로서는 목표연도에 가서는 결국 기준연도의 36.0%보다 1.2% 하락하여 농업이 산업구조에서 점하는 비중이 점차 감소되어 가고 있음을 보여준다.

우리나라 경제의 진로는 산업의 근대화를 통한 공업화에 있으므로 5개년계획의 중추적인 역할을 담당하게 되는 2차산업 부문에 있어서는 기준연도의 18.2%에서 목표연도의 26.1%로 산업의 비중이 크게 증대하게 되는 것이다. 그리고 광업, 제조업, 건설업이 차지하는 비율은 각각 기준연도의 2.0%, 12.7%, 3.6%에서 목표연도에는 3.1%, 17.5%, 5.4%로 상승함으로써 괄목할 만한 구조적 변동을 시현하게 된다.

【산업별 국민총생산의 구성비】

단위: %

산업별 / 연도별	1960	1962	1966
1 차 산 업	36.0	37.1	34.8
농 림 업	34.9	35.8	33.5
수 산 업	1.1	1.3	1.3
2 차 산 업	18.3	19.4	26.1
광 업	2.0	2.3	3.1
제 조 업	12.7	13.0	17.5
건 설 업	3.6	4.2	5.4
3 차 산 업	45.7	43.5	39.1
전 기	0.7	1.2	1.9
운 수 · 보 관	4.9	5.1	5.7
통 신	0.7	0.9	1.6
주 택	6.1	6.0	5.0
일반행정국방	8.3	7.5	5.7
기 타 서 비 스	25.0	22.7	19.2
합 계	100.0	100.0	100.0

다음 3차산업은 기준연도의 45.7%로부터 목표연도의 39.1%로 그 구성비가 저하되었는데 일반적으로 국민소득이 높고 경제수준이 향상된 나라는 3차산업의 비중이 크지만 우리나라에 있어서 3차산업이 큰 비중을 차지하고 있는 것은 선진국처럼 경제가 발달해서가 아니라 오히려 경제구조의 취약성으로 영세한 자본을 가진 위장실업자僞裝失業者내지 실업자失業者의 다수가 비생산적인 사업에 집중하고 있는 데서 일어나는 현상이라 할 수 있다.

따라서 이러한 현상은 바람직한 현상이 아니므로 본 계획에 있어서는 공업화에 주력은 하였으나 농업 부문에도 계속 발전시켜 결국 3차산업 부문이 감축되어갔다. 그러나 3차산업 중에서도 전력 부문은 석탄과 함께 에너지공급원으로서 산업발전의 기본이므로 투자에 우선순위를 두어 목표연도까지 294.8%의 획기적인 증산을 기했다.

이밖에 운수보관은 기준연도의 4.9%에서 목표연도 5.7%, 통신은 0.7%에서 1.6%로, 그 비중이 상승되었으나 일반행정, 국방 및 기타 서비스업은 모두 구성비가 하락하도록 책정하였다.

특히 5개년계획기간 중에 건설될 종합제철공장, 정유공장, 기계제작공장 등은 한국공업의 약진을 담보하게 될 것이며, 거대한 제3비료공장건설과 제4, 5비료공장건설 착수로 농업한국의 위치를 더욱 튼튼하게 하였다. 또한 울산종합공업지구의 건설은 종래 소비적인 산업구조로부터 생산적인 산업구조로 전환하는 데 다대한 중요성을 갖는다고 할 것이다.

(3) 인구, 노동력 및 고용

1) 인구

총인구는 기준연도의 2,470만 명에서 목표연도에는 계획기간 중 18.2%가 증가하여 2,920만명으로 추정하였다. 또한 우리나라의 인구밀도는 1960년에 1평방km당 254.1인인 데비하여 1955년은 218.6인으로서 35.5인의 증가를 보았다. 이것을 1959년의 각국의 인구밀도와 비교해 보면 한국은 세계 제7위이며 아세아에서는 자유중국의 285인 다음으로 251인인 일본보다는 많다. 또 국민 1인당 경작면적을 살펴보면 한국이 아세아에서 가장 낮다. 최근 도시 일부에서 의식적인 산아제한이 여행되고 있기는 하나 높은 실패율로 그 효과가 미미한 상태이므로 인구증가추세를 완화시키는 데는 많은 노력과 시간이 필요할 것으로 보았다.

2) 노동력

인적자원은 경제발전에 불가결한 요소의 하나로 때에 따라서는 이것이 경제의 확장적 발전의 계기가 되는 동시에 주도적 구실을 하기도 하지만 자본부족과 저생산성에 허덕이는

【노동력 공급】

연도별 구분	1960	1991	1962	1963	1964	1965	1966
노 동 력(천인)	10,394	10,668	10,931	11,184	11,423	11,658	11,868
총인구점비(%)	42.1	42.0	41.8	41.6	41.3	41.0	40.8
대전년율증비(%)	—	2.64	2.47	2.31	2.14	2.06	1.80

경제사회에 있어서는 경제의 발전을 도리어 저해하는 커다란 부담이 되기도 한다. 이 부담의 경감에는 양면적 수단이 있는데 그 하나는 노동력 수요를 창출함으로써 상대적으로 많은 부분 을 흡수하는 방법과 그 공급 면에서 이를 조절하는 방법이다. 본 계획에서도 양면적 접근을 시도하였으나 전자에 중점을 두었다.

3) 고용

고용은 투자증가에 따라 자연히 증가할 것이지만 계획기간 중 투하자본의 효율적인 사용과 노동집약적인 국토건설사업의 추진으로 인구증가율보다는 높은 고용증가율을 가져오게 된다.

【인구 및 고용】

단위 : 천인

연도별 / 구분	총인구		고용인구		실업인구	실업률 (%)
	수	증가율 (%)	수	증가율 (%)		
1960	24,694	2.88	7,877	—	2,517	24.2
1962	26,136	2.88	8,497	5.78	2,434	22.3
1966	29,185	2.74	10,111	4.83	1,757	14.8
계획기간중 증감(△)	3,780	18.2	2,078	28.4	△878	20.4

(4) 국민총지출

민간소비지출과 정부소비지출은 목표연도에 있어서 기준연도에 비하여 각각 18.2%와 31.8%의 증가를 보이게 되어 투자지출 136.9%의 증가를 가져왔으나 국민총생산 40.7%의 증가에 비하면 훨씬 약세를 나타내게 된다. 그리하여 국민총생산에 대한 소비지출의 비율은 기준연도의 101.9%에서 87.0%로 크게 감소한다. 이와 같은 소비지출의 점감경향은 누증하는 인구증가와 정치활동의 확대 그리고 고용의 증가에 따르는 소비성향의 제고 등 여러 가지 상승요인이 있음에도 불구하고 계획기간 중의 가계의 평균소비성향이 감소하기 때문이다.

다음은 국민총생산에 대한 민간소비지출, 정부소비지출, 국내총자본형성에 대하여 연차별로 고찰해 보기로 한다.

먼저 민간소비지출의 비중은 기준연도의 81.5%로부터 제1차연도에는 77.3%로 4.5% 감소하며 제2차연도에는 74.8%, 제3차연도에는 72.8%, 제4차연도에는 72.2%, 목표연도에는 72.1%로 점감하여 결국 계획기간 중 13.8%로 대폭 감소된다. 한편 민간소비지출은 기준연도의 1,995억1,000만 원으로부터 제1차연도에는 1,896.5억 원으로 그리고 최종연도에는 2,357억 6,000만 원으로 증가하여 기준연도보다 18.2% 증가한다. 그리하여 계획기간 중 민간소비지출은 18.2% 증가함에 반하여 민간소비지출이 국민총생산에서 점하는 비율은 13.8%가 감소된다.

일반정부소비지출이 국민총생산에서 점하는 비중은 기준연도의 16.0%로부터 제1차연도에는 19.0%, 제2차연도에는 17.9%, 제3차연도에는 16.9%, 제4차연도에는 15.8%, 목표연도에는 14.9%로 계획 되어 제1차연도에는 기준연도의 16%보다 3%나 급증하나 제1차연도를 고비로 제2차연도부터는 점차 감소하여 제4차연도에는 15.8%까지 감소하여 기준연도수준을 하락하게 되며 목표연도에는 14.9%까지 하락하여 기준연도에 비하여 합계 1.1% 감소하게 된다. 이것은 계획기간중 초기투자수요의 급격한 팽창을 의미한다.

한편 정부소비지출은 기준연도의 370.6억 원으로부터 제1차연도에는 465.8억 원, 제2차연도에는 467.6억 원, 제3차연도에는 472.4억 원, 제4차연도에는 478.3억 원, 목표연도에는 488.5억 원으로 증가하여 기준연도보다 31.8%가 증가하게 된다. 정부소비지출이 국민총생산에서 점하는 비중은 계획기간중 1.1%가 하락하는 반면 정부소비지출은 동기간에 31.8%가 증가하게 된다.

다음은 국민총자본형성이 국민총생산에서 점하는 비중은 기준연도의 13.5%로부터 제1차연도에는 20.1%, 제2차연도에는 23.0%, 제3차연도에는 24.1%, 제4차연도에는 23.3%, 목표연도에는 22.7%로 되는데 이렇듯 투자율이 계획기간중 제3차연도를 고비로 다시 하락하는 경향은 앞에서 설명한 바와 같으나 기준연도의 13.5%로부터 목표연도에 가서 22.7%로 증가하기 때문에 결국 계획기간 중 9.2%의 높은 증가율을 보여 주고 있다.

국내총자본형성은 기준연도의 313.9억 원으로부터 제1차연도에는 493.1억 원, 제2차연도에는 599.8억 원, 제3차연도에는 673.7억 원, 제4차연도에는 704.3억 원, 목표연도에는 743.6억 원으로 급증하여 계획기간 중 136.9%로 증가하게 된다. 국내총자산형성 중 고정자본형성이 국민총생산에서 점히는 비중은 기준연도의 12.9%로부터 제1차연도에는 17.2%, 제2차연도에는 20.9%, 제3차연도에는 21.6%, 제4차연도에는 20.0%, 목표연도에는 20.6%로 증가하게 되어 상기 국내총자본 형성이 국민총생산에서 점하는 비중의 증가추세를 그대로 반영하고 있다.

그리하여 고정자본 형성의 국민총생산에서의 비중은 계획기간 중 7.7%가 증가하게 된다. 한편 고정자본 형성은 기준연도의 300.7억 원으로부터 제1차연도에는 422.1억 원, 제2차연도에는 545.5억 원, 제3차연도에는 604.6억 원, 제4차연도에는 603.0억 원, 목표연도에는

673.0억 원으로 급격히 증가한다.

　　5개년계획기간 중 제4차연도에 가서 전년비 0.3% 고정자본형성이 감소하는 것을 제외하고는 제1차연도의 기준연도비 43.9% 증가를 정점으로 제2차연도에는 29.2%, 목표연도에는 11.6%로 각각 급증한다. 그리하여 계획기간 중 고정자본형성은 기준연도보다 123.8%로 증가하게 된다.

　　국내자본형성 중 재고증가가 국민총생산에서 점하는 비중은 기준연도의 0.6%로부터 제1차연도에는 2.9%, 제2차연도에는 2.1%, 제3차연도에는 2.5%, 제4차연도에는 3.4%, 목표연도에는 2.2%로 증가한다. 재고증가는 기준연도의 13.2억 원으로부터 제1차연도에는 71.0억 원, 제2차연도에는 54.3억 원, 제3차연도에는 69.1억 원, 제4차연도에는 101.3억 원, 목표연도에는 70.6억 원으로 증가한다. 재고증가 역시 제4차연도까지 급격한 상승추세를 보이나 목표연도는 약간 감소한다.

【국민총생산에 대한 지출】

(1961년 가격)

단위: 억원

구분 \ 연도별	기준연도 (1960) A		공백연도 (1961)		제1차연도 (1962)		제2차연도 (1963)	
	금액 (A)	구성비	금 액	구성비	금 액	구성비	금 액	구성비
민 간 소 비 지 출	1,995.1	85.9	1,891.7	81.5	1,896.5	77.3	1,951.9	74.8
(대 전 년 증 가 비)	—	—	(-5.2)	—	(0.3)	—	(2.9)	—
일 반 정 부 소 비 지 출	370.6	16.0	369.3	15.9	465.8	19.0	467.6	17.9
(대 전 년 증 가 비)	—	—	(-0.4)	—	(26.1)	—	(0.4)	—
국 내 총 자 본 형 성	313.9	13.5	341.0	14.7	493.1	20.1	599.8	23.0
(대 전 년 증 가 비)	—	—	(-8.6)	—	(44.6)	—	(21.6)	—
고 정 자 본 형 성	300.7	12.9	293.4	12.6	422.1	17.2	545.5	20.9
(대 전 년 증 가 비)	—	—	(-2.4)	—	(43.9)	—	(29.2)	—
재 고 증 가	13.2	0.6	47.6	2.1	71.0	2.9	54.3	2.1
(대 전 년 증 가 비)	—	—	(260.6)	—	(49.2)	—	(-23.5)	—
재 화 및 용 역 의 수 출	134.2	5.8	164.7	7.1	227.4	9.3	258.8	9.9
(대 전 년 증 가 비)	—	—	(22.7)	—	(38.1)	—	(13.8)	—
(공제)재화 및 용역의 수입	491.1	-21.1	446.3	-19.2	630.1	-25.7	668.4	-25.6
(대 전 년 증 가 비)	—	—	(-9.1)	—	(41.2)	—	(6.1)	—
국민총생산에 대한지출	2,322.7	100.0	2,320.3	100.0	2,452.7	100.0	2,609.7	100.0

구분 \ 연도별	제3차연도 (1964)		제4차연도 (1965)		목표연도 (1966) B		B/A
	금액	구성비	금액	구성비	금액	구성비	
민 간 소 비 지 출	2,039.0	72.8	2,178.0	72.2	2,357.6	72.1	118.2
(대 전 년 증 가 비)	(4.5)	—	(6.8)	—	(8.2)	—	—
일 반 정 부 소 비 지 출	472.4	16.9	478.3	15.8	488.5	14.9	131.8
(대 전 년 증 가 비)	(1.0)	—	(1.2)	—	(2.1)	—	—
국 내 총 자 본 형 성	673.7	24.1	704.3	23.3	743.6	22.7	236.9
(대 전 년 증 가 비)	(12.3)	—	(4.5)	—	(5.6)	—	—
고 정 자 본 형 성	604.6	21.6	603.0	20.0	673.0	20.6	223.8
(대 전 년 증 가 비)	(10.8)	—	(-0.3)	—	(11.6)	—	—
재 고 증 가	69.1	2.5	101.3	3.4	70.6	2.2	534.8
(대 전 년 증 가 비)	(27.3)	—	(46.6)	—	(-30.3)	—	—
재 화 및 용 역 의 수 출	294.1	10.5	341.8	11.3	378.6	11.6	282.1
(대 전 년 증 가 비)	(13.6)	—	(16.2)	—	(10.8)	—	—
(공제)재화 및 용역의 수입	679.0	-24.2	683.8	-22.7	699.2	-21.4	142.4
(대 전 년 증 가 비)	(1.6)	—	(0.7)	—	(2.3)	—	—
국민총생산에대한지출	2,800.2	100.0	3,018.6	100.0	3,269.1	100.0	140.7

이와 같이 5개년계획은 방대한 투자자원의 조달이 요청되는 바 이를 지원하기 위하여 총투자중 내자가 72.2%에 해당하는 2,326억 원으로 계획되어 있었으며 내자조달의 방법으로서는 재정과 금융 양면에서 조세, 국유재산매각, 저축, 증권시장 등 여러 방법이 강구되고 있었으나 이러한 내자조달의 제방안은 모두 국민총지출에서 계획되고 있는 바와 같은 민간소비의 대폭적인 억제에 의하여 뒷받침되고 있음은 두말할 나위도 없다. 따라서 민간소비지출의 억제와 재화 및 용역의 적극적인 수출증대야말로 5개년계획의 방대한 투자소요를 충족하는 가장 건전한 방편이라 할 수 있을 것이다.

(5) 분배국민소득

계획기간 중 생산의 증가에 따라 국민소득도 상승하게 되어 1961년의 2,042.9억 원에서 목표연도에는 2,723억 원으로 증가하게 된다. 분배국민소득구조의 변화를 보면 특히 피고용자보수와 법인저축의 증가가 뚜렷한 것은 이는 고용의 증가와 그 구조의 근대화 그리고 기업의 법인화라고 할 수 있다.

기준연도에 있어서 피고용자보수와 법인저축은 각각 38.5% 및 1.4%에서 목표연도에는 39.0%와 3.6%로 증가하는 반면에 비법인 업주소득 및 재산소득은 점차 감소하여 그 구성비는 기준연도의 59.8%에서 목표연도에는 54.4%로 저하한다. 다만 피고용자보수의 증가는 신규고용에 그 원인이 있으므로 이것은 저소득층을 확대하여 왕성한 구매력으로 나타나 유효수요의 충족에는 기여를 하지만 이러한 경우에는 가계의 소비성향이 초과할 우려가 많으므로 범국민운동을 통한 소비양태의 개혁이 요망되기도 한다.

【분배국민소득】

(1961년 가격)

단위: 억원

구분 \ 연도별	기준연도 (1960)		공백연도 (1961)		제1차연도 (1962)		제2차연도 (1963)	
	금액(A)	구성비	금 액	구성비	금 액	구성비	금 액	구성비
피 용 자 보 수	688.5	38.5	817.2	40.0	892.2	42.3	931.0	42.0
비법인기업체 및 재산소득	1,068.5	59.8	1,181.5	57.8	1,124.9	53.4	1,178.0	53.7
법 인 저 축	24.5	1.4	27.3	1.3	48.0	2.3	56.0	2.5
법 인 세	9.2	0.5	9.1	0.4	12.0	0.6	14.0	0.6
일반정부의재산 및 기업소득	16.5	0.9	25.0	1.2	45.1	2.1	50.7	2.3
(공제) 공 채 이 자	5.5	-0.3	6.6	-0.3	6.7	-0.3	7.0	-0.3
(공제) 소 비 자 부 채 이 획	13.58	-0.8	10.6	-0.5	7.8	-0.4	7.5	-0.3
국 민 소 득	1,788.2	100.0	2,042.9	100.0	2,107.7	100.0	2,215.2	100.0

구분 \ 연도별	제3자연도 (1964)		제4자연도 (1965)		목표연도 (1966)		B/A (%)
	금액(A)	구성비	금 액	구성비	금 액	구성비	
피 용 자 보 수	967.3	41.0	1,012.7	40.2	1,061.6	39.0	129.9
비법인기업체 및 재산소득	1,258.2	53.4	1,353.1	53.7	1,480.0	54.4	125.3
법 인 저 축	70.0	3.0	84.0	3.3	98.0	3.6	359.0
법 인 세	17.5	0.7	21.0	0.8	24.5	0.9	269.2
일반정부의 재산 및 기업소득	61.3	2.6	70.0	2.8	77.0	2.8	308.0
(공제) 공 채 이 자	9.7	-0.4	11.5	-0.5	13.5	-0.5	204.5
(공제) 소 비 자 부 채 이 자	7.5	-0.3	7.3	-0.3	7.3	-0.3	68.9
국 민 소 득	2,357.0	100.0	2,522.0	100.0	2,720.3	100.0	132.2

계획기간 중 고용의 증가와 그 구조의 근대화에 따라 피고용자 보수는 기준연도의 688.5억 원으로부터 제1차년도에는 892.2억 원, 제2차연도에는 931.0억 원, 제3차년도에는 967.3억 원, 제4차연도에는 1,012.7억 원, 목표연도에는 1,061.6억 원으로 각각 증가하여 목표연도에는 기준연도보다 29.9%가 증가하게 된다. 분배국민소득 중에서 피고용자보수가 점하는 비중은 기준연도의 38.5%로부터 제1차연도에는 42.3%, 제2차연도에는 42.0%, 제3차연도에는 41.0%, 제4차연도에는 40.2%, 목표연도에는 39.0%로 각각 증가한다. 피고용자보수의 비중은 제1차연도의 42.3%를 고비로 하여 점차 하락하는 경향을 띠고 있어 목표연도에는 39.0%로 떨어져 피고용자보수는 계획기간 중 3.3%로 감소하게 된다.

법인저축은 계획기간 중 259.0% 증가하는데 기준연도의 24.5억 원으로부터 제1차연도에는 48.0억 원, 제2차연도에는 56.0억 원, 제3차연도에는 70.0억 원, 제4차연도에는 84.0억 원, 목표연도에는 98.0억 원으로 각각 급격히 증가한다. 법인저축이 분배국민소득 중에서 점하는 비중은 기준연도의 1.4%로부터 제1차연도에는 2.3%, 제2차연도에는 2.5%, 제3차연도에는 3.0%, 제4차연도에는 3.3%, 목표연도에는 3.6%로 각각 크게 증가하게 된다.

소비자 부채이자는 계획기간 중 크게 감소되는데 기준연도의 13.5억 원으로부터 제1차연도에는 7.8억 원, 제2차연도에는 7.5억 원, 제3차연도에는 7.5억 원, 제4차연도에는 7.3억원, 목표연도에는 7.3억 원으로 각각 감소한다. 국민저축은 기준연도의 1,788.2억 원으로부터 제1차연도에는 2,107.2억 원, 제2차연도에는 2,215.2억 원, 제3차연도에는 2,357.0억 원, 제4차연도에는 2,522.0억 원, 목표연도에는 2,702.3억 원으로 각각 증가한다.

그리하여 목표연도의 국민소득은 기준연도의 그것보다 33.2%로 급증하게 괸다. 다시 말해서 고용증가에 의한 저소득층의 소득증대는 즉시로 유효수요로 나타나게 될 것인 바 상품공급이 그 수요를 충족하는 범위에서 가계의 소비성향을 선도할 필요가 있게 된다.

(6) 투자계획

국민총생산의 성장목표를 달성하기 위하여 계획기간 중 정부가 34.8%, 민간투자로 66.2% 도합 3,214.5억 원의 총투자규모를 책정하고 있다. 이 가운데서 48.8%에 달하는 1,567.9억 원이 전기, 운수, 통신, 주택 및 기타 서비스사업을 포함한 제3차 산업에 투입되며 광공업 및 건설업 등의 제2차산업에는 34%에 해당하는 1,092.2억 원, 그리고 나머지 17.2%인 554.4억 원이 농림 축산업 등의 제1차산업에 각각 투자된다.

이와 같은 총투자의 규모를 연차별로 보면 투자가 성장률의 연차적 체증을 위하여 계속 증대되고 있으며 제1차연도의 투자는 전년도에 비하여 44.7% 증가되고 제2차연도에는 21.6%, 제3차연도에는 12.3%, 제4차연도에는 4.5%, 목표연도에 가서는 5.6%가 각각 증가된다.

【계획기간 중 투자계획】

단위: 억원

산업별	총투자액	구성비(%)	산업별	총투자액	구성비(%)
농 림 수 산 업	554.4	17.2	전 기 업	376.7	11.7
광 업	181.7	5.6	건 설 업	16.1	0.5
석 탄	130.7	—	운 수 업	394.7	12.3
철 광	13.5	—	통 신 업	108.2	3.3
중 석	10.2	—	주 택	398.3	12.3
기 타	27.3	—	기타서비스업	290.0	9.3
제 조 업	894.4	27.8	교 육	133.1	—
운 송 차 량	131.5	—	보건사회복지	11.5	—
비 료	128.9	—	수 도	31.8	—
식료 · 철강	81.2	—	기 타	113.6	—
철 강	73.8	—			
시 멘 트	43.9	—			
정 유	42.7	—			
기 타	392.4	—	합 계	3,214.5	100.0

　이러한 투자증가율의 체감추세는 기간산업을 건설하고 사회간접자본을 형성하기 위한 투자가 계획전반기에 집중되어 있기 때문이다. 즉 1953~1959년간의 산업별 자본형성구성은 제3차 산업이 70.2%, 제2차 산업이 17.4%, 제1차 산업이 11.9%인 데 비하여 계획기간 중의 산업별 투자구성은 종전의 제3차산업의 높은 투자를 억제하는 대신 제1차 및 제2차 산업의 투자를 상대적으로 높이고 있는 것이다.

　물론 계획기간 중에도 전력, 운수, 통신 등이 수신 부문을 내포하고 있는 제3차 산업의 비중이 가장 높기는 하지만 70.2%에 비하면 약 30%나 감축되는 것이다. 제1차 산업은 17.2%로 종전의 11.9%에 비하면 약간 높기는 하나 개간, 간척, 농지개량, 축산, 잠업 등 농업생산성

【산업별 투자 구성비】

연도별 　　　　산업별	제1차 산업	제2차 산업	제3차 산업
1960	2.1	34.1	63.8
1962	19.3	30.3	50.4
1966	16.2	35.1	48.3
계획기간 중	17.2	34.0	48.8

의 제고를 위한 사업확대에 기인한 것이고 제2차산업은 종전의 17.4%로부터 34%로 대폭 증가하여 배로 급증하게 된다.

자립경제 확립의 기반조성을 목표로 하는 본 5개년계획은 제조업부문에 있어서 시멘트, 비료, 철강, 정유 등 기초산업시설의 확충 강화에 집중적으로 투자를 하도록 계획하고 있기 때문이다. 이를 금액으로 표시하면 제조업 부문 투자계획 중 철강산업에는 73.8억 원, 비료산업에는 128.9억 원, 시멘트 공업에는 43.9억 원, 정유공업에는 42.7억 원, 운송차량공업에는 131.5억 원, 식료 섬유공업에는 81.2억 원 기타에 394.4억 원이 투자됨으로써 5개년계획이 시도하고 있는 공업화의 목표가 그대로 반영되고 있는 것이다.

【자본형성의 구성비】

단위: %

구분 연도별	투자주체별		원천별		내외자별	
	정부	민간	정부	민간	내자	외자
1960	32.8	67.2	47.3	52.7	68.5	31.5
1962	30.6	69.4	58.3	41.7	75.4	24.6
1963	37.9	62.1	58.3	41.7	65.3	34.7
1964	38.2	61.8	56.7	43.3	67.0	33.0
1965	33.0	67.0	52.5	47.5	77.0	23.0
1966	34.0	66.0	53.4	46.6	74.9	25.1
계획기간중	34.8	65.2	55.6	44.4	72.2	27.8

자본형성의 내외자별 구성비는 계획기간 중 내자가 72.2%인 데 비하여 외자가 27.8%로 되어있다. 그러나 소요외자 중 약 33%가 우리나라 보유외화로 조달하게 되므로 이를 제외한 순외부재원의존은 약 18.5%에 지나지 않는다. 투자에 소요되는 외화의 수급을 살펴보면 제1차연도의 92백만 불에서 목표연도에는 138백만 불에 달하며 계획기간 중 총소요액은 약 7억 불에 달한다. 이와 같은 투자외화 소요액은 외국차관 및 기타가 약 62%, 정부보유불에 의한 것이 약 33%, ICA 및 AID/DG 등 기타원조로 5%를 각각 조달하게 된다.

(7) 산업정책

1) 제1차 산업

제1차 경제개발 5개년계획의 기본목표는 자립경제 달성을 위한 기반을 구축하는 데 있었기 때문에 경제발전의 기초가 되는 전력, 석탄 등 에너지자원, 농림수산 그리고 기간산업 및 사회간접자본 등으로 선정하여 이 부문에 계획의 중점을 두었다.

여기에서 특히 농림수산업을 개발전략 부문으로 중시한 것은 당시 국민의 60%가 농어촌인구이고 국민총생산의 40%가 농어업이 차지하고 있는 현실을 감안한 것일 뿐만 아니라 농어업은 증대일로에 있는 식량과 공업원료의 수요를 충족하고 농가소득향상에 의한 국민경제의 불균형을 시정함이 장기적인 목표인 자립경제 달성의 첩경이 되기 때문인 것이다.

가) 당시 우리나라의 농림수산업의 현황:

농업생산의 물적 기초가 되는 경지耕地는 국토총면적 993만 정보의 20.5%인 204만 정보(1960년말 현재)에 불과했다. 한편 농업취업인구가 전산업취업인구의 70%를 차지하면서도 농산물의 국내공급력이 취약하여 식량과 공업원료농산물을 외국에 의존해야 하고 국민의 60%에 해당하는 농어촌인구의 소득수준은 극히 낮다.

생산구조는 미맥재배米麥栽培에 편중된 단작농업單作農業이며 그 경영규모가 극히 영세하여 가족노동에 의한 생계농업이 지배적이었다. 농가호당 평균경지면적은 8.7 단보이며 전 농가호수 203만 호의 43%가 5단보 미만의 영세농이다. 현재의 경지면적 확대율은 농업인구의 증가율보다 낮기 때문에 1인당 경지면적은 매년 축소되어 농가경영의 영세화를 가중하고 있다.

이러한 생산 및 경영구조 하에 매년 증가하는 인구는 그 배출구를 찾을 길이 없어 잠재실업 내지 계절적 실업으로 농촌은 저위고용상태에 있는 것이다. 또한 생산의 기업화나 합리화를 이룩하지 못하고 영농지식과 기술의 보급이 침체하여 자연조건에 크게 영향을 받고 있어 농업은 과소생산으로 인해 타산업에 비해 아주 불리한 교역조건을 가지고 있다.

임야林野는 국토면적의 70%를 점하고 있으나 임산자원은 극히 빈약하여 정보당 임목축적량은 9.5입방미터에 불과하며 미성임지 및 여지가 총임야면적 680만 정보의 40%인 270만 정보나 된다. 영급별齡級別임야축적도 또한 그 대부분이 유년급이기 때문에 현재 자원으로서의 이용가치가 극히 적은 것이다.

수산업水産業은 3면이 바다로 싸여 근해에는 난류와 한류가 교차하고 수심 200m에는 도처에 대륙붕이 깔려 있어 천혜적으로 수산업발전에 호조건을 가지고 있음에도 불구하고 어획고는 연간 약 40만 톤에 불과했다. 이는 기술과 도구 및 시설이 개량되지 못하여 아직도 대부분 원시적 어뢰방법에 의하고 있기 때문인 것이다.

【주요산업별 투자계획과 효과】

사업별 구분	생산단위	산출계획량	착공년	완성년	계획기간중 소요자금		비고
					외자(천불)	원화(백만원)	
개 간 사 업	정보	전 87,040 답 21,760	1962	1966	—	3,931.4	
시 험 지 도 사 업	—	—	1962	1966	700	2,450	
수 리 사 업	정보	목리면적 43,933	1962	1964	—	2,530.5	
목포·영산강 유역 간척 사업	정보	간 척 7,490 관개배수개선 3,000	1964	계속	8,570	889.2	3단계 공사중영산만지구 제1단계공사분
섬진동진강유역 관 개 간 척 사 업	정보	간 척 지 3,870 관개개선 4,800	1963	1966	235	1,689.5	
남강댐 및 방수로	정보	10,000	1962	1966	900	1,453.0	홍수피해방지
치 수 사 업	km	하천개선 567	1962	1966		2,260.0	
조 림 사 업	정보	611,244	1962	계속	—	2,165.7	
사 방 사 업	정보	213,265	1962	계속	—	2,044.5	
목 야 조 성	정보	10,000	1962	1966	—	205.6	
유 우 도 입	두	5,000	1962	1966	2,500	-	
잠 견	천관	10,350	1962	1966	—	3,313.4	잠업에소요되는투자금액임
어 선 건 조	둔	24,460	1962	1966	6,757	653.1	

나) 농림수산업 계획 목표

농림수산업이 산업발전의 토대가 되기 위해서는 농림수산업 개발정책을 강구하지 않으면 안된다. 따라서 제1차 산업부문계획의 기본목표는 생산력과 소득수준의 향상을 위한 기반조성에 있고 시책의 중점을 첫째, 식량자급도의 제고, 둘째, 영농의 다각화와 농가소득의 증진, 셋째, 국토보전과 산림자원의 확보, 넷째, 수자원의 개발과 어업경영의 합리화를 기하는 데 두었다. 이리하여 제1차 산업 부문의 주요사업과 예측성장내용을 보면 다음표와 같다.

【농림수산업부문 부가가치 및 동구성비】

(1961년 가격)

단위: 1억원

연도별 구분	기준연도 (1960) 부가가치 (A)	구성비	공백연도 (1961) 부가가치 (B)	구성비	제1차연도 (1962) 부가가치	구성비	제2차연도 (1963) 부가가치	구성비	제3차연도 (1964) 부가가치	구성비	제4차연도 (1965) 부가가치	구성비	제5차연도 (1966) 부가가치 (C)	구성비	C/A (%)	C/B (%)
농 림 업	811.7	96.9	836.7	96.8	879.0	96.6	926.9	96.5	977.6	96.4	1,032.8	96.4	1,095.8	96.3	135.0	131.0
재 배 업	643.3	76.8	676.7	78.3	701.8	77.1	738.5	76.8	776.4	76.6	816.4	76.2	861.2	75.7	133.9	127.3
축산 및 잠업	97.3	11.6	90.1	10.4	105.1	11.6	114.7	11.9	125.5	12.4	138.9	12.9	155.0	13.6	159.3	172.0
임 업	38.2	4.6	37.0	4.3	38.1	4.2	39.2	4.1	40.3	3.9	41.5	3.9	42.6	3.7	111.6	115.1
농가부업 및 기타	32.9	3.9	32.9	3.8	34.0	3.7	34.5	3.7	35.4	3.5	36.3	3.4	37.0	3.3	112.5	112.5
수 산 업	25.5	3.1	27.7	3.2	31.0	3.4	33.5	3.5	36.1	3.6	38.8	3.6	41.9	3.7	164.3	151.3
합 계	837.2	100.0	864.4	100.0	910.0	100.0	960.4	100.0	1,013.7	100.0	1,071.6	100.0	1,137.7	100.0	135.9	131.6

다) 계획의 내용

㉠ 농림업

제1차 산업부문 부가가치 성장목표는 기준연도에 비하여 목표연도에는 35.9% 증가한 1,138억 원으로 추정하였다. 이는 연평균 5.6%의 성장에 해당한다. 1차 산업 중 농림업의 성장은 연평균 5.5%로 계획하여 목표연도의 부가가치는 1961년 불변가격으로 1.096억 원이 될 것인 바 이는 기준연도의 812억 원에 비하여 약 35%의 성장을 계획한 것이다. 농업내부의 생산구조의 불균형에서 오는 농업발전의 침체성을 점차적으로 해소하기 위하여 계획기간중 업종별 생산구성비는 다음 표와 같다.

【농림부문 부가가치의 구성표】

연도별 구분	기준연도 (1960)	제1차연도 (1962)	제2차연도 (1963)	제3차연도 (1964)	제4차연도 (1965)	목표연도 (1966)
재 배 업	79.3%	79.8%	79.9%	79.5%	79.0%	78.6%
축 산 잠 업	12.0%	12.0%	12.4%	12.8%	13.5%	14.1%
임 업	4.7%	4.3%	4.2%	4.1%	4.0%	3.9%
기 타	4.0%	3.9%	3.5%	3.6%	3.5%	3.4%
계	100.0	100.0	100.0	100.0	100.0	100.0

※ 위 표에서 보는 바와 같이 기준연도의 농림업생

위 표에서 보는 바와 같이 기준연도의 농림업생산구조를 보면 미맥米麥을 중심으로 한

재배업이 전생산액의 79.3%이고 축산업이 12%, 임업 4.7%, 농가부업 및 기타 4%로 구성되고 있으나 이를 계획기간 중에는 점차적으로 개선, 균형있게 발전시키기 위하여 목표연도에는 그 구성비가 재배업 78.6%, 축산잠업 14.1%, 임업 3.9% 등으로 변동을 가져오도록 계획하였다.

그 계획으로서 우선 농업생산의 기초가 되는 경지면적을 확장하기 위하여 개간 간척사업을 실시하는 한편 수리시설 확장, 토지개량사업, 종자갱신사업, 영농기술과 지식의 보급 등으로 농업생산력을 제고토록 하였다. 또한 다각영농의 일환으로 축산업의 진흥을 위해 유축농가 조성, 처리가공시설, 목야지 조성, 가축방역사업 등을 계획하였으며, 임업에 있어서는 계획기간 중 임목의 벌채를 되도록 억제하고 조림사방사업에 치중함으로써 생산량의 산출보다는 산림자원의 기반조성에 중점을 두었다. 그리고 농업부문 생산계획은 주요품목별로 보면 다음과 같다.

【주요농산물 생산계획】

연도별 구분	단위	기준연도(1960년)			목표연도(1966)			B/A (%)	비고
		국내 수요량	수출 실적	생산실적 (A)	국내 수요량	수출실적	생산계획 (B)		
미 곡	천 석		205	15,850		393	20,567	129.0	
맥 류	천 석			7,211			8,482	117.6	
잡 곡	천 석			582			1,001	172.0	
서 류	천 석			1,570			2,782	177.2	
두 류	천 석			1,101		23	2,040	185.2	
면 화	천 근	277,000		32,000	324,622		84,000	262.5	
홍 삼	근		1,600	1,600		35,000	35,000	2,187.5	
우	천 두	1,151		1,010	1,387	10	1,384	137.0	생산량은연말두수임
돈	천 두	2,488	20	1,397	2,892	190	2,802	200.6	
잠 견	천 관	831	395	1,226	908	2,992	3,900	318.1	

ⓛ 수산업

우리나라의 수산업은 천연적인 호조건을 갖추고 있음에도 불구하고 기술, 도구, 시설 등이 근대화되지 못하고 극히 미개발상태에 있다.

따라서 이번 5개년계획에서는 첫째, 어뢰의 가장 중요한 생산수단인 근해 및 원양어선을 건조 또는 도입하는 한편 최신 어구, 어뢰장비를 시설하여 어업생산성을 높이고, 둘째, 천해간사지淺海干瀉地 및 내수면을 개발하여 연안영세어민의 경제력을 향상토록 하였다.

이리하여 현재 어획고 약 40만M/T의 어획고를 계획 목표연도에는 60만M/T에 달하도록

【수산업의 생산계획】

단위: M/T

생산별 / 종류별 / 연도별	어업				양식업	합 계
	어류	패류	해조류	기타 동식물	양식물	
1960(A)	241,737	13,480	27,436	59,818	14,711	357,182
1962	308,000	15,000	35,000	74,000	15,200	447,200
1963	337,000	16,000	37,000	78,000	15,800	483,800
1964	365,000	17,000	39,000	82,000	17,100	520,100
1965	393,000	18,000	41,000	85,000	18,900	555,900
1966(B)	421,000	19,000	43,000	88,000	22,300	593,300
B/A(%)	174	141	157	147	152	196

계획하였다. 따라서 수산업 부문의 부가가치를 기준연도의 25억 원에서 목표연도에는 64% 증가한 42억 원에 달한 것이다.

2) 제2차 산업

공업개발의 토대를 구축함에 있어서 핵심적인 광공업정책은 에너지산업의 개발, 기초산업의 건설, 과감한 수출진흥, 중소기업 육성 및 기존시설의 최대한 활용 등에 치중을 하였다.

가) 광업

광업생산은 기준연도(1960년)에 비하여 목표연도(1966년)에는 123%의 증산을 목표로 하였다. 이는 우리나라 광업의 영세성, 투기성, 기술적 후진성에도 불구하고 전체광업 부가가치 면에서 60% 이상을 차지하고 있는 석탄의 증산과 수출용 금속 및 비금속광물의 증산계획으로 달성하고자 한 것이다.

㉠ 석탄

기준연도에 있어서 석탄의 국내수요량은 5,227천M/T, 수출은 123천M/T 이었으며 이에 대응하는 생산실적은 5,350천M/T이었다. 그러나 계획기간 중 각종 산업의 건설로 말미암아 석탄수요가 급증할 것을 감안하여 목표연도의 국내수요량을 12,270천M/T으로 예정하고

11,740천M/T을 생산할 것을 계획하였다.

ⓛ 철광

철광상부존상태鐵鑛床賦存狀態를 전체적으로 파악하는 동시에 종래연간생산량의 80%를 원광상태原鑛狀態로 수출하던 것을 지양하고 앞으로는 국내산업용으로 이를 전환토록 하였다. 따라서 목표연도에 준공될 종합제철공장의 철광석수요에 대응하여 기준연도(1960년)의 생산량 3만M/T에서 목표연도(1966년)에는 70만M/T으로 56%의 생산증가를 계획하였다.

ⓒ 금광

광업의 생산활동 전반을 자극하고 아울러 국제수지의 개선에 기여하고자 기준연도(1960년)의 생산량 2,047kg보다 144% 증가인 5,000kg의 생산을 계획하였다.

ⓔ 중석

당시 우리나라 수출상품 중 중요한 위치를 차지하고 있는 중석은 기준연도의 생산량 4,915S/T에서 목표연도에는 4,666S/T을 생산하여 전량 수출토록 계획하였다. 이와 같은 감량계획은 중석의 수출가격이 하락하고 있었기 때문이었다. 그리하여 국내에 중석제련시설을 계획하여 금속중석가공품 생산에 의하여 중석의 가중적인 수출효과를 기대하였다.

ⓜ 흑연

흑연은 기준연도의 92,311M/T에서 목표연도에는 53%가 증가한 141,500M/T의 생산을 계획하였고, 수출에 있어서는 기준연도의 52,918M/T에서 목표연도에는 136,450M/T을 수출하는 의욕적인 수출증가를 계획하였다.

ⓗ 고령토

고령토는 수세시설水洗施設의 완비와 더불어 고단위상품으로 국제시장개척에 기대가 되는 상품이다. 동시에 국내수요가 1960년 현재로 15,000M/T에서 점차 증가하고 있으므로 목표연도에는 41%가 증가한 72,000/T의 생산을 계획하였다.

ⓢ 활석

활석은 만일 활석제분공장이 완전가동이 된다면 분광상품으로서 유리한 수출상품이 될 것이므로 앞으로 활석개발이 고조될 것이긴 하나 활석의 부족을 감안하여 기준연도에 비하면 목표연도에는 63% 증가한 26,000M/T 만 계획을 하였다.

ⓞ 석회석

우리나라 석회석은 매장량이 풍부하고 품질이 우수하고 국내화학공업과 잠업 그리고 건설업이 크게 성장함에 따라 국내수요가 격증할 것으로 보아 기준연도의 840천M/T에서 목표연도에는 230%가 증가한 2,000천M/T 생산을 계획하였다.

나) 제조업

공업구조를 고도화하기 위해서 생산재공업에 치중한 본 계획은 기준연도의 생산재공업 대 소비재공업의 비율이 26 대 74(1:3)을 목표연도(1966년)에 가서는 36 대 64(1:2)가 되도록 계획을 하였다. 그러나 이와 같은 계획을 성취하기 위해서는 생산재공업의 성장이 계획기간(1960~1966년) 중에 적어도 168%가 신장되어야 할 뿐만 아니라 반면에 소비재공업은 69% 정도의 성장으로도 충분할 것이므로 앞으로 소비재공업에 대해서는 상당한 억제가 필요하다 할 것이다.

이와 같은 구조적 전환을 위해서 여사한 산업구조의 개편은 물론 중소기업의 육성 및 기존시설의 활용을 통한 주요물자의 자급과 수출진흥을 위해 다음 사항에 중점을 두었다.

1. 제1차 5개년계획 기간 중에는 기초조건인 시장창조, 원재료의 국내조달 확대 및 기초부문 개발(기간산업) 등에 중점을 두었다.
2. 중소기업 및 수공업은 초기에는 동업조합조직을 통하여 그 자체의 발전을 획책하되 점차 대공업의 성장과 더불어 하청공업제도를 확립한다.
3. 공업생산품 및 수출품의 규격표준화와 검사제도를 확립한다.
4. 선진국의 새로운 기술을 신속히 도입하여 이를 교육 지도 보급하는 기관을 설립한다.
5. 정기적인 센서스를 포함한 기업통계정비를 위하여 적절한 시책을 강구한다.
6. 계획된 모든 사업은 대부분 새로운 사업이므로 이들에 대한 충분한 기술검토를 하여 자본의 낭비를 방지하며, 기술자의 양성과 훈련을 실시한다.
7. 사업별 적정입지 선택을 위하여 교통, 용수, 에너지 원료 등 종합적 요소를 조사한다.
8. 주요산업은 공업용지를 신설하여 집중적으로 개발을 한다.

다) 화학공업

㉠ 비료

1960년 현재 화학비료의 국내수요는 대체로 질소질 16만 톤, 인산질 7만 톤이었으나 국내생산은 하나도 없고 전량을 외국으로부터 수입에 의존하여 왔다. 따라서 계획기간 중에는 이미 1962년 말에 완공을 본 호남비료공장(연산 85천M/T규모)과 기존의 충주비료공장(연산 요소 88천M/T규모) 외에 신규공장을 추가건설함으로써 계획기간 중 질소질 223,000M/T, 인산질 147,000M/T, 가리질 77,000M/T의 수요대부분을 국내에서 공급할 수 있도록 하였다.

㉡ 정유공장

석유공업의 개발을 위해 계획기간 중에 1일 생산처리능력 3.5만 배럴 규모의 정유공장을 울산에 건설하기로 하고 이 공장이 완공되면 연간 11,350천 배럴의 정유를 생산하게 될 것이며 또한 석유화학공업발전의 계기가 될 것이다.

ⓒ PVC

합성수지 공업제품의 주원료인 PVC 생산을 위하여 연간 4,800톤의 생산능력을 가진 공장을 건설하고 국내수요의 일부를 충족시키도록 하였다.

ⓔ 스티로폼, 펄프

국내임산자원의 고갈과 조림정책과의 관련 속에서 볏짚을 원료로 하는 25,000M/T 규모의 스틸로폼, 펄프 공장을 건설한다.

ⓜ 소다 공장

화학공업의 기초원료로서 소다회 및 가성소다의 국내 생산능력이 빈약함을 감안하여 계획기간중에 연간생산능력을 소다회 28,710M/T, 가성소다 6,600M/T, 중조重曹 2,310M/T, 염화칼슘 4,950M/T 규모의 소다회공장을 건설한다.

라) 요업

요업은 계획기간 중에 약 216%의 성장을 도모하고 특히 시멘트 공업에 치중하였다. 기존시설의 확장과 신규산업의 개발로 계획품목 중 가장 두드러진 발전을 가져올 것으로 기대하고 있다.

㉠ 시멘트

1960년에 시멘트 수요는 약 50만 톤에 달했으나 계획기간 중 산업개발을 위한 기초시설의 확충으로 그 수요가 급증할 것을 감안하여 목표연도에는 165만 톤을 생산하여 국내수요량을 거의 자급할 수 있도록 하였다.

㉡ 판유리

판유리의 수요량을 대략 연간 20만 상자에서 30만 상자로 증가할 것으로 추정하여 1960년도의 생산량 193,000 상자를 1966년도에는 81% 증가한 350,000 상자로 계획하였다.

마) 금속공업

우리나라 금속공업은 금후 각종 신규공장건설 및 철도, 교량 등의 건설과 각종선박제조 등으로 철강재의 수요가 급증할 것으로 보고 계획기간(1960~1966년)중에 144%의 성장을 목표로 주로 선철銑鐵과 강괴鋼塊생산에 중점을 두었다.

선철銑鐵은 기준연도에 있어서 국내수요량이 27,000톤인 데 대해서 생산실적은 13,900톤에 불과했으며 목표연도에 가서는 수요량이 260,000톤으로 급증함에 따라서 연간 350,000톤 규모의 선철생산능력을 가진 종합제철공장을 건설하여 1967년부터는 국내수요의 전량을 자급할 수 있도록 계획하였다.

강괴鋼塊는 기준연도의 수요량 72,000톤에 비하여 생산은 50,000톤이었다. 계획기간 중 공공시설의 확장과 건설, 철도건설, 기계공업의 성장 등으로 목표연도의 수요량은 220,000톤 (선철제품의 강괴환산수요는 389,328톤)이 예상된다. 따라서 계획된 종합제철공장이 가동되면 연간 강괴 220,000톤이 생산되어 1967년부터는 국내수요의 대부분을 자급하도록 계획하였다.

바) 기계공업

기계공업은 주로 방직기계, 전기기기, 공작기계, 농기구 그리고 근대공업으로서 자동차공업을 위주로 계획기간(1960~1966년)중에 244%의 증가계획을 수립했다.

㉠ 디젤엔진 및 자동차

계획기간 중에 연간 디젤엔진 3,000대, 각종 자동차 5,000대를 생산 조립할 수 있는 규모의 공장건설을 계획하였다.

㉡ 방직기계

기준연도 585대 생산규모에서 목표연도에는 4,000대 생산을 계획했는데 이는 국내방직업의 현 수준유지와 시설대체를 위한 것으로서 수입대체사업 육성으로도 그 의의가 크다고 할 수 있다.

사) 섬유공업

섬유공업에 있어 우리나라는 그 대부분(약 90%)의 원료를 수입에 의존하고 있는 상태였다. 이러한 원료난을 타개하기 위하여 계획기간중에 1일 생산산량 2.5M/T 규모의 나일론사 공장과 15M/T규모의 비스코스 인견사공장을 건설하기로 계획하였다.

4. 제3차 산업

(1) 철도

국내교통수요의 70~80%를 차지하고 있는 철도는 앞으로 각종 운송장비의 현대화와 보강을 위해 제1차 경제개발 5개년 계획사업으로 과감하게 추진하기로 하였다.

첫째, 철도건설, 우리나라 철도는 주로 종관철도망을 형성하고 있으므로, 태백산지역에 매장되어 있는 풍부한 지하자원과 동서남해안의 수산자원개발을 위해 산업선건설에 중점을 두어 황지선 17.5km, 정선선 42.0km, 경북선 58.6km, 동해북부선 32.9km, 경전선 80.5km 등 연장 231.5km의 산업철도와 수도 서울의 도심인구를 교외로 분산하고 도심교통의 완화를 위하여 능의선 5.4km, 경인복선 38.9km 등 총연장 275.8km의 횡단철도망을 건설하기로 계획을 하였다.

둘째, 차량도입 및 신조, 현재 우리나라 철도차량 보유수는 스팀기관차 280량, 디젤기관차 5량, 정규객차 1,037량, 대용객차 364량, 화차 9,733량, 단동차 15대, 디젤동차 16대, 사고복구용 기중기 7량, 난방차 44량으로 여객, 화물의 수송을 담당하고 있다. 그러나 그 동안 매년 격증하는 객·화차의 수요를 수입에만 의존하던 것을 제1차연도에 객차 77량, 화차재생 265량, 화차개조 500량을 계획대로 신조 내지 개량을 완료했으며 제2차연도 이후도 계속 추진토록 하였다.

셋째, 철도시설개량, 고속열차의 운행증가로 인한 노선의 현대화와 디젤기관차의 대량도입으로 37kg 레일구간에는 궤도강도 부족으로 디젤기관차의 운행제한이 불가피한 실정에 있었다. 그리하여 복선작업의 기계화와 노선의 현대화를 위한 장기계획을 세우고 이를 연차적으로 시행하고 있었으며, 그리고 목항목 180만정을 PC항목으로 개체하기로 계획하였다.

넷째, 산업선 용량확장, 석탄 시멘트 등 자원의 운송과 수출산업의 물동량증가를 감안하여 중앙, 영암, 함백선 등의 산업선의 용량을 확장하기 위하여 1차연도에 이미 중앙선 5개소에 650m, 영암선 1개소에 430m, 함백선 1개소 650m 등 총 1,730m의 주요역 유효장을 연장하였고 2차연도와 3차연도부터는 조차장 시설을 비롯하여 계속적인 노선용량 확장, 궤도중량화 등 방대한 투자를 계획하였다.

(2) 도로

도로사업은 외부경제발달과 국가생산력 증진에 중요한 역할을 하는 것으로 제1차경제개발계획에서 이를 계속사업으로 추진하기로 하고, 교량가설 및 복구는 총 23km를 계획하고 제1차연도에 문막교, 여주교 등을 위시한 138개소 연장 5.027m를 이미 건설 및 복구를 하였다.

도로포장사업으로는 국도인 서울-부산 간을 위시한 주요 간선도로 및 대도시내의 간선도로 703km를 포장토록 계획하고 제1차연도에 서울 - 부산 및 서울 - 인천을 위시한 주요국도 연장 107km를 포장 완료하였다.

도로개수는 5개년계획기간에 209km를 계획하고, 1차연도에는 국도 및 지방도로 19개소 연장 46.5km를 개수 확장하였다.

한편 산업도로개발사업은 태백산지역 종합개발계획의 일환으로 황지, 정선지역의 지하자원을 개발하기 위하여 탄좌입지별로 5개년계획기간에 283km를 계획하고 1차연도에 35.5km를 건설하였다.

(3) 항만

당시 우리나라는 12개의 주요항과 70개의 지방항 도합 82개항을 보유하고 있었는데, 5개년 계획기간 중에는 외곽시설축조 및 하역능력 약 100만 톤 증가를 목표로 하고 그 외에도 산업항인 묵호, 목포, 울산항을 수축하고 또 선박의 안전항해를 위하여 3,690만 입방미터를 준설할 계획을 세웠다.

그리하여 1차연도의 실적으로는 인천 물양장勿揚場 축조 등 총 35건의 항만수축사업을 완료했고, 인천·부산 등 중요 9개항 170만 입방미터의 준설작업을 하였다. 한편 산업항인 묵호항은 태백산지역의 지하자원개발과 동해안의 수자원개발을 위하여 현 적하능력 연간 70만 톤을 130만 톤으로 확장하였으며 석탄반송시설과 안벽축조를 위한 하부공정 133m를 시설하였다.

목포항은 공업지구조성을 위한 문호항으로 대형선박의 접안을 위해 안벽축조 120m, 연락제축조 662m를 완성하였고, 1964년까지 10,000톤급 대형선박이 접안할 수 있도록 계획하였다.

_ Ⅶ. 국토건설종합계획

우리나라는 1955년부터 국토건설사업에 대해 논의가 되어오다가 1958년에 처음으로 국토계획학회가 창설되었고, 이러한 민간단체의 활동에 자극이 되어 자유당 정부가 그 정권 말기에 가서 경제개발 3개년계획을 수립하였으나 실현을 보지 못했고, 4·19 이후 민주당정권이 국토개발에 당운黨運을 걸고 400억 환에 달하는 예산까지 편성을 하였다가 계획성의 결여로 결국 구호에만 그치고 말았었다.

혁명정부는 포고령 제12호(1961년 5월 18일 군사혁명위원회)로써 국민일반과 건설업무종사자들에게 사기를 고무하고 긴장을 촉구하는 한편 각도에 군을 파견하여 지방관민의 자발적인 협조를 얻어 산재해 있는 각 지방사업을 100% 완성하고, 국토자원종합개발정책을 수립하여 1963년 7월말에 내각수반지시각서 제53호로 발표를 했다.

1. 국토건설종합계획의 목표

국토의 자연조건을 종합적으로 이용 개발 및 보전하며 산업입지와 생활환경의 적정화를 기해 국민복지를 향상하기 위한 기본 내용이다.

첫째, 포장자원을 다각적으로 다원적으로 개발 이용한다.

둘째, 산업의 입지여건에 맞추어 각지에 적정 산업지를 조성 개발한다.

셋째, 유휴노동력을 국민자본화한다.

넷째, 도시 농어촌의 인구와 거주의 배분 조정한다.

다섯째, 교통소통의 효율화, 광범화를 기한다.

여섯째, 재해방제와 국토보전을 위하여 각종 재해의 통계, 원인 및 대책의 종합적 연구와 개선에 따른 합리적 방재계획을 수립한다.

2. 국토건설계획작성의 기본지침

① 본 계획은 극히 종합적이고 다원적 요소에 긍하는 계획이므로 정부내 각행정관간의 협조와 또 지방행정청간의 협조가 요망된다.

② 본 계획은 계층별로 우선 전국계획(광역계획포함), 도계획, 지방계획, 특정지역 계획으로 구분한다.

3. 남한의 권역분포圈域分布

우리나라 국토가 형성하고 있는 권역은 산맥으로 경계되어 역사적으로 몇 개의 지역으로 구분되어 있는 바 그 지역들을 대별하면 중부광역, 호남광역, 영남광역 이렇게 3대 구분을 하게 된다.

4. 각 광역의 특징

(1) 중부광역

① 기존산업의 발전이 비교적 종합적이며 잘 이루어졌다(서부 한강 하류지역).

② 천연지하자원 및 수자원이 가장 풍부하다(동부한강 상류지역).

③ 서해안의 간척가능지가 비교적 많다.

④ 동해, 서해에 수산자원이 있다.

⑤ 토지이용도는 전반적으로 아직 낮은 편이다.

⑥ 자원, 동력, 인구, 수송조건 등을 결합하여 공업화할 가능성이 가장 크다.

⑦ 서울지역의 거주 인구 실업대책은 시급한 현황이다.

(2) 호남광역

① 농업, 수산업을 주산업으로 하고 그 이외에 별로 산업발전이 이루어지지 못하였다.

② 미작米作농업에 가장 유리한 조건을 구비하고 있는 농산지역이지만 토지 이용은 낮다.

③ 수자원과 지하자원이 적다.

④ 인구가 전체적으로 높은 밀도이며 농업이 영세화되어 있다.

⑤ 서해안에 양식업 기타 수산업이 발전되어 있으며 간척, 조력발전의 가능성이 많다.

⑥ 경제적으로 침체상태에 있으나 대규모 공업발전의 조건은 불리하며 농·축·수산·가공업과 그 관계 산업을 발전시킬 범위가 기대된다.

(3) 영남광역

① 농업, 수산업 외에 공업도 상당히 이루어진 종합발전지역이긴 하나 경제상태는 전반적으로 침체상태에 있다.

② 지하자원, 수자원이 전국에서 2위로 유리하다.

③ 동해 수산자원이 유리하다.

④ 토지이용도는 저율이다.

⑤ 공업화에 호조건을 가지고 있으며 농수산업발전의 여지도 많다.

⑥ 관광자원 개발이용과 수요증대가 가능하다고 인정된다.

⑦ 권역을 형성함으로써 대도시 집중경향을 완화시킬 수 있는 지역 또는 공업도시 형성으로 실업자의 취업기회 또는 농업인구를 공업인구로 전용할 수도 있다고 예견되는 광역이다.

⑧ 개발의 효과가 조속히 발생할 것으로 예견되는 광역이다.

_ Ⅷ. 국토건설사업

1. 수자원개발사업(다목적댐 건설)

우리나라는 하천의 대부분이 험준한 산맥에서 발원하고 있어 동해안에 연한 하천은 매년 홍수가 나서 토사류를 분출시켜 해안에 인접한 적은 하류평야를 범람하게 하는 한편 서해안의 제하천은 그 하류평야에 홍수범람을 일으켜 더욱 심한 폐해를 가져온다.

다목적 수자원개발이라 함은 제1차적 목적인 전원개발 이외에도 댐 건설에 의한 수위조절로서 홍수를 미연에 방지하고 수리효과도 가져올 뿐만 아니라 전국에 산재한 방대한 실업자들에게 취업의 기회를 부여하는 등 종합적이고 다목적의 성격을 가지고 있다.

이러한 목적에서 5개년계획에 다목적 수자원개발을 위한 섬진강댐과 전원개발을 위한 춘천댐 등 양 댐의 건설공사를 필두로 하여 남강댐, 소양강댐, 농진상유역 및 목포, 영산깅 종합개발사업을 계획 진행 중이다.

(1) 춘천댐 건설사업

본 계획은 춘천시 서북방 12km 지점인 춘성군 신북면 서원리와 동서북면 갈월리 간에 북한강 본류의 협곡을 막는 어스댐左岸山側과 콘크리트댐右岸側을 축조하여 시설용량 57,600kw의 발전소를 직하류 좌안부에 설치하고 연간 145,000,000kw의 전력을 생산함과 동시에 청평발전소의 발전량을 조정 증가하게 하려는 사업이다.

공 사 기 간	4개년간
건설후 소득률	96%
고 용 효 과	64,000인/월
총 소 요 예 산	원화 2,083,146,991　　미화 $3,958,007
연 도 별 공 정	1961년도 5%　　1962년도 23%　　1963년도 45%　　1964년도 27%

(2) 섬진강댐 건설사업

본 계획은 14,400kw의 발전과 간척지 3,050정보 및 관개개선지 5,844정보의 농지를 개발하여 118,430석의 식량을 증산하기 위한 농업용수의 보급을 위한 것이다.

전라북도 임실군 강진면 옥정리에 있는 동진수리조합 섬진강언제(뚝) 하류 약2km의 기점에서 섬진강 본류를 횡단하여 높이 64m, 언제(뚝)길이 335m의 중방식댐을 막아 그 체적 409,000m³의 콘크리트 언제(뚝)를 축조하고 저수면적 약 2,651m²의 대저수지를 만들어 그 물을

공 사 기 간	5개년간
건설후 소득률	97%
고 용 효 과	56,000인/월
총 소 요 예 산	원화 1,832,422,675, 미화 $1,822,686
연 도 별 공 정	1961년도　5%　　1962년도　21%　　1963년도　28%
	1964년도　36%　　1965년도　10%

칠보발전용으로 보내고, 동진강하류의 수리불완전답 17,890정보의 관개를 도모하는 등 수자원의 종합개발사업인 것이다.

(3) 소양강댐 건설사업

본계획은 춘천시 동북방 13km, 북한강 합류점에서 12km, 상류지점인 소양강상류의 춘성군 신북면 천전리와 춘성군 동면 월곡리간에 있는 협곡을 가로질러 댐을 축조하고 좌안산복에 발전소를 건설하여 시설용량 76,200kw를 생산할 계획이다. 이렇게 하여 하류의 의암 및 청평발전소의 전력생산 증가로 연간 평균 288,000,000kw의 전력을 생산하는 계획이다.

공 사 기 간	4개년간	건설후 소득률	97%
고 용 효 과	108,300인/월	총 소 요 예 산원화	2,870,000,000, 미화 $14,900,000

(4) 남강댐 건설사업

본 계획은 낙동강 지류인 남강의 진주부근에서 사천만으로 빠져나갈 수 있는 지형을 이용하여 진양군 내동면 삼계리 지점에 댐을 건설하고 저수지를 만들어 홍수조절과 관개 및 발전을 도모하려는 사업이다.

이 사업이 완성되면 남강 및 낙동강하류의 농경지가 완전경작지로 변하여 60,000정보의 홍수피해를 제거하고 남강하류 연안에 약 8,000정보의 관개용수를 확보 공급함과 동시에 7,500kw의 발전량을 확보하게 된다. (총소요예산 1,780,000,000원)

2. 섬진 · 동진강유역 관개 간척

본지역은 광활한 평야와 개척 가능한 땅이 많이 있어 과거 동진토지개량조합에서 동진강유역에 댐을 축조하여 이 지역에 관개를 하여 왔으나 아직도 10,221정보의 수리불안전답과 간척예정지가 그대로 방치되어 있는 상태다. 그리하여 섬진강댐 시공과 병행하여 기 축조된 동진댐을 더 확대하여 발전시설을 증대할 뿐만 아니라 섬진강댐에서 발전한 방유수로 수리불안전답 5,844정보를 관개하고 공유해면의 간척사업(계화도간척지)실시로 조성된 개답면적 3,050정보를 재이용하여 연간 118,430석의 식량증산을 가져오게 하며, 본댐 수몰지 이재민 1,675호를 이주 정착하게 하려는 데 목적이 있다.

3. 태백산지역 종합개발

태백산지역이라 함은 강원도 삼척, 영월, 정선지방을 중심으로 하여 그 외곽선은 속초일원, 원주-충주-안동-영양-울진을 연결하는 선과 울진으로부터 속초에 이르는 해안선에 의하여 둘러싸여진 지역을 말한다. 태백산지역의 면적은 약 16,113m²에 달하며 남한 전면적의 약 18%가 되는 이 지역을 태백산맥이 남북으로 가로 지르고 있어 남한강 및 낙동강의 분수령이 되고 있다.

이 지역은 남한에서 지하자원이 가장 풍부하게 매장되어 있는 곳으로 무연탄, 철광석, 석회석, 흑연, 중석, 금, 은, 동의 광물이 매장되어 있어 일찍이 이들 광물의 개발과 그것을 원료로 하는 시멘트, 소다, 카바이트, 제철소 등 공업시설과 화력발전소가 건설되었다.

그리고 수산업과 그를 원료로 하는 공장과 최근에는 충주에 대규모의 비료공장이 건설되었다. 뿐만 아니라 남한강유역은 유수경사도와 수량이 전원개발에 좋은 조건을 가지고 있으며, 태백산지역은 기존산업시설과 교통망, 원료와 동력 등이 공업중심지로 발전시킬 수 있는 좋은 조건을 가지고 있다. 그러나 이 지역은 남북으로 험준한 태백산맥이 가로 지르고 있고 총면적 16,113m² 중 임야면적이 13,000m²나 차지하고 있는 산림지대로 되어 있어 개발에 많은 어려움을 극복하지 않으면 안된다.

그러나 본 계획은 이지역의 지하자원의 개발과 이 자원을 이용하는 생산공장 등 대규모의 공업지대를 건설하려는 계획이다.

(1) 산업도로

산업도로 건설사업은 황지 정선지구의 지하자원을 개발하기 위하여 1961년도에는 군민합동공사로 탄좌입지별로 황지를 중심으로 한 연장 69,500m를 확장 개수하였으며, 1962년도에는 국토건설단을 투입하여 고한·삼거리간의 17,100m, 예미·정선 간의 18,400m 도합 35,500m를 건설하여 목표량의 89.3%의 공정을 진척시켰으며 이에 투입된 예산은 60,000,000원으로서 이는 5개년계획의 목표량 214,000m의 14%에 해당하는 실적이다.

제2차연도인 1963년도에는 5개년 계획 목표량의 6%인 17,000m의 공사를 위한 공사비 26,400,000원과 연장 55,000m의 산업도로측량 및 설계비 2,003,430원을 별도로 책정하였다.

(2) 산업철도

이 지역의 지하자원의 운송은 교통부에 위탁시행토록 하였으나 그중 노동집약적인 토공업 부분은 국토건설단으로 하여금 담당하도록 하였다.

(3) 묵호항 시설확장

본 계획은 경제개발 5개년계획에 의한 연간 50만 톤의 석탄반송시설을 위해 대형 3,000톤급 선박이 직접 접안하여 연간 하역작업능력 11만 톤을 가능하게 하는 안벽을 축조하며 또한 외곽시설인 방역제를 완성하여 외화획득과 하역비절감을 위한 계획이다.

사업내용은 석탄운송시설 1식, 방파제 축조 92m, 안벽축조 133m, 호안축조 450m, 물양

장축조 230m, 부두도로포장 15,000m², 급수시설 및 조명장치 1식으로 계획되어 있다.

제1차연도인 1962년도에는 총예산 35,000,000원, 동원인원 5,495명으로 석탄반송시설 1식 및 안벽축조 하부공정 133m(진도 83%)를 시행한 바, 5개년계획이 완성되면 석탄반송능력이 연간 70만 톤에서 120만 톤으로 증가하게 되며, 3,000톤급 선박이 접안할 수 있게 되어 연간 하역능력이 현재의 980,000톤에서 1,640,000톤으로 증가하게 된다.

4. 영산강유역 종합개발

본 종합개발계획은 4개의 수문을 통하여 해조가 높은 유속流速으로 간만干滿하고 있는 영산강 및 그 인접하천의 하구일대 해면을 그 해역에 산재하고 있는 도서와 육지의 돌출부 간에 방조제를 축조하여 간척지를 조성하는 사업으로서 4개의 방조제와 2개의 수로개설 및 1개의 배수문을 건설하여 농지를 개간하고 항해의 편의와 공업용수의 공급 및 목포항의 발전 등을 기하려는 다목적 종합개발사업인 것이다.

본 개발사업이 완수되면

① 영산강일대 7,490정보의 해면을 간척함으로써 연간 135,800석의 쌀과 880석의 보리를 증산한다.

② 현재 배수시설의 불비로 경작불능인 약 800정보가 농지로 개간되며 인접지역의 농지배수도 일층 개량하게 된다.

③ 이로써 약 10,000호 내지 15,000호의 농가를 정착시킬 수 있으며 목포항 항만시설이 개량되어 대형선박이 직접 계류케 되고 선박의 항만접근조건이 개선된다.

④ 목포항과 그 서남부 반도지역간의 통상교통로가 개선된다.

5. 울산공업지구 개발사업

울산은 지리적으로 태화강, 동천 양 하천의 유역으로서 울산만을 이루어 동해에 임하고 약 20km²로 추산되는 평야를 가진 이 지역은 온난한 해양성 기후와 더불어 문화공업도시로서 자연적 지리적 조건을 구비하고 있다.

울산만 일대의 자연적 지세는 경제개발 5개년계획상 중요한 부문을 차지하는 최신규모의 공업지구로서 정유, 제철, 비료공장 등의 기간산업과 이에 관련되는 경공업지구를 건설하기에 가장 유리한 지역이므로 이 지역에 집중하게 하여 상호이용 면에 있어서 합리화를 도모하여 경제적 절약을 기하기 위한 현대공업의 모델센터로 이 지구가 선정되었다.

울산공업센터 건설사업을 대별하면 정유, 비료, 제철, 화력발전소 및 기타 부수공장을 포함하는 기본사업과 기본사업을 지원하는 도시조성, 공업용수, 축항, 치수 등의 부대사업으로 구분된다.

(1) 연혁 및 추진상황

혁명정부는 1962년 1월 20일 공포된 공업지구조성을 위한 토지수용특별법을 토대로 각령 제403호로 울산지구 176km²에 달하는 지역을 특정 공업지구로 결정하고, 1962년 5월 10일 법률 제1068호로 행정관할구역을 변경하여 울산시를 설치하고, 한편 1962년 5월 31일 울산개발위원회 및 울산개발계획본부설치법을 제정 공포하는 한편 그 동안 기타 관계법규를 제정 정비하여 법적인 뒷받침을 완료하였다.

(2) 울산공업지구의 건설계획 개황

1) 입지와 자연조건

울산공업지구는 태백산맥의 최남단 해안에 위치하고 있으며, 본 지역 중심부를 관류하고 있는 태화강과 동천은 현 울산 부근에서 합류하여 동해안을 향하여 흐르고 있고 이 양하천유역은 저계곡지대로서 농업의 중심지가 되어 있다. 따라서 이 지역은 어느 지역보다도 공업화의 주도적 중공업센터를 형성할 수 있는 제조건을 갖추고 있는 곳이다.

또한 울산의 기후는 대체적으로 온화한 편이며 평균강우량은 연간 약 1,200mm이며 거의 태풍이 없는 좋은 자연적 조건을 가지고 있다.

2) 항만조건과 계획

장생반도 남쪽에 있는 울산항은 남방으로 개방되어 있으며 항구에 있어서 폭 2.0km, 만의 길이 6.6km이며 만 중앙에 협착부가 있어 기상, 해상에 비교적 혜택을 입은 정온한 수역을 갖고 있을 뿐만 아니라 작업 및 하역에 지장을 줄만한 풍랑이 거의 없고 호수 간만의 차는 2척에 불과해 매우 양호한 항구조건을 가지고 있다.

따라서 울산항은 방파제를 구축하지 않고도 북내항과 남내항에 각공장용 전용부두시설을 확보할 수 있어 매립지로 차단된 북측에 광석 및 석탄 바스를 건설하여 40,000톤급 선박이 계류할 수 있도록 계획을 하였다.

3) 공업용수조건과 계획

울산공업지구에 필요한 용수는 태화강계와 동천의 양하천 계통을 개발하면 용수소요량을 충분히 충족시킬 수 있는 용수원을 가지고 있다. 태화강유역의 임상林相은 공업용수 함양에 양호하나 190m²나 되는 동천유역은 유사가 막심하여 표류수로 나타나지 않고 대부분이 복류 또는 지하수로 나타나고 있어 이를 개발하여 1일 약10,000톤의 물을 취수하도록 계획하였으며, 또한 회야강의 지표수를 함양 저수하기 위하여 범서천, 대곡천, 본류, 석천 등 4곳에 댐을 설치하여 급수량을 확보할 계획이다.

4) 기타공공시설계획

제1단계로 인구 30만 명을 기준으로 하는 도시를 건설함에 있어 원료 및 제품의 연간 약 500만 톤 수송능력을 갖는 교통시설과 시민교통의 편의를 위한 가로망 형성 및 오락시설 등 현대도시계획을 수립하고, 오락지대로 경주 관광지대와 비행장 건설 등을 계획하였다.

5) 공장건설계획

유류화학공업은 국내자원이 전무하므로 현재 유류도입외화는 약 3,000만 불에 달하고 있으나 앞으로 예측되는 경제규모 확대와 산업활동의 팽창을 감안하면 앞으로 5년 이내에 약 1,000만 배럴을 육박할 것이므로 이와 같이 격증하는 유류수요의 원활한 공급과 막대한 외화를 절약하기 위해 정유공장건설을 계획하였다.

본 정유공장의 규모는 앞으로 5년 내지 10년간 1일 35,000배럴의 원유를 처리하여 연간 약 1,100만 배럴에 해당하는 각종제품을 생산 공급할 수 있는 규모이지만 앞으로 필요에 따라 1일 500만 배럴을 처리할 수 있는 공장규모의 기초시설을 하였다.

6) 비료수급현황과 비료공장건설 계획

우리나라 경종농업은 비료 소비가 매년 증가추세에 있어 이를 충족시키는데 매년 5,000만불 이상의 외화를 쓰고 있는 실정이다. 그리하여 정부는 이미 충주비료공장을 건설하여 중성비료인 요소를 연간 85,000톤을 생산하고 있고, 동일규모로 나주비료공장을 건설하였으나 화학비료의 자급에는 아직도 요원한 상태에 있다.

그리하여 비료의 3요소인 질소, 인산, 가리질을 모두 국내에서 생산할 수 있도록 제3비료공장 건설을 계획하여 울산공업단지 내에 대지 약 48만평에 요소 165,000톤, 인이안燐二安 100,000톤, 가리 55,000톤 생산규모의 비료공장건설을 위한 외국차관교섭을 진행하고 있다.

【연도별 비료도입 상황】

연도별	질소질	염산질	가리질	합계(량)	금액($)
1953	440,605	95,278	4,432	540,315	19,560,000
1954	549,616	251,087	4,000	804,703	39,530,000
1955	684,509	137,136	17,000	838,645	61,573,000
1956	750,155	241,757	13,704	1,005,616	51,621,000
1957	666,340	309,501	10,912	896,753	49,512,000
1958	795,280	300,041	8,658	1,108,979	48,000,000
1959	750,349	254,604	10,860	1,015,813	44,800,000
1960	1,002,346	260,388	15,496	1,278,320	52,158,000
1961	958,737	415,899	30,225	1,404,861	62,921,889

※ 주 : 1961년에는 국내생산 포함   자료 : 경제기획원

7) 제철공업의 현황과 종합제철공장 건설계획

우리나라는 철재수요가 나날이 증가하고 있고 특히 주요 철재는 모두 외국으로부터 수입에 의존하고 있어 1960년 이후는 15만 톤을 넘어 20만 톤을 접근하고 있으며, 5개년계획 목표연도에는 약 356,000톤이 소요될 것으로 예상된다. 그리하여 앞으로 공업화를 기하는 데 있어서 소요되는 다량의 철판수요를 충족하기 위해서는 제철공장 건설 또한 늦출 수가 없는 것이다.

【철강재 수요 추정】

품 명	1962	1963	1964	1965	1966
형 강	26,344	19,000	23,000	27,000	32,600
봉 강	56,388	64,500	69,000	72,600	81,000
선 재	28,772	29,200	31,200	32,800	42,200
판 재	65,472	70,000	80,500	100,000	115,000
대 강	2,200	2,200	3,000	4,000	6,000
강 관	14,344	21,200	24,800	29,300	35,000
궤 조	9,100	19,300	32,200	23,000	24,800
단 강 품	2,000	2,500	2,800	31,150	34,000
주 강 품	3,106	3,550	3,900	4,150	4,500
철 도 용 품	1,550	2,000	3,320	2,800	3,020
특 수 강 선	3,600	2,700	3,900	4,300	4,500
기 타	1,900	3,500	4,000	5,000	5,500
계	209,776	239,650	281,620	330,100	388,120

자료 : 5개년계획보충작업보고서

제철공장계획으로서 서독의 DkG 안과 미국에서 제출한 안을 참고로 우리나라는 경제개발 5개년계획 중 1966년도 철강재수요량을 기초로 선철 304,000M/T 또는 조강 202,000M/T를 제조할 수 있는 규모로서 우선 제품선정은 국내기존시설이 충분히 가동할 수 있도록 원료 및 소재를 공급함으로써 철강재 수급에 원활을 기하도록 계획을 수립하였다.

공장시설규모와 생산규모는 다음과 같다.

부 지 면 적	약 50,000평				
소요건설비	약 67,000,000불				
제 품	반제품 ─	선철 (R-N 제강용)	60,000M/T	전기철(주물용)	40,000M/T
		Billet	90,000M/T	Sheet Bar	37,500M/T
	완제품 ─	Skelp	20,000M/T	중후판	30,000M/T

이상에서 본 바와 같이 울산공업센터 건설계획은 제1차 경제개발계획에 있어서 핵심체로서 투자 면에서도 대단히 큰 비중을 차지할 뿐만 아니라 여기에 건설될 공장들은 우리나라 경제발전에 절대 필요불가결한 기간산업들인 것이다.

6. 국토건설을 통한 실업자 구제상황

혁명정부는 날로 증가하고 있는 실업자를 구제하기 위해 국가 공공사업을 일으키고 제1차로 1961년 11월부터 1962년 2월까지 공사비 245,606,000원을 방출하여 중요 15개 도시 실업자에게 취업의 길을 열어주었고, 2차적으로 1962년에 376,906,890원의 예산을 방출하여 전

【제1차 사업】

예 산	245,606,000원	
기 간	1961년 11월 ~ 1962년 2월	
취업동원	919,750명	
사업효과	토지구획정리	1,875,000m²
	가로축조	23,441m
	가로포장	10,943m
	하수도	19,345m
	상수도	6건

【제2차 사업】

예 산	376,906,890원	
기 간	1962년 8월 ~ 1963년 2월	
취업동원	1,138,196명	
사업효과	토지구획정리	819,000m²
	가로축조	21,018m
	상수도	11,182m
	하수도	8건

국 12개 주요도시 실업자를 취역시켜서 민생안정과 국가토목사업을 확충하였다. 그 사업내용을 살펴보면 다음과 같다.

【제3차 사업】

FY63 춘계대민사업으로 42,854,900원을 들여 계속적으로 취업동원사업을 벌렸으며, 그 밖에 실업자근로구호사업 등으로 6,907,93명의 실업자를 동원하였다.

7. 국토건설단 창설 및 해체

(1) 국토건설단 창설계획

국토건설단은 경제개발 5개년계획을 효과적으로 수행하고 병역미필자를 개선하기 위하여 1962년 2월 10일 국토건설단설치법에 의거 창단되었다.

동 건설단은 기간요원과 건설원으로 구성하였으며 4개 지단과 2개 분단으로 편성하여 태백산지역 종합개발사업, 특정지역 종합개발사업, 다목적수자원개발사업, 천재지변에 의한 긴급복구사업 등에 투입하였다.

건설단원은 각령 517호의 정하는 바에 의해 규정된 보수의 지급 및 보급을 받았으며, 건설원은 일반학과 전술학 기타의 군사학 교육을 겸해서 실시하였다.

기간요원은 군사원호처가 주관하여 선발하고 신분은 국가공무원에 준하였고, 건설원은 징변적령자 중 현

▲ 국토건설단 선서식

역병으로 부적당하다고 국방부 장관이 인정하는 자와 근로동원법에 의하여 동원된 자로 나누어 현역병의 신분에 준하게 하였으며, 근무연한은 18개월로 하되 지원한 자의 복무연한은 12개월로 정하였다.

(2) 국토건설단의 업적

국토건설단은 사전 준비나 교육도 없이 각 현장에 투입하게 되어 난관과 어려움이 있기는 했으나 당초 예정보다 빠르게 공정을 마쳤을 뿐만 아니라 14,463명의 병역미필자에게 누명을 벗기고 육군 1등병으로 예편할 수 있게 하였으니 경제개발 5개년계획을 수행하는 데 있어서 당당히 일익을 담당하였던 것이다.

(3) 국토건설단 해체경위

경제개발 5개년 계획의 일익인 국토개발사업과 전국의 약 15만 명을 헤아리는 병역미필자의 연차적인 구제 등 원대한 계획아래 설치된 국토건설단은 그 동안 시설자본, 고정자본 및 유동자산의 매입 등으로 뒷받침되었으나 이에 소요된 자본적 지출의 규모(총예산의 30%)가 커짐에 따라 국토건설단설치 폐지에 관한 법률과 국토건설단특별회계법 폐지에 관한 법률에 의하여 병역미필자의 구제는 새로이 구상되는 조림사업에 투입했다가 단기간에 종료시키기로 하고 건설단은 발전적 해체를 하여 법률의 정하는 바에 의거, 건설단원들은 육군예비역 1등병으로 편입하고 기간요원은 전형을 거쳐 국가공무원으로 채용하였다.

IX. 재정 · 금융 _

혁명정부의 재정금융정책에 있어서 큰 변화는 첫째 제도상의 혁신, 둘째 경제개발 5개년 계획의 지원, 셋째 통화개혁을 들 수 있다.

즉 과거의 무질서하고 문란했던 재정금융정책을 일대 개혁을 함에 있어서 재정회계제도를 개혁하고 한국은행법과 금융관계 법규를 개정하였으며 또한 국민경제의 육성 발전을 위하여 각종 세제를 대폭 개혁 조정하였다. 또한 경제개발 5개년계획 수행을 위하여 가용의 재정금융자금을 투융자에 사용토록 적극 지원하게 하였으며, 지하에 있는 자본을 양성화해서 투자에 유치할 목적으로 통화개혁을 단행하였다.

그 외에도 혁명 직후의 단기적인 경제정책으로 1962년 하반기에 당면종합경제시책과 국민소비선도책 등이 있으나 여기에서는 경제개발 5개년계획을 성공적으로 수행하기 위해 단행한 주요개혁 부문에 대해서만 살펴보기로 한다.

1. 재정회계제도의 개혁

구재정법을 폐기하고 성과주의 예산제도를 채택하여 새로이 예산회계법을 제정 공포하였다. 그리고 정부투자기관의 합리적인 예산회계운영을 위하여 정부투자기관 예산회계법과 물품관리법령, 재정자금운용법령 등을 새로이 제정 공포하였으며 재정투자를 위한 경제개발 특별회계를 신설하였다.

2. 금융제도의 개혁

우선 금융의 중립화를 기하고 각종 산업자금의 원활한 공급을 촉진하기 위하여 한국은행법 등을 개정하고 산업은행을 개발은행 성격으로 개정하는 한편 중소기업육성을 위하여 중소기업자금을 취급하는 중소기업은행과 서민금융을 담당하기 위한 국민은행을 설치하였다.

한편 금융질서를 바로잡기 위하여 부정수표단속법을 제정하였으며 유통경제의 원활을 위해 상업어음할인을 한도 외로 취급하게 하고, 중농정책의 일환으로 농어촌의 고리채를 정리하였으며 종래 국채시장으로 일관하였던 증권시장을 자본시장화 하도록 지도 육성하였다.

3. 세제개혁

경제개발 5개년계획을 지원할 수 있도록 현행 조세제도를 3차에 걸쳐서 개혁을 단행하였다.

그 주요골자는 인정과세를 지양하고 자진기장신고 납부제를 채택하였으며 중요산업과 수출, 관광사업 등 외화획득산업에 대한 면세조치를 확대 규정하였으며, 소비를 억제하고 저축을 증가하기 위하여 간접세율을 인상하였고, 지방재정을 위해 지방세적 성질의 세목을 대폭 지방에 이양하였으며, 또한 관세법에 있어서도 세율과 품목을 재조정하여 통관절차를 간소화 하는 등 대 혁신하였다.

_ X. 농림·수산

1. 영농 정책

먼저 당시의 한국농업의 위치는 국민경제 면에서 차지하는 비중은 전체인구의 약 60%가 농업에 종사하고 있었고 국민총생산액의 약 40%가 농업생산액으로서 국내공산품의 시장으로 근간을 이루고 있었다.

또한 수출구조에 있어서도 약 60% 상당액을 농산물이 점하고 있어 농업이야말로 한국경제의 중추를 이루고 있었다.

그러나 구정권에서는 한국의 경제구조와 현실을 도외시하고 오히려 농업의 희생으로 도시경제의 유지발전만을 기도해오다 농업생산이 위축됨에 따라서 농산물 가격과 공산물가격의 협상차는 날로 커져 갔고, 팽창일로에 있는 농촌인구의 압력은 농업경영규모의 영세분화를 가져와 상대적으로 과소소득으로 이어져 농민들은 차차 영농의욕을 상실하고 모두 절망에 빠져 있었다.

이처럼 농촌경제를 파탄에 빠지게 만든 요인을 요약해 보면, 우리나라는 6·25 전쟁을 전후하여 근 10여 년 동안 농업에 미치는 영향을 무시한 채 연간 350만 석에 달하는 미국 잉여

농산물을 도입하여 국내 농업에 압력을 주었을 뿐만 아니라 농민들에게 과중한 조세 공과금 부과와 저물가정책을 빙자한 농산물가격 억제, 농업에 대한 명목상 재정투융자, 농협육성의 등한, 농지개혁의 미완성으로 농지제도의 반신불수 등을 들 수 있다.

혁명정부는 이러한 우리 농촌경제의 현실을 직시하고 혁명공약에서 "기아선상에서 허덕이는 민생고를 시급히 해결하고 국가 자주경제재건에 총력을 경주한다"고 천명했다. 이에 따라 경제정책의 초점을 농림부문에 두고 농업정책의 기본방향을 성장발전하는 국민경제의 일환으로서 농업경영의 근대화 내지 합리화를 실현하게 하는 경제합리주의에 입각하여 농업의 생산성 향상, 소득증대, 구조개선 등 3개 측면에서 농업이 1개 산업 부문이 되어 농촌인구의 충분한 일터가 되며 안정된 생활의 기반이 되도록 계획하였다.

한편 농업은 국민식량과 원료농산물의 공급 부문으로서 농산물을 수요에 대응하여 적정가격으로 공급함으로써 노동력과 토지 등 인적 및 자연자원의 유효적절한 활용을 촉진하여 생산력을 증진하고 농업 면에 시장을 확대하게 하여 농업의 발전과 국민경제의 안정성장에 기본 방향을 두었으며 이를 위해서는 모든 농림시책을 구조개선에 두고 제1단계에서 시범적으로 협업경영을 바탕으로 하는 개척농장 조성에서부터 출발하였다.

(1) 농어촌 고리채 정리

혁명정부는 우선 영세농민들이 고리채로 인하여 물질적 정신적으로 노예화되고 있는 농촌의 빈곤을 퇴치하기 위하여 1961년 6월 10일자로 과거 어느 정권에서도 감히 엄두를 내지 못했던 농어촌고리채정리법을 제정 공포하였다.

이리하여 약 70억 원으로 추정했던 고리채 중 신고 판정된 금액이 29억 6천만 원이었으며 이와 같이 판정된 고리채에 대해서 정부보증으로 농업금융채권을 발행하여 채무자를 대신하여 채권자에 대위변제하게 하여 영세농민들로 하여금 고리채의 중압으로부터 해방시켰다.

그러나 이로 인해 예기치 않았던 심상치 않은 부작용이 파생하여 농촌에 있어 사금융의 길이 막혀 농어촌의 자금사정이 일시 어려워졌고 종래 농촌의 상부상조했던 분위기마저 살벌해져서 그 어느 때보다도 농촌의 재정금융자금 수요가 커지고 있었다.

(2) 영농자금 방출규모 확대

지금까지 정부의 영농자금은 불과 3억 원에 불과하였던 것을 혁명정부는 고리채 정리를 뒷받침하고 농어촌의 자금수요를 충족시키기 위하여 신규자금으로 1961년도에 10억 원, 1962년도에 37억 원, 1963년도에 9억 원 등 거액을 방출하였다.

이처럼 거액의 영농자금이 전례 없이 방출되기는 했으나 그 영농자금이 그 동안 빈곤에 시달린 영세농가에서 영농자금에 앞서 일부 가계소비에 충당되는 면도 적지 않았으며, 또한 농촌에 방출된 재정금융자금이 통화팽창 면에서 그 비중이 컸으므로 정부재정 안정계획에 파급되는 영향도 적지 않았다.

(3) 화학비료 수급의 일원화

그 동안 독점자본의 농간으로 화학비료수급을 관·민수 이원화하여 농민에게 과중한 비료가격을 부담시켜 왔던 것이 사실이다.

혁명정부는 1961년 후반기부터 미원조당국과 비료업계의 거센 반대를 물리치고 화학비료수급을 관수로 단일화하여 이를 농협으로 하여금 일괄 조작하도록 하여 비료의 가격을 안정시켰다.

그러나 화학비료의 관수일원화로 인해 구정권시 관수 60%에 대해서 환율변경(500 대 1에서 1,300 대 1) 차액만 보조했던 것이 비료공급 전량에 대하여 보상을 해야 하게 되어 1961년도에는 16억2천만 원, 1962년도에는 15억2천 8백만 원, 1963년도에는 3억9천만 원의 보상금을 지출하였다.

(4) 농산물 가격유지

지금까지 구정권 하에서는 소위 저물가정책이라는 미명 아래 우리나라 상품유통구조에서 수위를 차지하고 있는 농산물가격 특히 곡가는 일반물가의 선도역할을 한다고 해서 농가의 소득확보 내지 농업발전에 대해서는 도외시하고 농산물가격을 일방적으로 계속 억제하여 왔던 것이 사실이다. 따라서 전반적으로 농산물가격이 생산비를 하회하고 있어 공산품 가격과의 협상차가 점점 벌어져 농촌은 소위 풍년기근의 현상이 벌어져 결국 농가경제는 파탄에 이르고 있었다.

혁명정부는 이와 같은 농촌경제발전을 저지하고 있는 병폐를 없애고 농촌경제의 향상 발전을 위해 1961년 6월 27일 농산물가격유지법을 제정 공포하여 선진국의 예를 따라 농산물의 가격을 유지 보호함으로써 농업생산을 자극하고 농가소득을 증대시키는 중농정책을 펼쳤다.

(5) 농협과 농은의 통합

1957년 2월에 발족한 구농업협동조합이 자유당의 정치도구로 변신 추락하여 그 운영이 정도를 벗어나 선량한 농민을 울리고 있었고, 한편 농업은행은 농협이나 농민을 돕는 것이 아니라 농협과 대립 마찰을 빚고 있어 1961년 8월 15일을 기하여 구농협과 농업은행의 통합을 단행했다.

한편 1957년 2월 농사교도연구법이 제정되어 농사원을 설치하고 도·군에 농사원 단일 계통지도기구를 만들어 농사교도를 실시하였으나 농민의 보수성과 지도력의 분산 내지 역불급으로 형식에 그쳐왔기 때문에 혁명정부는 농사연구교도체제에 대수술을 가하고, 농촌진흥법을 제정하여 각종 농림관계 시험연구기관을 농촌진흥청산 하에 흡수하게 하고 각 도·군에는 농촌진흥원 지도소를 설치하여 농촌지도체제를 일원화시켰다.

(6) 경제개발 5개년계획에 의한 농림 부문 주요시책

혁명정부는 제1차 경제개발 5개년계획의 기존목표 연간성장률 5.6%(과거 5개년 성장률 2.8%)를 달성하기 위해서 다음과 같은 시책을 추진하였다.

① 영농기술의 향상과 다각화로 농업저위생산성을 극복하고 농가소득을 증대시킨다.

② 농어촌계몽활동을 활발히 전개하여 영농기술의 향상과 생활의 근대화를 촉진한다.

③ 유축농조성의 기반확충을 위하여 가축의 개량증식과 축산물의 유통처리를 합리화
한다.

④ 수출 및 수입대체농산물의 주산지 조성과 농촌 수공업을 육성 조장하여 농가에 현금
수입증대를 도모한다.

⑤ 농지의 관개灌漑개선과 개간開墾으로 경지耕地를 확장한다.

⑥ 국토보전과 산림자원함양을 위하여 범국민운동으로 사방砂防과 조림사업을 대규모
로 실시한다.

⑦ 쌀과 보리의 주곡과 수출 및 수입대체농산물의 가격을 유지함과 아울러 농산물의 유
통질서를 개선하여 생산자의 분배소득을 증대시킨다.

⑧ 식량작물의 증산으로 자급도를 높여 외곡 수입의존도를 낮추어 국민식량의 수급을
원활히 한다.

⑨ 농업자재를 염가로 적정 공급한다.

⑩ 수산자원을 개발하여 어업경영의 합리화와 기업화를 촉진한다.

⑪ 농어민의 자주적 협동정신을 앙양하여 농어촌개발 주체로서 농어업협동조합을 육성
한다.

2. 증산 정책

(1) 미곡증산

1) 주요계획 및 실정

1961년도 현재 우리나라 연간인구 증가율은 2.88%임에 비하여 식량 증산율은 1.5%에
불과한 실정으로 식량사정은 매년 더욱 악화되어 가고 있었다. 혁명정부는 이러한 악순환이

계속되고 있는 농촌경제의 개선을 위하여 제1차 경제개발 5개년을 수립하고 인적·물적인 가용자원을 유효적절하게 편성 활용하여 이 계획을 성공하기 위해 총력을 경주했다.

식량작물 중 가장 중요한 미곡생산에 대한 계획을 보면 기준연도 2,393,376M/T 생산에서 목표연도에는 23.8% 증산인 2,961,773M/T 생산을 계획하고 행정적인 뒷받침과 기술적인 지도, 제반자재의 적기공급, 과감한 영농자금방출로 1961년에는 예년에 보기 드문 풍작을 이루어 증산계획대 102.5%, 기준연도대 118.5%인 2,835,431M/T을 생산하기에 이르렀다.

【미곡생산실적표】

1960년 2,392,376M/T 100%	1961년 2,835,431M/T 118.5%	1962년 2,390,752M/T 99.9%

제1차연도에는 이례적인 한월로 큰 차질을 겪기도 하였으나 국가적인 총동원으로 이를 대비하여 큰 피해를 면했으며, 증산시책의 방안으로 계획된 다수확 경진에서는 206명이 출품한 가운데 반당 최고 다수확이 5,975합ᓂ으로 일본의 최고기록 7,014합ᓂ에는 미달되나 광복후 최고기록을 세우게 되었다.

또한 1963년도 증산계획인 2,750,550톤을 생산하기 위하여 채종답採種畓 6,000정보는 종래의 분산설치를 지양하고 농협으로 하여금 경영주체가 되어 채종적지에 집단고정화 설치하게 하여 집중적인 기술지도를 하였으며 기타 조기조식재배早期早植栽培, 심경다비深耕多肥, 적기정밀작업, 병충해 방지 등에 만전을 기하도록 조치하였다.

2) 미곡종자갱신

미곡의 종자갱신사업은 과거 일제시의 조선총독부령에 의한 미곡채종답 보조규정에 의거하여 광복 후에도 계속 실시하여 왔던 것이나 지도체제의 불비와 종자검사제도의 불실시로 실효를 거두지 못하고 있었다.

이리하여 혁명정부는 1962년 1월 15일자로 주요농작물 종자법을 제정 공포하고 사업계획은 행정기관에서, 기술지도는 농촌진흥청 기술기관에서, 검사는 국립농산물검사소에서 각각 전담케 하여 채종답산종자에 대하여 국민들의 신뢰도를 높임으로써 종자갱신사업에 대한 기반을 확립하였다.

【채종답산종자 합격품 수납실적】

연 도	계 획	실 적	비 율
1960	16,200.0%	16,307.2%	100.7%
1961	13,500.0%	13,361.0%	99.0%
1962	13,500.0%	11,138.9%	88.4%

한편 주요농작물 종자법 제6조 및 동법시행규칙 제5조의 귀정에 의거하여 농림부에 종자심의위원회를 설치하여 주요농작물 종자갱신사업에 대해 토의를 거듭하여 수답水畓 리리裡里 276호를 호광湖光으로 명명할 것을 의결하고 1963년도 시도별 장려품종의 개폐, 원원종原原種 및 원종에 대한 생산계획 및 경종耕種기준, 심사기준과 방법, 종자용 농산물의 검사규격에 대하여 토의 의결하여 계통적인 채종체계를 확립하였다.

【주요농작물종자법에 의한 검사성적 (1963년)】

검사종목	계 획	실적(합격)	비 율
포장검사	5,000정	4,005정	80.1%
실내검사	13,500M/T	11,938M/T	88.4%
종자교환	13,500M/T	11,783.8M/T	87.3%

또한 1963년도에는 종래 채종답의 분산설치로 인한 기술지도의 곤란성을 극복하기 위하여 농협을 경영주체로 하고 채종답을 시·군당 2~3개소에 집단 고정화 설치하게 하고 기술지도원 420명을 채용하여 고정배치함으로써 1963년도부터는 종래에 볼 수 없었던 좋은 성과를 거두게 되었다.

한편 1948년 이래 농촌진흥청에서 교잡육종交雜育種으로 계통육성하여 온 수원 152호,

수원 158호, 수원 151호는 우량품종으로 인정되어 1962년 6월 10일 근농일 기념식에서 재건, 진흥, 신풍으로 명명하고 중북부지방의 장려품종으로 결정하였으며 1943년 이래 호남지방의 적응품종을 육성하려던 이리 276호는 1963년 4월 18일 종자심의회 의결에 의하여 1963년 6월 10일에 호광湖光으로 명명하여 장려품종으로 보급하기로 하였다.

3) 한해대책

미곡의 증산을 위해서는 건묘健苗육성을 비롯하여 적기이앙, 본답비배관리本畓肥培管理, 병충해방제에 철저를 기해야 함에도 불구하고 불행하게도 우리나라는 해마다 수도작의 전기인 묘판기로부터 이앙기에 걸친 강우량의 부족으로 농작물의 한발旱魃피해가 적지 않았다.

혁명정부는 이를 해결하기 위하여 1962년 5월 27일 중앙한해대책위원회를 소집하고 긴급대책으로 관수灌水조치, 예비묘판 설치, 대파代播, 양수기 등을 보급하기로 하고 소요자금 총 426백만 원(실제사용액 190백만 원)을 긴급 방출할 것을 의결하였다.

이에 따라 예비묘판 1,815정보, 가식假植 7,073정보, 대파 51,016정보를 실시하였으며, 여기에 재일교포 독지가가 양수기 1,000대를 기증하고 군경을 비롯한 전국민이 연 9,377천여 명이 동원되었으며, 우물을 27,199개, 복수축 191km, 수로굴착 299km를 보수 건설을 하여 계획면적의 99%가 되는 1,143,149정보의 이앙을 완료하여 당초 370여만 석의 감수를 예상했던 것을 271여만 석의 감수로 그치게 되었다.

(2) 맥류증산

맥류는 미곡의 다음가는 주요작물로서 식량수급상 큰 비중을 점하고 있음에도 불구하고 생산실적은 10년 전과 비교하여 거의 진전하지 못하고 있었다.

이리하여 혁명정부는 5개년계획을 수립하여 기준연도 966,687톤에서 117.5% 증산인 1,135,677톤 생산을 계획하였다. 그리고 맥류의 가격을 대폭 인상하여 대맥은 정곡석당 1,918원에서 23%를 인상하여 2,356.40원으로 하고 나맥은 1,984원에서 11%를 인상하여 2,210.30원으로 책정하여 농민들의 생산의욕을 앙양시켜 맥류재배를 장려한 결과 재배면적에 있어서는 혁명전보다 4만여 정보나 증가된 1,012,021정보가 재배되어 해방 후 최고의 재배면적을 확보하게 되었으며 생산량에 있어서도 당초계획보다 100.9%의 실적을 올렸다.

【맥류생산 계획 대 실적】

구 분	계 획	실 적	비 율
면 적	960,627정	1,012,021정	105.4%
반 수	103Kg	98Kg	95.1%
수확량	984,745정	93,971M/T	100.0%

이와 같은 실적을 올리게 된 이유는 가격정책이 미치는 영향도 컸으나 맥류종자 갱신사업으로 경영주체, 기술지도, 종자검사기관을 완전히 독립시켜 보증종자를 생산공급하였기 때문이다.

【맥류 제2차 채종포 생산실적】

구 분	계 획	실적합격품	비율
포장검사	6,000정	3,629.2정	60.8%
실내검사	76,500석	37,695.1석	49.3%
종자교환	76,500석	73,354.0석	95.9%

1963년부터는 채종포경작수당도 종래 석당 91원에서 233원으로 대폭 인상하여 우량한 종자를 생산토록 하였으며, 종전의 교잡육종交雜育種으로 육성해온 대맥의 수계 122호는 형질이 고정되어 부농으로 명명하고, 소맥의 수계 122호와 127호는 각각 재광 진풍이라 명명하였다.

이러한 제반시책으로 1963년도에도 맥류 재배면적이 대폭 확장되어 1,047,625정보를 재배하여 증산계획량 1,024,336M/T의 생산이 무난하게 되었다.

(3) 자급비료증산

농산물증산의 기본요체는 토양의 지력증진에 있음에도 불구하고 그 원료가 되는 자급비료의 시용량은 매년 점감되는 반면 외국에서 수입해온 금비의 소비가 늘어나 토양이 부식하고 황폐해 가고 있어 우선 농산물의 증산을 위해서는 무엇보다도 토양의 지력배양에 근본 재료가 되는 자급비료의 생산이 급선무였다. 혁명정부는 자급비료생산에 중점을 두고 퇴비증산과 녹비의 재배를 적극 장려했다.

1) 퇴비증산

자급비료는 매년 줄어들고 금비량이 늘어남에 따라 지력이 약해져 토양의 부식함량이 전田 2.37%, 답畓 3.22%로 경지가 점점 황폐화되어 가고 있어 토양의 지력배양에 근본 재료가 되는 자급비료의 증산을 위하여 농촌진흥청 산하기관으로 하여금 계몽 선전은 물론 600,000원의 시상금을 걸고 상호경쟁심을 일으켰고, 한편 일부지방에서는 군의 차량협조를 얻어 퇴비반출을 시도한바 1962년도 생산목표량 1,575만 톤에 대하여 126%나 증산된 1,998만 톤의 생산실적을 올렸다.

2) 녹비綠肥의 보급

녹비작물은 자급비료원으로서 동기경지冬期耕地의 휴한지休閑地를 이용하여 다량의 자급비료를 생산할 수 있는 것이나 재배면적은 점차 감소되어 특수한 지방의 일부 농가를 제외

【녹비재배 실적】

연도	면적	반수	수확량
1957	98,688	638kg	628,762톤
1958	51,834	810kg	420,533톤
1959	58,971	938kg	551,880톤
1960	52,895	1,200kg	635,445톤
1961	70,052	1,223kg	855,986톤
1962	87,666	,076kg	944,006톤

하고는 거의 재배를 하지 않게 되었다.

그리하여 정부는 농촌진흥청을 통하여 1961년에 녹비종자 913톤을 매상하여 공급하였고, 1962년에는 매상계획량의 156%인 3,255톤을 매상 공급함으로써 전년에 비하여 125.1%를 증산하였다.

3) 농가지붕개량

농가의 지붕을 개량함으로써 농촌의 환경미화는 물론 이로 인하여 절약되는 고간류藁稈類를 경지에 환원함으로써 토양의 지력을 증진하기 위하여 1960년부터 소요비용을 융자해 주며 강력히 추진한 바 다음과 같이 커다란 실적을 올렸다.

【농가지붕 개량실적】

연 도	계 획	실 적	비 율
1960	10,000호	10,433호	104.3%
1961	7,000호	8,754호	125.1%
1962	14,920호	43,438호	291.1%

(4) 엽연초 생산 5개년계획

원료 엽연초의 계획생산이야말로 연초전매사업의 성쇠를 가늠할 수 있음에도 불구하고 종래 엽연초생산은 겨우 국내수요량의 약 3% 정도밖에 안되어 인구의 자연증가와 고급연초의 수요증대에 따라 원료 엽연초의 증산이 필연적으로 대두하게 되었다.

그리하여 정부는 국내수요의 충족은 물론 농가소득증대를 위하여 대대적인 증산계획을 세워 추진하였다.

원료 엽연초의 기호적 수요에 호응하기 위한 양간종陽干種엽연초의 생산을 점차 감소시키고 기호추세에 적응한 고급연초원료인 황색종을 증산하고 따라서 향끽미享喫味원료 엽연초생산을 확장하는 방향으로 연초종류의 갱신을 획기적으로 수행하여 기준연도 28,261톤에서 목표연도에는 171.45%나 되는 48,296톤을 생산하도록 계획하였다.

본 계획을 위한 주요 목표는 연초경작면적을 확장하여 농가소득의 증대를 위한 단위생산성향상과 품질향상을 기하여 연초경작을 위한 제반시설과 이에 소요되는 비료 연료 등의 자재를 적기에 확보하는 것이다.

그리고 그 방침으로서는 첫째, 건전한 산지육성을 위해 조성사업을 계속 강화, 둘째, 기설산지에서의 1인당 면적증가조치를 우선적으로 한 후 점차적으로 신산지를 조성, 셋째, 재배기술 및 지도방법 등 경작방법 개선과 균등산지 육성에 주력, 넷째, 종자갱신 및 품종개량을 계통적으로 실시, 다섯째, 충분한 연초사업자금의 융자와 중요자재 알선, 여섯째, 신산지구성에 따르는 일선지도력을 강화하기 위한 기술직원의 증원조치 및 훈련으로 자질향상을 도모, 일곱째, 전매청에서 관장해 오던 엽연초생산사업을 농림부가 관장하도록 하고 엽연초 생산사업의 일선기관인 엽연초 생산단체를 육성 강화하여 체계 및 운영의 합리화를 기하는 것이었다.

한편 1962년 4월 10일자 각령 제620호로 엽연초 생산사업을 농림부가 관장하도록 하고 연초제조에 수반하는 국내소비의 원료 엽연초 생산과 나아가서 해외수출을 포함한 생산계획 등 중농정책을 효율적으로 수행하기 위한 농림정책의 일원화를 기하였으며, 엽연초조합법을 제정하여 현재 임의단체인 엽연초생산조합을 법인체로 하여 운영의 건실화를 기하여 엽연초 생산자의 복리증진을 도모하였다.

(5) 잠업

우리나라 기후는 천혜적으로 누에를 치기에 알맞아 예부터 잠업이 성행했으나 제2차대전과 특히 1950년도 6·25 전쟁으로 상전桑田이 황폐화되고 제사공장을 비롯한 잠업시설이 소실되어 잠업이 급속히 위축된 상태에 있었다.

혁명정부는 잠업의 중요성을 재인식하고 경제개발 5개년계획의 일환으로서 잠업증산 5개년계획을 수립하고 잠사업의 모범이 되는 잠업법 제정과 잠사가격안정기금법을 제정하여 이를 과감하게 실천하였다.

이 계획의 주요내용을 보면 계획기간 중 뽕나무 5억5,000만 주를 식재하여 7만4,000 정보의 상전桑田을 조성하고 잠견蠶繭 10,200,000관을 생산하여 그 중 8,220,000관을 수출하여 31,110,000불의 외화를 획득하고 1970년도에는 56,040,000불의 외화를 획득하는 방대한 계획을 수립하였다. 그리하여 혁명정부 2년간의 업적을 살펴보면 다음과 같다.

1) 상전조성

혁명정부는 잠업증산 5개년계획 제1차연도인 1962년도에 품종개량용으로 일본에서 일지뢰一之瀨 등 우량 상전 250만주를 도입하여 도합 3,000여만주의 뽕나무를 식재함으로써 초년도 계획을 달성하였고 이로써 5,141정보의 신설상전이 조성되었다. 제2차연도의 식상계획은 60,000,000주로 계획을 변경하여 1963년에는 39,775,000주를 식상완료 하였으며 나머지는 추기에 식상하기로 계획을 하였다.

한편 1962년도의 상실번종 목표량은 125석인 바 215석을 채취 번종함으로써 잠업사상 초유의 성과를 거두기도 했다. 이로써 1963년도에는 약 200,000,000주의 접목묘가 생산되어 1964년도 식상목표인 150,000,000주를 훨씬 초과 식재할 것으로 예상되었다.

또한 식재방법에 있어서 종래의 산만적인 식상을 지양하고 양잠규모를 확대하여 농가 단위당 수견양의 증대를 기하기 위하여 농가 1호당 1반보 이상의 상전桑田조성을 권장하는 동시에 전국 1,083개소의 양잠특설지구를 조성하고 750명의 잠업지도원을 각 특설지구에 배치하여 일선 기술지도를 전담하게 하였으며, 양잠경영규모의 확대 그리고 양잠기술지도를 통해 생산량을 증가시켰다.

2) 잠견증산

정부가 견가繭價를 매년 인상함으로써 소잠양掃蠶量, 산견양産繭量, 공판양共販量이 다같이 급격히 증가되어 1962년도에는 춘잠기의 극심한 한발과 추잠기의 많은 강우로 인한 기후의 악조건에도 불구하고 산견양은 1,471,679관에 달하여 1961년보다 13%를 증산했으며 공판양 역시 1,184,663관을 매상하여 계획량 910,00관에 비하여 130%가 증가되어 해방 이후 최고 기록을 수립함으로써 농촌경제를 부윤하게 하였다.

3) 생사증산

이와 같이 생사생산의 기반이 되는 상전조성과 잠견蠶繭증산으로 생사수출은 괄목할 만한 실적을 거두었다.

【잠견증산】

구분 \ 연도별	1960년	1961년	1962년
소 잠 량	256,710매	259,680매	284,472매
잠 견 생 산 량	1,226,439관	1,301,655관	1,471,679관
잠 견 공 판 량	769,858관	1,014,190관	1,184,663관
잠견가격 춘잠	341원	435원	529원
추잠	318원	427원	543원
잠종가격 춘잠	110원	140원	165원
추잠	138원	150원	185원
상 묘 가 격	1.62원	1.62원	1.93원
생 사 생 산 량	125,396관	133,746관	173,373관

우선 생사생산에 있어서 1960년도에는 125,396관, 1961년도에는 133,746관, 1962년도에는 173,373관을 생산하고, 수출에 있어서는 혁명전년도에 생사 51,290관과 부잠사 103,011관을 수출하여 외화 2,258,959불을 획득한 데 비해 1962년도에는 생사 102,632관과 부잠사 77,648관을 수출하여 4,982,295불의 외화를 획득함으로써 혁명전년도에 비하여 일약 2배 이상의 실적을 올렸다.

그리하여 우리나라 수출상품 중 단일품목으로서는 1, 2위를 겨루는 유망한 품목으로 군림하게 되었으며, 또한 생사 품위향상에 있어서도 눈부신 발전을 가져와 국제 생사품위의 최고품격인 6A격에 도달했으며, 평균사격 역시 2계단이나 상승되어 한국생사의 우수성을 해외에 과시하게 되었다.

(6) 특용작물 증산

농가의 소득을 증대시켜 영세농업을 극복하고, 수출진흥 및 수입 대체로 국제수지개선에 기여하며 국내공업의 원료수요를 충족시키기 위해서 수익성이 높은 특용작물을 적절히 도입하여 이를 증산하기 위한 증산 5개년계획을 수립하여 강력히 실시하였다.

1962년을 제1차연도로 하고 적지적작 집단재배장려에 있어서 면화는 전남·경남에, 유채는 전남북·경남·제주에, 아마는 강원·충북에, 신서란은 제주에, 홍차는 전남에, 박하는 경북에 집중재배토록 장려하는 한편 1963년부터는 린초蘭草는 전남에, 호프는 강원도에, 수세미는 수요자와 계약재배로 적극 증산 장려하는 한편 피마자는 전국 유휴지를 활용하도록 하였다.

특용작물의 생산품은 농가의 자가 소비량이 극히 적고 대부분이 시장출하품이므로 농가수익 안정을 위해 1962년부터 정부는 경제작물 매수가격을 사전에 예시하고 농협을 통해 매수함으로써 생산의 안정성을 보장하고 생산품 가공시설을 지원하여 근대식 가공으로 개선토록 하였다.

1963년부터는 생산자와 수요자 간의 계약재배를 조성 실시하게 하여 그 첫 시범으로 수세미생산을 계약 재배하게 하여 커다란 성과를 가져와 다른 특용작물에 있어서도 이와 유사한 계약재배를 계속 권장하기로 하였으며, 특용작물에 대한 농가의 생산의욕을 고무시키고자 시범전시포를 설치하고 그 중 피마자는 수요회사로 하여금 730개소를 4H구락부를 통하여 설치하였다. 또한 1963년 4월 1일부터는 생약생산 업무를 보사부에서 농림부로 이관하여 이를 계획생산체제로 하고, 국고보조로 설치한 생산품 가공시설을 통하여 우수한 상품으로 생산되어 농가수익 증진에 크게 기여하고 있다.

(7) 농업생산자재 공급

1) 비료 공급

화학비료의 사용량은 자급비료의 감산과 사용이 편리하고 효과가 현저하다는 이유로 해마다 농민의 수요도가 높아지고 있었을 뿐만 아니라 혁명정부의 곡가유지정책에 의한 생산의욕의 앙양으로 이의 사용이 격증하고 있었다.

이리하여 혁명정부는 종전의 비료 관·민수 이원제를 철폐하여 민간상인들의 폭리를 제거하고 관수 일원화를 실시함으로써 적종 적량의 비료를 적기에 적정가격으로 공급하였으며, 1961년 1월 1일부터는 종래 비료연도인 당년 8월 1일부터 익년 7월 31일까지이던 것을 회계연도와 동일하게 1월 1일부터 12월 31일까지로 변경하고 수량계산에 있어 유안硫安, 과석過石, 유가硫加기준으로 환산하던 것을 순성분량 환산으로 변경 실시하였다.

또한 산성화된 토양을 개량하기 위하여 정부는 1960년도에 각도 전시포용으로 석회석 분말 5,677톤을 무상 공급하였고, 1961년도에는 30%의 국고보조로 9,421톤, 1962년도에는 60%의 국고보조로 97,321톤, 1963년도에는 50%의 국고보조와 50%의 영농자금융자로 100,000톤을 공급 사용하여 농경지의 산성토양개량에 노력을 경주하였다.

2) 농약공급

농약을 농협중앙회로 하여금 일원화 하여 시중시세보다 저렴한 가격으로 공급하여 농민의 부담을 경감시켰다.

농약의 소비는 매년 증가일로에 있어 1962년도에는 전년에 비하여 126%로 소비가 증가하였고, 1963년도에는 또 1962년도 소비량 7,000톤에 비하여 9,400톤으로 수급증가 계획하였다.

3) 농기구 공급

농업경영의 합리화와 협업화를 도모하는 동시에 농업의 기계화의 계기를 조성하기 위하여 국고보조로 농기구 8개 기종 75,404대를 도입하여 심경深耕, 다비多肥, 병충해 방제사업에 실효를 거두었으며, 한해旱害대책의 일환으로 양수기와 발동기를 공급하였다.

▲ 최초로 도입된 최근대적인 농기구

3. 농산물 가격유지와 수급조절

지금까지 우리나라의 양곡가격은 수요에 비하여 공급량이 많은 수확기에는 가격이 저락되고 단경기에 있어서는 농가의 양곡보유량 감소와 중간상인의 농락 또는 소비자의 심리적 영향 등으로 가격이 앙등하는 현상이 연중행사처럼 되풀이 되고 있었으며, 과다매입으로 인한 통화팽창의 방지와 필요 관수양곡 확보의 이율배반적인 현상의 고식적 타개책으로 농지상환곡 토지수득세 물납곡에 대한 매상가격을 농가생산비는 고려하지 않고 염가로 책정할 뿐만 아니라 식량수급계수를 무시한 채 다량의 외곡을 도입하는 데 의존해 왔다. 이러한 생산비 이하의 정부 매상가격뿐만 아니라 수급조절의 무계획성으로 시중양곡가격이 생산비 이하로 하회하여 축소재생산이 되풀이되고 있어 이로 인한 누진적 고리채로 농촌은 피폐해져서 문자 그대로 빈곤의 악순환이 계속되고 있었으며, 곡가파동으로 인한 소비자가격의 불안정은 경제성장을 저해하며 사회불안마저 조성하였다.

혁명정부는 농산물의 적정가격을 유지하여 농업생산과 농가경제를 안정시키기 위해 1961년 6월 27일에 농산물가격유지법을 제정 공포하고 곡물을 포함한 중요물자의 가격을 조절하여 소비자가격의 안정을 도모하였다.

(1) 1961, 1962년도 추곡수매

1) 일반매입

혁명정부는 농산물가격유지법에 의하여 생산자가격(생산비+이윤)을 보장하고 신곡출회기에 시중 미가의 저락을 방지 연중평준가격을 유지하기 위하여 일반매입을 실시하였다.

2) 비료교환

1961년도는 양비교환 계획량 72만석의 95%인 69만석의 실적으로 종전에 비해 88%가 더 많았고 1962년도에는 농민의 지불방법을 현물이나 현금의 임의지불조건으로 152만석을 책정하였다가 흉작으로 그 실적이 다소 저조했으나 구정권 때보다는 75%가 더 많았다.

이는 영농자금순환의 원활과 정부관리양곡을 다량으로 확보함으로써 일어나는 매상자금의 일시방출을 억제하여 인플레를 방지하고 신곡출회기의 공급과다를 조절하여 시중곡가의 저락을 방지함으로써 비료교환의 제도를 십분 확립하였다.

3) 미곡담보융자

과도한 매상으로 일시에 거액의 자금이 방출되어 인플레를 초래하는 것을 막고, 농민으로 하여금 출성기 방매를 억제하여 필요한 자금만을 융통해 줌으로써 출회기의 곡가 하락과 춘궁기 이후의 곡가폭등을 방지하며 곡가의 평준가격을 유지하기 위한 미곡담보융자를 효과적으로 실시하였다

(2) 1961, 1962년도 하곡수매

1957년도 이래 석당 농가생산비는 2,008원 내외였음에 반하여 정부매입가격은 석당 1,081원으로서 생산비의 54%에 불과하여 맥류수호비용조차도 안되어 밭에다 그대로 버려둔 사례도 있었다.

혁명정부는 1차적으로 1961년도산 매입가격을 54%에서 84%로 대폭 인상하여 시중시

세 연간평균은 생산비의 40% 이상을 넘어 우선 농민의 생산의욕을 증진시켰다.

또한 맥류麥類생산비의 보장문제는 우리나라 농가의 영농기술의 낙후성으로 반당 수확고가 아주 낮아 생산원가고를 초래한 것은 미곡과의 격차로 부득이한 것이었으나, 혁명정부는 영농기술향상과 함께 맥류생산비 보장에 최선의 노력을 경주하였다.

1962년도에 있어서는 생산비 건당 2,835원의 76%인 2,158원 60전으로 책정되어 구정권의 54%보다 22%를 더 보장함으로써 일반시중시가가 생산비보다 월등하게 향상된 것은 정부의 농산물가격 유지정책의 성공이라 아니할 수 없다.

(3) 정부양곡 방출과 수급조절

1962미곡연도의 정부가 추계한 전체식량수급 추산 총규모량은 33,232천석으로 1961미곡연도보다 2,089천석이나 증가 책정되었는데 1962년도의 수요총량 33,232천석 중 순수식량용인 농가용, 비농가용, 관수용 등은 28,915천석으로 전체량의 87%에 해당하며 나머지 7,210천석은 장유제과용, 종자용, 양조용, 수출 및 비축용이었다.

1) 곡가조절용 미곡방출

소비자가격의 안정을 목적으로 중요도시지대의 곡가조절용 양곡방출실적은 1962년도에 652,419석이었다. 1962년도에는 1961년산 미곡의 대풍작과 5·15통제가격에 의하여 곡가파동은 없었으나 일기불순에 의한 반입부조로 수급조절에 약간 차질이 생기기도 하였다. 그러나 정부의 과감한 조절양곡방출로 곡가의 평준가격을 유지할 수 있었다.

1963년도에는 1962년도의 미작항 감수로 인하여 일반소비자의 심리적 영향 등으로 가수요증가와 유통 불원활과 연초의 혹한과 강우로 인한 반입사정 악화로 서울 소매가격이 입당 3,000원에 육박하였으나 정부보유미의 과감한 방출과 통제가격의 단속으로 2,300원으로 대폭 가격을 조절하였으며 방출실적은 784,843석이었다.

2) 절량농가 대여

혁명정부는 매년 춘궁기와 맥령기에 주기적으로 발생하는 절량농가에 양곡을 대여하여 식생활의 안정을 기하고 영농의욕의 향상을 도모하였는데 1962년도에는 50만석을 책정하였으나 69%인 347,196석을 대여하였다. 그 이유는 1961년도의 미곡대풍작에도 원인이 있으나 혁명정부의 중농정책으로 인한 농촌 경제사정의 호전과 국토건설사업의 노임 살포로 인한 농민수입 그리고 농민의 자조의욕이 왕성한 결과라고 할 수 있다.

1963년에는 전년도 방출량에 추가하여 279,662석을 계상하여 농민의 생활안정과 영농의욕을 조장하였다.

절량농가 양곡대여는 농가대여양곡법에 의거 일선집행기관이 신축성 있게 대여할 수 있도록 지방자치에 이관하였다.

3) 교환양곡방출

잡곡이 부족한 추수기 이후에 농민에게 잡곡을 지급하고 다음 추수기에 정부에 정조正租로 상환케 함으로써 잡곡혼식을 여행하여 값비싼 미곡을 절약하여 농가소득을 향상시키고 미곡수요를 완화하여 곡가안정을 도모하며 정부관리양곡을 용이하게 확보할 수 있도록 1963년도에는 632,288석을 계상함으로써 농가의 춘궁기 대책에 기여하였다.

4) 구호양곡

영세농가 구호용으로 대여양곡을 농민에게 방출함과 동시에 보사부에서 일반구호용으로 영세국민에게 구호양곡을 배급하는 이외에 국토건설사업 사방사업용의 노임으로 양곡을 살포함으로써 민생고를 해결할 수 있도록 최선의 노력을 경주하였다.

그 실적을 보면 1962년도에는 187,468석을 방출하였으며 1963년도에는 712,000석을 책정 시행하였다.

5) 미곡수출

공업이 발달하지 못한 우리나라 사정으로 농산물의 외화획득비율은 참으로 중요한 일

이 아닐 수 없다. 혁명정부는 국민들에게 생산원가가 아주 높은 미곡소비를 줄이고 잡곡과 분식을 권장하여 1962년도에 62,002톤의 미곡을 외국에 수출하여 909만 불의 외화를 획득하게 되었음은 경제개발 5개년계획에 소요되는 외환수급에 기여함은 물론 그 의의가 참으로 크다 할 것이다.

4. 농지개량

(1) 농지개혁

우리나라는 건국 이후 1949년 6월 21일자 법률 제31호로 농지개혁법을 제정 공포하고 익년 3월 25일자로 동법 시행령에 의거 약 535천 정보의 농경지가 1,549천 호 농가에 분배됨으로써 수천년 동안 고루하게 답습되어온 토지제도를 개혁하여 사회정의의 실현과 농가경제의 자립 그리고 농업생산력의 증진으로 인한 농민생활의 향상을 위한 거보를 내디뎠으나 6·25 전쟁에 의거 모든 문서와 자료가 소실되었고, 극도로 피폐된 농가경제는 보상 및 상환에 막대한 차질을 초래하여 농지개혁법을 시행한 지 10여 년이 경과된 상금에도 끝을 맺지 못하고 있는 형편이었다.

혁명정부는 본 사업을 조속히 종결하기 위하여 농지개혁사업정리요강을 제정하여 이를 다음과 같이 추진하였다.

1) 농지의 매수와 분배

1950년 농지개혁법 시행에 앞서 실시한 농가실태조사에 의하면 1949년 6월 1일 현재 요 매수 농지면적은 답畓 363,131정, 전田 237,917정, 계 601,048정이며, 소작농은 526,195호였고, 1950년 3월 25일자 농지개혁법시행령과 동 4월 8일자 농림부령 시행세칙에 의거 분배를 실시한 바 일반농지 316,394정, 귀속농지 224,509정 합계 540,903정이며 수배 농가호수는 1,646,180

호였다.

여기에서 1949년 6월 1일 실시한 요분배 농지와 실지분배 농지와의 차이는 농지분배에 앞서서 지주가 경작인에게 농지를 매도처분했거나 또는 무상으로 증여하는 등 처사로 기인한 것이며 그 후 수복지구에 대한 농지개혁실시는 1958년 4월 10일 대통령령으로 수복지구에 대한 농지개혁법시행에 관한 특례규정을 제정 공포하여 수복지구에 대하여도 농지개혁을 실시하기에 이르렀다.

이리하여 5·16 혁명 전까지 8,933호에 3,910정을 분배하였으며 일반지구까지 합하면 총 534,910정을 1,549천호에 이르므로 해서 본 사업이 종말단계에 있어 혁명정부는 1962년 1월 1일부터 농지개혁사업특별회계를 폐지하고 이를 일반회계로 이관하였으며, 동년 5월 31일 농지개혁사업정리요강을 제정 미사용 중인 사용목적변경인허농지 및 공공용 또는 공공목적에 사용하지 아니한 국유농지 중 그 관리청으로부터 인계된 농지 기타 분배누락지 등 약 540정보의 농지를 1962년 말까지 분배 완료하여 총 584천 정보를 1,801천 호에 분배한 실적을 거양하였다.

2) 농지대가의 수납상황

혁명정부의 정리요강규정에 따라 누락농지와 신규로 농지가 분배됨으로 해서 요상환량이 혁명 전보다 329,827석이 증가된 20,293,161석이었으나 5·16 전까지의 수납량은 19,292,230석인데 반해 5·16 후 1962년 12월 말까지 608,961석을 수납함으로써 총 수납실적은 19,901,191석이며 미납량은 257,795석으로서 수납비율이 98%에 달해 그 동안 군량미조달과 국가세입에 상당한 비중을 차지하였다.

3) 보상금의 지불

농지개혁실시에 따른 농지대가보상금의 지불은 그간 6·25 전쟁과 국가재정의 어려움으로 부진을 면치 못하다가 혁명정부의 농지개혁사업정리요강에 의거 법정보상기간이 만료된 것에 대하여 일체신고를 접수하고 이들에 대하여 지가증권의 교부 또는 보상금지출청구를 하지 않은 자에 대해서는 시효완성을 이유로 정부가 보상책임을 지지 않기로 하였다.

이에 따라 요보상액 1,796,287,876원에 대하여 5·16 혁명 전까지 94%에 해당하는 1,689,234,515원이 지불되었으며, 특히 개간 간척농지에 대한 특별보상 및 농지부속시설 보상에 대하여는 1960년 10월 13일 농지개혁법이 개정됨에 따라서 1961년 12월 5일 특별보상 및 부속시설보상요강을 개정하고 동 보상금 10,796,286원을 포함하여 23,560,755원이 1963년 4월 4월 말까지 지불됨으로써 95.3%에 해당하는 총 1,712,695,270원의 지불실적을 거양하였으며 잔액은 1963년과 1964년에 각각 나누어 지불하기로 함으로써 그 동안 10여년 동안 부진했던 농지대가보상금지불을 완료하게 되었다.

4) 지적정리

농지개혁법 제16조2항에 의거 상환을 완료한 분배농지에 대하여는 분할측량을 실시한 후 분배받은 농가의 대표자명의로 소유권이전등기를 하게 되어 있는 바, 분할측량은 총 대상 필수 2,133,339필지에 대하여는 5·16 혁명 전까지 1,928,227필지를 완료하고 그 후 1963년 4월 말까지 143,884건, 1964년 4월 말까지 잔필지 61,228건을 완료하기로 계획을 세웠다.

그리고 분배농지소유권이전등기는 상환곡을 완납하고 분할측량이 끝난 분배농지에 대하여는 분배받은 농가의 대표자명의로 소유권이전등기를 실시하여야 하는 바 총대상자가 4,177,771건인데, 이전등기 미필농가 가운데는 농지를 분배받고도 소정의 절차를 밟지 아니하고 상환완료 혹은 상환 도중에 분할전매하여 당해농지의 권리가 이양된 것에 대하여는 1961년 5월 5일 제정 공포된 분배농지소유권이전등기에 관한 특별조치법에 의거 사실상의 현소유자에게 그 소유권이전등기절차를 이행하기로 하였다.

따라서 당초 계획보다도 593,050건이 증가되어 총 대상건수는 4,770,821건이었는데 그 중 5·16 혁명 전까지 2,581,425건을 완료하였고 그 후 971,892건을 완료함으로써 잔 1,217,504건은 1964년 말까지 완료하도록 계획하였다. 전기 분배농지소유권이전등기에 관한 특별조치법은 공포일로부터 2년간 유효한 시한법이므로 동법에 의한 대상건수 593천 건 중 1963년 2월 말 현재 미완료건수가 30만 건에 달하는 실정이므로 정부는 동법 부칙을 개정하여 1964년 12월 말까지 그 효력을 연장하기로 하였다.

(2) 토지개량

1) 사업실적

기존농토에 대한 관개개선 및 농토확장을 위한 개간 간척 등 토지개량사업은 해방 후부터 1962년도까지 총 155억 원의 투융자 조성 하에 대소지구 수리시설만도 542지구에 149,760 정보며, 이에 따른 미곡증산은 연간 130만 석에 달하고 있으며, 이 밖에 11,010개 지구의 기존시설을 개보수하여 재해를 방지하고 안정된 농업생산을 보장하였다.

혁명정부는 2년간에 걸쳐 연차적으로 시공순위를 결정하고 대소지구사업을 비롯하여 소규모사업, 개보수사업, 개간사업 등 38억5,000만 원의 투융자 지원하에 총 6,582개 지구에 사업을 실시하고 6,474지구를 준공시켜 222,914정보의 농토를 개량함으로써 연간 96만여 석을 증산하였다.

2) 수리조합의 통합

혁명정부는 1961년 8월 21일 수리조합합병에 관한 특별조치법을 제정 공포하고 이법에 의거 이제까지 대소 난립상태에 있는 695개 조합을 1군 1조합 원칙 하에 198개 토지개량조합으로 통합하여 경비절감과 운영의 합리화를 기하는 동시에 조합원의 부담을 경감시키고 건전한 운영체제를 확립하였다.

5. 농업협동조합

우리나라 농협운동은 그 동안 경제사업과 신용사업이 분리되어 추진되어 왔다. 즉 농업협동조합중앙회는 농업협동조합법에 의하여 1958년 10월에 창립되었고, 농업은행은 1958년 3월에 주식회사 농업은행을 개편하여 농업금융전담은행으로 새로 발족한 것이다.

그러나 전자는 판매사업을 중심으로 하는 경제사업을 영위하였고, 후자는 은행담보신용사업을 전담하여 왔으므로 농협의 영세농민을 대상으로 한 의욕적인 사업추진에 조합금융 본래의 사명을 충분히 수행하지 못했다. 그리하여 농협사업을 효율적으로 운용하기 위해서는 경제사업과 신용사업 그리고 지도사업이 유기적 유대를 가지고 추진해야 한다는 필요에 따라서 혁명정부는 이러한 제도상의 모순과 시책상의 결함을 시정하기 위해 새로운 농업협동조합법을 제정 공포하고 구농협과 새 농업은행을 통합하였다.

6. 농업금융

혁명정부는 한국농촌의 후진성과 농촌경제를 재건하기 위해서는 농민에게 적기에 충분한 영농자금을 저리로 지원하여 농업생산력을 증강시켜야 한다는 목표 아래 우선 농어촌경제발전에 암적 존재였던 고리채를 정리하여 농어민을 구출하고 그 다음으로 농어촌자금의 궁핍을 완화하기 위해 저리농업자금을 과감히 방출하여 농업금융의 건전화에 전력을 경주하였다.

7. 축산업

혁명정부는 축산업을 합리적이고 효과적으로 발전시키기 위해서 다음과 같이 정책의 기본방향을 정하고 적극 이를 추진하였다.

첫째, 가축의 증식과 소비를 최대한으로 하여 점진적인 국민식생활 개선을 전제로 가축증산에 따르는 사료자원은 농후사료보다 산야의 초자원을 활용하고 초식가축의 증식을 장려하였다.

둘째, 가축증식을 위해서는 자질개량이 요구되므로 우량종축의 계획적 체계적 생산공급과 인공수정, 거세 등 사업을 촉진하였다.

셋째, 사료대책은 농후사료 수급량의 절대부족량은 당분간 외곡도입으로 충당하되 초지개량확대를 전제로 옥수수, 수수, 감자, 호박 기타 농산물 등을 최대한으로 농후사료로 이용하기로 하였다.

넷째, 정부는 국민보건과 유제품도입에 따른 외화를 절약하기 위해 낙농酪農장려 5개년계획을 수립하고 매년 1,000두의 유우乳牛를 도입하기로 해 이를 각도에 집약 낙농지역을 선정하여 농가에 대부하였다.

8. 임 업

우리나라는 전국토의 68%가 산림지대임에도 불구하고 그동안 무절제한 벌채로 인하여 전임야 면적의 37%가 미성림지나 비생산지로 방치되었다. 따라서 국내소요목재 및 임산연료 공급에도 어려운 실정에 있었을 뿐만 아니라 매년 우기가 되면 산사태로 막대한 토사가 유출되어 인명과 재산의 피해는 물론 농사에 한해旱害피해가 발생하고 있었다.

혁명정부는 이러한 중요성과 시급성을 간파하고 산림사업을 근본적으로 추진하기 위하여 1961년 12월 27일 산림법을 제정 공포하고 산림산업에 관한 기본정책, 즉 그 목표로서 첫째 국토보전과 항구적 재해대책, 둘째 생산력 증대와 생산성 향상, 셋째 임업소득의 증대, 넷째 임업구조의 개선 등으로 정하고 경제개발 5개년계획에 의한 본격적인 산림사업을 추진하였다.

(1) 조림양묘사업

미성림지 면적 260여 정보 가운데 요사방지를 제외하고는 연차적으로 계획을 수립하고, 우선 농촌연료를 해결하기 위해 속성연료림을 부락부근 미입목지에 조림을 실시하여 연간수요량 1,200만톤의 연료생산목표와 경제개발 5개년계획 기간에는 552,000정보를 조성할 계획을 수립하였다.

【주요조림사업 실적표】

단위 : 정보

사 업 별	1962년도	1963년도	비 고
연 료 림 조 성	84,988 정보		
용 재 림 조 성	29,639 정보	22,589 정보	
특 수 수 종 증 식	3,852 천본	25,160 천본	
개 량 포 플 러	235 정보	1,000 정보	
죽　　　림	450 정보	300 정보	
계	115,312 정보 3,852 천본	23,889 정보 25,160 천본	

용재림用材林조성사업은 장기조림사업계획을 수립하고 성장이 빠른 이태리 개량포플러를 장려하기 위하여 우리나라 기후풍토에 적응 여부 시험을 필하고 1962년에 235정보, 1963년에 1,000정보에 증식을 하였다. 또한 농촌부수입원을 조성하기 위해 특수수종 고유의 특산지대를 형성하고 3,852천본을 증식하였다.

또한 묘목생산을 위하여 1962년도에 일반묘목 2억3천만본, 산림계山林契아카시아 4억4천만본, 산림계개량포플러 40만본 도합 6억7천40만본의 묘목을 생산하였으며, 1962년도 산림사업용 종자채취는 사방용으로 1,033톤, 일반양묘용으로 448톤을 각각 채취하였고, 1963년도와 1964년도에는 조림사방사업용 일반양묘 5억6,330만 본, 산림계아카시아 묘목 5억8,573만 6,000본 도합 11억4,903만 6,000본이란 거창한 묘목사업이 진행 중에 있었다.

(2) 사방砂防사업

우리나라는 과거부터 광대한 산지의 황폐로 인하여 막대한 토사유출과 홍수의 피해를 입고 있었다. 1954년도 통계에 의하면 전국의 황폐산지면적은 전임야면적의 10%에 해당하는 640,000정보에 이르고 있다. 혁명정부는 1962년부터 산지山地사방 11,865정보를 재건국민운동으로 하고, 학생지역사회 시범부락 및 4H구락부원에 의한 파종사업 19,521ha, 계 35,159ha와 해안사방 200ha, 야계사방 9,424m 그리고 5,000 리·동에 대한 토지이용구분조사를 실시하였다.

【1962년도 및 1963년도 사방사업 실적】

사업별	1962년도	1963년도	비고
산　　지　　사　　방	35,159ha	183,799ha	
야　　계　　사　　방	9,424m	〃	
해　　안　　사　　방	200ha	〃	
토 지 이 용 구 분 조 사	5,000리동	〃	
〃	〃	〃	

　　　　그러나 혁명정부에서는 산림의 암적 존재인 황폐산지를 최단시일 내에 복구하기 위하여 경제개발 5개년계획을 수정하여 제2차연도인 1963년에 전국의 황폐산지 377,717ha를 완전 복구하기 위해 1963년 2월 9일 국토녹화촉진에 관한 임시조치법을 제정 공포하고 이를 강력히 추진하였다.

9. 수 산 업

(1) 수산단체의 정비와 수산업협동조합

혁명정부는 1961년 7월에 전국 152개의 어업조합을 88개 조합으로 폐합 정비하는 한편 각도의 어업조합연합회를 해체하여 대한수산중앙회가 관장토록 하였으며 20개의 수산조합을 15개 조합으로 축소정비하여 어민의 복리와 사회적 지위를 향상시켰다.

또한 과거 조선어업령 제6장에 의거하여 설립된 어업조합과 수산조합을 구법정리와 더불어 이를 폐지하고 1962년 1월 20일 수산협동조합법을 제정 공포하고 1962년 4월 1일 86만 어민의 협동조직체인 수산업협동조합을 발족시켰다.

수산업협동조합의 조직은 수산업협동조합중앙회를 두고 그 산하에 88개의 지구별 어업협동조합 및 13개의 업종별 어업협동조합과 2개의 수산제조업협동조합 도합 104개의 협동체로 조직하여 어민의 자율적인 단체 체제로 확립하였다.

한편 수산업협동조합의 하부조직인 전국 1,914개의 어촌계를 자연어촌부락 단위로 조직하여 수산협동조합의 말단조직 체계를 확립하고 어민 스스로의 협동운동을 할 수 있는 기반을 마련하였다.

(2) 수산자금

우선 구정권 하에서 수산자금 운영실태를 살펴보면, 계획융자제도를 수립하지 못하고 산발적으로 취급된 시중금융기관의 희소한 자금마저 일부 기업적인 어업에만 편중융자되었으며, 그나마 국부적으로 융자된 자금도 회전의 보장이 불가능하여 대다수 어민은 사금융에 의한 개인고리채에 전적으로 의존해 있었다. 혁명정부는 이를 중농정책의 일환으로 ① 어촌고리채 7,650만 원을 판정 정리함으로써 어민을 고리채의 중압에서 해방시켰다. ② 고리채정리로 인한 사금융 봉쇄 후의 수산금융의 원활과 적기조달을 위해 FY61 4/4분기에 1억1,000만 원의 어촌자금을 과감하게 방출하였다. ③ 수산자금의 계획융자를 도모하여 적기융자는 물론 생산성효과 앙양에 치중하였다. ④ 시중은행에서 산발적으로 분산취급하던 것을 농협중앙회로 일원화하여 자금회전의 원활과 사후관리의 일관성 있는 체계를 확립하였다. ⑤ 담보력이 미약한 영세어업자에게는 신용융자제도를 창설하여 육성을 도모하는 한편 융자절차를 대폭 간소화하였다.

따라서 경제개발 5개년계획 제1차연도인 FY62의 수산업에 대한 자금규모는 구정권 당시의 4·5천만 원에서 6억3,100만 원으로 대폭 증액하였으며, 1962년 4월 1일 수산업협동조합을 개편 발족하여 어민의 숙원이던 신용사업을 직접하게 하여 FY63에 책정된 수산사업총융자재원인 재정자금 3억8백여만 원을 수산업협동조합중앙회에 대하貸下하였다.

(3) 주요사업 및 실적

1) 어구대체

영세민이 소유한 면망綿網어구를 합성섬유어망으로 대체하여 생산성과 어민의 소득을 증대하기 위하여 FY62년도에 자망刺網 1,066건, 설망 1,140건, 연승延繩 59건 합계 2,265건을 실시하였으며, FY63년에도 설인망 200건, 자망 340건, 합계 540건을 완료할 계획이다.

2) 다랑어(참치) 연승어업출어장려

혁명정부는 종전에 남태평양 사모아에서 겨우 3척이 조업을 하던 것을 제1차연도인 FY62에 정부계획자금으로 원양참치어선 7척 도입과 민간기업체가 DLF로 도입한 5척 도합 12척을 동 어장에 출어하여 연간 약 150만 불의 외화수입을 기대하게 되었다.

3) 새우트롤 어업

정부는 1962년 6월 14일 농림부령으로 새우트롤어업조정규칙을 제정 공포하고 새우자원을 개발하여 연간 2,300톤의 새우를 증산하고 전량 수출을 함으로써 연간 250만 불 이상 외화를 벌어들이게 되었다.

4) 공용어선 및 공동운반선 건조

영세어민의 자립경제를 도모하고 어뢰의 과학화와 어업의 생산증가를 위해 정부는 FY61에 국고보조금 38,180천 원으로 345척, FY62에 정부자금 57,500천 원, 민간자금 32,900천 원 도합 90,400천 원으로 15톤급 공용어선 119척을 건조하여 영세어민에게 운용토록 하였으며, FY63에는 91척의 공용어선을 건조하도록 계획하였다.

【수산물 수출실적(1961~1962년)】

단위 : kg(수량) · 불(금액)

품종별	61년도		62년도		63년도(63. 3월 말 현재)	
	수량	금액	수량	금액	수량	금액
활 어	4,039,738	1,404,935	2,040,702	672,698		100,536
선 어	—	—	8,951,793	3,653,812		453,727
냉 동 수 산 물	706,512	346,111	1,140,464	1,381,042		389,786
건 오 징 어	6,852,760	2,470,858	6,360,863	2,371,182		706,444
건 어 개 류	252,614	268,655	258,816	279,047		22,382
통 조 림	67,817	67,522	545,040	271,522		22,699
염 신 품	317,927	173,991	613,823	362,972		99,943
해 태	140,556	669,511	226,379	1,267,470		27,848
한 천	359,511	1,281,584	505,742	1,419,809		16,599
어 간 류	261,566	136,442	178,755	58,922		—
해 조 류	3,594,960	359,010	3,314,146	352,169		29,531
참 치	348,713	109,756	692,000	205,477		—
기 타	19,059	10,159	55,566	28,895		699
계	16,961,733	7,316,535	24,884,089	12,425,017		2,170,194

5) 어업시설개량

본 사업은 어선의 동력화와 어선장비의 근대화를 위하여 FY62에 어군탐지기 106대, 집어정 및 발전기 200대, 디젤기관 130대, 무전기 48대를 각각 도입 시설을 완료했고, FY63에는 디젤기관 1,550대, 어군 및 방향탐지기 19대, 집어등 200대를 도입 시설하기로 계획을 세웠다.

6) 어항수축

어선을 보호하고 항내시설을 유지 보존하기 위해서 정부는 FY61에 국고보조 31,280천 원을 들여 방파제 47개소, 선착장 2개소를 수축하였고, FY62에는 국고보조 26,120천 원으로 방파제 24개소, 선착장 34개소, 물양장 4개소 도합 62개소를 수축하였으며 FY63에는 방파제 600m, 선착장 350m 계 1,330m를 계획하고 있다.

7) 천해간석지淺海干潟地 및 내수면개발

유휴천해간석지를 개발하여 유용 패조류의 증식시설을 하는 한편 유휴내수면을 이용하기 위해 정부는 FY62에 국고보조 21,852,730원으로 패조류 증식시설을 1,30,410평을 시설하였고, 해태양식장재개량을 국고보조 4,120,204원 재정융자 6,266,621원으로 해태망 4,458책, 콘크리트대용 갱목 40,000본을 구입하여 생산업자에게 공급하였다.

또한 양식장시설로서 국고보조 2,084원 재정융자 2,836,000원으로 21개소를 시설함과 동시에 신설양어장에는 1개소당 20,000마리의 잉어치어를 무상공급하였다.

그리고 FY63에는 천해간석지개발 1,442,885평, 해태개량사업 해태망 2,000책, 내수면 10개소의 양어장 증설계획을 완료하였다.

8) 어업구조개선사업

우리나라는 1928년에 제정된 어업제도를 지금까지 답습하고 있어 아주 영세적이고 비기업적인 운영을 하고 있었다.

정부는 1963년 4월 11일 수산업법의 기본제도를 대폭 개정하고 국제어장 진출의 장려는 물론 연안어업의 어업구조를 대폭 개선하였다.

정부는 또한 어획물의 수급조절과 어가의 유지를 위해서는 현대적이고 위생적인 처리가공시설의 확장에 있음을 착안하여 어획물의 주요집산지인 부산과 여수에 각각 현대식 대규모종합어시장을 건설하였다.

10. 농촌진흥사업

정부는 중농정책의 일환으로 강력하고도 효율적인 농촌지도사업을 펼치기 위하여 그간의 다원적인 체계를 일원화하여 새롭게 농촌진흥청을 발족하고 그 임무로서 첫째, 농사전반에 관한 전문적인 시험연구를 실시하고, 둘째, 시험연구결과를 농촌에 지도 보급시키며,

셋째, 농업분야 공무원의 자질향상을 위한 보습교육과 농촌지도자를 양성하는 수련사업을
실시하도록 하였다.

(1) 농사시험연구

1) 가축전염병 예방약 생산 : 가축전염병의 방역을 위해 절대소요량의 각종 가축전염병
예방약을 생산하고 동시에 이에 따르는 생산기술과 제조방법을 개량하여 예방약의 단가를 절
감시켜 전염병에 대한 만연을 미연에 방지하도록 하였다.

2) 축산시험연구 : 유축농업의 조성을 목표로 가축의 조기개량을 위한 원종축原種畜의 도
입 및 증식 그리고 생산성이 높은 1대잡종의 육성, 목초지 개량, 축산물가공과 합리적 저장방
법 등 축산시험연구를 통해 우량종축 증식에 큰 성과를 가져왔다. 자급사료를 이용한 사양시
험飼養試驗을 통해 탄수화물이 많이 포함되어 있는 고구마를 이용하여 양돈, 양계사료는 물론

【종축(種畜)종금(種禽)생산실적】

품종	1961 생산		1962생산				1963생산		비고
	실적	배부	계획(A)	실적(B)	배부	B/A비율	계획	실적	
유 우	23	8	34	37	22	109	16	15	63은(1월~4월) 계획 대실적임
한 우	62	14	43	67	7	156	8	11	
육 우	31	2	24	17	—	71	—	—	
마	—	—	12	10	—	83	—	—	
돈	1,180	517	1,050	1,554	1,554	148	700	841	
면 양	114	113	120	115	—	95	115	118	
산 양	88	20	100	90	90	90	102	139	
계	46,638	71,585	70,250	95,359	95,359	136	79,644	90,607	
토	1,439	1,198	1,500	1,602	1,602	107	600	904	
견	—	—	—	27	—	—	—	—	
봉	32	—	50	50	50	100	—	—	
계	49,607	73,457	73,183	98,928	98,684	135	81,185	92,625	

농후사료의 40%까지도 고구마로 대체가능하게 되었고, 발효사료를 연구한 결과 조사료중 담
백질 함량이 15%나 증진됨을 발견하여 곡류사료 절약에 크게 기여를 하게 되었다.

3) 잠업시험연구 : 잠업시험연구를 통해 상묘桑苗수원상4호를 개발하여 1961년에 8,000
본, 1962년에 210,000본, 1963년에 850,000본의 우량상묘를 매식埋植완료하였다.

4) 임업시험연구 : 황폐된 산림의 녹화와 임산자원의 증대를 위한 우량수종에 의한 조림
용 묘목의 대량생산 및 증식과 우량수종육성 등을 위한 임업시험연구를 통해서 산지에 적합
한 포플러 1대잡종 3계통과 신종소나무 2계통을 선정하여 1961년에 조림용 묘목 683,000본,
1962년에는 450,000본을 생산 배부하였다. 또한 흰불나방에 의한 산림병충해를 예방하기 위
해서 생태 및 방제법을 연구하여 97.8%의 살충효과를 가져왔다.

한편 강원도산 소나무의 수확표를 조제하고자 표준지 82개소를 설정하여 이들의 지위
지수地位指數 입령별주임목, 부임목별, 평균수고 평균직경 1 ha당 임목본수 등에 대한 조사를
완료하여 앞으로 산림평가 임업경영에 크게 공헌하게 되었다.

이밖에도 삼림森林해충구제와 밀접한 관계가 있는 한국야생조류의 습관성에 대한 연구
와 공예원료인 죽림竹林조성 등에 관한 연구를 계속하고 있다.

5) 작물시험연구 : 미맥을 비롯한 식량작물, 수입대체품목으로서의 고구마 기타 유용한
특용작물의 단위면적당 생산성의 증대를 위한 품종개량, 주요작물의 우량종자 증식재배법 개

【주요작물종자 생산실적】

곡류종자	1961	1962	기타작물	1961	1962
수　　　도	43.7석	4,294.0석	박　　하	—	18,000kg
맥　　류	122.9석	186.5석	면　　화	11,232	11,830kg
대　　두	10.2석	239.0석	연　　초	—	47kg
옥　수　수	5.7kg	150.0석			
계	176.8석	4,869.5석	계	11,232	29,877

선 등 작물시험연구를 통해 우량작물종자를 1962년에는 4,869석을 생산 보급하였다.

　　6) 원예시험연구 : 과수 · 채소 · 화훼 등 원예작물의 품종개량 재배법개선 및 우량종묘 · 종자 생산 등이 주요내용이다. 1961년에는 과수묘목 21,859본, 1962년에는 묘목 59,628본, 채소종자는 396, 마령서 61,747관을 생산 배부하였다.

　　또한 1962년에는 과수엽분석에 의한 영양진단방법이 우리나라에서 처음으로 실시되었고 마령서 도입품종에 대한 적응성 검정을 실시한 바 바이러스 및 역병에 강한 Kenebec과 Saco 등 2개품종이 선발되었고 이밖에도 사과 후기락과방지용 약품과 이의 방지방법도 구명되었다.

　　7) 식물환경연구 : 토양 비료 농약과 병충해 방제에 관한 기초연구를 실시하여 이 자료를 농민지도사업에 활용토록 하였으며, 개간지에 많은 대맥 불임지不稔地개량을 위한 연구와 미개척분야에 속해 있는 작물생육에 유해한 토양선충을 규명해 냈다.

　　또한 농작물, 가축, 토양, 강수降水의 낙진 중 방사능을 측정한 바 작물로서는 배추에서 가장 많은 양이 측정되었다. 이밖에도 저위생산지의 분석 및 개량과 신농약에 대한 병충해방제시험이 계속되고 있다.

　　8) 농공農工이용연구 : 농업노동생산성 향상을 위한 농기구의 개량 제작 및 검사, 농산물 이용도증진을 위한 저장 및 가공법시험 및 간척지농가 실태조사, 시험연구결과에 대한 경제분석 등을 주로 연구하여 1962년에는 성능이 우수한 심경려深耕犁 재건호와 맥류파종기 부흥호를 개발 제작하였다.

　　또한 불량사과를 이용한 사과주 제조방법을 연구하여 연간 불량사과 700만관을 양조용으로 대체하여 10만석의 양곡을 절약할 수 있게 하였으며, 수입대체작물인 고구마의 건조저장방법, 수출용 박하뇌薄荷腦의 정제 및 분리법, 농가구조개량시험, 흙벽돌제작 시험을 계속 진행하고 있다.

　　한편 농사시험연구에 의한 경제분석으로 수도심경다비手稻深耕多肥 방법을 장려했으며,

한국 독우사육犢牛飼育의 이익성과 유휴경사지 개간농가 및 간척농가에 대한 경영경제실태조사 등을 실시하였다.

9) 연초시험연구 : 잎담배의 단위면적당 생산성을 높이기 위한 품종개량 및 재배법개선과 우량종자증식을 위한 종자생산, 합리적인 건조 조리방법과 성분 분석을 위하여 농촌진흥청 직제에 따라 전매청소관에서 이관 실시하였으며, 품종비교실험을 통해 Cocker 139와 Cocker 140이 TSA보다 질이 우량하고 가격도 높아 이를 장려하였으며, 또한 묘판자료 및 노동력의 절감을 위한 실험에서는 목재를 양회판자로 대체가능하며 MH30(생장억제제)으로 액아腋芽의 생산억제효과를 구명하고 제초노력절감을 위한 시험을 계속하였다.

(2) 농촌지도사업

1) 농사기술개량

농민의 실물교재로서 종래의 산만적인 요인별 전시를 지양하고 종합전시로 방향을 바꿔 설치 지도하였고, 정부의 유축농업조성시책에 따라 10,600기의 사이로를 설치 전시하여 지도한 바 농민이 자진하여 16,873기의 사이로를 설치이용하게 되어 사료난의 해결책이 마련되었으며, 농가의 유일한 부업으로 외화를 획득할 수 있는 잠업을 진흥시키기 위해서 900동의 간이잠실을 축조 전시한 결과 농가 스스로 531동의 잠실을 축조 운영하였으며 정부는 64,000,000주의 상묘를 1,083개 잠업특설지구에 식재하여 잠업증산의 기틀을 마련하였다.

또한 막대한 외화소비와 지력을 감퇴시키는 금비과용을 방지하기 위하여 자급비료를 사용토록 지도하는 동시에 합리적인 시비법을 지도하기 위해 연 6,327개소의 전시포를 설치하였다.

한편 성인농민의 유일한 학습단체인 농사개량구락부는 1961년말에 2,173개였으나 지도사업의 강화로 1962년 말에는 7,858개로 증가되어 지도효과는 농민자조활동에 크게 실효를 거두게 되었다.

2) 농촌생활개선

농촌생활의 향상을 위하여 3,364호의 전시展示농가를 선정하여 의衣생활과제 235,736 건, 식생활과제 251,174건, 주住생활과제 123,041건, 육아과제 65,644건, 보건위생과제 142,735 건, 부업과제 49,378건을 각각 이수하였고, 흙벽돌틀 177대를 각시군지도소에 배부하여 농가 건물개선을 지도하였다.

또한 농촌부녀자의 학습단체인 1,313개의 생활개선구락부도 농촌지도사업 강화대책에 의거 조직 육성한 결과 3,877개로 증가되어 효율적인 생활개선지도활동으로 확산되었다.

3) 농촌청소년지도

농촌청소년들의 자질향상과 영농기술을 습득시키기 위하여 청소년(4H)구락부의 조직 육성에 치중한 바 종래 8,939개 구락부에서 18,874개로 증가되어 미래의 농촌중견인물이 될 농촌청소년들의 교외교육활동을 활발히 전개시키고, 이들 구락부를 통하여 각종 기술과제지 도를 실시하는 한편 특히 1인 1기의 실기교육으로 중앙 도단위에서 1,548명에게 목공기술훈 련 교육을 실시하였다.

또한 구락부 지도층에 있는 1,379명의 부원에게 선진국 독농가와 특수농장에서 견학실 습을 시켜 산지식을 습득하도록 하여 소속 구락부의 발전에 기여토록 하였으며 외국과의 기 술교환훈련계획에 의거 부원을 미국에 파견훈련을 실시하였다.

4) 시범농촌건설

지리적 · 경제적 · 사회적으로 이익을 같이 하는 6~10개 부락단위로 농촌진흥시범지역 을 전국에 733개 지구를 선정하여 공동이용시설사업 외에 각종 학습단체를 조직하고 기술지 도를 종합적으로 집중 실시함으로써 명실 공히 농촌근대화를 위한 시범농촌지구를 이루고 있다.

5) 수련사업

공무원은 국민전반의 봉사자로서 가장 민주적이고 능률적인 방법으로 국가행정의 목적을 달성하는 데 선량한 인도자가 되어야 함으로 제반 행정에 필요한 새로운 지식과 기술을 습득시키기 위하여 혁명정부는 1961년 11월 1일 공무원훈련법을 제정 공포하고 동법 제9조에 의거 기술교육기관을 설치하였다.

이리하여 농촌진흥청에 농림부훈련원을 통합시켜 수련소를 설치하고 여기서 농림관계 기술직공무원과 산하단체 기간요원을 훈련시켰다.

그 실적을 보면 혁명정부는 농림관계 기술지도직 공무원 및 산하단체 기간요원 전원에 대하여 1961년 제1차연도에 일반적이고 기초적인 단기 2주간교육을 실시하였으며, 1962년도 에는 전대상인원에게 개괄적인 기초교육을 실시한 후 1963~1965년의 3개년계획을 세워 전문 부문에 대한 실효성 있는 교육을 실시하기 위하여 훈련기간을 4주간으로 책정하였다.

이와 같은 본 농업전문 수련修練사업의 성취는 농산물의 증산, 치산치수사업에 의한 녹 화, 축산, 수산물의 증식 등 제1차 산업의 일대부흥을 가져오게 될 것이며 우리나라 경제성장 의 기초를 마련한 것이라 할 수 있을 것이다.

_ XI. 상공

우리나라는 일본식민정책의 착취와 6·25 전쟁으로 취약한 민족자본마저 회진灰燼되고 말았다. 그러나 미국을 비롯한 우방제국의 적극적인 원조로 휴전 이후 소비재 공업 부문에서는 다소 발전을 하였으나 구정권의 경제정책의 소극성과 부패로 인하여 경제적 자립이 요원한 상태에 있었다.

혁명정부는 건전한 경제기반의 확립만이 민주주의 발전에 있어서 기본임을 인식하고 경제의 구조적 후진성을 극복하고 국민경제의 자립적 성장을 이룩하기 위해 제1차 경제개발 5개년 계획을 세워 외부경제의 확장을 위한 사회간접자본의 정비, 에너지자원을 비롯한 기간산업의 건설, 국제수지의 균형을 도모하기 위한 수입대체산업의 육성, 유휴노동력의 고용증대를 위한 국토개발사업 등 과거 우리나라 경제발전을 제지한 제요인을 발전요인으로 전환시키기 위한 제반시책을 강력히 추진하였다.

이에 따라 상공부는 전원개발, 석탄자원 개발, 지하자원 조사, 광산개발 촉진, 기초산업공장 건설 확장, 기존시설의 최대가동, 중소기업의 육성, 수출진흥, 직할기업체 운영의 합리화, 국내공업기술향상 및 광공업품의 표준화, 계량질서의 확립 등 목표를 세우고 이를 강력히 추진하기 위해서 표준국을 신설하고, 국립지질조사소의 직제를 개정 강화하였으며, 기간산업 공장건설을 위한 공업 제2국을 신설하여 경제개발 제1차 5개년계획을 완수할 수 있는 기초적인 터전을 마련하였다.

1) 전력 부문

1961년도 전력생산량은 304,000kw로서 필요한 전력은 512,000kw에 비하여 208,000kw나 부족한 상태였으나 정부는 전원개발 5개년계획에 의하여 1966년에 이르러서는 100만kw의 출력을 확보할 수 있는 신규화력 10개, 신규수력 2개, 기존시설복구 2개의 건설사업을 추진하고 있으며, 한국전력주식회사법을 비롯한 11개의 필요한 법규를 정비 제정하는 한편 전력손실 감소책을 세워 1961년에 30.76%의 손실을 1962년에는 22.25%로 감소시켰고, 소동력 전기요금을 10% 인하하여 소규모 중소기업공장의 생산원가를 절하할 수 있도록 하였고 한국전력주식회사를 설립하여 과거 분리되어 있던 3사를 통합하고 운영의 합리화를 기하였으며 1962년 말까지 광주디젤발전소, 왕십리디젤발전소의 건설을 완료하여 월동전력을 확보하였으며, 또한 절전을 위하여 형광등 사용을 장려하고 일반가정용 백열등 20만 개와 관공서의 백열등 6만 개를 1961년 12월 24일 까지 대체 완료하였다.

2) 광업 부문

광업 부문은 석탄광업을 중심으로 시설의 개선과 근대화로 급진적 발전을 이룩한 바 5 · 16혁명 후 1962년 말까지 대한석탄공사의 운영합리화로 1962년 중 513,112,550원의 슈이익금 실적을 올렸고 함백, 정선 및 강릉 등 민영탄광의 지질조사를 실시하여 원동, 삼척, 회동, 구절 등 4개 대단위 탄좌회사를 설립하는 한편 259,900,000원의 민영탄광 시설개선자금을 융자하는 등 적극적인 시책을 추진한 바, 1962년도에는 7,444,007톤의 석탄을 생산하여 목표량의 107%의 실적을 올렸으며, 5개년 계획목표연도에는 11,740,000톤의 생산을 목표로 하고 있다.

그 밖에 채광갱도굴진사업을 통해서 1961년에는 철광 180만 톤, 금 · 은 · 동광 13만 톤의 광량을 확인하였으며 1962년도에는 5,768m의 심광갱도를 굴진하고 중앙형석선광장中央螢石選鑛場 건설을 추진 중에 있었다.

3) 기간산업의 건설

혁명정부는 산업의 근대화로 경제적 자립을 이룩하기 위한 경제개발 5개년계획에 기간산업공장을 비롯한 신규공장 건설계획을 수립하고 1962년도에는 중단상태에 있던 나주비료공장을 준공시켜 연간 요소비료 85,000톤을 생산할 수 있게 하고, 시멘트공장 3개, 정유공장, 방직기 및 가공기공장, 전기계기공장, 전기기기 및 케이블공장, 급속냉동공장, 소형 및 대중형 자동차공장, 종합제철공장, 나일론사공장 등의 건설을 추진하기로 계획하였다.

4) 직할기업체의 운영합리화

혁명정부는 지금까지 직할기업체의 운영은 적자업체의 대명사와 같은 인상을 불식시키고 공사법을 제정하여 기업체의 법인격을 확립하여 직할기업체의 법적 지위를 확보하는 동시에 은행 및 기타부채를 정부출자로 전체출자轉替出資하여 자본금의 확실성을 기하고 과학적인 경영과 생산관리 그리고 관리층의 교체 등 일대 혁신을 가하여 1960년도 직할기업체의 총 이익금이 73,938,955원이던 것을 1961년에는 878,813,730원으로 전년비 12배의 실적을 올렸으며, 1962년도에 있어서는 1,682,534,767원을 올려 전년비 1.8배로 증가시켜 직할기업체의 면목을 일신하였다.

5) 중소기업의 육성

우리나라 공업은 농업을 기반으로 하고 있기 때문에 영세성을 면치 못하고 있었다. 따라서 혁명정부는 1961년에 중소기업협동조합법을 제정공포하고 이에 의거 단위조합 87개, 업종별전국조합 35개, 협동조합연합회 11개를 조직하였다. 또한 중소기업협동조합의 사업조성을 위해 1962년에 5억 원의 단체융자를 실시하고 중소기업금융제도개선을 위하여 저리금융자금을 1961년에 8억 원, 1962년에 5억 원을 각각 방출하여 자금의 원활화를 기하게 하였고, 시범공장 50개를 선정하여 기업진단을 실시하는 등 적극적으로 중소기업 육성을 추진하였다.

6) AID 부진기업체 활용

과거 AID 자금에 의하여 건설된 기업체 중 부진기업체를 활용, 가동률을 높이기 위해

1962년 9~10월에 걸쳐 경제기획원, 상공부, USOM 및 산업은행이 합동으로 실태조사를 실시하고 자금융자 등 부진원인을 보강하여 적극적인 활용책을 강구하였다.

7) 조선사업

우리나라는 3면이 바다임을 감안할 때 수산업과 해운업 발전의 중요성을 인식하고 혁명정부는 선박건조비를 50% 융자, 40%의 보조, 10%의 자기자금으로 부담하게 하여 선주의 자기자금부담을 경감시키고 조선 5개년계획을 세워 추진한 결과 1962년도에는 목선 3,704톤, 강선 350톤을 건조하여 당초계획량의 152%의 성과를 올렸으며 대한조선공사에서도 350톤의 강선을 건조하였다.

8) 상역 부문

국제수지를 개선하기 위하여 수출, 군납, 보세가공 등을 적극 추진하여 수출을 진흥하여 외화획득은 물론 경제 및 상거래의 확립을 도모하기 위하여 혁명정부는 수출 군납 및 보세가공업자에 대하여 법인세감면, 수출 달러당 110원의 융자실시와 금리인하, 수출물자 생산업자에 대한 생산소득액의 75% 해당액을 연리 10%로 융자하여 자금융통의 원활 등 많은 특혜조치를 하였으며, 또한 수출 군납용 자재수입에 있어서는 무마진특혜, 기타 일반수입에 있어서는 100원 적립에 30원의 지불보증 실시, 수출장려금보조(1962년) 427백만 원 방출, 수출 및 군납용 자재도입에는 금수품도 허용, 중요품목 11종에 대한 철도운임 30%인하, 소동력 요규의 10% 인하, 대한무역진흥공사 설치와 해외무역관 설치 운용, 미국·서독·홍콩·중국·일본에 대한 상무관 파견으로 해외시장 개척과 상거래알선을 실시하여 적극 추진하였다.

이렇게 하여 1960년 일반수출 실적이 32,385,000불이던 것이 1961년에는 42,901,000불, 1962년에는 56,701,000불로 증가하였으며, 1963년에는 거년도에 이어 수출제1주의 해로 정하고 내각수반을 수출진흥위원회 위원장으로 하여 수출진흥링크제의 실시, 수출장려보조금 지급, 수출품검사기관 설치 등 강력한 수출진흥책을 강구한 결과 1963년 5월15일 현재 당년도 목표액 73,282,000불에 대한 43%에 해당하는 31,614,000불의 실적을 올리고 있어 연간 목표달성은 물론 월간 1,000만 불 수출목표달성을 위해 모든 노력을 경주하고 있다.

또한 군납에 있어서도 군납촉진법을 제정공포하여 3개의 군납조합을 설립하고 군납장려보조금을 책정하여 1962년에는 4억2,600만 원을 교부하는 등 적극적인 방책을 강구하여 1961년에는 3,800만 불, 1962년에는 3,300만 불의 실적을 올렸다. 보세가공무역에 있어서도 보세가공수출협회 설치운영, 보세가공무역추진위원회 설립, 보세가공교섭단 해외파견, 보세가공수출가득액에 대한 달러당 25원의 보조금 교부 등을 실시하는 한편 상무관·해외무역관 등을 통하여 보세가능품목을 조사하도록 하여 추진한 결과 1962년도에는 277,762불의 가득액 실적을 얻음으로써 1963년에는 더 많은 성과가 오를 것으로 기대하였다.

9)기 타

기술의 향상과 발명을 장려하기 위하여 특허법, 실용신안법, 의장법, 상표법 및 관계법령과 부정경쟁방지법 등을 제정 공포하여 신속하고 공정한 심사 및 심판을 실시케 하여 특허제도 확립에 만전을 기하였으며, 광공업제품의 표준화로서 품질개량과 생산능률향상을 위하여 표준화업무를 담당할 표준국을 신설하여 360종에 달하는 각종 규격을 제정 공포하여 상거래의 단순화와 공정화를 도모하였다.

또한 국토전역에 걸친 지하자원의 조사 연구 및 시험을 실시하고 지하자원개발의 기초자료 제공을 위해 탄전시추조사, 탄전지질조사, 태백산지구를 비롯한 미개발지구에 대한 광상鑛床, 탐광 등 조사를 실시하였고 계량단위를 척관법尺貫法에서 미터meter법으로 통일 실시하여 국제시장에서의 신용도를 높였다.

그 외에 공업기술연구의 국내체제를 수립하여 공업기술의 향상발전을 위한 공업연구사업으로서 각종시험연구소, 분석공업기술의 훈련 및 지도육성을 위한 기술자훈련을 실시하는 등 공업국으로 발전하는 데 필요한 모든 기초사업에 괄목할만한 업적을 남겼다.

1. 전력

(1) 전기 3사의 통합

5 · 16 혁명 당시 우리나라 총 전력생산은 370,000kw에 불과했으나 이를 운영하는 회사는 즉 1개의 발전회사(조선전업주식회사)와 2개의 배전회사(경성전기주식회사, 남선전기주식회사)가 있어 전력정책이 일관되지 못하여 과다한 경비지출로 3사 간의 채무지변의 악순환으로 인해서 국가산업발전에 막대한 지장을 초래하고 있었다.

이리하여 혁명정부는 1962년 7월 1일 3사를 한국전력주식회사로 통합하고 중복된 인원의 정비와 소비성 경비 등 연간 약 447백만 원의 경비를 절약하여 연간 약 10억 원의 투자가 가능하게 되었다.

(2) 전기행정의 확립

전원개발의 촉진과 전기사업 및 전기공사업에 대한 기본 제도를 확립하기 위하여 전기에 관계되는 제법령 즉 전기사업법, 전기사업법시행령, 전기사업회계규정, 전기사업조정위원회규정, 전기공작물규정, 자가용전기공작물시설규정, 방전용기기 기관 안전규정, 전기주임기술자자격검정령, 한국전력주식회사법시행령, 한국전력주식회사재산재평가규정, 전기공사업법 등을 제정 공포함으로써 전기공사업에 대한 기본 제도를 확립하고 전기공사업자와 건설업자를 분리하여 전기공사업자의 건전한 발전을 할 수 있는 토대를 이룩하였다.

(3) 부족전력의 극복책

1948년 5월 14일 북한이 단전한 이래 당시의 남한전체의 발전시설용량은 총 182,000kw에 평균발전력은 75,000kw에 불과했고 1953년 화천발전소 수복으로 81,000kw, 1957년 마산 · 삼척 · 당인리 정3호#三號의 신규화력발전소 100,000kw 신설 등으로 총 366,000kw를 보유하여 평균발전력이 172,000kw에 불과했으나 정부수립 이후 지금껏 부족전력에 대한 극복책이나 전원개발대책이 없는 상태였다.

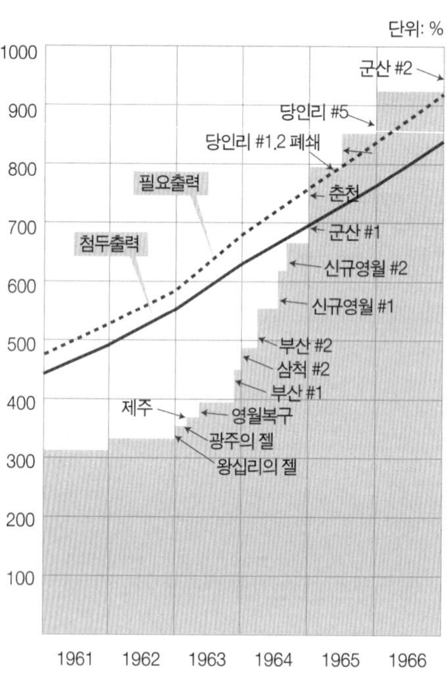

　　혁명정부는 경제개발의 원동력이 되는 장기 전력개발계획을 수립하고, 1962년 12월 말까지 우선 당장 급한 부족전력의 극복책으로서 첫째, 긴급전원개발(발전함 및 디젤발전기 도입설치)과 둘째, 기존시설의 최대가동으로 정했다.

　　긴급 전원 개발사업으로는 1962년 말까지 약 67,00kw의 전력생산목표로 30,000kw의 부산부두발전함 설치, 6,250kw 규모와 6,500kw 규모의 왕십리 디젤발전소 설치, 6,250kw의 목포디젤발전소, 6,000kw의 왕십리 디젤발전소, 11,790kw의 광주 디젤발전소 등 총 66,790kw의 긴급전원개발을 위한 화력발전소를 설치하기로 계획하였으며, 기존발전소는 291,570kw를 최대 가동하여 80%까지 발전시켰다.

(4) 전원개발 5개년계획

전원개발 5개년계획의 골자는 본 계획기간 중에 국토건설사업인 2개 수력발전소와 신규 화력건설이 10개, 기존시설 복구가 2개소 도합 647,100kw를 증가함으로써 목표연도인 1966년에는 총 발전 설비용량 1,010,000kw를 갖추게 된다. 1961년 5월 16일부터 1962년 12월 31일까지 각 사업별 진도현황은 다음과 같다.

1) 왕십리 디젤발전기 설치

총 소요액 138,130,000원으로 일본 니가다제작소제 1,500kw x 4대, 독일 M.A.N. 사제 1,250kw x 5대, 미국 GMC 사제 1,250kw x 5대로 구성되었으며 1962년 12월 15일 완공되어 왕십리 디젤발전소는 현재 총 18,750kw의 용량을 갖추게 되었다.

2) 광주 디젤발전소 설치

총 소요액 234,800,000원으로 영국 Ruston 사제 1,310kw 1,840BHP 514RPM x 10대를 도입 계약하였으나 그 중 1대를 제주시에 설치하기로 계획을 변경하여 광주에는 9대인 11,790kw만 설치하기로 결정하고 1962년 11월 14일 준공을 마쳤다.

3) 제주 디젤발전기 설치

총 소요액 36,440,000원으로 원래 광주에 설치하기로 되었던 1,310kw 10대 중 1대(영국 Ruston 사제)를 제주시에 설치하기로 계획을 변경하여 동 공사는 1963년 4월 30일 현재 전공정의 86.1%가 추진되어 동 6월 30일에 준공예정으로 있다.

4) 영월 화력발전소 복구

동 복구공사는 극도로 노후된 기계를 보수하여 발전가능량 50,000kw를 80,000kw로 증가하는 공사로서 총 소요액 989,370,000원으로 1961년 4월 29일 착수하여 Boiler #1, #2, #3 과 Turbine #2를 완전 수리하여 1963년 5월 30일 복구공사를 완전히 완료하였다.

5) 삼척 화력2호기 증설

본 증설공사는 총 소요액 1,121,000,000원으로 1961년 11월 29일 착수하여 1963년 12월 29일 완공할 계획이다.

증설공사 내역은 국산무연탄을 주연료로 하고 해군중유海軍重油를 보조연료로 사용하는 정격용량定格容量 30,000kw의 Turbine Generator 1대와 Boiler 1대로 구성되는 Unite System이다.

6) 부산 화력발전소 증설

총 소요액 3,968,900,000원으로 1961년 4월에 착공하여 1964년 4월 15일에 완공할 계획이며, 본 화력발전소는 정격용량 66,000kw의 Turbine Generator 2대와 국산무연탄을 주원료로 하고 해군중유를 보조원료로 하는 고중발용량 보일러 2대로 구성되는 Unite System이다.

본 공사는 1961년 12월 27일 미국 AID 차관승인을 얻어 1962년 4월 10일 미국 I.G.E. 회사와 공사계획을 체결하였다.

7) 신규 영월 화력발전소 설치

총 소요액 2,833,000,000원으로 1961년 11월 17일 착공하여 1964년 9월 17일 완공할 계획이다.

본 화력발전소는 본래 대한석탄공사에서 함백탄광구의 저질탄 소비를 목적으로 서독 M.A.N. 및 Siemens 회사와 1961년 3월 18일 계약된 건설공사였으나 1961년 7월 11일 정부명령에 의거 한국전력주식회사에 이관된 사업이다.

구 영월발전소에 인접하여 건설될 본 발전소는 Unite 용량 50,000kw 2대로 구성되는 Unite System이다.

8) 군산 화력발전소 건설

총 소요액 2,185,100,000원으로 1962년 1월 착공하여 1964년 12월에 완공할 계획으로 당초 33,000kw 규모로 ICA 원조자금으로 건설할 계획이었으나 1961년 말 용량을 66,000kw로

늘리고 건설외화를 AID 차관으로 계획을 변경하였으며, 1963년 6월에 차관승인이 이루어지면 본 공사가 본격적으로 착수될 예정으로 있다.

9) 청평 수력발전소 복구

총 소요액 1,000,100,000원으로 1962년 6월 29일 착공하여 1965년 7월 29일 완공할 계획이다. 청평 수력발전소는 1939 ~ 1943년간에 건설된 40,000kw의 설비용량으로 건설되었으나 제반 시설이 아주 노후되어 제기능을 발휘하지 못하고 있었다. 그리하여 1962년 6월 4일 미국의 Stone and Webster 와 계약을 체결하여 제1차 모형시험을 거쳐 공사를 진행하고 있다.

10) 당인리 화력발전소 4, 5호기 증설

본 계획은 1963년 4월에 착공하여 1963년 말에 준공예정으로 건설재원은 AID 차관으로 충당하기로 계획되어 현재 차관신청서가 USOM/K에서 검토 중에 있다. 본 공사는 당인리발전소에 인접하여 설치되며 용량 66,000kw의 Turbine Generator 2대와 Boiler 2대로 구성되는 Unite System이며 비상시 운전을 위하여 Crossover 설치를 하게 된다.

11) 울산 화력발전소 건설

본 사업은 당초 5개년계획 수립 당시 군산 제2화력발전소 건설로 계획되어 있었던 것을 울산공업지구가 개발됨에 따라 울산에다 시설용량 66,000kw 규모의 화력발전소를 건설하기로 계획을 변경하여 1963년에 착공하여 1966년에 완공할 예정인 바 현재 본 발전소 건설을 위한 기술적 타당성 연구가 진행되고 있다.

【전원개발사업 추진실적】

(1963년 3월 31일 현재)

사업명	시설용량	시공기간		실적(전체를 100%로 한)	비 고
		자	지		
광 주 (디 젤) 발 전	11,790kw	1962. 1	1962. 12	100%	1개월반 단축준공
왕 십 리 발 전	6,000kw	1962. 1	1962. 12	100%	15일 단축준공
제 주 발 전	1,310kw	1962. 1	1963. 2	56.4%	
삼척화력2호기증설	30,000kw	1962. 11	1963. 12	77.3%	
부 산 화 력 건 설	132,000kw	1961. 4	1964. 4	36.5%	
신 규 영 월 화 력	100,000kw	1961. 11	1964. 9	25%	
군 산 화 력 건 설	66,000kw	1963.	1964.	5.3%	
영 월 수 력 건 설	80,000kw	1961. 4	1965. 7	88.6%	
청 평 수 력 복 구		1962. 6	1965. 7	16%	
춘 천 수 력 건 설	57,000kw	1961. 9	1964. 12	38.5%	
섬 진 강 수 력 건 설	14,000kw	1961. 8	1964. 12	33.5%	
산 회 송 전 시 설		1962. 1	1964. 6	47.3%	
송변배전시설확장보수		1962. 1	1966. 12	20.8%	

2. 광업

(1) 석탄자원 개발대책

당시 우리나라의 석탄광업은 에너지경제의 핵심을 이루고 있었으므로 석탄광업의 진흥없이는 국가경제재건계획을 수행할 수는 없었다. 그리하여 혁명정부는 석탄증산 5개년계획을 세우고 이를 강력히 추진한 바 우리나라 석탄광부존상을 보면 탄폭이 빈약하고 심한 지질변동으로 탄층부존상태가 불규칙하여 심부채탄작업상 대단히 불리한 조건인 데다가 개발전 수년 동안은 암석굴진작업을 통한 운반계통을 형성하는데 막대한 투자를 요하게 되고 자금회전이 늦어 영세성을 면치 못한 민영탄광은 항상 자금난으로 시설개선은 엄두도 내지 못하고 있었다.

혁명정부는 1961년 12월 31일 석탄개발임시조치법을 제정공포하고 대단위 탄좌개발을 적극 추진한 바 1962년도에 6개 탄좌회사를 설립하였으며 계속 대단위 탄좌회사의 증설을 추진하기로 계획을 세웠다.

현재 석탄생산현황을 보면 1962년도에 석공이 3,535,000톤, 민영이 3,909,000톤 합계 7,444,007톤인 바 상호 비등한 실적을 시현하고 있으며, 연차별 석탄생산계획은 1962년에 7,220천톤, 1963년에 7,970천톤, 1964년에 8,000천톤, 1965년에 10,310천톤, 1966년에 11,740천톤으로서 생산비율은 민영이 석공보다 배나 많은 양을 생산하고 있다.

대한석탄공사는 1950년에 자본금 1,000만 원으로 발족한 이래 혁명정부의 경제개발 5개년 계획에 따라 급증하는 에너지수요를 뒷받침하기 위해 1961년 12월 30일 석공법 제2차 개정에서 자본금을 20억 원으로 증자하여 시설을 재정비하고 기술을 개선하여 생산성을 향상시켰다.

현재 석탄공사는 장성, 도계, 함백, 영월, 화순, 은성의 6개 탄광을 운영하고 있으며, 5개년 계획 제1차연도인 1962년도 업적으로는 석탄생산목표량 3,180,000톤에 3,535,028톤을 생산하여 11%를 초과생산하여 1961년도 2,907,116톤에 비하여 22%를 증산하였다. 5개년계획 제2차연도인 1963년에는 3,800,000톤 생산을 계획하고 있다.

1963년 5월에는 각 광업소에 고속도 굴진을 실시한 바 수평갱도 단일막장에서 월가 680.2m 굴진을 달성함으로써 동양신기록은 물론 세계 제2위의 기록을 수립하였다. 한편 앞으로 승인될 장성수갱개발 AID 차관 9,500,000불은 앞으로 과감한 현대적 개발계획을 수행할 수

【주요관광산물 생산실적표】

연 도 별		1955	1956	1957	1958	1959	1960	1961	1962	1963.3
중석	S/T	3,146	3,742	3,825	3,012	2,924	4,915	6,303	6,391	1,435
금	(순)kg	1,483	1,552	2,071	2,242	2,043	2,047	2,599	3,314	694
은	(순)kg	1,483	6,109	8,626	7,707	7,524	10,253	14,321	12,843	4,724
철광간	M/T	28	63	185	261	282	392	489	471	93

있는 계기가 되기도 했다.

(2) 광산개발 및 가공시설의 확장

1) 1961년도 주요 광산물 생산실적

혁명정부의 과감한 광산개발시책에 따라 1961년도의 광산물실적은 1960년도에 비하여
132.65%가 증산되었으며, 이를 중요 광물별로 보면 철광석이 488,872톤으로서 124%, 중석이
6,303톤으로 127%, 금이 2,615kg으로 127%, 은이 14,320kg으로 139%, 석회석이 1,264,600톤으
로 198%를 증산하였다.

2) 1962년도 주요 광산물 생산실적

기준연도인 1960년도에 대비하여 1962년도 중요 광산물의 생산실적은 금이 3,313,688g
으로서 163%, 철광석 470,744톤으로 120%, 중석이 6,391톤으로 130%, 토상흑연이 183,879톤
으로 201%, 형석이 32,970톤으로 173%를 증산하였다.

(3) 기간산업의 건설

1) 종합제철공장 건설

증가하는 철강의 수요를 대비하여 경제개발 5개년계획에 종합제철공장을 건설하기로
계획하고 1962년부터 1966년까지 5개년간 내자 4,050,000,000원과 외자 80,000,000불로 건설
을 하여 1967년부터는 연간 선철 370,000톤을 생산계획하였다.

그리하여 1962년 5월 12일 부정축재환수회사로서 한국종합제철주식회사를 설립하고,
서독 D.K.G.와 기술용역계약을 체결하였으나 1962년 미국의 기술조사단이 내한하여 한·미
합작으로 종합제철공장을 건설하기로 협약이 이루어짐으로 해서 서독 D.K.G.와의 기술용역
계약과 추진되어 오던 종합제철공장건설 회사설립계획이 취소되고 신규 한·미 합작회사를
설립하여 신규공장을 건설하기로 계획이 수정되었다.

동 신규회사는 미국 Blaw-Knox와 합작회사로 설립되며 종합제철소법안을 작성하였다. 동 신규회사가 설립되면 1963년부터 1967년까지 5개년간 내자 4,905,000,000원과 외자 117,892,000불이 소요되며, 연간 선철 301,000톤을 생산하게 된다. 그리고 이로 인해서 2,139명의 고용증대와 매년 약 25,000,000불의 외화절약 효과를 가져오게 된다.

1968년부터 생산될 선철 301,000톤은 선철로서 60,000톤, Viret 10만 톤, 강판재 10만 톤을 생산하게 됨으로써 철강의 국내수요를 충족시키게 되고 앞으로 증가되는 철강의 수요를 대비하여 점차 공장을 확장할 계획이었다.

2) 디젤엔진공장 건설

현재 대부분의 차량이 군용차량을 수공업으로 개조 수리하여 운행하고 있는 실정이므로 경제개발 5개년계획에 자동차공업 건설계획과 더불어 1962년부터 1964년까지 3개년에 걸쳐 정부관리기업체인 조선기계제작소로 하여금 디젤엔진공장을 건설토록 하여 연간 3,000대의 디젤엔진을 생산하도록 계획하고, 우선 외국에서 디젤엔진 C.K.D. 부품을 도입하여 1963년 8월부터는 조립생산을 시작하여 1964년 말에는 81%를 국산화할 계획을 수립하였다.

본 공장은 당초 이태리 FIAT 회사와 기술계약을 체결할 예정이었으나 엔진의 마력량에 대한 견해차로 일본 ISUZU 자동차회사와 1962년 12월 29일 기술원조계약을 체결하였으며, 목표연도인 1964년 말에는 완전가동할 수 있을 것으로 보고 있으며, 본 공장이 건설되면 연간 1,980,000불의 외화 절약과 814명의 고용증대를 가져오게 된다.

3) 방직기 및 가공기공장 건설

현존하는 국내 각종방직기 및 가공기는 이미 노후하여 보수 및 개체가 시급하여 정부는 이를 국산화하기 위하여 한국정기공업주식회사로 하여금 내자 11,270,000원과 외자 50,000불로 1962년부터 1964년까지 3개년에 걸쳐 방직기 및 가공기공장을 건설하여 연간 방직기 1,000대와 가공기 80대를 생산할 수 있는 규모의 공장을 건설하기로 계획하였다. 이 공장이 건설되면 연간 약 1,000,000불의 외화를 절약하게 되며 185명의 고용증대를 가져오게 된다.

본 공장건설을 위하여 1962년 7월 1일 서독 Fuhr Meister 회사와 차관계약을 체결하고

1962년 12월 26일 영등포 구로동에 10,000평의 공장부지를 매입하였으나 차관조건관계로 Fuhr Meister 회사와의 차관계약을 해약하고 1963년 1월 18일 서독 C. Illis 회사와 다시 500,000불 차관을 계약하였다.

4) 전기계기공장 건설

전원개발사업과 병행하여 적산전력계積算電力計를 비롯한 각종 전기계기의 수요가 증가함에 따라 이를 대비하기 위해 경제개발 5개년계획 비계획사업으로 주식회사 금성사로 하여금 내자 152,000,000원과 외자 1,250,000불로 1962년과 1963년 2개년에 걸쳐 전기계기공장을 건설하여 적산전력계 548,000개와 기타 각종 전기계기를 생산하기로 계획하였다.

전기계기공장은 1962년 2월 22일 서독 Fuhr Meister 회사와 1,250,000불 차관계약을 체결하고 1962년 7월 20일 269종 846점에 달하는 기계발주를 마치고, 동년 7월 20일 부산 동래에 대지 27,000평을 구입하여 이미 공사를 진행하고 있었다. 한편 동 공장건설이 완료되면 연간 약 5,000,000불의 외화절약과 약 2,000명의 고요증대 효과를 가져오게 된다

5) 급속냉동공장 건설

식품업과 수산업 발달에 의한 각종 식품과 수산물을 냉동하여 장기간 신선도를 유지하여 막대한 외화획득과 식품유통개선을 위해서 정부는 삼양수산주식회사로 하여금 내자 35,750,000원과 외자 280,000불로 1962년부터 1964년까지 3개년에 걸쳐 급속냉동공장을 건설하게 하였다.

본 공장이 건설되면 연간 냉동어 1,750톤과 인조빙 1,080톤을 생산하여 89,000불의 외화획득을 가져오고, 공장부지로 전남 여수시에 대지 1,003평을 구입완료하였으며, 1962년 4월 23일 스위스의 Esher Wyss 사와 280,000불 차관계약을 체결하였다.

6) 소형자동차공장 건설

정부는 자동차국산화의 일환으로 대중형 자동차공장과 디젤엔진공장 건설과 병행하여 소형자동차 공장건설을 위해 1962년 3월 23일 일본 일산자동차주식회사와 기술계약을 체결

하고 이를 새나라자동차주식회사로 하여금 내자 340,800,000원과 외자 5,100,000불로 소형자
동차 공장건설계획을 수립하였다.

본 사업은 이미 1962년 8월 27일 제1차로 자동차조립공장을 준공하고 외국에서 C.K.D.
부품을 도입하여 조립생산을 시작한 바 1962년도에 벌써 약 900대의 소형자동차를 생산함에
따라 1963년에 3,000대, 1964년에 3,000대, 1965년에 3,000대, 1966년에 3,600대를 계속 생산할
계획이다.

7) 나주비료공장 건설

1958년도 당시에는 국내비료 수요량을 거의 외국으로부터 수입에 의존하고 있어 시급
한 자급화가 절실히 요청되고 있었으므로 정부는 당시 건설 중인 충주비료공장과 같은 규모
의 비료공장을 나주에 건설하기로 계획하고 1958년 1월 31일 서독의 루루기 열공업주식회사
를 대표로 하는 5개회사 조합체대표와 연간 요소비료 85,000톤 생산규모의 비료공장건설계약
을 체결하였다. 그러나 당초계약은 1958년에 착공하여 1960년에 완공하여 정부에 공장을 인
계하기로 되어 있었으나 자금부족과 4 · 19 이후의 정치적 혼란 등으로 겨우 35%의 공사진도
에서 사실상 중단상태에 빠져 있었다.

혁명정부는 본 공사를 촉진하기 위한 과감한 시책으로 1961년 6월 1일 국가재건최고회
의령 제31호로 호남비료주식회사 주식인수에 관한 법령을 제정 공포하여 주식을 인수하고 정
부가 1961년 6월 16일에 3억5,000만 원과 1962년 2월 1일 3억3,800만 원을 2차에 걸쳐 증자함
으로써 총자본금을 10억으로 하고, 1961년 7월 11일 공장추가기계 구매를 위해 외화 180만 불,
그리고 동년 9월 9일 원계약에 의한 1,703불을 추가하여 공장건설을 위한 총자금은 외화 2,700
만 불과 내자 10억원으로 증가시켜 건설공사를 강력하게 추진한 바 드디어 1962년 12월 28일
에 공장을 완공하게 되었다.

8) 제3비료공장 건설

충주비료공장과 나주비료공장이 준공하여도 국내비료수요량의 약 40% 생산에 불과함
으로 정부는 이미 1960년 3월 제44회 부흥위원회에서 제3비료공장 건설을 의결하고, 1961년

11월 상공부장관을 단장으로 정부경제사절단이 서독과 이탈리아에 차관교섭을 떠났고, 또한 민간경제사절단이 미국으로 출발하여 이탈리아 Ansaldo 사와 서독의 제작자 협동체 등으로부터 의견서와 예비협정서를 교환한 바 있다.

한편 국내에서는 1962년 1월 29일 각의 결의에 의하여 울산비료 공동투자체를 구성하였으며, 1962년 3월 21일에는 경제기획원장으로부터 제3비료의 비종은 요소로 하고 규모는 연산 250,000톤의 공장을 울산에 건설하기로 결정하고, 1962년 5월 4일 공장건설 실수요자로 울산비료공업주식회사가 정식으로 발족을 하였다.

9) 충비배가시설

충주비료공장운영주식회사는 기존시설과 동일한 규모의 요소비료연산 85,000톤의 비료공장을 배가증설안을 정부에 제출하여 1962년 1월 19일에 5개년 계획사업으로 승인을 받았다. 그리하여 충주비료공장운영주식회사는 1962년 4월 21일 USOM/K 및 AID/W에 제출할 차관신청서를 상공부를 경유하여 경제기획원에 제출한 바 1962년 5월 14일 본 충주비료공장 증설안이 경제각료회의서 의결됨으로써 이 사업이 확정되었다.

그러나 1963년 1월 정부비료정책의 변경으로 요소비료를 복합비료공장으로 계획을 변경하여 1963년 2월에 약 200,000톤 규모의 복합비료공장건설에 따른 기술검토를 통해 1963년 2월 15일 E.P.B 와 USOM/K 간에 복합비료로 건설할 것을 합의하였다.

10) 정유공장 건설

1962년 1월 26일 정부는 외화절약과 경제자립을 위해 외자 16,000,000불과 내자 35억 환으로 일간 원유처리능력 30,000배럴 규모의 정유공장건설계획을 결정하고, 1962년 4월 3일 미국의 UOP 회사와 정유공장예비조사 기술용역계약을 체결하였다.

그리고 정부는 1962년 7월 24일 대한석유공사법을 제정 공포하고 동법에 의거하여 1962년 10월 13일자로 대한석유공사를 설립하였으며, 1962년 10월 17일 미국 FLUOR 회사와 총 공사비 15,995,000불로서 1964년 2월 말까지 1일 원유처리능력 35,000배럴 규모의 정유공장을 건설하기로 계약을 체결하고 동 9월 10일 울산에서 제1차 정지공사를 착공한데 이어 동

12월 24일에 제2차 정지공사를 착수하였다.

정부는 정유공장건설자금으로 1962년도에 대한석유공사자본금으로 688,000,000원을 불입하였고 1963년도에는 1,040,000,000원을 출자할 계획을 수립하고, 대한석유공사는 원유 구입 및 차관교섭위원회를 구성하여 외자도입교섭을 진행하였다.

11) 제3시멘트공장 건설

본 공장은 1958년도부터 현대건설주식회사가 연산 15만 톤의 시멘트공장을 건설하고자 추진하여 왔으나 진전이 없이 제자리걸음을 하고 있었는데 혁명정부가 경제개발 5개년 계획사업으로 선정하여 32,500,000원의 융자지출을 결정하고 이를 적극 추진하였다.

이리하여 현대건설주식회사는 공장입지를 충북 단양군 매포면 고양리에 총 20,000평의 공장부지를 선정하고, 1962년 7월 13일 AID로부터 4,250,000불 차관협정 체결과 1962년 4월 16일 미국 George A. Fuller 사와 기술용역계약을 체결하여 1일 생산 500톤 규모의 시멘트공장 건설계획이 확정되었다.

이에 따라 1962년 2월에 공장접근전용도로 공사를 완료하고, 동 5월에는 총 20,000평에 달하는 공장부지 정지공사를 마쳤으며, 1962년 7월에는 터널 270m를 포함한 전장 3.5km의 철도인입선공사 착수와 외인기사용 주택과 급수시설 등 당해년도의 76.8%를 달성하고 5개년 계획에 대하여는 23%의 공정을 완료하였다.

12) 제4시멘트공장 건설

혁명정부는 1962년 1월 23일 경제개발 5개년계획사업으로 연산 30만 톤 규모의 제4시멘트공장을 건설하기로 결정하고 한일시멘트공업주식회사를 건설 실수요자로 선정하였다.

이리하여 한일시멘트공업주식회사는 충북 단양군 매포면 매포리에 총 103,681평의 공장부지를 매입하고, 1962년 5월 20일 서독 Polysius G.M.B.H.와 1일 생산 1,200톤의 시멘트생산공장 시설에 대한 차관계약을 체결한 후 동 11월 20일에 기공식을 가졌으며, 1962년 12월 8일 경제기획원에서 공장총생산량을 연산 30만톤에서 40만톤으로 추인 결정함에 따라 1962년 12월 12일에 Polysius G.M.B.H. 사와 추가기기에 대한 추가 차관계약을 체결하였다.

공장건설 공사진도는 1962년말로 5개년 계획에 대하여는 11.67%, 연간목표량에 대하여는 78%를 달성했으며, 1963년 5월 15일까지 목표량 17%를 계획대로 순조롭게 달성하고 5개년계획에 대하여는 20%를 달성하였다.

13) 제5시멘트공장 건설

혁명정부는 1962년 1월 23일 30만톤 규모의 제5시멘트공장 건설을 경제개발 5개년계획사업으로 정하고 부정축재환수회사인 중앙시멘트공업주식회사를 건설 실수요자로 선정하였다.

중앙시멘트공업주식회사는 1962년 8월 4일 캐나다의 Allis Chalmers 사와 5,619,500불 차관계약을 체결하고, 동 11월 27일 강원도 영월군 남면 사교리에 공장입지를 선정하였으나 1963년 1월 8일 중앙시멘트공업주식회사가 부정축재환수처리법 제18조의 규정에 의한 환수 불입금 미납으로 공장건설허가 취소사유가 발생하여 1963년 1월 25일 동사가 실수요자 자격을 상실당함으로써 공장건설이 일단 중단되고 정부에서 다시 검토 중에 있다.

14) 제6시멘트공장 건설

혁명정부는 1962년 1월 23일 연산 40만 톤 규모의 제6시멘트공장 건설을 경제개발 5개년계획사업으로 정하고 쌍용양회공업주식회사를 건설 실수요자로 정하였다.

이에 따라 쌍용양회공업주식회사는 1962년 4월 21일 서독 Humboldt Deutz 사와 1일 생산 1,200톤 규모의 시멘트 기계공급에 대한 차관계약을 체결하고 강원도 영월군 서면 쌍룡리에 공장부지 63,000평을 매입하여 동 7월 3일 공사를 착수한 바 동 12월 12일 전장 약 1,500m의 철도인입선공사를 완료 개통하였으며, 정지공사와 사무실, 창고, 기초굴토공사 등 5개년 목표량의 15%를 100% 달성하였으며, 1963년 5월 15일 현재 동공장의 5개년 목표량의 약 41%를 건설하였다.

15) 소다회공장 건설

소다회공장 건설은 실수요자인 동양화학공업주식회사가 1959년 12월에 D.L.F.자금 차관협정을 체결한 후 1961년 7월에 일본 삼정물산주식회사 및 우부조달宇部曹達공업주식회사와 체결한 기술용역계약을 D.L.F. 당국에서 승인을 하였다.

정부는 1961년 10월에 소다회공장 입지로서는 삼척보다 인천이 유리함을 건의하여 실수요자는 1962년 6월 18일 A.I.D./W 에 입지변경 신청을 요구한 바 A.I.D./W 측에서 입지를 변경함에 따른 전기시설, 대지대금 등 내자 5,000만 원을 증가할 것을 요청하여 실수요자는 1962년 9월에 자본금을 2억 원에서 2억5,000만 원으로 증자하였다.

한편 실수요자는 1962년 12월 하순 인천에 공장대지 30,000평을 구입하고 1963년 3월 14일 기술자 8명을 일본으로 파견하여 기술훈련을 받고 있다.

16) P.V.C. 공장 건설

1961년 1월에 D.L.F.에서 P.V.C. 공장건설자금으로 3,300,000불을 배정 승인 받았으나 4·19 이후 정치적 혼란으로 진전을 보지 못하고 있었다. 혁명정부는 1961년 10월에 P.V.C. 사업을 경제개발 5개년계획 사업으로 책정하고 생산규모를 4,800톤으로 확장하여 A.I.D./W 와 외자차관교섭을 재추진하였다.

정부는 1962년 3월 31일 부정축재자인 김진만에게 본 사업 실수요자 자격을 승인하고 1962년 5월 15일까지 부정축재처리법 제18조 제2항의 규정에 의하여 회사설립과 자본금을 불입토록 하였으나 이를 이행하지 못하여 자격을 취소하였다.

정부는 다시 1962년 6월 11일 대한생명보험주식회사, 락희화학공업사를 본사업 실수요자로 선정하고, 1962년 7월 3일 상기 양회사로 하여금 대한프라스틱공업주식회사를 설립토록 하고, 1962년 5월 21일 상기 양회사는 미국 Blaw Knox 및 Cary Chemical사 간에 체결한 예비 기술 용역계약을 수행토록 하였다.

1962년 9월 25일 미국 Braw Knox로부터 기술용역보고서를 접수한 정부는 이를 예의 검토한 결과 시설비가 너무 높아 1962년 11월 23일 본 견적서를 수락할 수 없다고 통보한 바 Braw Knox 사는 동 12월 20일 소요견적 외화 6,480,000불을 5,300,000불로 인하조정 제출하여 정부가 이를 다시 검토 중에 있으며, 한편 실수요자는 1962년 12월 28일 일본의 신일본질소비료주식회사와 연불방식에 의한 3,000,000불의 서면가계약을 체결하였다.

17) 쎄미 케미칼 펄프 공장 건설

삼양지업주식회사는 내자 442백만 원과 외화 616,734불로연산 7,500톤 규모의 쎄미 케미칼 펄프공장을 건설하기 위하여 1962년 2월 7일에 서독 Esher Wyss G.M.B.H.와 차관계약을 체결한 바 정부는 본공장건설을 경제개발 5개년계획사업으로 책정하여 적극적인 정부의 지원을 받아 추진하게 되었다.

그리하여 1962년도 말에 소요대지 25,000평을 서울 성북구 창동에 매입하고 동 3월 18일자 경제기획원으로부터 571,015.68불에 대한 정부지불보증 승인을 획득하고 1963년 3월 27일부터 본격적인 공사에 들어갔다.

18) 나일론사 공장 건설

국내에는 나이론사 공장이 전무한 상태에서 격증하고 있는 전수요량을 외국수입에 의존하고 있어 1961년 2월 6일 한국나이론주식회사에서는 D.L.F.와 외자 3,200,000불, 내자 1억 5,000만원으로 연산 2,000,000파운드의 나일론 공장건설에 대한 차관계약을 체결하고, 미국 Chemtex 사와 1961년 2월 20일에 기술용역계약을 체결하였다.

공장부지는 대구로 정하고 1962년 1월 30일 공장부지 18,678평에 정지공사를 완료했으며 정부의 1962년 7월 26일 외자도입에 대한 정부지불보증 승인과 더불어 강력한 뒷받침에 의해 공장건설이 순조롭게 진행되고 있어 1963년 말까지는 1,000,000파운드의 나일론원사를 생산할 계획이며 1964년부터는 연간 2,000,000파운드를 생산하게 되어 연간 2,000,000불의 외화 절감과 270명의 고용증대를 가져오게 되었다.

19) 텍판 공장 건설

서울 텍판산업주식회사는 1960년 D.L.F. 차관계약을 승인 받았으나 내자부족으로 1961년 5월에 부산동아대학재단에 사업을 이양하고 텍판산업주식회사를 설립하였고 1961년 12월 28일 AID/W에서 실수요자 변경을 승인하였다.

혁명정부는 매년 주택건립으로 소요되는 목재수급 사정을 고려하여 1962년 2월에 본사업을 경제개발 5개년계획사업으로 책정하였다. 그러나 당초 A.I.D./W에서 승인한 외자는

1,100,000불이었으나 용역비 및 부속품대금 외자가 필요하게 되어 1962년 6월 USOM/K에 37만 불을 추가 요청하였으며, 1963년 4월 16일자 불화#貨상환보증을 확인하는 동시 본사업을 위한 AID 자금차관이 조속히 이루어지도록 USOM/K에 통보하였다.

20) 비스코스 인견사 공장 건설

정부는 수입에만 의존하고 있는 화학섬유「비스코스」인견사 공장 건설을 계획하고, 1962년 1월 20일 제1비스코스 인견사 공장은 박흥식, 제2비스코스 인견사공장은 김지태에게 각각 1일생산 10톤 규모의 공장건설에 대한 실수요자로 선정을 하였으나 그 후 건설자금의 절약과 차관교섭의 원활을 기하기 위하여 제1, 2 공장을 통합하여 1일생산 20톤 규모의 공장 1개를 건설하기로 결정하였으며 1962년 4월 20일 경제개발 5개년 계획사업으로 책정하여 홍한화학섬유주식회사를 건설실수요자로 선정을 하였다.

건설실수요자인 홍한화학섬유주식회사는 1962년 5월 15일 서독 Didier Fenostal 공동체와 1일생산 15톤 규모의 비스코스 인견사 공장 기계공급에 대한 차관계약을 체결하였다. 이에 따라 동년 4월 13일에는 기술훈련을 위하여 기술용역회사인 일본 동양 Rayon 회사에 기술자 41명을 파견하여 기술훈련을 실시하고 있으며, 공장부지로는 경기도 양주군 한금면 도농리에 대지 150,000평을 확보 중에 있다.

21) 대 · 중형 자동차 공장 건설

혁명정부는 자동차국산화라는 대목표 하에 디젤엔진공장 건설과 더불어 대 · 중형 자동차공장 건설을 계획하고 이를 5개년계획 사업으로 책정하였다. 그리고 본 공장 건설실수요자는 시발자동차공업주식회사를 선정하고 1962 ~ 1964년까지 3개년간 내자 120,000,000원과 외자 1,600,000불로 건설하며, 연간 평균 약 4,000대의 대 · 중형자동차를 생산하여 약 4,500,000불의 외화절약과 1,350명의 고용증대 효과를 가져오게 되었다.

본 공장 건설을 위하여 공장부지는 경기도 부천군 오정면 도당리에 대지 80,000평을 계약 완료하였고, 1962년 4월 15일 일본 ISUZU 자동차회사와 1,600,000불의 차관계약을 체결하였으며 또 1963년 4월 25일 일본 ISUZU 자동차주식회사와 기술계약을 체결함으로 해서 1963

년 말까지의 목표량 70%를 무난히 완료할 계획이다. 그리고 자동차생산의 시급성에 비추어 1963년 말부터는 외국에서 우선 자동차부품을 수입하여 약 1,700대를 조립생산하게 될 것이 며 1964년 이후 생산계획은 1964년도에는 버스 1,000대, 트럭 1,200대, 마이크로버스 500대, 특 수차 100대 도합 2,800대, 1965년도에는 버스 1,000대, 트럭 1,800대, 마이크로버스 500대, 특 수차 100대 도합 3,400대, 1966년도에는 버스 1,300대, 트럭 2,000대, 마이크로버스 500대, 특 수차 200대 도합 4,000대를 생산할 계획이다.

22) 케이블 제작공장 건설

현재 국내 케이블생산시설은 그 수요를 충족시키지 못하고 있어 매년 약 3,000톤의 케 이블류를 수입하고 있는 실정이다. 그리하여 한국케이블공업주식회사가 1962년부터 1964년 까지 3개년간 내자 100,000,000원고 외자 2,950,000불로 케이블제작공장을 건설하여 연간 전 선급 통신케이블 약 4,000톤을 생산하게 되며 이로 인하여 연간 약 5,000,000불의 외화절약과 588명의 고용증대효과를 가져오게 되었다.

한국케이블공업주식회사는 공장을 건설하기 위하여 1962년 4월 19일 서독 Fuhrmeister 사와 2,950,000불의 차관계약을 체결하고 경기도 안양읍에 약 33,000평의 대지를 구입하여 1962년 10월 23일에 기공식을 거행하고 공사를 진행하였다.

3. 중소기업의 육성

1960년도 광공업 Census 보고에 의하면 우리나라 중소기업이 차지하는 비중이 광공업 체 총 15,572개 중 중소기업이 15,173개로서 전체의 97.4%, 종업원 수에서 보면 총 315,054명 중 200,927명으로서 63.8%, 그리고 부가가치 측면에서는 총 25,662,142천 원 중 13,397,882천 원으로서 52.2%를 차지하고 있다.

이와 같이 중소기업의 위치가 중요함에 따라 혁명정부는 1961년 7월 상공부의 기구를 개편확충하여 공업제1국에 중소기업과를 신설하고 국민경제의 종합적이고 장기적인 경제예측에서 체계적으로 정책을 수립하기 시작하였다.

그리하여 정부는 1961년 7월부터 1961년 말까지는 중소기업육성의 착수기간으로서 제반제도상의 정비 강화와 기초적인 기반을 조성하였고 본격적인 시도는 경제개발 5개년계획의 제1차연도인 1962년부터라고 할 수 있다.

(1) 중소기업협동조합 조직

정부는 1961년 12월 27일 중소기업협동조합법과 중소기업사업조정법을 제정 공포하고 영세자본의 중소기업자가 서로 단결하여 경제적 불이익을 당하지 않도록 상호부조정신에 입각하여 협동조합을 조직할 수 있는 기반을 조성하였다.

그리하여 1962년 4월 7일 최초로 한국자동차공업협동조합이 결성된 후 업종별 도단위 조합이 조직되었고 동 4월 말에는 전국을 업무구역으로 하는 조합 및 연합회가 구성되고 동 5월에는 중소기업협동조합중앙회가 조직되었다.

한편 정부는 중소기업협동조합법 시행 1년 동안에 발견된 미비점을 보완하여 개정안을 작성 중에 있으며, 특히 1963년도 중소기업육성책은 협동조합을 중심으로 시행할 것을 기본 목표로 삼고 있어 앞으로 조합조직이 더욱 활발해질 것으로 기대된다.

(2) 중소기업협동조합 사업조성

중소기업협동조합은 그들의 공동출자로서 생산, 가공, 판매, 구매 등의 공동사업을 영위하며, 조합원 제품에 대한 규격의 통일과 검사사업, 조합원에 대한 사업자금의 알선, 자금의 차입, 경영지도와 기술향상 또는 교육정보의 제공 등 사업조성을 지원하기 위하여 법으로서 규제하였으며 이를 뒷받침하기 위하여 다음과 같이 행정적 지원을 실시하였다.

① 중소기업정책수립에 필요한 긴요한 자료를 얻기 위하여 업종별 각급협동조합 및 연합회 중앙회에서 자체조사를 통한 개개기업체별 대장을 비치하게 하였고, 특히 중소

기업은행에서는 1961년 4/4분기부터 1962년 3/4분기까지 매분기별로 전국중소기업체 800개(광업 80, 제조업 720)를 표본조사업체로 선정하고 생산, 출하, 투자, 급여, 시설, 고용, 재고자산, 부채, 금융에 관한 동태를 조사 분석하여 중소기업의 동향을 발표하였다.

② 조합원의 공동이익을 위하여 공동구매, 공동판매 등 조합공동사업의 1962년도 실적을 보면 농기구공업협동조합과 농업협동조합간의 한해대책용 양수기판매에 관한 단체계약을 위시하여 베렛드, 철근, 분탄 등에 관한 공동구매, 판매사업을 촉진하였으며, 1962년 9월에 금융자금 5억 원을 30개 조합에 융자하여 사업을 적극 조장하였다.

③ 품목별 규격제도 및 검사제도, 각급제품의 품질을 향상시키고 시장을 확대시키기 위하여 16개 조합의 각종제품을 국가규격으로 정하였고, 조합규격으로서는 자전차, 장유醬油, 염산 등 3개 조합 제품의 규격을 제정하였다.

그리고 이들 제품의 검사제도를 확립하기 위하여 정부는 보조금을 지원하여 검사시설을 완비하고 품질을 향상시켰다.

(3) 금융제도의 개선과 자금방출

1) 중소기업은행 설립

정부는 1961년 7월 1일 중소기업에 대한 금융의 체계화와 원활화를 도모하고자 정책금융기관으로서의 중소기업은행법을 제정 공포하고 정부의 일반회계로부터 출자금 100백만 원과 구대한금융조합연합회 및 금융조합의 청산잔여재산 중 비농민조합원의 청산지분에서 출자금 100백만 원 도합 200백만 원으로 중소기업은행을 설립하였다.

그 후 1962년 1월 25일 귀속재산처리특별회계법의 정하는 바에 따라 동 회계로부터 대하금 490백만 원이 자본금으로 전환 조치되어 1962년 12월 말 현재로 자본금은 690백만 원으로 증가되어 정부대 민간의 출자비율은 85 : 15이며 전국의 지점 총수는 36개로서 앞으로 조합조직의 확대에 따라 지역별 지점의 수도 증가될 것으로 예상된다.

2) 자금방출

정부는 침체된 경제를 정상화시키기 위하여 중소기업융자의 양적확대와 질적충실을 기하는 적극적인 금융정책을 추진하였다.

즉 중소기업의 유휴기존시설 및 저가동시설의 완전활용과 수입대체산업 및 수출산업 육성에 중점적으로 자금을 공급하였으며, 1962년 6월 10일 통화개혁으로 인해 생산중단이나 조업단축을 배제하기 위해 생산증강책으로서 긴급융자요강에 따라 중소기업자에게는 봉쇄 예금을 견질로 100%까지 융자를 실시하는 한편 상업어음할인의 한도제를 철폐하여 자금의 원활을 기하였다. 또한 중소기업자의 금리부담을 경감하기 위하여 1962년 11월 1일부터 금융 자금의 금리를 16.425%에서 15%로 인하하였으며, 담보물평가에 있어서도 융자비율을 종전 에 80%에서 100%까지 융자할 수 있도록 확대하였다.

1963년도에도 자금이 어려운 중소기업자를 위하여 재정융자금으로 7억 원을 마련하여 조합 및 연합회의 공동사업 자금지원과 보세가공기업체에 지원하여 수출을 장려하였다.

4. 광공업제품의 표준화

공업표준화란 광공업품을 만들 때 형상, 치수, 품질, 검사방법 등 전국적으로 동일한 규 격으로 통일하여 이 규격이 널리 이용될 수 있도록 지도 보급하는 것이다.

① 공업표준화에서 얻는 직접적인 효과

첫째, 광공업제품이 질적으로 향상되고 균일화된다.

둘째, 생산자재가 절약된다.

셋째, 생산능률이 향상되어 생산비가 저하된다.

넷째, 생산기술이 향상되고 보편화된다.

다섯째, 호환성의 향상으로 사용 소비가 합리화된다.

여섯째, 거래가 단순화되고 공정화된다.

② 간접적 효과

첫째, 국산품사용이 증대되고 밀수품이 방지되어 판로가 확대된다.

둘째, 수출 및 군납이 확대되어 국제수지가 개선된다.

셋째, 물품의 검사제도가 확립된다.

넷째, 고용이 증대되고 특히 기술교육이 실용화된다.

다섯째, 관수 및 군수품의 조달이 능률화되어 국가재정이 효율화된다.

여섯째, 품목별 종합물동계획이 정확화된다.

③ 공업표준화는 생산자, 판매자, 소비자 등의 합심으로 추진되는 것이 가장 이상적이
나 구미제국에 비하여 근대공업의 발전이 뒤떨어지고 공업표준화에 대한 국민의 이
해도가 낮은 우리나라에서는 군관조달품의 구매, 검사, 규격의 조사 판정에서 절실
히 필요성을 느끼게 되었다.

(1) FY62 사업내용 및 업적

1) 품목선정 : FY62 제정목표량 300종에 대하여 규격제정 및 예정품목을 선정하고 공업
표준심의회의 자문을 득하여 360종의 제정예정품목을 공고하였다.

2) 규격안 작성의뢰 : 선정된 규격제정 예정품목에 대하여 국내에 권위가 있고 전문지식
을 가진 각계인사에게 360종의 규격안 작성을 의뢰하였다.

3) 규격제정 : 360종의 규격안을 공업표준심의회에 회부하여 그 중 300종의 공업규격을
제정하였는바 총 680회에 걸쳐 5,942명의 각급 심의위원이 참석하였다.

4) 공업실태조사 : 26회에 연 116일간에 걸쳐 82개공장을 조사하여 규격안 심의 및 규격
안작성자료에 공하였다.

5) 샘플링 Sampling : 국내공산품 728점을 샘플링하여 245건의 검사분석 자료를 수집하여 규격제정에 반영하였다.

6) 외국규격조사 : J.I.S., F.S., AATCC, ASTM, DINASA, MILSTD 등의 외국규격을 6,285페이지를 번역하여 규격안 검토자료로 공하였다.

7) 보급지도 :

① 월간산업표준화지 12회에 걸쳐 30,000부 발간과 표준화사업 계몽, 팜플렛, 포스터 표어 등을 발간하여 전국각시도 및 생산기업체에 배포하였다.

② 공업표준화에 대한 상공인 간담회를 8개도에서 10일간에 긍하여 2,389명이 참석한 가운데 거행하였다.

③ 시청광장 전시장에서 연 18일간 공업표준화 계몽선전전시회를 2회에 걸쳐 개최하였다.

(2) FY63 사업내용 및 업적

1) 품목선정 : Fy 63 제정목표량 300종에 대하여 규격제정 예정품목을 선정하고 공업표준심의회의 자문을 얻어 510종의 제정예정품목 및 예비품을 일간지에 공고.

2) 공장조사 : 5회에 걸쳐 20개공장의 규격실태를 조사.

3) 샘플링 : 평각동선平角銅線외 34종을 샘플링을 하여 검사 의뢰하여 그중 19종의 검사분석자료를 수집하여 규격제정에 반영

4) 외국규격서 구입 : I.S.O, SAE, DIN 등의 외국규격서를 구입하여 외국규격실태를 조사.

5) **외국규격번역** : 프랑스 규격(FN) 목록외 7건의 외국규격을 번역하여 규격규정에 반영.

6) **보급지도** : 월간표준화지에 5회에 걸쳐서 20,000부를 발행.

(3) 국제기구 가입 교섭

1) 국제기구 가입 교섭

- 1962년 4월 18일 국제표준화기구International Standardlitation Organization ISO에 가입신청.

- 1962년 7월 23일 국제전기표준화위원회International Electrotechnical Commission IEC에 가입
  신청.

2) 외국표준화단체와의 정보교환

- 1962년 4월 26일, 프랑스규격협회와 규격서 및 표준화지 등 교환개시.

- 1962년 5월 22일, 인도규격협회와 규격서 및 표준화지 등 교환개시.

- 1962년 10월 2일, 미국표준국과 도량형에 관한 정보교환 개시.

- 1962년 11월 28일, 페루 규격협회와 규격서 교환 개시.

- 1962년 11월 29일, 터키 규격협회와 규격서 교환 개시.

- 1962년 11월 29일, 포르투갈 규격협회와 규격서 교환 개시.

- 1962년 11월 30일, 칠레 규격협회와 규격서 교환 개시.

- 1962년 12월 6일, 브라질 규격협회와 규격서 교환 개시.

- 1962년 12월 21일, 오스트리아 규격협회와 규격서 교환 개시.

- 1963년 4월 7일, U.S.A. 규격협회와 규격서 교환 개시.

- 1963년 5월 14일, 한국의 I.E.C. 가입신청서가 투표결과 가결.

5. 조선사업의 확장

국민경제의 위축과 기계 및 중공업의 부진 때문에 우리나라의 조선공업은 다른 어느 산업보다도 현저하게 낙후되어 있다. 조선공업은 종합공업으로서 미국, 영국, 독일 같은 뿌리깊게 공업력을 갖춘 선진국에도 조선공업의 진흥 육성과 경쟁을 위하여 아직도 정부가 적극적으로 이를 뒷받침해 주고 있다.

일본, 이탈리아 등도 조선공업을 선도산업으로 하여 많은 관련공업과 파생산업을 유발하도록 해 전공업 분야의 토대를 이룩하고 있으며 수출산업에 커다란 비중을 점하게 하고 있다.

혁명정부는 빈곤의 악순환에서 허덕이는 산업구조를 변혁시켜 자립경제 확립에 일대 비약을 기도하는 제1차 경제개발 5개년계획 사업으로서 해운수산개발의 초석인 제철 등을 위시하여 목재, 도료 등 소재제조업 외 200여 종에 달하는 광범위한 연관산업과 국제수지개선에 커다란 영향력을 가지는 조선공업진흥책을 강구하여 이를 강력히 추진하였다.

우리나라에는 대소조선소(면허공장)가 100여 개가 있었지만 이들 가동실태는 연간 조선능력 50,000톤에 비하여 5,000톤에 불과하여 약 80%의 조선시설이 운휴상태에 있었다. 특히 대한조선공사는 부채가 계속 누적될 뿐만 아니라 매년 결손이 증가일로에 있었다. 이와 같이 조선업이 부진상태에 있었던 중요원인을 살펴보면,

① 해운 및 수산업계가 부진함에 따라 선박건조의욕이 감퇴되고 있었다,

② 선박건조융자금의 이자부담이 연간 12% 내지 8%의 고이율을 적용하고 있었으며, 또한 융자금 대출이자를 거치기간도 없이 대출즉시 이자를 부과하였으며, 자금이 적기에 방출되지 않아 고리대금을 사용하게 되어 실수요자의 이자부담이 컸다.

③ 실수요자의 은행융자 담보물 취약으로 부동산을 차용하는 데서 오는 이중부담과, 은행측의 후취담보취득에 대해 선박준공 후 선가의 60%밖에 인정해 주지 않아 실제로는 140%에 해당하는 담보물을 제시하여야 하는 과중한 부담을 안겨주었다.

④ 선박건조비의 자가자금 부담률이 과중하였다.

⑤ 선박용 원자재도입에 있어서 500톤급 이상의 선박을 외국에서 도입하는 경우에는 관

세를 면세조치하였으나 국내건조용 자재도입에는 고율의 관세를 적용하여 선가앙등을 초래하였다.

【조선자금투융자상황】

구분 년도별	선박건조 자금융자	조선공장 시설자금융자	선박건조 보 조 금	계	비 고
1955	—	17,825,000원		17,825,000원	융자금은 산업부흥 국채재원 보조금은 일반회계재원
1956	58,690,000원	20,975,000원		79,665,000원	〃
1957	27,000,000원	39,806,900원	12,000,000원	78,806,900원	〃
1958	54,787,500원	5,000,000원	7,210,000원	66,997,500원	〃
1959	73,348,000원	6,000,000원	6,452,000원	85,800,000원	〃
1960	—	—	17,470,400원	17,470,400원	〃
1961	—	—	28,009,600원	28,009,600원	〃
1962	120,000,000원	—	80,076,000원	200,076,000원	〃
계	333,825,500원	89,606,900원	151,217,000원	574,650,400원	

그리하여 혁명정부는 상기의 요인들을 과감하게 개선하여 다음과 같은 정책을 수행하였다.

① 조선공업의 실수요자에게는 총 건조비의 10%만 부담하게 하고 보조금 40% 이내 융자금 50%의 비율로 건조비를 충당하게 하였다.

② 후취담보결핍에 의한 실수요자의 부담을 경감시키기 위하여 선박건조기간 중에는 조선공장측에서 연대보증을 하고 선박 준공 후에는 건조된 선박자체만을 후취담보토록 하였다.

③ 융자금에 대한 이자율을 12%에서 5%로 인하하고, 상환기간 10년 이내를 15년 이상으로 하여 선박운용의 채산성에 부합하도록 하였다.

④ 관세법 관계규정을 개정하여 조선용 자재 도입에는 관세를 면제토록 하였다.

이와 같이 근본적인 4개 항목을 개선하고 현하 소요되는 수요선복需要船腹 536,330톤 중 173,000톤은 국내에서 건조하고 건조부족량 363,000톤 우선 외국취항 대형선박은 외국에서 도입을 하기로 계획을 세웠다.

한편 우리나라 최대규모의 조선시설을 갖춘 대한조선공사는 누적된 부채 1억8,000여만 원과 업무량 부족 등으로 운영이 부진하여 매년 결손금만 증가일로에 있었다.

혁명정부는 동 공사에 대해 시설근대화 계획을 수립하고 1962년 4월 30일 대한조선공사법을 제정하여 주식회사 대한조선공사를 정부직할기업체인 대한조선공사로 신설 발족하였다. 그리고 당초 자본금 1,000천만 원을 10억 원으로 하여 이를 3차년에 걸쳐 불입하도록 증자계획을 수립하고 제1차연도인 1962년도에 6억3,000만 원과 제2차연도에 2억5,000만 원, 제3차연도에 1억1,000만 원을 불입하기로 하였다.

한편 조선공사시설 근대화를 위해 외화 350만 불 도입을 서독정부와 협의 중에 있다. 이리하여 1961년도까지는 결손상태에 있었으나 1962년부터는 업무량이 33%의 증가를 보여 연간 순이익 1천500만 원의 흑자운영을 시현하고 있다.

6. 상역

혁명정부는 국제수지의 개선 및 안정을 위한 무역부문을 위시하여 국내상도의 앙양과 유통질서 정상화 등 상역商易부문을 다음과 같이 정비 개선하였다.

① 수출진흥책으로서
  • 수출진흥을 위한 특혜조치.
  • 수출진흥법의 제정공포.
  • 수출상품의 해외신용도 향상을 위한 수출검사법을 제정공포.
  • 해외시장개척을 위한 상무관 파견 및 국제박람회 참가.

     • 수출상품의 해외선전소개 및 시장개척을 위한 대한무역진흥공사의 설립.

② 군납을 촉진하기 위해 군납촉진에 관한 임시조치법의 제정공포.

③ 보세가공무역 증진을 위한 허가절차, 설영특허에 관한 규정, 공장운영요강의 제정 공포.

④ 경제질서 확립

     • 구총독부령인 시장규제를 폐지하고 실질적인 시장법을 제정 공포.

     • 상도의 앙양 및 유통질서 정상화를 위한 정찰제 실시.

     • 상공회의소법 및 동 임시조치법의 제정 공포.

     • 5 · 16 혁명 1주년기념 산업박람회 개최.

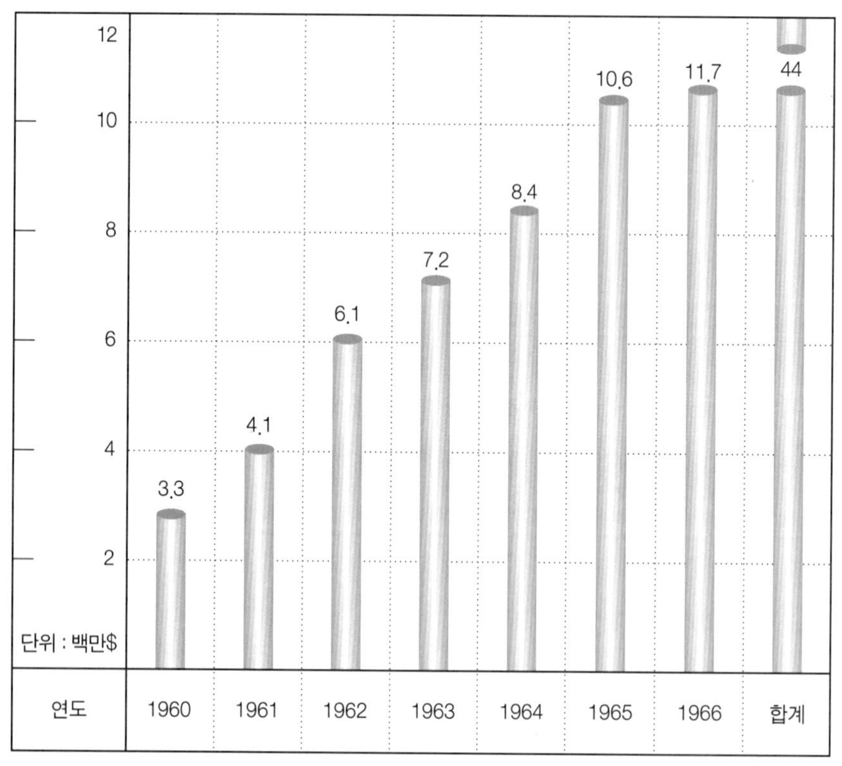

(1) 수출진흥

1) 특혜조치

가) 무역구조의 정상화로 국제수지를 개선시키고 수출산업을 육성시키기 위해서는 수입에 대한 제한조치와 수출에 대한 장려책이 긴요하다. 따라서 수출을 증진시키기 위해서 일정한 수출실적에 따라 일정한 수입도 인정하는 Link제를 실시하고, 1962년 11월에는 수출진흥법시행령 제3조 제2항에 의거 1962년 1월부터 10월까지의 수출실적에 대하여는 30%, 11월, 12월 실적에 대하여는 50% 해당액, 1963년 1월부터 5월까지의 실적에 대하여는 100% 해당 범위 내에서 수입을 할 수 있도록 조치를 하였다.

나) 수출물자 체화신고제 실시

정부는 1963년 3월 18일 고시제760호로 체화물자신고제를 실시하여 수출목적으로 생산한 물자가 공급과잉 및 판매망 기타 가격상의 문제로 과잉누적된 수출물자를 신고 받아 수출을 이행하도록 정부가 이를 적의 처리해 주는 제도이다.

다) 수출장려보조금 교부제도

이것은 수출업자에 대한 일종의 특혜조치로서 수출원가고로 인한 결손품목이나 해외시세하락으로 수출이 부진되고 있는 품목을 수출한 자나 해외시장을 새로이 개척한 자, 국제박람회에 출품한 자에 대한 수출장려보조금을 교부하여 수출을 증진하고자 하는 제도이다. 이 제도는 1961년 9월 22일 제정된 수출장려보조금교부규칙에 의거 매년 일률적으로 이를 시행하여 다대한 성과를 거두었다.

1961년도에 447,000,000이 책정되어 302,000,000원이 교부되었고, 1962년도에는 556,500,000원이 책정되어 전액이 교부되었다. 이와 같은 수출보조금 교부 효과로 수출실적은 매년 상승일로를 거듭하고 있었으며 이리하여 1963년도에 들어와서는 1963년도 상반기 수출장려보조금 교부요액을 상공부 공고 제2945호로 공표하고 1963년도 교부금 예산을 4억6,000만 원을 책정하였다.

2) 수출진흥법 제정

정부는 1962년 5월 5일 수출용 원자재수입의 외화우선배정과 수입허가의 제한, 실적상사에 대한 해외지점 설치 허용기준 그리고 연대보증에 의한 무역자금 대출 등을 규정한 수출진흥법을 제정하여 이를 시행함으로써 매년 수출실적이 증가하는 효과를 나타내고 있다.

3) 수출검사제도 확립

지금까지 우리나라는 무역법 또는 농수산물 검사법의 규정에 의거하여 단편적으로 수출검사를 실시하여 왔으므로 국제시장 경쟁에서 많은 문제점이 발생되고 수출상품의 성가를 추락시키는 일을 방지하기 위하여 1962년 10월 4일 수출검사법을 제정하여 수출검사의 제도를 확립하고 강화하여 수출진흥의 효과적인 수행을 도모하였다.

4) 해외통상 촉진

혁명정부는 자립경제달성을 위한 국제수지 개선정책으로서 통산촉진에 그 중점을 두고 특히 해외시장개척을 위하여 상무관의 파견, 해외무역관 설치, 각종무역박람회 참가, 통상사절단 파견 및 유치, 무역통상협정의 체결 등 엄청난 노력을 경주해 왔다.

또한 여사한 정부활동뿐만 아니라 민간무역업자들의 해외시장 개척을 적극 권장하기 위하여 천우사 외 16개사에 대한 해외출장소 및 8개 지사 설치를 인가하였고, 정부는 수출상품의 해외시장 개척을 위해 1962년 4월 21일부터 10월 21일까지 21세기박람회, 1962년 2월 20일부터 3월 20일까지 「트리폴리」 박람회, 1962년 8월 20일부터 9월 9일까지 「스톡홀름」 박람회에 참가하여 각국으로부터 지대한 관심과 인기를 얻기도 했으며, 또한 1964 ~ 1965년에 열릴 뉴욕세계박람회에도 참가하기 위하여 준비를 하고 있었다.

5) 무역진흥공사 설치 및 사업

현재 우리나라의 무역수지는 무려 10 대 1의 수입대 수출비율로서 전혀 균형을 잃고 있었다. 이러한 맹목성을 탈피하여 면밀하고 과학적인 조사로서 상품의 수출입성을 측정하고 수출적격품을 발굴하여 세계적 시장개척 등을 전담하는 상설기관으로서 혁명정부는 1962년

4월 24일 대한무역진흥공사법을 제정하고 1962년 6월 21일 대한무역진흥공사를 설립하였던 바 동년 12월말까지 약 6개월간의 업적을 살펴보면,

첫째, 해외시장개척을 위한 제반조사로서

① 수출입에 관한 국내외도서 및 자료수집으로 1,000여 권의 무역정책 유관도서와 수백 종의 정기 및 부정기 간행물과 각종자료를 수집하여 수출보험제도 및 금융제도의 연구와 수출신장도, 상품별 예비조사, 지역별조사 및 각종통계표를 작성하였다.

② 상품별 해외수출입성의 대비조사 및 그 수출신장도 측정으로 상품별 해외시장조사 는 우리나라에서 최초로 시도되는 사업으로서 해외조사망의 결여로 본사업 추진에 상당한 지장이 있었다. 그리하여 1962년도에는 관계자료 수집만으로 그쳤다.

둘째, 우리 상품의 해외진출을 위한 해외시장개척 추진사업.

① 뉴욕, 로스앤젤리스, 홍콩, 방콕 등 4개지역에 상설무역관 설치 운영.

② 태국, 홍콩, 북미지역 등 해외유관기관과 국내업자와의 예비접촉을 시도하였고, 1962년 12월에는 서독정부에서 열린 Sales Promotion & Marketing in Foreign Trade에 초청을 받고 진흥공사 간부를 파견.

③ 해외무역관을 통하여 수출적격상품에 대한 자료를 수집하고, 또한 수출 가능상품을 해외에 선전하기 위하여 선전 영화제작.

④ 뉴욕세계박람회, 시카고박람회, 시드니박람회 등 국제박람회에 참가하기 위하여 자료정리 및 제반준비.

⑤ 585건에 달하는 국내외 수출입거래알선 의뢰처리.

셋째, 국내무역업자의 지도 알선과 수출상품의 품질 및 포장의 개선연구 그리고 선전사 업으로서 출판사업 상품전시 사업을 적극적으로 추진하였다.

(2) 군납증대

혁명정부는 그동안 정부의 행정적 지원이나 통제없이 주한미군과 업자 간에 무질서하 게 이루어진 군납업에 대해 정부의 지원 및 통제의 법적 뒷받침을 보장하기 위하여 1962년 1

월 15일 군납촉진에 관한 임시조치법을 제정 공포하고 다음과 같이 본격적으로 지원을 하였다.

첫째, 1962년 4월 군납추진을 위한 제반문제를 검토하기 위해 군납추진위원회를 구성 운영하였다.

둘째, 군납업자등록제를 실시하여 1962년 말 현재 군납실적 5,000불 이상이 306개, 가등록업체가 569개로서 군납업자의 실태를 완전히 파악하였다.

셋째, 1962년 7월 용역, 물품, 건설의 3개 군납조합을 결성하였다.

넷째, 한·미 간의 보다 긴밀한 의견조정과 상협의를 위해 한·미간 실무자급으로 군납에 관한 한·미간 회의를 정기적으로 매월 1회씩 개최하기로 하였다.

다섯째, 군납에 관한 각종 특혜조치로서

① 군납자재에 대하여 수출링크제 배제.

② 군납계약자에게 계약액의 9까지 저리융자.

③ 군납업자에 대하여 관세, 물품세, 법인세, 영업세, 소득세 등 전액 면세 또는 감세조치.

④ 군납업자의 국제입찰시 군납보조금 교부.

(3) 보세가공 무역증진

정부는 보세가공무역을 증진하기 위해서 1961년 말에 보세가공무역에 필요한 제반 법적 근거를 다음과 같이 완비하였다.

① 보세가공무역의 허가절차 제정 (1961. 6. 14)

② 보세공장운영특허에 관한 규정 (1961. 7. 21)

③ 보세공장 운영에 관한요강 제정 (1961. 7. 31)

또한 보세가공무역추진을 위한 정부의 중요시책으로는 다음과 같다.

① 1962년 8월 24일부터 동10월 4일까지 구미지구에 교섭단 파견.

② 대한상공회의소 내에 보세가공무역안내소를 설치하여 해외시장 개척과 조사연구

실시.

③ 보세가공무역추진위원회를 설립 운영.

④ 보세가공공장에 우선 전력공급과 보세가공용 기계수입에 관세면제 조치.

(4) 경제질서 확립

1) 상공회의소 운영개선

정부는 1961년 7월 12일 상공회의소 및 대한상공회의소 운영에 관한 임시조치법을 제정 공포하고, 법제정 이전의 의원총회는 자연해산하고 신의원총회를 구성하였다. 동법에 의거 새로 구성된 의원은 전국 28개소 지방상공회의소장을 대의원으로 선임하여 지방상공회의소와 대한상공회의소의 운영체제를 개선하여 업체를 위한 봉사기관으로 새출발하였고, 특별의원으로는 전국단체로부터 업종별로 대의원을 선출하여 해당업체를 대변케 하여 업계의 권익을 도모하였다.

한편 정부의 경제개발 5개년계획 수행에 있어 상공업계를 대변해야 하는 중차대한 사명으로 그 기구를 대폭 강화하여 업계의 선도적 역할은 물론 업계발전을 위하여 정책수립에 적극 참여하여 경제개발 5개년계획 제1차연도 목표달성에 크게 기여를 하였다. 또한 대한상의의 특별회원을 강화하여 회원상호 간의 유대강화는 물론 제반 경제문제를 토의하기 위하여 경제심의위원회를 구성 중요한 경제문제도 심의하도록 했다.

2) 시장관계법 제정

시장은 물품공급중심지로서 교통의 편리, 위생 및 소방시설의 완비 기타 공공시설의 구비가 강하게 요청된다. 이러한 시장을 규범하는 관계법이 우리나라는 지금까지 일정시의 총독부 제령을 그대로 적용하고 있어 현실과 많이 유리된 점이 많다.

그리하여 혁명정부는 1961년 8월 31일 구총독부제령인 시장규칙을 폐지하고 일반시장에 관한 사항을 포함한 각종 특수시장법의 기본법을 제정하여 전국시장을 개편하는 한편, 기설무허가시장에 대한 적법화 규정의 미비점을 보완하기 위해 일부 시행세칙 개정을 준비하고 있어 동 세칙이 개정되면 현존 무허가시장은 완전히 적법화될 것이며, 따라서 시장시설의 현대화는 물론 시장질서도 점차 개선될 것이다.

3) 정찰제 실시

원래 정찰제는 상인들이 고객에 대한 상인들 자신이 자발적으로 해야 하는 것이나 우리나라는 사회 경제적으로 불안정한 상태에서 이를 기대할 수가 없으므로 정부가 당면시책의 일환으로 다음과 같은 방안으로 정찰제 실시를 권장하였다.

① 각 도·시·읍·면장은 관계공무원과 업종별로 선출된 위원으로 지역별 계몽반을 조직하여 정찰제 실시를 권장하고 그 실시상황을 발표하였다.

② 전국상공회의소, 백화점협회, 시장연합회 등 각 상공단체의 기능을 동원하여 상인들이 자발적으로 정부시책에 협조하도록 지도하였다.

③ 재무부, 내무부, 공보부, 문교부의 행정적 지원으로 일반소비자와 상인들을 계몽하였다.

④ 정찰제의 효과적인 보급수단으로 시범상점을 지정하였다.

⑤ 재건국민운동본부의 횡적 지원으로 국민도의심을 촉구하였다.

XII. 사회복지 _

혁명정부는 누적된 폐습을 일소하고 명랑한 사회기풍을 조성하기 위하여 사회 모든 분야에 걸쳐 과감한 시책을 단행한 바, 우리생활에 직접적인 관련을 갖고 있는 사회복지 면에도 각별한 관심을 가지고 혁신적이고도 실효성 있는 정책을 수행하였다.

1. 구호사업

정부는 생활보호법을 제정하여 제반 제도를 확립하고 이에 따라 구호사업 전반에 걸친 과학적 통계를 기초로 대상자를 종류별로 구분하여 구호사업에 적정을 기한 나머지 특히 근로구호에 있어서는 자립자활의 근로의식을 함양하여 서울특별시를 위시한 전국 11개시, 도의 총 2,822개 사업장에 연 6,907,993명이 동원되어 상·하수도공사, 도로교량공사, 소유지공사 등 시급하고도 유익한 사업을 효과있게 진행하였다.

2. 부녀, 아동 복지사업

부녀 및 아동 복지문제에 있어서도 전쟁미망인과 그 자녀들의 수용보호와 윤락여성의 선도책 강화는 물론 부녀자 자질향상을 위한 부녀문고 설치와 부녀자 계몽사업을 전담하는 부녀복지원 배치 등 부녀복지향상을 위한 항구적인 적극책을 추진한 바 16개소의 윤락여성 직업보도소에서 950명이 개심 자활하였고, 지금 40여 개의 부녀상담소에서 계속 이들에게 좋은 상담역을 하고 있다.

또한 아동복지문제에 있어서도 아동복지법, 고아입양특례법, 보호시설에 있는 고아의 후견직무에 관한 법률을 제정하여 어린이 복지증진의 기틀을 마련하고, 현재 집단수용보호에서 거택보호로 전환함에 따라 13,513명의 위탁보호 성과를 올렸다.

3. 이민사업

(1) 이민사업의 기반확립

▲ 제1차 브라질 이민단이 부산항을 떠나고 있다.

혁명정부는 그 동안 막혀 있는 국민의 해외진출의 길을 열고 국위선양은 물론 민간외교로서 국가발전에 기여토록 하기 위해 다음과 같이 적극적인 이민실시를 위한 법적 근거를 확립하고 우리나라 이민사업의 첫 계기를 마련하였다.

① 1962년 10월 2일 보건사회부에 이민과를 신설.

② 1962년 2월 20일 국가재건최고회의에서 이민사업의 기본방침인 해외이주정책을 수립.

③ 1962년 3월 9일 해외이주법을 제정하고, 1962년 6월 16일에는 해외이주법 시행규칙을 제정 공포하였다.

(2) 집단이민

정부는 1962년 3월 15일부터 4월 16일까지 정부이민 교섭단을 남미 브라질과 중미 과테말라에 파견하여 브라질 정부와는 300세대의 집단이민 협정을 체결하였으며, 또한 과테말라 정부와도 이민실시원칙에 합의하고 현지조사를 완료하였다.

(3) 계약이민

해외이주법 제정 이전에 이미 민간인들이 브라질 정부로부터 지명허가를 받은 30세대에 대하여 정부가 해외이민법에 의거 심사한 결과 17세대의 92명만 허가를 하여 이들은 1962년 12월 19일 부산항을 떠나 1963년 2월 12일 남미 브라질에 도착하였다.

최초로 브라질에 도착한 우리 한국이민단은 당초 정착예정지인 「미라가두」 땅보다 입지조건이 좋은 「노바 봄 썩세소」의 「마베니다 사도깅」 지역에 정착하여 농경에 착수하였다.

(4) 특수이민

국제결혼, 국제입양, 연고초청 등에 의하여 이주하는 이민은 매월 100명 정도 되는 이들에 대하여 정부는 해외이민법에 의거 심사 허가하고 있고, 앞으로 이러한 개인초청 이민은 계속 증가될 것으로 본다.

(5) 민간단체 조성

정부는 해외이민에 관하여 국민에게 계몽·선전·주선 등을 담당할 민간단체로서 사단법인 한국이민협회를 설립하였으며, 현재는 동 협회로 하여금 신문 라디오 등을 통해 계몽선전하도록 하여 해외이민을 실시하고 있으나 아직은 민간단체의 활동이 충분하지 못하므로 정부는 계속 한국이민협회의 지도육성을 강화해 나갈 방침이다.

이외 혁명정부는 영세민구호를 위해 1961년 12월 30일 생활보호법을 제정하여 노령, 질병, 기타 근로능력의 상실로 인하여 생활유지의 능력이 없는 자 등에 대한 생활보호와 노령, 불구, 모자, 아동, 미감아 그리고 가두를 방황하는 부랑아를 단속하여 수용보호를 하였으며, 생활보호법 제3조 제1, 2, 3, 4항에 해당하는 생활보호자 구호와 생활보호법 제3조5항에 해당하는 영세민 구호사업과, 초등학교 아동들에게 영양을 보충하여 제2세 국민의 체위향상을 위한 급식사업, 각종사회악의 근원이 되어오던 수많은 부랑인, 연장고아, 나음성자 등 무의무탁한 자에 대하여 영농을 통한 자립자활의 터전을 마련해 주기 위한 전국 미개간지 집단개간 정착사업 등 복지국가 건설에 획기적인 정책을 실시하였다.

4. 국가원호사업

(1) 원호처 설치

1961년 7월 5일 내각수반 산하에 전몰군경유가족과 상이용사, 제대군인 및 4·19 상이자, 국가유공자에 대한 원호사무를 관장하는 군사원호청설치법에 의거 군사원호청이 설치되었던 바, 그 후 1962년 4월 16일 원호처설치법의 제정으로 원호처로 승격 개편되었다.

1) 원호처 관장업무

① 상이군경의 치료 및 원호에 관한 사항

② 전몰군경유족의 원호에 관한 사항

③ 애국지사 및 그 유족의 원호에 관한 사항

④ 4·19 혁명 상이자의 치료 및 원호에 관한 사항

⑤ 4·19 혁명 사망자유족의 원호에 관한 사항

⑥ 월남귀순자의 원호에 관한 사항

⑦ 군인 보험에 관한 사항

⑧ 정착대부에 관한 사항

⑨ 원호대상자의 임용 및 고용에 관한 사항

⑩ 원호를 위한 보상금지불에 관한 사항

⑪ 기타 각의에서 위임된 원호에 관한 사항

2) 업무수행 기본방침

① 원호대상자로 하여금 의뢰심과 불로소득의 관념을 지양하고 근로의식을 함양하여
  자활능력을 배양하였다.

② 원호는 국가재정을 절약하는 방법을 택하여 국민부담을 감소하고 절약된 예산을 국
  가재건에 전환한다.

③ 원호대상자를 합리적으로 분리하여 그에 상응한 원호를 기한다.

④ 종전의 집단적인 원호를 지양하고 개인중점 원호로 전환하고 또한 재정적인 원호에
  서 비재정적인 원호를 가미하여 최저생활을 보장하고 자활의욕의 앙양 및 자활능력
  을 배양하며, 원호대상범위를 확대하였다.

3) 원호처 사업내용

① 보상급여사업으로 상이군경 중 간호대상자, 취업불가능자, 미취업자, 전몰군경 유족중 미취업자, 애국지사, 애국지사유족, 4·19 혁명 상이자, 4·19 혁명 사망자의 유족, 반공상이자, 월남귀순자 등에게 연금 및 제수당을 지급하고, 전·공사자의 유족에게 군인사망 급여금을 지급하는 업무를 하고 있다.

② 임용고용사업으로, 상이군경, 전몰군경유족, 애국지사, 애국지사유족, 4·19 혁명 상이자, 4·19 혁명 사망자유족, 반공상이자, 재일학도의용군, 월남귀순자에게 국가 또는 지방자치단체의 사무관급이하(지방은 2급을류 이하)의 공무원으로 정원의 5%까지 우선 임용시키고, 16인 이상을 고용하고 있는 기업체 및 국영기업체에서는 정원의 3 ~ 8%를 의무적으로 고용시키도록 했다.

③ 교육관리사업으로, 군경유족자녀, 중상이자자녀, 애국지사 유자녀(손자녀 포함), 4·19 혁명 상이자 및 동 유자녀, 상이군경(대학교에 한함)의 취학자에게 학비보조금지급과 공납금을 면제하고, 국·공 사립중·고등학교는 유자녀 지역별 분포상태에 따라 3 ~ 6%의 대상자를 의무적으로 취학시켰으며, 상이군경에 대한 취업보도교육을 실시하고 있다.

④ 의료관리사업으로, 현대적인 종합의료시설로서 상시 200명을 수용할 수 있는 원호병원을 설립 운영하여 상이군경, 4·19 혁명 상이자, 반공상이자 등을 치료하고 있으며, 여기서 치료가 불가능한 환자는 위탁치료를 실시하고, 척수환자에게는 주택을 건립 입주시키고 복지공장을 운영하여 그들이 제작한 수공예품을 팔아 자활책을 마련해 주고 있다.

⑤ 종합원호원을 설치 운영하여 무의무탁한 유자녀 및 연로자를 수용 보호하고, 미취학 농촌유자녀에게 농업기술교육과 상이군경에게 직업보도교육을 실시하고 있다.

⑥ 보험관리사업으로 중사급 이상의 현역 전군인에게 보험에 가입토록하고 이를 관리하여 전역 후에 정착대부기금으로 활용토록 하였다.

⑦ 대부관리사업으로 제대군인 및 연금 해당자에게 정착대부제도를 실시하여 제대후 생계정착을 지원하고 있다.

(2) 원호관리의 합리화

1) 자력관리
가) 자력기록 유지완비

자력기록이란 원호업무수행의 기본자료로서 원호대상자 약 150,000명에 대한 각인의
인적, 물적 사항의 기록과 정보를 체계적이고 과학적인 방법으로 분류 관리하여 원호업무를
수행하는데 신속하고 정확한 자료를 제공함으로써 업무의 효율화를 기하도록 하였다.

나) 원호대상자 실태파악

1961년 8월 25일부터 동 9월 5일까지 일제신고에 의해 확정된 대상자 중에는 시간과 인
력부족으로 일일이 군기록과 대조확인이 안되어 허위조작한 대상자가 많았으므로 1962년 1
월 1일부터 동 30일까지 전국적으로 대상자의 실태를 조사 적발하여 연간 8,000,000원의 예산
을 절감하였다.

다) 특별원호대상자 심사위원회 운용

정부는 국가유공자 및 월남귀순자 특별원호법 제2조2항에 의하여 애국지사 및 유족, 월
남귀순자를 심사확정하기 위하여 내각사무처 차장을 위원장으로 하는 국가유공자 특별원호
심사위원회를 운용하여 국가유공자 및 그 유족에 대한 공적을 심사하여 그 대상자를 결정하
게 하고, 원호처 차장을 위원장으로 하는 4·19 혁명자 특별심사위원회를 운용하여 4·19 상
이자 및 그 유족의 대상 여부를 심사결정토록 하였으며, 국방부 차관을 위원장으로 하는 월남
귀순자 원호심사위원회를 운용하여 월남귀순자에 대한 원호대상 여부를 심사결정하도록 하
였다.

2) 원호대상자의 권익보호
가) 군사원호에 관한 법체제의 확립

혁명 이전의 원호에 관한 법령으로서 군사원호법, 경찰원호법, 전몰군경유족과상이군

경연금법, 공무원연금법, 군인사망급여금규정, 상이특별급여금규정, 군경원호회규정 등이 있었으나 이러한 법령에 의한 각 제도는 상호간에 연관성이 결여되어 군사원호를 실시하는 데 충분한 뒷받침이 되지 못하였다.

혁명정부는 이러한 산만한 원호를 지양하고 보다 합리적이고 효과적인 원호사업을 강력히 추진하고 제도적인 보장을 확실하게 하기 위하여 1962년 7월 29일 국가재건최고회의 법령정비계획에 의거하여 동 12월까지 군사원호에 관한 법체제를 확립하였다.

원호처설치법 (1962.4.16공포 법률 제1052호)

군사원호보상법 (1961.11.1 법률 제758호., 개정 1962.12.24 법률 제1230호, 개정 1963.4.11 법률 제1323호)

군사원호대상자임용법 (1961.7.5 법률 제648호, 개정 1961년 11.4 법률 제767호, 개정 1962.12.24 법률 제1232호)

군사원호대상자고용법 (1961.7.5 법률 제649호, 개정 1962.12.24 법률 제1233호)

군사원호보상급여금법 (1962.4.16 법률 제1054호, 개정 1962.12.24 법률제1231호)

전몰군경 유자녀보호법 (1961.11.1 법률 제759호, 개정 1962.12.24 법률 제1235호)

군사원호대상자정착대부법 (1961.7.5 법률 제650호, 개정 1962.12.24 법률 제1234호, 개정 1963.4.11 법률 제1324호)

군인보험법 (1962.3.21 법률 제1036호, 개정 1962.12.24 법률 제1236호)

원호특별회계법 (1962.12.31 법률 제1323호)

국가유공자 및 월남귀순자특별원호법 (1962.4.16 법률 제1053호, 상이군경의료규정(1962.7.30 각령 제915호, 개정 1963.5.14 각령 제1299호)

상이군경철도무임승차확인증및할인증발급규정 (1962.3.10 각령 제543호, 개정 1963.1.29 각령 제1176호)

등 8개의 법률과 10개의 각령을 제정 공포하였으며 이밖에 원호대상자 직업재활법과 원호재산특별처리법이 심의 중에 있다.

XIII. 문화·예술 _

1. 과학진흥

(1) 원자력사업의 진흥

우리나라는 1956년 2월 미국과 협정을 체결하여 귀중한 원자력기술정보를 제공받고 핵연료물질 등 기술연구에 필요한 자재를 얻을 수 있게 되어 국제원자력기구에 가입한 후 널리 선진각국에 기술요원을 파견 양성함으로써 원자력사업의 기반을 이룩하게 되었다.

이리하여 1959년 2월 대통령 직속기관으로 원자력원을 설립하여 원자력기술의 연구 발전, 원자력의 이용추진에 관한 업무를 수행하였고, 한편 원자력연구소의 건설과 국내 각 연구기관에 대한 원자력연구 조성, 그리고 방사성 동위원소의 이용조성 등 사업에 착수하고, 원자력연구소 건설에 있어서 그 중심적 시설인 원자로 도입 건설을 1959년 내로 완성예정이었으나 진척이 순조롭지 못하여 사업계획이 여러 번 지연되고 있었다.

혁명정부는 원자로공사의 제반 애로를 물리치고 이를 과감히 추진하여 1962년 2월에 이를 준공시키고 동 3월 30일 가동하였으며, 또한 원자로시설을 비롯한 원자로에 대한 이공학적 제반연구와 방사성 동위원소의 생산 및 이용에 관한 연구를 위해 300명 내지 500명의 연구원이 연구할 수 있는 약 6,000평의 기본시설을 갖춘 원자력연구원의 건설을 경제개발 5개년계획 사업으로 책정을 하였다.

우리나라 원자력의 산업적 이용은 우선 동력용 원자로에 의한 원자력발전 분야와 방사성 동위원소 이용에 의한 암치료 등 국민보건을 위한 의학적 이용이 시급히 요청되어 방사선의학연구소를 설치하였으며, 농산물 증산을 위한 농학분야 이용 기타 공학분야 이용도 연구를 진행하고 있다.

1) 원자력의 가동

원자력원의 전신인 문교부 원자력과에서 정부보유불 382,000불과 원화 2,900만 원의 자금으로 원자로건설계획을 수립하고 1958년 7월 24일 원자로구매단을 미국에 파견하여 한·미 간에 체결된 원자력의 비군사적 사용에 관한 협력을 위한 협정과 아이젠하워 미국 대통령의 후진국에 대한 350,000불 원조선언에 의거하여 미국원자력위원회와 재정원조를 교섭하는 동시에 1958년 12월 4일 제너럴 아토믹 회사와 훈련 연구 및 동위원소 생산용의 TRIGA MARK II 원자로 구매계약을 체결하고 1959년 7월 14일에 원자로 기공식을 거행하여 동 12월 말까지는 이를 준공예정이었으나 지지부진 지연을 거듭하고 있을 때 혁명정부가 원자로 건설계획을 재확립하여 이를 급속히 추진한 결과 1962년 3월 30일 마침내 전 국민의 대망리에 한국 최초의 원자로가 가동하기에 이르렀다.

이후 원자력원은 외국기술자와 협조하여 원자로자체의 특성실험은 물론 물리화학, 생물, 공학 등 과학전반에 걸친 다수의 실험을 수행하였으며, 국내대학연구소 실험소 등의 원자로이용편의제공 및 동위원소생산과 이의 이용 등 대대한 실적을 거두었으며, 1962년 11월 국제원자력기구의 소형 연구용원자로에 관한 국제회의에서 원자로 등에 관한 각종연구논문을 발표하여 한국원자력사업의 실적을 각 대표에게 소개하여 깊은 감명을 주었다. 본 연구용 원자로에서 얻은 지식과 기술은 향후 동력용 원자로의 도입 및 운용에 귀중한 경험과 참고자료를 제공해 줄 것이며 국내 타연구기관에게도 공개 이용케 함으로써 우리나라 원자력사업을 촉진시킬 뿐만 아니라 앞으로 도입할 동력용 원자로의 운용을 위한 기술발전에 많이 이바지하게 되었다.

2) 방사성 동위원소의 이용

우리나라는 1960년 4월 원자력원 원장의 수입승인을 받고 방사성 동위원소가 처음 들어왔다.

방사성 동위원소는 의학, 농학, 공업 등 제 분야에 이용되어 종래 난치의 병으로 알려졌던 각종 질환의 진단 및 치료를 가능하게 하고, 농학에 있어서도 품종개량, 토양비료의 개선, 병충해 구제 등 제 방법을 가능하게 했으며 그 밖에 공업용으로도 현재 많이 연구되고 있다.

우리나라에서는 최초로 1962년 3월 30일 원자로 가동을 통해 방사성 동위원소를 생산하였는데 이것은 우리 과학계의 획기적인 한 기점을 이루었다고 할 수 있을 것이다.

방사성 동위원소의 이용은 의학적 이용이 과반수 이상을 차지하며 각 의과대학 및 종합병원에서 갑상선 질환의 진단 및 치료에 많이 사용되고 있으며, 1963년 가을에 원자력연구소 의학연구실이 준공되면 본격적으로 방사성 동위원소의 의학적 이용연구가 촉진될 것이며, 농학연구실도 불원 설치될 계획이다.

3) 원자력연구 조성

우리나라 원자력사업은 초기단계로서 연구시설 및 재원의 빈약 그리고 일반국민의 인식부족으로 아직 원자력의 실제적 이용이 활기를 띠지 못하고 있기 때문에 원자력연구개발에 병행하여 국내 관계기관과의 상호협조 및 국민의 이해증진이 절실히 요망되고 있다.

그리하여 정부는 원자력 관계 연구를 위한 국내과학자들의 연구의욕을 증진시켜 조속한 과학진흥을 이룩하기 위해 연구비를 지원하고 있으며, 정부는 원자력 및 이에 관련한 과학기술에 대한 연구발표를 위해 학술회의를 개최하고 원자력의 평화적 이용 상황을 일반국민에게 인식시키기 위해서 기초이론 강의와 시청각교재 전시회를 개최하였다.

4) 국제협력

우리나라는 1957년에 국제원자력기구 I.A.E.A.에 가입하여 현재 전문가용역, 장학금 및 장비 등 기술 원조를 받고 있다. 또한 매년 정기적으로 개최되는 I.A.E.A.총회에 대표단을 파견하고, 또한 각종 원자력 관계 회의에 해당연구관을 파견하여 원자력개발에 필요한 최신 과학정보를 교환하고 있다.

5) 원자력연구

원자력연구의 주목적은 원자력이 산업분야에 미치는 효과를 연구하여 인류복지에 이용하는 방법과 또한 원자력에 의한 인류의 피해를 예방하는 방법 등을 연구하는 데 있다.

그동안 인적·물적 자원의 결핍으로 연구자체가 체계화되지 못하였으나 혁명정부에 들어와서 지지부진하였던 원자로를 건설 완료함으로써 연구시설의 도입과 해외유학 중인 연구관들을 귀국시켜 본격적으로 연구가 시작되었으며, 지금까지 치중했던 기초연구에서 응용연구에 치중토록 변경하고 연구제목도 대폭 축소하였다.

제1차로 1961년도에는 연구제목을 31개로 정비하였고, 1963년도에는 기초연구 3개, 응용연구 14개, 도합 17개로 연구제목을 축소 결정하였다.

한편 원자로에서 생산되는 동위원소는 원자력원 자체는 물론 외부연구기관에도 공급해 줌으로써 원자력연구에 더욱 박차를 가하게 되어 1961년도 29개 논문을 수록한 연구논문 제1집과 1962년도 18개 논문을 수록한 연구논문 제2집을 발행함으로써 커다란 연구실적을 거양하게 되었다. 이와 같이 원자력원은 연구내용을 체계화하고 동위원소를 제반 분야 및 산업계에 이용하게 함으로써 국가발전 및 민생고 해결에 기여하고자 하며, 또한 동력로 도입을 위해 모든 준비를 하고 있는 중이다.

6) 원자력연구소 건설

우리나라는 그 동안 경제적, 기술적으로 어려운 여건에서도 원자로 건설을 추진해온 바 1958년부터 1960년 사이에 원자력연구소 건설사업에 65,016,384원의 공사비와 1,170평에 달하는 각 시설공사를 진행했으나 예산과 기술사정으로 지지부진한 상태에 있었다.

혁명정부는 원자력연구의 중요성을 인식하고 혁명 후 1962년 12월 31일 까지 중단되었던 모든 공사(공사비 72,271,100원, 각종시설의 건평 약 1,233평)를 완공하였으며, 1963년 1월 1일부터 동 5월 15일까지는 공사비 22,360,430원을 들여 방사선의학연구실을 비롯한 각종시설 750여 평을 건설 완공함으로써 우리나라에도 전 세계가 흥분하고 있는 "제3의 불"이라는 문명의 총아가 점화되어 과학진흥의 서광을 약속하게 된 것이다.

(2) 종합과학관의 개관

우리나라의 국립과학관은 일제시 남산에 목조 3층 연건평 2,885평의 건물로 개관을 하여 10만 종에 달하는 과학전시품을 진열하였었는데, 해방 후에 이를 많이 확장하였으나 6·25 전쟁으로 말미암아 시설 전체가 소실된 후 아직까지 재건을 하지 못하고 있었다.

혁명정부는 과학기술의 중요성을 인식하고 종합과학관의 재건계획을 다음과 같이 수립하고 이를 추진 중에 있다.

① 1962년 8월 30일 창경원 내에 실험실습관의 일부인 211평 건물을 준공하고, 계속 공사인 1,682평 건물은 1964년도부터 3개년 건설계획.

② 이동과학실험실을 마련하여 1963년도에 3회에 걸쳐 지방순회를 통하여 과학실험을 지도.

③ 과학특별전시회 개최.

④ 천연자원을 조사하여 산업개발에 기여하기 위해서 1962년 4월 12일부터 동 4월 19일까지 박만규(선관상) 단장 외 4명의 식물조사단을 제주도에 파견하여 현지 특수식물 40종을 채집하였고, 서울공대 이상규 교수 단장 외 4명의 지하자원조사단을 강원, 경북 등지를 답사하여 광물표본 120점을 수집하였으며, 1963년에는 정현배 교수 외 3명의 식물조사단을 흑산도, 완도 등지에 파견하여 현지답사를 시켰다.

(3) 과학연구 조성활동

과학연구의 현 실정은 연구비의 부족과 시설의 불비로 특히 사립대학은 몇 개의 대학을 제외하고는 거의 재정난으로 대학교수들의 연구활동 분위기가 침체되어 있었다.

정부는 이러한 학계의 침체된 과학연구의 산만한 분위기를 지양하고 효과적인 연구분위기를 조성하여 학술연구 활동을 적극 장려하기 위한 다음과 같은 방침으로 대학교육본래의 목적달성을 촉진하였다.

① 문교부에 학술연구조성심의회와 각 국·공·사립대학에 학술연구위원회를 설치 운영한다.

② 국·공·사립대학의 학술연수활동을 국가 사회발전에 필요한 제 문제의 해결과 긴밀히 연결시킨다.

③ 활발한 개인연구활동과 아울러 협동적 연구활동을 촉구한다.

④ 국·공·사립대학의 차별없이 선정된 특별연구계획에 대해서는 그 연구비를 정부에서 특별보조한다.

⑤ 국·공·사립대학의 차별없이 우수한 연구 성과에 대해서는 연구담당자를 정부에서 표창한다.

1) 세부시행계획

위와 같은 기본방침에 따라 학문에 진력하는 각 국·공·사립대학의 교수에 대한 연구조성비 지급에 관한 사항을 심의하기 위하여 문교부 장관을 위원장으로 하고 학술원 및 예술원의 회원과 대학교수 등 23명으로 학술연구조성심의회를 구성 운영하였다.

그 기능은

① 문화, 과학 및 예술의 연구과제에 관한 종합적인 계획 및 조정,

② 연구계획의 심사, 승인과 연구과정의 검토,

③ 연구결과에 대한 심사 분석 및 표창의 추천,

④ 특별보조를 받을 특수연구계획의 선정 및 추천,

⑤ 연구조성보조비의 지급에 관한 사항,

⑥ 기타 문교부장관이 위촉하는 사항 등이다.

2) 법적 조치

1963년 3월 30일 학원연구조성심의위원회 규정안을 법제처에 의뢰하고, 1963년 5월 15일 문교부훈령 제116호로 학원연구조성비지급규정을 제정하여 동규정에 의거 학술연구조성심의회 심의위원을 위촉하고, 각 국·공·사립대학으로 부터 연구계획을 신청받아 1963년도에 책정된 연구조성비 20,000,000원을 지급하였다.

(4) 과학전람회 개최

과학기술의 향상과 발전을 촉진시키기 위해서 우리나라는 1949년에 제1회 과학전을 개최하였으나 그 후 6·25 전쟁으로 중지되고 있다가 7년 후인 1956년 경복궁 미술관에서 제2회 과학전람회를 개최하게 된 후 계속 매년 정기적으로 개최하게 되어 1962년에 제8회의 과학전람회를 갖게 되었다.

혁명정부는 지금껏 형식적인 연중행사에 불과했던 과학전람회를 일반국민들의 관심과 과학도들의 연구 분위기 조성에 실질적으로 도움을 줄 수 있도록 하기 위하여 연구 출품자에 대한 시상비 예산을 예년보다 10배인 40만 원으로 책정하여 출품자들의 의욕을 고취하였고, 출품된 작품은 7회 때에는 6,358점, 8회 때에는 12,732점으로 예년에 비해 2배가 넘는 작품이 출품되었다.

1962년도 제8회 과학전람회에서 당시 국가재건최고회의 박정희 의장은 작품을 일일이 참관하고 관계자들로부터 과학기술의 발전이 경제개발에 미치는 영향에 대해 의견을 수렴하여 헌법에 과학심의회의 설치에 관한 규정을 삽입하게 된 것은 특기할 만한 사실이다.

2. 문화·예술

우리 민족의 문화예술은 유구한 반만년의 역사를 통해 시대의 변천과 발달에 따라 민족정신을 불러일으켜 준 가장 숭고한 의식으로 계승되어 왔다.

혁명정부는 이와 같은 우리나라의 고유 민족문화와 민속예술의 보호 내지 진흥을 위한 시책을 과거 어느 때보다도 적극적으로 실시하여 현저한 발전을 이룩하였다.

특히 파쟁과 분열로 난맥상을 이루고 있는 각 부문의 예술문화단체를 통합하여 예술문화인을 자가 규제하여 전 예술인으로 하여금 경제개발 5개년계획에 의한 국가재건사업에 참여토록 하였으며, 국민의 감정을 순화하고 미적 감각을 조장하는 미술의 향상 발전을 도모하기 위하여 국전을 개최하였다.

그리고 각종시상제도를 마련하여 문화예술인들로 하여금 진취적이고 의욕적인 문화예술활동을 전개할 수 있도록 뒷받침을 하였다.

영화인간의 친목과 영화제작의욕을 고취시켜 국산영화의 질적 향상을 도모하고자 우수국산영화에 대한 시상제도를 마련하였고, 젊은 신진예술인의 창작의욕을 고취시켜 민족문화향상을 도모하기 위하여 신인예술상을 제정하였으며, 또한 문화예술 활동에 공헌한 자를 치하함으로써 문화예술의 전위적 기틀을 마련하기 위한 예술원상과 5월문예상 제도를 설정하였다.

한편 전통과 특색을 자랑할 수 있는 우리나라 민속예술을 다시 찾아 국민에게 애국애족의 정신을 고취시키고 국민의 정서생활을 앙양하기 위하여 민속예술공연, 국악대제전, 전국민속예술경연대회 등을 개최하고 각종 향토문화제를 개최하였다.

또한 우리민족의 뿌리인 우리나라 고유의 고전적 민속문화재를 효율적으로 운영 관리하고 영구보존을 위해 보수와 정비를 강화하였다. 이로 인해 남대문을 위시하여 많은 문화재가 보수되어 도록圖錄으로 보존할 뿐만 아니라 우수한 국보를 국민은 물론 널리 해외에 소개함으로써 국위를 선양하고 또한 각종 국제학술회의와 국제미술전시회에 참가하여 상호간의 문화교류를 통해 우리민족의 우수성을 거양하였으며, 한편 과학적 시대적 요구에 적응할 수 있는 무형문화재에 대한 많은 자료 수집을 추진하고 있음은 특기할 만한 시책이라고 할 수 있다.

(1) 문화예술의 진흥

1) 대한민국 미술전람회 개최

대한민국 미술전람회(국전)는 선진국가의 예와 같이 미술문화의 장려를 위해서 매년 9월 또는 10월에 1회씩 개최하고 있으며 작가의 작품활동을 통한 창작의욕을 고취하여 전 미술인이 국제미술문화의 교류에 기여하고자 한다. 국전의 출품범위와 출품된 작품에 대한 심사과정 및 입선자에 대한 특전과 입선작품의 전시상황을 살펴보면,

출품범위는 제1부 동양화, 제2부 서양화, 제3부 조각, 제4부 공예, 제5부 서예, 제6부 건축으로 하고, 작품심사는 출품된 작품을 각부별로 입선작을 선정하고, 입선작 중에서 특선작을 선정한 다음 전체적으로 특선작 중에서 입상자를 선정한다.

작품전시는 각 부별로 입선작, 특선작과 전회에서 특선한 작품 그리고 국전고문이나 추천작가의 작품을 전시한다.

작가에 대한 특전은 ① 국전에서 계속 3회 이상 특선한 자, 5회 이상 특선한 자 및 대통령상 수상자는 자동적으로 추천작가가 된다. ② 국전에서 계속 9회 입선한 자, 혹은 ① 과 동등한 자격을 가진 작가 중에서 선정한다. ③ 매회의 시상금액은 대통령상 1명 100,000원, 국회의장상 1명 70,000원, 내각수반상 1명 50,000원, 문교부 장관상 6명에 각 20,000원이며, 다만 대통령상 수상자는 다음 제10회부터 정부보조로 3개월간 해외유학을 알선한다.

국전 이래 11회에 긍한 작품 전시상황을 보면 출품 수가 계속 증가하고 있어 전회(10회)에는 1,470점에 비해 제11회에는 1,719점으로 급증하였을 뿐만 아니라 작품규격도 점차 대작을 출품하는 경향으로 늘어가고 있어 현 덕수궁미술관으로는 제 기능을 충분히 발휘하지 못하고 있다. 따라서 향후 한국현대미술의 전시와 작품보존, 미술의 국제적 교류와 친선 등을 위해서는 상설 미술관설립이 시급히 요청되고 있다.

2) 한국예술문화단체총연합회 창립

그 동안 침체상태에 있었던 문화 예술계의 발전과 중흥을 기하고 전 문화 예술계가 대동단결하여 민족문화 예술발전에 기여토록 하기 위해서 1962년 1월 5일 전 문화 예술단체가 통합을 하여 한국예술문화단체 총연합회를 창설하였다. 그리고 그 산하에 한국문학협회, 한국미술협회, 한국음악협회, 한국영화협회, 한국국악협회, 한국연극협회, 한국연예협회, 한국사진협회, 한국무용협회, 한국건축가협회 등 10개 단위협회를 두었다.

3) 우수국산영화 시상

국산영화의 질적 향상을 도모하고 영화인들 간의 친목과 영화제작 의욕을 고취시켜 국산영화의 발전을 위해 1961도년 국산영화 중에서 우수한 작품과 관계인을 선정하여 다음과 같이 시상하였다.

작품상(로맨스 빠빠) 신상옥, 감독상(하녀) 김기영, 촬영상(하녀) 김덕신, 각본상(흙) 최금동, 편집상(하녀) 오영근, 음악상(흙) 김성태, 미술상(하녀) 박석인, 조명상(이생명 다하도록) 이계창, 남우주연상(박서방) 김승호, 여우주연상(이생명 다하도록) 최은희, 남우조연상(박서방) 황 해, 여우조연상(흙) 황정순, 신인상(하녀) 이은심.

4) 신인예술상 제정

젊은 신진예술인의 창작의욕을 고무시켜 민족문화 향상을 도모하기 위해 신인예술상 제도를 실시하여 1962년 5월 12일부터 동 5월 22일까지 문학, 미술, 연극, 음악, 무용, 건축, 국악, 연예, 사진 등 9개 부문에 대한 신인예술대회를 개최하고 각 부문별로 우수한 신인예술인을 발굴하여 시상했다.

5) 예술원상 제정

예술원은 1954년 7월 17일 문화보호법의 제정 공포에 따라 예술의 자유를 보장하고 예술가의 지위를 향상시킴으로써 민족문화의 창조 발전에 공헌함을 목적으로 창립되었다.

본상의 명칭은 "대한민국 예술원 예술상" 이라 칭하고, 매년 시상을 하되 해당연도에 발표된 작품 중에서 가장 우수하다고 인정된 작품의 작자 혹은 예술활동에 있어서 그 공로가 특별히 현저하다고 인정된 작자 중에서 작품상에는 예술생활을 10년 이상 계속한 자와 공로상에는 20년 이상 예술행위에 종사해 온 자에게 수여된다.

상은 문학, 미술, 음악, 연예의 4개부문에서 각 1인에게 수여되며, 상의 심의는 각 분과에서 수상후보자를 심의 내정하여 예술원총회에서 다시 자격과 예술활동에 대한 재평가를 받아 인준을 받게 되어 상의 권위와 가치를 소중히 하고 있다.

1962년도까지 본 예술원상 수상자는 제1회(1955년) 박종화, 현제명, 유치진, 제2회(1956년)

오상순, 고의동, 제3회(1957년) 염상섭, 이상범, 제4회(1958년) 장 발, 제5회(1959년) 김동리, 노수현, 제6회(1960년) 황순원, 이종우, 박태준, 변기종, 제7회(1961년) 손재향, 유치환, 김세형, 박진 등이다.

6) 방송문화상 시상

매년 보도, 교양, 문예, 음악, 연기, 기술 등 6개 부문을 통하여 우리나라 방송문화 향상에 현저한 공로가 있는 인사들에게 방송문화상을 시상함으로써 방송의 질적 향상을 도모하고 있다.

혁명정부에 들어서 2회에 걸쳐 13명의 인사에게 방송문화상이 수여되었다.

① 제4회(1961. 8. 14) 방송문화상

- 보도부문 : 엄기영

  당시 서울 일일신문의 논설위원으로서 3년간 방송국 뉴스 해설로 방송에 기여한 공.

- 교양부문 : 이숭녕

  1946년 이래 15년간 한글강좌, 국어국문학강좌, 방송논단, 면소순례 등 교양강좌와 녹음구성프로에 공헌.

- 문예부문 : 이서구

  1929년 이래 30여 년간 방송극작가로서 방송예술 향상에 기여한 공.

- 음악부문 : 김희조

  1940년 이후 20여 년간 방송국 전속지휘자로 관현악의 지휘와 관현악, 반주곡 등 수 백곡을 편곡해서 방소음악 발전에 기여한 공.

- 연기부문 : 남해연

  일제시대부터 20여 년간에 걸쳐 방송예술에 이바지해 왔으며, 특히 6 · 25 전쟁시 대공방송에 기여한 공.

- 기술부문 : 한기선

  1938년 5월 방송기술인으로 입사하여 우리나라 방송시설 기술향상에 다대한 공.

② 제5회(192. 8. 14) 방송문화상

보도부문 임택근, 교양부문 박술음, 음악부문 임원식, 문예부문 한운사, 연기부문 구
민, 기술부문 신광우, 공로상 오재경.

7) 예술문화행사 개최

가) 민속예술공연

우리나라 고유의 민족예술의 함양과 국가재건에 수고하는 시민의 노고를 위로하기 위
해 1961년 8월 12일부터 13일까지 제16회 광복절경축 및 5·16혁명 백일제경축민속예술공연
을 창경원에서 개최하였다.

나) 국악대제전 개최

1962년 8월 15일, 제16회 8·15 광복절 경축국악대제전을 대한극장에서 개최하였다.

다) 경축 대음악회

1961년 8월 16일, 제16회 8·15 광복절 경축 대음악회를 대한극장에서 개최하였다.

라) 전국민속예술경연대회

1961년 9월 25일부터 29일까지 중추가절을 맞이하여 각 지방의 유서깊은 전통민속예술
을 한껏 펼쳐보는 전국민속예술경연대회를 서울 덕수궁에서 개최하였다.

각 도별 출연프로는 경기도 양주산대놀이, 평안남도 서도가요, 강원도 농악, 황해도 봉
산탈춤, 충북도 농악, 전남도 강강수월래, 경남도 오광대놀이, 경북도 하회가면극, 평안북도
무용 창 배뱅이굿, 충남도 농악 무용, 전북도 창 및 농악, 함남도 창 및 사자놀이 등이며, 한편
본 대회의 의의와 향토문화 육성에 대한 국민의 정서를 한층 더 고취시키기 위해서 시가행진
을 거행하였다.

8) 향토문화제 개최

애국 애족정신을 고취시키고 우리나라의 독특하고 고유한 향토문화를 보존 진흥하기 위

해서 진주의 영남예술제, 경주 신라문화제, 남원 춘향제 등 고유의 지방문화제를 개최하였다.

가) 영남예술제

당초에는 개천예술제라는 이름으로 진주에서 영남지방의 유지들에 의해 이 제전이 마련되었었으나 혁명정부 후에 이 예술제가 지니는 고매하고 향기로운 목적에 착안하여 이를 영남예술제로 이름을 바꾸고 정부의 적극적인 지원을 받아 향토문화제로 거듭 성장하고 있다.

나) 신라문화제

혁명정부는 신라의 고대문화예술과 전통을 선양하기 위해서 신라사직 천년의 수도인 경주일대의 고적요소에서 매년 문화예술제를 개최하고 있다. 이 행사는 예총기관단체의 행사로서 신라사극, 극영화, 가요, 악극, 경음악, 민속무, 창, 고전무용, 현대무용, 백일장, 문학의 밤, 오케스트라, 건축설계모형전 등이 있고, 민속행사로서는 농악대회, 씨름대회, 궁술대회, 화랑행진, 불꽃올리기, 가요콩쿠르이 있으며, 특수행사로 전국촬영대회, 사진전시회, 미술전시회, 웅변대회 등이 있다.

다) 남원춘향제

동방예향이 드높은 부도의 상징으로 열려 춘향의 이야기는 우리 국내뿐만 아니라 국외로도 널리 전파되고 있다. 바로 이 유서의 발상지인 남원에 춘향과 더불어 삼천변 수림 속에 묻혀 있는 광한루는 온 겨레의 가슴 속에 살아 있는 동경의 누각이라 아니할 수 없다. 이 춘향골 남원에서는 오래전부터 미속으로 순결한 여성행의를 선양하고자 매년 춘향향토제전이 개최되고 있다. 행사내용을 보면 춘향영상봉안식, 춘향제, 본시전, 추천대회, 미인뽑기대회, 국악 및 가종연예, 대사습놀이, 농악대회, 씨름대회, 시조대회, 궁술대회, 백일장, 낙화(축초) 등으로 체계있는 행사가 열렸다.

9) 민속악의 보호육성

민속악은 유구한 역사와 찬란한 전통을 자랑하는 희귀한 우리 민속예술이다. 그러나 민속악의 대부분은 악보가 없어 구전 심수로 전승하여 내려오고 있어 점차적으로 소멸되어 가고 있는 실정이므로 이를 수집하여 기록으로 보존 육성하기 위한 시책을 강구하였다.

그러나 민속악이라 하더라도 지방 또는 전통에 따라서 다소의 차이가 있어 완전수집 한다는 것은 어려운 실정이므로 수집범위를 광범위하게 한다는 것을 제1신조로 하고 그 중에서 가장 정통이라고 믿을 수 있는 민속악을 수집 녹음하여 전문위원 및 편집위원으로 하여금 서양식 악보와 우리나라 소리구조의 근사치인 음계에 맞추어서 우리 민속악 고유의 맛을 양악보에 옮기는데 중점을 두고 1961 ~ 1963년까지의 민속악을 수집 이를 수록하였다. 수록내용을 보면,

제1차연도(1960년)에는 판소리 속에서 춘향가를 상하 2편으로 수록하고, 가야금산조로 16곡, 제주도 민요 18곡을 수록하여 민속악보 제1집을 발간하였다.

제2차연도(1961년)에는 영산靈山, 회상會上은 방중악 중광곡이며 생생笙笙, 양금洋琴, 비파琵琶를 제외한 각 악기의 합주 악보를 5선에 채보하여 민속악헌民俗樂軒 제2집을 발간하였다. 상영산, 중영산, 세영산, 가락덜이, 삼현도드리, 하현도드리, 연불환임, 타령, 군악, 계면가락환임, 우청환임, 우조가락환임.

제3차연도(1962년)에는 국립국악원 성균관에 보존되어 있는 한국악기를 향악, 당학, 아악으로 세분하여 악기제작상의 특징, 음계와 음저, 연주법, 악기가 쓰이는 음악, 그 악기의 약사 등을 국문과 영문으로 엮어서 한국악기도록韓國樂器圖錄을 발간하였으며, 초추대엽, 삼수대엽, 편수대엽을 평조 계면조로 편곡하여 발간하였다.

이상과 같이 방방곡곡에 산재하여 점점 소멸되어 가고 있는 민속악을 부분적이나마 점차적으로 수집 기록하여 무형문화재로서 보존 육성함은 물론 우리나라 고유의 민속악을 시대적 감각과 합리적으로 편곡하여 관현악으로 엮어 국제무대에 진출시킬 수 있는 토대를 마련하였다.

10) 예술도서 발간

각종 예술도서의 번역과 예술도서를 발간하여 국내예술가에게 널리 보급하는 동시에 외국예술단체 및 예술인과의 문헌교류를 통하여 예술을 진흥시키기 위해 다음과 같은 사업을

추진하였다.

가) 도서번역

선진국가인 일본, 프랑스, 미국의 예술정책과 아카데미 제도를 번역 출판하여 예술원보
에 게재하여 보급하였다.

나) 예술원보 발간

예술원보를 연보로 발간하여 예술활동과 회원 기타 예술인들의 창작활동을 수록하여
국외에도 배본을 하였다.

다) 예술논문집 발간

혁명정부는 그동안 예산이 없어 발간을 하지 못했던 예술논문집을 1962년 12월부터 제
1호 1,200부를 발간하기 시작했다.

라) 한국예술총람 발간

한국의 예술전반을 개관할 수 있는 참고자료를 광범위하게 수록하여 국내외에 보급하
여 진흥조성에 참고할 뿐만 아니라 외국과의 문헌교류의 자료로 하고자 한국예술총람을 1962
년부터 매년 1,200부씩 발간하기로 잠정계획 하에 발간하고 있다.

11) 국립극장, 국립국악원의 운영쇄신

그 동안 침체된 민족예술의 보존과 진흥 발전을 위하여 국립극장과 국악원의 운영을 쇄
신하고 건물을 대폭 개보수하여 예술의 전당으로서 면목을 일신시켰다.

12) 드라마센터 설치

1962년 4월 12일 연극예술의 진흥 발전을 위해서 우리나라 최초로 연극전용극장인 드
라마센터를 서울 남산에 설치하여 연극부흥을 장려하였다.

(2) 문화재의 보호

1) 문화재 실태조사

혁명정부는 문화재보호법(1962. 1.10 공포)을 제정 공포하고 동 법에 의거하여 문화재위원 17명으로 하여금 과거 지정되었던 문화재 국보 505점, 사적 128점, 천연기념물 110점, 사적 및 명승 3점 도합 746점 중 1962년 12월말까지 국보 116점, 보물 386점, 천연기념물 98점, 사적 및 명승 3첨 도합 603점을 재지정 및 신규지정을 하였다.

문화재위원회는 유형문화재 전담조사반을 제1분과 위원회로, 무형문화재 전담조사반을 제2분과 위원회로, 천연기념물 전담조사반을 제3분과 위원회로 하여 전국에 산재해 있는 문화재를 조사 발굴하였으며, 이와 같은 실태조사 이외도 문화재 보수와 관리에 대한 조사는 1963년도 문화재 보존 관리에 대한 계획수립에 큰 뒷받침이 되었다.

2) 국보도록 발간사업 추진

우리나라 지정문화재를 류별로 구분하여 문화재에 대한 역사적 학술적으로 널리 알리기 위하여 1958년부터 매년 국보도록을 발간하고 있다.

이를 연차별로 살펴보면,

1958년 12월 제1집 공예편 1,000부, 제2집 전적편典籍編 1,000부

1959년 12월 제3집 불상편 1,000부

1960년 12월 제4집 석조물편 1,000부

1961년 혁명후 제5집 석탑편 1,500부

1962년 12월 제6집 목조건물편 1,500부

그리고 1963년에는 사적도록史蹟圖錄 제1집 성곽편, 1964년에는 새로 지정된 국보 116점을 일괄하여 국보도록을 발간할 계획이며, 1965년에는 사적도록史蹟圖錄 제2집 고분편과 천연기념물편을 각각 발간하고, 1966년에는 사적도록 제3집 사지寺址, 건물지, 요지窯址편을 발간하고, 1967년부터 1970년까지는 새로 지정된 보물 386점을 류별로 구분하여 발간할 계획이다.

이와 같이 앞으로도 문화재관리국에서는 연차적으로 지정문화재를 도록으로 발간하여

우리의 문화재를 애호하고 학술적인 자료로서 영구히 보존하도록 하였다.

3) 팔공산 석굴암 발견

1962년 9월 예술원 황수영 위원과 이홍직 위원이 경상북도 일대의 지정문화재 실태조사 중 경북 군위군 악계면 남산동에서 천연암벽을 뚫고 만든 제2의 석굴암을 발견하게 되었다.

이는 기록에도 없는 문화재이며 그 양식과 구조로 보아 1,000여 년 전에 만들어진 것으로 추정된다. 팔공산 석굴암의 내부구조는 화강암으로 된 본존불과 입상불인 삼존불이 안치되어 있다. 이 석굴암은 기존 외국의 축조양식과 달리 천연의 암벽을 완전히 파낸 다음 불상을 별도로 조각하여 옮겨다 놓은 것으로 추정되며 양식이나 구조상의 특징이 경주 석굴암 보다 약 50여 년 앞서는 작품으로 추정하고 있다.

정부는 1962년 12월에 군위 3존석불로 명칭하고 국보 제109호로 지정하였다.

4) 장서각 개관

구한말부터 도서관을 지어 고금동서의 진귀한 서적을 수집하여 학문연구와 지식의 대중화를 계획했으나 그 뜻을 이루지 못하고 있다가 1909년에야 현 장서각자리에 박물관을 건립하였다. 그 후 1937년에 박물관 진열품을 경복궁 박물관으로 옮기고 비로소 이곳을 장서각으로 사용하게 되었으나 일제의 우리문화 말살정책으로 인하여 더 발전을 못하고 있었을 뿐만 아니라 장서각의 귀중한 서적들이 계속 사장되어 왔었다.

그러나 혁명정부는 과감한 문화정책을 펴 1961년 9월 13일에 오랜 숙원이던 장서각을 비로소 일반국민에게 공개하여 민족문화의 앙양을 도모하였다. 장서각에는 전북 무주 적상산 사고에 비장되었던 고귀한 서적과 중국, 일본 등의 서적 7만여 권을 정비하여 개관하였으며, 특히 궁중의 의술과 약방에 관한 한의서적이 일반에게 처음으로 공개되었다. 이와 같이 장서각의 공개는 학문연구와 우리 문화의 우수성을 새로이 인식시키는 데 큰 공헌을 하게 되었다.

5) 문화재 보수

1961년 10월 20일 정부직제의 개편으로 구 황실재산사무총국을 폐지하고 문교부에 문화재관리국을 신설하여 종전 문교부 문화보존과에서 관장하던 문화재에 대한 일체사무를 이관함으로써 관리체계를 일원화하였다. 그 동안 정부는 문화재 보수를 위해 지방자치단체에 보조금이 교부되었으나 그 실효를 거두지 못하여 사실상 8 · 15 해방 이후 문화재는 황폐일로에 있었다. 그리하여 혁명정부는 국보급 중요한 문화재부터 다음과 같이 중점적으로 보수를 실시하였다.

가) 남대문 보수공사

국보 제1호 남대문은 창건 이래 장구한 세월이 흘러 건물전체가 노후했을 뿐만 아니라 6 · 25 전쟁으로 인해서 파손된 상태를 그대로 방치해 두고 있었다.

혁명정부는 우리 역사에 길이 빛을 남길 유일무이한 문화재의 영구보존을 위해 남대문의 중수공사를 결정하고 1961년 7월 21일 착공하여 1963년 5월 14일까지 약 22개월에 걸쳐 총공사비 19,371,130원을 들여 완전 보수 준공을 하였다.

나) 석굴암 보수공사

국보 제24호인 석굴암은 오랜 세월 풍화작용으로 인해서 굴내의 여러 석조상이 침식되어 표면이 많이 부스러지고 있었다.

혁명정부는 1961년 9월 21일 개수공사에 착공하고 지하수조사, 기상관측, 해토작업, 불상실측 등의 기초조사를 완료한 후 1963년 5월 하순부터 복원공사를 착공하여 1963년 12월 말에 준공할 예정이며, 1964년도에는 계속해서 대대적인 환경미화공사를 실시할 계획이며 총공사비는 21,382,285원이다.

다) 현충사 보수공사

충남 아산에 있는 이충무공 현충사 유물전시관은 1962년 3월 10일 이충무공 제417회 탄신기념일을 맞이하여 국고보조 100만 원, 지방부담 707,000원으로 착공하여 전시관 신축, 현충사 보수, 현충사 광장 확장공사, 현충사 경내의 환경정리와 유적축대공사 등을 1962년 4월 20일 준공 완료하였다.

라) 5대궁 보수공사

종래 구 황실재산에 속해 있을 때 문화재로서 5대궁의 중점적인 보수로 경복궁의 협길 당, 집옥제, 감화당, 자경전 등 32개소에 대하여도 58,466,942원의 보수비가 집행되었으며, 1963년 5월 10일 현재로 공사비 5,500,000원으로 경복궁 내 경회루를 비롯하여 창경원 내 명교 전 행각 등의 단청공사가 진행 중에 있었다.

마) 종묘유물 진열관 설치

종묘에 유물진열관을 신설하여 비장되었던 옥책, 금책, 악기류, 의상, 궁중제기 등을 전 시하고 일반에게 공개 관람하도록 하였다.

바) 보호임야 관리

문화재관리국 소속 임야관리면적은 33,000정보로서 이를 보호 관리하기 위하여 18개 산림보호구 사무소와 동 6개소의 출장소를 설치하고 보호직원 40명을 배치하였다.

그 동안 산하 주민들의 몰지각한 도벌로 많이 훼손되고 있었으나 혁명정부의 산림법제 정에 의한 강력한 시책으로 도벌이 감소되고 산하주민들의 산림애호사상도 높아지고 있으 며, 또한 정부의 식수사업으로 1962년에 122정보에다 잣나무 외 15종의 묘목 456,329본을 식 수하였고, 1963년에는 더욱 확장하여 330정보에 500,000본의 식수를 계획하고 있다.

(3) 국제문화 교류

1) 국보해외전시

정부는 국보적인 한국 고미술품을 구라파 각국에 전시하여 우리 고유의 문화를 해외에 소개할 계획을 세웠다. 고미술품 해외전시는 1957년과 1958년 2년에 걸쳐 자유당정부가 미국에서 실시했고, 그 후 1960년에는 민주당 정부가 이를 계승했다.

혁명정부는 이 사업의 중요성을 재인식하여 유럽전시를 계획하고, 사업추진에 있어서 대외적인 외교교섭과 해외에 있어서의 사업주관은 외무부가, 전시사업에 관한 정책 및 전시품 선정을 비롯한 국내절차는 문교부, 국내외의 전시사업 실무는 국립박물관이 담당하기로 하였다.

가) 국보의 유럽전시사업계획 내용

첫째, 유럽 우방제국의 조야에 한국민족의 탁월한 문화역량을 인식시킴으로써 국제사회에서 한국의 위신과 한국민족의 신망을 증대시켜서 국제친선의 실효를 거두고 아울러 국민적 긍지와 사기를 앙양시키는 대내적인 효과를 얻는 데 목적이 있다.

둘째, 1961년 3월부터 1962년 2월까지 영국 런던, 네덜란드 헤이그, 이탈리아 도리노, 프랑스 파리, 서독 프랑크푸르트에 전시계획.

셋째, 전시품 선정은 삼국시대로부터 이조시대에 이르는 고미술품 중에서 가장 우수한 민족문화의 정수로 금속공예품 7점, 불상 13점, 도자기 94점, 회화 27점, 와전, 토기류 11점 도합 152점.

나) 전시사업의 성과

우선 전시개최국 5개 도시의 유료관람자 수는 런던 15,180명, 헤이그 7,099명, 파리 14,377명, 프랑크푸르트 9,717명, 비엔나 6,873명 도합 58,246명이며, 전시국 각 도시의 신문, 잡지, 라디오, TV 등이 계속적으로 호의 논평을 해 주었다.

이와 같이 이번 국보 구라파전시의 성과는 숫자로 계산할 수 없는 유형 무형의 많은 국가 이익을 가져왔으며, 앞으로 종류를 바꾸고 시기를 가려서 계속적으로 실시해야 하는 문화업의 일환으로서 그 중추를 이루었다는 데 의의가 크다 할 것이다.

2) 국제미술전 참가

세계미술의 「올림픽」이라 할 수 있는 굴지의 미전에 참여하여 국제적인 새로운 미의 창작을 국내에 반영시키고, 또한 우리나라의 우수한 작품을 출품하여 국제간의 미의 교류를 통해 유대와 국위를 선양함은 물론 신진의 문호를 개방하기 위하여 다음과 같이 국제전에 참여토록 하였다.

① 필리핀 마닐라 국제전시회에 38점을 출품하여 호평을 받았으며, 본 전시회 종료 후 우리나라 단독으로 개별전시회를 개최하여 국위를 선양하였다.

② 월남 사이공 국제미술전에 작품 20점을 출품하여 서재옥, 정창섭 작품이 수상작품으로 선정되어 한국미술의 우수성을 과시했다.

③ 1963년 9월 파리, 비엔나 국제전과 1963년 10월 브라질 상파울로 국제전에도 참가준비 중에 있다.

3) 국제음악제 개최

민족음악의 국제적 지위향상 및 문화교류를 통한 국제간의 상호 이해증진과 친선을 도모하기 위하여 1962년 4월 18일부터 5월 16일까지 서울 시민회관에서 서울국제음악제전을 개최하여 국내외적으로 많은 관심을 갖게 했다.

참가국은 미국, 독일, 오스트리아, 에스파냐, 이탈리아, 프랑스, 터키 등 7개국에서 26명이며, 참가단체는 서울시립교향악단합창단, 서울시내각음악대학연합합창단, 시내직업합창단, 국립가극단, 국립국악원, 국립무용단 등 6개 음악단체가 참가했다.

(4) 아세아영화제 개최

문화예술의 국제교류를 도모하고 영화예술의 해외진출 토대를 마련하기 위한 제9회 아세아영화제를 1962년 5월 12일부터 16일까지 5일간에 걸쳐 서울 시민회관에서 개최하였다.

동 영화제에서 우리나라는 최우수작품상과 최우수 남우주연상을 획득하여 우리나라 영화예술의 발전과 우수성을 과시하였다.

_ XIV. 재건국민운동

1. 국민운동의 의의

국민운동이라 함은 민족단결의 구현과 사회정의를 실현하여 참신한 기풍으로 신생활체제를 구축하여 복지국가를 이룩하기 위하여 전 국민이 민주주의이념 아래 협동단결하고 자립자조정신으로 향토를 개발하여 새로운 생활체제를 확립하려는 범국민운동이다. 다시 말해서 국민운동이란 서로 돕고 부지런히 일해서 살기 좋은 내 고장을 건설하자는 운동인 것이다. 사업 활동의 주요내용을 살펴보면,

첫째, 국민운동이 국민혁명을 목표로 하는 인간개조운동이며 또한 전국민의 자율적인 참여와 창의적인 참획參劃을 전제로 한 범국민적 민중운동

둘째, 방대한 국민조직과 원대한 국민운동 이념완수를 직결하는 가장 확실하고 이상적인 방법으로 최일선 지도자로부터 사범요원에 이르기까지 각급요원을 교육배양

셋째, 국민교도사업으로서 퇴폐한 국민도의와 민족정기를 바로잡아 청신한 기풍을 진작시키기 위해 반공 방첩의식의 앙양, 국민사상연구 함양 진작, 민주공민으로서의 주체성 보장 등 신도의 창건에 주력

넷째, 자립자조 정신에 의한 향토개발을 목표로 재건청년회, 부녀회가 핵심체가 되어 공동욕구에 의한 자율적인 계획으로 개간, 건설, 조림 등 개발사업을 전개

다섯째, 의식주 생활개선을 비롯해서 의례의 간소화, 저축 절미운동, 가족계획계몽 등 내핍생활을 장려

여섯째, 농어촌 도시간의 구조적 불균형을 줄이기 위하여 자매부락결연 운동과 기아해방 운동, 재해대책구호 운동, 사랑의 금고 운동 등 각종 국민협동 봉사사업을 전개

이와 같은 운동을 위하여 혁명정부는 1961년 6월 12일 재건국민운동본부를 설치하고 다음과 같은 목표를 설정하여 재건의 기지를 내일의 영광으로 이끌어 나가고 있었다.

① 국민운동기구를 민족적 역량의 결속과 국민단합의 모체가 되도록 한다.

② 자립자조의 정신에 의한 향토개발운동을 적극 전개한다.

③ 동포애의 발양과 국제친선정신을 고취한다.

④ 건전한 국민생활로 청신한 사회기풍을 여행하여 새로운 생활체제를 이룩한다.

【재건국민운동의 연혁과 주요일지】

연 월 일	연혁 및 주요일지
1961. 5. 24	최고회의법 공포에 따라 동 16조에 의거하여 전 공무원 훈련원에서 재건국민운동 본부기구 발족을 위한 준비업무개시, 강상욱 전최고위원을 위시한 현역장교 9명 배정
6. 12	재건국민운동에 관한 법률(제622호)공포시행에 따라 초대본부장에 유진오씨. 차장에 이지형 준장 취임 재건국민운동 촉진 전국대회 개최(서울운동장) 10개도 지부차장(현역장교)취임
6. 19	경남, 충북, 충남지부촉진대회 개최
6. 20	전민의원 의사당으로 본부이동. 전북지부 촉진대회 개최
6. 23	전남, 강원지부 촉진대회 개최
6. 25	본부 및 지부직원 채용시험 개시
6. 27	본부 직제(최고회의규칙제3호)시행
6. 29	경북지부촉진대회 개최
6. 30	재건국민운동 시, 군, 구, 읍, 면, 동 촉진회 회칙(준칙) 및 집단 촉진회(촉진대)회칙(대칙)준칙, 자문위원회 규정을 제정 시행
7. 1	경기도지부 촉진대회 개최

연 월 일	연혁 및 주요일지
7. 1	5 · 16혁명의 의의를 고취하기 위한 재건국민운동 전국계몽강연회를 최고위원을 중심으로 연사반 편성코 전국 주요도시에서 실시
7. 3	제주도지부 촉진대회 개최
7. 4	전국언론인 대표자회의 개최
7. 5	본부직원 보충대략 완료
7. 13	전국 재해대책위원회 창립
7. 20	전국시, 군 · 읍 · 면 · 동 촉진회 조직을 완료, 농촌계몽학생결단식 거행
7. 24	본부대회의당을 국민회당으로 개칭하고 일반공개
7. 25	재건국민운동 훈련소 개소(부평경찰전문학교 내)
8. 10	전국시, 군촉진회 부회장 회의개최(2일간) 전국에 재건함을 설치하여 국민여론수집의 강화
8. 15	시 · 군별 공무원단합대회 개최
8. 28	농촌고리채신고 독려운동차 전국에 출장계몽 실시
8. 28	초대본부장 유진오씨 사임하고 유달영본부장 취임
8. 29	박의장 본부순시
9. 8	소련핵실험반대 국민궐기대회
9. 19	표준의례규범의 재정반포
9. 26	전국 각도에 국민단합촉진계몽반을 파견하여 1개월간 중요도시와 각군을 순회, 혁명정부의 친선외교사절단 귀국보고 강연회를 개최하고 이어 전국 중요도시에 3반 파견으로 다시 강연회 실시
9. 30	재긴 국민운동에 관한 법률개정(법률제733호) 및 직제개정(최고회의규칙제18호)으로 기구개편
10. 1	새생활 실천의 달 설정(10.1~10.31) 의복간소화운동, 의례간소화운동 및 농촌돕기운동 전개
10. 6	본부직할집단촉진회 대표자회의 개최
10. 15	표준간소복의 제정
10. 16	집단촉진회 간부훈련
10. 18	지구촉진회 개편지침하달 재건청소년 부녀회 조직착수
10. 20	본부에 생활문화센터 설치
10. 21	각급학교의 재건촉진대를 재건학생회로 개편하여 학생의 자치활동을 강화키로 함

연 월 일	연혁 및 주요일지
10. 23	시민단합체육대회를 서울운동장에 개최
10. 26	재해대책위원회창립총회 개최
11. 6	부녀지도요원 훈련
11. 10	한미유대강화촉진대회 개최 재건청년회, 부녀회 사업지침하달
11. 18	중앙위원위촉식 및 제1차총회 개최
11. 23	유달영본부장 재일거류민단창립15주년 참석 및 시찰차 도일
11. 24	주일정말대사 톨벤바스닐슨씨 본부예방
12. 8	동계 방학봉사대 파견개시
12. 28	전국시 군 · 구 촉진회장 훈련개시
12. 30	재건학생회조직을 전국적으로 완료
1962. 1. 4	전국 시 · 군 · 구 촉진회 개편을 완료하고, 전국 읍 · 면 · 동 촉진회 개편 착수 1961년도 총업적보고서의 분석 및 검토, 책자「간접침략」및「국민혁명완수를 위한 자립의 길」배포
1. 15	동계학생봉사활동을 현지취재 보도키 위하여 본부 출입기자를 각도에 파견 본부장 중앙위의장 동해안지구 일선부대 방문 장병위문
1. 18	박의장 본부 초도 순시
1. 20	재건국민운동에 관한 법률 및 직제개편으로 제2차기구 개편
1. 25	각도지부장, 차장연석회의개 최 군촉진회 강화를 위하여 본부 및 지부직원 152명 군촉진회에 전보
2. 1	본부규정 제25호(직제배정에관한규정) 및 제26후(재건국민운동 지구촉진회에 관한 규정) 제정
2. 10	62년도 국민운동요원 교육에 관한 교육지시 제1호 시달
2. 15	재건 청년의노래 제정(재건의 깃발아래서)
2. 20	재건 국민운동기 및 치장 제정
3. 12	재건 국민문고보급회 창립총회 개최
3. 13	FAO기아해방운동 사무인수
3. 15	집단촉진회정비강화를 위한 개편 지시
3. 17	본부에 사랑의금고 설치
3. 27	운크라 호주대표 본부 방문

연 월 일	연혁 및 주요일지
4. 7	4.7반공유공자 표창 및 환영대회 개최(서울시청앞 광장), 태국대사 챤 안스취씨 본부 방문 브라질 휴고 베투렌 중장 본부 방문
4. 13	중앙위원회 일부 개편
4. 14	산업박람회에 재건국민관 개관 아세아반공지도자 및 반공국민총궐기대회 개최
5. 10	전국재건청년회, 부녀회대표자 1228명대회 개최(30일간)
5. 15	본부직원 안양에서 모심기
6. 6	재일대한부인회47명, 2주간 교육실시
6. 11	1주년 기념식 거행
6. 12	모범촉진회, 청년회, 부녀회, 학생회 565명 표창. 박의장 청와대로 간부 및 지부차장 초청파티 지부차장 10명 공로표창
6. 25	국민운동1주년지 발간 13000부
7. 9	선현열사 및 6 · 25 UN참전용사 기념비 건립위원회의
7. 19	본부직속집단촉진회 실무자회의
7. 23	이지형 본부차장 재일민단방문차 도일(7. 23~8. 13)
7. 31	운크라 대표단10명 본부 방문
7. 31	미국인 재건공로자감사장 수여
8. 7	도시민에 대한 국민운동협의회 개최
8. 13	재일교포청년교육(8. 10~8. 23) 170명 입소식
9. 6	사랑의금고 운영위원회 개최
9. 11	실종어부 134명 생환 환영대회
9. 28	해외교포(공로자)본부방문 20명
10. 2	국제친선우체부 환송
11. 1	전국여성대회 개최
11. 22	본부후원한국소녀문화사절단 체일공연 귀국 농어촌문고 및 일선문고 110개소 설치완료
11. 30	UN인사 82명에게 감사장 수여
12. 11	재건국민운동중앙위원회지부위원회규칙 제정
12. 12	간첩색출유공어부환영대회 개최

연 월 일	연혁 및 주요일지
12. 19	국민운동에관한시행규칙 통과
12. 22	국민운동에관한법률개정본부기구 개편
12. 26	국군위문품4만벌최고회의로 전달
1963. 1. 8	지리산지역개발조사연구위원회 구성
1. 14	지리산지역개발계획방안 수립
1. 18	농어촌문고설치 76개소(7600권)
1. 30	덴마크사회사업가 페더씨 내방
2. 4	국민사상연구위원회규정 제정
2. 9	중앙위원법정위원회 개최
2. 20	민주주의교육개시
2. 25	호주공동사회원조책임자 스코트 박사 내방
2. 28	향토개발협의회발족회의
3. 5	중앙위원위촉식및제1차총회
3. 24	국민가요 "태극기에 노래" "혼인축하의 노래" 제정보급
4. 3	학생봉사유공자표창
4. 5	녹화전진대회
4. 26	유달영본부장 사임
5. 14 5. 18	제4차 중앙위원회회의에서 이관구씨를 신임본부장으로 제청 동일부로 최고회의의장이 임명, 신임이관구본부장 취임 및 전유달영본부장 이임식 거행

2. 재건국민운동조직

국민운동은 국민혁명을 목표로 하는 인간개조운동이므로 이는 전 국민의 자율적인 참여와 창의적인 참획을 전제로 한 범국민적 민중운동이어야 하며, 국민운동조직은 민족역량의 단결체일 뿐만 아니라 국민단합의 모체가 되어야 한다. 이와 같은 국민운동 본질상의 요구와 시대적 요청으로 국민운동조직이 발족한 지 짧은 2년 기간에 3차에 걸쳐 발전적 개편을 거쳐

각계를 대표하는 50만의 요원과 국민운동조직의 핵심체인 360만 청년회원과 부녀회원을 가
지게 되었다.

(1) 국민운동지구조직의 발족

전 국민이 참신한 기풍을 배양하고 신생활체제를 견지하며 반공이념을 확고히 하기 위
하여 혁명정부는 1961년 6월 12일 재건국민운동에 관한 법률을 제정 공포하고, 범국민적 7대
실천 요강을 촉진할 목적으로 같은 날 재건국민운동촉진전국대회로서 발족을 하였다.

그 7대 요강은

① 승공민주이념의 확립 (용공중립사상의 배격)

② 내핍생활의 여행

③ 근면정신의 고취

【재건국민운동 조직현황】

1963. 5. 15

구분 지구별	시·군(구)지부				읍·면·동 재건위원회				이·동·통 재건위원회			비고
	시	군	구	계	읍	면	동	계	이·동	통	계	
서울			9	9			295	295		2,939	2,939	
부산			6	6			136	136		1,513	1,513	
경기	3	19		22	10	184	87	281	3,107		3,107	
강원	4	15		19	10	95	55	160	1,544		1,544	
충북	2	10		12	5	99	59	163	1,790		1,790	
충남	2	15		17	15	164	64	243	1,552		1,552	
전북	3	13		16	7	155	62	224	1,667		1,667	
전남	4	21		25	16	215	129	360	5,340		5,340	
경북	5	24	5	34	13	238	246	497	3,449		3,449	
경남	6	20		26	12	218	180	410	2,225		2,225	
제주	1	2		3	3	10	14	27	190		190	
계	30	139	20	189	91	1,378	1,327	2,796	20,864	4,452	25,316	

④ 생산 및 건설의식의 증진

⑤ 국민도의의 앙양

⑥ 정서관념의 순화

⑦ 국민체위의 향상

그리고 동법의 시행을 위해 1961년 6월 27일 재건국민운동본부 직제(최고회의 규칙제3호)를 제정하여 동 6월 30일 부로 각급촉진회 회칙(준칙)이 제정 시달됨으로써 조직활동이 시작되었다.

(2) 기구개편을 통한 조직의 발전

국민운동조직은 국민혁명이란 지상목표의 달성을 위하여 정치적으로는 초연한 자세에서 국민단합의 모체가 되고 청년회, 부녀회의 자조자립활동에 의한 향토재건의 주도체가 되기 위해 발족하였으나, 당시 일부에서는 전국규모의 유일한 이 조직이 선거 혹은 정치활동에 관여될 것을 우려하는 시각이 있어 국가재건최고회의는 1962년 8월 16일 제62차 상임위원회에서 국민운동항구화방침을 의결 공포하였다.

1962년 11월 20일자로 공포 시행된 재건국민운동에 과한 법률(제622호)의 개정법의 이념(특징)은 다음과 같다.

① 시·군·구 단위까지를 국가기구로 하여 국민운동사업을 항구적으로 뒷받침할 체제를 갖추었다.

② 읍·면 재건위원회를 법인체로 하고 그 이하의 조직을 관기구에서 분리함으로써 순수민간운동으로의 발전토대를 형성하였다.

③ 시·군·구 이상의 기구에는 집행기관과 분리하여 의결기관으로서의 위원회를 두고 각급 기구의 장의 임명동의권 등 그 기능을 강화하였다.

④ 읍·면·동 재건위원회와 리·동 재건위원회는 위원회 자체가 집행기능을 가진다.

⑤ 리·동 재건위원회에서 국가행정기능을 조정 집약시킴으로써 말단 지도체계를 일원화 하였다.

⑥ 각급 위원회구성에 하급지방대표를 참여시킴으로써 대의제를 채택하였고 조직과 운영의 민주화와 상향식 조직을 보장하였다.

⑦ 국민혁명의 주체육성을 뒷받침하기 위하여 재건청년회, 부녀회를 법정단체화하고 향토개발사업을 조성 지원할 체제를 갖추었으며 향토교육 기능을 강화하였다.

⑧ 국민운동 사업종목을 국민사상 함양, 동포애 발양, 국제친선, 향토개발, 생활개선, 사회기풍 진작, 향토교육, 청소년 및 부녀 지도교육 등으로 획정하여 중점적으로 사업을 전개하였다.

⑨ 범국민적 참여를 촉구하기 위하여 부녀층 및 소년층의 지도육성체제를 갖추고 각종 기관, 학교, 법인, 기타단체에 대한 국민운동실천촉구를 뒷받침하였다.

⑩ 국민운동기구 및 요원의 정치관여를 금지함으로써 정치적 중립화를 보장하였다.

⑪ 시 · 군 · 구 이상에는 각급 조정위원회를 두고 읍 · 면 · 리 · 동 재건위원회에는 관계 행정기관 및 공공단체 대표를 참여시킴으로써 국민운동기구와 행정각부간의 업무협조와 사업조정을 원활히 하여 행정기능 역량의 집중화를 기하였다.

(3) 재건청년회와 부녀회

1961년 10월 20일자로 제정 시행된 재건청년회 및 부녀회 회칙에 의하여 재건의욕과 국민운동 제일선 실천요원으로서의 사명감이 왕성한 입회희망자로서 리 · 동 · 통(자연부락단위)단위로 조직되었으며, 이들은 자조 자립정신의 결속구현체로서 민족중흥의 새역사 창건에 획기적인 역할을 했다.

(4) 집단촉진회 조직

재건국민운동의 발족과 더불어 지역단위의 지구촉진회 조직과 병행하여 각종집단에 재건국민운동촉진회를 조직 운영함으로써 종횡으로 재건국민운동의 효율적 성과를 거양하려는 목적 하에 국가공공기관 및 회사 등의 직장과 기타 집단을 대상으로 촉진회를 결성하도록 하였다.

정부는 1961년 6월 11일 제정 공포된 재건국민운동에 관한 법률 제10조 및 동년 6월 27일 공포 시행된 재건국민운동본부직제 제14조에 의거, 동년 6월 30일 재건국민운동에 관한 법률 제10조 시행에 관한 건 및 재건국민운동집단별촉진회 회칙을 제정하고, 각종의 기관, 사회단체, 기타집단에 대하여 재건국민운동각급기구별로 필요하다고 인정되는 집단을 직할로 선정하여 재건국민운동촉진회를 조직하여 동년 7월 6일 시달함으로써 관할각급기구에 의한 일원적인 지도운영체제가 전국에 걸쳐 확립되었다.

그리고 각급학교(중학교 이상)에 대하여는 대학교의 학생과 중·고등학교의 교직원 및 학생으로 구성되는 재건국민운동촉진대를 조직토록 하고, 대학교는 시·도지부에서, 중·고등학교는 시·군 이하 각급지구 촉진회에서 관할하도록 함으로써 이 역시 재건국민운동 각급기구에 의한 일원적인 지도운영체제를 확립하였다.

3. 국민교도사업

(1) 방첩사업

간접침략을 분쇄하고 반공태세를 강화하기 위하여 1961년 10월 6일부터 11월 20일까지 방첩기간을 설정하고 논문, 작문, 실화, 시, 방송드라마, 표어, 포스터 등 7종목을 현상 모집하여 당선 및 가작 6종목에 대하여 시상하고 반공 전람회에 전시하고, 방송드라마는 중앙방송국에서 방송 하였다.

또한 1962년 3월 25일부터 4월 25일까지 제1차 간첩 자수기간과, 1962년 11월 19일부터 12월 18일까지 제2차 간첩 자수기간을 설정하여 전시회, 강연회, 좌담회, 가두방송 등을 대대적으로 실시한 결과 많은 성과를 거두었을 뿐만 아니라, 경남 및 울산관 내 청년회원이 맨손으로 무장간첩 6명을 체포했으며, 경기 강화관 내 회원이 맨손으로 무장간첩 3명을 체포하여 각각 국민회당에서 환영대회를 가지기도 했다.

(2) 승공 민주이념의 고취

반공정신을 선양하고 반공국시의 생활화를 기하기 위하여 반공웅변대회, 강연회, 승공토론회를 개최하는 한편 정부 기타 단체가 주관하는 반공사업을 적극 후원하고 반공유공자의 업적을 높이 찬양함으로써 일반국민의 민주주의에 대한 신념을 공고히 했다.

① 방첩기간 및 간첩자수기간 행사를 각급지부 및 재건위원회소재지, 직장촉진회 등에서 실시.

② 반공포로 선도사업으로서 총 1,126명의 반공용사가 참석한 가운데 자유의 날 기념행사를 거행, 전국의 반공 포로수 13,884명중 요구호 대상자 5,489명에 대해 보사부에 구호대책 요청, 국민회당에서 한국아세아연맹을 후원하여 반공용사 70쌍의 결혼식을 거행.

③ 귀순용사환영대회로서 1962년 4월 13일 홍성찬 귀순용사, 1962년 8월 13일 송창영 귀순용사에 대한 환영의 밤 행사를 서울시청앞 광장에서 각각 거행.

④ 승공토론대회로서 1962년 6월 5일 동 6월 29일 "공산주의에 이기는 길", 동 11월 11일 ~ 11월 24일 "승공을 위하여 경제재건이 앞서야 하느냐 사상재건이 앞서야 하느냐" 토론대회를 개최.

(3) 문맹교육과 화요강좌

국민운동의 일환으로서 문맹자를 일소하여 국민전체의 자질을 향상하기 위하여 자연부락단위로 문맹교육반을 설치하여 청년회, 부녀회, 학생회원, 현지학교교사 등이 솔선하여 일체의 문맹자를 일소하기 위한 교육을 실시하였으며, 일반국민의 자질향상과 재건의욕을 배양하기 위한 특히 지식층의 재건대열에 자진참여를 촉구하기 위해 매주 화요일 정기교양강좌를 개최하여 국민운동관계법 해설 및 일반 교양강의를 실시하였다.

(4) 학생봉사 및 계몽활동

대학 또는 중ㆍ고등학교의 학생이 자발적으로 지원하여 농어촌봉사, 산간벽지계몽, 무
의촌 순회진료 등을 촉구하여 향토봉사활동반 22,123반, 무의촌 순회진료반 295반, 피교육자
200,000명에 달하는 문맹교육 등 전국 각 지역에서 많은 봉사활동을 하였으며, 학원의 참신한
기풍을 진작시켜 재건도상에 있는 조국의 선두에서 전 국민의 지표가 될 수 있는 기틀을 만들
고자 학생단합운동으로서 각급학교 재건학생회의를 조직하여 학생단합 웅변대회, 학생단합
궐기대회, 학생단합 체육대회 및 각급학교 학생대표들의 좌담회 등을 실시하여 군경유자녀
및 빈곤학생에 대한 학교측의 적의선처건의를 비롯하여 국민단합, 상도의앙양, 납세의무, 시
간관념 고취, 국민계창운동, 국민체위향상 운동 등 재건국민운동에 참여하여 전 국민의 선두
지표활동을 했다.

4. 교육사업

재건국민운동의 실천지도요원을 양성함과 동시에 국민혁명의 조속한 완수를 위한 선
구자를 교육하기 위해 1961년 7월 24일 중앙에 재건국민운동훈련소를 설치하였다. 그리고
1962년도에는 교육운영을 도지부 및 시ㆍ군촉진회에 분산시켜 재건청년회 및 부녀회의 간부
에 이르기까지 일선교육을 확대 실시하였으며, 1963년도에는 전년도의 활발한 교육사업을 더
욱 발전시키기 위하여 중앙교육원 교사를 신축하고 시ㆍ도 및 시ㆍ군ㆍ구 지부교육원에 교수
를 임명하여 시ㆍ군의 재건청년교육원을 향토교육원으로 발전 개편하여 일반국민에 이르기
까지 확대 실시함으로써 민주국민의 자질향상과 향토재건사업에 강력한 뒷받침이 되게 하
였다.

5. 향토개발사업

군민운동의 7가지 실천요강 중 「근면정신의 고취」와 「생산 및 건설의식의 증진」은 곧 향토재건이라는 개념을 상징하기도 한다. 오늘날 전국적으로 약 4,900천개의 자연부락에 조직되어 있는 재건청년회와 부녀회로 하여금 그들의 당면과제와 욕구를 공동노력으로 해결해 나가도록 방향과 이념을 제시 해 주었다.

첫째, 향토민 자신들이 직접 참여하여 프로그램을 짜고 이를 조정 추진하여 나간다.

둘째, 모든 계획은 향토민의 공동욕구에 기초를 둔다.

셋째, 모든 사업은 향토민 자신들의 힘으로 성취할 수 있는 것을 채택한다.

넷째, 외부로부터의 기술 물자 및 재정적인 지원은 향토민들이 자체자원을 최대한으로 이용하는 것을 전제로 받아들인다.

다섯째, 모든 활동에 있어서 향토자체 지도자의 지도력을 최대한으로 발휘하도록 한다.

여섯째, 정부 각 기관은 분산적으로 향토개발에 관계되는 사업을 추진하는 것이 아니고 일정한 거점에서 그 기능을 서로 조정하고 통합해서 향토개발 활동을 효율적으로 지원한다.

대체로 이와 같은 취지가 향토개발사업의 원리이며 곧은 방향으로 이끌어주는 궤도라고 할 수 있다. 이와 같은 방향에서 국민운동본부의 기구에 있어서도 따로 각급 조정위원회를

【향토개발사업실적】

사업명 \ 단위 \ 연도별	단위	1961~1962년 말 현재	1963년 3월 말 현재	합 계
농 지 개 간	평	16,138,134	1,425,479	17,138,314
농 로	m	49,642,554	353,628	49,996,182
조 림	주	136,618,381	18,592,574	155,215,959
수 로	m	2,185,359	262,720	2,448,071
제 방	m	716,204	46,467	762,670
청 년 회 관	동	4,618	565	5,183
양 어 장	평	477,145	167,678	644,823
저 수 지	평	425,555	55,515	481,070

두고 행정 각부와 밀접한 협조 하에 부락의 향토개발활동을 지원할 수 있도록 계통을 갖추고 있다.

이와 같이 정부의 재정 및 기술적 지원을 받아서 재건 청년, 부녀회원들이 이룩한 업적은 1961~1963년 3월 말 현재로 다음과 같다.

농지개간	17,138,314평	농로개설	49,996,182m
조림사업	155,215,959주	수로건설	2,448,079m
제방공사	762,670m	청년회관	5,183동
양 어 장	633,820평	저 수 지	481,070평

6. 생활지도사업

(1) 표준의례 여행

종래의 관혼상제의 허례허식에서 오는 폐단을 제거하고 신생활운동을 통한 국민생활의 합리화를 기하기 위하여 혁명정부는 시안작성 검토, 기초자 좌담회, 공청회, 여론수집, 본부안 작성 등 절차를 거쳐 1961년 9월 19일 최고회의의 승인을 얻어 표준의례를 제정하고 이의 여행을 위하여 각종 계몽선전을 전개했다.

(2) 허례허식 일소

허례허식에서 오는 개인생활 내지 국민생활의 불건전성을 지양하여 근면정신과 절약으로 건전한 국민생활의 향상과 사회기반을 조성하기 위하여 허례허식 일소운동을 적극 전개하였다

1) 제1차운동

1961년 12월 15일 ~ 1962년 1월 5일에 걸쳐 양력단일 과세여행, 크리스마스와 연말연시 선물교환 지양, 크리스마스 트리 생나무 사용금지, 크리스마스 카드 및 연하장 교환 자숙, 연말연시 각종연회 자숙 등을 운동 실천사항으로 내세우고 담화문 언론 방송을 통해 적극 계몽을 하였다.

▲ 농촌부녀자에게 작업복 만들기 지도

2) 제2차운동

1962년 12월 15일 ~ 1963년 1월 15일에 걸쳐 제1차 운동과 같은 실천목표로 전공무원의 솔선수범 촉구와 국민운동 요원을 통해 직접 계몽을 대대적으로 실시하여 좋은 성과를 올렸다.

(3) 국민저축운동

경제개발 5개년계획 수행을 위한 내자조달을 위하여 1961년 8월에 각의의 의결을 통해 동 9월부터 우선 공무원들 봉급에서 1%씩 공제 실시하고, 동 11월부터 국민운동본부에서 범국민적인 저축운동을 전개하기로 하였다. 그리고 1962년 내각에서 국민저축조합법을 제정 공포하고 재무부에서는 국민저축의 계획을 수립하고 본부에서는 선전계몽을 실시하였다.

또한 저축을 장려하는 방안으로서 저축실적이 우수한 부락 및 단체를 선정하여 각도별로 이를 시상하였으며, 전국 각급지부를 통해 적극적인 저축계몽운동을 전개하였다.

(4) 의식주 생활개선 운동

자립경제 재건을 하루속히 이루기 위해서 국민들의 사치생활을 지양하고 내핍생활이 절대적으로 요구되므로 잡곡혼식으로 주식인 쌀을 절약하며, 활동에 편리한 활동복을 착용하기 위하여 1961년 10월 15일 표준간소복을 제정하여 우선 공무원 및 국영기업체 종사원들로 하여금 솔선수범하도록 하였으며, 일반국민들에게도 활동복 착용을 적극 권장하기로 하고 1961년 10월 1일부터 1개월간을 「새생활 실천의 달」로 정하여 대대적인 지도계몽을 펼친 바 공무원의 간소복착용을 비롯하여 국민들도 일상생활에 편리한 활동복착용으로 근면정신을 한껏 북돋아 주었다.

▲ 농촌의 개량 장독대 및 우물(콘크리트)

▲ 농촌의 개량 아궁이 및 부뚜막(콘크리트)

한편 향토개발사업과 더불어 주(住)생활개선사업의 일환으로 현재까지 우물개선 197,600개소, 변소개량 1,366,330개, 울타리개량 6,537,460m, 아궁이개량 2,763,971개로서 계속적으로 농촌생활환경이 개선되어 나가고 있다.

(5) 가족계획

국민소득과 취업률에 비해서 기하급수적으로 팽창하는 과잉인구를 적정하게 조절하여 명랑하고 안전한 복지국가를 건설하기 위하여 정부는 보건사회부 및 가족계획협회의 적극적인 협조로 가족계획을 추진하기로 결정하고 가족계획 지도요원을 재건부녀회 단위로 훈련을 시켜서 여론 환기와 지도계몽 그리고 가족계획 피임카드작성 및 책자발간을 통한 활동을 전개하여 많은 성과를 올렸다.

(6) 문고보급운동

국민의 생활주변에서 버려진 휴지 등 폐품과 관공서 기업체 및 사회단체에서 생기는 폐지 및 폐품 등을 수집함으로써 폐품이용에 대한 정신을 고취시킴은 물론 이를 판매한 수입금으로 각종 필요한 도서를 구입하여 농어촌과 일선고지 장병들에게 보급하여 장병들의 지적수준을 향상시키고 향토개발과 생활개선에 대한 계몽운동을 전개하였다.

도서내용은 농어촌기술서적 50%, 교양도서 20%, 오락도서 및 기타도서 30%로 재건국민문고 보급회내 도서선정 위원회에서 선정하여 각 부락마다 소규모의 국민문고를 설치하였다.

7. 국민협동사업

(1) 자매부락 결연운동

도시와 농촌과의 격차를 줄여서 국가사회전체의 균형적 발전을 이룩하기 위해 재건국민운동의 일환으로서 도시의 각종 직장단위기관과 빈한한 벽지의 농어촌간에 자매관계를 맺게 하여 농어촌의 문화적 경제적 후진성을 극복하여 균형성 있는 복지사회를 건설하기 위한 사업으로 1961년 8월 28일 이상적 건설운동으로 계획되어 자매부락 결연운동으로 발전 추진 되었고 1962년 말까지 전국에 4,864개의 자매결연이 이루어졌다.

정부는 본 운동을 보다 효율적으로 추진하기 위하여 1962년 4월에 자매부락 지도육성 요강 20,000부를 작성 배부하였고, 동 9월에는 자매부락 결연운동에 관한 계몽문화영화 「낙원의 꿈은 이루어진다」를 제작 순회 상영하였으며, 1962년 말에는 이 운동을 가장 열성적으로 타에 모범이 된 자姉기관 45개와 매妹부락 35개 부락을 표창하였다.

이렇게 하여 1961년 8월부터 동 12월 말까지 자매결연에 의해 농어촌에 지원된 물자를 금전으로 환산하면 약 59,648,719원에 달했다.

(2) 사랑의 금고운동

우리 농어촌에서는 아직도 헐벗고 굶주림에 허덕이며 비참한 생활을 하고 있는 동포가

【사업비 보조금 교부내역】

보조부락명	사업내용	보조금액	기탁인
강원도 명주군 왕산면 목계리	부락발전사업	220,000	재일교포 박준용씨
동 상	농 우 구 입	300,000	재일교포 박준용씨
강원도 명주군 성산초등학교	학 교 지 원	80,000	재일교포 박준용씨
서울 창덕여자고등학교	학 교 지 원	120,000	재일교포 박준용씨
전남 장흥군 관산면 산동부락	도정공장건립	300,000	국가재건최고회의 박정희의장
전남 무안군 지도면 자동리 오롱부락	간 척 사 업	200,000	무조건기탁분
서울특별시 성동구 옥수동	부 녀 회 사 업	10,000	재일대한부인회
서울특별시 중구 청계동	부 녀 회 사 업	10,000	재일대한부인회
경북 영덕군 남정면 장사동	양 돈 사 업	20,000	재일교포 최경련 여사
경남 창원군 내서면	부락발전사업	180,000	재일교포 박수정씨
전남 구례군 광양면	농 우 구 입	500,000	재일교포 왕득용씨
합 계		1,940,000	

많이 있다. 사랑의 금고는 이들을 돕기 위하여 현 사회에서 보다 나은 생활을 하고 있는 국내ㆍ외 인사들로부터 인류애와 동포애에 의한 자선의 금품을 기탁 받아 기탁자의 명의로 농어촌의 자립과 발전을 위한 사업을 대행하는 기구로서 1962년 2월 5일 재건국민운동중앙위원회 협동분과위원회의 발의로 1962년 3월 14일 중앙위원회 본회의에서 사랑의 금고 설치운영규정을 의결하여 1962년 5월 8일 국가재건최고회의 승인을 얻어 재건국민운동본부 내에 설치하게 되었다.

이 사랑의 금고 운영은 재건국민운동의 일환으로 전개되었으며 발족한 지가 일천함에도 불구하고 국내유지들을 비롯하여 모국을 방문하는 재일동포들과 주한외교사절들로부터 많은 성금이 답지되었는데 1962년 말 현재로 그 내역을 보면 국내기탁금 501,856원, 국외기탁금 1,749,424원, 기타수입금 79,572원 도합 2,330,852원이 기탁되어 강원도 명주군 왕산면 수계리 부락을 비롯한 전국농어촌 11개 지역에 발전사업 보조금으로 지급되었다.

(3) 재해대책운동

매년 뜻하지 않는 각종재난으로 말미암아 많은 인명과 재산의 손실을 당하고 있다. 이러한 경우에 서로 돕는 동포애를 발휘하기 위하여 1961년 남원, 영주 등지의 수해발생을 계기로 1961년 7월 13일에 전국대책위원회를 조직하고 이를 구호하기 위하여 재건국민운동의 일환으로 전국적인 국민모금운동을 전개하여 42,741,163원과 1962년 전남 순천, 승주 등지의 수해구호모금운동에서 59,597,118원 2년간에 도합 102,338,281원의 막대한 금액의 모금실적을 올렸다. 1962년도 모금액 중에는 해외교포 의연금 2,436,251원, 자유우방국 4,874,600원이 포함되어 있다.

한편 우리나라에서도 1961년과 1962년 양해에 걸쳐 자유우방국이 재해를 당하였을 때에 덴마크 $300.-, 영국 $300.-, 버마 $500.-, 서독 $500.-, 태국 $1,000.-, 스웨덴 $300.-, 이란 $800.-, 홍콩 $200.-, 도합 $3,900.-의 구호금을 보내 세계인류애와 상호부조정신을 발휘하였다.

(4) 기아해방운동

폭발적으로 증가되고 있는 세계인구의 증가에 의한 식량부족현상을 대처하기 위해 인구의 증가 및 식량문제에 관한 기본적인 제 문제를 이해하고 인식시키고 국제적인 협조와 공동노력을 위해 1960년 제15차 UN총회에서 기아해방운동이 의결되었으며, 이에 따라 한국정부도 1960년 8월에 이 운동에 참가할 것을 통보하였고, 1961년 6월에 FAO 한국협회 주관 하에 기아해방운동한국위원회가 발족되어 세계운동에 참여해 왔으나 1962년 2월 20일 재건국민운동의 일환으로 이 기구를 개편하여 특히 농어촌 주민들의 생활개선 및 향상을 위해 활동을 전개하고 있다.

활동내용을 보면 식생활개선 전시회, UN활동 전시회, 기아운동에 대한 강연, FAO가 발행한 계몽책자 기아의 통계, 세계인구 식량사정과 기아해방운동 등의 책자 번역 배부, FAO 본부의 재정원조에 의한 모범자매 부락발전사업 추진 등을 전개했다.

(5) 펜팔운동

1962년 4월 1일부터 자유우방국가 및 중립제국과의 서신교환을 통하여 친선관계를 맺고 우리나라의 자연, 역사, 문화, 사회 및 한국의 생생한 발전상과 생활감정 등을 국민적 자기소개로 상대방 국민들을 올바르게 인식시키기 위한 순수한 민간운동으로서 국민간의 유대강화와 상호협조 및 국제친선을 도모하여 국제자매시 및 국제자매학교 결연과 관광객 유치에 도움을 줄 수 있는 국제 펜팔운동을 전개하였다. 사업내용으로서 "세계의 펜팔"이란 책자를 252,561부의 책자를 배부하여 펜팔 운동을 소개했으며, 전국 펜팔 애호자로부터 225,600통의 친선편지를 수집하여 친선우체부 5명을 선발 이들로 하여금 미주지역, 아프리카지역, 동남아지역, 유럽지역, 중남미지역 등 5개 지역에 이 친선편지를 전달하였다.

(6) 국제친선운동

정부의 적극외교를 돕기 위해 주한외국인들과의 친선을 도모하고 국민들의 국제친선
감정을 고무하기 위하여 재외외국인에 대한 감사장 수여, 미국독립기념일에 화환증정, 외국
인과의 친선의 밤 행사, 주한외국인부대 순회 위문공연, 한·미 친선 체육대회, 한·미 친선행
사에 공이 큰 미국인 19명에게 기념품 증정 등 행사를 전개하였다.

(7) 기념비 건립사업

1963년 3월 23일 재건국민운동본부 내에 3·1 독립선언, UN군 자유수호참전, 4·19 학
생혁명 등 기념비건립위원회를 설치하고 각기 기념탑을 건립하기로 결정하였다.

이와 같은 사업은 위원회의 구성과 기금확보까지 전 국민의 성의로 이루어진 거족적 사
업으로 추진되었으며 국가재건최고회의에서도 13,000,000원을 보조하였으며, 건립지로서는
3·1독립선언 기념탑은 파고다공원에, UN 자유수호참전 기념탑은 마포구 서교동에, 4·19
학생혁명 기념탑은 성북구 수유동으로 정하고 사업을 진행하였다.

부록

1961. 5. 16 ~ 1963. 5. 15

최고회의 의안처리 상황 -

국내관계일지 -

국외관계일지 -

최고회의 의안처리 상황 –

개의상황

① 1961년도 개의상황 (자 1961. 5. 16 · 지 1961. 12. 31)

회의별	개의일수	총개의 시간	평균개의시간
최 고 회 의	32일	97시 10분	3시 2분
상임위원회	96일	306시 20분	3시 12분
계	128일	403시 30분	3시 10분

② 1962년도 개의상황 (자 1962. 1. 1 · 지 1962. 12. 31)

회의별	개의일수	총개의 시간	평균개의시간
최 고 회 의	29일	73시 25분	2시 32분
상 임 위 원 회	96일	356시 46분	3시 43분
계	125일	430시 11분	3시 26분

③ 1963년도 개의상황 (자 1963. 1. 1 · 지 1963. 5. 15)

회 의 별	개의일수	총개의 시간	평균개의시간
최 고 회 의	5일	5시 9분	1시 2분
상 임 위 원 회	49일	98시 23분	2시 0분
계	54일	103시 32분	1시 55분

④ 총개의상황 (자 1961. 5. 16 · 지 1963. 5. 15)

회 의 별	개의일수	총개의 시간	평균개의시간
최 고 회 의	66일	175시 44분	2시 40분
상 임 위 원 회	241일	761시 29분	3시 10분
계	307일	937시 13분	3시 3분

안건별처리상황

회 의 별	가결	부결	폐기	철회	반려	계
법 률 안	739	1	75	20	2	837
예산안과 결산	10				1	11
동 의 안	83		1			84
승 인 안	137	1	1	2		141
규 칙 안	32			2		34
결 의 안	32	1		3		36
계	1,033	3	77	27	3	1,143

① 예산안 · 결산

번호	건명	의결구분	의결년월일
1	1961년도 제2회 추가경정예산안	가결	1961. 6. 13
2	1961년도 제3회 추가경정예산안	〃	8. 1
3	1961년도 제4회 추가경정예산안	〃	10. 10
4	1960년도 결산	〃	12. 6
5	1962년도 예산안	〃	12. 31
6	1962년도 제1회 추가경정예산안	〃	1962. 4. 30
7	1962년도 제2회 추가경정예산안	〃	7. 31
8	1961년도 결산	〃	10. 11
9	1962년도 제3회 추가경정예산안	〃	11. 7
10	1963년도 세입세출예산안	〃	11. 14
11	1963년도 제1회 추가경정예산안	〃	1963. 4. 22

번호	건 명	제안자	의결년월일	의결구분	법률번호
1	호남비료주식회사주식정부인수에관한법률안	재경위원장	1961. 5. 29	가결	최고회의령 31호
2	국가재건비상조치법안	법사위원장	6. 5	〃	44
3	국가재건최고회의법안	〃	6. 9	〃	618
4	중앙정보부법안	내무위원장	5. 31	〃	619
5	농어촌고리채정리법안	재경위원장	6. 9	〃	620
6	사회단체의등록에관한법률안	문사위원장	6. 10	〃	621
7	재건국민운동에관한법률안	〃	6. 1	〃	622
8	부정축재처리법안	재경위원장	6. 13	〃	623
9	소득세법중개정법률안	〃	6. 16	〃	624
10	폭력행위등처벌에관한법률안	법사위원장	6. 13	〃	625
11	금융기관에대한특별조치법안	재경위원장	6. 15	〃	626
12	병역의무미필자에관한특별조치법안	법사위원장	6. 15	〃	627
13	민사소송에관한임시조치법안	〃	6. 17	〃	628
14	공항항만봉쇄령중개정법률안	〃	〃	〃	629
15	혁명재판소및혁명검찰부조직법안	〃	6. 15	〃	630
16	정부조직법중개정법률안	〃	6. 12	〃	631
17	국립영화제작소설치법안	문사위원장	〃	〃	632
18	특수범죄처벌에관한특별법안	법사위원장	6. 15	〃	633
19	한국전력주식회사법안	재경위원장	6. 22	〃	634
20	임산물단속에관한법률안	〃	6. 24	〃	635
21	농산물가격유지법안	〃	〃	〃	636
22	농어촌고리채정리법중개정법률안	〃	〃	〃	637
23	동·리장임명에관한임시조치법안	내무위원장	〃	〃	638
24	특별법의제에관한법률안	법사위원장	6. 27	〃	639
25	특정범죄처벌에관한임시특례법안	〃	6. 23	〃	640
26	중소기업은행법안	재경위원장	〃	〃	641
27	대한금융조합연합회와금융조합의청산재산처리에 관한임시조치법안	〃	6. 28	〃	642
28	반공법안	법사위원장	〃	〃	643
29	인신구속등에관한임시특례법안	〃	6. 29	〃	644
30	부정수표단속법안	〃	〃	〃	645
31	국가재건최고회의법중개정법률안	법사위원장	7. 3	〃	646
32	군사원호청설치법안	외국위원장	6. 29	〃	647
33	군사원호대상자임용법안	〃	〃	〃	648
34	군사원호대상자고용법안	〃	〃	〃	649
35	군사원호대상자정착대부법안	〃	〃	〃	650
36	부정축재처리법중개정법률안	재경위원장	7. 5	〃	651
37	군사혁명위원회포고제3호등폐지에관한법률안	교체위원장	〃	〃	652
38	공무원연금법중개정법률안	법사위원장	7. 6	〃	653
39	군사혁명위원회포고제6호개정법률안	재경위원장	7. 7	〃	654
40	정부조직법중개정법률안	법사위원장	7. 10	〃	655
41	상공회의소및대한상공회의소운영에관한임시조치법안	재경위원장	7. 8	〃	656
42	특정외래품판매금지법중개정법률안	〃	7. 6	〃	657

번호	건 명	제안자	의결년월일	의결구분	법률번호
43	관세법중개정법률안	재경위원장	7. 8	가결	658
44	구법령정리에관한특별조치법안	법사위원장	7. 13	〃	659
45	정부조직법중개정법률안	재경위원장	7. 21	〃	660
46	지방외자관서설치법중개정법률안	〃	〃	〃	661
47	군사원호청설치법중개정법률안	외국위원장	7. 22	〃	662
48	관세임시조치법안	재경위원장	7. 28	〃	663
49	관세법중개정법률안	〃	〃	〃	664
50	임시특별관세법안	〃	〃	〃	665
51	조세범에관한특별조치법안	〃	〃	〃	666
52	조세징수임시조치법안	〃	〃	〃	667
53	예금ㆍ적금등의비밀보장에관한법률안	〃	〃	〃	668
54	정부보유외국환매각대체납금징수에관한법률안	〃	〃	〃	669
55	농업협동조합법안	〃	〃	〃	670
56	사회단체등록에관한법률중개정법률안	문사위원장	7. 31	〃	671
57	근로자의단체활동에관한임시조치법안	〃	〃	〃	672
58	비상사태하의 범죄처벌에관한특별조치령폐지와 동법에기인한형사사건임시조치법중개정법률안	법사위원장	8. 2	〃	673
59	인신구속등에관한임시특례법중개정법률안	〃	〃	〃	674
60	청원법안	〃	〃	〃	675
61	표준자오선변경에관한법률안	문사위원장	8. 4	〃	676
62	부정축재처리자금특별회계법안	재경위원장	7. 31	〃	677
63	외자도입촉진법중개정법률안	〃	8. 4	〃	678
64	법원조직법중개정법률안	법사위원장	8. 4	〃	679
65	교육법중개정법률안	문사위원장	7. 18	〃	680
66	중ㆍ고등학교및대학의입학에관한임시조치법안	〃	〃	〃	681
67	감찰위원회법중개정법률안	법사위원장	7. 31	〃	682
68	별정우체국설치법안	교체위원장	8. 4	〃	683
69	수도방위사령부설치법안	운기위원장	7. 20	〃	684
70	민사소송인지법중개정법률안	법사위원장	8. 14	〃	685
71	즉결심판에관한절차법중개정법률안	〃	〃	〃	686
72	정부조직법중개정법률안	〃	8. 16	〃	687
73	국가재건최고회의법중개정법률안	〃	〃	〃	688
74	관광사업진흥법안	교체위원장	8. 14	〃	689
75	혁명재판소및혁명검찰부조직법중개정법률안	법사위원장	8. 22	〃	690
76	국가재건최고회의포고제15호의제1호및제3호폐지에관한법률안	재경위원장	8. 18	〃	691
77	유선방송관리법안	문사위원장	〃	〃	692
78	소득세법중개정법률안	재경위원장	8. 14	〃	693
79	교육세법중개정법률안	〃	〃	〃	694
80	법인세법중개정법률안	〃	〃	〃	695
81	영업세법중개정법률안	〃	〃	〃	696
82	농어촌고리채정리법중개정법률안	〃	8. 24	〃	697
83	정부조직법중개정법률안	법사위원장	〃	〃	698
84	무역법중개정법률안	재경위원장	8. 23	〃	699
85	기상업무법안	문사위원장	8. 18	〃	700

번호	건 명	제안자	의결년월일	의결구분	법률번호
86	수리조합합병에관한특별조치법안	재경위원장	8. 24	가결	701
87	집달리법안(구)	법사위원장	8. 25	〃	702
88	보호시설에있는고아의후견직무에관한법률안(구)	문사위원장	〃	〃	703
89	시장법안(구)	법사위원장	9. 1	〃	704
90	형사소송법중개정법률안	재경위원장	〃	〃	705
91	민사소송법중개정법률안	〃	〃	〃	706
92	지방자치에관한임시조치법안	내무위원장	8. 3	〃	707
93	교육에관한임시특례법안	교체위원장	〃	〃	708
94	정부관리기업체직원보수통제에관한특별조치법안	재경위원장	〃	〃	709
95	심계원법안	법사위원장	9. 1	〃	710
96	수출조합법안	재경위원장	〃	〃	711
97	세무사법안	재경위원장	9. 1	〃	712
98	집회에관한임시조치법안	내무위원장	〃	〃	713
99	철도법안(구)	교체위원장	9. 13	〃	714
100	한국광업제련공사법안	재경위원장	〃	〃	715
101	수출장려보조금교부에관한임시조치법안	〃	9. 8	〃	716
102	유실물법안(구)	법사위원장	〃	〃	717
103	외국인토지법안(구)	〃	9. 13	〃	718
104	사설강습소에관한법률안(구)	문사위원장	9. 8	〃	719
105	공무원연금법중개정법률안	법사위원장	〃	〃	720
106	국가공무원법중개정법률안	〃	9. 13	〃	721
107	국가재건최고회의령제18호공무원파면및기타징계폐지에관한법률안	〃	9. 8	〃	722
108	공증인법안(구)	〃	9. 15	〃	723
109	인감증명법안(구)	내무위원장	〃	〃	724
110	학회령폐지에관한법률안(구)	문사위원장	9. 20	〃	725
111	소개영업법안(구)	내무위원장	9. 15	〃	726
112	행정서사법안(구)	〃	〃	〃	727
113	여신업단속법안(구)	〃	〃	〃	728
114	특정범죄에대한공수권제한등에관한법률안	법사위원장	9. 20	〃	729
115	갱생보호법안(구)	〃	〃	〃	730
116	고아입양특례법안	문사위원장	〃	〃	731
117	공업표준화법안	재경위원장	9. 22	〃	732
118	재건국민운동에관한법률중개정법률안	문사위원장	〃	〃	733
119	정부조직법안	법사위원장	9. 29	〃	734
120	원자력법중개정법률안	〃	〃	〃	735
121	구법령정리에관한특별조치법중개정법률안	〃	〃	〃	736
122	지방조달사무소설치법안	〃	〃	〃	737
123	조달특별회계법안	〃	〃	〃	738
124	대한민국재외공관설치법중개정법률안	〃	〃	〃	739
125	지방건설관서설치법안	〃	〃	〃	740
126	지방전매관서설치법안	〃	〃	〃	741
127	농업교도법중개정법률안	〃	〃	〃	742
128	지방교통관서설치법안	〃	〃	〃	743

번호	건 명	제안자	의결년월일	의결구분	법률번호
129	지방체신관서설치법중개정법률안	법사위원장	9. 29	가결	744
130	국립극장설치법중개정법률안	〃	〃	〃	745
131	연합참모본부설치법폐지에관한법률안	〃	〃	〃	746
132	중앙공무원교육원설치법안	〃	〃	〃	747
133	구황실재산법중개정법률안	재경위원장	10. 5	〃	748
134	공장저당법안(구)	법사위원장	〃	〃	749
135	광업재단저당법안(구)	〃	〃	〃	750
136	법률사무취급단속법안	〃	〃	〃	751
137	부정축재처리법중개정법률안	재경위원장	10. 23	〃	752
138	부정축재환수절차법안	〃	〃	〃	753
139	공무원훈련법안	법사위원장	10. 25	〃	754
140	우편환법안(구)	교체위원장	〃	〃	755
141	조선총독부체신관서휘장, 통신일부인,우표류모조체체규칙폐지에관한법률안(구)	〃	〃	〃	756
142	군사원호특별회계법안	법사위원장	10. 27	〃	757
143	군사원호보상법안	〃	〃	〃	758
144	전몰군경유자녀보호법안	〃	〃	〃	759
145	한국은행통화안정증권법안	재경위원장	〃	〃	760
146	수난구호법안(구)	내무위원장	〃	〃	761
147	복표발행현상기타사행행위단속법안(구)	〃	〃	〃	762
148	전당포영업법안(구)	〃	〃	〃	763
149	고물상영업법안(구)	〃	〃	〃	764
150	국가재건최고회의직원법안	운기위원장	9. 27	〃	765
151	군사혁명위원회포고제1호의제2항등폐지에관한법률안	외국위원장	10. 25	〃	766
152	군사원호대상자임용법중개정법률안	〃	〃	〃	767
153	예약출판법폐지에관한법률안(구)	문사위원장	11. 1	〃	768
154	조선무선통신기기취체규칙폐지법률안(구)	교체위원장	11. 3	〃	769
155	물가조절에관한임시조치법안	재경위원장	11. 8	〃	770
156	윤락행위등방지법안(구)	문사위원장	11. 3	〃	771
157	비영리법인의임원처벌에관한법률안(구)	법사위원장	10. 25	〃	772
158	법인의설립감독에관한규정폐지법률안(구)	〃	〃	〃	773
159	부정축재처리법중개정법률안	부축특위장	11. 4	〃	774
160	연호에관한법률안	법사위원장	11. 21	〃	775
161	국가재건최고회의령제34호중개정법률안	〃	11. 10	〃	776
162	한국전력주식회사법중개정법률안	재경위원장	11. 29	〃	777
163	외자도입촉진법중개정법률안	〃	11. 8	〃	778
164	국토건설단설치법안	〃	11. 10	〃	779
165	국세와지방세의조정에관한법률안	〃	11. 24	〃	780
166	조세범처벌절차법중개정법률안	〃	〃	〃	781
167	국세심사청구법안	〃	〃	〃	782
168	통행세법중개정법률안	〃	〃	〃	783
169	등록세법중개정법률안	〃	〃	〃	784
170	입장세법중개정법률안	〃	〃	〃	785
171	인지세법중개정법률안	〃	〃	〃	786
172	귀속재산처리특별회계법중개정법률안	〃	〃	〃	787

번호	건 명	제안자	의결년월일	의결구분	법률번호
173	군사우편법중개정법률안	교체위원장	11. 17	가결	788
174	병역의무미필자에관한특별조치법중개정법률안	법사위원장	11. 22	〃	789
175	공무원연금법중개정법률안	〃	11. 29	〃	790
176	근로기준법중개정법률안	문사위원장	11. 27	〃	791
177	강회,계회취체폐지에관한법률안(구)	재경위원장	11. 24	〃	792
178	석유사업을조선에시행하는건폐지법률안(구)	〃	11. 15	〃	793
179	인조석유제조업법의일부를조선에시행하는건폐지법률안(구)	〃	〃	〃	794
180	조선사설철도령폐지법률안(구)	교체위원장	11. 21	〃	795
181	조선사설철도보조법폐지법률안(구)	〃	〃	〃	796
182	조선간이생명보험심사회규정등폐지법률안(구)	〃	11. 19	〃	797
183	이용사및미용사법안(구)	문사위원장	11. 27	〃	798
184	매장등및묘지등에관한법률안(구)	〃	11. 27	〃	799
185	정부에서불하하는대금의연납에관한건폐지에관한 법률안(구)	재경위원장	11. 24	〃	800
186	지폐유사증권취체에관한건폐지에관한법률안(구)	〃	〃	〃	801
187	조선국민저축조합령폐지에관한법률안(구)	〃	〃	〃	802
188	인사소송법안(구)	법사위원장	11. 10	〃	803
189	일본적산관리인명의의등기말소에관한법률안(구)	〃	〃	〃	804
190	제광사업법의일부를조선에시행하는건폐지법률안(구)	재경위원장	11. 13	〃	805
191	유기합성사업법의일부를조선에시행하는건폐지법률안(구)	〃	11. 15	〃	806
192	직업안정법안(구)	문사위원장	11. 27	〃	807
193	공중목욕장업법안(구)	문사위원장	11. 13	〃	808
194	숙박업법안(구)	〃	11. 27	〃	809
195	유기장법안(구)	〃	〃	〃	810
196	항로표식법안(구)	교체위원장	11. 28	〃	811
197	도선법안(구)	〃	11. 13	〃	812
198	해난심판법안(구)	〃	〃	〃	813
199	조선총독의관리에속하는철도의일부의업무위탁에관한건폐지법률안(구)	〃	11. 29	〃	814
200	우편저금법안(구)	〃	11. 17	〃	815
201	조선간이생명보험령폐지에관한법률안(구)	재경위원장	11. 24	〃	816
202	조선간이생명보험의사무에관한법률폐지법률안(구)	〃	〃	〃	817
203	특정범죄처벌에관한임시특례법중개정법률안	법사위원장	12. 8	〃	818
204	국세징수법안	재경위원장	11. 27	〃	819
205	조세범처벌법중개정법률안	〃	12. 4	〃	820
206	소득세법안	〃	〃	〃	821
207	영업세법안	〃	〃	〃	822
208	법인세법안	〃	〃	〃	823
209	물품세법개정법률안	〃	〃	〃	824
210	석유류세법안	〃	〃	〃	825
211	주세법중개정법률안	〃	〃	〃	826
212	지방세법안	내무위원장	〃	〃	827
213	토지과세기준조사법중개정법률안	〃	〃	〃	828
214	지적법중개정법률안	〃	〃	〃	829
215	국가재건최고회의령제34호중개정법률안	법사위원장	12. 11	〃	830
216	밀항단속법안	〃	12. 5	〃	831

번호	건 명	제안자	의결년월일	의결구분	법률번호
217	인지첩부및공탁제공에관한특례법안	법사위원장	12. 5	가결	832
218	폭력행위자단속에관한특례법안	내무위원장	〃	〃	833
219	미성년자보호법안(구)	〃	〃	〃	834
220	총포화약류단속법안(구)	〃	〃	〃	835
221	유선영업단속법안(구)	〃	〃	〃	836
222	잡업취체규칙폐지에관한법률안(구)	〃	〃	〃	837
223	와사사업취체규칙폐지에관한법률안(구)	재경위원장	11. 27	〃	838
224	정부보관금에관한법률안(구)	〃	〃	〃	839
225	수입인지에의한세입금납부에관한법률안(구)	〃	〃	〃	840
226	재정법규에의거한출납계산의숫자및기재사항의정정에관한법률안(구)	재경위원장	11. 27	〃	841
227	반공법중개정법률안	법사위원장	12. 5	〃	842
228	국공유부동산의등기촉탁에관한법률안(구)	〃	〃	〃	843
229	수출감굴의취체에관한건폐지법률안(구)	재경위원장	11. 27	〃	844
230	경금속제조사업법의일부를조선에시행하는건폐지법률안(구)	〃	〃	〃	845
231	공보관설치법안	문사위원장	12. 5	〃	846
232	사법경찰관리의직무를행할자와그직무범위에관한법률중개정법률안	내무위원장	11. 27	〃	847
233	공유수면관리법안(구)	재경위원장	12. 8	〃	848
234	예산회계법안	〃	〃	〃	849
235	관세법및특정외래품판매금지법에의한몰수품및국고귀속물품에 관한 임시조치법안(구)	〃	〃	〃	850
236	조선사채등등록령폐지에관한법률안(구)	〃	〃	〃	851
237	국산장려를하기위한회계법의특례에관한법률등폐지법률안(구)	〃	〃	〃	852
238	선박에의한아편운송취체규칙폐지법률안(구)	교체위원장	〃	〃	853
239	군사우편물에관한건폐지법률안(구)	내각	〃	〃	854
240	임시우편취체령등폐지법률안(구)	〃	〃	〃	855
241	조선우편연금령폐지법률안(구)	〃	〃	〃	856
242	국가재건최고회의령제5호폐지에관한법률안	외국위원장	12. 11	〃	857
243	행형법중개정법률안(구)	법사위원장	12. 15	〃	858
244	교도작업특별회계법안	내각	〃	〃	859
245	국가에귀속하는상속재산이전에관한법률안(구)	재경위원장	12. 13	〃	860
246	조선민사령중일부폐지에관한법률안(구)	사법위원장	〃	〃	861
247	수로업무법안(구)	내각	〃	〃	862
248	병기등제조사업특별조성법을조선에시행하는건폐지의법률안(구)	외국위원장	〃	〃	863
249	변리사법안(구)	재경위원장	〃	〃	864
250	철도소운송업법안(구)	교체위원장	〃	〃	865
251	항공기제조사업법안(구)	〃	12. 11	〃	866
252	항공기저당법안	〃	〃	〃	867
253	자동차저당법안(구)	〃	〃	〃	868
254	선박적량측정법안(구)	교체위원장	12. 11	〃	869
255	전기측정법안(구)	재정위원장	12. 13	〃	870
256	도로법안(구)	〃	12. 15	〃	871
257	사도법안(구)	〃	〃	〃	872
258	한국산업은행법중개정법률안	〃	12. 19	〃	873
259	관세임시조치법중개정법률안	〃	12. 27	〃	874

번호	건 명	제안자	의결년월일	의결구분	법률번호
260	상품권법안(권)	재정위원장	12. 19	가결	875
261	증권에의한세입납부에관한법률안(구)	〃	12. 15	〃	876
262	등록국채의보충용에관한법률안(구)	〃	〃	〃	877
263	인사조정법안(구)	내각	12. 19	〃	878
264	향토예비군설치법안(구)	외국위원장	12. 13	〃	879
265	조선체력령폐지에관한법률안(구)	내각	12. 15	〃	880
266	산림법안(구)	재정위원장	12. 11	〃	881
267	비료단속법안(구)	〃	12. 15	〃	882
268	잠업법안(구)	〃	〃	〃	883
269	중소기업협동조합법안(구)	〃	〃	〃	884
270	중소기업사업조정법안	〃	〃	〃	885
271	조선상업조합령폐지에관한법률안(구)	내각	〃	〃	886
272	공업소유권전시법을조선에서시행하는건폐지법률안(구)	〃	〃	〃	887
273	대한석탄공사법중개정법률안	〃	〃	〃	888
274	한국조폐공사법중개정법률안	〃	12. 28	〃	889
275	산업부흥국채법중개정법률안	〃	〃	〃	890
276	염관리임시조치법안	재경위원장	12. 22	〃	891
277	하천법안(구)	내무위원장	12. 19	〃	892
278	사격및사격장단속법안(구)	〃	12. 23	〃	893
279	원동기단속법안(구)	〃	12. 19	〃	894
280	공장법의적용을 받는 공장의 직공도제등민적무상증명의건폐지법률안(구)	재경위원장	11. 24	〃	895
281	조선방독자재취체규칙폐지에관한법률안(구)	내무위원장	12. 19	〃	896
282	인판업취체규칙폐지에관한법률안(구)	〃	12. 21	〃	897
283	국채의가액계산에관한법률안(구)	재경위원장	12. 23	〃	898
284	조세외제수입금의정리에관한법률안(구)	〃	〃	〃	899
285	신탁법안(구)	법사위원장	12. 21	〃	900
286	군용전기통신법안(구)	외국위원장	12. 26	〃	901
287	공연법안(구)	문사위원장	12. 22	〃	902
288	외국정기간행물수입배포에관한법률안(구)	〃	〃	〃	903
289	출판사및인쇄소이등록에관한법률안(구)	〃	〃	〃	904
290	축음기「레코드」취체규칙폐지에관한법률안(구)	〃	〃	〃	905
291	농업창고업법안(구)	재경위원장	〃	〃	906
292	가축전염병예방법안(구)	〃	12. 26	〃	907
293	식물방피법안(구)	〃	12. 21	〃	908
294	축견취체규칙폐지에관한법률안(구)	〃	12. 26	〃	909
295	특허국설치법안(구)	〃	12. 23	〃	910
296	부정경쟁방지법안(구)	〃	〃	〃	911
297	아동복리법안(구)	문사위원장	12. 22	〃	912
298	생활보호법안(구)	〃	12. 21	〃	913
299	오물청소법안(구)	〃	〃	〃	914
300	궤도사업법안(구)	내각	12. 27	〃	915
301	자동차운수사업법안(구)	교체위원장	12. 19	〃	916
302	한국해운조합법안(구)	〃	12. 15	〃	917
303	개항질서법안(구)	〃	12. 26	〃	918

번호	건 명	제안자	의결년월일	의결구분	법률번호
304	선박안전법안(구)	교체위원장	12. 26	가결	919
305	해상충돌예방법안	〃	12. 19	〃	920
306	목선보험법조선시행령폐지법률안(구)	내각	〃	〃	921
307	조선철도의통일폐지법률안(구)	〃	12. 26	〃	922
308	전기통신법안(구)	교체위원장	12. 20	〃	923
309	전파관리법안(구)	〃	〃	〃	924
310	정부직원공제조합령등폐지법률안(구)	내각	12. 28	〃	925
311	재정자금운용법안	〃	〃	〃	926
312	재정자금운용특별회계법안	〃	〃	〃	927
313	기업예산회계법안	〃	〃	〃	928
314	국토건설단특별회계법안	〃	〃	〃	929
315	농지개혁사업특별회계법폐지법률안	〃	〃	〃	930
316	지방교부세법안	〃	12. 27	〃	931
317	관세법중개정법률안	〃	〃	〃	932
318	외국환관리법안(구)	재경위원장	〃	〃	933
319	외자관리법중개정법률안	〃	12. 27	〃	934
320	물가조절에관한임시조치법중개정법률안	내각	12. 28	〃	935
321	석탄개발임시조치법안	내각	12. 27	〃	936
322	국방대학원설치법안	〃	12. 30	〃	937
323	측량법안(구)	〃	12. 27	〃	938
324	수도법안(구)	〃	〃	〃	939
325	여권법안(구)	〃	12. 28	〃	940
326	도로교통법안(구)	〃	12. 27	〃	941
327	제조장취체규칙폐지에관한법률안(구)	〃	12. 11	〃	942
328	폭리행위등취체규칙및군정법령제19호제3조폐지에관한법률안(구)	〃	12. 28	〃	943
329	국민은행법안(구)	재경위원장	12. 27	〃	944
330	신탁업법안(구)	〃	〃	〃	945
331	귀속법인의주주총회소집에관한법률안(구)	〃	12. 28	〃	946
332	일본국정부동결재산의반환에관한법률안(구)	〃	〃	〃	947
333	토지개량사업법안(구)	내각	〃	〃	948
334	수렵법안(구)	재경위원당	12. 26	〃	949
335	특허법안(구)	내각	12. 27	〃	950
336	의장법안(구)	〃	〃	〃	951
337	실용신안법안(구)	〃	〃	〃	952
338	전기사업법안(구)	재경위원장	〃	〃	953
339	공무원비위조사에관한임시특례법안	운기위원장	12. 30	〃	954
340	교육법중개정법률안	문사위원장	12. 28	〃	955
341	교육공무원법중개정법률안	〃	〃	〃	956
342	특정범죄처벌에관한임시특례법중개정법률안	법사위원장	12. 23	〃	957
343	향교재산법안(구)	내각	12. 26	〃	958
344	하급법원의설치와관할구역에관한법률안(구)	법사위원장	12. 28	〃	959
345	교도작업관용법안	내각	12. 27	〃	960
346	문화재보호법안(구)	〃	12. 16	〃	961
347	도로운송차량법안(구)	교체위원장	〃	〃	962

번호	건 명	제안자	의결년월일	의결구분	법률번호
348	선원법안(구)	교체위원장	12. 20	가결	963
349	선원보험법안(구)	내각	12. 27	〃	964
350	토지수용법안(구)	재경위원장	12. 30	〃	965
351	섭외사법안(구)	내각	〃	〃	966
352	기류법안(구)	법사위원장	〃	〃	967
353	경매법안(구)	〃	〃	〃	968
354	차지차가조정법안(구)	내각	12. 30	〃	969
355	사형자의분묘,제사,초상등의단속에관한법률안(구)	법사위원장	〃	〃	970
356	이자제한법안(구)	내각	〃	〃	971
357	증권거래법안(구)	재경위원장	〃	〃	972
358	보험업법안(구)	〃	〃	〃	973
359	계리사법중개정법안	내각	〃	〃	974
360	주요농작물종자법안(구)	재경위원장	〃	〃	975
361	농산종묘법안	〃	〃	〃	976
362	사방사업법안(구)	내각	〃	〃	977
363	서기1912년법률제21호를조선에시행하는건폐지법률안(구)	재경위원장	12. 28	〃	978
364	군납촉진에관한임시조치법안	〃	12. 30	〃	979
365	통계법안(구)	내각	〃	〃	980
366	재건국민운동에관한법률중개정법률안	문사위원장	1962. 1. 17	〃	981
367	공업지구조성을위한토지수용특례법안	내각	1. 12	〃	982
368	도시계획법안(구)	〃	1. 16	〃	983
369	건축법안(구)	〃	1. 19	〃	984
370	대한주택공사법안(구)	〃	1. 16	〃	985
371	공유수면매립법안(구)	〃	〃	〃	986
372	이북오도에관한특별조치법안	〃	〃	〃	987
373	광고물등단속법안(구)	내무위원장	1961. 12. 23	〃	988
374	외국보험사업자에관한법률안(구)	내각	1962. 1. 12	〃	989
375	보험모집단속법안(구)	〃	〃	〃	990
376	담보부사채신탁법안(구)	〃	〃	〃	991
377	물품관리법안(구)	〃	1. 18	〃	992
378	조선납세시설령폐지에관한법률안(구)	재경위원장	〃	〃	993
379	사찰령 · 사원규칙 · 포교규칙폐지에관한법률안(구)	문사위원장	〃	〃	994
380	영화법안(구)	내각	1. 19	〃	995
381	전화채권법안(구)	〃	1962. 1. 12	〃	996
382	화의법안(구)	법사위원장	1. 16	〃	997
383	파산법안(구)	〃	〃	〃	998
384	비송사건절차법안(구)	내각	〃	〃	999
385	상법안(구)	법사위원장	1. 19	〃	1,000
386	어음법안(구)	〃	〃	〃	1,001
387	수표법안(구)	법사위원장	1. 19	〃	1,002
388	군형법안(구)	내각	1. 16	〃	1,003
389	군법회의법안(구)	〃	1. 19	〃	1,004
390	군행형법안(구)	〃	1. 16	〃	1,005
391	군인사법안	외국위원장	1. 17	〃	1,006

번호	건 명	제안자	의결년월일	의결구분	법률번호
392	식품위생법안(구)	문사위원장	1. 18	가결	1,007
393	폐수처리장및화제장에관한법률안(구)	내각	〃	〃	1,008
394	조선이재구호기금령폐지에관한법률안(구)	문사위원장	〃	〃	1,009
395	축사취체규칙폐지에관한법률안	재경위원장	〃	〃	1,010
396	축산가공처리법안(구)	〃	1. 19	〃	1,011
397	한국마사회법안(구)	내각	1. 18	〃	1,012
398	수산협동조합법안(구)	재경위원장	〃	〃	1,013
399	민사소송인지법중개정법률안	법사위원장	1. 12	〃	1,014
400	서울특별시행정에관한특별조치법안	내각	1. 20	〃	1,015
401	예기작부치옥영업취체규칙에관한법률안	〃	1. 18	부결	
402	공무복무선서에관한법률안	법사위원장	1961. 11. 1	〃	
403	의료업자및약사신고에관한임시조치법안	문사위원장	〃	폐기	
404	방공통신법안(구)	내각	1962. 1. 5	〃	
405	군인사법중개정법률안	외국위원장	1. 25	가결	1,016
406	회계관계직원등의책임에관한법률중개정법률안	내각	〃	〃	1,017
407	건설업중개정법률안	〃	〃	〃	1,018
408	공공요금심사위원회설치법안	〃	1. 31	〃	1,019
409	국민저축조합법안	〃	〃	〃	1,020
410	시체해부및보존법안	〃	〃	〃	1,021
411	서울특별시행정에관한특별조치법중개정법률안	내무위원장	2. 9	〃	1,022
412	체납조세의납부의무면제에관한특별조치법안	재경위원장	〃	〃	1,023
413	임시토지수득세납부의무면제에관한특별조치법안	〃	〃	〃	1,024
414	농업협동조합임원임명에관한임시조치법안	〃	2. 7	〃	1,025
415	농가대여양곡법안	내각	1. 31	〃	1,026
416	정부관리기업체직원퇴직금및해고수당지급에관한특별조치법안	법사위원장	2. 7	〃	1,027
417	개간촉진법안	내각	2. 9	〃	1,028
418	국가공무원법중개정법률안	문사위원장	2. 7	〃	1,029
419	해외이주법안	내각	2. 20	〃	1,030
420	공무원연금특별회계법중개정법률안	내각	3. 5	〃	1,031
421	국가재건비상조치법중개정법률안	이석제외2인	3. 16	〃	
422	정치활동정화법안	법사위원장	3. 16	〃	1,032
423	수출진흥법안	재경위원장	3. 5	〃	1,033
424	재해구호법안	내각	〃	〃	1,034
425	국민의료법개정법률안	문사위원장	〃	〃	1,035
426	군인보험법안	내각	〃	〃	1,036
427	지방자치에관한임시조치법중개정법률안	내무위원장	〃	〃	1,037
428	정부조직법중개정법률안	내각	3. 9	〃	1,038
429	농촌진흥법안	〃	〃	〃	1,039
430	국가재건비상조치법중개정법률안	이석제외2인	3. 24	〃	
431	군인사법중개정법률안	내각	3. 14	〃	1,040
432	대한항공공사법안	〃	〃	〃	1,041
433	국가재건최고회의법중개정법률안	운기위원장	3. 23	〃	1,042
434	법원조직법중개정법률안	법사위원장	〃	〃	1,043
435	법관의보수에관한법률안	〃	3. 21	〃	1,044

번호	건 명	제안자	의결년월일	의결구분	법률번호
436	검사의보수에관한법률안	내각	3. 21	가결	1,045
437	군법무관임용법중개정법률안	법사위원장	3. 23	〃	1,046
438	변호사법중개정법률안	〃	〃	〃	1,047
439	해양경찰대설치법안	내각	3. 21	〃	1,048
440	청원경찰법안	〃	〃	〃	1,049
441	구황실재산법중개정법률안	〃	12. 28	〃	1,050
442	중앙정보부법중개정법률안	내무위원장	4. 4	〃	1,051
443	원호처설치법안	내각	4. 6	〃	1,052
444	국가유공자및월남귀순자특별원호법안	〃	〃	〃	1,053
445	군사원호보상급여금법안	〃	〃	〃	1,054
446	부정축재환수를위한회사설립임시특례법안	〃	4. 11	〃	1,055
447	국토건설단설치법중개정법률안	재경위원장	4. 13	〃	1,056
448	체납조세의납부의무면제에관한특별조치법중개정법률안	내무위원장	4. 11	〃	1,057
449	국가재건최고회의령제34호중개정법률안	법사위원장	4. 13	〃	1,058
450	대한무역진흥공사법안	내각	〃	〃	1,059
451	국제관광공사법안	〃	4. 4	〃	1,060
452	광업법중개정법률안	〃	4. 10	〃	1,061
453	교육에관한임시특례법중개정법률안	〃	4. 13	〃	1,062
454	의무교육재정교부금법개정법률안	문사위원장	4. 13	〃	1,063
455	대한조선공사법안	내각	4. 18	〃	1,064
456	심계관및감찰위원징계법안	법사위원장	4. 27	〃	1,065
457	정부조직법중개정법률안	내각	〃	〃	1,066
458	주민등록법안	〃	5. 2	〃	1,067
459	시설치와군의관할구역및명칭변경에관한법률안	〃	〃	〃	1,068
460	부정축재환수를위한회사설립임시특례법중개정법률안	〃	5. 3	〃	1,069
461	신문용지에대한관세임시조치법안	〃	5. 2	〃	1,070
462	공립대학의국립이관에따르는재정임시조치법안	내각	4. 27	〃	1,071
463	수산물검사법안	〃	5. 2	〃	1,072
464	국가재건최고회의령제34호중개정법률안	법사위원장	5. 9	〃	1,073
465	한국은행법중개정법률안	내각	5. 10	〃	1,074
466	은행법중개정법률안	〃	〃	〃	1,075
467	재산재평가특별조치법안	〃	〃	〃	1,076
468	한국운수주식회사를흡수합병한한국미곡창고주식회사에부과되는재산재평가로인한제세면제에관한임시조치법안	재경위원장	〃	〃	1,077
469	관세법및특정외래품판매금지법에의한몰수품및국고귀속물품에관한임시조치법중개정법률안	내각	5. 21	〃	1,078
470	자동차공업보호법안	〃	〃	〃	1,079
471	울산개발위원회및울산개발계획본부설치법안	〃	5. 29	〃	1,080
472	특명정권위원및정부대표의임명과권한에관한법률안	〃	〃	〃	1,081
473	검사정원법안	〃	5. 24	〃	1,082
474	즉결심판에관한절차법중개정법률안	법사위원장	〃	〃	1,083
475	벌금등임시조치법중개정법률안	〃	5. 29	〃	1,084
476	군인사법중개정법률안	외국위원장	5. 24	〃	1,085
477	군법회의법중개정법률안	법사위원장	5. 29	〃	1,086

번호	건 명	제안자	의결년월일	의결구분	법률번호
478	불교재산관리법안	문사위원장	5. 24	가결	1,087
479	긴급통화조치법안	재경위원장	6. 9	폐기	1,088
480	근로보도법안	문사위원장	1. 31	〃	
481	군수임용에관한특례법안	내각	2. 24	〃	
482	국가재건최고회의중개정법률안	문사위원장	3. 21	〃	
483	도로운송차량법중개정법률안	내각	4. 13	〃	
484	피구호자근로법안	〃	4. 23	〃	
485	염관리임시조치법중개정법률안	〃	5. 1	〃	
486	군인및군속의사면에관한특별조치법안	외국위원장	5. 11	폐기	
487	불교단체관리법안	내각	5. 14	〃	
488	광업개발육성기구설치법안	〃	5. 20	〃	
489	광업개발조성법안	재경위원장	5. 29	가결	1,089
490	긴급통화조치법중개정법률안	〃	6. 15	〃	1,090
491	긴급금융조치법안	〃	6. 16	〃	1,091
492	정부조직법중개정법률안	내각	6. 8	〃	1,092
493	국고금단수계산법중개정법률안	〃	6. 20		1,093
494	긴급금융조치법중개정법률안	〃	6. 28	〃	1,094
495	대한주택공사법중개정법률안	〃	3. 6	폐기	
496	신문및정당등의등록에관한법률중개정법률안	〃	6. 22	〃	
497	광무행정사무지방이관에관한특별조치법안	〃	6. 24	〃	
498	국가재건최고회의포고제14호즉결심판절차에 관한조치령폐지에관한법률안	법사위원장	6. 28	철회	
499	혁명재판소및혁명검찰부조직법폐지에관한법률안	〃	〃	〃	
500	기술요원의현역복무에관한임시조치법안	내각	〃	반려	
501	긴급금융조치법에의한봉쇄예금에대한특별조치법안	재경위원장	7. 13	가결	1,095
502	관세임시조치법중개정법률안	내각	7. 6	〃	1,096
503	외자관리법중개정법률안	〃	7. 4	〃	1,097
504	국공유재산처리임시특례법안	〃	〃	〃	1,098
505	귀속재산처리법중개정법률안	〃	〃	〃	1,099
506	주세법중개정법률안	〃	〃	〃	1,100
507	주류조합법폐지에관한법률안	〃	〃	〃	1,101
508	연초전매법중개정법률안	〃	〃	〃	1,102
509	사회단체등록에관한법률중개정법률안	〃	〃	〃	1,103
510	감치기간경과물품처리법안	〃	〃	〃	1,104
511	기상업무법중개정법률안	〃	7. 6	〃	1,105
512	관세법중개정법률안	〃	〃	〃	1,106
513	법원조직법중개정법률안	법사위원장	〃	〃	1,107
514	폭력행위등처벌에관한법률중개정법률안	〃	7. 4	〃	1,108
515	법원직원법안	〃	7. 6	〃	1,109
516	기부금품모집금지법중개정법률안	내각	7. 11	〃	1,110
517	대한석유공사법안	〃	〃	〃	1,111
518	도로교통법중개정법률안	〃	7. 6	〃	1,112
519	수도방위사령부설치법중개정법률안	내무위원장	7. 11	〃	1,113
520	장기결제방식에의한자본재도입에관한특별조치법안	내각	7. 18	〃	1,114
521	차관에대한지불보증에관한법률안	〃	〃	〃	1,115

번호	건 명	제안자	의결년월일	의결구분	법률번호
522	형사소송비용법중개정법률안	법사위원장	7. 18	가결	1,116
523	민사소송비용법중개정법률안	〃	〃	〃	1,117
524	법관징계법중개정법률안	〃	〃	〃	1,118
525	정부투자기관예산회계법안	내각	8. 1	〃	1,119
526	재외공관공무원의조세원천징수에관한특별조치법안	〃	8. 3	〃	1,120
527	형사보상법중개정법률안	〃	8. 1	〃	1,121
528	사형금지법폐지에관한법률안	〃	〃	〃	1,122
529	인천중공업주식회사법안	재경위원장	〃	〃	1,123
530	선박법중개정법률안	교체위원장	8. 3	〃	1,124
531	도선법중개정법률안	내각	〃	〃	1,125
532	선박안전법중개정법률안	교체위원장	〃	〃	1,126
533	선박적량측정법중개정법률안	내각	〃	〃	1,127
534	주세법중개정법률안	〃	8. 14	〃	1,128
535	하급법원의설치와관할구역에관한법률중개정법률안	법사위원장	8. 8	〃	1,129
536	검찰청법중개정법률안	〃	〃	〃	1,130
537	대한주택공사법중개정법률안	내각	〃	〃	1,131
538	주화의통용에관한임시조치법안	〃	8. 22	〃	1,132
539	공무원연금법중개정법률안	〃	〃	〃	1,133
540	소개영업법중개정법률안	〃	〃	〃	1,134
541	복표발행현상기타사행행위단속법중개정법률안	〃	〃	〃	1,135
542	총포화약류단속법중개정법률안	〃	〃	〃	1,136
543	집회에관한임시조치법중개정법률안	〃	〃	〃	1,137
544	충주비료주식회사법안	내각	8. 21	〃	1,138
545	우편저금법중개정법률안	〃	〃	〃	1,139
546	수입인지에의한세입금납부에관한법률중개정법률안	〃	〃	〃	1,140
547	재외공관수입금직접사용에관한법률안	〃	〃	〃	1,141
548	전매범처벌절차법중개정법률안	〃	〃	〃	1,142
549	국내재산도피방지법중개정법률안	〃	〃	〃	1,143
550	사법경찰관리의직무를행할자와그직무범위에관한법률중개정법률안	〃	〃	〃	1,144
551	해이유학생인력활용법안	〃	7. 3	폐기	
552	금전단수계산법안	내각	7. 3	〃	
553	공무원신분에관한임시특례법안	〃	〃	〃	
554	국가공무원법중개정법률안	〃	7. 9	〃	
555	변호사법중개정법률안	〃	7. 1	〃	
556	교통범칙자통고처분법안	〃	〃	〃	
557	영업세법중개정법률안	〃	〃	〃	
558	하천법중개정법률안	〃	7. 15	〃	
559	보험업법중개정법률안	〃	7. 16	〃	
560	근로기준법중개정법률안	〃	7. 18	〃	
561	대한중공업공사법안	〃	7. 3	〃	
562	소득세법중개정법률안	〃	8. 5	〃	
563	선박법중개정법률안	〃	8. 6	〃	
564	선박안전법중개정법률안	〃	〃	〃	
565	검찰청법중개정법률안	〃	8. 1	〃	

번호	건 명	제안자	의결년월일	의결구분	법률번호
566	석유류세법중개정법률안	내각	8. 1	폐기	
567	공업지구조성을위한토지수용특례법중개정법률안	〃	8. 18	〃	
568	전기사업법중개정법률안	〃	8. 22	〃	
569	실화책임에관한법률중개정법률안	〃	8. 28	〃	
570	농어촌고리채정리법중개정법률안	〃	9. 3	가결	1,145
571	국민체육진흥법안	문사위원장	〃	〃	1,146
572	신탁회사의구신탁재산의처리에관한법률안	내각	9. 5	〃	1,147
573	1953년2월27일법률제277호긴급금융조치법에의한특수계정의처리에관한법률안	〃	〃	〃	1,148
574	국채보조권폐지법률안	〃	〃	〃	1,149
575	귀속재산처리특별회계법중개정법률안	〃	9. 12	〃	1,150
576	국가보안법중개정법률안	법사위원장	〃	〃	1,151
577	반공법중개정법률안	〃	〃	〃	1,152
578	검사징계법중개정법률안	내각	〃	〃	1,153
579	변호사법중개정법률안	법사위원장	〃	〃	1,154
580	집달리법중개정법률안	〃	〃	〃	1,155
581	집행정지중의군법회의판결의효력상실에관한법률안	〃	9. 14	〃	1,156
582	교육에관한임시특례법중개정법률안	내각	〃	〃	1,157
583	중·고등학교및대학의입학에관한임시조치법중개정법률안	〃	〃	〃	1,158
584	대여장학금법중개정법률안	내각	9. 12	〃	1,159
585	보건소법중개정법률안	〃	9. 14	가결	1,160
586	피난민수용에관한임시조치법폐지법률안	〃	〃	〃	1,161
587	재해부흥조합법폐지법률안	〃	〃	〃	1,162
588	병역법중개정법률안	〃	9. 1	〃	1,163
589	수출검사법안	〃	9. 12	〃	1,164
590	양곡관리특별회계법폐지에관한법률안	〃	9. 14	〃	1,165
591	잠어법중개정법률안	〃	〃	폐기	
592	변호사법중개정법률안	〃	9. 11	폐기	
593	반공법중개정법률안	〃	9. 1	폐기	
594	부정공사등의조사에관한임시조치법안	법사위원장	9. 6	철회	
595	주식배당보장임시특례법안	내각	9. 26	철회	
596	국민투표법안	법사위원장	10. 10	가결	1,166
597	몰수금품등처리에관한임시특례법안	내무위원장	10. 25	가결	1,167
598	국가재건비상조치법중개정법률안	이석제외 10인	10. 8	〃	
599	재정자금운용법중개정법률안	내각	10. 25	〃	1,168
600	조달특례회계법폐지에관한법률안	〃	〃	〃	1,169
601	신원보증법중개정법률안	〃	10. 20	폐기	
602	국적법중개정법률안	〃	10. 23	폐기	
603	대한민국은행법안	〃	10. 31	반려	
604	국민투표법중개정법률안	법사위원장	11. 12	가결	1,170
605	재건국민운동에관한법률중개정법률안	문사위원장	11. 5	〃	1,171
606	서울특별시·도·군·구의관할구역변경에관한법률안	내각	11. 12	〃	1,172
607	부산시정부직할에관한법률안	〃	11. 13	〃	1,173
608	대수시구설치에관한법률안	〃	〃	〃	1,174

번호	건 명	제안자	의결년월일	의결구분	법률번호
609	시·군관할구역변경및면의폐지에관한법률안	내각	11. 12	가결	1,175
610	시설치와구의관할구역및명칭변경에관한법률안	〃	11. 13	〃	1,176
611	읍설치에관한법률안	〃	〃	〃	1,177
612	수복지구와동인접지구의행정구역에관한임시조치법안	〃	〃	〃	1,178
613	검찰청법중개정법률안	법사위원장	11. 8	〃	1,179
614	국적법중개정법률안	법사위원장	10. 25	〃	1,180
615	공증인법중개정법률안	내각	〃	〃	1,181
616	한국기계공업주식회사법안	내각	10. 25	〃	1,182
617	경제개발특별회계법안	〃	11. 14	〃	1,183
618	영업세법중개정법률안	내각	11. 13	〃	1,184
619	소득세법중개정법률안	〃	11. 14	〃	1,185
620	법인세법중개정법률안	〃	〃	〃	1,186
621	입장세법중개정법률안	〃	〃	〃	1,187
622	통행세법중개정법률안	〃	11. 13	〃	1,188
623	증권거래세법안	〃	〃	〃	1,189
624	물품세법중개정법률안	〃	〃	〃	1,190
625	톤세법중개정법률안	〃	〃	〃	1,191
626	주세법중개정법률안	〃	11. 14	〃	1,192
627	부정축재환수절차법중개정법률안	내각	11. 13	〃	1,193
628	항공법중개정법률안	〃	11. 27	〃	1,194
629	국영텔레비전방송사업운영에관한임시조치법안	문사위원장	11. 14	〃	1,195
630	국영텔레비전방송사업특별회계법안	법사위원장	〃	〃	1,196
631	국민투표법중개정법률안	〃	12. 5	〃	1,197
632	혁명과업수행에 관련되는범죄의재판관할에관한임시조치법안	재경위원장	〃	〃	1,198
633	기업예산회계법중개정법률안	내각	11. 20	〃	1,199
634	예산회계법중개정법률안	〃	〃	〃	1,200
635	국민은행법안	〃	〃	〃	1,201
636	주식배당보장에관한법률안	〃	11. 23	〃	1,202
637	산업부흥국채법중개정법률안	〃	11. 20	〃	1,203
638	귀속재산처리법중개정법률안	〃	11. 22	〃	1,204
639	귀속재산처리특별회계법중개정법률안	〃	11. 20	〃	1,205
640	국공유재산처리임시특례법중개정법률안	〃	11. 22	〃	1,206
641	국세징수법중개정법률안	〃	〃	〃	1,207
642	국세심사청구법중개정법률안	〃	11. 20	〃	1,208
643	조세범처벌법중개정법률안	〃	〃	〃	1,209
644	조세범처벌절차법중개정법률안	〃	〃	〃	1,210
645	국세와지방세의조정에관한법률중개정법률안	〃	11. 22	〃	1,211
646	상법중개정법률안	법사위원장	11. 23	〃	1,212
647	상법시행법안	〃	〃	〃	1,213
648	회사정리법안	〃	〃	〃	1,214
649	통계법중개정법률안	내각	11. 27	〃	1,215
650	인감증명법중개정법률안	〃	〃	〃	1,216
651	교도작업특별회계법중개정법률안	내각	11. 14	〃	1,217
652	사설강습소에관한법률안중개정법률안	〃	11. 27	〃	1,218

번호	건 명	제안자	의결년월일	의결구분	법률번호
653	기업예산회계법중개정법률안	내각	11. 23	가결	
654	기업예산회계법중개정법률안	〃	〃	폐기	
655	우편저금운용법중개정법률안	〃	11. 27	〃	
656	국토건설단설치법폐지에관한법률안	〃	11. 29	〃	1,219
657	국토건설단특별회계법폐지에관한법률안	〃	〃	가결	1,220
658	압축가스등단속법안	〃	11. 30	〃	1,221
659	행형법중개정법률안	〃	〃	〃	1,222
660	국가배상금청구에관한절차법안	〃	〃	〃	1,223
661	국가를당사자로하는소송의비용에관한법률안	〃	11. 30	〃	1,224
662	법률사무취급단속법중개정법률안	〃	12. 5	〃	1,225
663	국가재건최고회의포고제14호즉결심판절차에관한처치령폐지에관한법률안	법사위원장	11. 30	〃	1,226
664	재건국민운동에관한법률중개정법률안	문사위원장	12. 19	〃	1,227
665	농산물검사법중개정법률안	내각	12. 20	〃	1,228
666	한국수산개발공사법안	〃	〃	〃	1,229
667	군사원호보상법중개정법률안	〃	12. 13	〃	1,230
668	군사원호보상급여금법중개정법률안	〃	〃	〃	1,231
669	군사원호대상자임용법중개정법률안	내각	12. 13	〃	1,232
670	군사원호대상자고용법중개정법률안	〃	〃	〃	1,233
671	군사원호대상자정착대금법중개정법률안	〃	〃	〃	1,234
672	전몰군경유자녀보호법중개정법률안	〃	〃	〃	1,235
673	군인보험법중개정법률안	〃	〃	〃	1,236
674	민법중개정법률안	법사위원장	12. 21	〃	1,237
675	호적법중개정법률안	〃	〃	〃	1,238
676	하급법원의설치와관할구역에관한법률중개정법률안	〃	12. 20	〃	1,239
677	비송사건절차법중개정법률안	내각	12. 27	〃	1,240
678	보험업법중개정법률안	〃	12. 21	〃	1,241
679	대한손해재보험공사법안	〃	〃	〃	1,242
680	지방세법중개정법률안	〃	〃	〃	1,243
681	군사혁명위원회포고제4호폐지에관한법률안	법사위원장	12. 29	〃	1,244
682	집회시위에관한법률안	내무위원장	12. 31	〃	1,245
683	정당법안	법사위원장	〃	〃	1,246
684	방송관서설치법안	내각	12. 14	〃	1,247
685	부산시,구설치에관한법률중개정법률안	내무위원장	12. 31	〃	1,248
686	시설치와구의관할구역및명칭변경에관한법률중개정법률안	〃	〃	〃	1,249
687	민법중개정법률안	법사위원장	〃	〃	1,250
688	군사원호특별회계법중개정법률안	내각	12. 27	〃	1,251
689	계리사법중개정법률안	〃	〃	〃	1,252
690	한국해운조합법중개정법률안	〃	〃	〃	1,253
691	우편법중개정법률안	〃	〃	〃	1,254
692	헌법개정안	박정희위원외 22인	12. 22	가결	
693	국가재건비상조치법개정의건	이석제위원외 11인	12. 29	〃	
694	건설업법중개정법률안	내각	12. 1	폐기	
695	지방건설관서설치법중개정법률안	〃	〃	〃	
696	국토건설단설치법중개정법률안	〃	〃	〃	

번호	건　　　　　명	제안자	의결년월일	의결구분	법률번호
697	국토건설단설치법중개정법률안	내각	12. 1	폐기	
698	건설업법중개정법률안	〃	〃	〃	
699	한국산업개발공사법안	〃	〃	〃	
700	영림관서설치법중개정법률안	〃	12. 4	〃	
701	변리사법중개정법률안	〃	〃	〃	
702	금융기관에대한임시조치법중개정법률안	〃	〃	〃	
703	우편환법중개정법률안	〃	12. 8	〃	
704	농림물자규격법안	〃	12. 10	〃	
705	농산종묘법중개정법률안	〃	〃	〃	
706	형사소송법중개정법률안	〃	12. 15	〃	
707	반국가행위자예방보호법안	〃	〃	〃	
708	어업자원보호법중개정법률안	〃	12. 23	〃	
709	수산업법중개정법률안	〃	〃	〃	
710	풍속영업법안	〃	12. 27	〃	
711	한국제련공사법중개정법률안	내각	12. 28	〃	
712	증권거래세법중개정법률안	〃	〃	〃	
713	특정범죄처벌에관한임시특례법중개정법률안	내무위원장	〃	〃	
714	선거관리위원회법안	〃	1963. 1. 18	가결	1,255
715	국회의원선거법안	내무위원장재	1963. 1. 12	〃	1,256
716	물가조절에관한임시조치법중개정법률안	경위원장	1. 14	〃	1,257
717	하급법원의설치와관할구역에관한법률중개정법률안	법사위원장	1. 14	〃	1,258
718	공무원연금특별회계법중개정법률안	내각	1. 16	〃	1,259
719	군인연금법안	〃	〃	〃	1,260
720	군인연금특별회계법안	〃	〃	〃	1,261
721	대통령선거법안	내무위원장	1. 31	〃	1,262
722	국가재건비상조치법개정의건	이석제위원외 11인	1. 26	〃	
723	사관학교설치법중개정법률안	내각	1. 29	〃	1,263
724	군법무관임용법중개정법률안	〃	〃	〃	1,264
725	문화재보호법중개정법률안	〃	〃	〃	1,265
726	국토녹화촉진에관한임시조치법아	〃	1. 31	〃	1,266
727	청원산림보호직원배치에관한법률안	〃	〃	〃	1,267
728	산림법중개정법률안	〃	〃	〃	1,268
729	사방사업법중개정법률안	〃	〃	〃	1,269
730	임산물단속에관한법률중개정법률안	〃	〃	〃	1,270
731	부정거래단속에관한법률안	〃	1. 15	폐기	
732	해외이주법중개정법률안	〃	2. 1	가결	1,271
733	직업안정법중개정법률안	〃	〃	〃	1,272
734	해공항검역법중개정법률안	〃	〃	〃	1,273
735	전염병예방법중개정법률안	〃	〃	〃	1,274
736	한국전력주식회사법중개정법률안	〃	2. 8	〃	1,275
737	갱생보호법중개정법률안	법사위원장	〃	〃	1,276
738	간이소청절차에 의한 귀속해제결정의확인에 관한 법률의 특별조치법폐지에 관한 법률안	내각	〃	〃	1,277
739	중 · 고등학교및대학의입학에관한임시조치법중개정법률안	〃	2. 14	〃	1,278

번호	건 명	제안자	의결년월일	의결구분	법률번호
740	구황실재산관리특별회계법중개정법률안(대안)	문사위원장	2. 14	가결	1,279
741	전기공사업법안	내각	2. 6	〃	1,280
742	도로법중개정법률안	〃	2. 8	〃	1,281
743	사도법중개정법률안	〃	〃	〃	1,282
744	청원법개정법률안	〃	2. 6	〃	1,283
745	공무원연금법중개정법률안	〃	2. 21	〃	1,284
746	교육에관한임시특례법중개정법률안	〃	2. 27	〃	1,285
747	감사원법안	법사위원장	〃	〃	1,286
748	특정범죄처벌에관한임시특례법중개정법률안	〃	2. 26	〃	1,287
749	행정서사법중개정법률안	내각	2. 5	〃	1,288
750	출입국관리법안	〃	2. 13	〃	1,289
751	사법경찰관리의직무를행할자와그직무범위에관한법률중개정법률안	내각	2. 28	〃	1,290
752	토지개량사업장기채정리특별조치법안	〃	2. 26	〃	1,291
753	광산보안법안	〃	2. 13	〃	1,292
754	특허법중개정법률안	〃	〃	〃	1,293
755	실용신안법중개정법률안	〃		〃	1,294
756	상표법중개정법률안	〃		〃	1,295
757	관광사업진흥법중개정법률안	교체위원장	2. 14	〃	1,296
758	별정우체국설치법중개정법률안	내각	2. 22	〃	1,297
759	우편저금법중개정법률안	〃	〃	〃	1,298
760	전기통신법중개정법률안	〃	2. 14	〃	1,299
761	도로교통법중개정법률안	〃	2. 27	〃	1,300
762	특정외래품판매금지법중개정법률안	〃	2. 28	〃	1,301
763	국민저축조합법중개정법률안	〃	〃	〃	1,302
764	농가대여양곡법중개정법률안	〃	〃	〃	1,303
765	사회단체등록에관한법률중개정법률안	〃	2. 27	〃	1,304
766	영화법중개정법률안	〃	〃	〃	1,305
767	공연법중개정법률안	〃	〃	〃	1,306
768	사외사업종사자의자격에관한법률안	〃	2. 1	폐기	
769	갱생보호법중개정법률안	〃	2. 3	〃	
770	문화재관리특별회계법안	〃	2. 11	〃	
771	비상사태수습을위한임시조치법안	법사위원장	3. 16	가결	1,307
772	국민투표법개정법률안	내무위원장	3. 18	〃	1,308
773	혁명과업수행에관련되는범죄의재판관할에관한임시조치법중개정법률안	법사위원장	3. 22	〃	1,309
774	군수품관리법안	내각	11. 28	〃	1,310
775	방어해면법개정법률안	〃	〃	〃	1,311
776	토지수용법중개정법률안	〃	3. 20	〃	1,312
777	국토건설단특별회계법폐지에따라일반회계가승계한재산의처분에관한법률안	〃	〃	〃	1,313
778	자동차손해배상보장법안	교체위원장	2. 28	가결	1,314
779	비상사태수습을위한임시조치법폐지에관한법률안	법사위원장	4. 8	〃	1,315
780	외자관리법중개정법률안	내각	3. 29	〃	1,316
781	장기결제방식에의한자본재도입에관한특별조치법중개정법률안	〃	〃	〃	1,317
782	재외공관부동산관리에관한특례법안	〃	4. 1	〃	1,318
783	교육에관한임시특례법중개정법률안	〃	4. 2	〃	1,319

번호	건 명	제안자	의결년월일	의결구분	법률번호
784	중 · 고등학교및대학의입학에관한임시조치법폐지에관한법률안	내각	4. 2	2. 21	1,320
785	수산업법중개정법률안	〃	3. 28	〃	1,321
786	도시계획법중개정법률안	〃	3. 21	〃	1,322
787	군사원호보상법중개정법률안	〃	3. 28	〃	1,323
788	군사원호대상자정착대부법중개정법률안	〃	〃	〃	1,324
789	국가공무원법안	〃	3. 29	〃	1,325
790	근로자의날제정에관한법률안	〃	4. 2	〃	1,326
791	노동쟁의조정법개정법률안	내각	4. 2	〃	1,327
792	노동위원회법개정법률안	〃		〃	1,328
793	노동조합법개정법률안	〃		〃	1,329
794	합동참모대학설치법안	〃	4. 9	〃	1,330
795	선박등기법안	〃		〃	1,331
796	국민생명보험법중개정법률안	〃		〃	1,332
797	사법서사법안	법사위원장	4. 25	〃	1,333
798	증권거래법중개정법률안	〃	4. 26	〃	1,334
799	유네스코활동에관한법률안	〃	4. 17	〃	1,335
800	징발법안	〃		〃	1,336
801	군속인사법안	〃		〃	1,337
802	군인보수법안	〃		〃	1,338
803	행정소송법중개정법률안	〃	4. 25	〃	1,339
804	불교재산관리법중개정법률안	〃	3. 2	폐기	
805	교육법중개정법률안	〃		〃	
806	마약법중개정법률안	〃	3. 4	〃	
807	군사원호대상자임용법중개정법률안	〃	3. 28	〃	
808	축산물가공처리법중개정법률안	〃	4. 3	〃	
809	출판사및인쇄소의등록에관한법률중개정법률안	〃	4. 5	〃	
810	중요공익사업노동관계법안	〃	4. 7	〃	
811	법관의보수에관한법률중개정법률안	법사위원장	4. 10	〃	
812	검사의보수에관한법률중개정법률안	법사위원장		폐기	
813	유선방송수신관리법중개정법률아	내각	3. 7	철회	
814	농업재해대책법안	〃	4. 8	〃	
815	분배농지소유권이전등기에관한특별조치법중개정법률안	〃	5. 2	가결	1,340
816	귀속재산처리특별회계법중개정법률안	〃	5. 1	〃	1,341
817	잠사가격안정기금법안	〃	5. 2		1,342
818	군사조직법안	〃	5. 14	〃	
819	호남비료주식회사법안	〃	5. 3	〃	
820	엽연초생산조합법안	〃	5. 11	가결	
821	대한철광개발주식회사법안	〃	5. 14	〃	
822	공무원훈련법개정법률안(대안)	내무위원장	5. 7		
823	계량법중개정법률안	내각	5. 14	〃	
824	공무원훈련법개정법률안	〃	5. 7	폐기	
825	귀속재산처리에관한특별조치법안	〃	〃	〃	
826	예산회계에관한특례법안	내무위원장	〃	〃	
827	소방법중개정법률안	내각	〃	〃	

번호	건 명	제안자	의결년월일	의결구분	법률번호
828	지방건설관서설치법중개정법률안	내각	5. 7	폐기	
829	건설업법중개정법률안	〃	〃	〃	
830	대한주택공사법중개정법률안	〃	〃	〃	
831	건축법중개정법률안	〃	〃	〃	

※ (구)는 구법령 정리를 표시함.
※ 폐기란중 △표는 최고회의법 제 28조 제2항의 규정에 의한 것임.

③ 동의안

번호	건 명	제안년월일	의결구분	의결년월일
1	전화요금개정에관한동의안	1961. 5. 27	동의	1961. 5. 29
2	전기요금개정에관한동의안	6. 1	〃	6. 2
3	유네스코제11차총회에서채택된의결731호에서규정된부담에관한동의안	6. 14	〃	6. 16
4	제조연초신발매에수반하는정가결정에관한동의안	6. 3	〃	7. 5
5	최고위원(문재준)사직허가의건	7. 9	〃	7. 28
6	국유철도공업여객운임인하에관한동의안	7. 26	〃	8. 2
7	최고위원(최주종, 한웅진, 채명신)사직허가의건	8. 11	〃	8. 11
8	제조연초신발매에수반하는정가결정에관한동의안	8. 10	〃	〃
9	「운크라」잔여자금에관한대한민국정부와유네스코간의특별협정에관한동의안	9. 2	〃	9. 8
10	국제민간항공협약일부수정에관한의정서동의안	9. 15	〃	9. 20
11	제9회및제10회산업부흥국채발행조건일부변경에한동의안	10. 26	〃	10. 30
12	제이국제석협정가입에관한동의안	10. 31	〃	11. 8
13	인신매매금지및타인의매춘행위에의한착취금지에관한협약가입동의안	〃	〃	〃
14	도입비료판매가격개정에관한동의안	10. 27	〃	11. 7
15	국제원자력기구의특권과면제에관한협정가입동의안	10. 31	〃	11. 8
16	1961년의마약에관한단일협약동의안	11. 16	〃	11. 21
17	1962미곡년도정부관리양곡수급계획에관한동의안	11. 23	〃	11. 28
18	국유철도운임개정에관한동의안	12. 18	〃	12. 19
19	제조연초신발매에 수반하는 정가결정에 관한 동의안	12. 21	〃	12. 22
20	1962년도정부관리양곡매매가격결정에관한동의안	12. 15	〃	12. 28
21	1961년FCA · KFX 및 PA102자금에의한도입비료가격결정에관한동의안	12. 27	〃	〃
22	제15회건국국채발행에 관한 동의안	12. 23	〃	12. 31
23	제11회산업부흥국채발행에 관한 동의안	12. 29	〃	〃
24	전화채권발행에 관한 동의안	1962. 1. 9	〃	1962. 1. 9
25	최고위원(장도영 · 박치옥 · 김제민 · 송찬호)사직허가의건	1961. 7. 3	〃	1961. 7. 3
26	정부간해사자문기구협정가입에관한동의안	1962. 1. 23	〃	1962. 2. 7
27	복권에관한동의안	3. 7	〃	3. 9
28	대한민국정부와 독일연방공화국정부간의경제및기술협조의정서에관한동의안	3. 13	〃	3. 21
29	대한민국정부와 독일연방공화국정부간의독일인광산기술자대우에관한동의안	〃	〃	〃
30	AID부진기업체에대한융자의국가보증에관한동의안	3. 19	〃	〃

번호	건 명	제안년월일	의결구분	의결년월일
31	대통령사임허가에관한동의안	3. 21	동의	3. 24
32	4·19특별사면및특별감형에관한동의안	4. 16	〃	4. 17
33	부산화력발전소건설을위한대한민국및한국전력주식회사,미국국제개발처간에체결된차관협정에관한동의안	4. 24	〃	4. 27
34	농업금융채권발행등에관한정부보증동의안	4. 25	〃	5. 2
35	5·16이전에형의집행을 종료한자의복권에관한동의안	5. 7	〃	5. 9
36	5·16특별사면및특별감형에대한동의안	5. 9	〃	〃
37	제11회「나」호산업부흥국채발행조건일부변경에관한동의안	5. 26	〃	5. 29
38	제12회산업부흥국채발행에관한동의안	5. 26	〃	〃
39	내각수반(송요찬)사임의건	6. 16	〃	6. 16
40	최고위원(박림항)사직허가의건	6. 18	〃	6. 18
41	1962년산하곡일반매입가격결정에관한동의안	6. 26	〃	6. 27
42	내각수반(박정희)사임의건	7. 10	〃	7. 10
43	최고위원(손창규,류원식)사직허가의건	〃	〃	〃
44	제13회산업부흥국채발행에관한동의안	7. 26	〃	7. 31
45	제11회산업부흥국채명칭·발행조건·출자및투융자대상의일부변경에관한 동의안	7. 31	〃	〃
46	제16회건국국채발행에관한동의안	〃	〃	8. 1
47	무국적자의지위에관한국제협약가입동의안	7. 20	〃	8. 3
48	공무수행유공자및사회각부문유공자에대한보상에관한동의안	8. 3	〃	8. 8
49	8·15특별사면에관한동의안	8. 8	〃	8. 16
50	농가대여분소맥분판매가격결정에관한동의안	7. 25	〃	8. 21
51	제3시멘트공정건설을위한대한민국및현대건설주식회사와국제개발처간에체결된차관협정에관한비준의안	8. 16	〃	9. 3
52	대한항공공사의운항개시를위한항공기임차에관한동의안	9. 3	〃	〃
53	복권(최철근·김장한)에관한동의안	8. 22	〃	〃
54	국가안전보장유공자포상에관한동의안	9. 10	〃	10. 5
55	동부지역공공행정기구가입에관한동의안	10. 4	〃	〃
56	1962년산추곡매입가격및수량결정에관한동의안	〃	〃	10. 8
57	객화차도입을위한IDA차관협정에관한동의안	9. 26	〃	11. 8
58	1963미곡연두정부관리양곡판매가격결정에관한동의안(맥류포함)	10. 22	〃	11. 14
59	제14회산업부흥국채발행에관한동의안	11. 13	〃	〃
60	제17회건국국채발행에관한동의안	11. 21	〃	〃
61	대한석유공사정유공장건설자금계약금액에대한정부보증동의안	1. 13	〃	〃
62	전화채권발행에관한동의안	〃	〃	11. 30
63	차관협정에대한포괄적인비준동의안중일부동의안	11. 7	〃	〃
64	대한민국과말라야연방간의무역협정에관한비준동의안	11. 14	〃	12. 21
65	1962미곡년도정부관리양곡판매가격중농가대여분판매가격개정에관한동의안	12. 20	〃	12. 27
66	1963미곡년도정부관리양곡수급계획에관한동의안	12. 22	〃	1963. 1. 7
67	최고위원(김용순)사직허가의건	1963. 1. 7	〃	1963. 1. 7
68	중앙정보부장(김용순)임명동의의건	〃	〃	〃
69	최고위원(김동하)사직허가의건	1. 22	〃	1. 22
70	최고위원(강상욱·김재춘·오정근·이석제·조시형)사직허가의건	1. 26	〃	1. 26
71	차관협정에대한포괄적인비준동의안중일부(통신망확장사업을위한서독재건은행과의차관협정)동의안	1962. 12. 18	〃	1. 28

번호	건 명	제안년월일	의결구분	의결년월일
72	의암수력발전소건설소요자금융자에대한정부보증에 관한 동의안	1963. 1. 5	동의	〃
73	아프리카,아세아농촌재건기구가입에관한동의안	〃	〃	〃
74	비료조작자금및인수자금의한은차입금상환에대한정부보증에관한 동의안	1. 28	〃	2. 5
75	대한민국과미합중국간의영사협약비준동의안	1. 29	〃	〃
76	한독간의독일경제고문단설치에관한협정에대한동의안	2. 1	〃	2. 13
77	1963년도곡가대책용정부관리양곡판매가격결정에관한동의안	2. 13	〃	2. 28
78	최고위원(김윤근·박원빈·오치성·정세웅)사직허가의건	2. 21	〃	2. 21
79	중앙정부장(김제춘)임명동의의건	〃	〃	〃
80	차관협정에관한포괄적인비준동의안	1962. 9. 26	폐기	1963. 2. 9
81	대단위탄좌개발회사용자에수반한정부보증에관한동의안	1963. 2. 4	동의	3. 13
82	콜롬보계획기술협력이사회헌장수락에관한동의안	4. 29	〃	5. 7
83	농지개량사업자금융자에대한국가보증동의안	4. 25	〃	〃

④ 승인(제청)안

번호	건 명	제안년월일	의결구분	의결년월일
1	영예(알레그라도후안·엠외14명)수여에관한건	1961. 6. 10	승인	1961. 6. 13
2	각급검사장임명승인의견	7. 4	〃	7. 5
3	혁재소장,혁검부장임명제청의건	7. 5	〃	〃
4	혁재심판관,혁검검찰관임명승인의견	7. 7	〃	7. 8
5	광복절특별사면및특별감형실시에관한승인의견	7. 31	〃	8. 2
6	검사장(광주·전주)임명승인의견	7. 14	〃	8. 4
7	최고위원(강상욱외3인)선출에관한건	9. 2	〃	9. 2
8	분과위원장(내무·운기)제청승인의건	9. 2	〃	9. 2
9	각원(5부장관)임명승인의건	9. 8	〃	9. 13
10	법관(박대균외6인)임명승인의건	10. 27	〃	10. 27
11	법관(김익보외3인)임명승인의건	11. 10	〃	11. 10
12	인사발령(주이대사의 '그리스' 대사겸직)승인의견	9. 18	〃	9. 18
13	인사발령(주미공사)승인의견	11. 28	〃	10. 5
14	인사발령(외무부장관외5인)승인의견	〃	〃	10. 10
15	인사발령(주불대사의 '네덜란드' 대사겸직)승인의견	11. 17	〃	11. 17
16	법관(장문호)임명승인의견	11. 22	〃	11. 22
17	인사발령(주영대사의 '노르웨이' 대사겸직)승인의견	11. 28	〃	11. 29
18	국립대학교총장임명서울대권중휘네·경북대계철순·전북대유영대승인의견	12. 7	〃	12. 8
19	혁재심판관(유원종)임명승인의견	12. 8	〃	12. 13
20	인사발령(주제네바특명전권대사외4인)승인의견	12. 20	〃	12. 21
21	1961년도예비비지변승인의견	12. 6	〃	12. 6
22	총무처장(박희동)임명승인의견	7. 12	〃	7. 12
23	재건국민운동본부장(유달영)임명승인의견	9. 7	〃	9. 7

번호	건 명	제안년월일	의결구분	의결년월일
24	인사발령(주태국특명전권대사의 '말레이지아' 대사겸직)	12. 9	승인	1962. 1. 9
25	법관(주재형)임명승인의건	1962. 1. 9	〃	1. 9
26	각원(내무 · 문교부장관)임명승인의건	1961. 6. 29	〃	6. 29
27	대법원장및대법원판사임명제청의건	8. 23	〃	8. 23
28	총무처장(황종갑)임명승인의건	1962. 1. 25	〃	1. 27
29	법관(김정환외7명)임명승인의건	1. 3	〃	2. 7
30	검사장(김영천)임명승인의건	3. 7	〃	3. 9
31	국립대학교총장(전남대김준보 · 부산대김순식)임명승인의건	3. 6	〃	3. 7
32	대사겸임(주불대사백선엽의 '스페인' 주답겸임)승인의건	3. 23	〃	3. 28
33	검사장(백상기외7인)임명승인의건	3. 29	〃	4. 4
34	대사(주터어키최영희)임명승인의건	3. 3	〃	〃
35	국립대학교총장(충청대이정호)임명승인의건	4. 2	〃	〃
36	법원행정처장(전우영)임명승인의건	4. 9	〃	4. 11
37	대사(최홍희 · 이성규)임명승인의건	4. 10	〃	4. 13
38	대사겸임(주미대사정일권의'콜롬비아'주답겸임)승인의건	4. 14	〃	4. 18
39	법관(이상혁)임명승인의건	4. 17	〃	4. 1
40	이북5도지사(평북백영엽 · 평남박재창 · 함북최병협 · 함남한보용 · 황해김선양)임명승인의건	4. 17	〃	4. 20
41	대사겸임(주불대사백선엽의 '룩셈부르크' 주답 · 주호주 대사이동환의 '뉴질랜드' 주답겸임)승인의건	5. 17	〃	5. 24
42	대사임명(이성규의 '멕시코' 주답)승인의건	5. 24	〃	5. 28
43	한국은행총재(민병도)임명승인의건	5. 28	〃	5. 29
44	한국미곡창고주식회사사장(최영규)임명승인의건	2. 59	〃	〃
45	해병대사령관(해군중장김두찬)임명승인의건	5. 30	〃	5. 31
46	대사겸임(주미대사정일권의 '칠레' 공화국주답)승인의건	6. 4	〃	6. 18
47	법관(김진억외7인)임명승인의건	6. 16	〃	〃
48	내각수반(박정희)임명의건	6. 18	〃	〃
49	각원(15인)임명승인의건	〃	〃	〃
50	대사겸임(주미대사정일권의 '알젠친' 공화국주답)승인의건	〃	〃	6. 20
51	한국산업은행총재(서진수)임명승인의건	0. 20	〃	6. 27
52	최고위원(해병중장김두찬)선출의건	6. 30	〃	6. 30
53	특별위원회설치및특별위원장임명승인의건	6. 21	〃	7. 4
54	인사발령(이형근의주영대사,김용식의주필대사)승인의건	6. 25	〃	〃
55	공사(이동환의주미대사관)임명승인의건	6. 27	〃	〃
56	내각수반(김현철)임명의건	7. 10	〃	7. 10
57	각원(15인)임명승인의건	〃	〃	〃
58	분과위원장(외국김동하 · 재경유양수 · 문사김용순)임명승인의건	〃	〃	〃
59	법관임명승인의건	〃	철회	〃
60	공군참모총장임면(면공군중장김신,임공군소장장성환)승인의건	7. 9	승인	7. 18
61	농업협동조합중앙회회장(이정환)임명승인의건	7. 18	〃	〃
62	당면종합경제시책에관한승인안	7. 21	〃	7. 25
63	대사겸임(주불대사백선엽의 '말라카쉬' 공화국주답)승인의건	7. 16	〃	〃
64	최고위원(장성환)선출의건	7. 31	〃	7. 31
65	전주시장(박진용)임명승인의건	8. 1	〃	8. 3

번호	건 명	제안년월일	의결구분	의결년월일
66	대사(이원경)임명승인의건	8. 11	승인	8. 21
67	인사발령(주미대사 정일권의면 '브라질' 주답겸임대사, 박동진의 '브라질' 주답)승인의건	8. 17	〃	〃
68	공사(김영주의주영대사관)임명승인의건	8. 9	〃	8. 3
69	인사발령(김신의중화민국주답)승인의건	8. 18	〃	9. 3
70	대사겸임(주터어키대사최영희의 '요르단' 왕국주답겸임)승인의건	9. 3	〃	9. 10
71	해군참모총장(보이맹기,면이성호)임면제청승인의건	9. 5 -	〃	〃
72	공사임명(정일영의주불대사관)승인의건	8. 31	〃	〃
73	법관(이두일)임명승인의건	9. 11	〃	9. 12
74	최고위원(이맹기)선출의건	9. 15	〃	9. 15
75	대사임명(신상철의월남공화국주답)승인의건	9. 10	〃	10. 5
76	대한석유공사사장(이성호)임명승인의건	9. 21	〃	〃
77	1961년도예비비지변승인의건	9. 8	〃	10. 2
78	각원급(내무박경원,문교박일경,법제문홍주)임명승인의건	10. 15	〃	10. 15
79	법관임명(이영구외8인)승인의건	10. 20	〃	10. 25
80	출입국관리및여권업무에관한특별감사시행에관한승인의건	〃	〃	〃
81	대사겸임(외무부근무대사 이원경의 주국제연합대표부 겸임)승인의건	9. 14	폐기	10. 31
82	법관임명(김문희외3인)승인의건	11. 2	승인	11. 5
83	공사임명(송정범의주미합중국대사관)승인의건	10. 27	〃	〃
84	법관임명(최범호)승인의건	11. 13	〃	11. 22
85	대사겸임(주불대사백선엽의 '어퍼볼타' 공화국주답겸임)승인의건	11. 15	〃	〃
86	대사겸임(주 '멕시코' 대사 이성규의 '코스타리카' '엘사바돌' 공화국주답겸임)승인의건	11. 2	〃	11. 30
87	대사겸임(대사이성규의 '도미니카' ,정일권대사의 '파라과이' 공화국주답겸임)승인의건	11. 29	〃	12. 12
88	대사겸임(주미합중국대사정일권의 '에쿠아돌' 공화국주답겸임)승인의 건	12. 6	〃	〃
89	대사겸임('멕시코' 대사이성규의 '혼듀라스' 및 '파나마' 공화국, 영국대사이형근의 '아이스랜드' 공화국주답겸임) 승인의건	12. 11	〃	12. 14
90	대사겸임(신현준의 '모로코' 왕국주답)승인의건	12. 20	〃	12. 27
91	국민은행장(정우창)임명승인의건	12. 24	〃	〃
92	문교사회위원장김재춘임명승인의건	1963. 1. 7	〃	1963. 1. 7
93	대사겸임(주'유엔대사이수영의 '캐나다' 주답겸임)승인의건	1. 12	〃	1. 12
94	중앙선거관리위원(윤영구,이관구)선출의건	1. 16	〃	1. 16
95	분과위원장(법사 길재호 · 내무 김형욱 · 외국 김윤근 · 교체 옥창호 · 문사 홍종철)임명 승인의 건	1. 26	〃	1. 26
96	현역병복무기간연장에관한승인안	1. 4	〃	1. 28
97	대사겸임('터키' 대사 최영희의 '이란' 왕국주답, '멕시코' 대사이성규의 '과테말라' 공화국주답겸임)승인의 건	1. 15	〃	〃
98	대한주택공사총재(박기석)임명승인의건	1. 19	〃	〃
99	대사겸임(주영대사이형근의 '스웨덴' 왕국주답겸임)승인의건	1. 23	〃	〃
100	공사임명(이창희의주 '콩고' 공화국대사관)승인의건	10. 22	철회	1. 11
101	인사발령승인의건	2. 1	승인	2. 1
102	대사겸임(주영대사이형근의 '씨에라레온' 공화국주답겸임)승인의건	1. 28	〃	2. 5
103	외환물자수급실태감사에관한승인의건	2. 5	〃	〃
104	대사겸임(주불대사백선엽의 '가본' 공화국주답겸임.주터어키대사최영희의 '사우디아라비아' 왕국주답 겸임)승인의 건	2. 6	〃	2. 13
105	각원임명승인의건	〃	〃	2. 6

번호	건 명	제안년월일	의결구분	의결년월일
106	인천중공업주식회사사장(안춘생)임명승인의건	2. 11	승인	2. 13
107	법관임명(이영준)승인의건	2. 12	〃	2. 14
108	대사겸임임명(주영대사이형근의 '덴마크' 왕국주답최규하의대사임명) 승인의건	2. 16	〃	2. 21
109	법관임명(이한동외4인)승인의건	2. 20	〃	〃
110	최고위원(강기천 · 김용순 · 김희덕 · 박두선 · 박영석 · 박현식 · 장지수)선출의건	2. 21	〃	〃
111	분과위원장임명(법사강기천 · 내무김용순 · 외국김희덕 · 교체박두선 · 운기김형욱)승인의건	〃	〃	〃
112	독립운동유공자포상에관한승인의건	〃	〃	2. 22
113	법관보직승인의건	2. 22	〃	2. 26
114	민정시찰및관기확립을위한특별감사승인의건	2. 26	〃	〃
115	기획순기표개정에관한승인의건	2. 22	〃	2. 27
116	수산물협동조합중앙회장(길항진)임명승인의건	2. 26	〃	2. 28
117	대사임명,겸임(주제네바공사이한빈의스위스대사임명및주제네바대표부겸임)승인의건	2. 26	〃	3. 13
118	감사원장임명(이원엽)승인의건	3. 13	〃	〃
119	각원임명(내무김용식 · 국방김성은 · 건설조성근 · 무임소조시형)승인의 건	3. 16	〃	3. 16
120	각원임명(문교이종우)승인의건	〃	〃	〃
121	대사겸임(주불대사백선엽의 세네갈공화국주답,주 '멕시코' 대사이성규의 쟈마이카공화국주답겸임)승인의건	3. 8	〃	3. 18
122	법관임명(오원용)승인의건	3. 16	〃	3. 18
123	국립대학총장임명(충남대강진형 · 부산대신기석)승인의건	3. 19	〃	3. 21
124	최고회의정원조정에관한승인건	4. 10	〃	4. 10
125	4 · 19혁명참가유공자및상이자포상에관한승인안	4. 11	〃	4. 11
126	법관임명(김기홍외14인)승인의건	〃	〃	〃
127	각원임명(경제기획원용석 · 공보임성희)승인의건	4. 12	〃	4. 12
128	국제관광공사사장(이원우)임명승인의건	〃	〃	〃
129	각원임명(법무민복기)승인의건	4. 22	〃	4. 22
130	대사임명(김정열의미합중국주답)승인의건	4. 24	〃	4. 24
131	법원,국제특별감사실시에관한승인의건	4. 25	〃	4. 25
132	검사장임명승인의건	5. 1	〃	5. 1
133	법관임명(최민근외2인)승인의건	5. 7	〃	5. 11
134	5 · 16혁명유공자포상에관한승인안	5. 11	〃	5. 13
135	5 · 16특별사면에관한승인안	〃	〃	5. 14
136	재건국민운동본부장(이관구)임명승인의건	5. 14	〃	〃
137	한국기계공업주식회사사장임명(김석범)승인의건	5. 9	〃	〃
138	광주시장임명(정래정)승인의건	5. 15	〃	〃

번호	건 명	제안년월일	의결구분	의결년월일
1	전국교사및학생의메시지발송의건	1961. 5. 24	가결	1961. 5. 25
2	부정축재처리의완하방침적용기준에관한결의안	11. 17	〃	11. 21
3	국가재건최고회의와내각의업무범위에관한결의안	11. 20	〃	11. 22
4	1962년도예산안심사특별위원회설치에관한결의안	12. 1	〃	12. 4
5	자동차차량검사사무이관에관한결의안	12. 21	〃	12. 23
6	각하칭호통일에관한결의안	1962. 2. 5	〃	1962. 2. 9
7	혁명재판소및혁명검찰부해산에관한결의안	5. 7	〃	5. 9
8	일반사면원칙에관한결의안	5. 11	〃	5. 11
9	남산공원지환원에관한결의안	5. 18	〃	5. 29
10	분과위원회소관사항변경에관한결의안	7. 2	〃	7. 4
11	헌법심의특별위원회구성에관한결의안	7. 11	〃	7. 11
12	예산안심사특별위원회설치에관한결의안	7. 25	〃	7. 25
13	종합경제심의위원회해체에관한결의안	7. 19	〃	〃
14	국가공무원법개정에대한연구지침에관한결의안	7. 19	〃	7. 25
15	병역법제62조해당자중미예편자에대한재심사에관한결의안	6. 28	철회	8. 27
16	국정감사실시에관한결의안	9. 3	승인	9. 3
17	특별감사결과처리에관한결의안	8. 22	철회	9. 4
18	외국관광객유치및외화획득촉진을위한정책지침에관한결의안	8. 13	승인	10. 25
19	특별감사실시에관한결의안	11. 13	〃	11. 13
20	정부기구개편계획에관한결의안	11. 28	〃	11. 30
21	경비계엄해제에관한결의안	12. 5	〃	12. 5
22	법률용어통일에관한결의안	1963. 2. 8	〃	1963. 2. 8
23	전화도수제요금인하에관한결의안	2. 13	〃	2. 13
24	1964년도예산지침에관한결의안	2. 26	〃	2. 28
25	1964년도국가기본정책에관한결의안	2. 27	〃	〃
26	법관보충5개년계획집행에관한결의안	2. 14	〃	3. 21
27	최고회의관장국무처리방침추가지시에관한결의안	4. 10	〃	4. 10
28	행정감독강화를위한수시감사실시에관한결의안	4. 17	〃	4. 17
29	관용차량단속강화에관한결의안	4. 16	〃	4. 20
30	재정안정을위한1963년도예산삭감에관한결의안	4. 20	〃	〃
31	최고위원민정시찰에관한결의안	4. 23	〃	4. 23
32	행정부파견군인인사관리방침에관한결의안	4. 24	〃	4. 24
33	5 · 16혁명유공자포상방침에관한결의안	〃	〃	〃
34	감사원청사배정에관한결의안	4. 10	철회	4. 11

ⓕ 규칙안

번호	건　　　　　명	제안년월일	의결구분	의결년월일
1	중앙정보부규칙안	1961. 5. 31	가결	1961. 5. 31
2	중앙정보부직원신분규칙안	〃	〃	〃
3	재건국민운동본부직제안	6. 1	〃	6. 9
4	중앙정보부규칙중개정규칙안	6. 30	〃	7. 5
5	중앙정보부직원신분규칙중개정안	〃	〃	〃
6	중앙정보부직제안	6. 23	〃	〃
7	기획위원회직제안	〃	〃	7. 6
8	기획위원회정원제정의건	6. 30	〃	〃
9	혁명재판소및혁명검찰부조직법시행규칙안	7. 10	〃	7. 10
10	재건국민운동본부직제개정안	7. 11	〃	7. 13
11	중앙정보부규칙중개정안	7. 29	〃	8. 4
12	중앙정보부직제중개정안	〃	〃	〃
13	통신정보및통신보안업무통제규칙안	8. 10	〃	9. 13
14	비밀보호규칙안	9. 2	〃	9. 15
15	비밀취급인가규칙안	〃	〃	〃
16	심계원직제안	9. 19	〃	9. 20
17	재건국민운동시행세칙안	〃	〃	9. 22
18	부정축재처리법시행령중개정안	11. 4	〃	11. 4
19	혁명재판소및혁명검찰부조직법시행규칙중개정안	12. 11	〃	12. 13
20	재건국민운동에관한법률시행규칙안	1962. 1. 9	〃	1962. 1. 17
21	중앙정보부원징계규칙안	7. 24	철회	
22	국가재건최고회의보수규칙안	1962. 3. 7	가결	3. 7
23	국가재건최고회의직원근무성적평정규칙안	3. 27	〃	3. 28
24	국가재건최고회의고용원규칙안	4. 4	〃	4. 4
25	중앙정보부중앙직제개정안	4. 2	〃	4. 4
26	국가재건최고회의직원임용규칙안	4. 17	〃	4. 18
27	심계원법시행규칙안	5. 1	〃	5. 9
28	심계원직제중개정안	〃	〃	〃
29	중앙정보부직원임용규칙안	5. 24	〃	8. 8
30	국가재건최고회의직제안	8. 8	〃	〃
31	재건국민운동에관한법률시행규칙안	10. 29	〃	12. 19
32	보안조사규칙안	6. 25	철회	12. 12
33	감사원장보수에관한규칙안	1963. 3. 21	가결	1963. 3. 21
34	국가재건최고회의직제중개정안	4. 11	〃	4. 11

국내관계일지 –

자 1961. 5. 16 · 지 1963. 5. 15

1961년

5월 16일
- 미명 박정희소장을 중심으로 한 군부에서 무혈혁명. 군사혁명위원회 설치. 의장에 장도영 중장, 부의장에 박정희소장.
- 혁명위, 기본정책으로 혁명공약 6장을 발표. 전국에 비상계엄령 선포. 전국의 금융동결. 공항, 항구 봉쇄. 각급회의 해산. 정권인수. 전각료 체포령 포고.
- 혁명위, 삼권을 장악.
- 윤대통령, 장내각에게 사태수습토록 담화발표.
- 「그린」·「매그루더」공동성명 발표.
- 「유엔」군 금족령.

5월 17일
- 혁명위, 전공무위원의 자진출두, 사무차관의 원직복귀명령, 각 부처 연락장교단 임명 등을 발표..
- 혁명위, 영장 없는 체포·구금과 군재관할에 관한 포고 및 청신한 사법운영 촉구에 관한 포고 발표..
- 조치안국장, 방첩업무강화 등 5개 방침을 전국에 긴급지시.

5월 18일
- 장면, 내각국무회의 개최하고 비상계엄 추인과 총사퇴 의결.
- 윤대통령, 비상계엄령을 추인코 군사혁명에의 협력을 전 국민에게 호소.
- 혁명위, 위원 30명과 고문 2명의 명단발표. 금융동결을 완화. 국토건설사업 계속을 지시.
- 육사생, 혁명지지 시가행진.
- 치안국, 16·7양일간에 전국에서 깡패 1,500여명 검거 발표.

5월 19일
- 윤대통령, 하야성명 발표.
- 혁명위, 국가재건최고회의로 명칭을 개칭키로 결정하였다고 발표.
- 장의장, 첫 기자회견을 갖고 당면문제에 언급.
- 혁명위, 반국가행위 엄벌한다고 포고.
- 계엄사, 경제 질서 정상화에 관하여 발표.
- 제1군사령관 및 마하군·사단장일동 혁명지지 성명.
- 조치안국장, 교통질서확립을 위해 각 도경에 행정명령 하달.

5월 20일	• 미국무성, 민주주의와 합헌정치를 위해 원조 계속하겠다고 성명 발표.
	• 윤대통령, 하야결정을 번의.
	• 최고의, 장도영중장을 수반으로 혁명내각 구성.
	• 최고위, 출국금지 완화, 금융동결 거의 해제.
	• 최고의, 서울특별시장에 윤태일준장 임명.
	• 계엄사, 절미운동 호소.
	• 장의장, 혁명구호를 「간접침략의 분쇄」로 정하고 국회예산 잔액을 구호금으로 사용키로 결정했다고 언급.
	• 조치안국장, 전국경찰에 사회악을 근절하라고 엄달.
	• 계엄사, 관공서 및 공공기관을 공휴일 없이 정상 근무하라고 발표.
	• 최고의, 「함」총장에게 「유엔」존중하고 협조하겠다는 메시지 발송.
5월 21일	• 혁명내각 취임식 거행, 장수반 혁명공약 달성키 위한 5개 실천사항을 제시.
	• 장의장, 전 장병에게 혁명과업 완수를 위하여 솔선수범하라고 지시.
	• 계엄사, 계엄고등군법회의 설치, 운영 등에 관한 공고 발표.
	• 최고의, 특검검찰관 17명을 긴급 구속했다고 발표.
	• 배대법원장대리, 혁명과업완수촉구 담화발표.
5월 22일	• 최고의, 모든 정당·사회단체를 해체하는 포고 발표.
	• 장의장, 간접침략분쇄를 위한 범국민운동대강을 발표.
	• 최고의, 기획위원장·심계원장·감찰위원장 현역군인으로 임명.
	• 김외무, 대외정책에 변함없다고 천명.
	• 치안국, 21일 현재 전국에서 용공분자 2,000여명, 깡패 4,200백여명을 검거했다고 발표.
	• 최고의, 도벌·무허가개간 등 엄금포고 발표.
5월 23일	• 부의장, 혁명군은 가급적 조속히 「유엔」군 산하로 복귀시키기로 했으며 적시에 총선거를 실시한다고 언명.
	• 최고의, 언론정화를 위한 포고 발표.
	• 최고의, 14개 분과위원 결정. 의장고문과 기획위 분과위원을 위촉.
	• 장의장, 군기를 엄정 확립하라고 전 장병에게 훈령시달.
	• 3군 참모총장과 해병대사령관, 국토방위에 전력을 다하겠다는 선서식 거행.
	• 한내무, 깡패는 토목공사장에 보내겠다고 언명.
5월 24일	• 장의장, 용공·중립주의 일소 등 당면과제에 관한 담화 발표.
	• 장의장, 기자회견에서 조속한 시일내에 도미예정이라고 발표.
	• 최고의, 각도지사와 9개시장에 현역군을 임명.
	• 금융동결령 일부해제.
	• 장보사, 노동쟁의 일체엄금.
5월 25일	• 최고의, 농어촌고리채정리령 발표.
	• 김사무처장, 공정한 인사 행정으로 혁명 완수하겠다는 담화 발표.
	• 채감찰위원장, 기자회견에서 공무원비행을 엄단한다고 언명.
	• 재무부, 공채원리금상환을 6월 1일부터 정상화한다고 발표.
	• 주한중·필리핀대사, 박부의장을 예방코 요청.
	• 각의, 상의군경연금인상안 의결.
5월 26일	• 최고의, 유엔군사령부, 모든 한국군의 작전지휘권을 유엔군사령관에 복귀시키기로 공동성명.
	• 「케네디」미대통령, 장의장에게 우호관계를 재확인한다고 공한.
	• 장의장, 농어촌 고리채 정리는 5·15이전 부채에만 적용된다고 담화.
	• 기명식예금 동결해제.
	• 한내무, 지방예산을 대폭개편하고 의회비 등을 전용할 것을 시달.
	• 문문교, 문교부 당면목표 4개항(간접침략분쇄, 인간개조, 빈곤타파, 문화혁신) 발표.
5월 27일	• 최고의, 비상계엄을 해제하고 경비계엄으로 변경.
	• 최고위원 일부 이동.

	• 특재 · 특검기능 정지.
	• 장의장, 국영 및 관리기업체의 경영합리화를 강조.
	• 정부, 정부조직법을 개정하여 건설부에 4국 신설.
	• 김외무, 우방과의 통상협정 계속하고 혁명정부 지지획득에 힘쓰겠다고 언명.
	• 한내무, 공무원 직무태세 지시.
	• 서울특별시, 65개기업체에 상이군인 고용명령.
	• 조치안국장, 정실경관 및 비위경관 등을 일소했다고 발표.
	• 금융단, 7개 사무혁신사항 결의.
5월 28일	• 최고의, 부정축재요강 처리 발표하고 이주일소장을 위원장으로 하는 부정축재처리위원회 구성.
	• 공보부, 신문 · 통신사 정비 발표
5월 29일	• 장수반, 헌법 및 선거법의 개정필요성과 당면문제에 대해 기자회견.
	• 최고의, 기본법 제정시까지의 제법령 명칭 결정.
	• 예산상의 재정지출제한 해제.
	• 상공부, 국내 생산부진 타개책으로 공업생산신고제를 실시.
	• 문문교, 학교잡부금 징수를 엄금.
	• 서울특별시교육감, 과외수업을 엄금.
	• 조치안국장, 경찰의 보복행위 엄금.
	• 미국무성, 한국 신정부에 협조하겠다고 발표.
5월 30일	• 장의장, 외신기자에게 기간산업의 미 원조를 기대한다고 언명.
	• 최고의, 부정축재특별처리법의 효력을 정지하는 조치 발표.
	• 정부, 국책은행 총재 등 경질.
	• 내무부, 전국주요도시의 실업자실태조사.
	• 김사무처장, 병역기피공무원 3,000명을 적발코 9월 7일까지 해면조치 하겠다고 발표.
	• 이해무총장, 평화선경비강화, 영세어민구제책 등 언명.
5월 31일	• 장의장, 장기적인 재건계획수립, 정부형태 등에 언급.
	• 정부, 농어업과 기간산업에 치중하는 기본경제정책을 발표.
	• 농림부, 농기개혁사업 연내 종결토록 각도지정과장회의서 시달.
	• 백재무, 금융기관 독점화 배제, 국영기업체 민영화 재검토 등 당면정책에 언급.
	• 상공부, 51개 품목 금수조치.
	• 외무부, 5월18일자로 국제개발협회에 한국이 정식가입 했다고 발표.
6월 1일	• 정부, 대 · 공사 7명을 해임.
	• 최고의, 자기앞수표 동결령의 해제와 호남비료주식회사 주식 정부인수에 관한 령 발표.
	• 문교부, 학원정상화를 위한 5개준수사항 시달.
	• 김교통, 관광사업 적극진흥 등 당면문제에 언급.
	• 한내무, 공무원의 교양훈련강화 지시.
	• 치안국, 5 · 16부터 31일까지 범칙차량 8,000여건 적발, 230건 폐차처분 발표.
6월 2일	• 최고의, 정권이양 시기는 현안제문제의 진척 여하에 달려 있다고 발표.
	• 최고의, 군재 관할한계와 비정치단체의 등록대상 한계를 명시.
	• 부정축재위, 11개업체 조사결과 부정축재액 126억이라고 발표.
6월 3일	• 윤대통령, 기자회견을 통해 신속한 정권이양과 국민의 혁명지지 촉구.
	• 언커크, 혁명 후 한국의 전반적 정세토의를 위한 첫 회합 개최.
	• 고법무, 형사사건 조속처리를 지시.
	• 헌재, 미곡 매점매석상에 실형 언급.
	• 이심계원장, 세무검사결과 부패와 결합 허다하다고 발표.
	• 보사부, 노동력신고토록 시달.
	• 경북 전북에서 사이비기자 140여명 검거 발표.
6월 4일	• 김중앙정보부장, 외신기자에게 5 · 16혁명경위 언급.
	• 김사무처장, 축재공무원을 전원해임 한다고 발표.

6월 5일	• 깡패 965명, 국토개발사업장으로 향발.
	• 김중앙정보부장, 기자회견에서 혁명 경위 밝히고 반혁명세력에 대해 경고.
	• 심공보, 언론의 자율적 협조 요망.
	• 서울특별시, 근로자 보호요강 시달.
	• 농림부, 하곡수납량 21만 6천석 책정.
	• 유엔군 금족령 해제.
6월 6일	• 최고의, 국가재건비상조치법 공포.
	• 정부, 국방장관대리에 신웅균씨, 육군참모총장에 김종오중장 임명.
	• 언커크, 4차회담 개최.
	• 박부의장, 유족자녀 교육에 특별원호 고려를 약속.
	• 국군묘지에서 제 6회 현충일 추념식 거행.
6월 7일	• 매 유엔군사령관, 육군참모총장 이 · 취임식서 신정부와 계속협조 등 연설.
	• 박건설 · 「모이어」처장 간 합동경제위원회 기능 부활 합의.
	• 문교부, 문화단체대표들에 민족문화 선양을 요망.
	• 보사부, 위생관리 철저를 접객업소에 강력 지시.
	• 심계원, 검사관 42명 해임코 정화단행.
	• 부정축재내용 2차 공표.
6월 8일	• 김중앙정보부장, 기자회견에서 공산 및 반혁명분자 등을 처벌하기 위한 특별법을 기초중이라고 언명.
	• 최고의, 5개 지역의 우방국에 사절단 파견키로 결의.
	• 제2회 추경예산안, 각의를 통과.
	• 재향군인회 해체.
	• 대법관전원, 사표제출.
	• 문문교, 전국대학총 · 학장회의에서 4개 문교 혁식정책 시달.
	• 해무청, 수산단체정비 폐합요강 발표.
	• 각의, 재일한인교원 재교육실시를 의결.
6월 9일	• 최고의, 국가재건최고회의법과 농어촌고리채 정리법 의결.
	• 대법원장직무, 한성수씨가 대행.
	• 군재, 「댄스」광에 최고 1년6월 선고.
	• 혁명후 안보관계 위반자 등 35,900여건 적발.
	• 정부, 각종 병역기피자 신고요령 발표.
	• 서울특별시, 사창근절방침을 공표.
6월 10일	• 정부, 국가재건최고회의법, 중앙정보국법, 농어촌고리채정리법 공포.
	• 최고의, 9일에 의결한 재건국민운동에 관한 법률을 공표. 본부장에 유진오씨를 임명.
	• 보사부, 실업자조사요강 시달.
	• 전국 초 · 중 · 고교, 기관장회의서 사도쇄신 등 결의.
6월 11일	• 정부, 병역미필공무원 9,200여명을 해임 결정.
	• 부정축재처리 기본요강에 대한 해설을 발표.
6월 12일	• 최고의, 7개분과위원장을 임명.
	• 국방부장관에 송요찬씨를 임명.
	• 각의, 주미대사에 정일권씨를 임명키로 의결.
	• 정부, 사회단체등록에 관한법률을 공포.
	• 지방장관 회의 개최, 공무원정리와 예산절약 등 지시.
	• 한내무, 부시 · 읍 · 면장직제 폐지와 그 해임 시달.
	• 국가재건국민운동촉진대회를 서울운동장에서 개최.
	• 문교부, 전국고교생 대표자회의 개최.
6월 13일	• 재무부, 중소기업차금 50억 방출 계획 발표.
	• 최고의 국민운동본부간부를 임명.
	• 한 · 태무역협정, 원칙문제 합의.

	• 서울시, 시민여론조사결과를 발표.
6월 14일	• 최고의, 각 분과위원을 임명.
	• 정부, 부정축재처리법을 공포.
	• 기명식특정인의 예금인출제한을 해제.
	• 문교부, 체육단체의 개편을 지시.
	• 정부, 전국의 실업자 신고접수 개시.
6월 15일	• 최고의, 사법 및 법무정책을 발표.
	• 박부의장, 언커크 대표에게 혁명과업설명서를 전달.
	• 각의, 전기삼사통합을 의결.
	• 정부, 공무원의 자질향상을 위한 행정관리연구위원회를 설치.
	• 내무부, 지방청공무원의 징계기준을 제정.
	• 부축위, 부정축재조사결과 제3차 발표,
	• 상공부, 중소기업자금운용요강 제정.
	• 서울특별시, 국가재건봉사일 제정.
6월 16일	• 언커그, 9차 회의 끝에 한국정부와 계속협조를 희구한다는 폐막성명 발표.
	• 박부의장, 경제 분야 각료에 민간인 기용을 시사.
	• 심계원, 한은 감사 후 20억 낭비를 지적.
6월 17일	• 최고의, 이재경위원장, 농협과 농은을 합병키로 결정했다고 천명.
	• 최고의 공보실, 용공혐의피검자 664명을 석방키로 했다고 발표.
	• 내무부, 공무원정리요강 13개항을 관하에 지시.
	• 정부, 인사행정기본정책을 발표.
6월 18일	• 심계원, 5개년방침을 결정 산은감사 결과 미회수액이 490여억 이라고 발표
6월 19일	• 최고의 공보실장, 혁명공약 변경될 수 없다고 외신보도에 해명.
	• 정부, 병역기피자수요령을 발표.
	• 정부, 중소기업융자요강 해설을 발표.
	• 내무부, 61년말 현재 전국 9개 도시 실업자 28만여로 집계 발표
6월 20일	• 정부, 금융기관에 대한 임시조치법, 폭력행위등처벌법 및 병역미필자특별조치법을 공포.
	• 감찰위, 정치성배제 등 4개 방침 수립.
	• 상공부, 산하직원 3천여명을 해임 발표.
	• 수련, 예산 중 1억을 삭제하고 인사정리착수를 발표.
6월 21일	• 정부, 혁명재판소 및 혁명검찰부조직법과 민사소송에 관한 임시조치법을 공포.
	• 항만봉쇄령 일부를 완화.
	• 정부, 국세고액체납정리요강을 시달.
	• 법원장 · 검사장급 이상 일괄사표 제출.
	• 대법원, 민사재판 늦어진 이유를 규명키 위해 각급법원감사 결정.
6월 22일	• 장수반, 실업자대책, 공무원처우개선 등에 언급.
	• 최고의, 제2회 추경예산규모 발표.
	• 정부, 특수범죄처벌특별법을 공포.
	• 최고의, 재무에 김유택씨, 건설에 신태환씨를 임명.
	• 정부, 공보부 직제를 공포.
	• 문교부, 대학총장과 재단이사장직의 분리 지시.
	• 정부, 검사33명을 해임.
	• 서울특별시, 215동장 해면.
6월 23일	• 정부, 공무원감원기본방침, 부정공무원 정리기준 인사심의위원회 운영요강으로 된 공무원정리기본 정책을 발표.
	• 외무부, 우방 84개국에 파견할 친선사절단 5개반을 편성 완료.
	• 심계원, 48년 이래의 자방자치단체비위 2,700여건의 심계결과를 발표.
	• 보사부, 판자집 철거민용 구호주택 천여호를 건축키로 결정.

	• 정부, 전기삼사를 7월1일까지 통합키로 규정한 한국전력주식회사법 공포.
	• 문교부, 각종 교육기관의 병역미필 교직원 해임 지시.
6월 24일	• 외무부, 유엔감시하 남북총선 등 당면문제에 언급.
	• 부정축재조사결과 제4차 중간 발표.
	• 부정축재자 57명이 자진신고.
	• 전기삼사 통합계약서에 조인.
	• 내무부산하 6,500명 정리.
	• 감찰위, 혁명 후 35일간에 공무원 비위 700여건을 적발.
	• 5개 시은 간부 전원사표 제출.
6월 25일	• 전국에서 6 · 25 11주년기념식 거행.
	• 최고의 대변인, 대 유엔 방침, 미원조, 선거대책 등에 관한 기자 질문에 답변.
	• 최고의, 주필리핀 대사에 이형근씨, 주불대사에 이종찬씨를 임명.
6월 26일	• 재무부, 신년도 예산안 편성 등 12개 업무계획 수립.
	• 김계엄사령관, 병역불이행자에게 경고.
	• 최고의 치안국장에 이소동준장, 산은총재에 나익진씨 임명.
	• 각의, 제2회 추경예산안을 공포키로 의결.
6월 27일	• 정부, 농산물가격유지법과 임산물단속법을 공포.
	• 최고의, 엽관 · 사기 · 관명사칭 · 이권운동행위 등 엄단한다고 경고.
	• 장의장, 문화인 및 예술인에게 인간 · 사회개혁에 앞장서 달라고 메시지.
	• 전국경찰국장회의 개최.
	• 신임주한미대사 「사무엘 D 버거」씨 신임장 제정.
	• 최고의, 재건국민운동본부직제 발표.
	• 월간잡지 편집인회의서 혁명정신 반영키로 의결.
6월 28일	• 「버거」 미대사, 장수반과 박부의장 예방코 양국관계불변을 확인.
	• 감찰위, 세제 · 인사 쇄신 등 64항목의 시정책 건의.
	• 2군사령관, 7월 5일부터 훈련병 면회제 폐지를 발표.
	• 최고의, 일본에 친선사절단을 파견한다고 통고.
6월 29일	• 김재무, 당면 재정정책을 천명.
	• 송국방, 정군 계속 · 「연참」과 「과연」해체한다고 언명.
	• 각의, 주중대사에 최용덕씨, 주불대사에 백선엽씨를 임명키로 의결.
6월 30일	• 최고의, 대법원장에 조진만씨를 임명.
	• 부정축재처리안, 일반관계부정축재처리방안법을 발표.
	• 심계원. 석공심계결과 3년간에 경비남용 24억이라고 발표.
	• 정부, 용공혐의자, 1차로 603명을 석방.
7월 1일	• 이부정축재처리위원장, 부정축재감사는 일부를 제외하고 종결했다고 발표.
	• 정부, 특정범죄처벌에 관계한 임시특례법과 부정선거처벌법을 특별법으로 간주하는 특별법의제에 관한 법률 및 중소기업은행법 등을 공포.
	• 문교부, 전몰유가족자녀에 대한 장학금대여대강과 선발요강 결정.
	• 각의, 서독대사에 신응균씨를 임명키로 의결.
	• 정부, 5 · 16후 감원된 공무원에게 봉급 3개월분을 지급키로 결정했다고 발표.
	• 특별친선사절단 제1반 출발.
	• 한국전력 정식 발족.
	• 넝마주의, 폐품수집인으로 취업식.
	• 한내무, 혁명 후 6월25일까지 깡패 10,075명을 검거했다고 발표.
	• 각의, 공무원보수규정 및 전시수당급여규정의 개정과 고급공무원교육실시요강을 의결.
7월 2일	• 박부의장, 신년도 예산문제, 국민운동의 목표, 대학정비문제 등에 관해 언명.
	• 신건설, 화폐적 측면 우선주의에서 실물우선주의로 경제정책전환을 언명.
	• 시경, 중공계 국제간첩단 7명을 검거.

| 7월 3일 | • 최고의, 의장에 박정희소장 선출. 내각수반엔 송요찬씨를 임명. 장도영·송찬호·박치옥·김제민 등
4최고위원 사표를 수리.
• 정부, 장성급 40명을 예편.
• 친선사절, 제3(중근동) 제4(유럽)반 출발.
• 정부, 반공법 및 부정수표단속법 공포.
• 한·미61년도미원조자금중 2,860만불을 전용 배정키로 했다고 공동성명 발표.
• 9개 정부직할기업체장 회의 개최, 경영합리화 등 토의. |

7월 3일
• 최고의, 의장에 박정희소장 선출. 내각수반엔 송요찬씨를 임명. 장도영·송찬호·박치옥·김제민 등 4최고위원 사표를 수리.
• 정부, 장성급 40명을 예편.
• 친선사절, 제3(중근동) 제4(유럽)반 출발.
• 정부, 반공법 및 부정수표단속법 공포.
• 한·미61년도미원조자금중 2,860만불을 전용 배정키로 했다고 공동성명 발표.
• 9개 정부직할기업체장 회의 개최, 경영합리화 등 토의.

7월 4일
• 민주당정권의 용공정책진상을 최고의 공보실과 합동수사본부에서 공동발표.
• 장농림, 관수비료 외상판매키로 했다고 발표.
• 문문교, 전국초·중·고 교장 인사원칙항목결정했다고 발표.

7월 5일
• 정부, 정치백서 공표. 이재경위원장, 예금동결을 완전히 해제.
• 정부, 군사원호관계 4개 법률을 공포.
• 각의, 정부기관의 소요물품 국산품을 사용키로 결정.
• 문교부, 전국민교의 새학구제실시 요강을 시달.
• 공보부, 정부시책에 대한 국민의 건의를 환영한다고 발표.
• 친선사절단 제5반(아프리카)출발.

7월 6일
• 육본, 군지휘관회의를 개최코 지침 9개조항을 시달.
• 김통위, 정착성 예금금리를 10일부터 대폭 인상키로 결정.
• 박의장, 수재민의 적극구호, 미연방지 등 지시.
• 문교부, 대여장학금 대상자 총2,310명을 결정.
• 최고의 도서관을 개방.
• 미, 대한원조액 20,006,800만불로 확정했다고 발표.

7월 7일
• 박의장, 전국수사기관장회의서 혁명완수 제2단계 목표(민심수습과 경제건설)를 달성하는데 분투노력할 것을 당부.
• 최고의, 인신구속특례법은 잠정적 조치라고 해명.
• 정부, 공보에 오재경, 보사에 정희섭, 유엔대사에 이수영씨를 임명.
• 문교부, 전국문교담당자회의서 잡부금단속, 향토계몽 등 16개당면문제의 실천을 지시.
• 문교부, 각급학교전몰용사 및 애국선열 유자녀에 대한 학비감면시행령을 시달.

7월 8일
• 정부, 혁재소장에 최영규준장, 혁검부장에 박창암대령, 군사원호청장에 민병권소장을 임명.
• 김외무, 소·북괴군사동맹을 통박.
• 정상공, 중소기업자금50억원 융자간소화에 관하여 발표.
• 한내무, 7일까지의 내무부산하공무원정리 12,000여명이라고 발표.
• 신계원, 이가청 신게결끼 78여인 미수라고 발표.
• 전국민운동본부장, 국민전체의 혁명대열참가를 촉구.
• 서울운동장에서 군사혁명경축체육대회 개막.

7월 9일
• 최고의 공보실, 장도영 중장을 중심으로 한 반혁명세력 44명을 체포구금하고 장중장을 연금했다고 발표.
• 내각사무처, 8월말까지 행정 간소화를 단행한다고 공표.
• 정부, 연참본부장에 황엽소장 임명.

7월 10일
• 정부, 주곡·연탄을 제외한 물가동결을 해제.
• 최고의, 기획위원회직제를 발표.
• 재무부, 불요·불급의 지출억제 등 3·4반기 재정집행요강을 시달.
• 정부, 풍수해대책을 수립.
• 정부, 박병권소장을 중장으로 승진 예편함과 동시에 국방부장관에 임명,
• 능의선 개통.

7월 11일
• 군재심판관 16명과 검찰관 10명 발령.
• 유국민운동본부장, 국민운동조직체 구성을 완료했다고 언명.
• 서울특별시, 새동장 235명 임명.

7월 12일	• 혁재, 재검 시무식 및 심판관, 검찰관의 임명식 거행.
	• 정부, 농어촌고리채정리법시행령 및 부정축재처리법시행령을 공포.
	• 정부, 내각사무처에 행정관리국 신설.
	• 공보부, 영주·예천지구 수해로 재민만 15,000명이라고 발표.
	• 정부감찰위원장에 채명신 준장 임명.
	• 상공부, 직할업체의 운영합리를 도모키 위해 위원회를 설치키로 했다고 발표.
7월 13일	• 정부, 풍수해 응급 구조책을 수립.
	• 재건국민운동본부서 전국수해 등 대책위원회 구성.
	• 공보부, 전국풍수해중 인명피해만 320명이라고 집계 발표.
	• 대법원, 혁명 후 기소된 형사사건 중 31건을 군재에 이송.
7월 14일	• 재무부, 50억의 중소기업자금 대출을 개시.
	• 전국수해대책위, 조직을 완료하고 구호금품의 수집방안 결정.
	• 내무부, 민원에 의하여 노점상인, 접객업자, 교통업자 등에 대한 단속완화.
7월 15일	• 정부, 구법령정비에 관한 특별조치법 공포.
	• 이부정축재처리위원장, 일반기업가의 노력 당부하고 통고 외는 불조사한다고 언명.
	• 문교부, 62년도 각급학교의 입학전형을 중·고교는 국가공동출제로, 대학은 국가고시제로 실시하는 요강원칙 공표.
	• 최고의, 필요부분 이외의 군요원을 민간인과 교체한다고 발표.
	• 교통부, 영업차량위탁제 폐지 등 면허정비요령을 시달.
	• 정부, 주일특명전권공사에 이동환씨를 임명.
7월 16일	• 박의장, 긴급경제시책에 관한 담화 발표.
	• 정부, 7월26일부터 8월15일까지 인력감사 실시키로 결정.
	• 정부, 수해긴급대책본부 설치.
7월 17일	• 시공관에서 제13회 제헌절기념식 거행.
	• 최고의, 장도영중장 중심의 반혁명음모수사내용 추가 발표.
	• 박의장, 용공혐의로 예비검속자 중 1,293명의 석방에 관한 담화 발표.
7월 18일	• 정부, 경제활동정상, 실업구제 등 6개 항목의 긴급경제시책요강 발표.
	• 문교부, 실적없는 371개 출판사의 등록 취소.
	• 방미민간친선사절단 귀국.
7월 19일	• 박의장, 기자회견에서 정권이양문제는 8·15전에 공표하겠다고 언명.
	• 최고의, 특정인의 수사에 관한 각 수사기관의 수사한계를 발표..
	• 문교부, 국민교교무실 전폐 등 교실난완화에 긴급지시.
	• 전국수해대책위, 전국수해피해액(78억)과 수재민구호금 지급기준을 발표.
	• 서울대학교학생들 향토개척단을 결성.
7월 20일	• 재무부, 1,000만여 이상의 국세체납자 116명의 명단 발표.
	• 문교부, 신학년도 입시체능검사실시요령을 공포.
	• 박의장, 문교부 방문하고 생산교육에 치중토록 당부.
7월 21일	• 윤대통령, 수재민구호에 성의 있는 동포애를 발휘토록 국민에 호소.
	• 부정축재처리위, 5차조사분 280억(총포착액 726억)을 발표.
	• 최혁재소장, 재판공개 등 언급.
	• 교통부, 전국자동차운임을 인하키로 결정.
	• 정부, 미주지구친선사절단장에 김동하 소장 임명.
	• 최고의 경제고문에 「부쇠」씨를 위촉.
7월 22일	• 정부, 건설부를 폐지하고 경제기획원을 신설.
	• 정부기획원장에 김유택씨, 재무부장관에 천병규씨, 국토건설청장에 조성근준장, 외무부장관에 송수반을 겸임 임명.
	• 최고의, 5개년종합경제재건계획안을 성안발표.
	• 정부, 판매금지특정외래품을 지정.

	• 문교부, 대학정비방안을 발표.

<table>
<tr><td rowspan="1"></td><td>• 문교부, 대학정비방안을 발표.</td></tr>
</table>

- • 문교부, 대학정비방안을 발표.
- • 육군보도국, 대학군사단 학생을 예비사단서 하계 야영훈련 실시한다고 발표.
- • 감위, 억울한 감원은 진정하라고 발표.
- • 송수반, 전국공무원에게 인사청탁 및 이권운동의 근절과 공무원의 복무능력의 강화에 관해서 훈령.

7월 23일
- • 법사위, 청원법안 초안을 발표.
- • 외무부, 외신의 평화선 철폐설은 무근이라고 해명.
- • 한국과 코트디부아르 대표, 양국의 외교관계 수립키로 합의했다고 공동성명 발표.

7월 24일
- • 경제기획원 발족.
- • 외무부, 백아주지구 친선사절단장과 모리타니아 국대표가 양국간의 결속강화를 다짐하는 공동 성명을 했다고 발표.
- • 최동남아지역 친선사절단장, 싱가폴과 외교사절 교환에 원칙적인 합의를 했다고 언명.
- • 박의장, 재건국민운동훈련소 개소식서 국민운동의 중추적 역군되라고 연설.
- • 정부, 고적과 사찰 등을 향연장으로 쓰지 못하도록 지시했다고 발표.

7월 25일
- • 정부, 혁명백서를 발표.
- • 혁검, 제1차로 7건 64명을 공소.
- • 송수반, 내외기자회견서 혁명실패면 가공할 사태를 초래한다고 경고.
- • 정부, 7월26일부터 8월2일까지 정부형태 등에 관한 전국 국민여론조사 실시한다고 발표.
- • 재건국민운동본부, 중립사상·배척·내핍생활 려행 등 78개 실적사항 발표.
- • 보사부, 의약품의 과장광고 17개 금지사항을 경고.

7월 26일
- • 박의장, 대구서 앞으로의 정치체제에 언급.
- • 최혁재소장, 5개심판부가 29일에 일제히 개정한다고 발표.
- • 농림부, 미곡담보융자선대자금 11억원의 지출요령 시달.
- • 문교부, 각급학교교원인사교류요강을 마련하고 지역적 인사교류를 지시.
- • 국방부, 육해공 및 해병대장교 10,201명을 전역 발령.

7월 27일
- • 박의장, 광주서 총선출마자격 등에 언급.
- • 송수반, 고 이기붕씨의 부정축재를 국고에 환수하고 5대사업 실시한다고 발표.
- • 「러스크」미국무장관, 혁명정부 지지를 정식성명.
- • 박국방, 첫 기자회견에서 국방행정의 기본방침을 명시.
- • 내무부, 각종민원서류의 신속한 처리를 전국에 지시.
- • 외무부, 우리나라와 니제르공화국, 외교관계 수립에 합의했다고 공동성명 발표.

7월 28일
- • 박의장, 하극상은 용납할 수 없다고 고급지휘관들에게 훈시.
- • 박의장, 되도록 빨리 민주주의 달성하려는 우리 결의를 굳게 해주었다고 「러스크」장관에게 메시지.
- • 김기획위장, 공정환율 등 제문제에 언급.
- • 문교부, 사설강습소의 정비단속을 결정.
- • 이재건국민운동본부차장, 부패정객은 국민운동 통해 견제해야한다고 언명.

7월 29일
- • 혁재 5개심판부, 일제히 개정하고 5대사건의 심리착수.
- • 정부, 농은과 농협을 통합하는 농업협동조합법 공포.

7월 30일
- • 혁재, 일요일에도 공판.
- • 상공부, 하반기무역계획을 변경했다고 발표..

7월 31일
- • 최고의, 부정선거관련자처벌법과 특수범죄처벌에 관한 특별법의 운용에 관한 지침을 발표..
- • 「언커크」, 대 유엔보고를 최종 토의키 위해 전체회의 공청회 개최.
- • 최고의 기획위원회, 지방행정기구개편에 대한 공청회 개최.
- • 편협, 신문윤리위원회를 구성키로 결정.
- • 한은, 금통위서 외환증서제를 폐지키로 했다고 발표.

8월 1일
- • 최고의, 기정액 104억 삭감. 61년도 제3회 추경예산안 의결.
- • 기획위, 학제 및 학원운영개혁에 관한 공청회 개최.
- • 정부, 미담선대 융자요강, 고리채신고자에게 우선토록 개정.
- • 해무청, 수산단체 80개를 정비 완료했다고 발표..

	• 정부, 수재민구호책을 대폭강화 했다고 발표..
	• 외무부, 한 · 일회담재개 예비교섭 2일부터 시작하기로 합의.
	• 중소기업은행 개업.
8월 2일	• 부정축재처리위, 부정축재일반기업인에 심사완료하고 처분액 통고.
	• 공무관계 및 해외재산도피는 계속 조사.
	• 「언커크」의장, 5일까지 대 유엔보고안 작성코 박의장의 8월 성명내용에 따라 추가하겠다고 언명.
	• 한 · 미 고위회담을 개최코 합경위문제 등을 협의.
8월 3일	• 최고의, 혁명 2개월간의 업적 발표.
	• 송수반, 5개년장기경제계획 및 긴급경제시책에 대한 담화문 발표.
	• 정부, 근로자의 단체활동을 인정하는 근로자의 단체활동에 관한 임시조치법을 공포.
	• 금통위, 3 · 4반기 미담선대 자금 111억을 책정.
8월 4일	• 최고의, 부정축재 89개 기업체에 감독관 파견.
	• 정보사, 노동단체재건에 전국단일산업별노조의 조직을 요망.
	• 김육군참모총장, 유엔군과의 관계는 완전 정상화됐다고 성명하고 예편장교에 직업보도하겠다고 언명.
	• 정부, 농협중앙회장에 임지순 대령 임명.
8월 5일	• 윤대통령, 양심적 정치인의 한계는 국민 스스로가 결정하고 전비는 일벌백계주의가 가하다고 언명.
	• 「언커크」의장, 전체회의를 종료하고 연례보고는 박의장성명을 기다려 결정하겠다고 언명.
	• 송수반, 공무원의 재교육을 실시한다고 언명.
	• 군사원호청 개청.
	• 문교부, 교감도 학급담임토록 임시조치.
	• 노조재건에 준비위 분제.
8월 6일	• 정보사, 기성노동운동자의 자숙을 요망하고 구악되풀이 말라고 노조난립방지를 종용.
	• 오공보, 자유신문의 발간에 즈음하여 민주언론육성과 자유로운 보도활동에 노력하겠다고 담화.
	• 화진포에서 한 · 미 고위회담 개최.
8월 7일	• 정부, 헌법 제21조에 의한 청원법과 외교관계 없는 외국민도 투자가능토록 한 외자도입법을 공포.
	• 정부, 비상사태하의 범죄처벌에 관한 특별조치령 폐지와 동법에 기인한 형사사건임시법중개정법률을 공포함으로써 계속중인 재심청구 무효화.
	• 공보부, 국민건의분석결과보고를 발표.
8월 8일	• 한 · 미합동경제위, 혁명 후 처음으로 회의개최하고 정책운영문제 등 토의.
	• 유재건국민운동본부장, 국민운동은 정당화될 수 없으며 적당시기에 민간운동으로 전환할 것이라고 언명.
	• 정보사, 노조재건에 합법성을 잃으면 불인정한다고 강조.
	• 서울시경, 보행규칙위반자는 10일부터 즉심에 회부키로 결정.
8월 9일	• 이부정축재처리위원장, 기업육성 위해 정치자금 제공액만 벌과금으로 징수한다고 발표.
	• 농림부, 개간에 의한 귀농정착사업, 국토건설사업촉진, 수리조합통합에 관한 사항 등 지시.
	• 장농림, 농어촌고리채 신고 않으면 각종 혜택 못받는다고 경고.
8월 10일	• 정부, 박의장은 중장으로, 장성 56명 진급발령.
	• 혁명 후 첫 검찰감독관회의 개최.
	• 정부, 경제개발에 관한 종합계획의 심의를 위한 중앙경제위원회규정을 공포.
	• 외무부, 아프리카 친선사절단과 「니젤」공화국간의 양국의 외교관계 수립에 합의했다고 발표.
	• 서울시경, 보행위반자 단속, 첫 날에 1,748명을 적발했다고 발표.
8월 11일	• 송수반, 명년초에 국토건설단을 창설하고 전원개발사업 등 대규모 추진할 것과 병역미필강자처리방침을 발표.
	• 최고의 공보실, 민주당정권의 부패상을 발표.
	• 김육참총장, 군소청위원회 업무를 강화하고 민간피해호소 요망.
	• 재건국민운동 시 · 군촉진회부회장 회담, 4개항 의결을 채택하고 폐막.
	• 문교부, 서울시내 각급학교교사 610명 이동.
8월 12일	• 박의장, 정권이양시기(62년 여름), 정부형태, 국회구성문제, 헌법제정시기(62년 3월이전) 등 중대성

명을 발표.

- 정부, 대법원 판사수 9명, 대법원장 임기 4년 등 법원조직법중 개정법률과 최고의 직속하에 감찰위원회를 두기로 한 감찰위원회법중개정법률 및 학년초는 3월1일, 중·고교진학은 거주시·도내에 한정하는 교육법중개정법률과 중·고·대입학 임시조치법을 공포.
- 친선사절, 카메룬정부와 외교관계 수립키로 합의.

8월 13일
- 부정축재처리위원회, 일반기업체의 부정축재액 477억 6천여만원을 최종결정.
- 김내각사무처장, 인사기본방침에 의해 공무원 38,684명을 해면완료 했다고 발표.
- 문문교, 국·공립대학 총장·학장의 임명제 입법조치 추진을 언명.

8월 14일
- 최고의, 15,000여명을 광복절에 특사키로 결정.
- 송수반, 일대표부 설치, 경제협조는 국교정상화가 선결문제라고 언명.
- 한·일, 62년도 경호교섭키 위한 고위회담 개최.
- 혁검, 경미한 부정선거관련자 30명을 공소취하.
- 친선사절, 서아프리카 가봉과 외교관계 수립 합의.

8월 15일
- 광복절 제16주년 기념식 겸 공무원총단합 촉진대회, 서울운동장에서 거행.
- 새 농협발족.
- 혁검, 이한림중장 등 8명의 불기소처분을 발표.
- 박의장, 재일교포에 격려메시지

8월 16일
- 정부, 전국에서 인력감사 일제히 실시.
- 문교부, 4년제 사대 폐지, 교육대학원 신설 등 제2차 대학정비방안을 발표.
- 정부, 교통부장관에 박춘식소장, 외자청장에 황인성준장을 임명.
- 내무부, 근거 없는 진정탄원은 무고로 엄벌한다고 경고.

8월 17일
- 재무부, 원천징수 확대 등 세제개혁요강을 발표.
- 정부, 계엄령없이 군대출동 가능케한 수도방위사령부법을 공포.
- 김기획원장, 재정투융자극대화 공무원봉급 인상 등 62년도 예산편성방침을 성명.
- 혁재, 이정재에 사형언도.
- 친선사절, 엘살바도르와 외교관계 수립 합의.

8월 18일
- 공무원의 교육훈련 위해 한·미합동연구위원회를 구성.
- 정부, 추석전후에 중소기업자금 301억 방출.
- 혁재, 이상국준장 등 반혁명사건 첫 공판.

8월 19일
- 송수반, 국가기획제도 확립, 민정이양 전에 전공무원 재교육실시 등 언명.
- 정주미대사, 박의장혁명을 자유세계서 지지한다고 귀국 후 언명.
- 정부, 5급공무원 임용고시 합격자 1,643명을 발표.

8월 20일
- 농림부, 19일 현재의 농어촌고리채 신고액 57억여원이라고 발표.
- 한내무, 접객업소단속은 실정에 맞도록 행정처분기준제정을 지시.
- 친선사절, 불령 콩고와 국교수립에 합의.

8월 21일
- 정부, 실업자대책, 월동용탄 및 임산연료수급대책, 전력수급대책 등 일련의 월동대책을 수립.
- 송수반, 고리채 신고하지 않는 채권자는 처벌할 방침이라고 언명.
- 재건국민운동본부, 상도의앙양과 내핍생활려행 강조운동을 전개한다고 발표.
- 민군사원호청장, 연내에 상이군경의 취업알선을 언명.

8월 22일
- 최고의, 정대사에 수원태세 정비 등 대미외교계획을 지시.
- 정부, 관광사업진흥법을 공포.
- 전매청장, 감사업을 민영화할 방침이라고 언명.
- 농림부, 고리채신고액 21일 현재 백억이라고 발표.
- 정부, 장도영중장을 예편.
- 친선사절, 이란과 국교수립 합의.
- 친선사절, 캄보디아와 통상대표부 설치 합의.

8월 23일
- 기획원, 대충자금 21억을 민간융자 조치.
- 「모이어」 유솜처장, 고별기자회견서 경제계획 추진에 조급성은 금물이라고 언명.

8월 24일	• 농림부, 농·어촌고리채 신고, 150억이라고 발표.
	• 최고의, 금융동결 전면해제.
	• 농림부, 농·어촌고리채 신고기간 1개월을 연장.
	• 장농림, 가중된 채무자부담은 농자금방출로 해결한다고 담화.
	• 정부, 형집행은 의장의 확인을 요하토록 혁재·혁검법을 개정.
	• 정부, 이한림, 최석양 육군중장을 예편.
8월 25일	• 정부, 내각수반 직속하에 기획통제관, 각부처에 기획조정관제를 신설.
	• 정부, 기술요원 해외파견요강을 발표.
	• 민군사원호청장, 연말까지 6만명의 상이군호 및 유자녀를 4단계로 고용계획임을 언명.
	• 정부, 일군일조합을 원칙으로 하는 수리조합합병에 관한 특별조치법을 공포.
	• 농림부, 농어촌고리채신고, 1차마감(24일)까지 242억여원이라고 발표.
	• 혁재, 임화수에 두 번째로 사형 언도.
8월 26일	• 박의장, 당의장선임 문제, 한·일회담 문제, 해외공관설치 문제 등에 언급.
	• 최고의, 구법령정리사업의 일부로 시장법 등 3개법 제정.
	• 정부, 기획통제관에 김정무준장을 임명.
	• 정부, 부정불량대출기업체의 소유관리한계를 규정하는 금융기관에 대한 임시조치법 제7조 시행에 관한 건을 공포.
	• 혁재, 신정식에 사형언도.
8월 27일	• 정부, 장·단기 두 단계로 행정개혁을 실시키로 했다고 발표.
	• 사법부, 국가재건비상조치법에 의거 법관 52명을 해임하고 228명을 임명.
8월 28일	• 각의, 신년도운영계획 및 예산편성지침을 토의.
	• 지방장관회의 개최코 국토건설사업계획, 농어촌고리채 정리문제 등 토의.
	• 혁재, 민족일보사건 조용수·송지영·안신규 피고에 사형.
8월 29일	• 정부, 한·일문제에 관하여 비공식 의사교환코자 김기획원장의 도일을 발표.
	• 재건국민운동본부, 최고의 간부와 연석회의코 강화책 논의.
	• 오내무위장, 지방의회는 정권이양시까지 불설치한다고 언명.
8월 30일	• 김기획원장, 현안에 관한 의견교환차 도일.
	• 국토건설청, 자금 25억으로 실업자 연 129만명을 동원계획 발표.
	• 「언커크」의장, 동경서 9월1일부터 최종보고서 작성한다고 언명.
	• 한국노동조합총연맹 결성.
8월 31일	• 이재경위원장, 법정기간일 내에 부정축재 통고액 전액을 환수한다고 언명.
	• 최고의, 월동대책을 발표.
	• 국민운동본부, 전국도지부 차장회의서 말단조직의 정비강화책 등 결정.
	• 상이군경 제1차로 619명 취업.
9월 1일	• 최고의 월동용 임산연료 수급대책으로 936만톤을 책정.
	• 정부, 형사소송법중개정법률 및 민사소송법중개정법률과 지방자치에 관한 임시조치법 등 공포.
	• 국방부, 병역기피자처리방침을 발표.
	• 채감찰위원장, 감찰지침에 관한 담화발표.
	• 정부, 대법원판사 8명을 임명.
	• 정부, 김용식 영대사를 주스웨덴대사 겸직발령.
	• 국토건설군 설치준비위원회 발족.
	• 김·이게다(池田) 회담서 국교정상화에 노력할 것을 다짐.
	• 신임 「유솜」처장 「킬렌」씨 착임.
9월 2일	• 최고의, 부의장에 이주일소장, 재경위원장에 김동하소장을 선임하고 최고위원으로 조시형준장, 유병현준장, 박태준준장, 강상욱대령을 보선, 한웅진소장, 채명신소장, 최주종준장의 사표를 수리.
	• 윤대통령 기자회견서 한·일관계 국민운동 등에 언급.
	• 심계원, 5·16이래 8월20일까지 비위 531건을 적발하고 8개 시정책을 촉구했다고 발표.
	• 군재, 군수품을 부정처분한 양재곤 중령에 사형 언도.

9월 3일	• 김기획원장, 일본자민당 부총재를 방문, 국교정상화에 협력을 요청. • 공보부, 전국적인 홍보선전 매개체의 실태조사 착수.
9월 4일	• 최고의, 내무위원장에 조시형 위원, 운영기획위원장에 오치성 위원을 선임. • 내각사무처, 공문서식통일 등 행정 간소화를 10월1일부터 시행한다고 발표. • 혁재, 군관계 반혁명사건 이갑영 피고에 사형 언도.
9월 5일	• 박의장, 추곡가격 유지, 공민권제한재심고려 등 언명. • 송수반, 공무원감원중 시정사항의 처리 및 결과보고 지시. • 문교부, 4개대학 폐지, 4개대학병합 등 국립대학정비절차를 발표.
9월 6일	• 박의장, 혁명완수에 국민의 적극분발 촉구. • 「버거」주한 미대사, 한·일회담의 진전을 희망한다고 언명. • 보사부, 전국의료요원 신체검사결과 221명을 동원키로 했다고 발표.
9월 7일	• 김원장·쇼반(小坂)회담, 한·일회담 진행방법에 합의. • 정부, 국민운동본부장 유진오씨 사임, 후임에 유달영씨를 임명. • 김통위, 경제불황 타개책으로 ICA자금융자대상 2개 품목을 18개 품목으로 확대키로 결정. • 농림부, 금년도 맥류 수확고 782만석을 발표. • 농림부, 고리채신고 400억했다고 발표.
9월 8일	• 혁재, 반혁명 등 혐의자 27명을 석방. • 문교부, 교감제 부활 시달.
9월 9일	• 박의장, 민정이양 시기는 변경할 수 없다고 일지에 회답. • 김기획원장, 한·일간의 현안 선결원칙에 접근했으나 구체적 합의는 못보았다고 귀국 후 언명. • 최고의, 심계원법 및 11항목만 허용집회에 관한 임시조치법을 공포. • 정부, 2,300여명의 중상이군인에게 획기적 보상제도를 시행키로 하는 결정했다고 발표.
9월 10일	• 김기획원장, 일정부 여당간의 이견으로 현안문제 해결태세 미비라고 언명.
9월 11일	• 김통위, 재정지출억제 등 물가앙등 대비책 5개항을 정부에 건의. • 「언커크」, 연례보고서작성 완료하고 폐막성명. • 류재건국민운동본부장, 취임사서 국민운동의 민간운동으로의 전환을 언명. • 정부, 근로보건관리규칙을 공포. • 서울시내 22개소에 교통단속전방지휘소를 설치.
9월 12일	• 외무부, 케네디 미대통령의 특별초청으로 박의장이 11월 중순에 방미한다고 발표. • 류국민운동본부장, 간부급을 민간인으로 대체 등 언명. • 한국신문윤리위원회 자유책임, 자율의 기치아래 발족. • 문교부, 국대정비에 반대한 서울사대학장과 교수 2명을 파면.
9월 13일	• 류외무구방위원장, 한·일문제, 데⑪ 엔총회 대책, 박의장 방비문세 붕에 언급. • 「코만」태국외상, 친선사절로 방한. • 정부, 부정축재공무원에 대한 조사를 완료했다고 발표.
9월 14일	• 문문교, 국사립 비율은 2대3, 실업7, 인문3, 학생수 5만 목표로 정비한다고 발표. • 한국경제인협회, 기간산업 제1차 민간건설계획안을 작성하고 관계 요로에 제출. • 혁재, 사회당 반국가행위사건 최백근 피고에 사형 언도. • 말레이 친선사절단 방한.
9월 15일	• 한·태무역협정에 조인하고 공동성명서 발표. • 대검, 전매청산하기관을 일제히 수사토록 각급검찰청에 지시. • 각의, 수해대책위를 해체하고 상설기구 재해구호위원회 설치키로 결의. • 신정부청사 낙성식 거행.
9월 16일	• 부정축재처리위, 공무원정당인 34명에 대한 부정취득 환수액 72억여환을 통고. • 김재경위원장, 수출장려보조금교부임시조치법 공포에 즈음하여 해외시장개척에 매진당부. • 정부, 저곡가정책을 타파하고 정곡석당 27,898환으로 61년도 추곡매입가격을 결정. • 군사원호청, 원호대상자를 적재적소에 배치키 위한 원호대상자 임용 및 고용절차를 발표.
9월 17일	• 정부, 62년도 국토건설사업계획을 발표.

	• 이법사위원장, 공민권제한 문제는 연구중이라고 언명.
	• 국민운동본부, 전국적인 단합운동을 전개한다고 발표.
9월 18일	• 박의장, 공무원의 추석선물 교환은 증수뇌로 엄벌한다고 경고.
	• 정부, 도시와 농촌의 균등한 문화를 지향코자 상조자매결연운동을 추진.
	• 문교부, 교육에 관한 임시특례법에 의거 전국에서 정년퇴직할 교사 413명을 발표.
	• 문사위, 재건국민운동본부에서 작성한 표준의례규범을 승인.
	• 최고회의 도서관, 일반시민에게 공개.
9월 19일	• 박의장, 5개년계획수행에 경제인의 협조요망.
	• 문문교, 정년교직자 귀추에 언급.
	• 이치안국장, 경찰관의 비위를 적발 엄단한다고 언명.
9월 20일	• 정부, 제16차 유엔총회 대표단, 실무자급 10명으로 구성, 수석대표에 이수성씨, 고문에 임병직씨.
	• 정부미곡저락방지책으로 정곡 200만석 매상결정.
	• 혁재, 3·15부정선거관련사건 최인규, 이강학, 한회석 피고에 사형언도하고 일반법원에 경미한 사건 등 23건, 49명을 이송.
9월 21일	• 유엔운영위원회, 한국문제를 총회의제로 채택.
	• 3년후에 5만여kw출력할 춘천수력발전소기공식 거행.
	• 상공부, 71개 무역상사의 자격취소.
	• 이치안국장, 인신소개행위를 엄단한다고 경고.
9월 22일	• 정부, 서독과 사증수수료면제협정을 체결.
	• 정부, 수출장려보조규칙 및 정부관리기업체직원보수에 관한 특별조치법시행령을 공포.
9월 23일	• 정부, 공공기관에서 5·16이후 파면된 자의 취업자격자 한계를 발표.
	• 내각사무처, 10월15일부터 공무원과 국가관리기업체 종업원은 신생활복을 착용키로 결정하였다고 발표.
9월 24일	• 문통부, 교통행정업적보고에서 관광센터설치 및 동해북부선 신설계획을 발표.
9월 25일	• 이·이세기(伊關) 10월10일에 한·일회담 재개키로 합의.
	• 20일에 내한한「데커」미육군참모총장, 이한에 앞서 한국군감축 반대한다고 언명.
	• 최고의, 신청사서 시무식 거행.
	• 정부, 강영훈 준장을 예편.
9월 26일	• 윤대통령, 류본부장을 초치하고 실리적인 국민운동방법을 논의.
	• 민간상설기구인 전국재해대책위원회 발족.
	• 농림부, 11월20일부터 소독저 사용금지토록 시달.
	• 장농림, 10월10일부터 추곡매상한다고 발표.
9월 27일	• 정부, 9개부 기획조정관을 임명.
	• 농림부, 10월1일부터 곡가조절미방출을 중지.
	• 경제기획원, 태풍피해교실복구비 3억6천여만환을 각도에 영달.
9월 28일	• 전국농어촌고리채신고 판명, 총120만여건의 510억8천여백만환.
	• 혁재, 상소심에서 이정재, 신정식 피고 사형확정.
	• 문교부, 사상관계우려서적은 사열받도록 하는 출판사등록에 관한 규정을 제정 공표.
	• 공보부, 전국요구호대상세대 28만여를 극빈부락조사서 집계발표.
9월 29일	• 박의장, 국군의 날을 앞두고 전 장병에게 헌신적 노력 발휘로 혁명과업실천토록 다짐.
	• 송수반, 공무원윤리요강을 전공무원에 시달.
	• 류재건국민운동본부장, 민간인운동으로의 전환 등 7개 항목을 지시.
	• 국민운동본부, 리·동촉진회 폐지하고 도시와 농촌의 자매결연, 재건청년회, 재건부인회 등의 활동을 뒷받침키로 언명.
	• 농림부, 전국귀농사업촉진회 개최하고 개간 주택의 연내완성 등 7개 항목을 시달.
	• 육본, 추수기에 전육군장병이 대민노력봉사토록 시달했다고 발표.
9월 30일	• 정부 5·15전의 공소권을 제한하는 특정범죄에 대한 공소권제한등에 관한 법률 및 지부장의 임면절 차 등을 규정하는 재건국민운동에 관한법률을 공포.

• 혁재, 경무대앞, 서울일원발포사건, 홍진기, 곽영주 피고에 사형언도.
• 민통학련사건피고 전원에 유죄판결.
• 김중앙정보부장, 5 · 16후 월평균 20명의 간첩을 검거했다고 발표.
• 중앙고등군법회의, 김성주씨 살해사건 원용덕 중장에 징역15년 언도.
• 제2차 10,000여명에 대한 상이군경 및 유족취업식, 전국에서 거행.

10월 1일
• 국군의 날 기념행사 성대히 거행.
• 윤대통령, 공산침략에 태세 갖추자는 기념사.
• 박의장, 혁명완수 다짐의 기념사.
• 메로이 유엔군사령관, 한국군은 극동최대의 보루라고 국군의 날 축사.
• 정부요원, 국군묘지참배.
• 체신부, 국군의 날 기념우표 발행.

10월 2일
• 정부, 새정부조직법을 비롯한 82개 법령 공포.
• 정부, 법제처장에 박일경씨 임명.
• 재일 · 재미교포, 윤대통령, 박의장 및 송수반을 예방.
• 윤대통령, 내한한 필리핀 산토스 국방상 일행과 중화민국 팽맹집 대장일행에게 각각 훈장수여.
• 유고 원정축구단 결단식 거행.
• 정부, 공무원임용령 및 보수규정 등 공포.

10월 3일
• 박의장, 개천절 맞아 북한동포에 메시지.
• 시공관서 개천절기념식 성대히 거행.
• 「케네디」대통령, 맹방에 선박대여 언명, 한국엔 3척.
• 동경한국학원 낙성식 거행.

10월 4일
• 최고의, 국정감사실시 발표.
• 혁재, 전혁신당 전피고에 유죄선고, 장건상 5년, 권대복 15년, 황귀성 10년, 나머지 3명은 6년을
  각각 언도. 전사회대중당 반국가행위 첫 공판개정.
• 정부, 조세징수임시조치법시행령 개정의 건, 선적증서령, 정부관리기업체직원보수규정에 관한
  특별조치법시행령중 개정의건을 각각 공포.
• 정부, 조달청장에 황인성 준장 임명 발령.
• 문교부, 의무교육의 실질적인 구현 위해 국민학교운영계획요강 시달.

10월 5일
• 내외문제연구소, 북괴 제4차당대회 이후에 나타난 자료 발표.
• 해군참모총장, 구축함을 비롯한 신함정 도입에 관한 담화 발표.
• 혁재, 고령 · 음성 등지 난동사건공판 개정.
• 정부, 제6차 한 · 일회담 당분간 연기를 발표.
• 박의장, 모범용사들에 가일층 분발을 당부
• 정주미대사, 박의장 방미절차에 관하여 미당국자와 회담.

10월 6일
• 정부, 지방행정기구 대폭 개편강화하는 각령 공포.
• 문문교, 도 · 군에 교육위 설치, 교육장제 신설담화.
• 내외문제연구소, 조악한 상품을 주민에게 강매하는 북한실정 지적.
• 사우디아라비아 국왕, 이란 수상, 「하이티」대통령은 박의장친서에 각각 회답.
• 정부, 한 · 일회담 당분간 연기를 정식으로 통고.
• 최고의, 새 상법 제정키로 법사위주관심의위 구성.
• 한전, 시설용량 3만KW의 삼척화력발전소 증설공사계약을 일본 일립회사와 체결.
• 정부, 브라질국 주답대사에 정일권주미대사, 덴마크국 주답대사에는 김용식주영대사, 포루투갈국
  주답대사에는 백선엽주불대사를 각각 겸직발령.
• 서울시교위, 30년이상 근속교육자 20명 공로표창.
• 정부, ICA민수불소화촉진대책 정례각의서 채택.

10월 7일
• 내외문제연구소, 옥수수로 겨우 연명하는 북한실정 폭로.
• 혁검, 이선근 피고에 징역2년 구형.
• 노조부정선거사건 정대천 피고 등에 구형.

	• 박의장, 전국노동자총단결궐기대회서 혁명완수를 다짐하고 노사협력을 강조.
	• 최고의, 부정축재처리위 제1조사단 전원을 반혁명적 부정혐의로 구속했다고 발표.
	• 정부, 중국의 쌍십절 경축식전에 김중앙정보부장을 대통령특사로 파견.
	• 주일 이공사, 일외무성 이세기(伊關) 아세아국장과 회담.
10월 8일	• 박의장, 폭력행위 단속, 태만 경찰관의 처벌 등 6개 항목의 지침 시달.
10월 9일	• 윤대통령, 박의장, 송수반, 제515회 한글날 기념식 전서 축사.
	• 교동국민교서 세종대왕 추념식 거행.
10월 10일	• 윤대통령, 중국 제50회 쌍십절을 맞아 총통에 축전.
	• 국민운동본부, 전국자매지역 결연 실적 1,492건 발표.
	• 농림부, 국내목재수급방침을 결정시달.
	• 최고의, 총규모 6천42억3천만환의 61년도 제4회 추경예산에 대한 담화 발표.
	• 정부, 국민생활보험법시행령 개정의 건, 행정관리연구위원회규정 폐지에 관한 건. 항공법시행에 관한 폐지의 건을 각각 공포.
	• 혁재, 창녕 난동운동사건 첫 공판 개정.
10월 11일	• 대한체육회 주최 제42회 전국체육대회 개막.
	• 기획요원 제2차 교육 시강.
	• 정부, 주영공사에 방희씨 임명.
	• 윤대통령, 미해병대사령관 「데이비드 M 슈프」대장에 금성태극무공훈장 수여.
	• 최고의, 중앙국정감사단 제3반, 육군본부를 감사.
	• 정부, 외무부장관에 최덕식씨, 차관에 이원경씨를 임명.
	• 내외문제연구소, 대독강화군중대회를 조작한 북한실정을 폭로.
	• 혁재, 이선근, 윤영제 양피고에 선고유예. 정대천 피고에 징역3년 집유6년 등을 선고.
	• 정부, 영주수재민주택입주식 거행.
	• 최고의 문사위감사반, 공보부를 감사.
10월 12일	• 정부, 한 · 일회담 한국수석대표에 배의환씨 내정.
	• 최고의 문사위감사반, 재건국민운동본부를 감사.
	• 최혁재 소장, 3개월간의 업적과 지침을 발표.
	• 사단법인 한국인권옹호협회 발족.
	• 혁검, 경남지구부정선거사건, 최남규 피고에 10년, 이수웅 피고에 2년, 신도성 피고에 7년을 각각 구형.
	• 외무국장위원장, 이외무 차관 등과 박의장의 방미일정 및 토의 의제 등에 관하여 협의.
	• 정부, 로스앤젤리스 총영사에 안광수씨, 호노룰루 총영사에 김세원씨, 각각 임명.
	• 전매청, 엽연초생산수납 3개년계획수립 발표.
	• 최고의 재경위 국정감사반, 해군본부를 감사. 한국미곡수출조합 발족.
	• 이북5도 청사, 내무부청사내로 이전.
	• 미해군참모자장 「클라우드 V 리케츠」제독 내한.
10월 13일	• 한미합동지휘관회담 미8군사령부에서 개최.
	• 미해군참모차장 리한.
	• 남아공화국에서 박의장의 친서에 대한 회한.
	• 기획원, 「파샬 · 마진」제 전모 발표.
	• 혁재, 충남 및 제주지방부정선거사건 공판.
	• 일본 「오무라 大寸」 수용소에 억류중이던 교포(179명) 부산도착.
	• 주일 이공사, 일 이세기(伊關) 아세아국장과 회담.
10월 14일	• 박의장, 5 · 16전후를 통해 반국가 반혁명행위자에 대해 관대히 처분함을 발표.
	• 외무부, 제6차 한 · 일회담을 10월20일 동경에서 재개하기로 정식합의하고 수석대표에 배의환씨 임명발표.
	• 혁재, 광주발포사건 두 피고에 공소기각 .
	• 혁검, 부산발포사건, 이정용 피고에 6년을 각각 구형.
	• 상공부전력연구단, 대만전력시찰차 향대.

	• 김정보부장, 방대 중 귀국.
10월 15일	• 내외문제연구소, 일본에 있는 조련정체 폭로.
	• 제42회 전국체전 개막.
	• 덕수궁철책 착공.
	• 재일교포 제2세 모국방문단 도착.
10월 16일	• 미태평양지구공군사령관 「에미트 오드네일」 대장일행 입경.
	• 아세아생산성기구조사단 3명 내한.
	• 농림부, 61년 추곡매입목표량 2백만석의 도별할당량을 발표.
	• 혁검, 전사대당사건 구형.
	• 정부, 학생자격 고시령 공포.
	• 미태평양지구공군사령관, 박의장을 예방.
	• 혁재, 경남부정선거, 부산발포사건에 선고.
10월 17일	• 박의장, 해외친선사절단 및 모범농촌지도자에 표창.
	• 영 극동공군사령관 「안토니 D 살웨이」중장, 박의장 예방.
	• 정부, 공장저당법, 광업재단저당법, 법률사무취급단속법, 구황실재산법 개정의 건을 각각 공포.
	재무부내에 황실재산처리위원회를 설치.
	• 혁재, 서울경기 부정선거사건 상소심서 임홍순 피고에 12년 언도.
	• 한 · 일회담 대표단, 박의장 예방.
	• 국전 심사위원 36명 선출.
	• 서울시내 각 대학, 어촌과 재매결연.
10월 18일	• 언커크 재경 4개국대표(필리핀, 호주, 터어키, 태국)들 회동.
	• 박의장, 내외기자 정례회견.
	• 전국체전을 마치고 각도대표 좌담회.
	• 서울운동장본부석 상량식 거행.
	• 혁검, 대구데모사건에 구형.
	• 미「버거」대사, 송수반과 요담.
	• 한 · 일회담 배수석대표 동경 도착, 공항서 한 · 일관계 개선에 노력을 성명.
	• 재일교포 2세 청년조국방문단, 박의장 예방.
	• 사육신추념식, 묘소서 거행.
10월 19일	• 박의장, 이정재 · 신정식 양피고에 사형집행을 확인, 김한용 피고엔 감형.
	• 농림부, 국산 면화매입요강 발표.
	• 신임 밸기에 「유젠 듀 보어」대사, 윤대통령에게 신임장을 제정.
	• 배수석대표, 인본이무성 방문.
	• 윤대통령, 스칸디나비아 사절단장에 포장 수여.
	• 미하원의원 「리차드 E 랭크포드」씨 내한.
	• 내외문제연구소, 북괴실정 폭로.
	• 혁재, 발족100일째에 340여회의 공간에서 91건을 처리.
	• 최외무, 한 · 일회담진전 등 첫기자 회견.
	• 유엔정위, 한국문제심의 개시.
	• 상공부, 무역법시행세칙중 개정세칙 공표.
	• 혁검, 이정재 · 신정식 피고의 사형을 집행.
10월 20일	• 박의장, 미함 렌저호 방문.
	• 유엔정위, 한국문제토의 연기.
	• 배수석대표, 일수상 방문.
	• 내외문제연구소, 혹사에 허덕이는 북한농민의 실정 폭로.
	• 문교부, 금년도 학사고시요강 발표.
	• 재건국민운동본부, 국민저축운동을 전국적으로 전개.
	• 혁검, 광주발포사건 등 구형.

	• 제6차 한 · 일회담 개막, 첫회담 비밀리에 진행.
	• 언커크 재경대표, 추가보고서 문제 등 토의.
	• 배수석, 일측 성의촉구.
	• 상공부, 중소기업자금융자취급 발표.
10월 21일	• 신임주한 벨기에 대사「유젠 듀 보어」씨, 박의장 예방.
	• 제16회 경찰의 날 기념식 거행.
	• 유국민운동본부장, 재건학생회에 담화.
10월 22일	• 정부, 근로성적평정 · 공무원임용전형령 개정 등 공포.
	• 유국민운동본부장, 제5차 각도지부장, 조직부장회의서 훈시.
	• 국민운동 서울지부주최 시민단합운동대회 개막.
10월 23일	• 혁재, 장수영 중장 등 3명에 대한 반혁명행위사건공판기일을 발표.
	• 혁검, 조열승 피고에 사형구형.
	• 혁검, 특별법위반 피의자중 도피한 121명에 자수경고.
	• 국토건설청, 동계실업자 구제책을 수립하고 전국15개 중요도시에 사업시행계획을 시달.
10월 24일	• 유엔데이 기념식, 성대히 거행.
	• 윤대통령, 동식전에서 부강한 나라가 될 것을 다짐.
	• 박의장, 경축사에서 공산간계를 경계해야 한다고 다짐.
	• 최외무, 유엔총회의장에게 유엔데이 전문 발송.
	• IDA조사단, 리한.
10월 25일	• 저드 미하원의원, 외원실태조사차 내한.
	• 배수석대표, 주일 미대사를 예방.
	• 박의장, 방미 앞두고 한 · 미고위회담 개최.
	• 김중앙정보부장, 일 이게다(池田)수상과 회담.
	• 5개 일반시중은행의 이익배당금 전액 정부에 환수결정.
	• 한국경제협회(가칭)발기인총회.
	• 이부의장, 간첩체포 유공자 7명에 무공훈장 수여.
10월 26일	• 한 · 일회담, 4개위원회 설치 결정.
	• 신임주한브라질대사「데시오 데 무라」씨, 윤대통령에게 신임장 제정.
	• 신임주한이대사 착임.
	• 혁재, 전 민자통 반국가행위사건 첫 공판.
	• 정부, 부정축재자에 대한 처리방안을 대폭 완화한 부정축재처리법중개정법률과 부정축재환수
	절차법 공포. 선박법시행령 공포.
	• 최외무, 소 · 대형 핵폭발은 인류에 대해 죄악이라고 공박.
	• 최고의, 부정축재조사단조사 중간발표.
	• 전국수해대책위 발족.
10월 27일	• 혁재, 30사단사건 상소심서 이갑영 피고에 사형, 이상국 피고에 10년, 박상훈 피고에 무기 언도.
	• 혁재, 대구데모사건 김문심피고에 무기 선고.
	• 혁재, 전북부정선거사건 박정근 피고에 상소기각 판결.
	• 한 · 일회담, 일반재산청구권위 첫 회합.
	• 정부, 중앙경위규정개정 공포.
10월 28일	• 김중앙정보부장, 귀국.
	• 미하원「월터 H 저드」씨, 한국의 장기경제개발계획에 미국이 적극 원조할 용의를 언명.
	• 혁검, 창녕 등 세 곳 난동사건에 구형.
	• 문교부, 정년퇴직자 직계자녀를 교원으로 우선 채용키로 결정.
10월 29일	• 윤대통령, 터어키공화국 선포 제38주년 기념일에 축전.
	• 박의장 방미선발대, 워싱톤 도착.
	• 경제인협회대표 등 정상공과 민간외자도입문제 협의.
10월 30일	• 경제기획원, 외자도입대상사업에 참여할 민간기업선정요령 발표.

- 혁재, 전사대당사건, 전원에 실형언도.
- 혁재, 김동복 피고 등 반혁명사건 2회 공판.
- 혁재, 고대생 습격사건 상소심변론 공판.

10월 31일
- 「버거」주한미대사, 박의장방문에 언급.
- 박의장, 제2군사령부 창설7주년기념식서 국가재건에 군이 솔선하라고 강조.
- 혁재, 전민족일보사건 조용수피고에 사형 언도.
- 원자력원, 낙진의 피해에 대하여 국민에게 주의사항 발표.
- 보사부, 모범근로자 13명에 영예의 근로포상 수여.

11월 1일
- 정부, 박의장, 대장으로 승진발령.
- 정부, 인력감사의 결과 전국 공무원의 총수를 236,853명으로 책정.
- 정부 군사원호보상법 및 2개 관련법 공포.
- 박의장, 소핵실험을 규탄하는 특별성명 발표.
- 정부, 공무원훈련법 및 한국은행통화안정증권법을 공포.
- 미태평양지구군사령관「제임스 F 코린스」대장, 박의장을 예방.
- 농림부, 신년도 정부관리양곡수급계획을 수립, 582만석 책정.
- 문교부, 문교재건자문위 구성.

11월 2일
- 스기(杉) 일수석대표, 이게다(池田)일수상의 친서 휴대하고 방한, 배수석대표도 동도 귀국.
- 박의장, 6군단 등 시찰.
- 혁재, 장도영 예비역중장을 법정구속.
- 하와이교포일행, 최고의 예방.
- 금통위, 61년도 미담융자한도 250억을 의결.
- 민간경제교섭단, 향미.
- 최고의, 반혁명행위로서 구속중이던 김웅수소장, 박창록준장, 전택규 3명에게 관대한 처분을 발표.

11월 3일
- 스기(杉) 일수석대표, 최고의 방문하고 박의장에 이게다(池田)일수상의 친서전달 후 요담.
- 스기(杉) 일수석대표, 송수반 예방하고 의견교환.
- 혁재, 임화수, 유지광 피고에 사형 언도. 신도환에 징역20년, 기타 8피고엔 기각.

11월 4일
- 정부, 이게다(池田) 일수상의 방일초청을 수락.
- 「러스크」미국무장관 내한. 국민열성에 경의를 표하고 대한원조 계속을 성명.
- 스기(杉) 일수석대표, 이한.
- 전몰군경유자녀보호법시행령, 원호법시행령을 공포.
- 정부, 해외여행금지령을 폐지.
- 정부, 최고회의 직원법 공포.
- 한·미고위회담 개최, 러장관 혁명정부 노력 깊이 이해, 경제개발 5개년계획 적극지원을 약속.

11월 5일
- 러장관, 이한.
- 혁재, 장도영 중장 반혁명사건에 대한 박의장의 증언을 청취.
- 핵실험반대항의 데모 거행.
- 박의장, 한·일회담 연내해결 희망을 기자회견서 언명.

11월 6일
- 박의장, 농민에게 혁명정부는 농업정책에 치중한다는 메시지를 발표.
- 최고의, 송내각수반과 정부각원 참석리, 국정감사결과 강평.
- 배수석대표, 박의장 회한 휴대하고 귀임.
- 정부, 특정외래품의 경과조치로 정상 수입분은 전량매상키로 결정.
- 미외원조사단, 내한.
- 혁재, 반혁명사건 김동복 피고에 사형, 조상훈 피고엔 징역7년을 구형.
- 국제개발위 사무총장 「부카난」씨, 한국경제계 시찰차 내한.
- 최외무, 「우 탄트」신유엔사무처장 당선축하메시지.

11월 7일
- 최고의, 박의장의 방미 수원 14명의 명단을 발표.
- 최고의, 국감 강평결과 발표.
- 박의장, 김정보부장, 방첩강조주간 맞아 담화 발표.

	• 금통위, 통화안정증권법시행세칙 의결.
	• 문교부, 중 · 고교입시 방침을 천명.
11월 8일	• 최고의, 국감 제1반 결과발표.
	• 송수반, 지방장관회의에서 농촌복리향상 강조.
	•「윌리암 S 부룸필드」의원 송수반 예방하고 한 · 미경제 및 군사협조문제 등 환담.
	• 혁재, 사회당반국가행위사건 상소심서 기각 판결, 최백근 피고에 사형, 그 외 5피고에게는 징역5년 부터 15년 확정을 각각 언도.
11월 9일	• 최고의, 국감 중앙 제2반 결과 발표.
	• 최고의, 부정축재조사단사건관련자 27명 혁검에 송치.
	• 박의장,「종교계는 본연의 자세로 돌아가라」는 담화를 발표.
	• 최고의, 국감 제3반 결과를 발표.
	• 정부, 물가조절임시조치법 및 윤락행위등방지법을 공포.
	• 교통부, 폐휴중인 기관차, 화차 228량을 재생.
11월 10일	• 최고의, 박의장의 방일 · 방미 스케줄 공식발표.
	• 송수반, 박의장 방미에 대하여 담화 발표.
	• 최고의, 기획위원회를 해체.
	• 박의장, 부정축재처리개정에 담화발표.
	• 최고의, 국감 제4반 감사결과 발표.
	• 정부, 최덕신 외무장관을 유엔수석대표로 임명.
	• 박의장, 방미 앞두고 한 · 미 유대강화 국민대회를 시민회관에서 거행.
	• 최고의, 장면 전국무총리의 연금을 해제하고 불기소하는 동시 전정부요인과 전민주 · 신민당 간부 등 23명에 불기소 또는 기소유예처분을 결정했다고 발표.
	• 정부, 주월남대사에 박동진씨를 임명.
	• 일 어부 76명을 석방.
	• 최고의, 용공혐의학생 25명에 기소유예 및 공소취하 등 관대한 처분을 내렸다고 발표.
11월 11일	• 박의장, 향미 앞서 윤대통령을 예방.
	• 박의장, 13명의 수행원을 대동코 각계요인 시민 환송리에 방미 등정.
	• 박의장, 동경기 착코 반공 유대강화 등 착일 성명.
	• 박의장, 일 이게다(池田)수상 제1차회담 개최하고 현안문제의 조속한 타결을 위한 양국정부의 기본 태도와 한 · 일관계 전반에 대해서 토의.
	• 최고의, 국감중앙 제5반 및 제6반의 감사결과를 발표.
	• 정부, 연호를 서기로 통일토록 최고의에 제안.
	• 혁재, 반혁명사건언도, 김동복 피고에 무기징역, 조동훈 피고엔 징역3년에 집유 5년 언도.
	• 혁재, 전특검검찰관 윤무용 피고에 징역8년 언도.
11월 12일	• 박의장 · 일 이게다(池田)수상 제2차회담 개최, 재산청구권 및 평화선 문제 등 80분간 단독회담.
	• 박의장, 박 · 이게다(池田)회담에 대한 기자회견.
	• 박의장, 일 정부 지도자들과 회담.
	• 박의장, 60만 재일교포에게 보내는 메시지를 발표.
	• 박의장, 일성명을 발표코 하네다(羽田) 국제공항 출발 시애틀 경유 시카고 도착.
11월 13일	• 박의장, 시카고 한국유학생을 격려.
	• 박의장, 워싱톤 국제공항 도착. 존슨부통령의 환영사에 이어 도착성명 발표.
	• 경제사절단 제1진 출발.
	• 윤대통령, 부산서 한 · 일회담 성공을 확신한다고 언명.
	• 최고의, 국감 지방 제3반의 감사결과 발표.
	• 박의장, 미지와의 회견석상에서 한국군의 장비 현대화를 역설.
11월 14일	• 박의장, 아링톤 국립묘지에 화환 증정.
	• 박의장 · 「케네디」대통령, 공동성명 발표.
	• 최고의, 국감 지방 제4반 및 제5반 감사결과를 발표.

	• 송수반, 부상한 재미(시카고) 교포에게 위문전보.
	• 정부, 여신업단속법시행령을 공포.
	• 문교부, 62년도 대학입시자격국가고사시행 요강을 발표.
	• 박의장, 재미유학생들에게 연설.
11월 15일	• 박의장, 「케네디」대통령과 제1차 회담, 미 정부요인과도 회담하고 군수 및 경수에 대한 토의.
	• 박 · 「케네디」 작별회담서 한국혁명정부지지를 재확인.
11월 16일	• 박의장, 워싱톤기자 클럽에서 군정부 연장을 재확약.
	• 최고의, 국감 제8반 감사결과를 발표.
	• 혁재, 교조반국가행위사건 6피고중 5명엔 징역을 1명엔 무죄 판결.
11월 17일	• 박의장, 뉴욕향발.
	• 최외무, 계속체류하고 유엔총회 한국대표단장으로서 활약.
	• 천재무 · 송부원장, 대한경원협의차 잔류.
	• 혁재, 민자총사건 11피고에 실형을 언도.
	• 박의장, 라카디아 공항 도착, 성명 발표.
	• 「와그너」 시장과의 오찬회서 교환연설.
	• 미국외교관계평의회서 통한문제 등 개진.
	• 한국대표단과 대 유엔정책을 협의.
	• 교포와 유학생주최환영회에 참석하고 국가재건에 역군되라고 당부.
	• 최고의 국감 지방 제10반 감사결과를 발표.
11월 18일	• 박의장, 「맥아더」장군과 회견.
	• 한미재단 초연서 연설. 아세아협회만찬회서 연설.
	• 최고의, 증수뇌처리에 관한 특례법을 성안.
	• 재건국민운동 · 중앙위 발족. 의장에 이관구씨, 부의장엔 김재준씨를 선출.
	• 문교부, 사대정비에 최종단안, 전국12개교를 폐지 결정.
	• 혁재, 군사독직사건 류영균 피고에 징역15년을 언도.
11월 19일	• 박의장, 샌프란시스코 안착. 「라이언」장군 초연에 참석한 후 「밴푸리트」 · 「딘」양 장군과의 만찬회에서 한국전 용사 추모.
	• 재건운동본부, 생활문화센터 개관.
11월 20일	• 박의장, 샌프란시스코서 교포와 유학생을 격려, 조국재건 역군되길 당부.
	• 샌프란시스코시장과 오찬회서 교환.
	• 아세아재단 및 세계사정협회의 공동 초연서 연설.
	• 정부, 부정축재처리법 개정공포.
	• 최고회의, 송수반 및 김기획원장으로부터 당면경제실정에 관한 브리핑을 청취.
	• 「버서」수한미대사, 사임하고 박의장 방미는 성공적이라고 언급.
11월 21일	• 박의장, 샌프란시스코 출발.
	• 박의장, 하와이 도착 큰 희망과 용기 주는 메시지 갖고 귀국한다는 성명 발표.
	• 「버거」주한미대사, 최고의 이부의장 예방.
	• 정부, 정부관리기업체직원보수통제에 관한 특별조치법시행령중 개정의 건 공포.
	• 정부, 우편규칙을 개정 연하우편에 대한 특별요금제 폐지.
	• 최외무 유엔서 스림 의장과 요담.
11월 24일	• 박의장, 진주만 시찰 후 「코」 사령관, 「펠트」 제독과 회담. 하와이 주정부 방문, 「퀸」 지사와 회담.
	• 박의장, 「오아후」섬 순방코 태평양전쟁 전몰장병 묘지에 화환 증정.
	• 정부, 주불대사 백선엽씨를 네덜란드 및 벨기에 양국 주재 전권대사로 겸임 발령하는 한편 프랑스 상주를 명.
	• 최고의, 부정축재처리위원장에 조시형 최고위원 임명.
	• 「메」 미부대사, 전임공사 「그린」씨와 함께 최고회의 이부의장을 예방.
	• 정부, 공무원수해보상규정을 공포.
11월 22일	• 박의장, 하와이교포에 연설.

	• 유재건운동본부장, 민단 5주년기념식전 참석차 향일.
	• 혁재, 민자통·전북협의회 사건에 구형.
	• 한국아세아반공연맹, 혁명후 첫 이사회 개최.
11월 23일	• 국토건설청, 장기개발사업을 위한 기술조사 약 80% 완료.
	• 정부, 전원개발5주년계획 발표, 5년 후 96만kw출력을 목표로, 총65만kw설비용량을 신설.
	• 주일 겸 주한 덴마크 대사 「톨벤 부스크 닐스」씨, 송수반을 예방.
	• 박의장, 하와이 출발.
11월 25일	• 박의장, 새벽에 동경 기착.
	• 박의장, 대미우호 대일국교 등 큰 성과 얻고 귀국.
	• 정부, 전국 모범군 28개 군에 기금 120만환씩으로 표준부락조성기금을 설치.
	• 마산영세중립회사건 등 피고 22명에 실형을 구형.
11월 26일	• 박의장, 멜로이 사령관에 요담.
	• 정부, 비밀보호규정 및 비밀취급인가규정을 제정.
	• 상공부, 정부 또는 정부관리기업체 수출장려보조금 교부방침을 수립.
11월 27일	• 박의장, 귀국인사차 윤대통령을 예방.
	• 정부, 임시각의에서 신년도 예산안 심의.
	• 최고의, 경제개발 5개년계획을 본격 심의.
	• 태국공군사령관 「찬들백사」대장, 박의장을 예방.
11월 28일	• 박의장, 지방행정관사에게 훈시.
	• 정부, 국방부를 제외한 신년도예산안 편성을 완료.
	• 특정외래품의 판매품종 한계 확정, 실무자회의서 단속도 보류.
	• 교통부, 국산객차 시운전.
	• 혁재, 양민피학살자 유족회 사건 김봉휘 피고 등에 구형.
11월 29일	• 정부, 공무원의 근무성적평가규정시행요강을 발표.
	• 국민운동본부, 12월 중순부터 5개월간에 걸쳐 문맹자 교육실시 예정.
	• 재무부, 특정외래품 판매단속 강화, 범법자는 구속방침 수립.
	• 한·일회담정부대표단 고문 등, 한·일교섭현황 보고차 귀국.
	• 정부, 국제식량업기구 주최 제3차 극동지역 가축생산 및 위생회의에 정부대표를 파견.
	• 농림부, 61년도 신규 영농자금 총2백3억6천7백환을 방출.
11월 30일	• 정부, 과학기술원설립위규정 및 교수연구실적심사규정을 공포.
	• 문교부, 전국대학 학과별 정원 7,500명을 결정.
	• 정부, 각급학교 상호간의 환치에 관한 학교 환치령을 공포.
	• 국토건설청, 정부기구개편에 따라 도시계획안을 국토건설청에 이속.
	• 국민운동본부, 재건청년회 및 부녀회의 운영방침을 발표.
	• 최고의 이법사위원장, 형기마치고 법정기간 경과한 자 복권수속을 촉구하는 담화를 발표.
12월 1일	• 최고의, 박의장 일행의 방미결과보고회 개최.
	• 언커크 추가보고서 작성을 위한 전체회의 개최.
	• 상공부, 신년도 상반기무역 계획발표.
	• 혁검, 광주사대당사건 구형.
	• 정부, 직할기업체인사관리요강 성안.
	• 외무부, 미 극동문제담당 차관보 해리만씨 임명을 환영하는 성명 발표.
	• 주한미경제협조처장 「킬렌」씨 내한 귀임.
12월 2일	• 정부, 신년도예산안을 임시각의에서 최종 결정, 예산규모 6천9백억대, 현년보다 8백억 증가.
	• 정부, 미창·한운 합병위원회규정 공포.
	• 정부, 새해부터는 연호를 서력기원으로 바꾸어 사용하는 연호에 관한 법률을 공포.
	• 정부, 세제를 전면적으로 개혁, 호별세, 교육세 등 폐지, 7개법을 공포.
	• 정부, 국토건설단설치법 공포, 만27세이상 징집미필자를 건설원으로 조직.
	• 윤대통령, 박의장 방미는 큰 성과라고 기자회견석상에서 언명.

• 혁검, 반혁명행위사건 상소심구형 공판에서 선우피고에 사형 구형.
• 최고의, 전국공무원, 국책회사원에 연하장 등 금지령.

12월 3일
• 정부, 병역미필자에 관한 특별조치법중 개정법률을 공포.

12월 4일
• 정부, 공무원연금법개정 공포.
• 「언커크」추가보고, 언커크 최종회의를 마치고 추가보고서작성에 관련된 성명 발표.
• 중학교입시, 전국 일제히 실시.
• 혁재, 특수밀수사건 첫 공판 개정.
• 체신의 날 기념식, 국민회당서 거행.
• 일 이세기(伊關)국장, 청구권지불은 남한에 국한된다고 중의원서 망언.
• 정부, 근로기준법개정 공포, 벌칙을 대폭강화, 해고의 예고, 퇴직금제 등 설정.
• 최고의, 국정감사서 판명된 비위공무원의 인사 조치를 내각과 대법원에 지시.
• 정부, 유엔에 통한백서를 제출.
• 정부, 288건의 구법령정비 완료. 189건은 신법으로 99건은 폐기.

12월 5일
• 최고의, 밀항단속법, 반공법중개정법률, 공보관설치법을 각각 의결.
• 혁재, 광주사대당사건 언도 공판.
• 서울시 청계천 덮개도로 개통식.
• 정부, 10만K 화전 건설 3년불의 현금 베이스로. 서독 씨멘스회사와 합의.

12월 6일
• 혁재, 3·15부정선거에 상소관결, 최인규, 한희석 피고에 사형확정, 이강학, 박용익 피고엔 무기징역 등 26피고에 실형언도.
• 최고의, 신년도예산안심의 착수, 작년도결산보고 접수.
• 정부, 해난심판법, 도선법, 항공표식법, 일본적산관리인명의의 등기취소에 관한 법률 등 신법률을 공포, 조선국민저축조합령 등 8개의 구법령을 폐지하는 법률을 각각 공포.
• 정부, 실업대책위설치하고 직원안정법, 인사소송법, 숙박업법, 공중목업법, 유기장법을 각각 공포.

12월 7일
• 박의장, 방미 귀국후 제1차 기자회견.
• 외무부, 박·이게다(池田)회담내용 공개.
• 한·미경제 군사고위회담 개최. 문교부, 전국18개 사범학교중 10개교를 2년제 교육대학으로 승격.
• 최고의, 구정권 요인 등 293명 불기소 결정.
• 혁재, 경북유족회사건 등 27명에 언도, 사형1명, 무기15명.
• 금통위, 4/4반기 일반은행 금융부문대출 최고한도를 30억 증액하여 기중대출 최고한도를 1,212억으로 책정. 통화량 2,890억, 혁명 후 645억 증.
• 최고회의, 재산해외도피 자진신고기간을 설정.

12월 8일
• 최고의, 공보실장 경질, 후임에 이후락 예비역소장 임명.
• 최고의, 각종세법개정법률과 법인세법, 소득세법, 물품세법 중 개정법률 및 불일공포예정인 재징법 중개정법률 등 세제개혁의 전모를 재경위 유원식 최고위원이 설명.
• 유외무국방위원장, 언론인 간담회서 혁명과업완수에 언론계와 전국민의 협조 요청.
• 정부, 공무원훈련법시행령 공포.
• 내각사무처, 구정권때의 대민부채가 총29억여환이라고 발표.
• 정부, 특정범죄처벌에 관한 특례법을 개정공포 및 소득세법 등 8개 세법 공포.
• 주미 「로물로」 필리핀대사 내한.

12월 9일
• 정부, 새지방세법을 공포. 공무원징계령 정부조달규정 등 5개법령을 공포.
• 미 유엔에 한국문제토의에 한국대표단만을 초청키로 한 결의안 제출.

12월 10일
• 인권선언일 13주년 기념식 거행.
• 혁검, 공소시효 11일로 만료, 기소 197건에 586명.

12월 11일
• 박의장, 혁검 공소시효 만료에 담화.
• 국민운동본부, 허례허식일소운동기간 설정.
• 혁검, 군부내반혁명행위사건 장도영 중장에게 특별법을 적용 추가기소.
• 혁재, 선우피고의 상소심에 징역5년을 언도.
• 혁검, 혁명관 사건 공소시효완료 총접수 건수 534건중 260건 기소 238건 불기소.

	• 정부훈령받고 이공사 귀임.
	• 주미 필리핀대사 「로물로」씨, 박의장을 예방.
	• 국부 육전사령관 정위원 중장 입경.
	• 유엔 정위, 한국문제 상정.
12월 12일	• 인권 옹호 주간맞아 전국여성대회개최 여권신장 위해 분발.
	• 유엔 정위, 한국문제 토론. 상오 11시2분에 토의 개시.
	• 최고의, 경제5개년 계획채택, 주내로 윤곽 밝힐 듯.
	• 재향군인회, 재건총회, 전우애 살려 단결다짐. 회장에 김홍일 장군.
	• 고리채정리 72% 판정.
	• 유엔 정위, 한국문제 토의 계속.
	• 경제각료회담, 비료조작 방침에 합의, 전량 농협 통해 배급.
12월 13일	• 송수반, 민간인에 친절하라고 공무원에 훈령.
	• 혁재, 군반혁명사건공판.
	• 유엔 정위, 조건부 북괴초청안 승인, 한국대표는 무조건으로 참석.
	• 최고의 상임위, 전기측정법안 통과, 구법 6건도 정리.
	• 한ㆍ일회담 배수석 기자회견담, 한ㆍ일 고위정치회담 연내 실현희망.
	• 정부, 밀항단속법, 폭력행위자 등 단속에 관한 특례법, 미성년자보호법을 각각 공포.
12월 14일	• 최외무, 유엔 정위서 연설, 4ㆍ19, 5ㆍ16혁명의 의의를 설명.
	• 최고의, 예산안 종합심사착수, 특별위도 구성.
	• 박의장, 일선장병 격려하자고 후방국민의 위문을 촉구.
	• 예산안심사특별위, 국ㆍ공유 유휴재산 불하, 적자요인 줄이기 위해 세입 백여억 증액.
12월 15일	• 최고의, 행형법개정안 등 6개 법률안을 의결.
	• 정위원 국부 육전사령관 이한.
	• 정부, 공무원정원 236,247명으로 확정.
	• 각의, 석탄종합개발법안, 군형법안 등 통과.
12월 16일	• 박의장, 최전방 국군 및 유엔군 장병들과 고아, 양로원에 선물.
	• 최고의 예산심위, 법무부소관 예산안심의 완료.
	• 최고의 김재경위장, 중소기업협동조합법안 및 중소기업사업조정법안에 대한 담화발표.
	• 정부, ICA부진기업체에 정부보증으로 무담보로 융자(충자 70억).
	• 정부, 도와 서울특별시의 행정기구에 관한 건 개정 공포.
	• 김내각사무처장, 보고통제규정공포에 담화 발표.
	• 정부, 외자도입 운용에 관한 기본지침 결정.
	• 혁재, 군반혁명사건 변론공판종결.
	• 대법원, 전국사법감독관회의 개최.
	• 박교통, 교통부 지방소속 국장회의서 새해 중요정책 지시.
	• 김정보부장, 간첩체포유공자에 표창.
	• 삼척지구산업도로 첫 개수공사 준공식 거행.
12월 17일	• 최고의 예산심위, 새교육정책을 채택, 인문계 중ㆍ고교졸업자에 단기실업교육 실시.
12월 18일	• 박의장, 공무원기강확립 재강조 담화.
	• 최고의 상임위, 새해 기본정책심의 확정.
	• 최고의 예산심위, 보사부소관 예산심사 완료, 일반경상비 삭감.
	• 정부, 국토건설단설치법시행령, 내각사무처직제 개편, 체육심의회규정, 각행정기관에 배치할 국가공무원 정원에 관한 건을 각각.
	• 정부, 연말연시종합행사계획 발표.
	• 정부, 유실물시행령 등 5개구법 정리, 각령과 등록세법시행령중개정의건 등 5개 각령을 각각 공포.
	• 재무부, 전국사세청장회의 개최.
	• 한내무 24일, 31일밤 통금해제하고 풍기문란자를 단속 언명.
	• 정상공(구미경제사절단장) 차관교섭의 성공을 귀국성명.

12월 19일	• 이법사위장, 특정범죄처벌에 관한 임시특례법개정법률의 입법취지에 대한 담화발표.
	• 최고의 상위, 산업은행법개정법률안 통과.
	• 최고의 공보실, 새예산안심의상황 공개키로 하고 "경제개발 5개년계획외의 신규사업을 불허" 한다고 발표.
	• 최고의, 구법정리로서 상품권법안 등 8건을 의결.
	• 최고의, 사법관 시보제를 없애고 2년제 사법대학원을 설치 결정.
	• 정부, 관세법 및 특정외래품판매금지법에 의한 몰수품 및 국고귀속물품에 관한 임시조치법 공포.
	• 송수반, 전공무원에 허례허식 금지를 지시.
	• 송수반, 중앙관서 및 공무원교육원장에 62년도공무원훈련방침 시달.
	• 고법무, 전국소년원장회의서 도의교육 등 지시.
	• 혁재, 경무대앞 발포사건 상소심서 원심파기하고 홍진기 피고에 무기, 유충열 피고에 20년, 곽영주 피고에 사형, 백남규엔 3년6월 언도.
12월 20일	• 최고의 예산안심위, 대통령실, 최고의기관, 경제기획원, 국토건설청소관 축조심의.
	• 조부정축재처리위장, 개정법에 의한 통고액 발표. 새해당자 등 57건 조사.
	• 정부, 해외시장개척추진계획을 성안.
	• 경제기획원, 외자도입촉진위 정식구성, 위원7명 위촉.
	• 감위, 전국 국립대학교 감찰총평 발표.
	• 소년교통경찰대. 전국적으로 조직.
	• 재일교포실업인단 61명, 모국경제개발협조차 입경.
12월 21일	• 박의장, 1군사 방문하고 전장병에 훈시.
	• 최인규, 곽영주, 조용수, 임화수 및 최백근 등 5명에 교수형 집행.
	• 최고의 예산심의위, 상공부소관의 예산안 심의.
	• 최고의 상임위, 출판업취체규칙폐지에 관한 법률안 및 생활보호법안 등 통과.
	• 최고의 법사위 상법안심의위, 상법안 공청회를 개최.
	• 박의장, 대학교직자들에 경고.
	• 상공부, 한국최초로 600봉도의 소모사 대미수출을 발표.
	• 시경, 신흥강패의 근절을 예하서에 지시.
	• 재일교포실업인 일행, 송수반을 예방.
	• 혁재, 장도영 반혁명사건 구형공판 연기.
12월 22일	• 박의장, 해외교포에 신년메시지 발표.
	• 최고의 상위, 염관리임시조치법안 의결.
	• 최고의 예산심위, 신년도수출장려보조금 65억 계상 통과.
	• 정부, 주일대사에 배의환씨 주미공사에 정소영씨, 게네버공사에 이현빈씨를 각각 임명 발표.
	• 배수석, 한 · 일회담 휴회에 즈음하여 정치회담의 필요성 강조.
	• 정부, 국토건설단 직제 공포.
	• 정부, 재무부차관에 정인만 육군준장을 임명.
	• 재일교포실업인단, 박의장을 예방.
	• 정부, 전국학생자격국가고시 실시.
12월 23일	• 박의장, 북한동포에 신년메시지 발표.
	• 박의장, 지방장관회의서 절량농가근절책 수립, 인사행정의 공정 및 공무원의 기강확립 등 촉구토록 훈시.
	• 박의장, 시민회관서 내외인사 초청하고 송년파티 개최.
	• 박의장, 국군장병에 신년 메세지 "국가재건에 분발" 다짐.
	• 최고의 상위, 외국환관리법안 의결.
	• 송수반 사무비 등 삭감하여 적자보전을 희망, 연내물가 억제법도 강화 언명.
	• 최고의 상위, 광고물단속법안 등 6건의 새법률안 의결.
	• 정부, 자동차저당법 및 항공기저당법을 각각 공포.
	• 혁검, 장도영, 김일환, 이민영, 송찬호피고에게 사형, 방자명, 정상원, 안용학, 박치옥, 문재준 피고에

무기, 기타 15명엔 10년에서 20년을 각각 구형.

• 정부, 공무원승진규정 및 교도소설치법안을 각각 공포.

• 박국장, 북괴군 불법증강에 경고.

• 문문교, 해외유학생들에 메시지 발표.

• 배수석대표 귀국.

12월 24일
• 박의장, 유엔장병에 성탄절 메시지

• 송수반, 각료 및 청장전원을 대동하고 일선장병 위문차 출발.

• 외무부, 재외공관 관계관 연석회의에서 경제외교강화책 토의.

• 이치안국장, 연말연시 경계에 담화.

• KBS, TV시험 송신.

• 서울시, 덕수궁도로 확장 및 철책대치공사 준공식 거행.

12월 25일
• 정부, 5개년경제개발계획의 일환으로 강력 경제외교정책을 수립, 소요외자 24억 불 조달.

• 정부, 개간촉진법안, 실업 및 동계구호대책안 의결.

• 정부, 중요광물개발촉진법안 성안.

• 한백협회 문화사절단, 브라질정부와 이민문제협의차 출발.

• 출력 3만Kw발전함, 부산항입항환영식 거행.

• 재일교포실업인단, 고아에 양말 기탁.

12월 26일
• 박의장, 이부의장 및 이공보실장을 대동하고 김육군참모총장 안내로 전선 시찰.

• 최고의, 불교단체법안 심의.

• 최고의 상임위, 문화재보호법 등 구법정리 11건 의결.

• 박의장, 일선시찰서 북괴대남방송 강화 보고 청취.

• 정부, 국내재산해외 도피신고 촉구에 관한 담화 발표.

• 정부, 농림부훈련원 직제 공포.

• 박의장, 신년도 미군원 총체적으로 증액되었다고 언명.

• 배수석대표 일행, 송수반 방문하고 한 · 일회담의 경과를 보고.

12월 27일
• 최고의 상임위, 국민은행법안, 관세법개정안 및 지방교부세법개정안을 의결.

• 박의장, 농경개선과 농민생활의 향상을 촉구하는 담화를 발표.

• 최고위 예산심의위, 재무부소관 심의, 농사원소관은 심사완료.

• 최고의 상임위 석탄개발임시조치법안 등 7개법안 의결.

• 최고의 예산심위, 부정축재처리특별회계예산안 의결.

• 정부, 중소기업협동조합법 및 중소기업사업조정법 조정법 공포.

• 정부, 향토예비군설치법 공포.

• 김기획원장, 경제현황에 관한 담화 발표.

• 한 · 일회담 대표, 박의장 예방.

• 서울시, 혁명후 시정중요업적 발표.

• 서울시, 미아리 보조수원지 준공식 거행.

12월 28일
• 박의장, 권재일교포단장에 "조국재건에 기여" 당부.

• 최고의 상임위, 서울시와 도 · 시 · 군에 교육위원회 신설하는 교육법개정안 의결.

• 최고의 상위, 군법회의법안 등 제법안을 심의키 위하여 특별심의위 구성.

• 최고의 상임위, 산업부흥국채개정법안 의결하고 식품위생법안 심의.

• 정부, 새해부터 만년령 쓰기 전국 각 기관에 시달.

• 최고의 상임위, 재정자금운용법 등 2개 부수법 의결.

• 최고의 예산안심위, 예산안종합심의 완료.

• 최고의 상위, 국토건설단특별회계법안 등 8건 의결.

• 서울시, 건설부문 백억을 포함한 새해사업계획 발표.

• 난민주택 150호 입주식 거행.

12월 29일
• 최고위 상임위, 61년도 도입비료판매가격 동의안을 의결.

• 최고의 상임위, 예산안 계수정리 완료.

12월 30일	

- 최고위원, 일선장병 위문차 현지 향발.
- 정부, 새해에 우방각국과 18개 조약체결 추진 계획.
- 천재무, 지역별 직장별 저축조합결성계획 발표.
- 최고의 상임위, 물가조절법개정안 의결.
- 한운·미창 주주총회서 합병계약 승인.

12월 30일
- 최고의 예산심위, 농협예산안 의결.
- 최고의 상임위, 군납촉진임시조치법안, 선원법안 통과.
- 최고의 상위, 국방대학원설치법안 및 증권거래법안 등 14개 법안 의결.
- 최고의 상임위, 이식제한법안 의결.
- 최고의 상위, 공무원비위조사에 관한 임시특례법안 수정
- 최고의 부정축재처리위, 부정축재처리를 완결.
- 부정축재환수관리위, 부정이득 60억5천만환, 공무원부정 21억3천만환을 환수했다고 발표.
- 최고의 상임위, 기류법안 등 4개의 민사특별법안 의결.
- 정부, 한국조폐공사법 및 석탄공사법중개정법률안 공포.
- 정부, 하천법 등 구법령을 정리하는 27개 법령 공포.
- 박외무, 국제해사자문기구에 한국이 정식가입했다고 발표.
- 정상공, 신년도수출 보조에 대한 담화 발표.
- 법무부, 새해 시정방침 성명.
- 박혁검부장, 부정선거자금 조달 및 제공자 8명에 개전의 정을 참작하고 국가에 봉사할 기회를 부여하기 위해 공소를 취하한다고 발표.

12월 31일
- 최고의, 62년도 총예산안, 총규모 6,891억환, 순적자 108억으로 감축.
- 박의장, 농어촌개발계획에 중점토록 신년도예산공포에 담화.
- 정부, 염관리임시조치법과 출판사 및 인쇄소 등록에 관한법률 공포.
- 김기획원장, 감천화력발전건설에 미 2천만불 차관을 승인발표.
- 문교부, 5·16후 해면된 학교장 재등용 성명.
- 정부, 행정부 파견군인 52명 원대 복귀명령.
- 정부, 토지개량사업법 공포.
- 부정축재처리위, 부정축재통고액 일부증액을 발표.

1962년

<table>
<tr><td>1월 1일</td><td>

- 박의장, 1962년 새해를 맞아 내외에 연두사.
- 윤대통령, 민주낙원을 이 땅에 실현시킬 것을 맹세하고 건설과 자유 번영은 당면과제라고 언명.
- 박의장, 자립정신확립의 필요성을 강조하고 거족적 단결로 혁명과업 완수와 국가재건을 위한 최대봉사의 해가 될 것을 굳게 다짐.
- 송수반, 경제재건 제1년은 농어촌향상에 주력하고 승공통일의 실력배양을 기약한다는 담화 발표.
- 조대법원장, 준법정신 크게 받들어 민주구현에 노력 다짐.
- 「버거」주한미대사, 한국민의 복지향상을 희원.
- 윤대통령, 박의장 및 최고위원 국군묘지 참배.
- 정부, 외국환관리법, 기업예산회계법, 국민은행법 및 지방교부세법을 각각 공포.
</td></tr>
<tr><td>1월 2일</td><td>

- 치안국, 리·동 직장별로 방범위원회 조직 등 국민방범운동에 관한 사항을 지시.
- 김정보부장, 가정보부원들의 도량에 현혹됨이 없도록 경고 담화 발표.
</td></tr>
<tr><td>1월 3일</td><td>

- 박의장, 동해 속초해상에서의 어선피해 참보를 접하고 피해유족에 조의를 표명하고 구호작업에 총력을 경주하여 유족들의 구호대책을 관계당국에 지시.
- 장농림, 유족들에 한달분의 식량지급을 강원도지사에게 지시.
</td></tr>
<tr><td>1월 4일</td><td>

- 박의장, 최고의 시무식서 직원들에 솔선수범, 봉사정신 함양, 특권의식의 배제를 훈시.
- 최고의, 비위공무원조사위원회 구성하고 위원장에 조시형 준장 임명.
- 정부, 특별징계항고심사위원에 각부차관 등 14명을 임명.
- 금통위, 1962년도 1·4반기 금융부문자금계획안을 상정 심의.
- 「로버트 A 스카라피노」교수(아시아극동문제 전문가이며 한국군사혁명예언자) 내한.
- 경제기획원, 17개업종 외자도입신청마감결과 신청건수 총55건이라고 발표.
- 박의장, 동해안풍랑재민에게 보내는 구호금 금일봉 보사부에 기탁.
</td></tr>
<tr><td>1월 5일</td><td>

- 박의장, 62년도 시정방침 천명하고 건설 새해를 맞이하여 국민은 자기위치서 봉사토록 정권이양의 사전준비 추진을 당부.
- 박의장, 경제기획원 연두시찰하고 경제 각부처의 효율적인 기획협조 및 대외경제교섭에 대한 일원적 통제 지시.
- 박의장 재무부 시찰하고 세리비행은 밀수와 동일하다고 언명.
- 최고의, 제1차 경제개발 5개년계획 발표.
- 박의장, 장농림으로부터 잠업증산 대책과 이에 필요한 외자도입계획을 보고받고 상목 식수와 외자도입 촉진을 강조.
- 각의, 62년도 세출예산배정지침을 의결.
- 최외무, 윤대통령, 박의장 및 송수반을 각각 예방하고 귀국보고.
- 농림부, 내3월말까지의 호당 8천4백환 목표로 농가당 수입지도 방침 수립.
</td></tr>
<tr><td>1월 6일</td><td>

- 정부, 공보자문위원회규정을 공포.
- 송수반, 외무부 순시하고 5개년 경제계획을 성공적으로 완수키 위한 강력외교를 당부하고 보사부 및 농협중앙회 순시하고 신년도 운영계획 청취.
- 정부, 지방세무행정기관의 명칭, 위치 및 관할구역에 관한 건중 개정의 건, 특정범죄처벌에 관한 임시조치특례법중 개정법률, 공무원비위조사에 관한 임시특례법을 공포.
- 구 정치인 연금상태 해제.
- 「로버트 A 스카라피노」박사, 박의장 예방.
- 혁검, 부산특수밀수단사건 한필국 피고에 사형 기타엔 무기징역 내지 5년 이상의 형을 구형.
</td></tr>
<tr><td>1월 7일</td><td>

- 한·일회담 우리 대표, 한·일회담의 제반문제 해결은 정치회담에서 하기로 언명.
- 내각사무처, 민원서류 간소화계획 발표.
- 언커크, 통일문제 한국정정 토의 준비.
</td></tr>
<tr><td>1월 8일</td><td>

- 최고의, 국영 및 정부관리기업체의 62년도 예산안을 심사키 위한 특별위원회를 구성하고 심의 착수.
- 박의장, 상공부 시찰 한국전력의 업적 성취코 상공행정업적을 칭찬.
</td></tr>
</table>

	• 박의장, 농림부, 농협시찰하고 국민에 약속지키라고 강력 지시.
	• 최고의, 국영 및 정부관리기업체예산심의위, 한은예산 심의.
	• 기획원, 긴급물자도입계획성안 안정기금 2천만불 배정.
	• 정대사, 「해리만」 국무차관보와 회담코 장기 경원에 고무적이었다고 언명.
	• 장농림, 정부가 장려한 잠업진흥에 적극 참여토록 담화 발표.
	• 정부, 자매결연으로 농촌에 보낸 선물 소 58두, 돼지 304두, 현금 370만환이라고 발표.
	• 장농림, 미창이 한운 흡수하고 신발족했다고 발표.
1월 9일	• 최고의, 새해 첫 상임위원회 개최.
	• 박의장, 외무부 시찰하고 경제외교강화 등 당부.
	• 정부, 문교에 김상래씨, 법무에 조병일씨를 각각 임명 발표.
	• 「파울러 해밀톤」(미국제개발처장)일행 내한.
	• 최고의 특위, 한은예산안 심의, 순익 143억 책정.
	• 「해밀톤」 처장, 윤대통령, 박의장, 송수반, 최외무를 각각 예방.
	• 수해대책위, 동해안 해상사고 전모 발표.
	• 최고의, 국영 및 정부관리기업체예산심의특위, 인건비 등 기준통일 원칙을 결정.
1월10일	• 한 · 미고위경제회담 개최.
	• 송수반, 적십자회비납부 운동에 적극협조 촉구.
	• 정부, 문화재보호법 등 7개의 법률을 공포.
	• 혁재, 군내 반혁명사건 장도영, 이민영 피고에 사형, 박치옥, 문재준, 김일환, 정원상 피고에 무기, 최재명 피고 외 9명엔 무죄언도.
	• 혁검, 부정축재조사단사건 양인현 피고에 사형, 정태영 피고외 7명에 최고 20~3년의 체형을 구형.
1월11일	• 박의장, 보사부 시찰하고 가족계획을 적극 계몽실시토록 당부.
	• 송수반, 울산을 종합공업지대로 물색하고 직접 현지답사.
	• 내무부, 국토건설단 해당자는 22일부터 2월5일까지 신고토록 공고.
	• 최고의 내무위, 공공단체에서 부과하는 기부금행위 전국적으로 실태조사키로 결정.
	• 재무부, 제14회 건국국채 70억환을 100% 소화했다고 발표.
	• F.A.O 유엔기금 등 195만불로 개간 간척조사 착수.
	• 감위, 서울, 부산 등 사세청 감찰결과를 발표.
1월12일	• 최고의 상임위, 토지수용특례법안, 민사소송법안인지법중 개정법률안을 의결.
	• 신구 법무, 문교 양장관 및 정재무차관, 배주일대사, 제네바이주공사, 이취임인사차 박의장 예방.
	• 내각 , 서울특별시 임시조치법안 의결.
	• 박의장, 공보부시찰하고 공보업무의 일원화 지시.
	• 최고의 예산심사특위, 산은예산안 심의 6천만환을 삭감.
	• 정부, 혁명정부 7개월간의 업적 발표.
	• 정부, 부정축재자공장건설대납세칙 공포.
	• 각의, 신헙법 및 선거법의 자문기관인 법제조사안규정을 공포키로 의결 · 위원장에 법제처장, 위원7명으로 구성.
	• 정부, 이식제한법 등 17개 법령 공포.
	• 경제기획원, 62년도운용방침 발표. 경제개발촉진법도 성안 기술행정 등 강화.
	• 내무부, 지방행정기능강화 청원경찰제 실시를 포함한 62년도 중요정책 발표.
1월13일	• 최고의, 62년도 제1차 본회의에서, 정부측의 세계정세보고 등 청취.
	• 박의장, 불교분쟁에 대한 담화발표.
	• 송수반, 5개년 계획은 국민협조로 목표를 달성할 것을 강조.
	• 정부, 3조2천억 투입, 연성장률 7.1%, 투자재원 민간 44%, 정부 56%, 실업율 24%를 15%로 하는 제1차 경제개발 5개년계획 발표.
	• 한내무, 국토건설원 해당자의 신고를 촉구하고 제1차는 3월경 편입 언명.
	• 상공부, 석탄증산으로 산업구조개혁을 기한 62년도 운영계획 발표. 전원개발.
	• 재건운동서울지부, 문맹교육봉사단 결단식 거행.

1월 14일	• 정부, 20개국에 친선사절 파견계획.
	• 외무부, 경제 및 대아프리카 외교에 중점을 둔, 62년도 9대 사업목표 한·독 투자협정 곧 체결. 덴마크서도 기술협조 정식 제의.
	• 최외무 천재무,「버거」대사 참석리 한미고위회담 개최.
1월 15일	• 박의장, 부산군수기지사령부 창설 제2주년 기념식에 참석.
	• 최고의, 공보업무의 체계일원화 등 5개사항 62년도 공보정책 성명.
	• 정부, 개발차관, 수출보증에 1억5천만 마르크의 한·독·이 경제협정 발표.
	• 정부, 이식제한법 등 13개 법률 공포.
	• 정부, 사범학교 없애고 교육대 설치하는 국립교설치령개정안 성안.
	• 정부, 공무원해외주재령 공포.
	• 내각기업통제관, 각부 관계관에 기획교육 실시.
	• 서울시, 시민헌장제정 선포식 거행.
1월 16일	• 최고의 상임위, 군형법안 등 4개 법안, 도시계획법안을 의결.
	• 박의장, 농민을 위한 안내공보 활발히 하라고 지시.
	• 최고의 국영기업체예산심의특위, 총규모 462억의 한전 및 대한중공업의 신년도 예산안을 심의.
	• 최고의 상임위, 이북5도에 관한 특별조치법안을 의결.
	• 정부, 각 원부처청의 심사분석관회의 개최.
	• 혁재, 부정축재조사단사건 양인현 피고에 사형, 정태영 피고에 무기, 기타5명엔 최고 20년, 김성기 피고에 무죄선언.
	• 혁검, 부정축재, 군부독직사건 백인엽, 엄홍섭 피고에 무기, 김영선, 한광석 피고엔 15년 8명엔 거액의 추징금 병과.
1월 17일	• 최고의 상임위, 군인사법 의결.
	• 최고의 상임위, 국민재건운동의 중점사업 결정.
	• 향토재건 등 7개항 의결승인.
	• 최고의 상임위, 재건국민운동에 관한 법률중개정법률과 동법시행규칙개정안을 의결.
	• 부정축재처리위, 사형된 자의 부정축재통고액 환수않기로 결정.
	• 보사부, 62년도 사업계획 발표.
	• 문교부, 신학년도부터 실업학교에 32개 직업보도소 신설하고 관비직업교육 실시, 직장도 알선.
	• 혁검, 전남도경부정사건 6명에 최고15년 구형.
1월 18일	• 박의장, 재건국민운동본부 방문하고 활발한 농촌계몽을 강조.
	• 최고의 상임위, 한국마사회법안 등 5개법률안 의결.
	• 최고의 상임위, 식품위생법 등 4개법안 의결.
	• 정부, 총 55건의 구법령 20일까지 정리완료 예정.
	• 상공부, 표준국 첫 단계사업으로 공업표준심의회를 구성.
	• 김기획원장, 유솜처장과 회담하고 한·미경제 협의.
	• 금통위, 3개 시은 대출한도 116억 증액키로 의결.
1월 19일	• 박의장, 체신부 시찰하고 우편저금 더욱 증가되도록 당부.
	• 최고의 상임위, 수산업협동조합법 등 4개법안 심의 결의.
	• 각의, 국민저축운동실시계획 의결.
	• 정부, 외환관리법시행령 공포.
	• 최고의 상임위, 광고물단속법 및 상법·어음 수표법 등 의결.
	• 경제기획원, 62년 예산배정계획 및 월별자금계획 공표.
	• 최고의 상임위, 군법회의심의 통과.
1월 20일	• 박의장, 구법정리완결에 국민의 권익보호를 강조. 중앙정보부 순시.
	• 최고의 상임위, 서울특별시 특별조치법 의결.
	• 정부, 국가사회에 유공한 자에 포상제 실시키로 결정.
	• 김내각사무처장, 62년도 독립합의제의 인사기구 설치 등 시정방침 발표.
	• 정부, 새상법 공포식 거행.

	• 농림부, 61년도 실적 공표.
1월 21일	• 최고의 공보실, 5·16혁명 이래 의안 총 466건을 처리, 기중 462건 가결 2건 부결, 2건은 폐지되었다고 발표.
	• 재건국민운동본부, 기구개편 따라 국민교육원 신설.
1월 22일	• 박의장, 법무부 시찰하고 교도소는 교외로 이전하고 법관의 특권의식 버리도록 당부.
	• 박의장, 민정복귀공약 다짐 (비양심적 정치인 출마제한하고 혁명과업 완수할 수 있는 민간정부 수립).
	• 박의장, 내각사무처 및 기획통제관실시찰하고 서식 관소화 등 지시.
	• 최고의 공보실, 군관용 차량 교통법규 준수에 관한 지시를 산하기관과 행정부 및 사법부에 시달.
1월 23일	• 박의장, 문교부 시찰하고 교육계의 파벌일소 지시.
	• 박의장, 교통부 및 서울공작창 시찰하고 관광사업 진흥대책 촉구.
	• 혁재, 부정축재 등 10건에 관련된 백인엽 피고에 무기징역, 김영선, 이용범, 한광석 피고엔 10년, 엄홍섭 피고에 12년, 양국진 5년 언도.
	• 혁검, 국사독직 피고사건 유태하에 15년 추징금 700만환 구형.
1월 24일	• 박의장, 전국지방장관회담서 1차년 경제기획 만전준비 갖추도록, 월권무사주의 일소. 농어촌진흥 위한 혁신책 강조.
	• 박의장, 공무원교관교육 수료식서 인간혁명을 강조.
	• 정부, 김종오중장을 대장으로, 이주일소장을 중장으로 각각 승진발령.
	• 최고의, 공무원비위조사위 조위원장, 경남북조사결과를 보고(38건 92명을 적발 입건13 파면24 징역2명 조치).
	• 박의장, 한국예술련 대표에 문화단체 정치적 이용불가를 당부.
	• 감위, 전기3사 감사결과, 통합후 흑자89억을 냈다고 발표.
	• 천재무, 연도사업계획 발표.
1월 25일	• 최고의, 검역비 부당징수 밝히도록 보사부에 조사 지시.
	• 박의장, 국방부 시찰 정치에 이용 안 당하도록 군단위 강조 지시.
	• 최고의 상임위, 회계직원 등 책임관계법 개정과 건설업법중개정법률안 심의 의결.
	• 정부, 시효경과된 보존문서를 정리하고 4월초까지 가치 없는 것은 폐기키로 결정.
	• 정부, 외국환심의위원회규정 공포.
	• 정부, 주태국대사 류재흥씨를 주말레이시아 겸임대사로 임명 발령.
	• 운동본부장, 지부장 및 차장연석회의서 청년지도층의 양성을 강조.
	• 외무부, 벨기에 정부와 상표상호보전에 관한 협정을 체결 발표.
	• 농림부, 쌀1만톤과 일산비료 3만6천톤을 물물교환키로 하는 삼각무역에 의한 대오키나와 수출 계약의 월내 체결을 예정.
1월 26일	• 국토건설청, 금년도 국토건설계획의 개요와 61년도 국토건설업적을 발표.
	• 문교부, 3월까지 학제개편안 확정, 62년도 중요사업계획 발표.
	• 혁검, 김웅수, 정강 피고에 무기구형 즉각 재구속.
	• 문교부, 5월 문예상 수상 규정을 발표.
1월 27일	• 최고의 상임위, 63년도 기본정책심의 착수하고 64년도 예산원칙도 수립.
	• 송수반, 구악잔재 가차 없이 비위공무원에 처단한다고 경고.
	• 내각사무처, 혁명후 8개월간의 공무원비위 3,653건을 적발했다고 발표.
	• 송수반, 울산공업지구결정에 관한 담화 발표.
	• 정부, 울산지구 공업지대화 정식 공포.
	• 정부, 공무원보수규정을 개정 공포.
	• 정부, 국가기획제도 연구위 첫 회합, 위원 14명을 위촉.
	• 정부, 한·일회담 방침 결정하고 사무적 토의 계속.
	• 혁검, 박병배·윤우경 피고에 무기구형, 최창수 피고엔 징역 20년 구형.
1월 28일	• 최고의 예산심의특위, 정부관리기업체 인건비 기준을 재 책정.
1월 29일	• 박의장, 대법원 시찰하고 구태의연한 직무태도 지양과 자가단속 당부.
	• 박의장, 문화재관리국 시찰하고 종합관리책도 지시하고 창경원의 고궁수리도 지적.

	• 주한네덜란드 대사 「드 보고드」씨 신임인사차 박의장 예방.
	• 정부, 공무원 해외출장규정에 수교훈장령 및 근무공로훈장령 일부 개정, 군인사법중개정법률안을 각각 공포.
	• 삼척 오십천 수로 변경 기공식 거행.
1월 30일	• 정부, 중앙각부처 · 각도기획조정관회의 개최하고 62년도 기본운영계획 토의.
	• 경제기획원, 부정축재자 8명으로 투자공동체 구성을 발표.
	• 한 · 독 차관협정 발효. 부대조건에 서명.
	• 내각사무처, 인사담당공무원에 실무교육 실시.
	• 송수반, 지방실태 시찰.
	• 최고의 예산심사특위, 농협지출예산 272억환중 1억8천만환 삭감.
	• 박의장, 유럽 조선시설 시찰 보고청취.
1월 31일	• 박의장, 울산공업지대화에 담화 발표.
	• 박의장, 최고의 상임위에 저축운동 계몽을 강조.
	• 국민은행 개점식 거행.
	• 최고의 상임위, 국민저축운동안 심의를 보류.
	• 혁재, 족청계 반혁명음모사건 언도.
	• 부정축재조사단 증회사건에 구형.
	• 최외무, 일의 독도 영유권을 반박.
	• 부정축재사건 언도.
	• 국사독직사건 언도.
	• 경남북 족청계 반국가행위 사건 언도.
	• 한국교사협회반국가행위사건 구형.
	• 최고의 상임위, 공공요금심사위설치법과 시체해부보존법을 의결.
	• 배대사, 일 이세기(伊關) 아세아국장을 방문하고 대북괴 통상 항의.
2월 1일	• 박의장, 최고위원 및 직원들에 리도쇄신을 위한 자각과 반성을 촉구.
	• 박의장, 외자도입기구를 강화토록 관계관에 지시.
	• 박의장, 해병대모범 용사들을 격려.
	• 최고의 의장을 비롯하여 최고위원, 고문 자문 및 전문위원, 영관급이상 장교 등에 기획교육.
	• 공보부, 자매결연사업실적 발표.
	• 정부, 울산공업센터와 문화도시를 위한 종합계획 발표.
	• 서울특별시, 내각수반 직속으로 승격.
	• 혁재, 조윤제 피고에 무죄선고.
2월 2일	• 박의장, 공업센터기공식 참석차 울산향발.
	• 김내각사무처장, 민원서류 대폭간소화를 위한 예비조사결과 발표.
	• 한국광업제련공사 정부투자로 발족.
	• 상공부, 서울에 정찰제 시범점포 제1차로 14개소를 지정.
	• 원자력원, 금년도기본운영계획 발표.
2월 3일	• 박의장, 제철, 비료, 정유 등 기간산업을 집중 건설할 울산공업센터 설정식전에서 민족재흥의 기회와 분발을 촉구.
	• 윤대통령, 신년 기자회견에서의 구정치인의 출마제한 재검토를 희망.
	• 박의장, 울산에 "국교정상화전이라도 일의 민간투자 문호를 개방한다"고 기자회견서 언명.
	• 김종필 특사, 태 · 월남 · 필 · 말레이의 동남아 4개국 친선방문차 출발.
	• 언커크 전체회의 개막, 통한문제 등 토의.
	• 내무부, 국토건설원 1만6천여명이 신고 지원자는 1만2천명이라고 발표.
	• 국방부, 병역의무유학생의 귀휴제도 폐지.
2월 4일	• 정부, 독립, 건국, 혁명유공자의 포상계획을 발표.
2월 5일	• 최고의, 제2차 기획업무교육을 실시.
	• 경제기획원, 기술진흥 5개년계획을 발표.

- 정부, 일반공무원과 교육공무원 2,472명을 증원함으로써, 공무원 총수는 240,255명이라고 발표.
- 정부, 공보관직제 등 4개의 각령 공포,
- 각의, 정부관리기업체 처우개선안 의결.
- 문교부, 한글 심의회 규정을 제정.

2월 6일
- 박의장, 민정복귀 후에도 국가기획제도의 존속을 희망.
- 최고의 예산심사특위, 국영 및 정부관리기업체 예산심사 대체로 완료.
- 김특사, 태 수상에 박의장의 친서전달하고 회담.
- 손전매청장 일행 해외의 현대식 연초제조공장의 시설제조 과정 등을 시찰하고 귀국.
- 정부, 군인사법시행령을 공포.
- 농림부, 62년도 농산물생산계획 발표.
- 공보부, 새해사업계획을 공표.

2월 7일
- 최고의 상임위, 국가공무원법중 개정법률안, 국제해사자문기구가입동의안 의결.
- 최고의 상임위, 농협임원임명에 관한 임시조치법안 의결.
- 한 · 일회담 매주 1회씩 재산청구권소위원회와 전문가회의를 개최키로 합의.
- 정부, 건설업법중개정법률과 회계직원책임법을 각각 공포.
- 공보부, 62년도 중요사업계획을 발표.
- 법무부, 근로기준법 위반 기업주 엄단토록 전국 검찰에 직접수사를 지시.
- 서울시 사방사업 3개년계획 수립.

2월 8일
- 박의장, 최고의 각분위 시찰하고 각기관에 파견된 현역군인의 감축. 구법 재검토, 절량농가의 적극 구호책 당부.
- 최고의 공보실, 행정현황, 업적 등 파악키 위해 최고위원 등 10개반으로 조성하여 지방시찰키로 했다고 발표.
- 김특사, "동북아 조약 기구창설은 불요"하다고 태국서 언명.
- 재무부, 세제심의위원 6명 위촉.
- 최고의 및 정부, 전국에 7,714에 달하는 기업을 일제히 조사하여 생산업계를 정비키로 결정.
- 문교부, 중 · 고 · 대학 입학 임조법시행세칙 개정.

2월 9일
- 최고의 상임위, 임시토지소득세납부의무면제에 관한 특별조치법, 체납조세의 납부면제에 관한 특별조치법 의결.
- 박의장, 영세농민과 시민들의 체납세금을 면제하는 특별법 제정에 관하여 담화 발표.
- 박의장, 경기도지방 시찰 후 유농림위원 장농림 등에 농촌진흥책 긴급지시.
- 경제각료회의, 주가안정책에 합의.
- 정부, 중소기업협조법시행령 공포.
- 최고의 국영기업체예산심특위, 국영기업체 급여기준 정부안대로 의결.
- 정부, 충주에 제4비료공장 건설추진.
- 재일교포실업인단 두 번째 모국방문.
- 교통부, 관광사업의 연구심의기관으로 중앙관광위 설치.

2월 10일
- 최고의 상임위, 개간촉진법안 의결.
- 박의장 국토건설단 창단식전에서 "살기좋은 국토 이룩하도록" 치사.
- 농림부, 농어민포상세칙 발표.
- 김문교, 사립교법 제정하여 사학보호육성을 강조.
- 외무부와 경제각부처의 관계당국간 아세아경제협력기구에 한국 참여키로 합의.
- 문교부, 전국대학정원 확정.

2월 11일
- 최고의 지방시찰반(10개반 편성)지방행정 운영계획의 실태 파악차 출발.
- 한 · 일간의 민간경협발전소, 자동차공장건설을 위한 천만불차관 검토 등 구체화.

2월 12일
- 최고의 · 행정부, 절량농가 대책, 예산집행 등 검토를 위한 연석회의 개최.
- 재일교포 본국투자촉진 위해 두 실업단체 통합.
- 한국인권옹호협회, 긴급이사회서 한미행협을 촉구하는 결의문을 채택.
- 주한 필리핀대사 「알레그라도」씨, 이임 앞서 한국의 전도는 양양하다고 부언.

	• 정부, 체납세면제법 등 9개 법령 공포.
	• 정부, 이태리조선상사간의 어선도입합의각서에 조인.
2월 13일	• 박의장, 청주시찰에서 농촌지도체계 일원화 지시.
	• 김부정축재관리환수위장, 부정축재자 10명에 공장건설 승인.
	• 정부, 각부처 구매담당관회의 개최.
	• 체신노조, 혁명 후 최초로 협의회 구성하고 단체협약 체결.
	• 보사부, 강원 · 경북일대 풍재민에 구호양곡 방출.
	• 문교부, 62년도 각 대학기성회비한도액 결정.
2월 14일	• 박의장, 충남도 시찰하고 수조와 농민간의 분규 해결토록 지시.
	• 최고의, 경제개발 5개년계획의 심의기관으로 최고의 의장직속 하에 종합경제심위 설치.
	• 최외무, 박의장에게 한 · 미행협 전망 보고차 급거 부여 향발.
	• 외무부, 뉴델리에서 열릴 정보자유연구회에 한국대표 파견키로 결정.
	• 혁재, 발족이래 218일간에 총249건 696명에 대한 1심 처리를 완결.
	• 혁재, 중앙통사당사건 14피고에 실형을 언도.
2월 15일	• 박의장, 부여 시찰하고 절량실태 파악 못한 군수 · 면장을 문책 언명.
	• 박의장, 전주서 농업기구화를 강조.
	• 정부, 알젠틴과 국교수립 합의를 발표.
	• 경제기획원, 외자도입 제1호로 미 광업회사(인터내셔널 · 콘소리데이트)서 100만불을 투자 승인.
	• 박의장, 전북도 시찰하고 유능공무원은 중앙으로 발탁 지시.
	• 혁재, 1심판결의 총결산 총250건 697명 처리를 성명.
	• 최혁재소장, 심판관을 원직복귀시키고 4월엔 2심을 완결 언명.
	• 혁재, 부정축재처리위 독직사건 민간인 피고에 선고.
2월 16일	• 박의장, 전주녹화사업 촉진회서 공무원의 무사주의 버리도록 강조하고 완주서는 농민들에게 자력갱생의 의욕을 돋우라고 당부.
	• 문교부, 우수학생엔 면제시키는 대학기성회비징수 원칙을 발표.
	• 보사부, 고아원 145개소 정비 결정.
	• 주한 「킬렌」 유솜처장, 본국정부와 대한경원문제 협의하고 귀임.
	• 재일교포 대표, 모국농촌 부흥 위해 모금운동을 전개하고 제1차로 1,000여만환 갖고 입경.
	• 정부, 아세아경제협력기구(O.A.E.C)설립 공동선언에 참여키로 의결.
2월 17일	• 박의장, 전남도 시찰에서 농산물검사를 공정히 하라고 지시하고 자립정신으로 빈곤타파토록 당부.
	• 이부의장, 동해안지구 민정시찰차 출발.
	• 배대사, 한 · 일 어로협상에서 어로자원보존의 합의로 어로협정 체결을 시사.
	• 정부, 절량농가구호대책을 의결하고 구호곡 방출.
	• 기획원, 경제개발 5개년계획의 전모 발표.
2월 18일	• 박의장, 남원수해지구 복구사업 시찰하고 영농방식 개선을 당부.
	• 박의장, 여수시 시찰서 영세어민 착취하는 조합장 구속토록 지시.
2월 19일	• 최고의, 10개지방 시찰반, 귀경.
	• 박의장, 진주 시찰하고 소비도시란 특수성을 감안, 행정에 창의성 발휘토록 지시.
	• 정부, 농가대여양곡법과 정부관리기업체직원퇴직금 및 해고수당지급에 관한 특별조치법을 각각 공포.
	• 문교부, 교육과정을 개편하고 피라밋형 학교조직을 목표로 한 문교재건 5개년계획 시달.
2월 20일	• 박의장, 대구서 차기대통령은 부패 없는 강력한 지도자를 선출토록 당부.
	• 최고의 상위, 해외이민법을 의결.
	• 정부, 성업공사령과 산은법시행령중개정의 건을 공포.
	• 국제연합식량농업기구 기아해방운동 한국위원회, 위원에 6부 장관을 포함한 기구개편 강화.
	• 정부, 보사부에 직업안정위 · 실업대책위를 설치키로 결정.
	• 일본 광업보세가공조사단 일행 18명 내한.
	• 보사부, 전국 시 · 군 및 서울시내 보건소에 가족계획상담소를 설치
	• 최외무, 서독외상에게 수해에 대한 동정의 뜻을 표하는 전문 발송.

2월 21일	• 박의장, 대구서 정권이양원칙은 불변이라고 언명.
	• 김종필특사, 이게다(池田) 일본수상과 한 · 일간의 현안문제를 토의하고 한 · 일간의 고위정치회담의 시기 및 방법은 배 · 스기(杉)협상서 결정키로 합의.
	• 박의장, 영천시찰서 절량농가구호 당부.
	• 정부, 세계최대규모 전람회인 21세기전시회에 한국 참가키로 결정.
2월 22일	• 전국지방관회의 개최.
	• 박의장, 공무원의 창의력 발휘가 긴요하며 절량농가구호는 정부보증으로 영세농민에게 신용대부 토록 훈시.
	• 정부, 개간촉진법을 공포.
	• 정부, 한국미 5천톤을 인도네시아에 수출키로 약속을 체결.
	• 정부, 정래혁 · 김계원 · 김동무 · 임충식 등 4명의 육군소장을 육군중장으로 승진발령.
	• 보사부, 양곡11만석을 배정하고 전국절량농가구호대책을 시달.
	• 한국보세가공수출협회, 내한한 일본광업보세가공조사단과 연석간담회 개최.
	• 재무부, 각세관에 해외여행자의 휴대품 통관요령을 시달.
	• 재일 한 · 일상공연합회 결성.
2월 23일	• 최고의 법사위, 심계처분을 요구하는 미처리사건을 처리키 위하여 3.3일부터 5.31일까지의 미결사건 특별처리기간 설정을 발표.
	• 박의장, 삼일절 앞두고 독립운동자 포상 계획과 선열유족구호책 등 긴급지시.
	• 내각사무처, 독립운동유공자 208명에 건국공로훈장을 수여키로 결정.
	• 농림부, 61년도 작물별 수급계획을 발표.
	• 대한교육연합회, 제17회 대의원대회 개최.
	• 박의장, 교련대회서 "기구개혁보다 정성어린 봉사를 하도록" 격려.
	• 서독기술자단 일행 9명과 경제관리 2명 내한.
2월 24일	• 정부, 보안강화원칙 결정.
	• 김종필특사, 약3주간 태국 · 말레이지아 · 필리핀 · 일본 등을 친선방문코 귀국.
	• 서산지구 간척사업, 화란기술진 현지답사로 본격화.
2월 25일	• 최고의 간부 및 정부요인, 최고의 의장공관서 회동하고 김 · 이게다(池田)회담내용을 분석.
2월 26일	• 윤대통령과 박의장, 서울대학교 졸업식서 치사.
	• 세제심위, 5개년계획 민간자본동원에 중점을 두고 세제개편기본방침 심의.
	• 농협중앙회정기총회, 혁명공약의 과감한 실천 등을 결의, 감사2명과 대의원29명 선출.
2월 27일	• 최고의, 전국적으로 실시한 10개반의 민정시찰결과보고 청취.
	• 박의장, 농촌진흥청 설립 등 6개사항 지시.
	• 정부, 보세가공무역을 위한 시설 및 원료도입 방침 결정
	• 송수반, 외국인투자안전보장위해 합리적인 조치를 강구하겠다고 서울주재외신기자구락부서 연설.
	• 한 · 미 고위경제회담 개최.
	• 정부, 건설업법시행령 개정 공포.
2월 28일	• 박의장, 3.1절 맞아 개과천선자는 혁명대열에 참가할 기회를 부여하기 위하여 전국교도소 재소자 3,100여명에 가석방조치를 언명.
	• 김내각사무처장, 건국유공자와 유족의 항구적 원호계획을 언명.
3월 1일	• 윤대통령과 박의장, 제43주년 3.1절 맞아 "순국선열 유훈 받들어 구국혁명 대열에서 재건과업완수에 총진군" 할 것을 다짐.
	• 박의장, 3.1절 기념행사서 건국공로자 205명에 훈장 수여.
	• 박의장과 최고위원 전원 및 각원, 국군묘지 참배.
	• 정부, 인도와 영사교환키로 양국간 합의.
	• 김용식 주영 겸 노르웨이 대사, 노르웨이 왕에 신임장 제정.
	• AID(국제개발처), 한국시멘트 공장건설 위해 400여만불 차관을 발표.
3월 2일	• 박의장, 최혁재소장 등에 표창장 수여.
	• 정부, 5명의 육군장성급 이동발령.

• 정부대표와 미대표, 62년도 1차분 잉여농산물협정 및 부대각서에 서명.
• 금통위, 시은의 대출금리를 인하.
• 정부, 김기획원장 해임하고 송수반의 겸임을 발령.
• 최고의 상위, 재해구호법안을 의결.
• 배대표, 이세기(伊關)씨와 정치회담시기 및 장소협의.
• 동남아지역 민간통상사절단 일행, 이부의장 예방.

3월 3일
• 박의장, 울산공업센터 기구를 승인.
• 박의장, 「케」미대통령을 대기권핵실험재개선언 환영하고 적극 지지한다는 담화를 발표.
• 최고의 김재경위장, 의장직속 하에 수산개발위 설치하고 한·이 차관의 실천계획에 대한 담화를 발표.
• 김정보부장, 이게다(池田) 제의를 공개.
• 최고의, 외무부·대법원 및 법무부등 국정재감사를 5일부터 실시한다고 발표.
• 정부, 한·일정치회담 우리측 태도 결정.

3월 4일
• 장농림, 농림감사반을 대폭 증강하고 비료의 적기배급 등 절량농가구호책 지시.

3월 5일
• 최고의 상임위, 수출진흥법안, 지방자치에 관한 임시조치법중개정법률안 국민의료법 개정안을 각각
  의결.
• 김정보부장, 재건운동중앙교육원서 도·시·군·구 청년학원전임강사에게 훈화.
• 박의장, 신저「우리민족의 갈 길」서 민주주의 한국화를 강조.
• AID본부, 기협정된 미 잉여농산물중 우선 원면, 소맥 등 구매승인서를 발급.
• 외무부, 독도문제는 "정치회담 안건될 수 없다"고 언명.
• 혁재, 부정축재조사단사건 상소심서 양인현 피고에 사형, 정치영 피고엔 무기형 언도.

3월 6일
• 박의장, 감찰위 시찰서 맡은 바 임무 다하라고 지시하고 심계원 시찰서는 영농자금심계에 중점을 당부.
• 송수반과 「킬렌」 유솜 처장, 62년도 대충자금 세목별 방출에 합의서명.
• 외무부, 한·일정치회담을 12일에 동경서 개최키로 양국정부의 합의를 발표.
• 정부 캄보디아와 총영사교환 합의.
• 서독경제성경제기획담당관 「월터 로」박사 체신부 방문하고 투자계획 협의.
• 증권인수단, 창립 발족.

3월 7일
• 최고의 상임위, 최고의 운영상황 검토.
• 박의장, 순국선열유족 및 유공자에 대한 원호의 법제화 지시.
• 각의, 내각수반 직속하에 울산지구개발계획안을 설치키로 의결하고 국토건설청장 소속하에
  울산특별건설국을 신설키로 의결.
• 정부, 방회주영공사를 뉴델리총영사로 겸임발령.
• 각의, 기획원에 예산회계제도 심의위를 설치키로 의결.
• 최고의 상위, 최고회의 보수규정 개정.
• 쌀 1,100통 오키나와에 수출하기 위하여 13일 군산서 선적.

3월 8일
• 박의장, 감찰위장에게 6월전에 산은 재감사하고 비위 사전방지를 지시.
• 정부, 공무원보수규정 및 고용원규정 개정 공포.
• 정부, 경제기획원에 통계위 설치키로 의결.
• 정부, 주일공사에 김재현씨 임명 발령.
• 내무부, 각도위원회 정비 등 행정기구간소화 지시.
• 문교부, 22개초급 대학의 개편 및 설치를 인가.

3월 9일
• 최고의 상임위, 농림부내의 지역사회개발국과 농사원을 통합하여 농촌진흥청으로 신설하고
  농촌진흥법안을 의결.
• 최고의 상임위, 농촌진흥청설치에 따라 정부조직법 개정법률안 의결.
• 정부, 해외이주법 공포.
• 기획원, 비료 및 제철투자공동제운영 요강을 발표하고 부정축재자의 투자를 허용.
• 박의장, 영세민구호실태감찰을 특별지시.
• 정부, 유족의 양육, 직업보도 등 추진을 위한 원호센터 설치계획에 관한 건 의결.
• 각의, 토지개량사업법시행령, 공무원제수당지급규정을 의결.

| 3월 10일 | • 상공부, 61년도 수출입실적 발표. |
| | • 윤대통령, 기자회견서 한 · 미행정협정 조속 체결을 희망. |

- 상공부, 61년도 수출입실적 발표.
- 윤대통령, 기자회견서 한 · 미행정협정 조속 체결을 희망.
- 박의장, 농민의 분발을 촉구한다는 담화발표.
- 최고의, 해외공관을 감사키 위하여 구 · 미 · 아주 3개반 편성.
- 한 · 일회담 한국수석대표, 동경에서 "양국관계정상화 위해 노력"함을 성명.
- 혁재, 장도영 · 이민영 양 피고에 무기, 이회영 · 김영우 · 김석률 피고엔 무죄를 언도.
- 외무부, 스페인과 정식으로 외교수립, 콜롬비아 공화국과 정식 외교관계 수립키로 합의.
- 제4회 노동절 맞아 박의장 축전.
- 문교부, 각급학교 사친회 후원회 해산을 시달.
- 정부, 공무원 제수당지급규정을 비롯한 25건의 각령 공포.
- 감위, 한운 · 미창의 비위 시정사항 등 감사결과 발표.
- 최고의, 영세구호실태감사반 감찰활동을 개시.
- 문교부, 22개 신설초급대학학생 선발요강 발표.

3월 11일
- 최고의, 구호대책특별감사반 서울시 변두리 영세민 현지조사하고 시당국에 새로운 지침 등 지시.
- 정부, 행정감사규정을 공포코 내각수반 직속하에 종합감사단을 설치.
- 한 · 일회담, 의제에 전반적 문제 토의키로 합의

3월 12일
- 최고의, 내각연석회의, 정부의 업적을 보고.
- 박의장, 각부상호협조와 산하기관감독을 강조.
- 한 · 일 정치회담, 양측수석 대표 총괄적 의견교환 의제에 합의.
- 주한 노르웨이 「에이길에이 니콜」대사 신임인사차 박의장 유외국위장을 예방.
- 국민운동본부, 국민문고보급회를 조직하고 문고설치운동계획을 전개.

3월 13일
- 최외무, 이게다(池田) 일수상에 박의장의 구두 메시지 전달하고 현안해결 노력하기로 합의.
- 정부, 공무원연금특별회계법중개정법률 공포.
- 서독 「쓰」박사, 정부와 울산지구 제철, 비료공장 등 기재의 제작착수에 합의하고 귀국.
- 박의장, 영세민 위한 5개 항목을 지시.

3월 14일
- 최고의, 63년도 최고회의기본정책을 수립하고 경제개발계획 최우선과 경상비를 현년도 수준이하로 억제하는 63년도 예산지침 시달.
- 최고의 상위, 종합경기장설치안을 의결.
- 박의장, 유휴국유재산을 처분하여 국가 세입의 보강을 지시.
- 최고의 상위, 대한항공회사법안을 의결.
- 국토건설청, 내25일 국토건설원 섬진강댐 공사에 제1차 동원을 발표.
- 상공부, 국산 설탕 오키나와에 1,000톤을 톤당 88불로 처녀수출.

3월 15일
- 최쇼반(小坂)양외사, 비공식회담 개최.
- 채감위장, 감위 주동으로 합동감사반을 구성하고 구정때 시공한 전국 수리공사를 감사할 것을 발표.
- 박의장, 농민손실과 정책적 해결의 강구 위해 특별법 입안을 지시.

3월 16일
- 최고의, 구정치인 정치활동적부를 심사하기 위한 정치활동정화법안을 의결코 구공권제한법은 폐지.
- 박의장, 정치활동정화법 통과에 즈음하여 정정법은 부패정치 재대두를 방지하여 과거 자동 케이스식 입법 아님을 강조.
- 정부, 정치정화법 공포.
- 박의장, 정치활동정화위원장에 이부의장, 6명의 위원엔 각분위장을 임명.
- 미국무차관보 「해리만」씨, 박의장 예방.

3월 17일
- 박의장, 전대통령 이승만씨의 귀국은 시기상조라고 언명.
- 정부 · 「해리만」차관보, 한 · 미고위정치회담 개최하고 제반문제를 광범위하게 논의.
- 「해」차관보회견, 한국의 안전수호 강조하고 경제 · 사회발전에 계속원조를 확약.
- 한 · 일정치회담, 2차회담 개최에 합의하고 성과없이 폐막.
- 감찰위, 교통부자재국 감사하고 2년 동안 국고손실 17억 발표.
- 재건본부 중앙위, 사랑의금고 운영규정안을 의결.

3월 18일
- 한 · 일양국 태도, 평화선 주장되풀이로 경화.

3월 19일	• 최고의, 민정이양 · 자유민주체제 지향 반공기구의 정비강화, 총선거 대비하기 위한 사회질서 유지, 중립국외교 적극화, 직업공무원제 확립 등 63년도 기본정책 발표.
	• 한 · 일회담 대표, 박의장 방문하고 동경회담 결과를 보고.
	• 최외무, 제1차 회담에서 일측 무성의 운운은 오전이며 다음 회담 위해 유익하다고 언명.
	• 원자력연구소,「제3의 불」점화실험에 성공.
	• 심계원, 광주관재국 심사결과 발표.
3월 20일	• 박의장, 국립지질조사연구소를 시찰하고 기술자의 교육기관확장에 기술자 대우를 지시.
	• 말레이 상공장관「턴 M K 조하리」씨, 박의장을 예방코 한국과의 경제적 유대강화를 희망한다고 언명.
	• 외무부, 라오스와 외교관계 수립하고, 대사급 교환에 합의했다고 발표.
	• 정부, 민원서류간소화안 의결.
	• 정부, 영화법시행령 공포.
3월 21일	• 윤대통령 사의 표명.
	• 최고의 공보실, 청와대회담내용 발표하고, 윤대통령 사의 재고를 간청.
	• 최고의 상임위, 한 · 독간 경제기술협력의정서 및 독일인 탄광기술자대우에 관한 협정을 각각 승인.
	• 최고의 상임위, 최고회의법중 개정법률안, 해양경비대설치법안을 의결.
	• 정부, 농촌진흥법, 정부조직법중 개정법률, 군인보험법 공포.
	• 최고의 상임위, AID부진기업체중 6개업체의 은행담보부족분에 정부에서 보증융자키로 조치 의결.
	• 금통위, 62년도 상반기 금융대출증가 한도액을 총249억으로 의결.
	• 채감위장, 서울시 감사결과를 최고의에 보고.
3월 22일	• 윤대통령, 하야성명서를 발표.
	• 윤대통령, 고별기자회견서 정부와 국민이 일심단결하여 재건이루도록 호소.
	• 정부, 62년도 하곡매입가격 결정.
	• 상공부, 외래품판매금지법 시행세칙을 개정.
3월 23일	• 최고의 상임위, 군인 및 군속 특사건의안 의결.
	• 최고의 이공보실장, 제4대 대통령 윤보선씨의 대통령직사임서가 전달되었고 발표.
	• 최외무, 주례기자에서 한 · 일회담에 관하여 언급.
	• 박의장, 지방시찰결과 시정책 등 4개 항목을 긴급지시하고, 순국선열 유족 등의 영구적 원호책도 강구지시.
	• 이정치정화위장, 구정치인 심판의 방침 성명.
	• 최고의 상임위, 법원조직법중 개정법률안 의결.
	• 정부, 4 · 19혁명 희생자를 포상키 위한 포상심의위를 구성.
	• 박의장, 김문교 · 손문사위장에 불교분쟁 조속 수습을 지시.
3월 24일	• 최고의, 비상조치법 일부를 개정 의결하고 제4대 대통령 윤보선씨의 사임을 수리하는 한편 대통령 보선 않고 박의장에 대통령권한을 대행키로 의결.
	• 박의장 윤대통령 사표수리는 본인의 의사를 존중하였다는 발담을 발표.
	• 박의장, 4 · 19기념식 성대히 거행하고 186위의 희생자엔 국가서 포상토록 특별 지시.
	• 정부 25일부터 1개월간 간첩 자수기간을 설정.
	• 최고의, 최고의 및 정부 각기관에 파견된 현역군인 153명을 원복조치 결정.
	• 최고의 예산심특위, 리비 등 60억 삭감코 62년도 국영관리업체예산 결정.
3월 25일	• 내각사무처, 2,927종은 폐지 등 민원서류간소화 계획 발표.
	• 국토건설청, 국토건설단원 입단식 거행.
3월 26일	• 최고의 이공보실장, 구정치인 언동에 경고하고 혁명정부는 건전한 야당도 육성함을 강조.
	• 외무부, 뉴질랜드와 대사급교환에 합의하고 정식외교관계 수립 결정.
	• 국민운동본부, 광범위한 펜팔운동으로 우방각국에 친선우체부 파견.
	• 안중근의사 52주년추념식 국민회당서 엄수.
	• 정부, 대한항공공사법과 군인사법중개정법률을 공포
3월 27일	• 박의장, 정맥 정부매상 예시가격대로 매상을 지시.
	• 최외무,「버거」대사와 요담하고 행협체결을 촉구하고 한 · 일정치협상결과 등도 협의.

	• 정부, 안정농가조성계획추진위규정 의결.
	• 「언커크」대표, 유국민운동본부장을 방문하고 요담.
	• 에카페 사무총장 「우 눈」씨 박의장 예방.
	• 정부, 제1차 기술진흥 5개년계획을 결정.
	• 기획원, AID 체화물자처리요강을 대폭 개정.
3월 28일	• 박대통령권한대행, 주한외국사절단 공식 접견하고 상호유대를 재확인.
	• 최고의 상임위, 주불 백선엽대사를 스페인 왕국주답 겸직을 승인, 정치정화위, 적격심판자 3,600명 확정.
	• 에카페 사무총장, 기획원 송부원장 방문코 기술지원을 확약.
	• 최고의 상임위, 구황실재산법중개정법률안 의결.
3월 29일	• 박의장, 정쟁위 시찰하고 구정치인 적격판정에 소홀없도록 지시.
	• 정부, 부정축재환수를 위한 회사설립특례법 성안.
	• 정부, 63년도 행정기본 운영계획과 예산편성에 대한 지침 및 기준 결정.
3월 30일	• 최고의, 정정법 심사대상자 공고하고, 박의장 확인으로 5월31까지 판정 확정.
	• 박의장, 울산공업센터 건설지구사업 진척상황 시찰하고 민정복귀후에도 5개년계획 변동될 수 없다고 언명.
	• 정부, 수산물협동조합법시행령 공포.
	• 국제개발협회(AID)경제시찰단, 국내경제사정 시찰차 내한.
	• 정부, 증권거래법시행령을 공포.
3월 31일	• 최고의, 제2차로 정정법 심사대상자 약1,350명과 적격심판 신청절차도 공고.
	• 박의장, 2군사서 제대 장병 농사교육 강화토록 지시.
	• 보사부, 아동복리위원회 설치.
	• 대한적십자사중앙위, 사랑의 수혈운동 극빈비자에 무료제공 62년도 사업계획 결정.
4월 1일	• 최고의, 한·일공업 건설을 위한 관민연석회담 개최.
	• 정부, 교포실업인 손씨간, 7,000만불 규모의 종합기계공장건설에 합의.
	• 정부, 비료공장투자공동체, 제3비료공장 설치키로 합의.
	• 정부, 혼듀라스공화국과 정식외교관계 수립.
4월 2일	• 최고의 이공보실장, 정치활동적격심판의 관대한 처분을 언명.
	• 미합동참모본부의장 「렘니쩌」대장 입경.
	• 정부, 초대농촌진흥청장에 정남규씨(농사원장)를 발령.
	• 상공부, 조선사업자금 융자요강 발표.
	• 국방부, 대학생은 졸업시까지 징병검사 연기 등 62년도 징병요강 발표.
	• 박의장, 사법대학원개원식서 양심적이 법과 양성을 갖주.
	• 정부, 62년도 국토건설단 사업계획을 발표.
	• 증전옹 사회단체연합장, 국민회당서 엄수.
	• 정부, 연초전매법시행령 개정 공포.
4월 3일	• 최고의, 박의장·「렘」대장·「버거」대사 참석리 한·미고위회담 개최.
	• 박의장, 정치활동심판기준 24개항을 승인.
	• 정부, 해양경비대설치법과 청원경찰법을 각각 공포.
	• 정부, 법원조직법, 변호사법, 군법무관임용중개정법률 건을 각각 공포.
	• 상공부, 울산정유공장기술용역계약을 미 UOP사와 체결.
	• 재무부, 한국세무사회회칙 및 세무사보수규정을 승인.
	• 혁재, 상소심, 백인엽 피고에 징역 15년, 김영선 피고에 5년, 양국진엔 기각관결.
	• 명고옥 거류교포경제시찰단일행 16명, 정상공을 예방.
4월 4일	• 박의장, 군사혁명 1주년기념 산업박람회 준비장을 시찰.
	• 최고의 상임위, 국제관광공사법 의결.
	• 송기획원장과 「킬렌」처장 감천화력발전소건설비 2천90만불 차관협정에 서명.
	• 정부, 농촌진흥 및 지도공무원채용시험규정을 공포.

	• 정부, 공무원시험령 및 공무원임용전형령을 개정 공포.
	• 최고의 상위, 터어키 주재대사에 최영선예비역중장을 임명승인.
	• 최고의 상임위, 4 · 19의거 제2주년 기념행사계획을 승인하고, 희생자 186명에 건국 포상키로 하고, 원호대상은 156명으로 결정.
	• 문교부, 중 · 고교는 시도에 일임. 대학교는 학교자체에 일임하는 명년도의 각급학교 입시제를 개정 발표.
	• 법무부, 간첩체포 공로자 19명에 상금 1,759만환을 지급.
	• 상공부, 62년도 중소기업자금 30억 융자요강 발표.
	• APO 이사회, APO (아세아생산성기구)운영위원장에 한국대표 함인영 박사 선출.
4월 5일	• 제17회 식목일기념식, 국군묘지서 거행.
	• 박의장, 식목일 맞아 심은 나무 가꾸는 정성 갖도록 다짐.
	• 오공보, 제6회 신문주간 맞아 신문의 책임 강조.
4월 6일	• 최고의 상임위, 국가유공자 및 월남귀순자 특별원호법 의결.
	• 최고의 상임위, 군상원호보상급여금법 의결.
	• 정부, 제2차 한미경제회담 개최하고 전원개발문제 등 미측지원 소요액 3억불을 협의.
	• 박의장, 제6회 신문의 날 맞아 기념사를 통하여 사회의 참된 목탁되길 요청.
	• 각의, 총규모 3억5천만불에 달하는 62년도 물자수급계획을 의결.
	• 정부, 대통령비서실장에 이동원씨 임명.
	• 보사부, 4 · 19원호대상자 156명에 생활부조비 지급.
	• 정부, 차량보안기준령 공포.
	• 송수반, 시내 수산시장 시찰.
4월 7일	• 이정정위장, 동사무국원에게 공평 · 무사한 심판을 당부.
	• 정치활동적격심판신청 6일 현재 85건.
4월 8일	• 공보부, 최고위원들이 지방시찰에서 지적한 사항에 대해서 시정방안을 발표.
	• 정부, 해외시장의 일원적 개척안을 시도.
4월 9일	• 박의장, 최고의 종합경제심사위에서 정부는 건설사업을 적극 효과적으로 조정하라고 지시.
	• 박의장, 한 · 일회담 성공에 노력을 요망한다고 일본국민에 메세지.
	• 이석제 정치정화위원, 적격심판에서 전국회의원도 상당수가 구제되리라고 언명.
	• 정부, 62년도 전력 및 석탄종합계획을 수립했다고 발의.
	• 박의장, 한 · 일회담의 성패는 일측 성의여하에 있다고 일지 질의에 답변.
	• 최외무, 일본수상발언을 비난.
	• 정부, 이스라엘국과 외교관계를 수립.
	• 정부, 미육군장관 입경.
4월 10일	• 박의장, 최고의 · 정부연석회의에서 62년도 제1회 추가경정예산안 편성은 가용재원이 확실한 긴급부 분만 계상토록 지시.
	• 김중앙정보부장, 혁명과업 비방에 주의하라고 담화.
	• 박의장, 정부의 외교정책 승인.
	• 정상공, 4월중 중소기업자금 4억을 중점적으로 방출한다고 발표.
	• 한은, 시설자금융자순위선정기준을 시은에 시달.
	• 상공부, 서독과 종합제철공장 건설을 위한 기술조사에 관한 계약이 체결되었다고 발표.
	• 감천화력건설, 한전 · 미상사 간에 계약체결.
	• 농림부, 한해대책을 시달.
	• 배수석대표, 양국수석대표회담을 일본외무성에 제의.
4월 11일	• 최고의 상임위, 체납조세의 납부의무면제에 관한 특별조치법중개정법률안 의결.
	• 최고의 상임위, 부정축재환수회사설립임시특례법안 의결.
	• 정부, 보유비 400만불로 부족비료 긴급도입 결정.
	• 농림부, 9일 현재 농가대여 잡곡방출 14톤7천석이라고 발표.
	• 내무부, 농촌영세민의 현황파악과 구호지시.

	• 불교파쟁 새 종단간부 취임으로 8년만에 종결.
	•「스타」미육군장관, 한국방위태세완비라고 언명.
4월 12일	• 박의장, 부정축재환수에 관하여 담화 발표.
	• 내무부, 군행정의 11개 시정사항 지시.
	• 천재무, 전국사세청장회의에서 음성세원 포착 등을 강조.
	• 정치활동 적격신청 1,500명 석방.
4월 13일	• 박의장, 정정법해당 심판대상자를 신중히 재확인하라고 지시.
	• 일지, 배대표가 비밀협약을 배신하는 일측 태도를 비난했다고 보도.
	• 한 · 일고위군사합동의회, 군원계획 등 협의.
	• 제3차 한 · 미경제회담, 3개 포장도로 건설 등 협의.
	• 최고의 상임위, 축재환수회사법 위반도 군사재판 관할토록 최고회의령 개정.
	• 최고의 상임위, 정부서 20억 출자의 무역진흥공사설치법 의결하고 학교법인 감독권을 강화하는 교육 임시특례법 개정.
4월 14일	• 최고의, 1 · 4반기경제동향 청취.
	• 각의, 각부 · 처 · 청에 법무관을 배치키로 의결.
	• 재무부, 생명보험계의 투자계획을 최고의에 보고.
4월 15일	• 최고의, 정정법해당자 307명을 공고하고 총수 4,374명으로 확정.
	• 박의장, 시은여유자금 활용을 송경제기획원 부원장에게 지시.
	• 최고의 정정위, 적격심판신청 1.2차분 마감.
	• 최외무, 한 · 일 관계 냉각기가 필요하다고 언명.
4월 16일	• 박의장, 최고의에서 투자공동체 대표에게 건설기간 등 약속지키라고 지시.
	• 최고의, 내각연석회의, 차관사업추진방침을 결정.
	• 적격심판청구자 상오 9시 현재 2,584명.
	• 정부, 각종원호사무의 일괄장리를 위한 원호처설치법 공포.
	• 상공부, 자동차공업 5개년계획을 수립 발표.
	• 정부, 주터어키대사에 최영희씨 임명.
	• 미 하원외교위, 금년도 대한군원배정 2억8천여만불을 공표.
	• 미 국제안전보장처극동담당국장, 대한군원유용 혁명정부의 조치로 격감하였다고 하원외교위서 증언.
4월 17일	• 최고의, 1962년 제1회 추가경정예산안 심의 착수.
	• 공보부, 62년도 정부중요사업계획 발표.
	• 조내무위원장, 중앙 · 지방공무원의 인사교류단행 시사.
	• 상공부, 태백산지구지하자원 매장량조사결과를 발표.
	• 재무부, 국민저축실적 3월말현재 227억 초과라고 발표
	• 산은, 부진기업체운영자금 20억 긴급방출.
	• 서울특별시윤락여성선도위원회, 윤락여성의 직업보도 등 선도방안 결정.
	• 외무부, 18일자로 칠레와 외교관계 수립키로 결정했다고 발표.
4월 18일	• 박의장, 46건의 혁재상소심 관결 확인하고 도시세궁민생활 보호키 위한 위원회 조성 등 적극조치 지시하고 또한 울산지구계획단 창설도 승인.
	• 금통위, 금융부문의 대출한도 100억환 인상 의결.
	• 정상공, 62년도 월동용 탄생산계획량 달성 및 수요량 충족을 위한 무연탄 수급대책을 발표.
	• 농림부, 1 · 4반기와 2 · 4반기의 어업자금 9억1천여만환 방출.
	• 외무부, 이한빈씨 제네바공사를 유럽 10여국에 경제사절로 파견키로 했다고 발표.
4월 19일	• 4 · 19 2주년기념식 서울운동장서 거행하고 의거회생자 186명중 서울 · 경기지구 103명에게 건국포장 추서.
	• 박의장, 4 · 19 유가족에게 4월공원 · 합동묘지 연내완성 약속.
	• 법무부, 4 · 19경축특사로 학생죄인 54명 석방.
4월 20일	• 군사혁명 1주년기념 산업박람회 내외출품 17만여점으로 경복궁에서 개막.
	• 최고의 상임위, 각종 군사혁명기념 행사기간 중 통금전폐 또는 단축결정.

	• 최고회의 예산심사특별위, 긴급요인 증가와 3개방침 발표.
	• 박의장, 하와이교포모국방문단에게 이승만씨 귀국시기 아니라고 시사.
	• 대검, 부정수표발행자 전원구속기소 지침.
	• 기획원, 남한인구(24,925,816명)를 발표.
	• 국제인권옹호연맹, 주한미군신분협정체결촉구 공한을 미국무장관에 발송.
4월 21일	• 정부, 5·16군사혁명 1주년 기념행사 프로 발표.
	• 신라문화제, 경주에서 개막.
	• 농림부, 총액 59억4천2백만환의 농어업자금융자요강 발표.
	• 상공부, 유럽파견 민간인통상사절 10명 결정.
	• 배한국대표, 국교정상화에 성의촉구하는 대일공개장 발표.
	• 상공부, 외인관객을 위한 대책협의회 구성하고 정찰거래 등 지시.
4월 22일	• 내각사무처, 5·16행사조정위원회의 외인관객을 영접할 제 편의책 세부계획 발표.
	• 정농어촌진흥청장, 농촌진흥사업의 금년도 목표 등에 언급.
4월 23일	• 최고의 정치정화위, 적격심판청구자 2,775명이라고 발표.
	• 장농림, 62년도비료수급량 초과확보, 곡가조절미 70만석 보유라고 발표.
	• 김예산심의특위장, 보사부에 5월중순까지 요구호대상자대책 수립토록 지시.
	• 농림부, 62년도임목 벌채 허용량 244,200입방미를 각도별로 배정.
	• 정부, 능률적인 인사관리제를 확립키 위한 인력감사규정 공포.
	• 박의장, 특수밀수사범 한필국의 사형확인.
	• 일지, 한국측의 재산청구권 양보시까지 관망키로 확인했다고 발표.
4월 24일	• 박의장, 산림녹화사업의 강력추진을 재경위와 경제종합심사위에 지시.
	• 김중앙정보부장, 외신구락부서 자율적인 언론정화와 일측의 성의기대 등에 언명.
	• 박의장, 외국관광객에게 친절을 촉구하는 담화발표.
	• 최고의, 5월2일부터 공무원집무시간 1시간 연장 결정.
	• 부정축재환수관리위원회, 8개부정축재 기업체서 완납했다고 발표.
4월 25일	• 박의장, 공업발전과정 단축, 중농정책 성공, 국영기업체의 흑자운영재투자 등 당면문제에 언급.
	• 객차생산력을 배가하고 도입을 취소토록 지시.
	• 최고의 예산심의특위, 추경예산안 종합심사 완료.
	• 송수반, 불량배 등 엄단하라고 전국각기관장에 훈령.
	• 유재건국민운동본부장, 국민운동요원이 개인자격으로 정치활동을 하여도 국민운동에 방해되면 조치한다고 언명.
	• 내각사무처, 4월29일부터 7월20일까지 제2차 인력감사실시를 발표.
	• 전국공무원 정수 240,533명(5·16전보다 47,751명 감)으로 확정.
	• 일본경제사절단 일행 입경.
4월 26일	• 박의장, 경제개발 5개년계획은 경제자립의 기본정책이라는 것을 자유우방에 이해시키도록 지시.
	• 이법사위원장, 심판청구안한 자도 정치활동허용가능이라고 정정법 제9조 입법취지 해명.
	• 김재경위원장, 부정수표발행을 엄단할 방침이라고 담화 발표.
	• 상공부, 9개 직할 기업체의 1·4반기사업실적 발표(53억여의 흑자).
	• 각의, 현행민원구비서류건 7,038건을 3,834으로 간소화 차량신규등록 억제하던 5.8조치 폐기 의결.
	• 김문교, 입학시험, 학원내의 파벌정리, 유도회 분규 문제 등에 언급.
	• 미 민간경제사절단 방한 계획 발표.
4월 27일	• 혁재, 상소심종결 총105건에 325명.
	• 최고의 상임위, 부산화력발전소건설 차관협정 비준.
	• 외무부, 경제외교 강화 위해 아프리카지역공관장회의를 개최한다고 발표.
	• 외무부, 룩셈부르크와 국교키로 했다고 발표.
	• 쇼반(小坂) 일본외상, 중의원서 독도문제의 해결없이 한·일국교정상화 불가능이라고 언명.
4월 28일	• 박의장, 온양에서 파벌조성 엄단, 농촌지도자 육성, 비료 적기공급 등에 언급.
	• 농림부, 62년도 축수산자금(91억여)융자요강 시달.

4월 29일	• 재무부, 각 국민저축조합 4월말까지 결성토록 조직요령 시달.
	• 박의장, 온양에서 조기선거의 가능성을 시사하고 언론정화 자율적으로 안되면 부패자 명단을 공개 한다고 언명하고 농어민자립의욕 배양, 정신이완된 공무원 정리 등에 언급.
4월 30일	• 최고의, 제1회추가경정예산안 의결. 총규모 8,582억여(674억 증액).
	• 박의장, 내각에 많은 권한 위임하고 행정적 체계와 임무한계 가려야 한다고 강조.
	• 이정치정화위원장, 적격여부 4일부터 판정개시. 판정즉시 본인에 통지. 명단공고는 판정종료 후 일괄해서 한다고 발표.
	• 정정심판청구자 총2,934명.
	• 제15회 전국검찰감독관회의 개최.
	• 정부, 미곡 4만톤, 대일수출 확정.
	• 농림부, 조절미 52만석 방출 지시.
	• 한국종합제철공업주식회사 발기인총회 개최, 자본금 405억.
5월 1일	• 외무부, 「푸미 노사반」 부수상을 비롯한 라오스 친선사절단 일행의 체한 일정 발표.
	• 해안경찰대, 발대식 부산서 거행.
	• 정부, 공무원에 하의 6월1일부터 착용 지시.
	• 한 · 미고위국방회담 개최하고 국방비재원문제 합의.
	• 동남아민간통상사절단 일행 최고의 이부의장 방문하고 각국방문결과 보고.
	• 기획원 외국기술원조사업을 일원화하여 기획원서 일괄취급 발표.
	• 한국초유의 국제음악제 국립극장서 개막.
	• 문교부, 63년도 각급학교 입시요강 확립.
5월 2일	• 아세아지역 해외공관장 회의, 기본외교정책 토의.
	• 박의장, "농민에게 드리는 부탁의 말" 담화 발표.
	• 아프리카지역 해외공관장, 박의장을 예방하고 동남아정세 보고.
	• 송수반, 「마라야」주재 특명전권대사 최홍희 외 7명에 임명장 수여.
	• 최고의 상임위, 울산시 설치와 군의 관할구역 및 명칭변경에 관한 법률안을 의결.
	• 최고의 상위, 5 · 16기념행사 최종 확정.
	• 박의장, 혁재에서 유죄판결을 받은 102명에 대해 최종적인 형집행확인 조치하고 장도영 예비중장 등 반혁명행위사건으로 유죄판결을 받고 복역중인 5명의 전최고위원 및 김웅수 예비역소장 등 8명에 형집행을 면제하고 국가 위해 재기봉사하라고 담화.
	• 라오스왕국사절단 「노사반」장군 일행, 박의장 예방.
	• 최고의 상임위, 신문용지에 대한 관세임시조치법안을 의결.
	• 박의장, 산업전람회 관람후 유익한 전시품에 대해서는 적극적인 보호육성을 당부.
	• 최고의 상임위, 주민등록법안 및 350억환의 농업금융채권발행안 의결.
	• 각도전국경찰국장 방범대책의 강화 등을 위한 회의 개최.
5월 3일	• 기획원, 62년도 대충자금 40억환에 의한 주택자금사업계획서에 「유솜」과 합의.
	• 최고의 상임위, 수산물검사법안 의결.
	• 송수반 일행, 인천공작창 시찰.
	• 형면제된 장도영 등 8명 출감.
	• 박의장, 장학금제 확립을 지시
5월 4일	• 최고의 정정위, 정치활동판정업무 착수.
	• 대통령권한대행 박의장, 라오스부수상 「푸미 노사반」장군에 문화훈장 수여.
	• 원호처, 김창숙옹 최초 애국지사 연금 지급.
	• 최외무 · 「노사반」장군, 공동성명서 발표.
	• 상공부, 울산정유공장건설예비 입찰서를 전세계 저명한 기술용역회사에 발송.
	• 박의장, 위폐범엔 극형을 지시.
	• 문교부, 부녀 · 아동사업계획 발표.
	• 각의, 니키라과국과 정식외교관계를 수립키로 결정.
5월 5일	• 각의, 정례각의서 공장건설승인의취소및변경에관한 건을 의결.

	• 각의, 무역법시행령중개정의 건, 62년도정부관리기관예산운용절차, 통신사업특별회계예비 지출의 건, 동림산업재건추진위원회규정을 각각 의결.
	• 신문회관개관식 거행.
	• 울릉도 수력발전소기공식 거행.
	• 정부, 해양경찰대직제, 내무부직제중 개정의 건. 중앙생사검사소직제중 개정의 건을 각각 공포.
5월 6일	• 정부당국자와 5개년 계획상의 민간 기간공장건설책임자, 송수반 공관서 회담.
	• 내각, 62년도 지방자치단체예산재심결과 불합리항목 58억을 삭감.
	• 정부, 구한말 이래 누적된 공문서 정리 완료.
5월 7일	• 박의장, 울산지역개발계획본부 시찰하고 건설기간 단축토록 지시.
	• 정부, 육군수뇌급 이동(현참모차장 장창국 육군중장은 2군사령관, 현2군사령관 민기식육군중장은 1군사령관 등 6명)의 발령을 발표.
	• 아세아지역 해외공관장, 공식회의 종료.
	• 미「버거」대사, 미실업인단 내한에 대비하여 송수반 방문하고 요담.
	• 박의장, 예방한 아세아반공연맹임시총회 대표에게 아세아반공에 주도적 의무 다하라고 강조.
5월 8일	• 한내무, 주민등록증법 실시에 즈음하여 담화 발표.
	• 박의장, 대한산림조합발기인대회에 치산은 산업의 근기라고 치사.
	• 각의, 공보요원 증원과 주민등록법을 공포키로 의결.
	• 최고위원 8명, 5 · 16출동부대 위문.
	• 채감위장, 자유중국감찰제도 시찰하고 귀국.
	• 대한적십자사, 적십자의 날 맞아 육 · 해 · 공 · 군입원장병 초대야유회 개최.
	• 정부, 5 · 16혁명 1주년 맞아 대량특사요령 발표.
	• 한국반공연맹, 아프리카반공연맹 임시총회에 김용우씨를 한국수석대표로 파견키로 결정.
	• 정부, 신문용지에 대한 관세임시조치법 등 7개의 법률을 공포.
5월 9일	• 정부, 최고의 상임위, 5월 31일 24시를 기해 혁재 및 혁검의 해산을 의결.
	• 박대통령권한대행, 혁재 · 혁검 폐서 업적을 찬양 치사.
	• 최고의 정정위, 정정법대상자 300여명 판정하고 통보.
	• 최고의 정정위, 528명에 대한 적격심판을 완료.
	• 박의장, 국토건설청을 부로 승격시키는 등 경제기구개편방침 승인.
	• 최고의 상임위, 심계원직제개정안과 심계원법시행규칙안 의결.
	• 상공부, 한국종합 제철공업주식회사 등 10개 기업체의 정관 승인.
5월 10일	• 아프리카반공연맹 14개국 대표와 7개국 옵서버 참가리에 임시총회시민대회관서 개막.
	• 박대통령권한대행, 환영사를 통하여 공동방위체조직할 단계라고 언명.
	• 송수반, 「버거」미대사, 62년도 미 잉여농물도입 2차협정 체결키로 합의
	• 최고의 상임위, 한은법개정법안과 은행법개정법안 의결.
	• 정부, 주민등록등법 8건의 법률과 각령 공포.
	• 박의장, 원호처 시찰하고 애국선열유자녀 교육에 힘쓸 것과 원호상담회망자에게 친절히 응하도록 지시.
	• 문교부, 애국지사유자녀 등에 학비면제토록 지시.
	• 반공 궐기대회 아프리카 21개국 대표 환영 겸해 서울서 개최.
5월 11일	• 박의장, 5 · 16혁명 기념일을 앞두고 해외교포에 메시지. 최고의 상임위, 재산평가특별조치법안 의결.
	• 최고의 해외공관감사반, 감사결과보고.
	• 최고의 상임위, 한국미창제세면제에 관한 임시조치법안 의결.
	• 미실업인단 입경.
	• 박의장, 미국실업인단 맞아 대한협조를 강조.
	• 송수반, 반공센터 설치 호소.
	• 한글특심위, 한글전용 7개 원칙 결정.
5월 12일	• 최고의 공보실, 혁명후 1년간에 466건의 법률안을 통과시켰다고 발표.
	• 아세아영화제, 서울서 개막.
	• 각의, 도시영세민생활보호위원회 규정보고 통제규정중개정의 건을 비롯한 5건의 각령 및 공무원

제수당지급규정중개정의 건을 각각 의결.

5월 13일
- 박의장, 북한동포에 5·16메시지를 발표하고 정의의 궐기를 촉구.
- 박의장, 반공대회대표와 육군 보전포 시범훈련 참관.
- 아세아영화제에 참석한 각국대표, 박대통령권한대행 예방.

5월 14일
- 박의장, 5·16 1주년 맞아 우방에 메시지
- 박의장, 판검사에게 확고한 국가관을 갖고 법운용하라고 지시.
- 박의장, 유엔군장병에 메시지.
- 아세아반공연맹 제1분위, 서울에 자유센터 설치 결의.
- 재건운동본부·농촌진흥청·농협, 농촌지도체계일원화를 위한 회합을 갖고 중앙협의체구성 합의.
- 최고의, 공무원의 요정출입을 금치키 위해 시민증 및 도민증을 소속장이 보관토록 지시.

5월 15일
- 아세아반공연맹임시총회 개막.
- 박의장, 일부고급관리의 소극·무사주의를 지양하기 위하여 일대정비를 단행할 태도 성명.
- 정부, 일반 사면령, 복권령을 각각 공포.
- 최고의 정정위, 1,496명에 대한 적격여부를 판정.
- 박의장, 국군장병에 메시지.

5월 16일
- 5·16 1주년기념식 거행.
- 「버거」미대사, 5·16기념사.
- 미국 뉴욕·맨하튼 구락부서 한·미상공협회 창립.
- 전국 재소자 3,227명 5·16특사로 출감.
- 아세아영화제 개막.

5월 17일
- 한·미실업인단, 제철공장건설에 관한 합의서에 서명.
- 5·16군사혁명 1주년 경축전국노동자 총궐기대회 개최.
- 박의장, 근로자 궐기대회서 단체권 남용말도록 노사협조 당부.
- 최고의, 검열반과 감사단 구성하고 경제부처 금융기관을 감사.

5월 18일
- 박의장일행, 부산시감천발전소 및 대한조선공사를 시찰.
- 「조앙 고라르」 브라질대통령 혁명1주년에 축전.
- 박의장, 부산역사 신축하여 국제관문면모를 갖추라고 지시.
- 정부, 법무부직제 개정 각의규정과 차관회의규정 개정을 각각 공포.
- 각의, 추서훈장 전달기준 의결.

5월 19일
- 박의장, 부산서 유휴공장 없도록 중소기업육성 지시.

5월 20일
- 사법부, 사법감독관회의 개최하고 사법부의 기강확립을 논의.
- ICE사, 3,350만불의 부산감천화력발전소 건설계약에 조인.

5월 21일
- 한·미실업인, 총투자액 850만불의 합성수지원료 공장건설에 대한 합의서에 서명.
- 박대통령권한대행, 미태평양함대사령관 「존 H 사이즈」대장에게 일등근무공로훈장을 수여.
- 태평양지구미육군총사령관 「제이스 F 콜린스」대장 입경.
- 김육군참모총장, 혁명유공장병 4,570명에 서훈.
- 박의장, 한발에 대비하여 대책강구를 관계최고위원과 내각에 지시.
- 최고의 상임위, 자동차공업보호법안, 관세법 및 특정외래품판매금지법에 의한 몰수품 및 국고귀속 물품에 관한 임시조치법중개정법률안 의결.

5월 22일
- 최고의 상임위, 정부의 한해대책준비위 구성에 합의하고 인공강우계획을 강력히 추진키로 결정.
- 정부, 요르단과 대사급의 외교대표부를 설치하는데 합의.
- 일본정부, 2개월 동안 서울에 공사급의 외교관을 주재시킬 것을 재요청.

5월 23일
- 정부, 미실업인단과 비료공장 및 스트로팔프 공장건설에 관한 합의서 서명.
- 최고의 재경위, 태백산지하자원 등 조사보고.
- 신임 「다니엘 레윈」이스라엘 대사, 박대통령권한대행에게 신임장 제정.
- 최고의 이공보실장, 김상돈 씨 등 수명의 구정치인이 모종혐의로 구속되었다고 발표.
- 박의장 아세아반공대회 한국대표 일행을 초치하고 그 노고를 치하.
- 문예상 시상식 시민회관서 거행.

5월 24일	• 김중앙정보부장, 김상돈 등 전민주당 간부가 구속된 사건은 반국가적인 사건이라고 언명.
	• 박의장 일행, 「밴 프리트」장군과 제주 목장 시찰.
	• 최고의 상임위, 불교재산관리법안을 의결.
	• 정부, 재외공관의 명칭, 위치 및 관할구역에 관한 건 의결.
	• 정부, 은행법중개정법률, 한국은법중 개정법률, 재산재평가 특별조치법 공포.
	• 박의장, 군의 병력과 장비를 한해방지에 지원하라고 박국방에게 긴급조치.
	• 미실업인단 이한.
	• 최고의 상임위, 검사정원법안과 즉결심판에 관한 절차법중 개정법률안 의결.
	• 각의, 20일 현재 정부 각기관에 근무하고 있는 촉탁공무원 전원을 6월1일까지 정리키로 의결.
5월 25일	• 정부, 중앙한해대책위 구성하고 첫 회의서 한해 대책비 36억8천8백만환 지불키로 결의.
	• 정부, 한은총재에 민병수씨 임명.
	• 최고의 정정위, 적격심판사무를 완료.
	• 최고의 상임위, 양수기 10,000대 구입, 대파종자 보조, 예비 못자리 보조 등 긴급대책 의결.
	• 경제각료, 기획원서 제1차 경제개발 4개년계획 제1차년도 1 · 4반기 심사분석 종합보고.
	• 정부, 한은법 개정따라 금통위를 개편.
	• 대검, 미제사건 금월내 완결하라고 시달.
5월 26일	• 이정정위장, 9개항의 정치활동 적격 심사기준 발표.
	• 박대통령권한대행, 「케네디」미국대통령에 우주비행성공을 축하하는 전문 발송.
	• 유국민운동본부장, 한발대책에 관하여 "공동의 힘으로 재난 방지하라"는 담화 발표.
5월 27일	• 송중앙한해대책위장, 긴급한해대책관계 기관장회의를 소집하고 묘판대책 · 양수대책 · 인공 강우 등 농작물 한해대책요강을 지시하고 모든 시설을 최대한 활용하여 한재해를 극복하라고 훈시.
	• 재건국민운동본부, 긴급지부차장회의를 열고 자연부락단위의 300만 재건청년회 및 부인회원을 총동원하여 한해대책에 총력을 경주하라고 지시.
5월 28일	• 박의장, 정정위서 판정한 정치활동 적격 심판명단에 최종확인 서명하고 앞으로 양심적인 인사는 더 구제되어야 한다고 강조.
	• 박의장, 수원시청서 한해를 극복토록 지시.
	• 최고의 상임위, 부정축재자환수현황 및 동회사설립 결과보고 청취.
	• 송수반, 앵속 밀경작 엄중단속토록 전국기관장에 지시.
	• 정부, 미성년자 보호법시행령 공포.
5월 29일	• 최고의 이공보실장, 언론정화문제에 대하여 자율적 방침으로 기대하기 어렵다고 언명.
	• 최고의 정정위, 구정치인에 대한 적격심판결과를 일제히 우송 통고.
	• 정부, 고위당국자와 공장건설 경남도청서 울산공업지구 토지대책 및 공장용지 조성문제에 대한 대표자회의 개최.
	• 각의, 62년산 하곡예매안 의결.
	• 정부, 자동차공업보호법, 관세법 및 특정외래품판매금지법에의한 몰수품 및 국고귀속물품에 관한 임시조치법중개정법률 공포.
	• 장농림, 한해대책에 농민 분발촉구.
	• 최고의 상임위, 특명전권위원 및 정부대표임명과 권한에 관한법률안, 울산개발위원회 및 개발계획 본부설치법안, 광업개발조성법안, 제12회 산업부흥국채발행동의안, 벌금 등 임시조치법중 개정 법률안을 각각 의결.
5월 30일	• 최고의 정정위, 정치활동 적격판정을 받은 1,336명의 명단 공고.
	• 박의장, 적격판정을 받은 자는 물론 받지 않는 자도 계속 혁명대업에 참여하여 다시 적격판정을 받을 기회를 얻도록 하라고 당부.
5월 31일	• 박의장, 관기 해이에 경고.
	• 최고의, 62년도 1 · 4반기 투융자사업예산집행 실태확인 및 기획업무와 융화성 검토보고를 청취.
	• 정부, 정치적 사회단체 등의 범위에 관한 건을 각령으로 공포.
	• 정부, 울산개발위원회 및 울산개발계획본부설치법 공포.
	• 박의장, 국민의 긴장과 분발을 촉구하는 담화 발표.

6월 1일	• 정부, 국가유공자 및 월남귀순자특별원호법시행령 및 벌금등임시조치법중개정법률 공포.
	• 최고의, 부정·무사주의자를 정리키 위해 전국고급공무원감사를 일제히 개시
	• 최고의 이공보실장, 박의장이 증권·보험업무의 감사와 부정융자교섭자를 엄벌에 입법조치를 지시했다고 공표.
	• 송수반, 고급공무원의 정리는 신분보장법규에 구애받지 않도록 정부방안 수립했다고 언명.
	• 김중앙정보부장, 전민주당간부를 포함한 쿠데타음모사건의 일부를 공표.
	• 김중앙정보부장, 6월중에 사회악을 뿌리뽑겠다고 언명.
	• 상공부, 7천3백여만불의 수출을 목표로 한 하반기 민간무역수출입계획을 공표.
	• 김통위, 증권거래수도자금으로 100억환의 추가 융자 승인.
	• 정부, 서독실업인, 1억5백만 마르크의 민간차관주가에 합의.
	• 정부, 쌀값안정 위해 주요도시에 보유미 유료배급을 지시.
	• 서울특별시, 난잡한 광고를 정리키 위한 광고물단속법시행세칙을 공포.
6월 2일	• 정부, 유엔총회에 사전대비하여 아프리카 4개국에 친선사절단 파견키로 했다고 발표.
	• 최외무, 파주린치사건으로 대미 엄중 항의하고 행정협정의 조속한 체결을 촉구.
	• 송수반, 한해대책을 계속토록 관계부처에 지시.
6월 3일	• 박의장, 각종천재의 사전방지대책을 철저히 강구토록 지시.
	• 국제인권옹호한국연맹, 미군의 불법행위근절대책 강구토록 유엔군총사령관에 5개항을 요청.
6월 4일	• 박의장, 언론정책에 관한 10개 항목의 소신을 밝히고 신문관계 입법여부를 연구토록 지시.
	• 최고의 이공보실장, 박의장은 아직 고려치 않고 있으나 국민여론이면 박의장의 대통령출마는 불가피할 것이라고 언명.
	• 정부, 주불 백대사와 주호 이대사에게 주룩셈부르크 대사 및 주뉴질랜드대사의 겸무를 각각 발령.
	• 아세아반공연맹, 반공센터 설치주비위원회 발회식 거행.
6월 5일	• 송수반, 투기업자 엄단·전면 해옥 등 증권시장 대수술 단행을 지시.
	• 손문사위원장, 5·16장학회 설립한다고 언명.
	• 정상공, 산하직할기업체장회의서 독자적 운영을 촉구하고 이익금의정부예산에의 편입을 강구토록 지시.
	• 보사부, 20일부터 2차실업자 실태조사를 실시한다고 발표.
6월 6일	• 제7회 현충일추모식, 국군묘지에서 거행.
	• 박의장, 고대생 데모사건에 심정은 이해하나 유감이라고 언명.
	• 송수반, 고대생 데모사건으로 긴급각료간담회의 후 질서무시한 행동은 엄격히 다스리겠다고 언명.
	• 「메로이」 유엔군사령관 미군의 린치사건 조속처리를 확약.
6월 7일	• 최고의, 공약 5개항목을 85개 시책별로 분류한 혁명1주간의 총 비판을 발표.
	• 박의장, 증권파동 수습책 7개 항목을 지시.
	• 미국무성, 행정협정촉진을 표명.
	• 보사부, 생약 및 제약원료의 자동승인제 등 62년도하반기 의약품수출입계획을 발표.
	• 증권시장 재개.
	• 호주대사관 개관.
6월 8일	• 박의장, 이제까지의 데모는 불문에 붙이고 구속학생 전원 훈방하고 앞으론 단호히 엄중 조처하라고 내각에 지시.
	• 이부의장, 한해대책·경농수산자금·기간산업문제에 언급.
	• 유엔군사령부, 예하미군에 사건 임의처리 못하도록 강력지시.
	• 정부, 주한미군지위협정에 관한 경위를 발표.
	• 서울대학교학생 1,000여명, 한·미행정협정체결 촉구와 피검된 고대생석방 요구하고데모.
6월 9일	• 최고의, 10일 상오 0시를 기해 현 환화를 10대1원으로 인하하고 화폐개혁에 관한 긴급통화조치법을 의결하고 정부는 즉일 이를 공포.
	• 금통위, 신고기간중 화폐의 지역간 이동한 분산예금 방지키 위해 여행자단속 등 비상조치의결.
	• 박의장, 통화개혁실시는 악성 인플레 미연방지와 음성자금 및 과잉구매력을 투자자원으로 활용키 위한 것이라고 담화 발표.

	• 재무부, 청산거래 단속 등 증권파동 수습책을 제시.
	• 자유중국 전력기술단 내한.
6월 10일	• 박의장, 물가는 6.9선 유지토록 위반자 엄단지시 등 경고 담화.
	• 정부, 세궁민에 대한 무상배급과 외상배급을 실시.
	• 송수반, 물가 상승않고 디플레가 우려된다고 언명.
	• 재무부, 적금지출의 허용 등 국고금의 취급요령을 시달.
	• 서울시경, 폭리행위, 분산신고 등 55명을 긴급구속.
6월 11일	• 박의장, 통화의 경색을 완화키 위한 특별대책을 시급히 수립하라고 지시.
	• 김재경위원장을 위원장으로 한 긴급통화대책위원회를 구성.
	• 3심제의 보통·고등군법회의시무식 거행.
	• 극동지역농촌지도자 회의담. 8개국대표 참석리에 개막.
6월 12일	• 박의장, 중소기업 등 생활자금의 조속 동결 해제. 저소득자 예금 즉시 인출 등 10개항을 지시.
	• 최고의 특별감사반, 감사 완료.
	• 박의장, 재건국민운동본부, 창설1주년기념식 치사에서 민정이양기반 닦는데 비상한 노력이 필요하다고 역설.
	• 통화조치대책본부, 부득이한 불신고자의 광범한 구제책을 한은에 위임.
	• 한·미당국, 총규모 3,740만불의 제2차 미 잉여농산물 도입협정에 조인.
	• 정부, 남미의 파라과이와 정식외교관계 수립키로 합의.
6월 13일	• 박의장, 증권파동진상조사 특별감사단을 구성 지시.
	• 정부, 사기업체의 경상비 융자한도를 5할로 대폭인화.
	• 송수반, 증권파동관련자를 엄단할 방침이라고 언명.
	• A.I.D, 비료구매비로 1,400만불을 승인.
6월 14일	• 최고의 이공보실장, 학생데모사건이 정부의 사주에 의했다는 외지보도를 무책임한 평론이라고 비난.
	• 「버거」주한미대사, 최외무를 방문하고 한·미행정협정체결교섭 재개에 관한 한국측 대안을 미국무성에서 검토중이라고 통고.
	• 정부, 전국 구권신고액 13일 현재 1,710억환이라고 발표.
	• 김합동수사본부장, 행협 데모에 편승한 문제와 그 일당을 체포했다고 발표.
6월 15일	• 통화대책본부, 계좌당 1만원 이하는 제한없이 지급토록 지시.
	• 각의, 풍수해대책위원회 설치하고 예방·복구대책강구키로 결정.
	• 「버거」주한미대사, 새 행정협정안을 제시.
6월 16일	• 최고의, 송수반과 천재무의 사표수리.
	• 박의장, 산업자금 이자보장하여 저축의욕 상실않도록 당부.
	• 정부, 동결된 예치금·예금 3만원 이하는 전액인출, 그 이상은 체증율 따라 봉쇄조치키로 한 긴급금융조치법을 공포.
	• 최고의 이공보실장, 완전히 봉쇄동결되는 금액은 약 111억원이라고 언명.
6월 17일	• 통화조치대책본부, 구권추가신고기간 6월18일부터 1개월간 설정.
	• 중앙정보부, 구민주당계 및 이주당계의 반혁명음모사건 전모를 발표.
	• 유외무국위원장, 한·미행협 체결에 미측 적극적이라고 언명.
6월 18일	• 최고의, 박의장의 내각수반 잠정겸임과 김현철 기획원장·김세련 재무부장관·박림항 건설부장 관·이원우공보부장관의 신임 및 기타장관의 유임으로 구성된 신개각을 승인.
	• 최고의, 정부조직법을 개정하고 국토건설청을 건설부로 승격.
	• 박림항중장, 최고위원직을 사임.
	• 최고의, 정치정화위원회 해체.
	• 박의장, 통화개혁으로 인하여 중소기업이 침체되지 않도록 노력당부.
	• 문교부, 사립초등학교 설립을 장려토록 시달.
	• 보사부, 국민보건 의료망을 편성.
6월 19일	• 박의장, 첫 각의를 소집하고 책임행정 등 5개집무원칙을 지시.
	• 정부, 촉탁공무원 933명을 정리완료.

	• 감찰위원회, 구정권하 양곡행정에서의 손실 200억환이라고 발표.
	• 보사부, 마약사범 일소책으로 각부락 단위로 단속토록 지시.
	• 대법원, 보석권 등 최대로 활용토록 피구속자 인권보장방안을 시달.
	• 중앙교육연구소, 전국중등교육실태조사결과 개선할 점 백여항을 정부에 건의.
6월 20일	• 박의장, 적발된 비위공무원 중 명확치 않은 자는 재심하라고 당부.
	• 강상욱최고위원, 공보행정이 소극적이라고 농촌방송강화 등 시정을 촉구.
	• 문교부, 교양고목은 국가가 관리하고 전공과목을 각 대학에 위임하는 62년도 학사고시시행방안을 발표.
	• 한내무 · 정보사, 직업소개는 해당허가를 얻어야 한다고 경고.
	• 암 박멸위해 각계인사들로 대암협회를 결성.
	• 정부, 해병대사령관을 경질, 김성은 중장은 예비역편입하고 후임에 김두찬소장을 중장으로 승진임명.
	• 제2한강교 기공식 거행.
6월 21일	• 정부, 박의장 지시로 9인 특별위원회를 구성하고 통화개혁에 따르는 사후대책수립에 착수.
	• 무역진흥공사, 발족.
6월 22일	• 정부, 스페인 주답대사에 주불 백대사, 칠레 주답대사에 주미 정대사를 각각 겸임발령.
	• 내무부, 시 · 군에 공보실을 설치할 수 있게 직제개정을 시달.
	• 문교부, 시 · 군교육위원회 위원의 임명과 서울특별시 및 각도교육위원회 위원의 추천을 관하에 시달.
	• 교통부, 자동차검사는 7월1일부터 민간대행업자가 실시한다고 발표.
	• 원호처, 제대군인과 유가족에게 정착대부계획을 수립(농장 구입엔 최고 40만원까지).
	• 미국정부 대변인, 한 · 미간 주한미국의 신분협정 협상키로 합의했다고 언명.
6월 23일	• 각의, 제조업과 재정자금의 100% 방출 등 9개항의 단기융자계획을 의결.
	• 김재무, 5개년계획 내자조달책 재조정 증권시장문제. 통화개혁의 사후대책수립을 위한 통화대책
	위원회의 신설 등에 대해 언급.
	• 극동지역 농촌지도자회의 개막.
	• 하계방역을 위해 7개부 합동으로 중앙 하계방역 대책본부를 구성.
	• 재향군인 850여명, 헌혈운동에 참가.
6월 24일	• 국유재산, 3월말 현재 총 661억7천만원 그 중 가용재원 총35억6천9백여만원임이 판명.
	• 공보부, 한국예술문화단체 총연합회 공동주최로 신인예술상 종합시상.
6월 25일	• 6 · 25 12주년기념식 각 직장별로 거행.
	• 금통위, 9개 부문에 긴급융자조치키로 의결.
	• 장농림, 미가안정 위해 서울서 정부미를 상인에게 입찰공매한다고 언명.
	• 외무부, 중미의 도미니카와 아프리카의 마라가쉬 · 시에라레온 · 콩고 · 브라자빌 · 어퍼볼타 등
	5개국과 정식외교 관계수립에 합의했다고 발표.
6월 26일	• 박의장, 통화사범의 경미한 자는 석방하라고 지시.
	• 박원빈최고위원, 새선거법 제정에는 철저한 공영제가 포함될 것이며 연내에는 제정공포될 것이라고
	언명.
	• 김기획원장, 일반회계와 시설투자의 분리 등 예산문제에 언급.
	• 통화조치대책본부 해체.
6월 27일	• 최고의 상임위, 증권시장 육성책을 내각에 지시.
	• 상공부, 긴급융자의 실시요령에 대한 특례조치에 따르는 업종별 융자추천요령을 발표.
	• 문교부, 전국교육국장회의서 하계에 전교육공무원의 특별교육실시, 잡부금징수 근절, 물품강제구입
	단속 등 25개 항목 지시.
6월 28일	• 최고의, 단간 · 증면 · 무실력업체 정리 등 5개항 기본방침과 20여항의 세부방침으로 된 언론정책을
	발표.
	• 박의장, 상업자금의 융자, 항구적 한해대책 수립과 필화사건으로 구속된 언론인 전원석방 등을 시달.
6월 29일	• 박의장, 대전서 적격심판청구 않은 자의 구제책을 연구검토중이라고 언명.
	• 각의, 61년 6월 20일 이전에 병역복무로 면직됐던 공무원의 신분회복과 농업구조를 개선키 위한
	농업구조정책심의위원회설치규정 등을 의결.
	• 상공부, 한발에 대비한 비상전력대책을 수립발표.

6월 30일	• 한해긴급대책을 지시.
	• 농림부, 하곡 50만석 매상 등 15개 항목을 각도 양정과장회의서 지시.
	• 최고의 상임위, 저축성 예·적금 동결을 전면해제토록 긴급금융조치법을 개정.
	• 최고의, 신임 김두찬 해병대사령관을 최고위원으로 선출.
	• 고급공무원에 대한 최고의 특별감사결과, 각의에 통고.
	• 각의, 언론기관의 전액융자 등 제4단계 통화개혁 사후 단기대책안을 의결.
	• 문교부, 의무교육의 지방별 5개년계획수립을 지시.
	• 서울시경, 범죄소년 선도키 위해 10개소 보호소 설치키로 결정.
	• 국제인권옹호한국연맹, 미군의 대한인 비행사건은 행정협정만으로 해결할 수 없다는 「러스크」 미국무장관의 회한을 공개.
	• 대한변호사협회, 변호사의 사명은 인권옹호와 사회정의실현에 있다는 등의 전문 52안으로 된 변호사 윤리장전을 선포.
7월 1일	• 박의장, 산림녹화의 적극적 추진, 중소기업자금의 적기방출 등 지시.
	• 이공보, 신문에 관한 기준은 언론계 의견을 참작하고 단간과 증면은 필요하다고 언명.
7월 2일	• 박의장, 5개년 경제개획을 촉진키 위한 산업공사설치지침을 승인.
	• 최고의, 학술원과 예술원을 폐합하고 민족문화과연구원을 신설토록 세부적인 설립계획과 운영계획을 작성토록 6월 28일자로 내각에 시달했다고 발표.
	• 최참사관, 이세기(伊關) 아세아국장간, 8월중에 한·일정치회담 개최키로 합의.
7월 3일	• 박의장, 헌법기초위원회의 월내구성, 근본적인 한해대책, 절량대책의 만전 등 언명.
	• 금통위, 입도선매방지자금 11억여원을 방출하고 무역·군납자금의 대출금리를 인하키로 결정.
	• 보사부, 취업규칙 어기지 않게 제정책을 지시.
7월 4일	• 최고의 상임위, 국공유재산중 불필요한 행정재산을 공매 또는 수의계약키로 한 국공유재산처리임시 특례법과 야간폭력자를 중벌키 위한 해당법률을 개정 의결.
	• 계엄사령부, 구속언론인들의 석방에 관한 기본지침 발표.
	• 문교부, 해외유학생 자격고시를 인문, 특수인문, 자연계로 구분토록 한 고시요강을 발표.
7월 5일	• 김재무, 자금실질 동결은 25억원, 증권시장의 조속재개에 최선을 다하겠다고 언명.
	• 외무부, 한·일회담 대표연석회의 개최.
	• 외무부, 아프리카의 루안다 및 부룬디와 알제리아를 승인 발표.
7월 6일	• 각의, 반공태세강화 등 13개항목의 사회질서확립 대책을 결정.
	• 최고의 상임위, 정년제 등을 규정한 법원직원법 의결.
	• 문교부, 실업고교 공업담당교육 재교육의 실시를 발표.
	• 보사부, 극빈자 있으면 동·면에 신고토록 지시.
7월 7일	• 최고의, 고급공무원 325명 정리확정.
	• 조내무위원장, 단계적으로 행정지역편성 단행할 것이라고 언명.
	• 기획원, AID 원자재도입촉진긴급조치를 발표.
	• 기금 1억원으로 5·16장학회 창설.
7월 8일	• 정부, 광복절에 공무원, 각부문별 유공자 7,500명을 포상키로 했다고 발표.
	• 김내각사무처장, 고급공무원 정리는 주내에 동결하여 17일까지 최고의에 보고하고 명단은 공개치 않는다고 언명.
7월 9일	• 박의장, 한미행정협정체결교섭에 진중을 기하도록 당부.
	• 최고의, 미군주택지역에 경찰력을 증강토록 지시.
	• 장농림, 산지 개간위해 140개지역에 개발단을 구성을 추진하겠다고 언명.
	• 박건설, 국토건설사업은 장기계획에 중점두겠다고 언명.
7월 10일	• 최고의, 외무국방위원장에 김동하 장군, 재경위원장에 유양수 장군, 문사위원장에 김용순 장군을 선임하고 김재춘 방첩대장은 재청최고위원으로 손창규, 유원식 최고위원의 사임을 승인. 내각수반에 김현철씨를 임명하고 신임 김용택 기획원장과 유창순상공부장관을 포함한 신내각을 승인.
	• 김수반, 청신한 사회환경 조성, 자유로운 개인기능 발휘, 경제부흥 등 취임사서 강조.
	• 재무부, 13일부터 증권시장 개장한다고 발표.

	• 주영한국 및 버마대사, 양국간의 영사관계 수립 문서에 조인.
7월 11일	• 최고의, 헌법심의위원회를 구성 위원장에 이부의장, 위원에 각분과위원장과 길재호위원, 전문위원은 민간인 21명 발표.
	• 박의장, 헌법심의에 있어서는 국민의사 반영토록 하고 세계에서 가장 훌륭한 헌법만들도록 당부. 서민금고설치와 취업 알선 등으로 도시영세민구호책 세우도록 지시. 육군지휘관회의서 혁명과업 완수에 매진토록 훈시.
	• 정부, 4일자로 시리아와 국교수립키로 합의했다고 발표.
	• 증권거래소, 증권파동 6개 유책업자에 영업정지 등 시장재개조치 발표.
7월 12일	• 이헌법심의위원회위원장, 헌법심의방침, 목적, 방법 등 심의계획을 발표.
	• 최고의 상임위, 자본금 25억원으로 한 대한석유공사법안을 의결.
	• 이 · 불 수산자원개발조사단 일행, 수산개발원조협정체결과 기술조사 및 수산계 시찰차 입경.
	• 보사부, 62하반기 구호계획(대상자 96만여명중 28만여명)을 발표.
	• 서울시내 각 대학생 8천여명, 하계학생봉사활동계획.
7월 13일	• 정부, 봉쇄예금개정을 전면적으로 폐지하는 긴급금융조치법에 의한 봉쇄예금에 대한 특별조치법을 공포.
	• 박의장, 통화개혁후의 경제동태 보고받고 시정할 점은 과감히 시정하라고 지시.
	• 김수반, 특별법제정공포는 자금 편재없다는 것이 판명되었기 때문이라고 언명.
	• 김재무, 산업공사자금은 별도로 마련하고 특별조치법에 의한 정기예금 이자 포기하면 인출할 수 있다고 언명.
	• 한 · 미간, 제3시멘트공장건설자금차관협정에 조인.
	• 증권시장, 파동 후 32일만에 재개.
7월 14일	• 박의장, 아프리카지역을 친선방문하고 귀국한 이수영대사의 보고 청취하고 아프리카 제국 과 외교강화토록 당부.
	• 김기획원장, 개화후의 인플레 · 실업자대책 등 연구키 위해 특별조치 강구중이라고 언명.
	• 월남 국회의장방한차 입경. 도착성명서 대공공동투쟁을 다짐.
	• 감찰위, 토지개량조합의 감찰결과 10년간의 공사에서 정치적 압력 등으로 94억환을 부당손실했다고 발표.
	• 보사부, 부정 제약업자 등 51개 업체에 행정조치.
7월 15일	• 김내각사무처장, 공무원단기교육을 연내완료하고 63년부터는 3년내지 4년마다 전문분야별로 장기교육을 실시한다고 언명.
	• 최고의 이공보실장, 반혁명음모사건에 장면씨 관련되었지만 박의장 지시로 불입건한다고 언명.
7월 16일	• 박의장, 국방대학원 졸업식서 경제자립, 국방태세강화를 당부
	• 헌법심의위원회, 9소인위원회를 구성하고 위원장에 유진오씨 피선.
	• 김수반, 도시영세민구호위해 토목사업비 2억5천만원 방출을 결정했다고 언명.
	• 법제처, 현행법을 8월내로 재정비완료한다고 발표.
	• 보사부, 전국음식점업소의 철저한 위생 검사를 실시하도록 지시.
	• 한국 올림픽위원회, 제4회 아세아경기대회에 14종목 선수 172명 파견키로 결정.
7월 17일	• 박의장, 제14회 제헌절 맞어 합리적 헌법 만들고 공약따라 헌정복귀한다고 언명.
	• 김기획원장, 인플레 억제 등 개화 부작용에 대한 대책을 천명.
7월 18일	• 최고의, 효과적으로 외자유치키 위한 「차관에 대한 지불보증에 관한 법률」과 국내자원개발확대를 위한 「장기결재방식에 의한 자본재도입에 관한 특별조치법」및 법관도 필요할 땐 면직할 수 있도록 「법관징계법중개정법률안」 의결.
	• 박의장, 강원도 시찰 중 현지군납조달, 농한기를 이용한 항구적 수리사업 등 지시.
	• 정부, 비위공무원 302명을 정리완료.
	• 최고의, 공군참모총장 경질. 장성환소장을 중장으로 승진임명하고 김신중장은 예편.
7월 19일	• 박의장, 헌법문제에 관하여 8.12성명은 구상에 불과하므로 여론따라 정부형태 등 정하되 헌법은 개정형식을 희망, 최고위원 거취는 각자가 결정할 일이라고 언명.
	• 최고의, 헌법심의9인소위, 문제점인 주요항목에 대한 종합정리를 완료하고 3개 분위를 구성.

7월 20일	• 한글전용심의회, 쓰기 쉬운 말 2,600개를 고쳐 회보 제1집으로 발표.
	• 박의장, 농촌진흥에는 후진성 탈피가 급선무라고 강조.
	• 각의, 62년도 제2회추가경정예산안 통과.
	• 조내무위원장, 고급공무원정리대상자는 부정부패가 태반이라고 언명.
	• 유재경위원장, 기획원서 경제교섭일원화를 지시.
	• 감찰위, 재무부세관국과 각 세관을 감찰한 결과 59년부터 2년 5개월간 77억여환의 국가손실을 초래했다고 발표.
7월 21일	• 감찰위, 수도의대 감찰결과 발표.
	• 박의장, 벨기에 독립일에 축전.
	• 정부, 법원직원법 공포.
	• 공보부, 인력감사 실시.
	• 최고위원전원간담회 개최.
	• 혁명과업의 보다 강력한 추진, 경제5개년 계획추진책, 민정이양준비의 촉진책 등 논의.
7월 22일	• 김내각사무처장, 63년도의 공무원증원은 5개년계획 완수를 위해서 최소한으로 억제한다고 언명.
	• 농림부, 전국 모내기 98.5% 완수라고 발표.
7월 23일	• 박의장, 「언론정책세칙」을 승인.
	• 박의장, 유최고위원과 장농림에게 평년작 이상의 추곡 있도록 지시.
	• 김수반, 문교부 시찰하고 실업교육강화 등 훈시.
	• 정부, 생활보호법시행령 공포.
7월 24일	• 최고의, 62년도 제2회추경예산안 상정하고 예산심사특별위 구성하고 각분위원별 예비심사에 회부.
	• 김수반, 외무부 시찰하고 경제외교를 강화토록 지시.
	• 최고의 헌법심위, 전문위원전체회의 개최.
	• 「버거」주한미대사, 최외무 방문하고 한ㆍ미간 중요문제 등 논의.
	• 박의장, 태국군부대 교체에 담화 발표.
7월 25일	• 최고의 상임위, 당면종합경제시책을 심의. 영세민대책을 의결. 백선엽주불대사의 마라카시공화국 주답대사 겸임에 동의안 승인.
	• 김수반, 상공부시찰서 훈시, 농업과 공업의 병행발전토록 강조.
	• 서울시, 하반기실업자 구제책 발표.
	• 문교부, 실업교육진흥강화를 위한 6개방안책을 발표.
	• 「로제 샹바르」주한 불대사, 김기획원장과 회담.
	• 「버거」주한미대사 「킬렌」유솜 처장, 김수반 방문하고 경호문제 논의.
	• 유엔총회 한국대표 이대사, 한국문제 상정 앞서 미대표 등과 전략 토의
7월 26일	• 최고의 예심특위, 62년도 제2회 추경예산안의 종합심의에 착수.
	• 한ㆍ일 배ㆍ스기(杉) 대표회담서 회담 재개할 것에 합의.
	• 감찰위, 성균관대학교의 감찰결과를 발표.
	• 최고의 예심특위, 제2회 추경예산안의 각부별 심의에 착수.
7월 27일	• 육본보통군법회의, 구민주당ㆍ구이주당계 반혁명음모사건 첫 공판 개정.
	• 최고의 예심특위, 문사위 수정안, 재경위 수정안 등 의결.
	• 한ㆍ미간 고위경제회담 개최하고 개화 후의 경제를 분석.
	• 감찰위, 시민회관 무대시설에 시비를 손실케한 관계자 파면 결의.
	• 정부, 모범공무원 36명을 표창.
	• 최고의, 공무원법개정지침 지시, 인사원 설치는 보류.
	• 박의장, 실업대책에 대하여 연구토록 내각에 지시.
7월 28일	• 최고의 법사위, 국회 구성문제와 선거제도에 관한 회의 개최.
	• 최고의 예심특위, 부별예심 종료.
	• 김재무, 증권시장 혼란에 대해 경고.
	• 건설부, 7대도시의 토목사업계획서 발표.
	• 육군중앙고등군재, 5기법무관후보생 항명사건재심 선고.

	• 애국지사유족의 취업식 거행.
	• 최고의 이공보실장, 신헌법을 국민투표로써 확정하는 것은 혁명정부의 기본방침이라고 공식성명 발표.
7월 29일	• 정부, 공무원인사교류규정을 공포.
7월 30일	• 최고의, 내각연석회의, 제1차년도 상반기계획 및 실적에 대한 심사분석결과 보고.
	• 학도군사훈련단(R.O.T.C)입소식 거행.
	• 정부, 월동연료대책위 구성, 월동연료대책수립 보고토록 지시.
	• 최고위 예산심특위, 62년도 제2회추경예산안의 계수정리를 완료.
	• 우정7호 캡슐 서울 도착, 31일부터 시민회관서 전시.
7월 31일	• 정부, 「언론정책시행기준」 10개 항목을 발표.
	• 최고의, 62년도 제2회 추경예산안심의 의결. 16회 건국국채발행 등 3개동의안 의결.
	• 정부, 62년도 제2회 추경예산 공포.
	• 정부, 법관징계법중개정법률 등 5개법률 공포.
	• 건설부, 각급국토건설단 해체.
	• 최고의, 신임 공군참모총장 장성환 중장을 최고위원으로 선출, 김신 최고위원을 최고위원직 사임을 승인.
8월 1일	• 정부, 국가공무원법중개정법률안을 작성.
	• 최고의 상위, 정부투자기관예산회계법안, 인천중공업주식회사법안, 형사보상법중개정법률안 의결.
	• 공군 신·구참모총장, 이취임식 거행.
	• 육본보통군재, 이주당사건 2회 공판.
	• 최고의 상임위, 무국적자의 지위에 관한 국제협약가입동의안을 승인.
	• 중앙정보부, 가정보원 103명 검거실적을 발표.
8월 2일	• 정부, 증권거래법개정시행령 공포.
	• 각의, 8·15포상 계획을 의결.
	• 육본보통군재, 구민주당반혁명음모사건 제2회 공판, 이주당사건 제3회 공판.
	• 헌법심의위 전문위 전체회의, 국회구성 문제를 논의.
	• 김기획원장, 「벤프리트」장군, 인천지방 시찰.
	• 건설부, 발족이후 첫 건설관서장회의 개최.
	• 최고의 공보실, 군경검합동조사본부를 해체 발표.
8월 3일	• 최고의 상임위, 공무수행유공자 및 사회각부문 유공자에 대한 포상안 승인.
	• 각의, 신국군조직법안 의결.
	• 육본보통군재, 구민주당사건 3회 공판.
	• 보사부, 풍수해대책본부 설치.
8월 4일	• 최고의, 유럽미가통상사절단의 유럽각국 경제부문 시찰견과에 관한 보고 청취.
	• 8·15사회유공자포상심사위원회, 포상대상자 명단을 종합심의.
	• 육본보통군재, 이주당반혁명음모사건 제5회 공판, 구민주당반혁명음모사건 제4회 공판.
8월 5일	• 최고의, 길법사위원 신헌법방향에 언급.
8월 6일	• 정부, 신생독립국가인 중미의 자마이카국을 승인.
	• 박대통령권한대행은 자마이카 총독에게 독립을 축하하는 전문 발송.
	• 체신부, 광화문전화국 73국 개국식 거행.
	• 육본보통군재, 손전전매청장에 대한 공판 속개.
	• 정부, 각행정기관에 배치할 국가공무원 및 교육공무원의 개정된 정원 공포.
8월 7일	• 헌법심위전문위 전체회의, 8월20일부터 전국각지서 헌법공청회를 개최키로 결정.
	• 한·미간 생산성향상교도사업회를 개최하고 양측 운영기획서에 서명.
	• 박의장, 수출업자의 질향상 강조.
	• 김수반, 국토건설요원양성입법조치토록 관계부처에 지시.
	• 서울지구보통군재, 축구단 밀수사건 첫 공판.
	• 정부, 사회유공자포상대상자 547명의 명단확정. 제17회 광복절을 맞아 사면요강안을 의결.
	• 육본보통군재, 구민주당사건 제5회 공판.

8월 8일	• 정부, 한 · 이 · 불 어업차관협정에 조인.
	• 박의장, 동아일보필화사건에 가능한 한 선처 언약.
	• 최고의 상임위, 검찰청법중개정법률안, 주택공사법중개정법률안 의결.
	• 정부, 광복절 포상자 명단 발표.
	• 박의장, 충남도를 완전 보건도로 건설하려는 계획을 승인.
	• 육본보통군재, 구민주당사건 제6회 공판. 이주당사건 7회 공판.
	• 헌법심위, 헌법공청회 개최계획과 공청사항결정 발표.
	• 기획원, DLF 소기업자금 383만불 융자승인 발표.
8월 9일	• 박의장, 특수예산책정을 지시.
	• 박의장, 한발대책에 협력한 미국인들을 위로 초청파티 개최.
	• 장농림, 하곡매입방침을 발표.
8월 10일	• 기획원, 제3차 한 · 미경제회담 개최.
	• 김수반, 「버거」미대사와 요담.
	• 각의, 당면종합경제시책을 의결. 린치사건 등 사고방지 위해 13개 대책을 결정.
8월 11일	• 김문사위원장, 실업자 27만명 구제케 될 토목공사를 한다고 언명.
	• 외무부, 7월10일부터 캄보디아국의 수도 프놈펜에 총영사관 설치코 외교활동중이라고 발표.
	• 보사부, 무의촌 부임기피한 의사 5명의 면허를 취소.
8월 12일	• 박의장, 기자회견서 8 · 12성명을 재확인.
8월 13일	• 박의장, 8 · 15맞아 혁명과업완수에 해외교포의 적극협조를 바란다는 메시지 발표.
	• 정부, 13개 품목의 가격을 동결하는 「물가조절에 관한 임시조치법 제4안의 2 제1항 시행에 관한 건」 을 공포.
	• 김수반, 매점 · 매석자 엄단한다고 경고 담화.
	• 정부, 교육 · 기술 계통에 중점을 두는 공무원 증원계획을 발표.
8월 14일	• 박의장, 북한동포에 붉은 사슬을 끊자고 궐기 호소. 토지개량조합중앙회를 시찰하고 천수답을 없애도록 지시.
	• 정부, 당면 경제안정 · 물가대책 발표.
	• 최고의 상임위, 각종 주세 20%를 인하키로 한 주세법개정법률안 의결.
	• 기획원, 61년도 경제백서(연중성장률 2.8%)를 발표
	• 최고의 이공보실장, 조 · 석간 단간제에 따른 조 · 석간 선택은 각사가 결정할 문제라고 언명.
	• 법무부, 총550명의 8 · 15특사범위를 발표.
	• 문교부, 빈한한 중 · 고교생의 수업료 월납제를 지시.
	• 정부, 주카이로 영사관 개관.
8월 15일	• 대통령권한대행 박의장, 광복절 경축사를 통해 일본측의 성의표시를 촉구.
	• 정부, 코스타리카 외교관계수립공동성명 발표.
8월 16일	• 최고의, 국민운동 항구화방침을 시달.
	• 박의장, 초당적 자세견지 등 국민운동 항구화방침 시달에 담화. 물가 앙등 단속을 지시.
	• 정부, 주영대사에 이형근씨, 주비대사에 김용식씨를 임명.
	• 금융통위, 자금사정 완화로 원자도입융자 · 은행지불보증 등 특혜조치를 폐지.
	• 치안국, 물가단속지도본부를 설치하고 지역별 단속반을 편성키로 결정.
	• 장면씨, 이주당 반혁명사건관련 혐의로 불구속기소.
	• 제4회 아세아경기대회파견 한국대표선수단 결단식을 거행.
8월 17일	• 최고의 이공보실장, 헌법 윤곽 작성한 일 없으며 국민여론 들은 후 작성할 방침에 변함없다고 언명.
	• 각의, 9월1일부터 관영요금 일부를 인하키로 의결하고 정부관리기업체 직원에 년2회의 상여금 지불할 수 있도록 의결.
	• 김중앙정보부장, 국민운동요원이 정치활동시엔 엄벌한다고 언명.
	• 정부, 태풍 오팔호의 피해구호금 1,217만원을 예비비서 지출키로 의결.
8월 18일	• 대검, 지정가격인상은 무조건 구속토록 물가위반 단속한계를 지시.
	• 서울시경, 날치기 · 소매치기에 대처 서별로 특별수사반을 조성.

8월 19일	• 이법사위원장, 헌법 확정되는대로 선거법을 제정할 방침이라고 언명.
	• 조내무위원장, 최고의서 사실상 노무에 종사하는 일반직 국가공무원의 노동운동금지안을 폐기하기로 했다고 언명.
8월 20일	• 박의장, 금값 대폭인하 채소 값의 6 · 9선 인하 등을 지시.
	• 길재호 헌법심의위 간사위원, 대통령중심제, 단원제 등은 불변적인 요건이 아니며 공청결과헌법에 반영한다고 언명.
	• 불교재건비상종회, 중앙종회의원 50명을 선출함으로써 8년 분쟁에 종지부.
8월 21일	• 이법사위원장, 군소정당 난립방치키 위한 정당법제정은 연구해 볼 문제라고 언명.
	• 한 · 일예비회담. 일본서 재개코 최종기회가 될지 모른다고 확인.
	• 최고의 상임위, 주월남 박동진대사를 주브라질대사로, 이원경 외무부차장을 대사로 각각 임명 승인.
	• IOC, 한국이 1964년 올림픽경기에 남북한혼성팀 구성문제의 원칙적 문제에 동의했다고 발표.
	• 각의, 유럽화(50환 · 10환권)를 다시 사용키로 의결.
8월 22일	• 박의장, 중농정책을 환수하겠다고 전남 · 북 도민에게 메시지.
	• 조내무위원장, 현행 지방자치에 관한 임시조치법의 기본원칙이 새 지방자치법에 채택될 것이라고 시사.
	• 최고의 상임위, 사회보장확립을 목적한 공무원연금법중개정법률안 의결.
	• 김수반, 춘천서 63년 총선거의 철저한 공명선거를 다짐.
	• 이주일대한체육회장, 1964년도 올림픽의 남북한혼성팀 구성원칙에 동의했다고 정식발표.
8월 23일	• 헌법공청회 개막.
	• 박의장, 비례대표제를 찬성하고 정당난립과 반국가적 정당활동을 방치키 위한 정당법이 필요하다고 언명.
	• 외무부, 동남아의 인도를 비롯한 5개국에 문화사절을 파견한다고 발표.
	• 법무부, 지검에 검사5명이 전담하는 소년부를 신설.
	• 김재무, 정부주는 투매치 않고 서서히 적량매각 한다고 언명.
8월 24일	• 김외무국방위원장, 국교후 경협 원칙은 불변이라고 한 · 일예비회담에 언명.
	• 각의, 62년도 월동용탄수급대책을 위해 전국 55개 도시에 672만톤을 수송할 것을 의결.
	• 보사부, 각사업체에게 연말까지 취업규칙 이행토록 엄달.
8월 25일	• 박의장, 중농정책에 더욱 치중하고 국민의 기본권이 확실히 보장되어야 한다고 언명.
	• 최외무, 선국교 · 후차관의 기본원칙은 불변이며 한 · 일관계의 조속해결은 난망이라고 언명.
	• 최고의, 보험회사의 운영실태를 감사키 위해 특별감사반을 조직.
8월 26일	• 이법사위원장, 민정후의 정치형태는 정당정치에 기반을 둘 것이라고 대구서 언명.
8월 27일	• 이법사위원장, 새 헌법은 명년초에 국민투표로 확정될 것을 시사.
	• 조내무위원장, 새경찰법과 선거구재조정법은 명년초에 실시될 것이라고 언명.
	• 법무부, 사회직서를 바로잡기 위한 16개 항목을 검찰에 시달.
	• 육본보통군법회의, 구민주당계 반혁명음모사건 조중서 피고 등 5명에 사형구형.
	• 일수상, 한국으로부터의 청구권명목의 지불을 회피하고 대신 무상원조, 장기차관으로 해결하려는 의도를 참의원서 표명.
8월 28일	• 박의장, 폭우로 인하여 많은 인명과 가옥의 피해를 입은 순천지구의 최대한 구호를 관계기관에 긴급 지시.
	• 정부, 제17차 유엔총회대표로 최외무외 19명을 임명.
	• 육본보통군법회의, 구이주당계 반혁명음모사건 안병도 피고 등 4명에 사형구형. 장면피고엔 무기구형하고 법정구속.
8월 29일	• 최고의 법사위, 가호적 제도를 폐지하는 호적법개정시안을 발표.
	• 각의, 순천수해에 긴급대책으로 구호비 240만원 지출키로 결정.
	• 「언커크」, 연례보고서를 작성키 위해 전체회의를 개최.
8월 30일	• 박의장, 대이 · 불 수산관리 운용을 새국책회사서 담당토록 하는 계획안에 승인.
	• 이법사위원장, 헌법공청회를 종료하고서 언론을 최대한으로 반영하여 새헌법요강을 내주에 작성한다고 언명.
	• 김수반, 추석후엔 물가통제를 폐지할 예정이라고 언명.

8월 31일	• 이부의장, 최고위원의 거취문제는 전체회의서 논의하고 9월중에 결론내겠다는 언명.
	• 정부, 남미의 신생 「트리니나드 토바코」를 승인.
9월 1일	• 박의장, 순천수해지구현지서 복구, 구호, 방역 등 7개 항목 지시.
	• 「언커크」, 대의정치발전을 주시할 것이라고 개막성명 발표.
9월 3일	• 최고의 상임위, 17일부터 29일까지 일반국정감사를 실시키로 의결하고 영세채권자를 구제하기 위한 농어촌고리채정리법중개정법률안을 의결.
	• 헌법심의위, 전체회의를 열고 새 헌법요강작성문제를 논의.
	• 각의, 수해, 태풍피해복구비 3억7천600만원을 지출 연내에 사업완결키로 의결.
	• 부정축재관리위, 환수된 액 1억6천만원이며 미납자엔 강제징수조치한다고 발표.
	• 김재무, 증권파동수급책으로 행정명령을 발동하고 6개항을 지시.
	• 최고의 상임위, 김신 예비역중장의 주중대사발령을 승인.
9월 4일	• 박의장, 최고의, 내각연석회의서 병역기피자 구제의 새로운 방안연구를 지시. 공무원 요정출입을 엄단토록 지시.
	• 헌법심의위원회, 분위별로 새 헌법요강 작성에 착수.
9월 5일	• 박의장, 62년도 총예산안은 균형예산으로 편성토록 지시.
	• 최고의 이공보실장, 현 국토건설은 예정대로 유지한다고 해명.
	• 헌법심의위원회, 대통령중심제, 단원제국회를 하는 것이 절대다수라고 공청회결과를 발표.
	• 길재호최고위원, 정당활동 허용 전에 구정치인 일부에 대한 구제가 있을 것이라고 언명.
9월 6일	• 박의장, 수출진흥을 위한 시책의 검토와 대책에 관한 보고 및 62년도 월동책에 대한 보고를 청취하고 수출업자의 해외여행제한 완화, 수출상품의 철저한 검사제도의 확립, 무역금융의 금리인하 연구와 탄가인하금지 등을 각각 지시.
	• 한·미양국, 한·미행정협정의 9월중 교섭재개. 민정이양후 체결 등 공동성명서를 발표.
	• 헌법심의위전문위, 경제계인사를 초청하고 경제조항 등의 의견을 청취.
	• 김기획원장, 외국차관확정액 2억4천700만불이라고 언명.
	• 최외무, 박의장의 지시에 따라 유학생여권을 연장토록 해외공관에 시달.
	• 외무부, 주모로코대사관이 개관됐다고 발표.
9월 7일	• 박의장, 최고위원 거취문제는 정당활동 재개 후에 공식적으로 결정한다고 언명. 차관상황 보고받고 농촌전력화와 조력이용 전원개발 추진을 지시.
	• 헌법심의위 전문위, 법조계인사를 초청하고 신체의자유 등에 관해 의견청취.
	• 외무부, 중미지역 9개국에 친선사절단을 파견키로 결정했다고 발표.
	• 박건설, 국토건설단의 운영방법을 개선한다고 언명.
	• 장농림, 맥기비 25만톤의 도입을 완료하고 15일까지는 전량배급한다고 언명.
9월 8일	• 박의장, 최고위원 전원에게 정치문제의 사견발표를 하지 말라고 지시각서.
	• 한국·말레이지아, 통상협정단조인식 거행.
	• 치안국, 8월12일부터 20일까지 아동복지법위반 6,100여건을 적발했다고 발표.
9월 10일	• 최고의 상임위, 단기복무제 폐지, 육군의 복무기간단축(2년으로), 보충역 신설 등 새병역법안 의결.
	• 박의장 최고위원들의 거취문제는 헌법제정 후 정당활동이 허용된 뒤에 밝혀질 것이라고 언명.
	• 최고의 상임위, 해군참모총장 이성호중장을 9월28일자로 예편하고 후임에 이맹기소장을 중장으로 승진 임명키로 한 안을 승인.
	• 보사부, 무의촌 등에 의사 120명의 동원령.
9월 11일	• 각의, 총규모 785억원의 신년도 예산안 의결.
	• 정부, 경제종합계획을 심의키 위한 경제각료회의 규정을 공포.
	• 정보사, 각기업체에 밀린 노임 청산하라고 촉구.
9월 12일	• 최고의 상임위, 명년초에 행정간소화 실시 여부를 확인키 위한 행정감사 실시시토록 의결하고 보험업의 육성방안을 내각에 시달.
	• 김재무, 증권거래소의 공영제를 구상중이라고 언명.
9월 13일	• 제6차 한·일예비회담, 평화선·법적지위 문제 등의 토의엔 합의하고 청구권 검토는 또 연기키로 결정.

9월 14일	• 박의장, 국제정세 고려하여 국민의 비난을 각오하고 국교정상화해야 한다고 일측 성의를 촉구. 민정 철저히 파악하여 민생에 맞는 정권수립하라고 지방장관에 지시.
	• 최고위 상임위, 집행정지중의 군법회의 판결효력 상실에 관한 법률안과 중·고등학교 및 대학의 입학에 관한 임시조치법중 개정법률안 의결.
	• 강상욱 최고위원, 민정이양후의 국민운동본부를 국가기구로 존속시킨다고 언명.
	• 최고의 재경위, 62년산 미곡매상가격 석당 306.3원으로 책정했다고 발표.
9월 15일	• 박의장, 국토건설단을 해체치 않고 효과적 운영으로 개선하겠다고 언명.
	• 유병현 최고위원, 농촌구조개혁문제는 연내에 심의 완료한다고 언명.
	• 대검, 부정상표의 엄중단속을 지시.
	• 아세아 반공연맹 자유센터 기공식 거행.
	• 정부, 주 콩고 브라자빌 대사관 개관했다고 발표.
9월 16일	• 박의장, 경북지방 민정시찰을 마치고 농민들의 의욕적인 모습에 감명받았다고 언명.
	• 유병현 최고위원, 농촌진흥특별기금으로 새해 예산에 1억 반영되었다고 언명.
9월 17일	• 박의장, 17일부터 29일까지의 국정감사에 즈음하여 철저·공정히 하라고 지시.
	• 이부의장, 물가통제의 해제시기는 고려중이라고 언명.
	• 기획원, 확정 또는 추진 중인 외자차관은 총 7억 1,600만불이라고 발표.
	• 한국육상경기연맹 국제육연에 남북한 단일팀으로 가입.
9월 18일	• 박의장, 북괴는 유엔의 통한원칙을 수락하라고 유엔총회 개막에 성명, 일본경제인단 맞아 공동의 적에 대비하자고 강조.
	• 김수반, 물가통제의 1개월내 해제, 민정이양 대비하여 항구적 경제시책 수립, 명년 선거의 경찰간섭 단호불허 등 언명
	• 한·미행정 협정 체결을 위한 실무교섭대표단 명단 발표.
	• 정부, 인도네시아에 관민혼성 통상사절단을 파견키로 했다고 발표.
9월 19일	• 박의장, 부정축재 환수업무를 국유화 또는 공매로 연내에 완결토록 지시. 도시영세상공인에 대한 복지금융계획안을 승인.
	• 김수반, 박의장의 대통령 출마는 경제안정 및 사회개혁 성취 위해 불가피하다고 언명.
	• 최고의 이공보실장, 김수반의 박의장의 대통령출마에 관한 언명은 사견에 불과하며 내년에 생각할 문제라고 언명.
	• 정부, 이란 등 중동 6개국에 문화친선사절단을 파견키로 했다고 발표.
	• 장농림, 산지개혁하지 않는다고 언명.
	• 농협중앙회, 기피자에 대한 법적 조치 등 농사자금 강력회수를 촉구.
9월 20일	• 박의장, 사방공사의 명년중 완료 등 6개 항목을 지시.
	• 김수반, 대통령중심제의 지지, 선거 위한 개각의 불가피, 단원제 국회는 횡포방지방법이 문제라는 등 언명.
	• 한·미 행협체결을 위한 실무자 회의 개최.
	• 배주일대사, 무상원조공여방식의 해결 등 한국측 양보란 무한이라고 성명.
	• 한·미 경제회담, 워싱턴에서 개최하고 신년도 경원문제 논의.
9월 21일	• 박의장, 선거사범 엄단을 다짐하고 과학진흥책을 지시.
	• 김중앙정보부장, 대일기본정책은 양보할 수 없다고 언명.
	• 대검, 공무원범죄를 엄단토록 지시.
9월 22일	• 최고의 이공보처장, 박의장이 주요도시의 쌀수급부진 상태에 적절한 조치 지시했다고 발표.
	• 정부, 중미의 하이티와 정식외교관계 수립키로 했다고 발표.
	• 서아프리카 카메룬 친선사절단, 수교·통상 등 협의차 입경.
	• 한·미 경제회담 개최하고 수출진흥책 협의.
9월 23일	• 이부의장, 차기대통령은 헌신적 지도자라야 하며 남·북한 단일팀 구성문제는 IOC를 통해서 추진하겠다고 언명.
9월 24일	• 박의장, 경제질서를 문란케 하는 행위를 단속키 위한 부정거래 단속법 제정과 만기된 대출금의 철저한 회수를 지시.

	• 최고의 이공보실장, 12월 1일부터의 정치사찰금지는 정치활동허용시기의 방침 변경이 아니라고 언명.
	• 헌법심의위 전문위, 기본권조항 심의를 종료.
9월 25일	• 박의장, 특정외래품거래자 엄단을 지시.
	• 정부, 제3차 행정간소화계획을 수립실시키로 했다고 발표.
	• 정부, 공무원연금법 시행령 및 근로기준법 시행령 개정의 건을 공포.
	• 헌법심의위 전문위, 국회는 단원제로 견제기구는 두지 않기로 합의.
9월 26일	• 박의장, 인삼재배를 허가제로 하고 품질향상 및 수출을 일원화하라고 지시.
	• 이법사위원장, 가결정족수를 제외한 국민투표법안의 기초 완료했다고 언명.
	• 김수반, 미곡 등 5개 품목은 민정까지 가격통제 한다고 언명.
	• 미행정부, 대한원조에 대해 과거의 부패가 많이 시정되었으며 앞으로의 계획이 성공될 것이 확실하다고 성명 발표.
9월 27일	• 박의장, 제주목장 민간불하안을 승인하고 붉은 산 일소 추진을 지시.
	• 육본보통군법회의, 구이주당계 반혁명사건 안병도·이용환 피고에 사형, 전국무총리 장면 피고에 징역 10년 언도.
	• 보사부, 10월1일부터 전국적으로 각종 통조림을 검사한다고 발표.
9월 28일	• 헌법심위 전문위, 선거는 공영제로 하기로 합의.
	• 각의, 추곡수매가격 석당 2,900원으로 150만석 매상을 결정.
	• 기획원, 총규모 1,100만불의 62년도 시설·기술 원조자금 사용계획이 확정되었다고 발표.
9월 29일	• 박의장, 전공무원의 각성촉구를 지시 각서로 경고.
	• 정부, 인도네시아와 통상협정에 조인.
	• 육본보통군법회의, 구민주당계 반혁명사건 조중서 피고에 사형 언도.
	• 상공부, 국내 독점상품 또는 수입금지 원자재가 앙등하면 해제조치하겠다고 발표.
10월 1일	• 박의장, 제 14회 국군의 날 기념식서 국군은 국민의 군대되라고 강조.
	• 정부, 중미의 파나마 및 아프리카의 가본과 정식외교관계를 맺고 대사급 외교사절을 교환하기로 했다고 공동성명 발표.
	• 정부, 병무행정의 일원화를 기한 새 병역법 공포.
	• 최외무, 대일청구권 6억불선 양보치 않는다고 성명.
	• 한국문화사절단, 「사이프러스」와 문화교류를 위한 협정을 체결.
10월 2일	• 헌법심의위 전문위, 정부형태 대통령중심제로 합의.
	• 장농림, 영농자금을 강력히 회수할 방침이라고 언명.
10월 3일	• 박의장, 개천절 맞아 홍익인간의 민주적 민족정신을 다시 선양토록 다짐.
	• 이법사위원장, 정당법기초를 위한 참고재료가 준비되어 있다고 언명.
10월 4일	• 정부, 수출품의 품질 및 대외물가의 유지향상을 위하여 검사를 받도록 한 수출검사법 공포.
	• 김재무, 미국의 63년도 대한원조는 현년 수준 될 듯하다고 귀국 후 언명.
10월 5일	• 박의장, 곡가책정은 물가에 영향안주는 범위내에서 농민에게 최대한의 혜택주도록 지시.
	• 최고의 상임위, 62년산 추곡매입가격 석당 2,978원으로 150만석 매입을 결정.
	• 각의, 명년에 국민교 교사 3,401명 증원을 결정.
10월 6일	• 박의장, 부패정치조장은 국민자각 부족의 탓이라고 언명.
	• 김수반, 물가통제의 해제는 상인들이 공익성을 자각하여 자연적인 물가조정이 이루어질 때나 한다고 언명.
	• 재무부, 의무보유주의 예탁을 이행치 않은 12개 증권회사에 대해 무기영업정지처분.
10월 7일	• 박원빈 최고위원, 국민투표를 전후하여 계엄령을 일시적으로 해제할 것이라고 시사.
10월 8일	• 최고의, 헌법개정의 법적 근거를 마련키 위해 비상조치법을 개정 공포.
	• 각의, 경제외교조정위원회를 설치키 위한 관계 규정 개정중 법률을 의결.
	• 정부, 체육·예능 특기자는 서류전형할 수 있게 하는 등의 「중학교·고등학교 및 대학의 입학에 관한 임시조치법 시행령 중 개정의 건」을 공포.
10월 9일	• 이법사위원장, 연내에 정당법 제정하고 정당활동 허용 전에 구정객의 일부구제가 있을 것이라고 언명.
	• 정부, 남아의 신생 우간다를 승인.

10월 10일	• 최고의 상임위, 국민투표절차법 의결.
	• 헌법심의위 전문위, 국회와 국민만의 개헌발의, 4·19와 5·16 정신의 헌법전문에의 삽입, 장순 등에 합의.
	• 이법사위원장, 계엄령을 해제할 필요 없으며 혁신정당 진출을 법적으로 저지할 수는 없다고 사견담.
	• 정부, 북구의 아일랜드와 정식 외교관계수립에 합의했다고 발표.
	• 김기획원장, 5개년 계획의 투융자를 담당할 산업개발은행이 연내에 발족한다고 언명.
	• 인도태평양수산이사회(IPFC), 개막.
10월 11일	• 헌법심의위 전문위, 새 헌법요강심의를 종결.
	• 김중앙정보부장, 구정치인의 추가구제명단 곧 발표하며 통신사는 통합한다고 외신기자에 언명.
	• 학사고시중앙위원회, 4지선다형의 객관식 방법 등 학사고시요강을 확정 발표.
10월 12일	• 박의장, 국민투표위한 계엄령 해제 않으며 구정객 구제계획 아직 없다고 언명.
	• 헌법심의위, 헌법재판소의 불설치와 근로자이익균점권 조항의 삭제 등에 합의.
	• 길재호 최고위원, 무소속출마제한을 헌법이나 선거법에 규정지을 것을 희망한다고 언명.
	• 김형욱 최고위원, 선 대통령, 후 총선이 될 것이라고 언명.
	• 각의, 부산시 승격, 일부 도경 변경 등 행정구역 개편안을 의결.
	• 정부, 국민투표법과 동법시행령을 공포.
	• 계엄령사령관, 전국무총리 장면의 형집행을 면제 조치.
	• 류상공, 물가통제는 확대치 않고 불원 해제할 것이라고 언명.
	• 문교부, 단체경기 체능특기자의 고등학교 및 대학입학서류전형기준을 확정 발표.
	• 전매청, 엽연초 수납매입가 작년보다 10%이상 결정했다고 발표.
10월 13일	• 최고의, 63년도 예산안을 17일부터 종합심사키로 결정.
	• 김문사위원장, 신학기부터 관리교육을 정식과목으로 채택한다고 언명.
	• 김수반, 국민투표 위해 최선의 여건 갖추겠다고 담화.
	• 문교부, 63년도 각급 학교 입학시험시행 요강을 결정.
10월 14일	• 조내무위원장, 민정이양시까지 도지사 경질은 없다고 언명.
10월 15일	• 정부, 내무에 박경원 소장, 문교에 박일경씨, 법제처장에 문홍주씨를 각각 임명.
	• 김수반, 학사고시 방해면 의법조치한다고 경고.
	• 외래품의 매매, 알선한 공무원은 면직조치토록 지시.
	• 재무부, 시은 대출금리 인하토록 지시.
	• 최외무, 「언커크」 감시하의 남·북 총선거를 지지하고 소의 철군주장을 통박.
10월 16일	• 박의장, 국정감사보고 청취 후 확인행정 기하라고 지시.
	• 이부의장, 국정감사총평서 공무원의 창의, 적극성 결여 등 12개 항목을 지적.
	• 정부, 사우디아라비아아 국교수립에 합의했다고 발표.
10월 17일	• 헌법심의위, 무소속정치인의 출마를 봉쇄키로 합의.
	• 최고의 예산특위, 총규모 785억원의 새해 예산안 종합심사 착수.
	• 문교부, 공업부문 기술공 양성위해 15개소에 국립연수원 설치키로 발표.
10월 18일	• 헌법심의위, 부통령과 심정원 두지 않기로 합의.
	• 각의, 공무원과 국영기업체 직원은 학사고시 합격자만 채용토록 제도화 의결
	• 정부, 주월남대사에 신상철 예비역 소장을 임명.
10월 19일	• 김중앙정보부장, 미국 고위층과의 회담서 민정이양 등 의견개진하고 한·일문제의 최종안 휴대치 않는다고 언명.
	• 각의, 해외여행제한을 대폭 완화키로 결정.
10월 20일	• 헌법심의위, 총리는 대통령이 임명, 국무원을 자문기관으로 하는 안에 합의.
	• 김중앙정보부장, 방일·방미차 출발.
	• 강상욱 최고위원, 언론기관의 시설기준입법화를 구상중이라고 언명.
10월 21일	• 김중앙정보부장, 박의장의 출마는 불가피하다고 일본서 언명.
	• 「언커크」, 제12차 연례보고서를 발표.
10월 22일	• 박의장, 혁명정부서 세운 정책, 민정서 계승해야 한다고 언명.

	• 헌법심의위, 대통령궐위시 총리가 대행, 인사원의 불설치 등에 합의.
	• 김중앙정보부장, 호양으로 현안해결을 희망한다는 박의장 친서를 이게다(池田) 일본수상에게 전달.
	• 전국산림기술자대회, 경주서 개최.
10월 23일	• 헌법심의위, 헌법요강심의 종료.
	• 박의장, 미국의 대쿠바 조치를 환영한다고 언명.
	• 박내무, 국민투표의 자유분위기 보장, 민원서류처리의 신속, 사회악의 제거 등에 언명.
10월 24일	• 박의장, 정치활동 허용후 질서 잡히면 계엄령 해제를 고려한다고 언명.
	• 문교부, 학사고시의 출원원칙과 채점기준을 시달.
	• 제43회 전국체육대회, 대구서 개막.
10월 25일	• 박의장, 계엄하선거도 무방하며 정치활동 연내에 허용치 않는다고 언명.
	• 최고의, 일반물가통제의 해제 및 연말통화 400억 유지토록 내각에 대책보고를 지시.
	• 최고의 상임위, 외국인관광객 유치정책을 의결.
	• 각의, 신년에 공무원 15,000명을 증원키로 의결.
10월 26일	• 농림부, 10세 이상 60세 이하의 전농어민에 특수교육을 실시키로 한 62년도 동계 농어민지도지침을 발표.
	• 문교부, 실업계 고교 출신자의 동계대학 진학적용범위를 확정 발표.
10월 27일	• 박의장, 불필요한 해외여행의 제한과 공무원의 요정출입 철저단속을 지시.
	• 최고의 이공보실장, 대통령출마는 정당공천있어야 할 것이라고 언명.
	• 박건설, 국토건설단원을 12월초 귀휴조치 하겠다고 언명.
10월 29일	• 각의, 두류 등 5개 품목의 가격통제 해제키로 의결.
	• 김형욱 최고위원, 최고위원의 출마는 예편 후라야 할 것이라고 언명.
	• 문교부, 특기자의 대학입학 서류전형 심사기준을 확정 발표.
10월 30일	• 박의장, 상거래 위축되지 않도록 부정수표를 단속하라고 지시하고 구정치인 반성할 기회는 지금이 좋은 때라고 언명.
	• 최고의 이공보실장, 최고위원들의 민정참여는 하나의 기정사실이며 예편 출마문제의 합리적인 방안을 연구하라는 박의장 지시 있었다고 언명.
	• 김 문사위원장, 많은 실업전문교 신설, 지방실정에 따라 인문계와 실업계의 통합 등 명년에 학제 일부를 개혁한다고 언명.
	• 농림부, 미납상환곡 26만석의 강력수납을 시달.
	• 상공부, 불급품 수입을 억제키 위해 무역계획 일부를 변경.
10월 31일	• 박의장, 인도정부의 지원요청에 대해 가능한 모든 지원을 하겠다고 회한.
	• 각의, 농업개발공사법안과 제3회 추가경정예산안 의결, 민정이양 앞서 제도완비키 위한 24개 법률의 새로운 제정을 최고의에 건의키로 결정.
11월 1일	• 박의장, 건전한 정당육성과 민정이양후 구악의 고개 못들게 제도 마련토록 당부.
	• 최고의 이공보실장, 명년의 민정형태는 완전한 민간정부라고 해명.
	• 농림부, 강력한 영농자금회수계획을 농협중앙회에 지시.
	• 문교부, 사립국민학교의 신설을 권장하는 설치요강을 발표.
	• 한·미행협교섭 5차회담, 행협시행 협의기관으로 합동위 설치키로 합의
11월 2일	• 박의장, 1952년 1월 1일부터 1962년 3월 1일까지의 수리공사와 관련된 비위사실 행위자를 모두 입건 조치토록 긴급지시하고 부당한 농지세 징수치 않도록 지시.
	• 최고의 예산심사특위, 63년도 예산종합심사를 완료.
	• 김수반, 63년부터 국토건설단을 폐지하고 병역미필자는 사방사업에 동원할 계획이라고 언명.
	• 각의, 중앙사무 등 하부기관으로 277건을 이양키 위한 제3차 행정간소화 방안을 의결.
	• 유상공, 물가통제는 연말까지 전부해제방침이라고 언명.
	• 박문교, 시·군단위로 위원회를 설치하여 학부형의 자발적인 후원회비 납부제도를 구상중이라고 언명.
11월 3일	• 최고의, 헌법개정안을 확정하고 발의를 위한 서명완료.
	• 김 문사위원장, 지방신문육성에 주력하고 용지는 연말까지 수요량 수입한다고 언명.
	• 문교부, 전국 각대학에 학생지도위원회 두기를 결정.

11월 5일	• 정부, 헌법개정안을 공고.
	• 박의장을 비롯한 헌법개정안 제안자인 최고위원 23명, 개헌안 제안성명을 발표.
	• 박의장, 개헌안에 과학심의위원회설치 추가를 지시.
	• 최고의 상임위, 직원의 정치관여금지, 지역사회개발사업의 불흡수 등 국민운동법중개정법률안 의결.
	• 각의, 석당 2,516억원으로 150만석에 미곡담보융자키로 결정.
	• 정부, 한 · 말레이지아 무역협정, 서로 최혜국대우키로 하고 조인.
	• 박건설, 국토건설단원의 연내 귀휴조치를 지시.
	• 대한체육회, 동경올림픽에 대비하여 500여 우수선수의 합동훈련을 실시키로 결정.
11월 6일	• 박의장, 정치의 요체는 양민 교민에 있다고 언명.
	• 민제1군사령관, 혁명주체노력의 민정참여 긴요하다고 언명.
11월 7일	• 박의장, 주체노력의 민정참여는 공약위배되지 않는다고 언명.
	• 최고의, 2억6천만원 증액의 제3추가경정예산안 의결.
	• 박원빈 최고위원, 민정전의 경찰중립화 실현방침은 불변이라고 언명.
	• 한 · 미대표, 63년도 제1차 잉여농산물(총54, 32만불)도입협정에 조인.
11월 8일	• 박의장, 울릉도와 독도개발에 관한 지시각서를 내각에 시달.
	• 최고의 상임위, 정부관리양곡판매가격을 갱백미석당 3,395원으로 승인.
	• 정세웅 최고위원, 기술계학교의 635제, 교원정년 61세 등 최고의서 법정했다고 언명.
	• 문교부, 사학재단이사장에 학사사무 간섭금지를 지시.
11월 9일	• 길재호최고위원, 정당법안요강 11월 내에 완성한다고 언명.
	• 미국 「하지스」 상무장관, 대한민간투자를 낙관한다고 래한담.
11월 10일	• 박의장, 정부고위층에 측근자 및 가족의 이권간여 단속토록 지시.
	• 김 외무국방위원장, 일측과 어족보호구역설정을 희망한다고 언명.
	• 김기획원장, 비양심적인 원조물자도입업자를 제재한다고 경고.
	• 서울시경, 국민투표법 위반사범을 적발키 위해 특별단속반 조직.
11월 11일	• 김 중앙정보부장, 청구권에 쌍방의견이 많이 접근했으며 한 · 일회담의 연내 체결을 희망한다고 일본서 언명.
11월 12일	• 김중앙정보부장, 제2차 김 · 오히라(大平)회담후 어업기본조약, 법적 지위, 문화재 반환 등에 대체적 양해 성립했다고 언명.
	• 김중앙정보부장, 「수카르노」 인도네시아 대통령과과 일본서 회담, 반둥회의에 한국초청, 국교촉진 등에 합의.
	• 농림부, 추곡출하장려보상제 마련하고 매상촉진요령을 시달. (각종쌀 소비절약 등도 지시).
	• 학사고시, 전국에서 일제히 시행.
	• 보사부, 부정야품판매단속을 지시.
11월 13일	• 최고의 상임위, 행정구역 변경에 관한 7개 법률안 의결하고 부정축재 압류재산을 국유화할 수 있도록 부정축재환수절차법을 개정. 행정특별감사 실시에 관한 의결안 의결.
	• 김중앙정보부장, 방미 · 방일 마치고 귀국.
	• 각의, 농업금융채권의 원리금을 66년 5월 24일까지 전액상환토록 농어촌고리채시행령을 개정.
11월 14일	• 최고의, 총규모 7,687천만원의 63년도 총예산안 의결.
	• 조내무위원장, 지방의회를 명년내 구성 않을 방침이라고 언명.
	• 각의, 국토건설단 기간요원을 공무원에 임용키로 의결.
	• 농림부와 농협, 농사자금의 연내완납 리동조합에 명년도엔 2할을 더 융자토록 지시.
11월 15일	• 박의장, 정치활동은 연내불허, 과감한 중립국과의 외교, 한 · 일정치회담의 불필요성 등 언명.
	• 김외무국방위원장, 혁명주체노력의 거취문제는 박의장 결정에 따르고 인도에의 군사고문단 파견 계획없다고 언명.
	• 최고의 법사위, 정당법안 심의 착수.
11월 16일	• 박의장, 중립국가군과의 외교유대강화를 강조.
	• 김수반, 지방장관회의서 국민투표계몽에 전력을 경주하라고 지시.
	• 최고의 이공보실장, 정당활동은 내년초에 여 · 야를 막론하고 기회균등히 출발케 된다고 언명.

11월 17일	• 박의장, 개헌안의결은 12월 6일, 국민투표는 12월 17일에 실시한다고 담화 발표.
	• 이치안국장, 인권옹호토록 각 경찰서에 지시.
11월 19일	• 박의장, 체불노임 일부와 학원의 자유보장 등을 지시. 62년도 사법관감독회의서 민주수호의 보루 되도록 치사.
	• 최고의 이공보실장, 개헌안은 수정않기로 결정했다고 발표.
11월 20일	• 이법사위원장, 정당조직 한계방침, 대통령과 국회의원 입후보요건, 경비계엄 하에서의 기본권제한 가부문제 등에 언급.
	• 김중앙정보부장, 외자도입 앞서 수원태세 완비해야 한다고 언명.
11월 21일	• 박의장, 비위세리는 즉각파면하고 대학출신으로 대체토록 계획수립하라고 지시.
11월 22일	• 박의장, 정당법 제정에 여론참작할 것이며 야당조직에 난관없을 것이라고 언명하고 중앙 청개청식서 적당, 무사주의 버리라고 공무원각성을 촉구.
	• 외무부, 한국문제에 관한 대한민국기본각서를 공표.
	• 대법원, 징역대신 재산형 선고등 인권옹호 위한 법운영을 지시.
11월 23일	• 박의장, 공무원들에게 공명선거지시 각서 시달.
	• 최고의 이공보실장, 구정치인의 구제는 국민투표 후에 수시로 있을 것이라고 언명.
	• 유국민운동본부장, 명년선거에선 계몽만 한다고 언명.
11월 24일	• 농림부, 개정된 농어촌고리채정리법에 의거 영세채권자의 채권액을 12월15일부터 31일까지 상환 한다고 발표.
11월 26일	• 박의장, 김정보부장의 방일로 많은 의견 접근했으며 청구권은 큰 문제 안된다고 언명.
	• 박원빈 최고위원, 계엄령의 연내 해제는 무망하다고 언명.
	• 각의, 12월 1일부터 대대적인 절미운동을 전개키로 결정.
	• 김재무, 국민에게 피해를 끼칠 우려가 많은 유사서민금융조사를 지시.
11월 27일	• 최고의 상임위, 사립국민학교설치안을 승인.
	• 경제기획원, 63년도 미 대한지원원조의 1차분으로 7천5백만불을 통고해 왔다고 발표.
	• 상공부, 특별한 경우외엔 수입물자의 통관기일연장을 불허한다고 천명.
	• 장농림, 민정까지 쌀값 통제한다고 언명.
	• 교통부, 12월1일부터 KNA의 영업면허를 취소한다고 발표.
11월 28일	• 최고의, 문교정책심의위원회를 구성.
	• 박의장, 한국일보의 사회노동당운운 기사를 철저히 조사하고 납득이 갈 응분의 조치 취하라고 지시.
	• 이법사위원장, 사회주의정당은 억제하고 보수양당제를 희망한다고 표명.
	• 최고의 이공보실장, 서구식 사회주의정당의 출현도 환영치 않을 것이라고 언명.
	• 이공보, 한국일보 보도내용과 취재경위를 철저히 규명할 것이라고 언명.
	• 김형욱 최고위원, 중앙정보부는 민정후도 대통령직속기관으로 존속한다고 언명.
	• 김 중앙정보부장, 여 · 야를 꼭같이 지원할 것이며 정당조직은 아직 구상중이라고 언명.
	• 장농림, 비료의 무상지급과 잡곡의 염가외상교환 등 추곡매상보상책을 강구중이라고 담화 발표.
11월 29일	• 박의장, 증권발급의 신속 등 지시.
	• 최고의 상임위, 국토건설단을 해체키 위한 국토건설단 설치법 폐지에 관한 법률안 의결.
	• 문교부, 학원잡부금 단속토록 강력히 지시.
	• 이공보, 한국일보에 자진 정간을 권고하는 공한을 전달.
11월 30일	• 최고의 상임위, 즉결심판제를 폐지키 위한 즉결심판절차에 관한 처치령 폐지에 관한 법률안 의결.
	• 길재호 최고위원, 구정치인의 추가구제는 단계적으로 조치할 것이라고 언명.
	• 최고의 이공보실장, 한국일보의 3일간 근신휴간에 대하여 정부의 권고 받아들여 다행이며 언론 창달의 새 계기되기를 바란다고 언명.
	• 울산종합제철 공장 건설을 위한 한 · 미 합작투자기본계약서에 조인(총투자액 1억5천5백만불).
	• 상공부, 허가제 강화한 63년도 상반기 무역계획을 발표.
	• 대법원, 영구 미제사건 2,857건에 12월 11일을 기하여 구속영장을 발부토록 지시.
12월 1일	• 박의장, 민정 앞서 무질서와 혼란방지 등 마음의 준비가 필요하며 국민투표에 권리포기 않도록 당부.
	• 각의, 62년도 브라질 이주계획을 의결.

	• 외무부, 한·미 영사협약초안에 완전 합의했다고 발표.
12월 2일	• 박의장, 정치활동 허용시기에 일부 정치인 구제할 것이며 정당활동의 자유보장한다고 언명.
12월 3일	• 박의장, 공보활동의 적극화와 반둥회의 참가 여부의 신중한 검토를 지시.
	• 김수반, 물가통제를 명년부터 점차 해제하고 민정 후엔 최대한의 자유경제체제가 될 것이라고 언명.
12월 4일	• 박의장, 현행금리재조정과 공무원들의 허위조작보고 단속을 지시.
	• 김재무, 주류제조에 원료의 4할 이상의 잡곡으로 대치토록 지시.
12월 5일	• 대통령권한대행 박의장, 5일 24시를 기하여 계엄령을 해제한다고 담화 발표.
	• 최고의, 국가보안법 등 13개 법률안 중 특정범죄는 군재관할토록 한 혁명과업대행에 관련된 범죄의 재판에 관한 임시조치법을 의결.
	• 이법사위원장, 특정범죄자라도 경범은 민재에 이관토록 관계관에게 지시하겠다고 언명.
	• 법무부, 노임체불회사의 엄단과 인권보호책 등 지시.
12월 6일	• 최고의, 헌법개정안을 만장일치로 의결.
	• 대통령권한대행 박의장, 헌법개정안 국민투표일을 12월17일로 공고.
	• 박의장, 구속중인 언론인을 관대처분토록 이공보에 지시.
	• 정보사, 노임을 제 때에 지불토록 강조하는 담화 발표.
12월 7일	• 박의장, 독재와 부패는 단불용할 것이며 혁명완수 위해 소수의 불평은 불가피한 것이라고 언명.
	• 감찰위원회, 수리조합부정사건으로 전민의원 14명을 고발.
12월 8일	• 조내무위원장, 선거비의 정부·정당 공동부담 및 부재자투표제 존속 등 선거법에 언급.
	• 문교부, 4개 부문의 체육상제도를 마련키로 결정.
	• 대한체육회, 동경올림픽대회에 대처 동계 합동훈련키 위한 우수선수단 결단식을 거행.
12월 9일	• 조내무위원장, 주내에 대통령제에 알맞은 정부기구를 개편키 위해 특별위를 구성한다고 언명.
	• 길재호 최고위원, 당의결기관 수임으로 공천·비례대표제 추천 등 한다고 정당법안에 언급.
12월 10일	• 박의장, 국민투표계몽에 과잉충성을 불용납한다고 언명하고 민기식 1군사령관에게 폭설 등 피해방지를 지시
	• 박내무부장관, 경찰의 투표관여 유무 등 감시케 하기 위해 각 도에 확인관 파견했다고 언명.
	• 조법무, 구두보고도 서면과 같이 신속히 처리토록 지시.
	• 일본 자민당부총재 오노(大野)씨, 한·일관계 조속 타결을 위해 내한.
12월 11일	• 박의장, 오노(大野)씨와 회담하고 한·일 현안문제의 조속한 타결을 위한 원칙에 합의.
	• 오노(大野)씨, 김내각수반과 김중앙정보부장과 회담.
12월 12일	• 박의장, 오노(大野)씨와 제2차 회담, 한·일문제 조기 타결방침을 재확인.
	• 내각사무처, 63년도 공무원교육계획을 발표.
	• 농림부, 금년도 미곡수출을 전량 완료했다고 발표.
	• 교통부, 우리나라 최초의 자동일기예보 기를 마련하여 12월15일부터 그 기능을 발휘할 것이라고 발표.
	• 김육군참모초장, 제2훈련소를 일부 소산하여 우선 대구와 광주에 신병교육기구를 신설 12월 14일부터 각각 교육을 실시할 것이라고 발표.
	• 유엔 정치위, 71대9 기권19로 한국대표만이 초청안 가결.
	• 최외무, 유엔 정치위에서 연설.
12월 13일	• 박의장, 인천공작창과 대한중공업회사를 시찰후 경인전철의 조속한 추진과 철재품을 값싸게 수요자에게 공급할 것을 지시.
	• 내각, 문서처리의 능률화와 통일성을 갖기 위한 정부문서분류법 실시에 관한 결의안을 의결.
	• 경제기획원, 볏짚 펄프공장 건설을 위한 기술조사 용역계약이 한국볏짚 펄프 공업회사와 미국 「파슨스 앤드 휘트모아」 회사 간에 결속되었음을 발표.
	• 법무부, 교도소 재소자들의 건강과 생명의 보장을 위해 노력하라고 각 교도소에 시달.
	• 63년도 대학입학자격 국가고사가 전국 9개 지구 77개 고사장에서 일제히 실시.
12월 14일	• 정부, 거류중인 33명의 일본인 어부와 3도의 일본선박을 석방 귀국.
	• 중앙국민투표관리위원회 이갑성위원장, 역사적인 국민투표를 앞두고 국민의 협조를 요망하는 담화를 발표.
	• 「언커크」 국민투표 시찰반, 각 도별로 출발.

	• 재무부, 경제개발 5개년계획을 위한 내자동원의 일환책으로 63년도 국민저축목표액을 42억원으로 책정.
	• 한 · 미행정협정체결을 위한 제9차 회의 개최.
	• 대구, 광주, 신병훈련소 입소식 거행.
	• 3.1독립선언기념비 건립 기공식이 파고다 공원에서 거행.
12월 15일	• 최고의, 내각과 연석회의 개최.
	• 박의장, 최고의 내각연석회의석상서 과감한 무역진흥책을 수립할 것을 강조.
	• 김수반, 지시각서 제61호로써 전국공무원과 국영기업체직원에게 사견의 단속을 지시.
	• 법무부, 이은씨의 국적을 회복시키고 그의 부인 방자여사에게 대한민국의 국적을 부여.
	• 문교부, 63년도 중 · 고등학교 확충계획을 발표.
	• 농림부, 63년도 주요농작물 종자갱신계획 심의안을 성안.
	• 건설부, 11월말까지의 국토건설사업실적과 63년도 사업계획을 발표. 강화도와 김포를 연결하는 육로개설공사 기공식 거행.
	• 왕십리 디젤 발전소 준공식 거행.
12월 16일	• 박의장, 특별방송을 통해 국민투표에 한사람도 빠짐없이 참가할 것을 전국민에게 촉구.
12월 17일	• 헌법개정안에 대한 국민투표가 전국의 7,117개 투표소에서 일제히 실시.
12월 18일	• 박의장, 헌법개정안에 대한 국민투표의 중간보고를 받고 혁명정부는 국민의 지지에 힘입어 더욱 과감히 혁명과업 완수에 힘쓸 것이라고 언명.
	• 개헌안에 대한 국민투표 개표 완료, 총유권자 12,412,798명중 10,585998명(85.28%)이 투표에 참가 하였으며, 찬성표는 8,339,338표(78.78%), 반대표는 208,801표(18.98%), 무효표는 237,864표(2.24%) 로 나타남.
	• 브라질 이민단 제1진(17세대, 91명), 부산항을 출발.
	• 이민 연차계획을 수립하기 위하여 농업경제 시찰단 일행도 출발.
12월 19일	• 최고의 상임위, 재건국민운동에관한법률중개정법률안을 결의.
	• 최고의 사법위, 정당법요강안의 작성을 완료하고 발표.
	• 문교부(국 · 공립학교 교원의 주기적인 인사교류방침을 결정, 이를 각 시 · 도에 시달).
	• 농림부, 63년도 엽연초 생산계획을 발표.
	• 정부, 한 · 월 무역협정 조인.
	• 제주도 개척단(30세대, 150명), 서울을 출발.
12월 20일	• 최고의, 선거법기초전문위원회를 구성.
	• 최고의, 새헌법에 따른 정부기구를 개편키 위한 정부기구개편특별위원회를 구성하고 앞으로의 개편 방향과 지침을 발표.
	• 최고의 상임위, 한국수산개발공사법안을 의결.
	• 문교부, 경기 · 부산 · 대전 · 삼척공고를 공립실업고등전문학교로 승격 개편키로 결정.
12월 21일	• 최고의 상임위, 대한손해재보험공사법안과 보험업법중개정법률안을 의결.
	• 각의, 63년도 미곡전체식량수급계획을 결의.
	• 「언커크」, 전체회의를 소집하고 국민투표참관보고와 투표결과를 토의.
	• 4월 학생혁명 기념비 건립기공식이 서울 성북구 수유동에서 거행.
12월 22일	• 최고의, 헌법개정안을 가결 선포.
	• 최고의 선거법기초전문위원회, 국회의원선거법 요강안 심의를 완료
	• 낙동강철교개통식을 삼랑진에서 거행.
	• 항공표식기지창 개창식 여수에서 거행.
12월 23일	• 서해에 북괴함정 침범.
	• 박의장, 북괴침입의 빈번함을 지적하고 경비강화를 지시.
12월 24일	• 박의장, 성탄절을 맞이하여 국내외 동포에게 축하 메세지를 발송.
	• 정부, 3 · 15부정선거에 관련된 전 자유당간부 6명(이재학, 정기섭, 최재유, 신현호, 손창환, 이하영) 을 가석방.
	• 국방부, 제 51차 연합참모회의를 개최하고 대공전략을 논의.

	• 농림부, 62년도 농림사업주요업적을 발표.
12월 25일	• 최고의, 63년도 시정방침을 심의.
12월 26일	• 새헌법공포식 거행.
	• 대통령권한대행 박의장, 개정헌법에 정식으로 서명.
	• 내무부, 지난 6월 20일 시행한 주민등록증에 의한 전국인구수가 11월 15일 현재 2,627만명이라고 발표.
	• 한 · 일 예비회담 제21차 개최(동경).
	• 「워커 힐」준공식 거행.
12월 27일	• 박의장, 내외신기자회견에서 민정이양 스케줄 등을 발표.
	• 재무부, 증권금융취급요강 결정.
	• 상공부, 62년도 중요업적을 발표.
	• 남대문 중수 상량식 거행.
12월 28일	• 김수반, 기자회견석상에서 정부는 새해에 중농정책과 경제개발 5개년계획이라는 두 사업 목표에다 수출진흥과 국토녹화사업을 부가하여 중점적으로 추진할 것이라고 언명.
	• 경제기획원, 63년도 예산배정계획 및 월별자금계획을 수립.
	• 외무부, 내년 1월에 중남미 제국에 경제조사단을 파견하여 통상관계수립을 촉진할 것이라고 발표.
	• 농림부, 신년도부터 실시할 절미운동요강을 발표.
	• 호남비료 나주공장 준공식 거행.
12월 29일	• 박의장, 북한동포에게 송년 메세지를 발송.
	• 최고의, 국가재건비상조치법중 개정법률안을 의결.
	• 정부, 내각수반 직속 하에 수출진흥위원회를 설치.
	• 경제기획원, 63년도사업계획을 발표.
	• 최외무, 새해외교정책을 발표.
	• 배체신, 63년도 체신사업계획을 발표.
	• 한국전력, 63년도 사업계획을 발표.
12월 30일	• AID「벨」처장을 맞아 한 · 미고위경제회담을 개최.
12월 31일	• 최고의, 정정법에 의하여 정치활동이 금지된 구정치인중 171명을 해제.
	• 최고의 상임위, 정당법안, 집회 및 시위에 관한 법률안, 군사혁명위원회포고 제4호 폐기에 관한 법률안을 각각 심의 의결.
	• 보사부, 의료법에 규정된 신고의무를 이행치 않은 전국의 의료업자 4,104명의 면허를 취소.
	• 국토건설단 해단식 거행.

1963년

1월 1일	• 정치활동 재개. • 국방부, 1월 1일부터 하사급 봉급이 대폭 인상된다고 발표. • 새 상법 발표. • 체신부, 전국의 자동전화 도수제 실시 발표.
1월 2일	• 박의장, 제 62회 생신을 맞이한 「고 딘 디엠」월남 대통령에게 축전.
1월 3일	• 박원빈 최고위원, 전국의 무능한 시장, 군수, 경찰서장급 관리에 대한 인사이동이 2월말까지 단행될 것이라고 발표. • 부산직할시의 개청식과 시경 발족식 거행
1월 4일	• 정부 각 부처 시무식 거행. • 박의장, 최고의 시무식 석상에서 전직원들에게 멸사봉공의 정신과 결의로써 새 출발해야 할 것을 강조. • 김수반, 정부는 물가안정에 최선을 다할 것이며 통화증발을 억제할 것이라고 언명. • 문교부, 교육공무원 재교육을 위한 연수원 설치 계획과 운영계획을 발표. • 농림부, 63년도 비료수급계획을 수립.
1월 5일	• 박의장, 최고의에서 63년도 시정방침을 발표. • 정부, 김종필 중앙정보부장을 준장으로 승진시킴과 동시에 예편발령 (김부장에게 1등근무훈장을 수여키로 의결). • 각의, 통제품목인 고무신, 시멘트의 소매가격만을 해제하고 갱목가격의 통제기준을 개정하기로 결정. • 각의, 국민의 창의력을 국가운영에 반영하기 위한 제안장려법을 의결. • 농림부, 농림부문 시정방침을 발표.
1월 6일	• 동해안 일대에 해일. • 내무부, 강원도에 임시풍수재해대책본부를 설치하고 구호작업을 개시.
1월 7일	• 제10차 한·미행정협정 실무자회의 속개. • 보사부, 동해안지구 이재민에 대하여 양곡과 주택복구비를 배정. • 대한체육회 이사회, 동경 올림픽 대회에 대비코자 〈선수훈련단〉을 설치키로 결정.
1월 8일	• 박의장, 경협주최 신년간담회 석상에서 "구정치인들의 무책임한 언사는 삼가야 될 것"이라고 강조. • 박의장, 신문회관의 보일러 공사 및 예술인회관 신축비로 2,450만원을 전달. • 정부, 국민경제생활개선책을 발표. • 박의장, 국민생활개선책에 따르는 담화 발표. • 최고의, 8일부터 일주일간에 걸쳐 전국 일제히 영세민 구호 및 실업자 대책의 특별감사에 착수. • 정부, 3·1절에 실시할 독립공로포상을 위한 심의위원회를 구성. • 해군, 63년도 제1차 장관회의 개최.
1월 9일	• 박의장, 동해안의 해일로 인한 이재민에게 구호금 1천만원을 방출하여 조속히 피해를 복구할 것을 지시. • 박내무, 정치에 관여하고 싶은 공무원은 현직을 떠나서 일반인의 자격으로 참여해야 한다고 경고. • 박국방, 군인의 정치활동을 철저히 단속하라고 지시.
1월 10일	• 내무부, 도시확장과 행정구역 변경에 따라 전국에 50개의 경찰관파출소를 증설키로 결정. • 장농림, 63년도 영농자금 55억원을 방출할 예정이라고 발표. • 체신부, 63년도에 100개소의 별정우체국을 증설할 계획을 수립하고 제1차로 97개국을 지정 허가키로 결정.
1월 11일	• 최고의 상임위, 선거관리위원회 법안을 의결. • 최고의, 증권시장 타개안을 위하여 재무부 및 증권관계자와 회동하고 협의. • 「어퍼 볼타」신임주한대사 「앙리 우아따라」씨, 대통령권한대행 박의장에게 신임장을 제정. • 박내무, 기자회견을 통해 내무행정의 기본방침과 63년도 중요계획사항을 발표. • 문교부 한글전용특별심의회, 어려운 말 3,395단어를 쉬운 말로 풀어 놓은 〈회보 제2호〉를 발간. • 교통부, 63년도 사업계획을 발표.

1월 12일	• 최고의 상임위, 국회의원선거법안을 심의 의결.
	• 최고의 상임위, 유엔주재 이수영대사를 주캐나다 겸임대사로 임명할 것을 승인.
	• 서울시경, 안전보호업무협조기관장등 실무자 80명의 연석회의를 개최하고 안전보호반을 조직, 이의
	효율적인 방책을 논의.
1월 13일	• 워커힐 13일부터 말일까지 일반에게 공개.
1월 14일	• 박의장, 전진한, 김법린, 김대석 제씨와 면담.
	• 최고의 상임위, 물가조절에 관한 임시조치법중 개정법률안을 의결.
	• 문교부, 62년도 우량출판사 표창식을 거행.
	• 문교부, 63년도부터 시행하게 될 실업고등전문학교의 입학전형준칙을 시달.
	• 장농림, 62년도 농림포상중앙시상자 대상자에 대하여 표창장을 수여.
1월 15일	• 대통령권한대행 박의장, 제45회 생신을 맞이하는 통일 아랍공화국「낫셀」대통령에게 축전.
	• 박의장, 내각 기획통제관실을 시찰하고 63년도 행정부기본운영계획을 청취.
	• 박의장, 경제기획원을 시찰하고 5개년 계획사업에 대한 브리핑을 청취.
	• 재건국민운동본부, 국민운동 항구화 방침에 따라 새로 임명된 각지구장의 임명식을 박의장 임석하에
	거행.
	• 감찰위원회, 한국은행에 대한 전반적인 업무감사를 15일부터 말일까지 실시.
	• 보사부, 63년도 각종예방접종 대상자를 1월말까지 조사하여 보고토록 시달.
	• 박의장, 적십자사 창설 100주년을 맞이하여 그 기금으로 써달라고 금일봉을 전달하는 한편 적십자사
	사업의 추진을 위한 담화문을 발표.
	• 교통부, 태국 방콕에서 열린 국제관광 포스터 대회에서 우리나라가 최우수상을 획득하였다고 발표.
1월 16일	• 박의장, 재무부를 시찰하고 재무부소관 행정에 대한 브리핑을 청취.
	• 박의장, 농림부를 시찰하고 영농기술의 향상과 생산성을 높이도록 당부.
	• 최고의 상임위, 군인연금법안을 의결.
	• 박문교, 기자회견을 통해 신년도 문교행정의 시책을 발표.
	• 한·미 행정협정 제11차 실무자 회의 속개.
1월 17일	• 박의장, 공보부를 시찰하고 공보행정 전반에 대한 브리핑을 청취.
	• 정부, 김동하 위원, 이석제 위원, 강상욱 위원, 오정근 위원 등 5명의 최고위원을 각각 일계급 승진과
	함께 예편발령.
	• 상공부, 군납촉진을 위한 한·미 합동회의에서 B·A정책으로 군납에 제한을 받던 타이어, 튜브,
	배터리, 냉동새우, 계란, 청정소채, 연초 등 7개 품목에 대하여 해제통고를 받았다고 발표.
1월 18일	• 종합원호원 개원식이 박의장을 비롯한 내외귀빈 다수가 참석한 가운데 거행.
	• 박의장, 오산공군기지를 방문하고「멜로이」유엔 군사령관,「하치슨」주한 제5공군 사령관과 국방력
	강화 등을 논의.
	• 각의, 물가조절에 관한 임시조치법중 개정법률을 비롯하여 동시행령 및 물가조절에 관한 임시조치법
	시행령의 규정에 관한 품목규정 등을 각각 의결 공시.
	• 김수반, 물가안정을 위하여 국민의 협조를 요망하는 담화를 발표.
	• 상공부, 수입에 대한 수출실적 링크제의 일부를 변경한다고 공고.
	• 문교부 문화재관리국, 국보에서 제외된 문화재 중 386점을 보물로 지정.
	• 제44회 전국체육대회 동계빙상대회가 서울운동장에서 개막.
	• 민주공화당 발기를 선언.
1월 19일	• 상공부, 수출진흥을 비롯한 63년도 기본운영계획을 발표.
	• 문교부, 각급학교 시설기준령이 성안되었다고 발표.
1월 20일	• 제44회 전국체육대회 동계빙상대회 폐막.
1월 21일	• 박의장, 보사부 및 심계원을 시찰하고 63년도 계획업무를 청취.
	• 중앙선거관리위원회 발족 (위원장에 사광욱씨를 선출).
	• 경제기획원, 63년도 중요물자수급계획을 발표.
	• 이·불 어획차관에 의한 제1기 집행계약이 장농림부장관과 이·불 차관교섭단간에 체결.
	• 정부, 해난심판위원회 위원장에 박옥규씨를 임명.

1월 22일	• 김동하 최고위원, 최고위원직과 민주공화당 발기위원 등 모든 공직에서 사퇴한다고 발표.
	• 최고의, 김동하 위원의 최고위원 및 외무국무 위원장직의 사표를 수리키로 결정.
	• 재무부, 63년도 중요농산물 증산책 지침을 발표.
	• 육군중요지휘관회의를 개최하고 62년도의 업적을 평가하는 한편 63년도 사업목표의 방침 등 중요 과제를 토의.
	• 한국민속가무예술단 일행 일본 공연차 도일.
1월 23일	• 대통령 권한대행 박의장, 제67회 생신을 맞이한 룩셈부르크의 「샬롯」국왕에게 축전.
	• 재무부, 동부산하 제1차관서장 회의를 개최하고 재정행정 전반에 걸친 금년도 운영계획을 검사.
	• 〈자유의 날〉 제9주년 기념대회를 한국아세아반공연맹주최로 김내각 수반을 비롯한 내외귀빈과 반공청년 다수가 참석한 가운데 거행.
	• 제23차 한·일 예비회담개최(동경).
	• 자유당(가칭) 발기인대회 개최
1월 24일	• 농림부, 2억3천5백5십만원에 달하는 63년도 축산자금을 각 도에 배정.
	• 한·미 행정협정 제12차 실무자회의 속개.
	• 동경 올림픽대회에 남·북한 단일팀을 출전시키기 위한 협상이 한국·북괴 대표간에 로잔느 (스위스)에서 IOC 주재하에 개시.
1월 25일	• 각의, 병역법 시행령을 의결.
	• 내무부, 각 시 도 내무국장 회의를 개최하고 당면문제를 논의.
	• 문교부, 초·중·고등학교 교과서를 개편하기로 결정.
	• 상공부, 연탄난에 대비한 긴급대책을 수립.
	• 이·불 어획차관에 따르는 200만불 규모의 어획물 가공을 위한 육상시설도입계약을 장농림부 장관과 이·불 차관대표단 사이에 체결.
1월 26일	• 최고의, 내각과 연석회의를 개최하고 9개 항목의 물가대책을 승인.
	• 최고의, 국가재건비상조치법을 개정, 최고위원정수 〈20인 이상〉을 〈15인 이상〉으로 하는 한편 심계 원과 감찰위원회를 통합하여 감사원을 설치. 법사위원장에 길재호 위원, 내무위원장에 김연구 위원, 외무국방 위원장에 김윤근 위원을, 교체위원장에 옥창호 위원, 문사위원장에 홍종철 위원을 각각 선 임하고 김재춘 위원, 이석제 위원, 조시형 위원, 강상유 위원, 오정근 위원의 최고위원직 사퇴를 동의.
	• 보사부, 63년도 상반기 실업자구호계획을 발표.
	• 서울시, 양곡사정 악화 시에 대비코자 정부 보유미를 각 동회에 배정토록 조치.
1월 27일	• 제44회 전국체육대회 동계스키대회가 대관령에서 개막.
	• 민정당, 발기인대회 개최.
1월 28일	• 박의장, 최고의의 정례주간업무보고를 청취하고 물가앙등 타개책을 강구할 것을 지시.
	• 최고의, 내각수반 직속하에 물가대책위원회를 신설키로 결정. 또한 정부보유 양곡의 방출가격을 인하키로 의결.
	• 최고의 상임위, 주터어키 대사 최영희씨의 이란왕국 겸임, 주맥시코 대사 이성규씨의 과테말라 공화국 겸임, 주영 대사 이형근씨의 스웨덴 왕국 겸임을 각각 승인.
	• 최외무, 자유중국 심창환 외교부장의 초청으로 향대.
	• 조달청, 63년도 관수내자조달계획을 발표.
	• 제24차 한·일 예비회담개최 (동경)
1월 29일	• 박의장, 유엔 군사령관 관저에서 「멜로이」 장군과 당면문제를 논의.
	• 최고의 상임위, 최고위의담당국처리방침을 의결하고 최고회의 업무를 대폭 내각에 이관키로 결정.
	• 각의, 연말통화량을 400억원으로 억제할 것을 중요 골자로 한 63년도 재정안정계획을 의결.
	• 건설부, 63년도 제1회 산하지방관서장회의를 개최하고 국토종합계발계획의 입안, 63년도 운영계획 을 협의.
	• 케이블 다중화 공사 개통식이 김내각 수반을 비롯한 귀빈 다수가 참석한 가운데 서울 중앙전화국에서 거행.
1월 30일	• 박의장, 상공부를 시찰하고 상공시책 전반에 대한 브리핑을 청취.
	• 농림부, 전국농지개량과장회의를 개최하고 63년도 토지개량사업에 대한 전반적 계획을 검토.

1월 31일	• 문교부 문화재관리국, 11종의 무형문화재를 1차 후보작으로 내정.

<table>
<tr><td>1월 31일</td><td>• 박의장, 교통부와 문교부를 시찰하고 62년도 사업실적과 63년도 사업계획에 대한 전반적인 브리핑을 청취.</td></tr>
</table>

1월 31일
- 문교부 문화재관리국, 11종의 무형문화재를 1차 후보작으로 내정.
- 박의장, 교통부와 문교부를 시찰하고 62년도 사업실적과 63년도 사업계획에 대한 전반적인 브리핑을 청취.
- 최고의 상임위, 대통령선거법안을 의결.
- 최고의 상임위, 국토녹화촉진에 관한 임시조치 법안을 의결.
- 외무부, 콜롬보 계획 기술협력이사회 정회원으로 가입시킬 것을 가결하였다고 발표.
- 내무부, 전국 경찰국장회의를 개최하고 63년도 경찰운영계획 등 당면문제를 토의.
- 동경 올림픽 대회에 대비한 제1차 우수선수 강화 합동 훈련단 결단식을 거행.

2월 1일
- 박의장, 한국경제인협회 회장단과 회담하고 경제인들의 협조방안을 논의.
- 박의장, 서울시청을 시찰하고 영세민 구제와 도시토목사업을 확장하여 실업자구제에 만전을 기하라고 당부.
- 최고의, 정치정화법 해당자 268명을 제2차로 해제.
- 최고의, 일부 각료를 경질. 외무부장관에 장영순씨, 체신부장관에 김장훈씨, 내각사무처장에 이석제씨, 원호처장에 윤영모씨, 검찰청장에 정창운씨, 조폐공사사장에 최홍순씨를 각각 임명.
- 서울시, 정부보유 양곡을 각 동회를 통해 일제히 방출.
- 국민은행 개업식 거행.
- 장충단 시립체육관 개관식 거행.
- 제25차 한 · 일 예비회담 개최 (동경).
- 정부, 이 · 불 어선도입계약에 따르는 어획물수출대행협정이 장농림과 차관단 대표 간에 체결.

2월 2일
- 물가대책위원회, 첫 회의를 개최하고 동위원회운영요강을 결정.
- 중앙선거관리위, 전체회의에서 시도선거관리위원 77명을 위촉발령.
- 문교부, 63년도 초 · 중 · 고등학교 교과서 값을 인하키로 결정.
- 박정희장군배 쟁탈 동남아 여자농구대회 개막.
- 민주공화당, 창당준비대회 개최.

2월 3일
- 최외무, 장총통을 예방하고 대통령권한대행 박의장의 친서를 전달하는 한편 한 · 중 우호증진에 관하여 논의.
- 제1차 전국대학생 세미나 개막.

2월 4일
- 박의장, 최고의의 정례주간업무보고를 청취하고 대국민공보활동의 철저를 강조.
- 최고의, 내각수반을 비롯한 각 경제부 장관과 재청 최고위원의 연석회담을 개최하고 물가대책을 논의.
- 중앙선거관리위, 각 선거구마다 공명선거위원회를 구성키로 결정.
- 한전, 전국사무소장회의를 개최하고 전원개발사업을 비롯한 63년도 사업계획을 시달.

2월 5일
- 박의장, 경기도청을 시찰하고 브리핑을 청취한 후 경기도 일원을 순시.
- 최고의 상임위, 유양수 재경위원장을 단장으로 하는 특별감시단을 구성하고 5일부터 28일까지 관계기관의 외환 및 물자수급 실태를 감사하기로 승인.
- 최고의 상임위, 이형근 주영대사를 「시에라 레온」공화국 주답겸임대사로 발령할 것을 승인.
- 한 · 미 행정협정 제13차 실무자회의 속개

2월 6일
- 정부, 새해 들어 제2차로 개각을 단행, 경제기획원장에 류창순씨, 재무부 장관에 황종률씨, 상공부 장관에 박충훈씨, 교통부 장관에 김윤기씨를 각각 임명.
- 내각사무처, 정부청사의 조정계획을 발표.
- 농림부, 63년도 양곡수급대책을 수립 발표.
- 대한건설청년단 창당준비위원 대표 21명이 발기선언.

2월 7일
- 박의장, 광주에서 정치활동 재개 이후의 정당활동을 볼 때 구태의연한 계보나 파벌을 탈피하지 못하고 있다고 지적.
- 박의장, 담배값이나 전화도수제 같은 일부 관영요금의 인하조치를 강구토록 관계당국에 지시.
- 병무청, 국토녹화사업에 동원될 만28세 이상 만33세까지의 병역미필자는 3개월간의 부역기간을 끝내면 제2보충역에 편입처리할 계획이라고 발표.

2월 8일
- 박의장, 영농자금 융자에 있어 수시융자 수시회수 정책을 쓰도록 지시.
- 이공보, 유선방송수신사업이 공명선거를 해친다거나 어느 개인단체 및 개인정당의 이용물이 되지

말고 그 본래의 사명에 충실할 것을 요망.

- 농림부, 관하 수산관계관회의를 열고 62년도에 대출된 단기성 영농자금의 회수책과 63년도 사업 부문에 대한 집행, 사후관리문제 등에 대하여 토의.
- 박의장, 영세민 구호정책에 있어 외국구호단체의 원조를 지양하고 정부부담으로 하도록 지시.
- 정부, 각의에서 국회의원선거법 시행령과 대통령선거법 시행령을 공포하기로 의결.

2월 9일
- 전국지방장관회의, 양곡수급과 방역사업, 영세민구호대책, 공명선거의 실시 등을 논의.
- 이내각 사무처장, 5급 공무원 시험에서 합격한 2,200명은 민정이양전까지 행정부에서 채용 배치 할 것이라고 발표.
- 경제기획원, 경제개발 5개년계획 제2차년도 계획을 발표.
- 장농림, 정부는 5·15 곡가선을 계속 견지하고 앞으로 각 도지사로 하여금 5·15선 범위 안에서 도내 쌀값을 조정토록 할 것이라고 발표.

2월 10일
- 상공부, 금년도부터 직접보상제를 다시 부활할 방침으로 수출보상정책을 변경.
- 장농림, 오는3,4월에 시용할 맥추비가 전량 준비되어 2월 안으로 전량이 읍·면 배급소로 도착될 것이라고 발표.
- 에카페 15차회의가 한국 등 22개국이 참가한 가운데 방콕서 개막.

2월 11일
- 최외무의 초청으로 아프리카의 중앙아프리카 및 차드 등 두 공화국 유엔 주재대사 「갈랭 두아태」 및 「말리크 소우」씨가 내한.
- 신전매청장, 오는 3월까지 전국 각 지방 전매청을 폐지하고 전매지청을 강화, 판매수급 등 2월 중에 첫 수출을 일본에 하게 되었다고 발표.
- 육군고등군법회의, 구이주당계 반혁명 음모사건의 공소심 판결공판을 열고 장면에게 징역 3년, 집행유예 5년을 선고.

2월 12일
- 박의장, 공화당의 정구영, 오정근, 김성진 3씨를 최고회의로 초치하고 선거기일 연기, 정정법 전면 해제 등 정국안정을 위한 방책을 구체적으로 논의.
- 농림부, 금년도에 필요한 각종 농약 9,417톤을 오는 3월부터 6월 10일까지 농협을 통하여 전량 알선 공급키로 결정.
- 미국의 UPI 통신사장 「밀스 토마슨」씨가 동사 부사장겸 아세아총국장인 「어니 풀브라이트」씨를 대동 내한.
- 박의장, 전최고위원에게 "최고회의는 정부에 너무 간섭말라"고 지시.
- 정부, 경제개발을 촉진하기 위하여 기술훈련법을 성안.
- 경제기획원, 물가대책 및 경제정책의 공보활동을 위한 정부 각 부처 공보관 및 시도 공보관실장회의 를 개최.
- 체신부, 외무부를 비롯한 10개처에 대해 국제 텔렉스 설치를 승인.
- 정부, 새로운 혁명으로 이룩된 이라크 신정부를 승인키로 결정.
- 체신부, 실시중인 자동전화요금을 인하, 2월 1일부터 소급 실시.

2월 13일
- 최고의 상임위, 한·독간의 독일경제고문단 설치에 관한 협정에 대한 동의안을 승인. 광산보안법, 상표법중개정안, 실용신안법중개정안, 특허법중개정안을 결의.
- 최고의 상임위, 가봉공화국 주답대사에 주불대사 백선엽씨를 겸임발령. 사우디 아라비아왕국 주답 대사에 최영희대사를 겸임 발령할 것을 승인.
- 경제각료회의, 5개년 계획에 들어있지 않은 비계획사업 신청처리 방침을 의결.
- 최고의, 해외여행에 대한 제한을 대폭 완화(종전의 허가제를 신고제로 할 것을 결정).
- 재무부, 국내산업의 보호육성과 보호관세정책의 하나로 관세법개정안을 성안.
- 문교부, 총액 2억원의 실업교육시설비를 각 시도에 배정.

2월 14일
- 최고의 상임위, 관광사업진흥법안을 결의.
- 윤원호처장, 오는 3월에 서울(한강 이북)에 300가구를 수용할 수 있는 현역 군인용 아파트를 기공 할 계획이라고 발표.
- 최고의 상임위, 중·고 대학의 입학에 관한 임시조치법 중 개정법률안을 의결.

2월 15일
- 최고위원, 쌀의 수급실태와 민심동향을 알아보기 위해 경기도 일대 농촌 시찰.
- 각의, 대한민국과 독일 연방공화국간의 투자증진과 상호보호에 관한 조약안을 상정

심의.

- 63년도 제1회 전국체신청장회의가 체신부 회의실에서 개최.
- 각의, 63년도 제2차 목재수급계획을 의결.

2월 16일
- 경제기획원, 63년도 AID지원 원조자금중 민수자금의 배정방법 및 변경된 자금배정절차를 한은에 지시.
- 농림부, 2월부터 6월 사이에 대여 양곡공급계획을 발표.

2월 17일
- 문교부, 대학입학자격고사 추가합격자 2만8천3백명을 발표.
- 한·일 남녀친선배구경기에서 전서울팀이 삼양팀을 3대2로 격파.

2월 18일
- 박의장, 정국수습을 위하여 중대성명을 발표하고 국내재야 정치지도자들에게 9가지 방안을 제시, 이를 완전히 수락한다면 자신은 민정에 불참하고 정정법을 전면 해제, 선거기일 등을 연기하겠다고 발표.
- 박상공, 무역관계 서류는 신청 후 2시간 내에 처리하겠다고 다짐.
- 정부, 국민은행법 시행령중 개정의 건을 공포
- 박의장, 최고회의와 내각의 연석회의에서 민정이양을 앞두고 혁명말기의 이 시기야말로 혁명초기 못지 않게 중대한 것이며 우리는 혁명의 유종의 미를 거두기 위해서 있는 힘을 다해야 한다고 강조

2월 19일
- 박의장, 연도초의 지방시찰차 부산 수영 비행장에 도착.
- 주한미대사, 중앙청으로 김내각수반을 방문 요담.
- 「언커크」, 터어키 대표 「앙리」씨, 최외무를 방문 요담.
- 미육군차관 「스터팬 아일즈」씨 내한.
- 경제기획원, 경제개발 5개년 계획 보완작업의 기본성격과 제1단계 보완작업결과 및 제2단계 작업의 전망을 발표.

2월 20일
- 대한상공회의소, 정기의원총회를 열고 62년도 사업보고를 승인하고 63년도 예산안을 의결.
- 농협, 63년도 정기총회를 개최하고 정관일부를 개정
- 일본 중소기업시찰단 일행 19명이 내한.
- 한·필리핀 무역쌍무회의에 참석차 우리나라 대표 마닐라로 출발.
- 김종필 공화당창당준비위원장, 당직사퇴 성명을 발표하고 일체의 공직에서 물러남.

2월 21일
- 최고의, 오지성 운위장·김윤근 외무국방의장·박원빈 내무위원·정세웅 문사위원 등 최고위원직 사퇴를 승인, 한편 7명의 현역장성을 새로이 최고위원에 선출하고 외무 국방 사법 교체 내무 운영 등 5개 분과 위원장을 경질.
- 최고의, 현중앙정보부장 김용균소장의 사퇴를 승인, 동후임에 김재춘 예비역소장을 임명 발령.
- 최고의, 2·18 박의장 성명의 이어 이에 대한 5가지 부연사항을 발표.

2월 22일
- 박의장, 공사 제11기 졸업식전에서 "이 나라 정치의 부패와 횡포를 막는 길은 국민이 정치인들을 감시하는 현명한 개성과 의식을 확립하는데 있다."고 언명.
- 정부, 63년도 상훈계획에 의하여 오는 3·1절에 독립운동유공자 670명을 선정 포상키로 선정.

2월 23일
- 박의장, 정치인들이 정치자금을 은행에서 얻어 쓰려고 하는데 대해서 최고회의는 민정때까지 이를 강력히 방지할 것이라고 언명.
- 최고의, 경제기획원으로부터 1월중 경제동향에 관한 보고를 청취.
- 김수반, 전공무원의 민의에 의한 민정출현에 기여하고 국민의 진정한 공복으로써 동요되지 말 것을 바라는 담화를 발표.

2월 24일
- 「캐네디」미대통령, 미상원의원회로부터 동남아시아에 대한 미국의 원조를 재평가하고 이를 삭감토록 요청받음.
- 전국미국종업원노동조합결성 준비대회를 개최.

2월 25일
- 김종필씨, 대통령권한대행 박정희 의장의 특명전권순례 대사로 외유.
- 미국무성, 박의장의 시국수습방책을 민간정당들이 수락한 것을 고무적인 사태진전이라고 환영.

2월 26일
- 민주공화당, 시민회관에서 창당대회를 개최 (당총재에 정구영씨, 당의장에 김정렬씨를 선출).
- 박상공, 올해에 7억의 중소기업자금을 수출산업으로 전환할 수 있는 생산기업체에 우선적으로 배정하겠다고 언명.

2월 27일
- 최고의 주최로 한국헌정사상 초유의 박의장이 제시한 전국수습 9개 방안을 재야정치 지도자들과 정당대표 군대표들이 모두 수락 준수할 것을 선언.

- 최고의, 정정법 해당자중 268명을 제외하고 전면해금조치.
- 박국방을 비롯한 3군참모총장은 박의장을 비롯한 정부기관에서 근무하는 각급 장교들은 민정이양과 동시 복귀하여 군 발전에 기여할 것을 기대한다는 공동성명을 발표.
- 박문교, 한국상업은행 여자농구팀에 표창장과 상패를 수여.
- 최고의 상임위, 교육에 관한 임시특례법을 개정.

2월 28일
- 최고의 상임위, 민정시찰 및 군기확립 특별감사를 전국 일제히 시행하기로 결정.
- 육군, 주요지휘관회의를 열고 군의 정치 불관여 등 4개항의 당면과제를 시달.
- 최고의 상임위, 1964년도 국가기본정책심의를 완료.
- 최고의 상임위, 특정외래품 판매금지법 중 개정법률안을 의결.

3월 1일
- 제4회 3·1절 기념식에서 독립유공자들의 포상을 시행.
- 최고의, 5·16혁명을 부인하거나 국가재건비상조치법 또는 헌법에 의해 설치된 국가기관을 부인하는 언행에 대하여 새로운 조치법을 제정.
- 「언커크」, 정치, 경제, 사회 등 전반에 걸친 사태를 검토하기 위한 7개국 대표 전체 회의를 개최.
- 오정근씨, 대통령 특별 사절의 자격으로 각국 순방차 외유.

3월 2일
- 최고의, 내각과의 연석회의를 열고 5개년계획 추진상황을 검토.
- 재일교포 육상경기연맹, 경기기재 50여만원 어치를 대한육상경기연맹에 기증.
- 박의장, 재건국민운동본부 중앙위원 18명을 새로 위촉.

3월 3일
- 농민자주총연맹, 〈민주한국의 건설은 농민의 자주권 확립으로써만〉이라는 슬로건을 걸고 발기.

3월 4일
- 최고의, 신설된 감사원장의 현심계원장인 이원엽 준장을 임명키로 결정.
- 박상공, 일본에서 장기후불제에 의한 대한수출을 한다면 이를 환영하겠다고 언명.
- 상공부, 63년도 상반기 중 무역계획세부방침에 의거한 자동승인품목의 추심결제방식의 수입인증 요령을 발표.
- 정부, 이형근 주영대사에 덴마크 주답특명전권대사를 겸임 발령.

3월 5일
- 길재호 법사위원, 최고회의는 정당법이나 선거법을 개정할 필요를 인정하지 않는다고 언명.
- 박내무, 남원에서 특정범죄처리에 관한 임시 특례법에 의하여 정치활동이 제약되는 일이 없을 것이고 각종 행정사무가 지방에 대폭 이전될 것이라고 언명.
- 경제기획원, 울산 비료공장건설과 관련하여 최근 비종별 수요량책정을 한·미실무자간에서 합의함에 따라 이 공장을 복합비료 생산공장으로 건설하도록 되었다고 발표.

3월 6일
- 상공부, 수출실적링크제의 실시로 그간 거의 중단상태에 있었던 수출장려 보조금의 교부를 재개.
- 박의장, 장농림과 이공보를 대동하고 강원도 일대의 민정시찰차 춘천에 도착.
- 신임주한 벨기에 대사 「후버」씨 박의장에게 신임장을 제정.
- 박상공, 금년도 신문용지 수입허용량은 3,600톤을 책정하고 있다고 밝히고 금년도의 부족량 시멘트도 33만톤을 수입한다고 발표.
- 한·미무역회담에서는 필리핀정부에서 연간 180만불선까지 구매해 줄 것을 고려할 것을 포함한 한·필무역회의사항을 발표.

3월 7일
- 한국경제인협회, 우리나라 수출산업체질의 향상과 해외시장개척을 위한 수출산업촉진위를 구성.
- 정부, 국유재산처리 임시특별법에 의하여 작년 말까지 벌과금을 납부하지 않은 부정축재자 자산 15억1,700만원을 오늘 4월초에 공매할 방침이라고 발표.
- 박의장, 민주적 질서에 해독을 끼친 지난 날의 구정치인들은 제2선에 물러나야 한다고 강조하고, 참신하고 양심적인 새 세대를 육성하여 그들에게 정권을 맡겨야 한다고 언명.
- 상공부, 63년도 상반기 수출장려 보조금의 교부요령을 발표.
- 뉴욕에서 한국 등 23개국 대표들이 참석한 가운데 극동 및 태평양 지역 관광객을 유치하는 방법 문제로 관광실무자회의를 개최.
- 미국 농무성, 미국공법 제480호의 의거 46,691불을 국립 서울대학교 농과대학에 연구비로 무상 공여.

3월 8일
- 일본외무성 동북아 과장 전전리일(前田利一)씨, 한국정정을 검토하기 위해 직원 2명과 함께 내한.
- 한·일 예비회담 양측수석대표들은 국교정상화 협상을 조기에 체결시키기 위해 노력을 경주할 것을 재확인.
- 일본정부, 한국에 대한 연불수출을 결정하고 우선 외무, 대장, 통상의 각성은 디젤차량 52량 334만불

상당의 연불수출을 승인.

- 상공부, 고철(비렛) 선철 등 철광재 주원료와 펄프 및 시멘트 등 5개 품목을 수출실적 링크제와 관련 없이 은행불에 의하여 수입하기로 결정.
- 김수반, 제5회 대종상 수상식에서 작품상에 열녀문, 감독상에 유현목, 주연남우상에 신영균, 주연 여우상에 도금봉에게 각각 상패를 수여.

3월 9일
- 농림부, 각도산림과장회의를 열고 377,717정보에 걸친 사방사업을 위한 동원문제 등을 검토.
- 박상공, 광산보안법의 공포에 따르는 담화를 발표하고 광업인 전체의 협조를 요망.
- 정부, 노동절로 불리던 3월 10일을 근로의 날로 개정.
- 박의장,「사무엘 D 버거」주한미대사「필립 하비브」정치담당 참사관과 요담.
- 대한양회주식회사, 10만 톤의 대만산 시멘트를 한국에 매도하는 협정을 체결.

3월 10일
- 도산 안창호선생의 제25주기 추모식이 국민회당에서 거행.
- 도입어선 2척(동화건설 소속) 동화호 출어식을 거행.

3월 11일
- 김중앙정보부장, 군 일부 쿠데타 음모사건을 적발, 관련자 19명을 체포하고 도주한 2명을 전국에 지명수배 중이라고 발표.
- 경제기획원, 경제각부의 차관들과 미측대표들이 참석한 가운데 한 · 미 경제회담을 개최.
- 농림부 축산물 가공처리에 관한 규칙을 발표.
- 정부, 재정안정을 위한 〈세출예산집행에 관한 건〉을 의결.

3월 12일
- 재건국민운동중앙위, 선언문을 발표.
- 최외무, 한 · 일회담에 관한 각 정파 및 각계 대표 연석회담의 초청범위와 절차 등을 발표.
- 김재무, 63년도 예산에 책정한 41억원의 정부주식 판매는 연내로 20억원만을 팔 계획이라고 발표
- 일본 오히라(大平)외상, 한국과의 관계를 정상화하려는 일본정부의 기본적인 입장은 변하지 않았다고 발표.
-「버거」주한미대사, 연구계획용 제1회분 연구비 1,049,810원(수표)을 서울대학교 농과대학에 전달.

3월 13일
- 최고의 상임위, 감사원장에 이원엽 준장을 임명하기로 승인.
- 최고의 상임위, 주 제네바 대표부 특명전권대사 이한빈씨를 스위스 연방공화국 대사로 임명하고 제네바 대표부 겸무를 승인.
- 경제기획원, IBM 통계시설을 정부 및 일반기관에서 활용할 수 있도록 조치.
- 최고의 상임위, 대단위 탄좌개발회사 융자에 수반한 정부보증을 승인.
- 기획원, 제2차 한 · 미 경제회담을 개최.
- 박상공, 설탕의 국내시세 앙등을 방지하기 위하여 근당 35원으로 무제한 공급토록 생산업자에게 지시할 것이라고 발표.

3월 14일
- 류국민운동본부장, 국민운동은 민정이양 후에도 "건전하게 발전돼야 한다"고 강조.
- 보사부, 급성전염병 만연계절을 앞두고 중앙방역본부를 구성하고 방역태세를 대폭 강화.
- 상공부, 구상무역에 의한 비료대전관리문제에 대한 최후 방침이 합의되었다고 발표.
- 대한상의회, 국제상업회의소 한국위원회 정기총회를 열고 63년도 사업계획을 채택하고 국제상업 회의소 19차 정기총회에 파견할 우리나라 대표를 선출.
- 한은, 매월 2억원 이상이 증가되고 있는 최근의 적금대출을 억제하도록 시은측에 지시.

3월 15일
- 박의장, 쿠데타 음모사건에 대하여 특별담화를 발표.
- 한 · 일 회담 수석대표인 배의환 주일대사 정부훈령에 의해 귀국.
- 한국경제인협회, 금년 안으로 미국, 일본, 유럽 공동시장의 제국과 동남아시아에 사무소를 설치할 계획이라고 발표.
- 상공부, 직할기업체장 회의를 열고 63년도에 직할기업체 이익금을 달성하기 위한 제반 대책을 논의.
- 동진강지역 수리간척공사의 기공식을 거행.
- 문교부, 63년도 장학위원 29명을 임명.
- 보사부,「구료환자 취급 기준안」을 발표.

3월 16일
- 박의장, 〈군정 4년 연장〉 가부의 국민투표를 실시할 것과 즉시 정치활동을 중지할 것을 선언.
- 최고의, 각료 일부를 경질하고 외무에 김용식, 국방에 김성은, 문교에 이종우, 건설에 조성근, 무임소=조시형을 각각 임명 승인.

| 3월 17일 | • 최고의, 군정의 4년간 연장안을 위해 개정헌법 중 개정안을 의결. |

• 최고의, 군정의 4년간 연장안을 위해 개정헌법 중 개정안을 의결.
• 최고의 상임위, 비상사태 수습을 위한 임시조치법을 의결.
• 장농림, 대맥 5만톤 도입에 대한 경제기획원과의 합의에 언급하여 톤당 80만불 정도로 미국 등지에서 사들일 것이라고 발표.
• AID, 600만불에 해당하는 미국산 원목 및 목재를 구입하도록 한국에 구매승인서를 발급.

3월 17일
• 박의장, 작년 말부터 관기가 많이 이완되어 몇몇 관청에 물의가 많으며 정부의 박력과 추진력이 약화된 감이 있다고 밝히고 부하단속과 시책수행에 최선을 다할 것을 내각에 지시, 특히 물의가 많은 관청으로 상공부, 서울특별시, 조달청, 교통부 및 체신부를 지적.

3월 18일
• 최고의 상임위, 국민투표법 개정 법안을 의결.
• 최고의, 내각과의 연석회담을 열고 3·16성명에 따른 제반 정세 검토와 개정헌법 중 개정안에 대한 국민투표 비상사태 수습을 위한 임시조치법 시행에 대한 세부문제 등을 협의.
• 정부, 군정 4년 연장 여부를 묻는 국민투표 계몽유세를 계획.
• 정부, 전국공보관 회의에서 국민투표에 관한 정부의 공보시책을 적극 수행할 것을 협의.
• 상공부, 특별법에 의한 한국기계공업주식회사의 설립위원을 임명.

3월 19일
• 박의장, 재야지도자회담에서 국민에 지탄을 받는 구정치인이 물러선다면 3·16성명 번의를 표명.
• 류창순 경제기획원장 사표를 제출했다고 발표.
• 박의장, 신문사설 문제를 언급하고 "그 내용이 선동적이 아니면 구태여 제한할 것이 아니다"라고 발표.
• 박의장, 각 분과위원장에 거국정부안을 연구하도록 제시.
• 내무부, 제17차 한·미 행정협정교섭 실무자 회의에서 〈정의〉 조항에 관하여 완전한 합의를 보았다고 발표.
• 「언커크」 주일3국대표의 한국정정을 설명하고자 사무국 직원 한 사람을 일본에 보낼 것이라고 발표.

3월 20일
• 박의장, 각 군참모총장, 중앙정보부장, 김내무위원장 등을 초치하고 〈3·19제안〉 이후 정세를 검토.
• 각의, 국민투표실시에 대하여 계속대책을 강구.
• 최고의, 엽연초 생산수납에 있어서의 감정과 그 경작업무에 대하여 농림부가 계속 일을 담당하도록 결정.
• 상공부, 보세가공수출불 전액링크제를 인정하고 63년 1월 1일 입금 대금부터 소급해서 실시하게 될 것이라고 발표.

3월 21일
• 박의장, 초대감사원장 이원엽준장 이외에 8명의 감사위원과 동원 사무총장 등에게 각각 임명장을 수여.
• 외무부, 한·불 관세협정이 지난 12일 체결되었다고 발표.
• 유엔군 연락장교단 일행 16명이 경제기획원을 방문, 5개년 계획 브리핑과 IBM통계 작업과정을 견학.
• 정부, 심계원과 감찰위원회를 통합하고 대통령 직속기관으로 발족한 감사원 개원식을 거행.
• 「캐네디」 미대통령은 기자회견에서 미국은 한국에서의 민주적 정부의 복귀를 열망한다고 표명.

3월 22일
• 김국방, 육·해·공군 및 해병대의 비상지휘관 회의를 열고 긴박한 국내 정국에 대처하여 군의 진로와 결의를 다짐.
• 박상공, 미국정부에서 대미 면직물수출에 연간 약 310만불 정도의 수입을 허용할 방침이라고 최종 통고를 해왔다고 발표.
• 내무부, 지방행정의 민주적 수행을 위해 각읍·면에 행정자문위원회를 설치하기로 했다고 발표.

3월 23일
• 중앙정보부, 군일부 쿠데타 음모사건의 조사상황을 중간발표.
• 공보부, 전미8군사령관이었던 「밴프리트」 장군은 박의장에게 "각하의 헌신적인 지도하에 한국의 재건과 발전을 위해 각하가 성공하시기를 축원합니다"라는 전문을 보내왔다고 발표.
• 정부, 〈교육에 관한 임시특별법중 개정법률〉과 〈중·고 및 대학 입학에 관한 임시조치법 폐지에 관한 법률〉을 공포.

3월 24일
• 한·일 아마 권투대회 제1차전에서 일본대학 아마권투의 최강팀인 중앙대학팀이 5:4로 첫 개가.

3월 25일
• 박의장, 법사위원회에 국민투표가 가결되는 것을 전제로 민간인 우위의 과도거국내각을 구성하는 방법을 연구토록 제시.
• 정부, 정당, 단체, 개인 등 80여명에 달하는 시국수습회의 참가범위를 결정.
• 콩고, 부라자빌공화국 농림장관 「사나비 제르멘」씨, 관방장 「도 산토스 가브리엘」씨 2명의 수행원과 함께 정부초청으로 내한.

3월 26일	• 경제기획원, 63년도 AID자금 중 1 · 4분기에 159만 8천 불을 추가 배정하도록 한은에 지시.
	• 최고의, 정부관리기업체 보수통제에 관한 임시조치법을 폐지 조치하도록 내각에 지시.
	• 경제기획원, 제3비료공장의 건설안을 제출하도록 미국, 서독, 일본 등에 의뢰서를 제출.
	• 이감사원장, 취임기자회견에서 헌법에 보장된 국민의 기본권인 심사청구권을 확립하겠다고 언명.
	• 정부, 제3회 4 · 19를 임시 공휴일로 정하고 기념행사예정표를 발표.
3월 27일	• 최고의, 박의장 지시로 내각이 주관하는 재야정치지도자간의 시국수습회의를 개최.
	• 「버거」 주한정치담당참사관 「하비브」씨를 대동하고 중앙청으로 미대사, 김내각 수반과 요담.
	• 박의장, 기아운동에 국민은 적극 참여할 것을 바라는 담화를 발표.
3월 28일	• 최고의 이공보실장, 박의장은 이달 말까지 나타나는 여론을 종합해서 과정기간을 설정할 것이라고 언명.
	• 김수반, 시국수습회의 후 담화를 발표하고 일부 정당대표 불참에 대한 유감의 뜻을 표명.
	• 재무부, 2 · 4반기 중 금융부문 자금계획안을 최종적으로 성안하고 금융통화위원회에 상정키로 결정.
	• 김외무, 첫 기자회견에서 외교정책은 변하지 않을 것이며 한 · 일간의 현안문제도 조속히 타결하겠다고 언명.
	• 오히라(大平)일외상, 중의원외교위원회에서 한국정정에 관계없이 연불수출을 계속 승인할 예정이라고 발표.
	• 재무부, 보세가공용 기계면세조치에 따르는 취급요령을 공포.
3월 29일	• 박의장, 이임귀국하는 미8군부사령관 「마이어스」중장에 2등 근무공로훈장을 수여.
	• 최고의 상임위 장기결제방식에 의한 자본제도입에 관한 특별조치법 중 개정법률안과 외자관리법 중 개정법률안을 의결.
	• 정일권 주미대사, 「캐네디」대통령과 회담하고 군정연장의 불가피성과 박의장의 친서를 전달.
	• 최고의 상임위, 국가공무원법을 개정 의결.
3월 30일	• 청와대, 군정연장을 위요한 혁명정부와 재야정치세력과의 시국수습을 위한 최종협상이 박의장, 윤보선씨, 허정씨의 3자회담에서 시도.
	• 농업기술협조 관계로 내한했던 콩고의 농림장관 「제르맹」씨 일행 6일간의 일정을 마치고 이한.
3월 31일	• 청와대에서 박의장, 윤보선씨, 허정씨의 시국수습을 위한 제2차 회담을 개최.
4월 1일	• 박의장, 윤보선, 허 정 3씨의 제3차 회담에서 정부의 (과정안) 검토를 위해 실무자회담을 구성하기로 합의.
	• 정부, 멕시코 주재 대사 이성규씨를 자메이카 대사로 겸임 발령.
	• 민한은총재, 정부시책인 초긴축정책으로 파생되는 부작용에 대해서 이미 공급된 자금의 유효적절한 회수방안을 수립하겠다고 언급.
4월 2일	• 「캐네디」미대통령, 박의장에게 보내온 회한에서 한국정정에 대한 미국입장을 천명.
	• 한국전력, 프랑스 소프르렉사의 「P G 시몽」씨로부터 한강에 수력발전소 기술조사에 대한 역무 계약을 제의해왔다고 발표.
	• 정부, 언론기관 자재도입에 수출링크제를 해제하기로 결정.
	• 이게다(池田)일본수상, 「홈」 영외상과의 회담에서 미국은 한국의 정권이양에 관해 너무 서둘거나 압력을 가해서는 안 된다고 미의 대한정책에 언급.
4월 3일	• 김준연씨, 청와대로 박의장을 방문하고 시국수습에 관해 협의.
	• 재무부, 외국법인 또는 자연인에 대한 탈세행위를 엄단하여 조세행정을 확립할 것이라고 발표.
	• 「캐네디」미대통령, 기자회견에서 한국 조야회담 성과를 기대하고 한국의 민주정치가 만화하기를 희망한다고 언명.
4월 4일	• 장농림, 기자회견에서 4월부터 약30억원의 영농자금을 2 · 4분기 안에 전액 방출한다고 발표.
	• 건설부, 춘궁기 실업자구제책으로 치수, 토목 등 23건의 사업에 42억원의 예산을 방출하여 4 · 5월에 착수하기로 결정.
	• 문교부, 62년도 국비장학금 제1기분을 48명에 지급.
	• 정례금통위, 정부가 제출한 한은법 및 은행법의 개정안에 대한 질문사항의 답신안을 채택.
4월 5일	• 「벨」 AID처장, 외원에 관한 4월3일자 대국회예비보고에서 대한원조의 중점은 직접증여로부터 개발차관으로 전환되고 있다고 보고.

	• 제18회 식목일기념식을 육군사관학교광장에서 거행, 육사주변 임야 약20여 정보에 25,200그루의 묘목을 식수.
4월 6일	• 제7회 〈신문의 날〉 기념대회에서는 금년의 행동목표로 〈신문의 독립〉을 선언.
	• 상공부, 보세가공을 위한 원자재 및 기재를 무환 도입을 해야 한다는 결론에 보세가공무역에 타격.
	• 농림부, 농산물가격심의회에서 결정된 특용작물매수 예시가격을 발표.
	• 농림부, 63년도 중요임산물수출계획을 발표.
	• 최고의, 중앙정보부로부터 주간정세보고를 청취.
	• 주한 겸 주일 브라질 대사 「모우라」씨, 한국에 상주대사관을 설치하기 위한 준비로 내한.
4월 8일	• 박의장, 이공보실장을 통해 ①국민투표 9월말까지 보류 ②임시조치법 폐지 정당활동법 재개 ③국민투표, 선거여부 9월에 결정 ④행정력 강화하고 민생문제의 해결 등 성명을 발표.
	• 상공부표준국, 1·4반기 중에 60개 국산품을 한국공업규격품으로 지정발표.
4월 9일	• 최고의 상임위, 합동참모대학법을 의결.
	• 김수반, 박의장의 4·8성명에 따른 경제정책 신속처리와 민생고 해결에 전력할 것을 요망하는 담화를 발표.
	• 최고의 상임위, 제반등기법안을 의결.
	• 정부, 일본과의 연불교역대비책으로 장기물품도입절차법 제정에 착수
4월 10일	• 박의장, 연내에 민정이양은 가능하다고 보며 정국안정 위해 범국민정당이 필요하다고 소신을 피력.
	• 최고의 상임위, 최고의가 관장하여 온 내각에 대한 지시통제사항을 내각에 대폭 이관하며 최고의 업무 중 국제회담처리방침 추가지시에 관한 건을 의결.
	• 전국지방관회의, 중앙청 제1회의실에서 박의장, 김수반, 최고위원 및 각부장관이 참석한 가운데 개최.
	• 외무부, 아프리카의 콩고(레오폴드빌) 공화국간에 대사급으로 외교관계수립에 합의했다고 발표.
	• 상공부, 국부 외환위원회에서는 광수산물22개 품목을 한국품만 수입하기로 결정했다고 발표.
	• 정부 춘궁기 부족양곡 긴급도입에 관한 농림부제안이 내각수반실에서 경제기획원, 재무부, 농림부 등 3자간에 검토.
4월 11일	• 최고의 이공보실장, 박의장이 주창한 범국민적 애국정당은 현 실정에서 절실히 요청된다고 언명.
	• 기획원, 63년도 외원에 의한 기술원조도입계획 전모를 발표 (한국인 외국파견=559명, 미국기술자 초빙=126명, 용역계약 13개 사업에 1,190만불, 물자대=651만불).
	• 전매청, 지난 1·4분기 동안 휠타 담배 4,054만갑과 양절담배=2억만갑, 풍년초 1억2천만 봉지를 생산함으로써 작년에 비해 13% 증산했다고 발표.
	• 농림부 및 상공부 당국이 63년도 민수용 전용도시로 책정한 40개 도시를 55개 도시로 확대시키도록 요청.
	• 문교부, 재일교포교육 강화책으로 장학회 설립과 문교부장학관 증파 등 9개항을 주일대사에게 시달.
4월 12일	• 박의장, 김국방, 3군참모총장, 해병대사령관과 함께 주말 휴양차 진해로 향발.
	• 정부, 2부장관을 경질. 기획원장에 원용석씨, 공보부장관에 임성희씨를 각각 임명 발령.
	• 김외무, 한·일회담대표 및 전대표들을 외무부로 초치하고 한·일회담 경과 검토와 앞으로 대책 등 논의.
	• 물자대책위원회, 전체회의를 소집하고 최근의 물가방향에 관한 종합보고를 심의.
	• 임공보, 취임 첫 소신에서 앞으로 정직을 모토로 공보행정을 다스리겠다고 언명.
4월 13일	• 재무부, 해외여행자에 대한 일간체재비 최고액30불을 25불로 인하하고 체재비의 지불이 허가된 자에게는 준비금을 허가하지 않는다고 발표.
	• 원기획원장, 취임기자회견에서 불요불급한 세출예산을 삭감하여 생산증가 및 수출장려를 뒷받침할 수 있도록 금융부문에 전용하겠다고 언명.
	• 보사부, 식당, 주점 등 시설기준을 완화.
4월 14일	• 한국기독교연합회에서는 배재중고교에서 부활절 기념미사, 연합예배.
4월 15일	• 「킬렌」 유솜처장, 김수반 안내로 원기획원장을 방문 요담.
	• 「예거」 미국무성 동북아과장, 외무부로 최차관과 황정무국장을 각각 방문.
	• 정부, 이원우 전공보부 장관을 국제관광회사 사장으로 임명 발령.
	• 상공부, 중소기업체 50개 공장을 63년도 중소기업합리화 시범공장으로 지정.

4월 16일	• 김중앙정보부장, 군일부 쿠데타 음모사건에 대한 조사와 처리 전모를 발표.
	• 농림부, 63년도 춘기사방사업실적을 발표.
	• 상공부, 전국중소기업협동조합 및 동연합회에 대한 63년도 중소기업공동사업자금의 최고융자 한도액을 책정하여 해당 각 조합 및 연합회에 배정.
	• 신임 극동담당 미국무차관보 「힐스맨」씨, 미국은 군부연장계획을 연기시키기로 한 한국군사정부의 결정에 의해 고무되었다고 언명.
	• 조흥은행 본점, 전기합선으로 발화하여 전소.

| 4월 17일 | • 최고의 이공보실장, 연내의 민정이양이 확정될 경우 9월부터 12월까지 과도정부를 수립하는 것보다 군정이 그대로 연장될 것이라고 언명. |

4월 16일
- 김중앙정보부장, 군일부 쿠데타 음모사건에 대한 조사와 처리 전모를 발표.
- 농림부, 63년도 춘기사방사업실적을 발표.
- 상공부, 전국중소기업협동조합 및 동연합회에 대한 63년도 중소기업공동사업자금의 최고융자 한도액을 책정하여 해당 각 조합 및 연합회에 배정.
- 신임 극동담당 미국무차관보 「힐스맨」씨, 미국은 군부연장계획을 연기시키기로 한 한국군사정부의 결정에 의해 고무되었다고 언명.
- 조흥은행 본점, 전기합선으로 발화하여 전소.

4월 17일
- 최고의 이공보실장, 연내의 민정이양이 확정될 경우 9월부터 12월까지 과도정부를 수립하는 것보다 군정이 그대로 연장될 것이라고 언명.
- 최고의 상임위, 징발법안을 수정의결. 전제일은행장 정규황씨를 한국손해재보험공사 사장으로 임명할 것에 동의.
- 정부, 대맥, 5만톤의 외상수입안을 다시 수정하여 정부보유비에 의한 일시 구매를 하기로 결정
- 문교부, 학교재단의 임원 및 교원인사문제 기타 학교운영에 관하여 학생들이 관여하지 말도록 각급 사립학교 총·학장에게 엄중지시.
- 신전매, 고려인삼의 성분과 효과를 과학적으로 분석 연구하여 미국과 유럽수출시장 개척에 노력할 것이라고 언명.

4월 18일
- 최고의 및 내각연석회담, 김정무 내각기획통제관으로부터 64년도 행정부의 기본운영계획지침을 청취.
- 박의장, 정부는 미가추세를 예리하게 관찰 판단하여 적절한 대책을 세우며 미곡조절계획도 완성하라고 내각에 지시.
- 교통부, 디젤기관차 65량을 도입하기 위한 1천70만 달러의 제2차관을 추진 중이라고 발표.

4월 19일
- 4·19 세돌 기념식을 거행하고 의거 참가자 등에 포상.
- 한·일회담 배대표, 스기(杉)도조 일대표에게 연불수출의 증가를 요청.
- 동경에서 개최된 제10회 아시아 영화제에서 한국이 남주연에 김승호, 여주연에 도금봉, 특별연기에 김희갑씨가 각각 획득.
- 정부, 3월31일 쿠데타로 수립된 과테말라의 신정부 승인 전문을 발송.

4월 20일
- 박의장, 전국방관 박병권씨에게 1등근무공로훈장을 수여.
- 원기획원장, 63년도 중의 대충자금 253억을 방출하는데 관하여 한·미간에 합의를 보았다며 우선 49억원은 언제든지 방출할 수 있다고 발표.
- 염연초생산조합연합회, 총회전국생산조합장 41명이 참여하여 63년도 예산심의 및 연합회 운영 문제를 논의.
- 박의장, 최고위원 및 정부요인, 외교사절 등을 청와대로 초청하여 벚꽃놀이.

4월 21일
- 대한농민회창립총회를 개최 (총재에 이갑성씨를 선출).
- 국제 올림픽위원회 (IOC) 「마이어」사무총장, 로잔느에서 64년도 동경 올림픽 경기에 남북한 단일 팀이 참가하게 될 것이라고 발표.
- 미농무성, 조림을 위한 삽목기술연구비로 한국 수원 임업시험장에 2만6천6백91불을 제공했다고 발표.

4월 22일
- 일본 외무성 관방총무 야스이가와(安川)참사관, 두 명의 외무성 사무관과 함께 한국내 정정을 살피기 위해 내한.
- 이맹기 해군참모총장, 미7함대사령관 「무어라」 제독의 초청을 받고 컨스트레이션호로 출발.
- 최고의 이공보실장, 재야정치인들의 군정 연장반대투쟁위원회를 조직하고 2·27선언 준수를 요구한데 대하여 정국을 고의로 혼미케 하려는 구악적인 정략이라고 비난.
- 김중앙정보부장, 정보부를 팔아 이권, 협박 등 불법부정을 하는 자는 가차없이 엄단할 방침이라고 언명

4월 23일
- 최고의, 소관업무의 대폭적인 이관에 따라 직원 35%의 감원을 단행.
- 각의, ①증권법거래소법 개정안을 수정의결, ②동남아 경제개발협력을 위한 콜롬보계획헌장을 수락하기로 의결, ③특별독려실시의 건을 의결, ④전공화당의장 김정렬씨를 주미대사에 임명키로 의결. ⑤외미 5만 톤을 일본, 대만 등지에서 도입하기로 결정.
- 경제기획원, 2·4반기 중에 63년도 AID 민수자금 1,154만불을 긴급 배정하도록 한은에 지시.
- 보사부, 6월부터 4개월간 매달 1회 이상 전국수영장의 수질을 검사하도록 각 시도에 시달.

4월 24일
- 최고의 상임위, 김정렬씨의 주미대사 임명을 승인.

	• 조건설, 재정안정계획에 의한 세출삭감이 있더라도 착수한 사업은 계속 집행할 것이라고 언명.
	• 농림부, 5월말까지 양곡을 대량 방출할 계획을 세우고 각 도 산업국장에 지시.
	• 교통부, 새나라 자동차로 바꾸기 위해 폐차된 각종 차량 중 사용가능한 차는 재활용하도록 각 지방 장관에게 시달.
4월 25일	• 기획원, 금년도 대충자금예산 253억중 79억 4천 백만원에 대한 사업계획서를 한·미간에 합의서명 하였다고 발표.
	• 제7회 전국지방개량조합장대회를 개최하고 미곡증산경려회 입상자 포상.
	• 우리나라 세 번째의 민간방송으로 동아방송 (DBS) 개국.
	• 제1회 체육상수상식을 시민회관에서 거행 (공로상=최영호, 연구상=김사달, 지도상=김용식, 경기상=정신조, 박신자)
	• 박의장, 지방감사에 나가는 최고위원에게 민원을 자세히 들어 행정에 과감히 반영하라고 지시.
	• 최고의 상임위, 행정소송법중개정법안을 의결.
4월 26일	• 최고의 상임위, 내각에서 회부된 증권거래법개정안에 대한 최고의 재경위 수정안을 의결.
	• 수출진흥위원회, 수출금융에 있어서의 금리를 대폭인하하고 수출신용장이 오기 전이라도 입하 금융을 인정하기로 의결.
	• 임공보, 신문복간문제에 대하여 복간제 환원은 곤란하다는 정부방침을 발표.
4월 27일	• 박의장, 내각으로부터 경제동향보고를 듣고 완전한 양곡수급계획을 세울 것과 간첩침투를 단속하라고 지시.
	• 정부와 수산업자 연석회의, 새 어로안을 토의하고 어민권익보호를 재확인.
	• 농림부, 외미 5만 톤 수입에 대한 경제부처간 실무자 회의를 개최.
4월 28일	• 김수반, 온양에서 기자회견을 갖고 경제사정, 감군문제, 정치전망 등에 대한 그의 소신을 피력.
	• 성웅 충무공 탄생기념축제를 박의장과 김수반, 3군참모총장 등 요인이 참석한 가운데 아산 현충사 뜰에서 거행
4월 29일	• 해병지휘관회의, 전투력 증강을 위한 방안을 논의.
	• 재무부, 영업세법시행령중 개정의 건을 발표.
	• 김재무부차관, 63년도 재정안정계획수정안에 대한 부문별 재조정을 위해서 한·미실무자회의가 주내에 열릴 것이라고 언명.
	• 조달청, 정부보유비 320만불에 의한 춘궁기 구호용 대맥의 국제입찰에서 284만불로 51,825톤의 미국산 2급품 대맥을 낙찰.
4월 30일	• 정부, 주뉴델리 총영사 방회씨를 주일대표부로, 주카이로 총영사 윤석헌씨를 주미대사관 참사관으로, 주태대사관 참사관 강춘희씨를 주카이로 총영사로 각각 이동발령.
	• 전매청, 62년도 전매사업특별회계결산결과 잉여금 2억3천만원을 일반회계에 전입시켰다고 발표.
	• 정부, 각의에서 개정증권거래법에 따른 〈증권거래법시행령중 개정의 건〉을 의결.
	• 건설부, 전국지방건설국장회의를 소집하고 7일까지 종합개발계획을 강조.
	• 정부, 63년도 재정안정계획의 1차수정안을 각의에서 의결. 금융기관에 의한 한국증권거래소 출자증권 의 매입에 관한 건을 의결시킴으로써 3억원 한도내에서 금융기관이 대중주를 매입할 수 있도록 의결.
5월 1일	• 최고의 상임위, 귀속재산처리 특별회계법중개정법률안을 의결.
	• 대구고등검사장 최운화, 광주고검검사장 김병화, 대검차장검사 김영천, 대검검사 백상기, 서울지검 검사장 서주연 등 5명의 검사장급 임명안을 승인.
	• 정부, 박의장의 대통령선거출마를 재야정계가 수락한다면 연내 민정이양을 협의하기 위한 조야 회담을 5월 중에 개최하도록 합의.
	• 국방부, 제52차 연합참모회의를 개최.
	• 장농림, 혁명정부에 의한 경작농지 연내조정설을 강력히 부인.
	• 임공보, 남원에서 언론기관의 시설기준에 대한 법제화를 검토 중이라고 언명.
	• 석가탄생 2,989돌을 맞아 전국 각 사찰에서 성탄축하기념식을 거행.
5월 2일	• 「버거」 주한미대사, 원기획원장과 임공보를 방문 환담.
	• 재무부, 63년도 재정안정계획서의 진행분석 한미실무자회의 개최.
	• 최고의 상임위, 잠사가격안정기금법안과 분배농지소유권이전등기에 관한 특별조치법중 개정법률안

을 각각 의결.

- 박상공, 수출실적을 발표 (4월중 수출실적=769만불, 1월부터 4월까지의 수출누계=2000여만불,
  수출신용장래도분=1억불).
- 상공부, 상도의 앙양과 거래질서의 명랑화를 위해 정찰제실시를 한국시장조합연합회와 백화점
  협회에 각각 시달.
- 정부, 행정소송법중 개정법률, 도로교통법시행령중 개정법률, 재외공무원보수규정, 군사원호대상자
  정착대부법시행령중 개정법률을 각각 공포.

5월 3일
- 김수반, 현행법령중 수출진흥에 장해가 되는 점이 있다면 이를 검토하여 조속히 개정하도록 각
  부처장에게 특별지시.
- 경제기획원, 한미경제관계고위회담을 개최하고 수입물자수급사정을 논의.
- 가동중인 우리나라 최초의 연유가공 공장에서는 가당환유제조에 성공하여 전국에 걸친 시판을 개시.
- 갈포벽지 병행수출하기로 농림부와 상공부 간에 합의.
- 박의장, 경주에서 외곡도입촉진, 농촌부흥을 위한 외자도입방안 강구, 개간, 수리농지개간사업에
  힘쓸 것을 김수반에게 지시.
- 상공부, 금년도 상반기의 무역계획 일부를 변경하고 신문용지 등 247개 품목의 수입제한 품목을
  자동승인 품목으로 환원.
- 최고의 상임위, 호남비료주식회사법안을 의결.

5월 4일
- 임공보, 차기대통령선거에서 박의장이 출마해야 한다는 것을 각의에서 합의했다고 언명.
- 상공부, 전국시도의 상공과장 회의를 소집하고 물가조절에 관한 임시조치법에 따라 고시된 가격의
  적용과 생산신고의 촉구 등 상공행정면의 지시사항을 시달.
- 전매청, 4월 중의 연초판매에 의한 세입총액은 8억9천288만원이며 금년도 수입누계는
  35억2,204만원이라고 발표.
- 제2회 신라문화제가 경주에서 개막.
- 정주미대사, 「해리만」 미국무차관을 방문하고 한국의 추원요구를 선처해 주도록 요청.
- 물가대책위, 미가조절책으로 대만미 5만톤을 일본에서 수입하고 정부미를 무제한 방출하고 있다고
  발표.
- 국산품질향상대책위, 국산품의 품질향상을 위한 구체적인 방안을 검토.
- 국제건설협회총회, 동경상야문화회관에서 마지막 회의를 열고 동협회 회장으로 이석근씨를,
  사무총장으로 이성환씨를 각각 선출.

5월 5일
- 주미한인단체, 이임하는 정일권대사를 위해 공동 환송파티.
- 제41회 어린이날, 서울시 주최기념식에서 김화여사 등 여섯 분에 각각 표창을 시상.

5월 6일
- 재야정당 및 정치인들, 박의장의 대통령 출마를 반대하고 현행정당법과 선거관계법률을 개정할 것을
  강력히 요구
- 재무부, 외환관리의 통합조정을 꾀하려는 최고의 방침에 의해 여권, 외환매입, 외자도입사무를
  6월 1일부터 일괄처리하게 될 방침이라고 발표.
- 최고의, 앙등일로에 있는 곡가의 안정과 수급계획의 원활화를 위해 부당가격 미곡거래단속을 포함한
  양곡대책 5개항을 의결.
- 한·일회담의 일측 어업관계대표 우라부(卜部)외무성참사관, 한국의 정정일반을 살피기 위해 내한.
- 각의, 탄광용갱목 연차별수급계획을 수립하고 부족량 12만㎥를 초과벌채하도록 결정.
- 김재무차관, 증권시장이 9일부터 재개된다고 발표.
- 증권정기총회, 새로운 예산과 임원을 개선하여 시장재개에 따르는 대책을 논의.

5월 7일
- 최고의, 7명의 의장고문중 5명을 해촉하고 새로이 박성연, 최세황, 최규하 등 3씨를 지난 3일부로
  위촉했다고 발표.
- 농림부, 앞으로 도입될 대만미 5만톤을 군량미와 바꿔 배급하도록 결정.
- 정부, 63년도 AID자금 1,878만불의 비료구매요청서를 워싱턴으로 발송.
- 상공부, 유휴광업권의 정리에 착수하고 정리요령을 발표.
- 공군본부 보통군법회의 검찰부, 군일부 쿠데타음모 공군관련자 5명 전원 구속기소.
- 김수반, 외환관리를 철저히 하기 위해 외무부장관과 내각사무처장에게 해외여행을 억제하고 이를

합리적으로 통제할 수 있는 기구의 재정비와 그 운영방안을 세우도록 지시.

- 최고의 상임위, 공무원훈련원법개정법률안과 콜롬보계획기술협력이사회 헌장수락에 대한 동의안을 각각 의결.

5월 8일
- 김수반, 공식기자회견에서 오는 9월 중 총선거 실시, 조야회담은 그 전에 개최될 것이라고 강력히 시사.
- 아시아지역생산성회의가 조선호텔에서 개막.
- 한국증권거래소, 개소식을 거행.
- 내무부, 우리나라 최초의 행정 텔레타이프 개통식을 거행.

5월 9일
- 최고의 이공보실장, 연내민정이양과 가을 총선은 최고의의 확고한 방침이라고 언명.
- 대만미수입 교섭차 김농림부 차관, 손조달청 차관, 신상공부상엽국장 등 3씨 향대.
- 한산대첩 제2회 (372주) 축제가 충무시에서 거행.
- 배수석대표, 제38차 한 · 일 예비회담에서 재일교포의 모국투자를 위한 재산반출제한을 말도록 요구.

5월 10일
- 박의장, 경북농도원과 경북대학을 시찰.
- 김중앙정보부장, 5 · 16특사에서 15년 이하의 정치범은 거의 전부가 석방될 것이라고 발표.
- 경제기획원, 금년의 수입물자수급계획 현황을 발표.
- 재무부, 한국 내에 거주하는 외인탈세에 대한 처단방침을 결정.
- 원호처, 1년에 4회로 나누어 지급하던 연금을 년 2회불로 수정.

5월 11일
- 박의장, 2군사시찰연설에서 금년 가을 총선거를 실시하여 연내 민정이양을 단행하겠다고 언명.
- 최고의, 최민근, 주진학, 김상훈, 강현태 등 4씨에 대한 법관임명 동의안을 가결. 5 · 16특사범위를 확대하는 방침에 합의하고 법무부에 요강 재작성 지시.
- APO 인도대표 「로카나산」박사, 박상공을 방문하고 한 · 일 양국간의 무역증진을 제의.
- 문교부, 교육세 부활을 전제로 한 장기연차로 의무교육규정을 수정.

5월 13일
- 김수반, 지방장관회의에서 항구적인 양곡증산계획과 저축증대를 꾀하도록 지시.
- 교통부, 오는 16일부터 연말까지 수출광물 수송요금을 대폭 인하한다고 발표. 아세아지역 생산성회의 폐막.
- 김상공부차관, 금수품의 품질향상을 촉구하고 독점가격을 형성하면 수입개방조치가 불가피하다고 경고.
- 이문교, 문화제 수출금지방침을 재천명.

5월 14일
- 민정당, 시민회관에서 창당대회를 개최 (대표최고위원에 김병로씨, 대통령 후보에 윤보선씨를 각각 선출).
- 최고의 상임위, 한국기계공업주식회사 사장에 김석범씨를 임명 승인. 국군조직법개정안을 수정의결.
- 정부, 5 · 16혁명 유공포상대상자 21명의 명단을 발표. 잠사가격안정기금법을 제정 공포.
- 서울 남대문공사 준공식을 거행.
- 임공보, 5 · 16혁명 2주년을 맞아 각 도에서 2명씩 뽑혀 온 인간상록수 18명을 표창.

5월 15일
- 5월 15일 「킬렌」 유솜처장, 상공회의소 실업인 간담회에서 한국에 경제위기 없다고 언명.

국외관계일지 –

자 1961. 5. 16 · 지 1963. 5. 15 ▬

1961년

5월 16일	• 5월 16일 새벽 한국군부서 무혈쿠데타 미국무성 대변인, 한국사태 아직 논평할 수 없다고 언명.

5월 16일
- 5월 16일 새벽 한국군부서 무혈쿠데타 미국무성 대변인, 한국사태 아직 논평할 수 없다고 언명.
- 일 정계 · 실업계, 한국쿠데타는 의외의 일이라고 언명.
- 일본 외무성, 정당의 불신이며 한국의 사회적 및 정치적 안정이 가능한 한 빨리 회복될 것을 원한 다고 언명.
- 자유중국 관리들, 한국 쿠데타는 국내문제이며 쿠데타에 참가하고 있는 군사령관들이 친서방적이며 반공적인데 만족의 뜻을 표명.
- 필리핀 관리, 한국의 군부쿠데타에 대하여 신중한 태도.
- 미국무성 당국자, 5 · 16군사혁명을 기정사실로 시인 태도 표명.
- 「스카르노」인도네시아 대통령과 「세쿠 투레」기니아 대통령 및 「낫셀」통일아랍공화국 대통령, 최초의 중립국정상회담을 카이로에서 개최.

5월 17일
- 캐나다를 방문중인 「케네디」대통령, 한국사태에 대하여 혁명정권을 반대할 의사없다고 언명.
- 뉴욕타임스지, 미국의 관리들은 한국의 군부혁명은 성공이라고 보고 있다고 보도.
- 쿠바 수상「피델 카스트로」, 쿠바 침공당시의 포로들을 미국의 불도자와 교환하자고 미국에 극적인 제의.
- 소련공산당기관지 프라우다지, 소련비행기는 아직도 라오스에 공중공급을 계속하고 있다고 보도.
- 「볼즈」차관은 기자들에게 한국사태는 혁명 후 안정되었고 한국의 신정권은 반공적이며 친미적이라고 강조.
- 일본 외무성 대변인, 일본은 한국에서의 군사혁명이 법적으로 또 질서 있는 방법으로 낙착되어 안도감을 느낀다고 언명.

5월 19일
- 「케네디」미대통령과 「후루시초프」소련 수상, 6월 3일과 4일 비엔나에서 세계 중대문제를 토의키 위하여 미 · 소 정상회담을 할 것이라고 백악관 발표.
- 미 · 영지, 한국의 군사혁명위원회는 부패를 일소하고 경제부흥을 할 수 있는 정부이며 제반조건을 개선할 수 있는 절호기회라고 논평.

	• 뉴욕타임스 사설, 국가재건최고회의의 지도자들은 유능하고 애국적이며 미국과 우호관계를 유지하고 공산침략에 대항할 힘을 강화하려 하고 있다고 찬양.
5월 20일	• 「드골」·「아네나워」 회의서 유럽공동기구의 활력강화에 의견 일치.
5월 21일	• 「딘 러스크」 미국무장관, 기자 질문에 제네바 회담은 비관적이라고 언명.
5월 22일	• 미국무성, 한국혁명에 최초로 공식적인 견해를 표명하고 동시에 혁명정권이 공약한 유엔 지지와 사회개혁 헌정에의 복귀를 위한 목표를 찬양.
	• 「존 페터슨」 알라바마 주지사, 미 인종분규 수습책으로 몽고메리에 계엄령을 선포.
5월 23일	• 일외상 오사까(小坂), 한국의 혁명정부를 합법정부로 생각한다고 표명.
5월 24일	• 일본 중요 신문들, 6월의 「케네디」 대통령과 이게다(池田) 일본수상의 회담의 주제는 한국문제라고 보도.
	• 「죤슨」 미부통령, 귀국 후 첫 기자회견에서 순방한 각국에 공산저지 위해 어떤 희생도 감수할 것을 보장했다고 발표.
5월 25일	• 「케네디」 미대통령, 아세아와 유럽 양지역에 공수여단을 각각 배치하고자 육군의 전투체제를 전면 개편하여 현대화하도록 「맥나마라」 국방장관에게 지시.
	• NASA책임자 「제임스 웹」 박사, 소련에 앞서 인간을 달에 올려 보내는 것이 미국의 국가적 주요목표 및 결정이라고 언명.
5월 26일	• 「케네디」 미대통령, 장의장의 메시지 접수하고 본인은 한·미간의 계속협조를 확신하며 정권의 민정 이양 공약에 만족한다고 표명.
	• 미공군, 아틀라스 미사일을 5천리 거리로 발사성공.
5월 27일	• 터어키, 혁명 제 1주년 기념일을 맞이하여 새로운 헌법을 공포.
5월 28일	• 미·소 정상회담 앞둔 동서 수뇌는 별저서 준비에 분망.
5월 29일	• 라오스, 삼파회담에서 연정수립절차 의제 등에 합의하여 많은 진전.
5월 30일	• 미국무성, 정일권 주미한국대사의 아그레망을 접수.
	• 이스라엘 대통령의 개회사로 국제신문인협회 제 10차 총회 개막.
5월 31일	• 「케네디」 대통령과 「드골」 프랑스 대통령은 31일 베를린 문제에 완전합의를 보았다고 백악관 대변인이 성명.
6월 1일	• 국제신문인협회의 제10차 총회, 4명의 신임집행위원을 선출하였다고 성명.
	• 「케네디」 대통령과 후루시초프와의 제1차 회담이 미대사관에서 개최.
6월 2일	• 「케네디」 미대통령과 「드골」 프랑스 대통령은 2일, 3일간의 정책회담을 마치고 발표된 공동 콤뮤니케를 통하여 서베를린 수호에 근본적 합의를 재확인.
6월 3일	• 「케네디」 미대통령과 후루시초프 소련수상은 제1차 회담 종료 개막.
6월 4일	• 「케네디」 미대통령 방영차 런던 도착.
6월 5일	• 「케네디」 미대통령과 「맥밀란」 영국수상은 공동성명을 통하여 「라오스」 휴전과 비엔나 합의에 만족 한다고 발표.
6월 6일	• 「케네디」 대통령은 「드골」 대통령과의 회담에서 NATO를 강화시키는 문제와 라오스를 포괄하는 그밖에 광범한 문제에 합의하였다고 언명.
6월 7일	• 미국은 라오스에 관한 제네바회담을 결렬시키지는 않을 것이나 동회담에서 동남아 소왕국인 라오스에 휴전을 성립시키기 위하여 노력할 것이라고 성명.
6월 8일	• 볼리비아 정부는 7일 국가를 전복시키려는 공산당의 음모가 좌절되었으며 계엄상태가 선포되었다고 언명.
	• 「맥나마라」 국방장관은 월남사태에 낙관 표명.
6월 9일	• 중립국 수반들의 정상회담을 오는 9월1일 유고슬라비아에서 소집하기로 합의, 공식발표.
	• 자유중국 정부는 미국이 외교관계수립에 관해서 외몽고와 협상하는 것은 자유의 권익에 유해하다는 성명발표.
6월 10일	• 소련은 독일의 강화조약 체결과 베를린을 자유시로 만드는 문제를 지체없이 바로 지금 해결하기 위한 하나의 회담을 열 것을 제안.
6월 12일	• 「판파니」 이태리 수상은 「러스크」 미국무장관과 12일 독일문제를 비롯하여 전반적인 세계문제에 대하여 회담.

	• 「매카나기」씨는 한국방위력은 어떠한 북괴의 침략도 저지가능 언명.
6월 13일	• 이게다(池田)수상 내각은 한·일 예비회담의 일본측 수석대표 사와다(澤田)씨의 사표를 정식 수리.
6월 14일	• 미, 해외군사기지건설비로 한국에 1천만불 배정.
	• 미「맥」국방장관은 상원 외교위원회에서 한국에 대한 공산압력은 여전하므로 군사원조 계속 강조.
6월 15일	• 「언커크」필리핀 대표는 한국문제의 토의를 연기하도록 유엔총회에 건의할 것을 제안.
6월 17일	• 「케네디」미대통령은 소련측에 대하여 제네바핵실험금지회담의 결렬에는 오직 소련에게만 책임이 있다고 통고.
6월 18일	• 라오스의 삼공자는 그들의 분할된 국가문제를 해결하고자 오찬을 같이하면서 회담.
6월 19일	• 「월터 P 매카나기」미국무차관보는 주미한국대사 정일권씨에 대하여 미국정부는 혁명정부의 정책을 지지하며 가급적 조속히 총선거 희망한다고 부언.
	• 미·소양국은 전반적인 군축문제에 관한 의견을 교환하고 20일 하오에 다시 회동하기로 합의.
6월 20일	• 미국은「라오스」의 중립을 위하여 본국으로부터 미군사고문단을 철수제의.
	• 「케네디」미대통령과 이게다(池田)일본수상은 중공문제를 비롯한 주요 국제의제에 관한 회담을 시작.
	• 신임주미대사 정일권장군과 미「러스크」국무장관과의 회담 후 한·미우호 더욱 강화 언명.
6월 21일	• 기시노부스케(岸信介) 전일본수상은 현 이게다(池田)내각의 대폭적인 개각을 예언.
	• 이란의「아라아미니」수상은 이란 군사혁명설을 일소.
	• 「후루시초프」소련수상은 소련은 연내에 동독과 강화조약에 조인 언명.
6월 22일	• 「케네디」대통령은 미해군참모총장의 후임으로 앤더슨 대장 임명.
	• 「케네디」대통령과 이게다(池田)수상은 공동 콤뮤니케를 통하여 미일양국이 유엔강화와 평화를 위한 협조적인 노력을 계속 강화할 결의를 확인.
6월 23일	• 신임 주한미대사「사뮤엘 D 버거」씨는 24일 상오 11시 부인과 함께 서북항공기편으로 김포국제공항 착 내한 부임.
	• 「케네디」미대통령은「네루」인도수상에게 미국 방문하여 달라는 공식 초청.
	• 터어키 정부는 터어키의 총선거가 11월전 실시예정이라고 발표.
	• 한국과 태국간의 무역협정초안이 2일간의 협상에 뒤이어 당지에서 조인.
6월 24일	• 인도네시아의「수반드리오」외상은 베를린문제·한국·월남·라오스 및 서이리안 문제와 같은 중요한 문제의 해결을 위해 동서회담 주장.
6월 25일	• 일본외무성은 한국의 신정부가 중단된 한·일회담을 내8월에 재개 제의하였다고 보도.
	• 미국은 금년 말 내에 극동군사력을 증강하기 위하여 오키나와에 장거리 로케트를 배치할 것을 언명.
6월 26일	• 이라크 외무성은 쿠웨이트가 이라크공화국의 일부가 되었다는 것을 통고하는 각서를 아랍제국을 포함한 세계의 모든 국가에 통고.
6월 27일	• 「케네디」대통령은 군사고문인 테일러장군은 베를린수호에 군사행동도 불사 언급.
	• 쿠웨이트, 비상사태를 선포.
	• 「러스크」장관은 미국이 중공의 유엔가입계획에 동의한 보도를 부인.
	• 미 상원우주위원회는 우주예산 18억불을 만장일치로 승인.
6월 28일	• 영국은 한국의 신정부에 대하여 신정부의 국내 및 대외정책이 양국간의 친선관계를 유지할 수 있기를 절실히 희망한다는 취지를 전달.
6월 29일	• 쿠웨이트 토후는 모든 침략자로부터 쿠웨이트의 독립을 방위할 용의가 있다고 공식성명.
	• 영국해군 대변인은 영 항공모함「불와크」호가 609명의 해병대를 싣고 긴장된 감이 도는 페르샤만을 향해 출항 발표.
	• 여객 800명을 실은 스페인여행선「베고나」호는 베네주엘라 근해에서 침몰.
	• 미 항공우주국은 7월 16~22일 사이에 미 제2우주인 발사계획.
6월 30일	• 정일권 주미한국대사, 상오 10시 백악관에서「케네디」미국대통령에게 신임장을 제정.
	• 「케네디」대통령, 한국국민에게 한국정부에 대한 미국정부의 전폭적인 협조와 자유로운 한국통일을 이룩하려는 미국의 계속적인 노력을 확언.
7월 1일	• 영국 해군성, 이라크의 위협으로부터 쿠웨이트를 방호하기 위해 해병대를 쿠웨이트에 상륙 발표.
	• 「선디 타이스」사의 한 기고가는 소련과 중공 간에 새롭고 중대한 언쟁이 벌어졌다고 주장.
7월 2일	• 영국방성 극동담당「하」소장, 의회에 대하여 불원간 미국 및 유엔군이 한국으로부터 철수가능성은

없으며 한국에 강력한 군대유지를 언명.
- 유엔안전보장이사회, 쿠웨이트사태를 토의하기 위하여 개회.
- 세계문단의 거성인 미국작가 「헤밍웨이」씨 자택서 엽총손질하다 오발로 급서.

7월 3일
- 미국의 「다글라스 맥아더」원수, 종전 후 15년 만에 필리핀으로 다시 돌아 왔으며 그를 나어린 공화국
  의 해방자와 수호자로 숭배해 마지않는 필리핀 국민들에게서 개선장군과 같은 환영을 받았다.

7월 4일
- 소련수상「니키타 후루시초프」, 4일 주소미국대사관 주최의 미국독립기념일 연회에 참석.

7월 5일
- 알제리아를 분할하려는 불란서계획에 반대하는 회교도 대폭동.
- 아랍공화국 및 소련, 유엔안보리이사회에 대하여 영군의 쿠웨이트 철수를 촉구.
- 한국동남아친선사절단장인 최덕신 외무장관, 5일 이게다(池田) 일본수상과 회담.

7월 6일
- 「러스크」미국무장관, 상원외교위에서 대한원조의 계속 필요를 강조.
- 워싱턴 발신기사 소련에 대한 알바니아의 배신은 이제 수많은 증거로써 입증되고 있다고 보도.

7월 7일
- 미국은 가장 강력한 군사 로케트 신예「아틀라스」유도탄을 9천여 마일이라는 기록적인 사정으로 발사.

7월 8일
- 중동주재 영국군총사령관인 공군중장 「챨즈 엘워시」경, 쿠웨이트에 대한 군사적 위험이 해소
  되었으므로 영군 2개 중대 철수 발표.

7월 9일
- 한국전쟁시 용사인 미해병 중령「존 M그린」2세는 앞으로 2주일 내에 미국 제2차의 우주비행사로서
  확실시.
- 군사혁명을 설명하는 한국친선사절단의 단장인 정일권씨 뉴욕 도착.

7월 10일
- 북대서양방위동맹 관리들은 소련이 전면적인 베를린위기를 촉발하는 경우 서유럽 내에 배치되어
  있는 나토 병력을 현 22개사에서 30개사로 증강키로 사실상 합의.
- 태국 국경경비경찰대 부사령관「참 앙그수초테」경찰소장을 한국주재 태국대사로 임명.
- 소련상공을 비행함으로써 유도탄발사를 탐지해 낼 임무를 띤 최초의 인공위성「아이라스 3호」
  몇 번씩이나 실패한 끝에 마침내 발사실험 성공.
- 「케네디」대통령, 서베를린에 대한 소련의 위협에 대항키 위해 미국방력 재검토를 명령.

7월 11일
- 유엔자유국가대표들은 차기 유엔총회에 앞서 한국문제 상정전에 한국정부와 전적 협조,
  협의할 것이라고 정대사 언명.
- 의회의 반대와 국부의 강경한 항의로 인해 외몽고와의 외교관계를 수립하려던 케네디 행정부의
  움직임은 정돈상태라고 언명.

7월 13일
- 「아일레스」미유군차관 일행, 한국주둔 전방부대 미 제1군단과 제1기갑연대와 한국군 제28사단을
  시찰.

7월 15일
- 미육군성 조사발전국장 「아서 G 트루더」중장 김포공항착 내한.

7월 16일
- 미국은 18일 「자유의 종 17호」라는 별명을 가진 우주인발사 계획 발표.

7월 17일
- 미육군성 조발전국장 「아서 트루더」중장, 송수반으로부터 직접 한국의 동향을 파악하고 이한.
- 미국무성, 서방동맹국들은 베를린위기를 토의코자 불원 서방외상회의 개최예정 발표.

7월 18일
- 이게다(池田) 수상, 그의 전각료의 사표를 수리.
- 미합동참모본부의장 「라이언 렙니쩌」대장은 상원의원들에게 만약 미국이 대한원조를 삭감한다면
  한국은 급속히 중립화의 길을 달리게 될 것이며 오래지 않아 미국은 아세아에 있어서의 그의 이익과
  일체의 동맹국을 상실할 것이라고 언명.
- 이게다(池田) 일수상, 한국의 최근 수해에 대해 위문 메시지를 김외무부장관에게 발송.

7월 19일
- 미국은 소련이나 중공과 평화에 도달하지 않는 한 앞으로 10년 동안에 대한군사 및 경제원조를 위해
  서 약 50억불을 지출할 것으로 예상. 상원외교위원회에서 행한 증언에서 국무성 극동담당차관보
  「월터 P 매카나기」씨는 또한 현재로서 연간 5억불에 달하는 대한원조를 줄일 수 있는 가능성은
  없다고 언명.
- 튜니시아 군과 민간인들이 아침부터 행동개시를 하여 불군기지를 포위.
- 신임 주필리핀 한국대사 이형근씨는 마라카난 궁에서 「가르샤」필리핀 대통령에게 그의 신임장을
  제정.
- 미국의 제2우주인, 로케트 발사계획은 악천후로 21일로 발사 연기.
- 로마교황 「요한 23세」는 지난 14일 박의장의 친서를 받고 혁명수행을 기원한다고 언명.
- 「케네디」미대통령은 서부 베를린 위협에 대처하기 위한 방위강화로서 방위군의 소집과 국방비증액

예측.
- 미 · 영 · 불 외상들은 파리에서 회담을 가질 것이라고 불외무성이 발표.

7월 21일
- 뉴욕타임스 지는 베를린의 위기가 예상외로 큰 반응을 일으키고 있는데 소련의 걱정이 표면에 노정되고 있다고 보도.
- 미국 주재 소련대사 「멘시코프」는 분할된 베를린 사태 3차대전 가능성 있다고 경고.
- 튜니시아의 「하비브 부르기바」대통령은 불란서와 국교단절 언명.
- 미국, 제2의 우주인을 우주에 보내려는 시도 하에 「버킬 그리놈」대위를 발사했는데 완전 성공하여 15분 만에 생환.
- 일본, 한국 서울에 일본이 외교공관을 두는데 한국이 동의하도록 정식 요청.

7월 22일
- 마닐라에서, 미육군성 연구발전부장 「아더 G 트루더」중장은 한국의 새 정부가 안정되는 방향으로 적극적인 경제 및 군사원조를 하도록 건의할 것을 약속했다고 이(李)주필리핀 한국대사가 발표.
- 일본외무성, 재일 한국인의 북송계획은 인도적 기반에서 실시되는 것이라 극히 가까운 장래에 이를 중지할 의향은 없다고 발표.
- 백악관, 미국의 평화를 위한 식량계획이 연장되었다고 발표.

7월 23일
- 「케네디」대통령, 서방동맹의 정치력, 경제력 그리고 군사력을 증대시킬 단계식 계획을 결정.
- 동남아방문 한국친선사절단 일행 4명은 24일부터 26일까지 말레이지아를 방문할 것이라고 공식 발표.

7월 24일
- 일본내각관방장관 오히라(大平)씨, 일본정부는 오는 11월 12일 만료되는 일본과 북괴간의 재일교포 북송 협정의 연장에 동의할 계획이라고 다짐.
- 외무부, 백선엽 주불대사를 수반으로 하는 아프리카 지역 친선사절단은 모리타니아 회교공화국을 방문 요청한 후 양국의 결속 강화를 결의한 요지의 공동성명을 발표.
- 한국 중근동사절단, 요르단 왕국 착, 후세인 왕과 회견을 통해 후세인 왕은 한국과의 친선관계가 보다 긴밀해지기를 희망한다고 말하고 수상과 국회의장은 앞으로 교수와 학생들을 교환하자고 제안했다고 발표.
- 브라질의 「자니오 쾨드로스」대통령은 직업외교관 「데씨 오노라또 데 모우라」씨를 주한 브라질 대사로 임명.

7월 25일
- 일외무성, 일본의 단독적인 대한경원에 대신하여 일본 · 미국 · 서독 · 이태리 등이 참가할 대한공동 경제원조안을 고려 중에 있다고 일본 독매신문 보도.

7월 26일
- 미국무성, 한국혁명정부가 미원조를 효과적으로 사용하려는 시책에 찬양하면서 대한원조에 중요성을 강조하고 공동이익을 위해 검토할 것을 다짐.
- 「꾸브 드 뮤르빌」불외상, 한국친선사절단을 맞아 한국혁명은 평화적으로 성공하여 국가재건을 위하여 올바르게 나가고 있다고 한국혁명의 지지를 표명.

7월 27일
- 「러스크」미국무장관, 한국군사정부의 과감한 개혁, 시책을 환영하고 한국 새정부지지 성명을 발표.
- 미국, 초현대적인 무기 「미닛트만」유도탄 3회의 시험발사 중 두 번째로 성공.

7월 28일
- 아프리카를 친선예방중인 한국 사절단, 코트디부아르 공화국과 대사급 교환에 합의했다고 공동발표.

7월 29일
- 소련, 공산당대회에서 새 강령을 발표. 「흐루시초프」소련수상, 베를린전쟁 나면 2억 인구 살해된다고 경고.
- 미 · 진(陳) 국부부총통에 아시아반공전선강화를 확약.

7월 30일
- 코트디부아르 대통령, 아프리카의 몇 나라는 내년 봄에 한국으로 친선사절단을 보낼 것이라고 선언.

8월 1일
- 최용덕 주중 한국대사, 장개석 총통에게 신임장을 제정.

8월 2일
- 미 「케네디」대통령과 국부 진성 부총통, 공동성명에서 한국 신군사정부 정책을 환영.
- 장 국부총통과 기시노부스케(岸信介)전 일본수상, 한국을 원조하기 위해 중일공동계획을 시작하는데 합의.

8월 3일
- 인도수상 네루, 한국과 외교관계수립은 거절, 통상사절 파한은 용이하다고 표명.
- 말레이지아 주최 제 4차 메르데카 대회, 축구경기에서 한국이 태국을 3대1로 제압.

8월 4일
- 「케네디」행정부, 경제개발 외원계획을 위한 의회설득공작을 시작.

8월 5일
- 「언커크」대표, 동경에서 6일간의 전체회의를 마치고 귀임, 동대변인은 9월 9일 경에 다시 한국에서 전체회의를 가질 것이라고 언명.

8월 7일
- 모스크바 방송, 「G S 티토프」소령이 지구주변을 17회 이상 회전하여 약 43만4천 마일을 비행한 후

성공적으로 지구에 귀환했다고 발표.
- 미·영·불 서방 3대국 외상들은 한국과 월남 두나라 문제에 중점을 두는 동남아 지역의 전반적 문제를 토의.
- 마에다(前田) 일본외무성 동북아과장, 내한하여 외무부 엄아주과장을 방문하고 대표부 설치를 논의.

8월 10일
- 호주 정부, 최근 우리나라가 입은 극심한 수재에 의연금 5,575불을 박의장에게 전달.

8월 11일
- 중앙아프리카공화국 정부와 한국사절단은 양국간의 수교와 농업기술원조에 합의한 공동 콤뮤니케에 조인

8월 13일
- 카메룬, 한국사절단에게 양국간의 단결에 대한 확신을 표명하고 오는 11월 한국에 친선사절단을 파한할 것을 결정, 가까운 장래에 대사급 외교관을 교환할 것도 합의.
- 「러스크」미국무장관, 공산동독이 동서베를린간의 경계선을 봉쇄한 것은 4대국 협정의 위반이며 미국은 동조치에 대해 강경한 항의를 제기할 것이라고 언명.

8월 14일
- 본의 서독 우정성, 동독관리들은 동서독 간의 모든 전화와 텔레타이프 통신을 차단했다고 발표.

8월 15일
- 터어키 혁재에서 「멘데레스」 등 106명에 사형 구형.
- 네루 인도수상, 미·영·소 3국원수와 회담예정.
- 라오스 3파 회담 중단.

8월 16일
- 김용식 사절단장, 덴마크 국왕 「프레데리크 9세」에게 신임장을 제정하고 선물을 증정.
- 일본 외무성 동북아과장 마에다(前田利一)과 스끼야마(杉山)외무성 사무관, 혁명후 한국국실정파악차 방한 후 이한 귀국.

8월 17일
- 석조문화재 보수 실지답사차 내한한 유네스코 문화재 보존센터 소장 「하롤드 푸랜드리드」박사, 수재의연금으로 30,000환을 기탁.

8월 18일
- 한국친선사절단, 엘살바돌 외상 「라파엘 에퀴자발 토비아스」박사와 회담하고 한국과 외교관계가 곧 수립될 것이라고 언명.
- 미국, 「케네디」대통령의 장기외원권한요구법안이 상원서 통과, 하원선 부결.

8월 19일
- 초대 주한 태국대사로 임명된 「챤 앙수쵸테」소장, 부임차 김포공항 착 내한.
- 「존슨」미부대통령, 서부베를린 하원의 특별회의에서 베를린차단은 소련이 패배를 자인한 것이라고 비난하고 필요시에 전쟁도 불사한다고 언명.

8월 20일
- 미국적십자사총재인 「알프레드 M 그룬서」퇴역장군 방한차 김포공학 착.

8월 21일
- 유엔 특별총회, 튜니시아와 불란서간의 분쟁을 토의.
- 전불령 콩고 대통령, 한국친선사절단과 국교수립에 합의.

8월 22일
- 「케네디」미대통령, 서베를린의 자유수호 선언.
- 쿠바 경제상, 대소군맹 불체결선언.
- 미적십자사 총재 「알프레드 M 그룬서」장군, 3일간의 한국방문 마치고 이한.
- 한국 중근동친선사절단, 이란왕 「모하메트 레자 팔레비 샤」와 「아미니 나라비니」수상을 방문하고 이란과 국교수립에 합의.

8월 23일
- 워싱턴 당국, 한국의 경제개발 5개년 계획에 대한 강력한 지원을 확약.
- 캄보디아 정부, 한국의 통상대표부 설치를 승인 발표.
- 한국 중근동사절단, 아랍제국의 지도자와 회견을 통하여 한국과의 정식외교관계를 수립할 것에 합의.
- 유엔군사령부, 한국에 한국국방부연락 및 고문국을 창설, 초대국장에 「로렌스 V 그린」대령이 임명 되었다고 발표.

8월 24일
- 남아연방은 한국과의 수교에 합의를 보고 경제적, 문화적인 협조를 확인.

8월 25일
- 일본, 중립주의를 배척하며 일본이 자유진영에 속해 있다는 입장을 정식으로 재확인.

8월 26일
- 미 「케네디」대통령, 내월에 개최될 유엔총회의 미국대표로 공산주의자들과 협상하는데 있어 명수인 「아서 H 딘」씨를 임명.

8월 28일
- 일본에서 제3차 국제 로케트 및 우주항행학 토론회가 한국 등 12개국 대표가 참석한 가운데 개막.
- 미·영·소 3국 대표, 핵실험 금지회담을 수개월 만에 재개.

8월 29일
- 콩고국 「촘베」대통령, 유엔콩고 사령부의 무력시위 앞에 굴복하고 모든 백인장교를 방면할 것이라고 발표.

8월 30일
- 「언커크」의장, 전체회의에 참석차 동경으로 향발 앞서 기자회견을 통해 한국은 일본의 안전과

	동남아의 평화 나아가서는 국제평화에 공헌과 역할을 하기 때문에 박의장 성명과 한일문제 · 언론계 실정 등을 검토할 것이라고 언명.
8월 31일	• 미「케네디」대통령, 소련의 핵폭탄실험재개 결정을 원자탄 공갈이라고 비난하고 미국의 군비는 자유세계를 수호하는데 전적으로 충분하다고 언명.
9월 1일	• 벨그라드, 사상초유의 중립국 정상회담이 유고슬라비아의 「티토」대통령에 의해서 이곳에서 개막.
	• 미하원 세출위원회, 「케네디」대통령의 대외원조법안에서 상원이 통과시킨 액수에서 8억9천6백만불을 삭감.
9월 2일	• 「케네디」미대통령, 지구상의 자유를 위한 투쟁을 지원하기 위하여 외환기금의 삭감을 회복할 것을 의회에 호소하는 성명서를 발표.
9월 4일	• 한국동남아사절단, 귀국기자회견에서 동남아15개국 중 스리랑카를 제외한 모든 나라에서는 한국과 외교사절교환을 희망했다고 발표.
	• 미 · 영 수뇌, 소에 핵실험중지 촉구.
	• 소련, 동 · 서회담 용의 표명.
	• 스리랑카 수상, 한 · 독 · 월서 국민투표 제의
	• 한국을 포함한 23개국 및 각 지역대표들, 아세아극동지역에 있어서의 국가지역사회개발계획을 위한 권고안을 검사하고자 ECAFE 주최 하에 회의가 개막.
9월 5일	• 동경에서 「버거」주한미대사, 한국의 정치 · 경제 정세는 결정적으로 호전되어가고 있고 미 · 일서 원조하면 2년 내에 훌륭히 안정된 국가가 될 것이라고 한국정부를 찬양.
	• 「케네디」미대통령, 자유안전을 위해 실험소와 지하에서 방사능진이 없는 핵실험을 재개하도록 명령.
9월 6일	• 「버거」주한미대사, 귀임차 김포공항 착 기자회견에서 현재 진행중인 한 · 일교섭이 근본적으로 새로운 바탕에 입각해서 진전되기를 희망하며 한국경제 육성은 미 · 일의 공동목표라고 천명.
	• 말레이지아 외무성 대변인, 대한민국은 곧 쿠알라룸프르에 대사관을 설치하게 될 것이라고 발표.
9월 7일	• 방일중인 김 한국 경제기획원장, 오사까(小坂) 일본외상과 회담결과 한 · 일교섭을 금후 사무적 · 정치적으로 병행하여 계속키로 합의.
	• 네루 인도수상, 소련수상 「흐루시초프」에게 「케네디」미대통령과 직접 만나 세계3차 대전의 위협을 종식시키라고 간원.
	• 미국무성, 정일권 주미 한국대사를 포함한 극동13개국의 외교관을 초치하고 베를린문제를 논의.
9월 8일	• 「언커크」, 동경전체회의에서 제16차 유엔총회에 제출할 연차보고서가 박의장이 발표한 정권이양 시기와 정당활동에 대한 8 · 12성명을 중심으로 해서 작성되었다고 발표.
9월 9일	• 미 · 영 · 소 3개국의 핵 회담, 유엔총회의 핵실험문제 토의가 끝날 때까지 무기휴회하기로 합의.
	• 미「케네디」대통령과 영「맥밀란」수상, 소「흐루시초프」수상이 대기권핵실험을 중지하자는 그들의 공동제안에 거부한 것을 크게 유감스럽게 생각한다는 성명을 발표.
9월 11일	• 「언커크」, 최종전체회의를 마치고 서명 공식발표.
9월 12일	• 워싱턴에서, 박의장이 「케네디」미대통령의 특별초청으로 11월중 미국을 방문하여 양국의 공동이익에 관한 문제를 협의할 것이라고 발표.
	• 파리에서 백한국대사, 한국은 곧 코트디부아르공화국에 있는 「이비장」에 대사관을 설치할 것이며 기타 14개 아프리카 국가들과도 외교관계를 수립할 예정이라고 발표.
9월 13일	• 미하원, 주한미군 및 공군의 각종 건설비로 1,337만9천불의 세입법안을 승인하고 상원으로 회부.
	• 레오폴드빌에서 유엔민사책임자, 유엔은 무력으로「카탕가」의 분립을 종결짓고 15개월간에 걸친 「카탕가」주 문제는 사실상 종식되었다고 발표.
9월 14일	• 뉴욕타임즈지, 한국혁명정부는 가찬할 만한 능력과 책임의 표징을 보이기 시작했다고 지적.
	• 말레이 하원의원 「SOK 우라이둘라」씨를 단장으로 하는 친선사절단 일행 내한.
9월 15일	• 태국정부, 한국과 한 · 태무역협정을 체결했다고 발표.
	• 태왕국 「타나트」 외상, 주한태국군의 계속주둔의 기자질문에서 가까운 장래까지 태국은 유엔의 회원국으로서의 의무를 계속할 것을 확언.
	• 미상원, 41억9천6백만불의 외원법안을 통과시킴으로써 외원액을 회복.
9월 16일	• 미「케네디」대통령, 1958년 이래 최초의 지하핵무기실험을 발표.
9월 18일	• 「다그 하마숄드」유엔사무총장, 탑승기 추락으로 운도라 근교에서 급서.

| 9월 19일 | • 유엔 안보리, 「하마슐드」총장의 서거로 인하여 야기되는 사태를 토의하기 위하여 긴급 비밀회의를 소집. |

- 9월 19일
  - 유엔 안보리, 「하마슐드」총장의 서거로 인하여 야기되는 사태를 토의하기 위하여 긴급 비밀회의를 소집.
  - 유엔총회, 사상처음 사무총장없이 혼란속에 총회를 열고 사무총장 서거에 조의를 표하고 후임선출, 핵실험, 군축, 중공 유엔가입 등을 토의.
  - 제16회 국연총회 개막.
  - 자마이카, 서인도연방 탈퇴.
  - 서독 기민당, 「아데나워」현수상으로 하여금 차기서독내각을 구성하도록 선정하고 「아데나워」씨의 차기수상지명을 만장일치로 결정.
- 9월 20일
  - 유엔총회, 튜니시아 대표인 「몽기 슬림」씨를 의장으로 선출.
  - 하마슐드 총장의 후임자선출에 기준문제로 이견.
  - 유엔본부, 미국과 소련은 앞으로 군축에 관한 협상을 통할하게 될 제반원칙에 합의했다고 발표.
  - 유엔총회장 「몽기 슬림」씨, 취임 제일성에서 군축 및 핵실험중지를 호소.
- 9월 21일
  - 미「케네디」대통령, 신설 국제개발처(AID)처장으로 국제법전문가인 「포울러 하밀톤」씨를 지명.
  - 유엔 운영위원회, 아무런 토의도 거치지 않고 군축, 외기권, 한국통일, 아프리카에 대한 원조 등 문제를 차기총회의 의제로 채택.
  - 유엔본부, 미국을 비롯한 수개국 대표들은 고 「하」사무총장의 유해는 유엔본부에 매장하고 노벨평화상을 수여하자고 제안.
- 9월 22일
  - 제16차 유엔총회, 브라질대표단장 「아리노스」씨의 연설을 서두로 개막. 연례정책토의를 개시.
  - 일본외무성, 한·일국교 정상화 회담은 오는 10월25일 경에 재개케 될 것이라고 발표.
  - 캄보디아 원수 「시아누크」, 유엔총회의 일반정책 토의석상에서 한국, 서독 및 월남과 같은 분단된 국가들의 쌍방에 의석을 주고 이상적 통일방안은 국민투표로서 재통일되는 것이라고 설명.
- 9월 23일
  - 이태리 정부, 주한 「조르지오」대사를 포함한 수명의 대사임명과 외교사절을 변동발표.
  - 런던타임스지, 북한노동당 제4차 당대회를 규탄.
- 9월 24일
  - 전 유엔사무총장 「트리그브 리」, 유엔헌장을 전면적으로 수정할 시기가 왔다고 주장.
- 9월 25일
  - 일본영자지 재팬타임스, 한국군사정부는 올바른 궤도상에 있다고 찬양.
  - 미대통령「케네디」, 유엔총회에서 3인제 총장안 반대, 유엔평화군 창설, 전세계국가의 핵실험금지 협정 등 6개항의 새군축 협상제의를 포함한 역사적인 연설.
  - 일 외무성, 오는 10월10일에 제 6차 한·일회담을 열기로 합의했다고 발표.
- 9월 26일
  - 유엔 안보리회, 외몽고와 레오네의 유엔가입신청을 토의.
  - 미국무성, 합동참모본부의 참모총장들은 베를린문제로 소련과 충돌할 경우 필요하다면 핵무기를 사용한다는 신념이 일치하고 있다고 발표.
  - 소 「그로미코」, 유엔총회에서 케네디의 핵실험금지 제안을 거부하고 중공가입과 3인제총장안만 되풀이.
- 9월 27일
  - 뉴욕헤럴드트리뷴지, 서방측이 대소협상에 있어서의 홍정거리로서 중유럽에 부분적인 비무장 지대를 설치할 것을 고려하고 있다고 보도.
  - 「흄」영외상, 유엔총회에서 유엔은 국제분쟁을 평화로운 협상을 통해서만 해결할 것을 요구.
  - 일 외무성, 한·일국교 정상화 회담에 대비하여 조사단을 한국에 파견하겠다고 발표.
- 9월 28일
  - 이게다(池田) 일외상, 일본 중의원 본회의에서 한국과의 국교정상화를 위해 대국적 견지에서 성의를 가지고 현안타개에 임하겠다고 언명.
  - 시리아의 다마스커스 방송, 「세라즈」대령에 의해 군부쿠데타가 무혈로 성공하여 다마스커스방송국 점령, 공항과 항만을 폐쇄하고 아랍공과 통합단절을 선언했다고 방송.
  - 미·영 양국, 제네바핵실험금지회담 대표들에 국제관리 구성하에 핵무기실험금지조약을 체결하기 위해 즉시 협상을 재개하라는 취지의 결의안을 유엔총회 운영위에 제출.
- 9월 29일
  - 다마스커스방송, 「쿠즈바리」전국회의장을 수반으로 시리아의 신내각이 조직되었다고 발표.
  - 스웨덴, 「하마슐드」총장 국장이 세계각국에 모여든 저명한 인사 애도리에 스웨텐사상 전례없는 엄숙하고 성대한 장례식을 엄수.
- 9월 30일
  - 일외무성, 이동환 주일한국공사를 초청하고 이세기(伊關) 아세아국장과 한·일회담재건 준비문제를

협의.

- 주필리핀한국대사 이형근, 필리핀외교협회에서 유엔이 한국통일을 실현할 다시없는 기회가 도래하고 있다고 강조.
- 시리아 「쿠즈바리」수상, 비상조치령을 철회하고 아랍단결에 문호를 개방하여 진정한 민주사회주의 국가를 만든다는 정책을 발표.
- 주 중공 수상, 미국이 중공의 유엔가입반대를 포기하는 안건이라면 중공정권은 미국과 평화적으로 공존할 용의가 있다고 언명.

10월 1일
- 일 이게다(池田)수상, 제14차 연례 신문인대회에서 한 · 일관계가 될 수 있는 대로 빨리 정상화되어야 한다고 강조.

10월 2일
- 소련, 1963년 4월까지 사무차장 3명의 보좌를 받으며 거부권행사를 받지 않을 임시 유엔사무총장을 임명하자는 유화적 제안을 정식으로 발표.
- 시리아 신정부, 유엔가입을 신청.

10월 3일
- 미「케네디」대통령, 한국을 포함한 우방 외국해군에게 추가로 14척의 미군함선을 대여해 줄 것을 승인.
- 미「케네디」대통령, 미국과 그 동맹제국의 군사대비태세를 검토하기 위해 그의 방위수뇌들과 회합.
- 방콕에서, 동남아조약기구(SEATO)의 최고군사기획관들은 콤뮤니케에서 조약지역내의 공산침략에 대항하기 위한 계획을 토의코자 비공개회의를 개최.
- 자유월남, 공산주의자들의 공격이 본격적인 전쟁상태로 급변하여 미국무성 당국은 월남군의 국가 방위능력을 향상시킬 긴급조처를 비준중이라고 발표.

10월 4일
- 일본농림성, 오는 17일부터 16일까지 한국 등 12개국 아시아 농장관리회의가 개최된다고 발표.
- 유엔본부, 안전보장이사회가 유엔 임시사무총장을 임명하는 최초의 조처를 취하는데 미 · 소가 합의를 보았으며 후임자는 버마의 상임대표 「우탄트」씨가 최유력하다고 발표.
- 영노동당, 베를린 문제 및 즉각적인 핵무기실험중지에 관한 동서협상을 요구하는 친NATO적이고 친미적인 대외정책을 채택.

10월 5일
- 통일 아랍의 「낫세르」대통령, 시리아의 유엔 가입을 반대하지 않겠다는 중대성명을 발표.
- 일본정부, 한 · 일회담 일본측 수석대표에 스기미찌스케(杉道助)씨를 임명키로 결정.

10월 6일
- 동남아조약기구(SEATO)의 군사기획관들은 어떤 침략이라도 패퇴시키기 위해서 SEATO의 전투 태세와 전투효율을 증진시킬 실제적 조처를 결정했다고 콤뮤니케에서 발표.
- 일본각의, 한 · 일회담의 일수석대표로서 스기미찌스케(杉道助)씨가 임명된데 대하여 한국측이 간접적으로 불만을 시사한 후 그의 임명을 보류.
- 유엔 미대표 대변인, 임시 유엔사무총장문제에 소와 합의설을 부인.
- 소련과 인도, 평화적인 원자력계획에 관한 쌍무협정에 조인.
- 미국, 1960년대의 10년을 유엔의 개발기간으로 하자는 「케네디」대통령의 요구를 실천하기 위한 7개 사항 계획을 제안
- 워싱턴에서 미「케네디」대통령과 소 「그로미코」외상회담에서 베를린 위기 등을 논의.
- 유엔본부에서, 미국은 유엔정치위원회가 핵무기실험폭발중지문제에 관한 토의에 최우선권을 줄 것을 정식으로 동의했으나 소련은 즉각적으로 반대.

10월 7일
- 오사까(小坂)일본외상, 샌프란시스코 평화조약에 의거하여 대한민국만이 일본에 대한 재산청구권을 보유하고 있으며 한국을 대표하는 유일한 국가라고 선언.
- 불 원자위원회, 불정부는 지상핵실험을 완료하였다고 발표.

10월 8일
- 라오스 삼공자회담에서 중립파 지도자 「수바나 푸마」공, 이곳에서 자기가 「라오스」수상에 지명되었으며 자기는 가능한 한 빨리 왕도 「루앙 프라방」으로 가서 왕에 알현하라는 임무를 맡았다고 발표.

10월 9일
- 유엔 본부에서 소련대표 「A A 로쉰」, 유엔사무국을 삼두제 원칙에 입각해서 긴급히 개편할 것을 요구하고 유엔본부를 뉴욕으로부터 이전하는 것이 급한 문제라고 선언.

10월 10일
- 장국부총통, 제5회 쌍십절기념사를 통해 중공정권은 무자비한 정책으로 감옥화되었으며 곧 패배하리라는 신념을 표명하고 그의 임기만료 전에 본토를 수복할 것이라고 언명.
- 유엔총회, 나이제리아, 네팔, 및 헝가리 대표의 연설을 듣기 위해 속개.
- 영국, 6개국 유럽공동시장에의 가입을 정식으로 신청.

10월 11일
- 오사까(小坂)일외상, 중의원예산위원회 석상에서 한국은 경제개발 원조금으로서 EROA 및 GARIOA

반제자금을 받게 되는 아주국가들 중에 포함되어 있다고 발표.

- 미「케네디」대통령, 미국이 지지하는 사이공 정부를 강화하는 방법을 모색하기 위해 테일러 장군을 파견했다고 언명.
- 미국방성, 베를린위기에 대응하는 미군의 조치를 강화하기 위해 또 만명의 공군 및 지상군의 병력을 파견명령.

10월 12일
- 미「케네디」대통령, 캐롤라이나 대학강연에서 "미국이 공산위협에 굴복하지 않고 의무를 다하면 평화와 자유는 세계를 지배할 것이다"라고 언명.
- 유엔정치위원회, 의제순서를 결정짓기 위해 회의를 개최.
- 저개발국가의 전신사업발전을 목적으로 국제전파회의가 한국 등 20개국의 참가리에 동경에서 개최.

10월 13일
- 일 이게다(池田)수상, 여당지도자들과 한·일협상을 금년 내로 성공적으로 완결시키자는데 합의.
- 소 유엔사무국에서, 그의 3두제 요구를 철회하고 1명의 사무총장서리에 7인의 차장제에 찬의.
- 유엔본부, 시리아는 101번째로 유엔총회에 가입되었다고 발표.

10월 14일
- 미「케네디」행정부, 대 유고경제원조에 관한 연구 및 미국군사장비의 매도를 포함하여 유고슬라비아에 대한 미국정책을 전면적으로 재검토.
- 수백대의 초대형 폭격기가 동원된 북미주전역영공의 방위연습을 시작.

10월 15일
- 유엔본부에서 미대표「스티븐슨」씨, 유엔사무총장으로 버마의「우 탄트」씨를 추거.
- 터어키, 평온한 분위기에 총선거투표가 완료되고 개표를 진행.

10월 16일
- 「케네디」대통령의 군사고문인「테일러」장군, 월남의 진상을 파악차 극동을 여행도중 호놀룰루에서 "아무도 미군을 외국으로 파견할 것을 원치 않는다"고 언명.
- 라호르 서파키스탄에서 아세아생산성기구회의를 개최.
- 미국무성, 베를린 위기에 관한 서방 4대국회담이 워싱턴에서 계속될 것이라고 발표.

10월 17일
- 일 외무성, 오는 20일부터 재개되는 한·일회담의 일본대표단의 명단을 발표.
- 소 수상「흐루시초프」, 제22차 공산당대회의 연설에서 소련은 원래 주장한 대독 강화조약을 1961년 말까지에 체결할 것을 고집하지 않을 것이라고 언명.
- 백악관, 소에 50메가톤급의 핵폭탄시험을 중지하라고 성명을 발표.
- 미국무성, 네덜란드의 중유럽 비핵지대 설치안과 그밖의 공산측 제안 등 다른 완충계획을 강력히 반대.

10월 18일
- 「후」소련수상, 동서가 엄격한 국제관리 하에 완전하고 전면적인 군축에 합의한다면 소련은 군대를 포기하고 원자탄과 로케트를 모두 바다에 던져버릴 용의가 있다고 언명.
- 라오스의「사방 바타나」왕, 중립주의 지도자「푸마」공을 인견하고 연립정부수반이 되어주길 요청.
- 「러스크」미국무장관, 내월의 일본방문계획에 한국도 잠간 방문하게 될 지도 모른다고 언명.
- 유엔총회, 서부 사모아의 독립을 내년 1월 1일자로 승인.
- 월남 의회, 국가안전의 회복을 위해 1년간 비상권을 부여.

10월 19일
- 유엔총회, 유엔 한국통일부흥위원단보고서라는 제목으로 한국문제를 정치위원회에 제기.
- 미「케네디」대통령, 미국은 중공의 유엔가입이나 유엔군하의 여하한 기구가입을 단호히 반대하고 언제나 자유중국정부만이 중국을 대표하는 정당한 정부라고 성명을 발표.
- 「스톡홀름 캐로린」의학원의 교수회, 1961년도 노벨의학상 수상자로 헝가리의「게오르게 본 베케시」박사를 선정.

10월 20일
- 한·일회담, 제6차 회의를 개막하고 회의진행방법 등을 토의.
- 소 공산당기관지 푸라우다지, 1930년대의 일대 숙청과 1956년의 베리야 처형 이래 최대규모의 성토운동이「말렌코프」와「카가노비치」에 대하여 진행되고 있다고 보도.
- 유엔총회 사회·인도·문화 위원회는 전 인류의 권리장전이라 할 발표와 보도의 자유를 선언하는 보도자유조항을 채택.
- 유엔 정치위원회, 세계 여러 곳에서의 방사능낙진의 증가에 심심한 우려를 표명하고 파키스탄은 50메가톤 초핵폭탄실험을 하지 말 것을 소에 요청하기 위한 북반구 6개국의 공동결의안을 지지.

10월 21일
- 동남아 신문협회, 아세아각국에 신문인훈련기관을 설치할 것을 요청하는 건의안을 채택.
- 미국,「마이다스」미사일 경보 로케트를 발사.

10월 22일
- 미 유엔대사「스티븐슨」, 소련은 유엔에 광적인 공격을 가하고 있지만 유엔은 소련의 공격을 이겨

내고 생존을 계속할 수 있을 것으로 확신한다고 언명.
- 미 「러스크」국무장관, 「후루시초프」가 금월말 50메가톤 핵폭탄을 실험하겠다고 말한데 대해서 "어리석고 무의미" 하며 기술적으로 불필요한 것이라고 비난.
- 미국무성, 소와 중공간의 심각한 견해 대립은 소련으로 하여금 미개발지역에서 적극적인 경제정책을 취하도록 할 가능성이 있다고 언명.

10월 23일
- 전 유엔 사무총장 고 「하마슐드」씨에게 노벨평화상을 수여.
- 유엔총회, 우룬디 수상 「루이스 르와가소레」공에 대한 암살사건을 수사할 것을 명령.
- 일본정부, 재일한국인의 북송허위신청에 관하여 조사할 것을 일적십자사 당국에 명령.
- 유엔 정치위원회, 소련이 예정대로 50메가톤 핵폭발을 감행했다는 설이 있자 대소 호소에 즉각 표결을 요구.

10월 24일
- 터어키, 정치지도자들은 군부의 압력에 굴복하고 「구루셀」장군을 대통령으로 하는 비상국민전선 정부수립에 동의.
- 서독수상, 서독은 공중항행을 포함한 베를린 · 서독간의 모든 민간통행에 관한 기술적인 조정에 동독과 협상할 용의가 있다고 통고.
- 국제신문협회 사무국장 「로즈」씨, IPI세미나에서 일본 · 필리핀 · 말레이지아 및 인도의 4개국만이 아세아에서 언론의 자유가 있는 국가라고 언명.

10월 25일
- 서독연정수립, 기민당과 자민당의 최종회담에서 좌절.
- 유엔 안전보장이사회, 자유중국의 유엔의석을 위태롭게 하였던 교착상태를 타개하고 외몽고와 모리타니아의 유엔가입을 승인.
- 신임군사정전위원회 유엔측 수석대표로 「로버트 T S 카이스미」해군소장 착임.
- 유엔 사회복지위원회, 전쟁선전을 금하고 민족적, 인권적 및 종교적 증오감정을 도발함을 금하는 인권조례를 채택.
- 유엔 정치위원회, 소 50메가톤의 핵폭발시험을 중지하도록 요청하는 결의안을 통과.

10월 26일
- 일 자민당 간부 이시이미쯔지로(石井光次郞)씨, 박의장에게 일본을 방문하도록 요청.
- 미 비상대책계획국장, 「케네디」대통령은 핵전쟁 등 사고에 대비해서 행정권을 담당할 부별 비밀 책임자를 임명.
- 대외소식통, 제16차 유엔총회 정치위원회에 한국문제 제출은 11월말이나 12월초로 거의 확정했다고 발표.

10월 27일
- 로마 사회주의 인터내셔널 회의, 대한민국의 투옥된 민주사회주의자들의 석방을 요청하는 결의안을 통과.
- 미국, 우주시대의 미국의 국운을 판가름하는 세계최대의 새턴 로케트를 제1차 시험비행차 발사 성공.
- 소 수상 「흐루시초프」, 핵실험을 중지하라는 세계 각국원수들의 호소를 거부.

10월 28일
- 「깁」미국방차관, 미국은 서독 · 영국 및 불란서에 대하여 평하시롭 유럽처대이 군사려은 학립함으로 베를린에 대한 소련의 위기에 대처할 것을 주장.
- 월남공화국정부, 캄보디아가 월남의 남부주 「안 기앙」을 공격하고 있다고 발표.

10월 29일
- 버마의 「우 탄트」씨, 차기 유엔사무총장은 그 책임을 수행함에 있어 공평무사하지 않으면 안되지만 중요한 문제들, 군축, 통한, 핵실험중지, 콩고 및 독일과 같은 냉전문제, 이들 문제들에 관해 지각있는 사람이면 중립적이 될 수 없다고 확신한다고 언명.

10월 30일
- 「웁살라」 지진학회장, 소련이 초대형 핵폭탄을 폭발시켰다고 발표.
- 마닐라에서 아세아 9개국에 주재하는 미국 원조기구의 관리 33명은 극동기획관 연례회의를 시작.
- 한 · 일회담 청구권위원회의 선박소위원회가 동경에서 개최.
- 21개국 콜롬보 계획역원회의, 동계획에의 한국가입문제를 심의하기 위해 개최.

10월 31일
- 영수상 「맥밀란」, 미국의 초대형 원자탄 폭발이 세력의 균형과 세계의 자유를 수호하는데 필요 하다면 영국은 지지할 것이라고 하원에서 연설.
- 타스 통신, 소련수상 「흐루시초프」는 소련공산당 제1서기로 재선출되었다고 보도.
- 영정부, 의회에 특별예비군대를 무장시켜 놓기 위한 비상권한을 요청.

11월 1일
- 동경에서 「러스크」미국무장관, 미국은 한 · 일문제에 직접관계는 없으나 한 · 일문제가 조속히 해결 되기를 희망한다고 언명.

	• 주한 미대사관, 주한 미부대사로 「마지스트레티」씨가 임명되어 곧 한국에 도착될 것이라고 발표. • 쿠알라룸푸르 소식통, 한국대표단이 남부 및 동남아세아의 경제발전에 관한 콜롬보 계획자문위원회에 옵서버 자격으로 참석하는 것이 허용될 것이라고 발표.
11월 2일	• 동경에서 「러스크」장관, 이게다(池田) 일수상에게 미국은 한·일간의 외교관계를 타개하는데 최선을 다할 것이라고 언명. • 「케네디」 미대통령, 특별성명에서 소핵실험에 대한 평가에 의하여 필요하다고 인정될 때 미국은 대기권에서 핵실험을 재개할 용의가 있다고 발표. • 콜롬보 회의, 한국은 동남아개발을 위한 콜롬보 계획자문위원회 제 13차 회의의 옵서버로서 정식으로 승인. • 스톡홀름에서, 1961년도 노벨 물리학상이 캘리포니아 대학교의 「로버트 호프슈타터」와 서독의 뮤니히 대학교의 「루돌프 메스바우어르」양씨에게 수여. • 영노동당, 「휴 케이켈」씨가 영노동당 당수에 재선되었다고 발표.
11월 3일	• 유엔총회, 버마의 「우 탄트」씨를 고 「하마슐드」씨 후임으로 임시사무총장에 만장일치로 선출. • 백악관, 한국 박의장을 10월 11일 케네디 대통령이 베푸는 정식 오찬회에 주빈으로 초대되었다고 발표.
11월 4일	• 일본 광산조사단장 유가와야스기라(湯川), 기자회견에서 한국과 가공공장 설치에 합의를 보고 한국측과 가계약이 성립되었다고 발표.
11월 5일	• 「풀러 해밀튼」씨를 총책임자로 하는 미국의 국제개발기구(AID)가 정식으로 발족. 미국무차관 「보울즈」씨, 외원삭감문제에 관해 미국의 고립주의자들을 비난.
11월 6일	• 미국국제개발기구에서 주최하는 한국과 자유중국, 태국 및 자유월남의 과학교육자들이 참석하는 6일간의 회담이 타이뻬이에서 개최. • 일 정부, 박의장의 방일시 국빈대우로 영접할 것을 결정. • 임시 유엔사무총장 「우 탄트」씨, 취임후 처음으로 집무하고 자기가 처리해야할 제반 상황을 청취. • 임시유엔사무총장 「우 탄트」씨, 중립국 인도의 「C V 나라시만」씨를 또 하나의 유엔 사무차장으로 임명.
11월 7일	• 타임지 보도, 미군의 자유월남파견에 반대하는 「테일러」장군의 건의에 찬성하고 자유월남군의 훈련을 담당할 요원과 기술고문관이 필요하다고 발표.
11월 8일	• 「케네디」미대통령, 「아이젠하워」씨를 초대이사회 의장으로 하는 미국인과 기타국민간의 교류를 위한 새로운 기관을 창설.
11월 9일	• 에콰도르 부통령 「아로세메나」씨, 대통령으로 승격 선서식을 거행. • 한국과 노르웨이 왕국간의 현공사급외교사절을 대사급으로 승진시킬 것을 합의.
11월 10일	• 라오스 국제감시위원단(ICC), 라오스의 적대 정파들이 그들의 대립을 지양하고 거국적인 정부 수립에 합의하지 않는다면 불원 전면전투가 발생할 것이라고 경고. • 워싱턴포스터지, 사설에서 한국의 군사정부는 한국의 복리를 위한 진정한 성의를 입증하고 있다고 보도.
11월 11일	• 베네주엘라, 쿠바와 단교. • 콩고병이 기브스 주에서 국연군의 비행사를 참살.
11월 12일	• 박의장, 30시간 동안의 역사적인 일본 방문을 마치고 미국으로 향발. • 전수장 기시노부스케(岸信介)씨와 자민당 한일문제협회장 이시이미쯔지로(石井光次郞)씨, 박의장의 방한요청에 수락.
11월 13일	• 박의장, 「존슨」부통령, 「러스크」장관 등 영접한 가운데 워싱턴 도착. • 「존슨」미부통령, 박의장 환영사에서 혁명정부의 제반계획을 찬양하고 대한경제원조도 계속할 것을 확약.
11월 14일	• 박의장, 백악관에서 「케네디」대통령과 역사적인 회담을 시작. • 박의장과 「케네디」대통령의 회담 후 외침시에 공동방위원칙의 확인과 개발계획에 가능한 모든 경제원조를 확약하는 요지의 공동성명을 발표. • 유엔 정치위원회, 서방핵보유제국의 반대를 불구하고 아프리카를 비핵지대로 인정하기를 요구하는 결의안을 채택.
11월 15일	• 박의장, 워싱턴에서 한국의 경제개발 5개년계획에 대한 「케네디」대통령의 전반적인 지지에 대하여

	대단히 만족하게 생각한다고 발표.
	• 방미중인 박의장, 미국방 고위관리들과 회담한 후 대한미군사원조를 획득하는데 보다 낙관하게 되었다고 언명.
11월 16일	• 방미중인 박의장, 「케네디」대통령을 두 번째로 방문, 고별회담을 마침으로서 워싱턴에서의 공식 일정을 마침.
	• 마닐라, 치열한 선거 끝에 대통령에 당선된 「마카파칼」씨는 정부의 부패를 일소하겠다고 약속.
	• 워싱턴에서 박의장, 3일간의 공식일정을 마치고 한국대사관에서 우리 기자들과 회담하고 방미 성과를 공개.
11월 17일	• 방미중인 박의장, 워싱턴 방문 일정을 마치고 뉴욕의 라기디아 공항에 도착. 공항에서 미국의 대한 원조에 확약을 받고 만족히 생각한다고 간단히 연설.
	• 콜롬보 계획 연례각료회담, 폐막에 즈음하여 마지막 공동 콤뮤니케를 발표.
11월 18일	• 「케네디」미대통령, 박의장의 워싱턴 출발에 제하여 고별전보를 발송.
	• 일본비료생산업자들, 미국이 한국에 대한 6백만불 상당의 비료구매에 있어 바이 아메리칸을 채택한데 깊은 실망을 표명.
11월 19일	• 유엔 정치위원회, 군축문제의 토의를 위해 회합.
	• 샌프란시스코에서 박의장, 그의 미국방문은 유익, 만족, 고무적, 성공적 바로 그것이었으며, 불원 남북통일이 성취될 것으로 확신한다고 언명.
	• 유엔본부, 미국은 유엔 안보리이사회로 하여금 「우 탄트」 임시사무총장이 콩고 문제를 전적으로 취급할 수 있도록 권한을 부여할 것을 제의.
11월 21일	• 샌프란시스코에서 박의장, 미국실업인들에게 민간산업을 통해 한국경제개발 5개년계획을 원조해 줄 것을 요청. 한ㆍ이태리 양국간의 경제관계증진을 요구하는 각서에 조인.
	• 방미중인 박의장, 미본토 방문을 끝내고 호놀룰루에 기착.
	• 소 알바니아 대사관, 소련수상이 동독과의 강화조약을 체결하겠다는 선언을 철회한데 대하여 비난하는 문서를 배부.
11월 22일	• 호놀룰루에서 박의장, 「퀸」 지사 환영사의 답변에서 국민들에게 커다란 희망과 용기를 줄 수 있는 보고를 가지고 귀국한다고 언명.
	• 미 「케네디」ㆍ서독 「아데나워」, 회담후 공동 콤뮤니케에서 양국지도자는 모든 관계당사국의 합법적 권익에 부합되는 방법으로 평화적인 베를린 해결책에 합의를 보았다고 선언.
11월 23일	• 호놀룰루에서 박의장, 하와이교포연합단체 초연서 모든 힘을 다하여 조국을 재건한다는 요지의 연설.
	• 태평양지구총사령관 「펠트」대장, 박의장과 오찬회에서 미국은 극동정책을 계속 강화하고 있다고 언명.
	• 유엔본부, 외계평화이용위원회가 서방요청으로 대총회보고서를 작성키 위해 소의 보이코트에 불구하고 27일에 개막한다고 발표.
	• 유엔 식량농업기구(FAO)회의, 식량부족국가를 돕기 위하여 세계식량은행을 창설하는 의계획을 승인.
11월 24일	• 방미중인 박의장, 미국방문을 마치고 동경으로 향발.
	• 동경민단창립 15주년 기념식에서 한ㆍ일회담 조기 타결을 촉구.
	• 일본의 저명한 15개 회사들, 한ㆍ일 양국간의 통상과 경제협조를 증진시킬 목적으로 한국공업촉진 회사를 발족.
	• 유엔총회, 아프리카비핵지대안이 미ㆍ영은 포기한 가운데 가결.
11월 25일	• 귀국중인 박의장, 동경 하네다공항에 기착하여 한일회담 경과 등 보고를 청취하고 서울로 향발.
	• 「흐」ㆍ「케코넨」 (핀란드 대통령) 회담.
	• 영ㆍ불 정상회담 개최.
11월 27일	• 「해밀튼」 AID처장, 미국의 대외원조계획의 군사적인 분야는 한국 및 일본과 같은 중요지역의 강화를 목적으로 전면 검토되고 있다고 언명.
	• 유엔 「언커크」, 제16차 유엔총회에 제출할 추가보고서 작성에 착수.
	• 유엔본부, 유엔 외계위원회를 개최하고 첫 의제로 미우주 차량등록 등을 제안.
11월 28일	• 모스크바 이즈베스차지, 「케네디」미대통령은 동지의 주필인 「아슈에이」와의 회견에서 베를린 문제가 해결되면 미ㆍ소관계가 호전될 것이라고 말했다고 보도.
	• 「러스크」미국무장관, 세계 제3차대전의 대살륙의 대안으로서 독립국가들에 의한 세계공동체 형성이

긴급하게 필요하다고 언명.

11월 29일
- 「케이프 캐나베랄」발, 미국은 침판지를 태운 로케트를 발사하여 지구궤도를 2회전케 한 다음 지구로 다시 생환시킴으로서 우주개척에 신기원을 마련.
- 미국, 소련에 대하여 적절한 국제관리제 없이는 여하한 환경하에서라도 핵실험중지를 수락하지 않을 것이라고 통고.
- 유엔총회, 남아공의 인종차별비난안을 채택.

11월 30일
- 일 외무성, 제5차 일반재산청구권 소위원회에서 한국의 8개 항목 대일재산청구권중 제4항목의 재일 법인재산반환에 법적 근거가 없다고 부인.
- 유엔 정치위원회, 핵보급 중지안을 승인.
- 유엔총회에서 외무부대변인, 외몽고의 한국토의에 남북한대표를 함께 초청하라는 제안에 북괴는 유엔에 참석할 자격이 없다고 논평.

12월 1일
- 재일교포 법적지위의 문제점, 1952년 4월 28일 이후 출생자에 대한 대우보장 여하로 영주권 범위 대립 심각.
- 유엔 정치위, 핵무기제조국 파전방지결의안을 채택.
- 유엔 안보리, 쿠웨이트 가입 좌절(소련의 거부로)
- 「밴프리트」장군, 주미한국대사관에서 한국최고회의의 감사장을 수여받는 수여식에서 30여명의 지도적인 미국실업인과 은행가들로 하여금 한국을 방문토록 하여 민간투자를 장려할 것이라는 그의 계획을 발표.

12월 2일
- 유엔본부에서 미측 대표, 중공이 게릴라훈련소화하고 있다고 비난하고 소측대표는 미국이 소·중 공간의 분열을 선동하고 있다고 비난함으로써 정면 충돌.

12월 3일
- 미원자력원, 미국은 저성능급의 지하핵실험을 실시했다고 발표.
- 일본 노무라(野村)무역회사, 과린화석회생산을 위한 공장시설을 한국에 수출할 것을 동의.

12월 4일
- 유엔본부, 한국은 한국통일에 관한 한국정부의 견해를 상술한 각서를 유엔에 제출.

12월 5일
- 주 콩고 유엔군, 카탕카군과 충돌.
- 유엔 본부에서 최장관, 한국문제토의에 북괴초청을 반박.

12월 6일
- 「케네디」미대통령, 서방측을 경제적으로 포위하려는 공산측 계획의 방지책으로 관세율 인하를 호소.
- 카탕카군과 유엔군 대립으로 미·소 대립.

12월 7일
- 배 한일회담 수석대표, 스끼(杉)수석대표와 제반 사무적 절차와 각위원회 토의결과 및 진전 등을 타협.

12월 8일
- 미국무성, 자유월남을 병합하기 위한 공산주의자들의 공세가 평화에 대한 위협이 되고 있음을 밝히기 위한 청서를 발표.
- 「언커크」, 실각된 전한국정부 고위관리들의 석방은 신한국정부의 온건한 정책의 약속이라는 요지의 추가보고서를 정치위원회에 배포.
- 미·소 양국, 신군축위 구성에 의견일치.(동서 각 5 중립 8, 계 18)

12월 9일
- 일 이게다(池田)수상, 자민당 의원총회에서 박의장과의 회담으로 한·일교섭에 필요한 기초가 마련 되었다고 언명.
- 유엔의 한국문제 토의에 한국대표단만 초청한다는 미측 결의안을 유엔 정치위원회에 배포.
- 탕카니카 독립.

12월 10일
- 알바니아, 소련의 통고로 소련과의 외교단절을 발표.
- 필라델피아 「그래함」목사, 유엔은 콩고통일을 위해서 싸우고 있으나 한국통일에는 무관심하다고 비난.

12월 11일
- 유엔에서 최외무, 한국으로부터의 유엔군 철수를 요구하는 공산측의 태도를 완전한 위선이라고 비난.
- 미·영·불 외상회의, 콩고의 통일과 평화를 성취하자는 목표에 합의.
- 유엔 정치위, 외기권에 관한 문제토의를 계속하기 위하여 회의를 시작.

12월 12일
- 유엔 정위, 한국문제를 13일에 상정 토의할 것을 가결.
- 유엔 정위, 북한괴뢰가 유엔의 구성을 수락한다는 조건부로 북한을 유엔에 참석시키자는 안에 가결.
- 「케이프 캐나빼랄」, 미국은 강력한 아틀라스 로케트를 발사했다고 발표.
- 「부라자빌 그룹」12개국, 유엔총회에서 한국문제 토의에 한국을 지지하기로 결정.

12월 13일	• 체코, 알바니아와 단교.
	• 통일아랍공화국 정부, 서울과 카이로 간에 총영사관을 설치함으로써 수교할 것을 발표.
	• 미국, 핵실험재개 이후 여섯 번째의 지하핵폭발.
	• 본에서 한 · 독 경제회담, 1차연도에 3,750만불의 정부차관과 민간투자를 한국정부에 제공하기로 합의했다고 발표.
12월 14일	• 탕가니카, 유엔총회에서 104번째의 유엔회원국으로 승인.
12월 15일	• 유엔군, 카탕카 군진지에 전면적인 공격.
	• 「케네디」 미대통령, 「고」 대통령의 호소받고 대월남 증원 확약.
	• 유엔총회, 중국대표권 문제에 있어 소련안 부결.
12월 16일	• 신임 주월남 대사 박동진씨, 「고 딘 디엠」 대통령에게 신임장을 제정.
12월 17일	• 인도군, 고아 침입.
	• 「우 탄트」 유엔사무총장, 인도와 포르투갈 지도자들에게 고아 분규 해결을 위한 협상을 촉구.
	• 인도 네루 수상, 「탄트」 총장에게 포르투갈과 협상거부를 통고.
12월 18일	• 유엔 안보리, 긴급회의를 소집하고 「고아」 사태를 토의
12월 19일	• 인도 국방상, 완전히 인도군이 고아를 점령했으며 따라서 전투도 끝났다고 발표.
	• 유엔 정치위, 알제리아 문제를 토론하기 위해 재개.
	• 유엔 정치위, 한국문제 토의를 재개.
12월 20일	• 「언커크」 대표, 유엔 정치위원회에서 한반도에 관한 정세보고.
	• 미실업가 「리데이」 씨, 제팬타임스지에 한국군사정부의 유능함과 5개년 계획을 극구 찬양.
	• 유엔 정치위, 통일독립된 민주한국의 현실을 위한 유엔의 활동과 「언커크」를 존속시켜야 한다는 결의안을 채택.
12월 21일	• 「모이세 촘베」, 통일선언문에 서명함으로써 콩고 분열에 종지부.
	• 「헤밀톤」 (버뮤다 도), 「케네디」 · 「맥미란」 제1차 회담을 열고 베를린 전략에 합의하고 핵실험과 콩고문제를 논의
12월 22일	• 「헤밀톤」 (버뮤다), 「케네디」 · 「맥미란」 제2차회담을 열고 베를린 · 핵실험 · 콩고문제에 완전한 일치.
	• 신임 주이태리 대사 이종찬씨, 그리이스왕 파울2세에게 신임장을 제정.
	• 방콕 아시아통신회의, 통신사의 공동이익을 증진시키고 아세아국가간의 보도교류를 활발케 하기 위한 일종의 협의기구를 창설.
12월 23일	• 주미 한국대사관, 한국과 멕시코는 외교수립원칙에 합의를 보았다고 발표
12월 24일	• 미 · 아르헨티나 정상회의, 대 쿠바 정책에 원칙 합의
12월 25일	• 요안 23세, 모든 전쟁과 불화 종식되길 바라는 X-mas 방송.
12월 26일	• 아랍연합, 예멘과의 연방해체를 발표.
	• 인도 국방상, 중공이 점령한 인도영토를 탈환하겠다고 언명.
12월 27일	• 라오스 연립정부 수립을 위한 3공자회담 결렬상태.
	• 터어키 대통령, 태국수상, 아일랜드 수상, 뉴질랜드 수상, 한국국민에 신년 메세지.
12월 28일	• 인도, 쿠웨이트와 외교수립을 요청.
	• 「수바나 푸마」 공, 만약 라오스 연정을 위한 3공자회담이 결렬되면 전면전이 유발될지도 모른다고 경고.
	• 국제재판소, 유엔사무총장 「우 탄트」 씨는 유엔의 재정적 위기에 관한 조언을 요구해 왔다고 발표.
	• 영국 항공성, 인공위성의 연구발전을 위해 우주국을 설치한다고 발표.
12월 29일	• 비엔티안 발, 라오스 3공자회담 완전 좌절.
	• 일본 외무성, 일본이 한국의 대일재산청구권조로 5억불을 지불할 예정이라는 서울발 보도를 부인.
	• 미국무성, 특별기동부대를 창설하여 대기권핵실험을 준비, 「케네디」 대통령 지시를 대기하고 있다 발표.
12월 30일	• 「러스크」 미국방장관, 여하한 대가를 지불하고서라도 서방측은 서베를린을 사수할 것을 다짐하고 한 · 중 · 일 등의 대공결의의 견고함을 예증.
	• 호주, 네델란드와 인도네시아에 대하여 뉴기니아 문제로 인한 전쟁을 회피토록 경고.
12월 31일	• 레바논에서 일부군대와 결탁한 우익세력 쿠데타에 실패.

1962년

1월 1일		• 미 · 소 수뇌, 신년메시지 교환.
		• 포르투갈, 반란실패.
		• IMF 61년도 보고발표(인출총액 24억7천8백만불).
		• EEC 역내관세 10% 인하.
1월 2일		• 「톰슨」 주소미대사, 베를린 문제에 관한 제1회 탐색회의.
		• 미 · 소, 18개국 군축회의를 3월10일 제네바에서 개최하기로 합의.
		• 네덜란드, 조건부 서이리안 문제 토의할 용의가 있다고 성명.
		• 불 상사와 중국, 백만톤의 곡물수출협정체결을 발표.
1월 3일		• 포르투갈 수상, 의회연설에서 국연 탈퇴의 가능성을 시사.
		• 미국무성, 쿠바백서를 발표.
		• 미재무성, 일제 시멘트 덤핑문제 조사를 개시, 관세평가의 정지 발표.
1월 4일		• 미국, 자유월남방위에 11항목 공동성명.
		• 라오스 국민은행, 외국환의 매각 정지.
1월 5일		• 라오스 국제회의, 3공자에게 회의참가를 요청.
		• 인도네시아, 국연 총장에게 네덜란드와 회담할 용의있다고 통고.
1월 6일		• 영국, 61년도 중국무역의 보고발표.(영 · 중 무역은 전년에 비해 25% 감)
1월 7일		• 동독, 서베를린 통로 국제관리안을 거부.
		• 「수카르노」 인도네시아 대통령, 뉴기니아를 빨리 내놓지 않으면 인도네시아는 공격할 것이라고 선언.
		• 미국무성, 라오스 연정수립에 압력으로 4백만불 수교를 보류.
1월 8일		• 소, 벨기에 제트여객기(사베나항공회사 소속)를 공중납치.
		• ECAFE사무국, 경제협력기구(OAEC)설치를 목적으로 하는 조약초안을 작성, 각국 정부에 검토를 요청.
1월 9일		• 미국무성, 일본의 대미전후 부채반환액이 아시아제국에 대한 경제원조에 사용될 것이라고 발표.
		• 영 · 서독 수상회담, 공동성명에서 서독은 영국에서 상당한 무기를 구입키로 합의했다고 발표.
1월 10일		• 방콕발, ECAFE의 후원 하에 아시아지역 통상회의 개막.
1월 11일		• 타이뻬이에서 이시이미쯔지로(石井光次郎)씨, 아시아반공국가간의 유대를 강화하기 위하여 한국 혁명정부를 계속 적극 지지할 것이라고 언명.
		• 일 이게다(池田)수상, 대한지불액 최대한으로 결정토록 외무 · 대장성에 지시.
		• 「케네디」 대통령, 제2차 대의회 연두교서를 발표.
1월 12일		• 미국무성, 라오스 경제원조를 재개.
1월 13일		• 「분 움」공, 제네바 연정 협상에 불참 선언.
		• 미국, 쿠바 소련권과 결별않으면 국교 · 통상 단절토록 중남미제국에 제안 각서.
		• 덴마크 정부, 한국에 기술원조를 제공하겠다는 의사를 전달.
1월 15일		• 네덜란드 · 인도네시아 양군 교전.
		• 유엔총회 재개. 앙고라문제 토의.
		• 「탄트」유엔사무총장, 네덜란드와 인도네시아 평화해결을 요청.
1월 16일		• 오사까(小坂) 일외상, 배 대사와 회담 후 한국 측이 십수억불 요구를 지적하고 현단계론 고위회담이 빠르다고 시사.
		• 미 국무성, 네덜란드 · 인도네시아에 대하여 평화적인 협상을 위하여 건설적인 조처를 모색하라고 호소.
1월 17일		• 배 한 · 일회담수석대표, 한 · 일정치협상 개최에 관한 현 정돈상태를 타개하고자 스기미찌스케 (杉道助) 일대표와 회담했으나 정치협상개최 시일에 미합의.
1월 18일		• 「케네디」미대통령, 국방지출 및 우주개척비의 대폭적인 증액을 의회에 요구하는 925억불의 균형 예산을 제출.(외원 49억중 한국엔 약 2억불).
		• 일본 「미쓰이 붓산」회사, 한국에 대한 3백만불 상당의 화학비료수출계약을 체결.
1월 19일		• 상호반목중인 「라오스」 3공자는 제네바에서 회담하고 거국정부수립원칙에 합의.

	• 「킬렌」유솜(USOM)처장, 미국은 한국의 경제재건 5개년 계획에 대하여 실질적인 지원을 아끼지 않을 것이라고 언명.
1월 20일	• 동경에서 한국대표단 소식통, 일본측으로부터 정치회담 개최에 관한 확고한 언질을 받지 않는 한 한국측은 실무자급 회담 속개에 응하지 않을 것이라고 선언.
	• AID처장, 헤밀튼씨, 아시아 6국 시찰을 마치고 기자회견에서 아세아 친서방 및 중립국가들에 대한 원조를 계속할 것이라고 말하고 특히 대한군원은 중요하다고 언명.
1월 21일	• 일경제지, 일본외무성은 한국정상화를 위한 장기협상의 타개를 모색하기 위하여 한국의 대일재산 청구권에 관한 3개 항목안(배상, 무상원조, 저리장기차관)에 합의를 보았다고 보도.
1월 22일	• 일본사회당, 한·일관계정상화를 위한 양국의 회담에 반대하는 결의를 채택하고 일본정부에 즉시 중지할 것을 요구.
	• 미주 외상회담, 카스트로의 쿠바 제재를 둘러싸고 치열한 논쟁.
1월 23일	• 미 상무성, 한국경제는 고무적인 안정상태를 유지하고 있다고 논평.
	• 일 이게다(池田)수상, 중의원 본회의에서 사회당의 한·일회담 중지요구에 대해 회담을 중지할 의사가 전혀 없다고 답변.
1월 24일	• 방콕에서 에카페 통상회의 개최.
1월 25일	• 한·일회담 양측수석대표 회담에서 정치회담 조속개최에 합의.
1월 26일	• 멕시코 정부, 한국과의 대사급 외교사절을 교환하는데 합의.
	• 「킬렌」유솜처장, 워싱턴 AID의 회담에서 대한 경제성장지원이 필요하다고 연설하고 경제적 외원 방책을 비난.
1월 27일	• 소련, 「몰로토프」·「말렌코프」·「카가노비치」·「볼로시로프」등 숙청에 착수(최고회의간부회서 정식명령).
	• 미국, 인간우주선 발사를 연기.
1월 28일	• 서반구 외상들, 강경한 반「카스트로」선언을 작성하기로 합의.
1월 29일	• 39개월간 끌어온 3대국 핵실험금지회담은 완전한 견해차로 결렬.
	• 가라무찌다시게루(韓吉田茂) 전일본수상, 일본은 한국과의 견해 차이를 정치적으로 해결해야 할 것이라고 언명.
1월 30일	• 미인간우주선, 기술적 난관으로 내30일로 다시 연기.
	• 이태리 정부, 3월초 관·민실업인들로 구성되는 사절단을 파한한다고 통고.
1월 31일	• 미주외상들 「카스트로」의 공산정권을 OAS에서 축출하기 위한 표결을 포함하는 쿠바 공산주의에 제재를 가하는 여러 결의안에 대한 최종적인 보고를 정식으로 채택 승인.
	• 「케네디」미대통령, 우주개발특별교서 발표.
2월 1일	• 일외무성 아세아 국장, 이세기(伊關)씨, 한·일회담 문화재 위원회의 비공식회의에서 한·일국교 정상화 이전에 다수의 문화재를 한국에 반환하겠다고 약속.
	• IDA부총재 「일텁」씨, 한국정부가 자관요청한 화자색자 노입자금 2전만불중 1전만불의 자관공여가 가능할 것 같다는 서한을 경제기획원장에게 발송.
2월 2일	• 라오스 평화회담, 남타에 대한 반도측의 공세 계속을 이유로 왕정부측의 거부로 인해서 또 결렬.
	• 미국제개발처(AID), 한국의 경제성장을 위한 우선적인 사업에 대한 미국의 원조를 고려 중에 있다고 발표.
2월 3일	• 「케네디」미대통령, 7일을 기해 대 쿠바 무역전면금지를 발표.
2월 4일	• 미국농무성, 한국으로 하여금 미국 옥수수 3천9백톤을 추가 구입할 수 있도록 미공법 480호에 의한 승인조처를 수정.
2월 5일	• 이게다(池田) 일수상, 회담에서 일본정부가 박정희 장군이 영도하는 한국의 군사정부를 대한민국의 합법적 정부로 인정한다고 천명.
	• 유엔 정치위원회, 쿠바의 대미 비난문제의 토의를 시작.
	• 일 외무성, 한국으로부터 5만톤의 쌀을 구입키로 결정했다고 일경제신문이 보도.
2월 6일	• 방콕에서, 대통령특사로 동남아지역을 역방중인 김종필씨는 박의장의 친서를 태국수상 「사리트 타나라트」원수에게 전달.
2월 7일	• 미국의 전반적인 대쿠바 금수조처가 금일 하오0시 1분부터 효력을 발생.

	• 「케네디」미대통령, 기자회견에서 소련이 계속 비밀리에 핵실험을 함으로 인해 미국도 대기권핵실험 재개를 위해 필요한 준비를 갖추고 있다고 선언.
2월 8일	• 미·영 양국, 태평양의 크리스머스도를 미국핵실험 장소로 사용키로 합의.
	• 미국, 「스」 총장을 통해 쿠바 규탄정책에 나토의 동조를 요청.
2월 9일	• 일본민간경제규찰단, 보세가공무역 원칙에 합의.
2월 10일	• 백악관, 미국의 U=2비행사 「프란시스 파워즈」가 소련간첩 「루돌프 아벨」과 교환 석방되었다고 발표.
	• 「뎅쿠 라만」말레이지아 수상, 금년에 한국을 방문해 달라는 박의장의 공식초청에 수락.
2월 11일	• 재일교포실업인들, 경제개발 5개년계획에 따르는 기간산업에의 공동투자를 위해 기존 두단체를 통합하여 재일한국인경제연합회를 창설할 것이라고 발표.
	• 한국정부와 이태리 상사간의 어선 950척 도입을 위한 합의각서를 교환.
2월 12일	• 제 1차 아시아신문회의, 8개국대표들이 참석한 가운데 마닐라에서 개막.
	• 「러스크」미국무장관, 소련수상이 제의한 18개국 정상회담을 반대.
2월 13일	• 배의환 주일대사, 한·일회담 일본수석대표 스기미찌스케(杉道助)씨와 회의하고 정치회담 문제를 토의.
	• 주한 유솜처장 「킬렌」씨, 미당국과 한달동안 협의마치고 귀임담에서 한국경제는 보다 희망적이라고 언명.
2월 14일	• 유엔 특별기금운영국 부국장, 간척지개발과 통신센타 설치 등 현지조사차 내한.
2월 15일	• 아시아신문인회의, 언론자유창달과 수준 등 향상을 목표로 아시아신문기구를 정식 발족(집행리 제3 부회장엔 장기영 대표).
2월 16일	• 아르젠틴 외무상, 한국·아르젠틴 양국간에 외교관계가 수립되리라는 것을 확인.
2월 17일	• 「케네디」미대통령, 9개 정부기관에 대하여 미국에 대한 핵공격을 포함하여 어떤 국가비상시에라도 대처할 수 있는 계획을 수립하기를 명령.
2월 18일	• 「배리」미 하원의원, 공산 게릴라전의 위협에 대처하기 위해 동남아에서 기동력이 충분한 국제군을 창설하라고 호소.
2월 19일	• 「킬렌」유솜처장, 경제기획원과 군산화력발전소의 건설자금차관문제, AID자금에 의한 장기차관 문제 등을 토의.
	• 불란서와 알제리아 대표들, 알제리아 휴전과 알제리아의 장차의 정치지위에 관하여 합의하고 협정에 가조인.
2월 20일	• 일 경제조사단, 오대산 개발을 비롯한 한국경제개발의 여건과 투자조건들을 조사하기 위해 내한.
	• 미우주선 우정 7호, 「존 글렌」중령을 싣고 드디어 발사 성공.
	• 동경에서 김종필 대통령 특사, 동남아 각국 원수들에게 반공센터 결성을 제의하고 동남아 각국 원수 들의 연내 방한이 실현될 것 같다고 발표.
2월 21일	• 일 이게다(池田)수상, 한·일 관계정상화를 위하여 3월초에 한·일정치회담을 개최할 것과 평화선 문제 등도 동시 해결할 의도라고 TV 방송.
	• 「흐」 소련수상, 「케네디」대통령에게 보내는 「글렌」 중령의 성공적인 우주여행에 축하메세지에서 양국의 기술과 과학적인 지식으로 우주를 개발하자고 제의.
	• 「케네디」미대통령, 소련의 우주공동탐색제의 회담에서 현실성있는 방법토의를 위해 실무자 회담 곧 개최를 제안.
2월 22일	• 터어키, 군부가 그의 도움으로 수립된 연립정부에 대한 지지여부로 대립 분열됨에 따라 내전의 위기 에 직면.
2월 23일	• 터어키의 「이노누」 수상, 방송을 통해 반란이 진압되었다고 성명.
	• 컬럼비아, 한국서울에 대사관을 설치했다고 발표.(주한대사는 주일대사가 겸임)
2월 24일	• 알지에, 유럽인과 회교도간 대충돌.(불군2만명이 진주).
	• 본에서 「케네디」 법무장관, 「아데나워」서독수상과 회담을 마치고 세계전반문제에 합의를 보았다고 언명.
2월 27일	• 월남대통령관저, 공군기 4대에 의하여 피습. (고 대통령은 무사).
	• 신임주 노르웨이 한국대사 김용식씨, 오라프 5세 왕에게 신임장을 봉정.
	• 미 국제개발처 차장 「자노우」씨, 한국 등 5개 극동국가에 있는 미 민간 및 현지투자가들에 대한 현지

통화차관으로 3천만불이 방출될 것이라고 언명.

2월 28일
- 미제 7함대 사령관, 앞으로 곧 한국을 비롯한 서부태평양 해역에 핵잠수함이 배치될 것이라고 언명.
- 한·일회담 문화재 위원회와 선박위, 요반환 문화재목록을 제시하고 선박중 잔존보고서를 접수.

3월 1일
- 한국정부와 인도정부는 양국간에 총영사관 설치에 합의한 공동성명서를 발표.
- 미 국제개발처(AID), 한국에서 민간 시멘트 공장을 건설하는 것을 돕기 위해 425만불의 차관을 승인했다고 발표.
- 영국, 미 네바다서 최초로 지하핵실험 실시.

3월 2일
- 버마 육군사령관 「네윈」 장군 무혈 쿠데타에 성공(네윈 장군이 전권을 장악).
- 「케네디」 미대통령, 핵폭발중지가 소련과 확정적인 합의가 없는 한 미국은 4월에 대기권 핵실험을 단행한다고 선언.

3월 3일
- 미·영 양국이 소련에게 즉각적 핵실험 금지와 3단계 군축전략을 공동 제의하는데 합의.

3월 4일
- 「흐」 소련수상, 내주의 제네바 18개국 군축회담을 외상급 회담으로 개막하도록 하자는 미·영의 제안을 수락.

3월 6일
- 유엔 아시아 극동경제위원회(에카페), 제 18차 회의를 개막.

3월 7일
- 미국, 자동태양관측소를 실은 3단계 델타 로케트 지구궤도 위에 발사하는데 성공.
- 미국과 6개국 유럽경제공동체(EEC), 관세 인하를 위한 협정에 조인.
- 아프가니스탄과 인도네시아를 비롯한 7개국은 아시아경제개발기구 설치결의안 초안을 에카페 사무국에 제출.
- 영국과 미국, 연중사찰의 회수를 12회에서 5~6회로 줄일 것을 골자로 하는 핵무기 실험금지협정의 수정안을 소련측에 제시하기로 합의.

3월 8일
- 미·소 양국, 1963년도 문화교류협정에 조인.
- 자유월남과 그의 국내공산당은 독립이래 최대규모의 군사투쟁을 계속.
- 알제리아 반란군과 불란서군, 튜니시아 국경선상에서 치열한 폭격전.

3월 9일
- 쿠데타로 정권을 장악한 버마의 혁명회의, 「네윈」 장군에게 입법, 사법, 행정의 전권을 위임.
- 미 농무성, 식량평화계획에 따라 한국이 미국으로부터 1,053만 7,500불 상당의 면화를 구입할 수 있는 승인서를 발급했다고 발표.

3월 10일
- 베를린, 소련은 베를린에 통하는 항공로에 배치된 서방측 레이다 망에 전파방해를 시도했다고 발표.
- 미국 항공우주국, 미·영 양국은 금년 봄 역사상 최초의 국제인공위성을 공동으로 발사할 것이라고 발표.
- 유엔 아시아경제위원회, 아시아경제개발협회의 창설을 촉구하는 결의안을 통과.

3월 11일
- 태국의 경제담당차관, 한국이 태국으로부터 원당, 당밀, 쌀과 황마 만톤 상당량을 구입하기로 한국 사절단과 합의했다고 발표.
- 태국, 아시아주재 공관장회의를 필리핀의 바기오에서 개최하고 극동지역의 공산주의 압력을 토의.
- 제네바, 미·영·소 3대국 외상회담을 개최하고 동남아 핵문제 등을 논의.

3월 12일
- 최외무와 오사까(小坂) 일 외상의 제1차 회담에서 한·일정치회담 의제를 합의.
- 제네바, 「러스크」 미국무장관과 「그로미코」 소련외상 단독회담.(군축문제 합의 미달).
- 동경에서 유엔 에카페 회의, 저개발국과 공정한 통상을 할 것을 선진국에 요구하는 결의안을 채택.

3월 13일
- 「케네디」 미대통령, 의회에 특별외원교서를 제출하고 한국·자유중국·월남의 방위지원 원조액으로 3억4천9백10만불을 요구.
- 아시아극동경제위원회(에카페), 회원 국가들에 대한 투자증진을 위해 법적 행정적 및 경제적 조처를 취하는 한편 동사무국은 지역 투자요람을 마련할 것을 요구하는 결의안을 통과.
- 동경에서, 최외무장관과 오사까(小坂) 일 외상 제2차 회담을 개최.(정치적 절충 본격적으로 논의).

3월 14일
- 제네바 군축회담, 미·소를 비롯한 17개국 대표가 참석한 가운데 개막.(회담 진행문제 등을 토의).

3월 15일
- 「맥나마라」 미국방장관과 「렘니쩌」 합동참모본부 의장, 하원외교위에서 한국군사정부는 부패일소에 과감하다고 찬양.
- 「흐루시초프」 소련수상, 베를린을 통한 동독에의 길은 서방국가들에게 영구히 폐쇄되었다고 언명.

3월 16일
- 「흐」 소련 수상, 소련은 우주차량을 발사하여 궤도를 선회중이라고 발표.
- 미국, 미국공격력의 최신·최강무기인 타이탄 2형을 발사 목표에 명중시키는데 성공.

3월 17일	• 소련, 중공에 대한 일체의 차관공여를 중단하고 한국전쟁 때 공급해준 군장비대를 연내지불 요구.
	• OAS, 지하정부를 세우겠다고 선언.(살랑 장군에 조각권을 부여).
	• 「케네디」미대통령, 「흐」소련수상에게 천기예보용 우주위성을 공동 발사하고 이를 이용하는 것을 포함한 6개조항의 우주탐사협조계획을 제의.
	• 한 · 미합동 고위군사회의, 1963년부터 1965년 까지(3개년간)의 대한군사원조계획협의차 유엔군 사령부에서 개최.
3월 18일	• 불 · 알 협상대표들, 알제리아 전쟁을 종식하는 휴전협정에 합의했다고 발표.
3월 19일	• 아르젠틴 총선 무효화, 「프론디지」내각이 총사직(페론파 승리에 군부측 요구로)
	• 「케네디」미대통령, 유구열도에 자치권을 허용.
	• 17개국 군축회담, 제1차 비공식회의를 제네바에서 개최.
	• 핵 교착을 타개하기 위한 전면 군축회의 내에 3개국 분과위원회를 설치하자는 서방안을 소련이 수락.
3월 20일	• 미「브로 녹스」회사, 한국에 거대한 중공업기업을 일으키기 위해 철강기간공장을 건조하겠다는 사업계획을 발표.
	• 일 농림성, 한국 미 2만내지 3만톤을 수입하려 한다고 일경제신문이 보도.
	• 알지에 보도, 휴전은 되었어도 OAS의 광적인 살육전으로 4명 피살 67명이 부상.(회교도집회에 박격포)
3월 21일	• 아르젠틴의 「프론디지」대통령과 군부지휘자들 「페론」세력의 위협에 대처하기 위해 반군반민연정 수립에 합의.
	• 제네바 17개국 군축회담, 제6차 전체회의를 개최하고 불참석요구안을 채택.
	• 「흐」소련수상, 미 · 소가 우주를 공동으로 개발하자는 「케네디」미대통령의 제의에 동의 회한.
3월 22일	• 알지에 시, 총파업(전기, 수도, 교통망 완전마비).
	• 제네바 군축회의, 감시제 정면 충돌(서방=국제감시기구를 요구, 소=국가단위방법 고집)
3월 23일	• 미 · 영 · 소 3개국 외상들, 핵실험중지문제와 베를린 문제를 타개하기 위한 2주일 동안의 제네바 회담은 실패했다고 제네바회의서 정식보고.
	• 말레이시아 상공상담, 금년 후반기 중에 한국과 통상협정을 맺기 위해서 통상사절단을 이끌고 서울을 방문할 것이라고 언명.
3월 24일	• 미하원 외무, 한국 · 터어키 · 월남에 대한 원조계획에서 자금의 사장과 소비 및 관리의 졸렬성을 발견했다고 지적.
	• 이게다(池田) 일수상, 일사당이 윤대통령의 하야로 인해 대한국교회담을 중지하자는 주장에 반발하고 대한교섭을 계속하겠다고 언명
3월 25일	• 니가타(新潟)발, 재일한국인 285명이 제 19차 북송선 「노르리스크」호편으로 북송. 미국무차관보 「해리만」씨 라오스 연정문제로 비엔티안 정부요인회담에서 비엔티안 정부지도자들의 비타협적인 태도로 라오스 원조중단을 선언
3월 26일	• 동경, 한국 등 8개국 아시아생산성 기구(APO)의 제2차이사회 회의를 개최.
	• 자유월남정부, 「고 딘 디엠」대통령은 자롱관에서 한국통상사절단장 여상원씨와 회담했다고 발표.
	• 알 문제담당성, 유럽인계 비밀군사조직단의 두목인 「주오」장군을 체포했다고 발표.
	• 워싱턴, 한 · 미 해병대사령관은 미해병대 사령부에서 회담하고 한국해병대의 장비현대화를 논의.
3월 27일	• 외계탐구협조에 관한 미 · 소간의 첫 예비회담을 유엔본부에서 개최.
3월 28일	• 시리아 수립된 지 3개월 만에 육군이 또 쿠데타로 전권을 장악.
	• 동경에서, 8개 아시아국가의 공업생산성 센터 회원들은 APO의 62년도 계획을 짜기 위해 회합.
	• 미국, 네바다실험장에서 지하핵실험을 실시.
3월 29일	• 아르젠틴 군부, 무혈쿠데타에 성공.(「프론디지」대통령을 체포하고 후임에 「귀도」씨)
3월 30일	• 워싱턴, 오치성 최고위원은 주미대사관의 감사를 마쳤다고 발표.
3월 31일	• 미국, 한국에 대한 평화용 식량계획 하에 소맥배당 수권액을 187만2천불을 증가시켰다고 발표.
	• 카이로, 아세아 · 아프리카 농촌재건기구설치하기로 제2차 한국 등 15개국 회의에서 합의.
	• 미국 24번째의 지하핵실험을 네바다 핵실험장에서 실시.
	• 「케네디」미대통령, 「킬렌」씨에게 주한미원조사절단의 책임자로 재임하는 동안 공사의 직위를 부여.
4월 1일	• 인도외무성, 외교백서를 발표하고 인도와 중공의 관계는 악화일로를 걷고 있다고 보고.

| 4월 2일 | • 제네바에서 미국은 서방측의 안전이 보장된다는 조건으로 그 자체의 대기권핵실험계획을 포기하겠
다고 촉구했으나 소련은 이를 무시.
• 미 국무성, 주소대사 「톰슨」씨는 내주 귀임한다고 유임을 재확인. |
| 4월 3일 | • 일 이게다(池田)수상, 한국군사혁명 일주년 기념식에 이시이(石井)씨의 요청으로 아다치(足立)씨의
파한에 동의.
• 에콰도르의 「아로세메나」 대통령은 쿠바·체코슬로바키아·폴란드 등 3개국과의 외교관계를
단절키로 결정했다고 발표. |

4월 2일
• 제네바에서 미국은 서방측의 안전이 보장된다는 조건으로 그 자체의 대기권핵실험계획을 포기하겠다고 촉구했으나 소련은 이를 무시.
• 미 국무성, 주소대사 「톰슨」씨는 내주 귀임한다고 유임을 재확인.

4월 3일
• 일 이게다(池田)수상, 한국군사혁명 일주년 기념식에 이시이(石井)씨의 요청으로 아다치(足立)씨의 파한에 동의.
• 에콰도르의 「아로세메나」 대통령은 쿠바·체코슬로바키아·폴란드 등 3개국과의 외교관계를 단절키로 결정했다고 발표.

4월 4일
• 인도 「네루」수상, 구두로 사임을 표명, 「프라자드」 대통령이 수리
• 자카르타 방송, 뉴기니아 연해의 가그도에서 네델란드군과 무장청년들 간에 치열한 전투가 벌어지고 있다고 보도.
• 일본상사와 재일교포들, 한국산업박람회에 약 40만불 상당의 물품을 출품할 것이라고 발표.

4월 5일
• 유엔 안전보장이사회, 이스라엘·시리아 문제를 토의하기 위하여 재개.

4월 6일
• 아시아 교육상회의 각국 대표들은 카라치 계획을 완수하는데 각국이 필요로 하는 것의 목록을 제출.
• 소련, 코스모스 2호를 발사했다고 발표.
• 미국, 26차로 네바다 사막에서 지하핵 실험.

4월 7일
• 동경에서 최참사관, 한·일 정치회담을 서울에서 조속히 재개할 것을 통고. 뉴기니아 행정권을 단계적으로 접수하는 미조정안을 수락할 수 있다고 발표.

4월 8일
• 일 오사까(小坂)외상, 서울에 일본대표부를 설치하지 않는 한 고위정치회담을 서울에서 개최하자는 한국 측 제안에 반대한다고 발표.

4월 9일
• 한국정부와 이스라엘 정부, 정식외교관계를 수립하고 대사급 외교사절을 교환키로 합의.
• 쿠바 가족위원회, 포로석방 협상에 「카스트로」가 동의했다고 발표.
• 미 「월삼」시계회사, 한국에 시계공장을 건설키 위해 110만불 투자를 신청.
• 미 「맥」국방장관, 상원외위에서 한국 등은 공산 위협받는 중대한 지역임을 지적하고 「케네디」대통령이 제안한 대외군사원조 17억 전액승인을 요청(한국지역엔 약 1,100만불).

4월 10일
• 미국무성 「브레크」 대사가 인술한 미국방대학 교수직원 및 학생 등 35명이 시찰차 내한.
• 미국영화예술과학 아카데미, 61년도 아카데미상을 수여(주연남우=「맥시언밀리 셀」, 주연여우=「소피아 로렌」)
• 「케네디」미대통령과 「맥밀란」영수상은 효과적인 핵실험 금지를 수락하라는 공동호소문을 「흐루시쵸프」소련 수상에게 전달.
• 제네바 17개국 군축회의, 국제감시 하의 전면적이며 완전한 군축조약안의 전문초안의 3분지2에 달하는 부분을 채택.
• 알제리아 임시집행부, 불당국으로부터 자결권 획득을 위한 국민투표가 있을 때까지 국내행정권을 인수
• 미 AID처장 「해밀튼」씨, 중공위협으로 우방들 능력 이상의 출혈이 많다고 지적하고 지원원조액 49억불 전액 승인을 미상원외위에 호소.

4월 11일
• 미육군장관 「스타」씨, 공산잠식 이상 더 불허할 것이며 게릴라 훈련의 강화를 강조하고 공산침략에 직면하고 있는 모든 자유국가에 대규모의 군사원조를 약속.
• 유엔, 한국이 해운에 관한 유엔의 한 전문기관이며 런던에 본부를 두고 있는 정부간해사협의기구(IMCO)에 가입했다고 발표.

4월 12일
• 동경에서 배대표, 자민당 간부들을 초대하여 오찬회를 열고 일측 성의를 재촉구.
• 소련, 미·영 공동호소에 군축협상동안 핵실험 않겠다고 공식회답(미, 공문약속은 수락 못하겠다고 거부).
• 동남아집단방위기구내에 심각한 의견대립으로 4월말 파리에서 열릴 예정이었던 동기구 외상회의가 취소.
• 유엔본부, 경제적인 후진국가들 내에서 언론매개 방편을 확대시키기 위한 34억불의 유엔 계획을 착수할 목적의 제안이 인권위원회에 상정되었다고 발표.

4월 13일
• 「흐」소련수상, 미·영의 핵금지 조약촉진 호소에 정식거부함으로써 강대국 핵실험투쟁 불가피.
• 시리아, 「쿠」대통령을 석방하여 재취임함으로써 입헌정치를 회복, 군은 방위임무로 복귀성명.

	• 불 특설고등군법회의, 전불장성「에드몽 주오」에게 반역죄로 사형을 언도.
	• 미국, 미국방예산 4백78억3천9백49만1천불을 하원 세출위에서 승인(현년보다 13억불 증액)
4월 16일	• 제네바 군축회의, 8개 중립국가 대표들은 핵실험 금지사찰을 위해 국제 감시제의 설치를 정식으로 제출.
	• 워싱턴, 베를린문제에 관하여 새로운 탐색회담을 재개(주미 소대사 도브리닌과「러스크」미국무장관).
	• 볼리비아라, 라우카 강의 수로전환사건을 위요한 분쟁으로 칠레와 외교관계를 단절.
	• 미 하원외위, 극동지역에 대한 군사원조계획안 명세를 공개(이에 의하면 한국은 2억 8천만불).
4월 17일	• 미 하원외위원들, 극동제국에 대한 군사원조 중에서 6천7백10만불을 삭감하자는 제안을 맹렬히 반대.
	• 미·소 양국이 공동으로 작성한 군축조약의 전문 초안전체 중 15조를 제외하고 승인 채택.
	• 유럽공동시장 6개국 외상회담, 터어키와 네델란드가 유럽통일의 전제로 영국의 공동시장가입을 요구하므로 인해 진전없이 폐막.
4월 18일	• 「케네디」미대통령, 국제감시 하에 모든 핵실험을 금지시키는데 합의를 못보면 미국은 일련의 실험 계획을 추진시키겠다고 언명.
	• 로마교황「요안24세」,「델기우디치」대주교를 주한 교황사절 및 시리아의 게라폴리 교구 명의상의 대주교로 겸임 발령.
	• 제네바 군축회담, 미국은 강대국 영토내에서 현지사찰을 하자는 새로운 이행조항(3단계)을 갖인 세계군축 일괄안을 제의.
	• 미하원, 평화시론 최고액인 미국방비 4백78억 3천9백49만1천불을 가결 통과.
	• 미국에 있는 한국문제연구소의 소장 김용중씨는 재정난으로 기관지「한국의 소리」가 폐간되었다고 발표.
4월 19일	• 소, 중립국 타협안의 토의 중에 미국이 핵실험을 단행 않는다면 소련도 동기간중 실험을 중지하겠다고 발표(미·영·소의 중지요구 일축).
	• 「케이프 캐나베랄」, 미·영 공동으로 스카이볼트 탄도탄이 최초의 공중발사시험으로서 발사 성공.
4월 20일	• 알지에, 비밀군사조직체(OAS) 지도자「라울 살랑」장군이 체포되었다고 발표.
	• 17개국 군축회의, 핵실험 금지 조약에 관하여 동서간의 심각한 정돈상태를 토의하기 위해 긴급 본회의를 개시.
	• 그리이스, 반정부폭동이 발생하여 80명이 부상.
	• 일본정부 소식통, 일본은 오는 10월까지 한국미 4만톤을 구입할 것에 잠정적으로 동의했다고 발표.
4월 21일	• 미국, 베를린 통로를 관리할 국제기관을 공산측 5명, 중립국 대표 3명으로 구성하자고 서방동맹국과 소련에 제의.
	• 미 원자력위, 네바다 실험장에서 29차로 저출력무기의 지하실험이 행해졌다고 발표.
4월 23일	• 「러스크」미국무장관과「도브리닌」주미 소련대사, 미국무성에서 제2차 회담을 개최하고 베를린 문제를 계속 토의.
	• 알지에 보도, 회교도 보안경찰대들은 OAS타도에 정식발포를 명령하고 행동을 개시.
	• 미 항공우주국, 월세계행 우주선 레인저 4호를 발사하였다고 발표.
4월 24일	• 소련, 인공위성 코스모스 3호를 발사.
	• 아르젠틴의「귀도」대통령, 작년총선거를 무효화하는 일법령을 공포하고 국내 전주를 연방자치제로 할 것을 명령.
	• 「파테트 라오」방송, 라오스의 친공군이 라오스 서북주의 수도「남타」부근의 주요 능선을 점령했다고 보도.
	• 「케네디」미대통령, 태평양상에서의 핵실험을 명령.
4월 25일	• 미국, 새턴대추진 로케트의 둘째번 실험에서 성공적으로 발사.
	• 미 원자력위, 태평양에서 일련의 핵실험 가운데 제1탄(TNT2만서 백만톤의 중형)을 폭발시켰다고 발표.
	• 미국무성, 대기권핵실험 재개에 본의 아님을 밝히고 소련서 핵금지조약 수락하면 중지하겠다고 성명을 발표.
4월 26일	• 미국이 발사한 레이저 4호가 자유세계에서 처음으로 달이면에 명중했다고 발표.
	• 소련, 인공위성 코스모스 4호를 발사.

	• 미국과 일본은 공동 우주 로케트를 최초로 발사.
	• 제1회 아시아 농협회의, 한국농협이 정식으로 가입 승인.
4월 27일	• 오사까(小坂)일 외상, 중의원에서 독도문제가 해결을 보기 전에는 국교정상화가 있을 수 없다고 언명.
	• 동경에 한국공보관 신설 개관.
4월 28일	• 「케네디」미대통령과 「맥밀란」영 수상, 베를린 문제의 해결방안과 핵실험을 포함한 광범위한 냉전 문제에 관하여 백악관에서 회담을 개시.
	• 자유월남군, 게릴라전에 박차(헬리콥타 지원하 2백여 사살).
	• 오슬로 노르웨이 의회, 노르웨이의 유럽공동시장 정회원국 가입신청 지지를 표결.
4월 29일	• 라오스와 태국 양정부, 자유세계에 대하여 라오스에서의 공산주의 침투를 저지함에 있어 진심으로 협조해 줄 것을 호소.
	• 「케네디」미대통령과 「맥밀란」영수상, 정상회담이 평화와 이해의 이해관계에 도움이 될 것이라는 암시만 있다면 호응할 용의가 있다고 공동성명.
	• 아시아 반공연맹 일본지부, 국제적 반공단체인 자유주의(인턴내셔널)의 조직을 준비하고 있다고 발표.
4월 30일	• 일본외무성, 한·일간에 대일 쌀수출에 관한 관계문서를 조인·교환.
5월 1일	• 말레이시아 정부, 한국과 외교를 수립하고 한국은 최홍희 소장을 초대 말레이시아 주재 한국대사로 임명했다고 발표.
	• 방콕, 동남아조약기구(SEATO)회의를 개막하고 월남·라오스 문제를 토의.
	• 런던, 중앙조약기구(센토)각료급이사회를 개최. 협의체 강화에 합의하고 감시수반 군축협정을 계속 추구.
5월 2일	• 미국, 크리스머스 도 근방에서 대기권 핵실험을 위해 마련된 폭발탄중 세 번째로 핵폭탄을 폭발 (백만톤 이상급의 위력).
5월 3일	• 북대서양동맹기구(NATO), 3단계 핵무장계획을 성안(사용면에도 제휴).
5월 4일	• 군축회담 제31차 회의, 전면 완전군축의 제1단계에 관한 토의를 속개하기 위해 개막.
	• 베네주엘라, 해병 1천명이 정부에 대하여 반란을 일으키고 카루파노 시를 점령.
	• 유엔 안보리, 캐쉬미르 문제 토의를 무기 연기.
5월 5일	• 나토 외상·국방상 비밀회담, 정보교환 사용지침 작성 등 새 핵정책을 채택.
5월 6일	• 나토 각료이사회, 나토 동맹국이 침공을 받을 경우 모든 필요한 수단을 다하여 방위조처를 강구할 것이라고 공동성명을 발표.
	• 비엔티안 소식통, 친공군이 「남타」시를 대대적으로 공격하여 동북서부도주 수도에 도달된 것으로 보도.
	• 국제신문인협회(IPI), 오스트리아만이 뉴스·소스에 대한 기밀을 보지할 수 있는 완전한 합법적 권리가 부여되었다고 박표.
5월 7일	• 「고 딘 디엠」월남대통령과 「분 움」공, 공동 콤뮤니케를 통하여 미국이 라오스 정책을 수정해 줄 것을 요구.
	• 미국, 네바다 실험장에서 31회째 지하핵실험을 실시.
5월 8일	• 미국, 태평양에서 행하는 일련의 대기권 핵실험에서 여섯 번째의 폭탄을 폭발.
	• 「맥미란」영 수상, 5백리 상공에서 핵폭탄을 폭발시키기로 한 미국정부의 결정을 전폭적으로 지지.
5월 9일	• 소련, 불란서의 참가 없이는 어떠한 핵실험 금지협정에도 조인하지 않겠다고 선언.
	• 일본매일신문, 일 실업가들은 보세무역을 통하여 한국과의 경제적 유대를 보다 긴밀화하고자 시도하고 있으며 유가와(湯川)씨가 1천만불 상당의 상거래계약을 한국측과 체결하고자 일본 국제통상성에 허가를 신청했다고 보도.
5월 11일	• 아세아 반공연맹 임시총회, 조선호텔에서 본회의를 열고 「트란 탐」씨는 동남·동북아 집단방위기구 설치와 게릴라 연구원 창설을 제창.
	• 미·소 양국의 군사사절들이 동서베를린을 무제한 왕래할 수 있는 제도를 회복하려는 미·소 협상 개시.
	• 미국, 태평양에서 수중핵폭발 시험을 실시하고 공중에서도 폭발시험을 실시.
5월 12일	• 라오스 왕정부, 라오스 영토전역에 비상사태를 선포키로 결의.

	• 케네디 미대통령, 최고군사회의를 소집하고 라오스 위기에 대처하여 동남아에서의 미군사력을 강화하기 위한 즉각적인 재조처를 토의하고 미 육해공 3군에게 비상대기령을 선포.
	• 반덴버그 공군기지, 아틀라스 대륙간 탄도유도탄을 성공적으로 발사.
	• 미 원자력위와 미 국방성, 핵실험 폭발이 크리스머스도 부근에서 실시되었다고 발표.
5월 13일	• 「워싱턴 스타」지, 「케네디」대통령은 라오스에서 메콩강에 연한 지역은 필요하면 미군을 동원해서라도 온갖 군사적 수단을 다해서 방위하기로 결정했다고 보도.
5월 14일	• 아세아반공연맹 임시총회, 한국의 ①자유센터 설치안을 채택. ②한국의 반공이념에 감명하고 감사 결의안을 채택.
5월 15일	• 미국무 · 국방 양성, 주한 미외교당국에 한 · 미행정협정교섭 개시를 지시.
	• 아시아민족 반공연맹 서울임시총회, 자유센터설치 등 11개 결의문과 「케네디」미대통령에 보내는 메시지 그리고 대회선언문을 채택하고 폐막.
	• 「케네디」미대통령, 1천8백명의 미해병에게 태국의 방콕에 상륙토록 출동명령.
	• 「드골」불 대통령, 자체의 원자력 부대를 창설하겠다고 선언.
	• 미국의 주요 45개 은행 및 기업체대표, 한국의 5 · 16군사혁명 기념일을 한 · 미 민간기업분야의 교량이 될 한 · 미경제협회의 창립일로 제정 기념할 것을 의결.
5월 16일	• 동남아조약기구(SEATO), 동남아지역에서 공산주의자들이 폭동에 의한 위기를 검토키 위해 이사회를 개최하고 "여하한 침략도 저지될 것이다"라는 예고를 발표.
	• 국부, 라오스 우익정부와 국교.
	• 라오스의 중립 및 친공파, 국제감시위원단에 우파와 연립정부 수립을 위한 협상에 무조건 응할 용의 있다고 발표.
	• 미 · 일 합작에 의한 제2우주 로케트가 버지니아주 월톱스 도에서 성공적으로 발사.
5월 17일	• 「케네디」미대통령, 기자회견에서 동남아정세를 안정시키기 위해 미군을 태국에 파견했다고 언명.
	• 미공군기들은 태국을 라오스 친공군의 침략으로부터 수호하기 위해 태 · 라오스 접경선상의 공중시찰을 개시.
	• 영 공군성, 싱가폴 엥가에 있는 제20 비행대대에 대기령을 내리고 언제라도 태국에 출동토록 준비되어 있다고 발표.
	• 국제신문협회(IPI), 아프리카인 기자들에 대한 훈련계획으로 아프리카 신문들을 원조하기로 합의하고 제16차 총회를 폐막.
5월 18일	• 「러스크」미국방장관, 공산국가들이 아시아 독립제국에서 손을 뗀다면 미군도 철수하겠다고 언명.
	• 「타나라트」태 수상, 불란서를 제외한 SEATO회원국들이 태국에 병력을 파견하는데 동의했다고 언명.
5월 19일	• 미국, 「미닛트맨」유도탄을 발사 성공.
	• 「해리만」미국무차관보, 「우 탄트」총장과 회담하고 라오스 · 월남 · 한국 · 태국 · 서독 뉴기니아 사태에 관하여 정보를 교환했다고 언명.
5월 20일	• 차이나포스트지, 대만주둔 미공군 최고사령관은 대만에 미F=105전투폭격기를 배치시켰으며 명령만 있으면 중공본토를 폭발할 만반의 준비가 되어 있음을 밝혔다고 보도.
5월 21일	• 일본, 앞으로 2개월간 공사급 주한대표부 설치를 허용하도록 재요청.
	• 제네바 군축회의, 버마 · 아랍 공화국 및 인도 등 3개 비가맹국은 미 · 소 쌍방에 양보를 권유하는 신군축안을 제안.
	• 미상원외교위, 신회계년도 외원액에서 도합 1억6천6백50만불을 삭감하고 외원법에 대한 심의를 완료.
5월 22일	• 요르단 정부, 한국과 요르단은 서로 대사급으로 외교관계를 수립하는데 합의했다고 왕령으로 발표.
	• 자유중국정부, 한 · 중 · 필 · 월 4상회담 찬의를 표명.
	• 파리에서 나토군사회의를 개막.
	• 제네바 군축회담, 안건 선후싸고 미 · 소 설전(미=전쟁위기감소안 토의, 소=먼저 핵무기보급 중지).
	• 미 상원외교위, 신회계년도 대외군사 및 경제원조액으로서 46억6천2백만불을 승인.
	• 미국, 미 양당에서는 중공난민에 긴급구제책을 상원에 제의.
	• 동독, 서독 정부에 대해 24억 마르크(6억불)의 상업차관을 요청.
5월 23일	• 「케네디」미대통령, 중공난민 구제방법을 연구하도록 명령.

	• 불 검찰부, 특재서 국가반역죄로 살랑 장군에게 종신형을 언도.
	• 미국, 우주선발사준비 완료했다고 발표.
	• 유엔 특별기금이사회, 34개국이 관련되는 총액 3천6백90만 2천불에 달하는 41건의 새로운 계획을 승인(한국에는 128만불).
5월 24일	• 미국, 우주인「카펜터」소령은 오로라 7호로 3궤도 지구주변 비행 후 대서양상에 착륙함으로써 제2 우주비행도 성공.
	• 제네바 소식통, 군축회의 미소공동의장은 호전적 선전금지협정초안과 전체위원회의 의제에 관하여 합의했다고 발표.
	•「케네디」미대통령, 고위전략회의를 열고 극동사태를 토의.
	• 미국, 비엔티안 정부의 노사반 장군에게 각료직을 사퇴 않으면 원조문제를 재고하겠다고 통고.
	•「아둘라」수상과「촘베」대통령, 카탕카 분쟁을 종결시키려고 그들의 회담절차에 관해 합의했다고 성명.
	• 네델란드 정부, 인도네시아와 서부 뉴기니아 문제를 협상할 용의가 있다는 전제하에 의회의 신임을 획득.
	• 미 하원외위, 내년 회계연도 자유세계에 대한 46억6천5백40만불에 달하는 군사·경제 및 기술원조 법안을 최종적으로 승인.
5월 25일	• 미국과 소련은 제네바 17개국 군축회의에 전투는 이 이상 더 국제분쟁 해결의 방법으로 사용될 수 없다는 선언초안을 공동으로 제출.
	•「흐루시초프」소련수상, 라오스에 중립적인 연립정부를 수립하기 위해 계속 노력을 하겠다고 언약.
	• 인도네시아 육군대변인, 완전 전투태세를 갖춘 2만6천명 이상의 파푸아인들이 네델란드 점유하의 뉴기니로 돌입할 기회를 기다리고 있다고 발표.
	•「우 탄트」유엔사무총장, 동서냉전의 원인은 역사반복의 가정 때문이라고 언명.
5월 26일	• 소련정부는 자칭 세계평화운동의 지도자라는 그들의 구실을 구체화하기 위해 거창한 평화공세를 조직.
5월 27일	• 미국, 태평양에서 제 14차 핵폭발 실험을 실시.
5월 28일	• 소련, 새로운 무인인공위성 코스모스 5호를 발사하여 예정대로 지구궤도를 선회중이라고 발표.
	• 요안 23세, 신문편집인들이 어떤 뉴스가 사회나 국제관계에 해로울 보도는 유보하고 기다리는 습성을 길러야 한다고 IPI대표들에 당부.
	• 미·소 양국, 모든 국가들은 앞으로 우주비행사들이 곤란한 경우나 조난을 당했을 때 이들을 도와줄 것을 요구하는 결의안을 성안하도록 유엔에 촉구.
5월 29일	• 소련, 전쟁선전을 규탄하는 미·소 공동선언문에서 돌연 탈퇴.
5월 30일	• 유럽 공동시장 6개국, 생산품에 대한 공동관세에 관해서 영국과 최초로 합의를 보았다고 발표.
	•「러스크」미국무장관, 베를린문제에 관한 또 하나의 회담을 갖기 위해 주미소대사 도브리닌과 요담
	•「이노누」수상이 영도하는 터어키 연립정부가 붕괴함으로써 터어키에는 중대한 정치적 위기가 조성.
5월 31일	• 유태인 대학살자「아돌프 아이히만」, 교수형 집행.
	•「아서 딘」미대사, 소련이 군축회의를 이용하여 자유세계를 약화시키고 세계 공산주의운동만을 추진 시키는 한 아무런 군축협정이 맺어질 수 없다고 비난.
	• 미 공군, 고공우주탐색용 로케트를 발사했다고 발표.
6월 1일	• 반덴버고 미공군기지, 미공군은 이곳 로케트 및 미사일 기지에서 또하나의 비밀인공위성을 발사했다 고 발표.
	• 미원자력위원회, 네바다 핵실험장에서 제35차 지하핵실험이 실시되었다고 발표.
	• 유럽인 장래문제회담을 시작하고 이 동안은 OAS·회교도간 휴전을 선언.
6월 2일	• 영국의 유럽공동시장 가입문제를 협의하기 위해 영·불 수뇌회담을 개최.
	• 이라크 정부, 바그다드 주재 미국대사의 출국을 요구하고 동시에 워싱턴에 주재하는 그의 대사를 소환하기로 결정.
	• 미 핵잠수함「토마스 에디슨」호, 대서양수중에서「폴라리스 미사일」을 성공적으로 발사.
6월 3일	• 베네주엘라 정부, 정부군이「푸엘토 카베요」대해군기지에서 약400명의 해병대에 의해서 발생한 반란을 진압했다고 발표.

	• 올림픽 위의 집행위원들, 남아연방과 한국에 대해 차별조처를 중지하라는 경고를 내기로 결정.
	• 알제리아의 군사비밀단체(OAS), 「테러」 재개 선언.
6월 4일	• 미 원자력위, 서울근방의 원자력연구소에 완성된 연구용 원자로와 제시설비용에 충당하기 위한 35만 불의 대한증여를 발표.
	• 국제감시위원단(ICC), 공산북월맹의 침략행위를 규탄하는 보고서를 영·소 의장단에 전달.
	• 서유럽동맹(WEN)의 제8차 일반회의를 개막하고 영의 유럽공동시장 가입문제·유럽 정치적 통합· 유럽방위조직 및 우주탐색의 협조 등을 토의.
6월 5일	• 일수석대표 스기미찌스케(杉道助)씨, 일본정부에 대하여 한·일무역에 연불제를 촉구.
	• 유럽경제공동체(EEC), 미국의 공업수입품에 대한 관세를 8월1일부터 인상하는데 합의.
	• 연방재판소, 아르젠틴의 중간선거의 무효를 선언한 대통령의 포고를 위헌이라고 선언.
	• 「아데나워」서독수상, 베를린 장벽철거하면 대동독 통상을 허용할 용의있다고 천명.
6월 6일	• 한·일 수석대표회담에서 예비회담개최에 합의.
	• 미 국무성, 한국인과 미군이 관련된 최근의 사건에 유감의 뜻을 표하고 군인신분협정을 적극 고려 중이라고 발표.
	• 미 상원, 공산주 지배하에 있는 여하한 국가에 대하여서도 외원의 문호를 봉쇄하도록 가결.
6월 7일	• 라오스 적대 삼공자, 쟈르 평원에서 거국일치정부를 수립하는 데에 관한 회담을 시작하고 각료배당 원칙에 합의.
	• 알제리아의 OAS 두 간부 「보브카」, 「피에」에 총살형을 집행.
	• 미·서독 국방상, 핵 전술 및 재래식 전술을 비롯한 서유럽방위전략을 논의.
	• 「파키스탄」 민정복귀(8일 새헌법 발효, 신의회도 개회).
	• 미 상원, 폴란드와 유고슬라비아에 잉여농산물을 보낼수 있는 「케네디」 미대통령의 권한을 회복시킨 후 46억6천2백만불 외원법안을 통과.
6월 8일	• 미 국제개발처(AID)의 극동담당부국장 「자노우」씨 일본에 대하여 한국에 경제원조를 제공토록 촉구.
	• 소국, ①제15차 고공핵실험 ②「미니트맨」 발사 성공 ③「참관치」 고공낙하에 성공.
	• 「드골」 불 대통령, 방송을 통해 서유럽의 통합과 독립을 촉구.
	• 소련, 미·영·불 3개국에 서베를린 기지를 불용하겠다는 경고각서.
6월 9일	• 「바르샤바」조약기구, 「베를린」 문제에 관하여 미 정부와 교섭을 계속하는데 찬성하는 선언문을 발표.
	• OAS대변인, 유럽계 주민들의 자치포령이 실현되면 NATO에 가입신청 하겠다고 선언.
	• 미 하원외위, 외원안에 대한 수정안(침략에 쓰일 땐 군사원조 중단)을 제의.
6월 10일	• 라오스 삼공자, 연립정부구성을 위한 협상을 재개하고 내각비율·외상 인선 등 최종 협의.
6월 11일	• 라오스 연정수립에 완전합의하고 각료진 안배성공(수상 「푸마」, 부수상 「노사반·수」공) 라오스 연정 18일 정식선포. 동서각국 모두 환영.
6월 12일	• 「케네디」 미대통령, 극동에 공산군 2백개 사단이 위협하고 있다고 미국회에서증언하고 61년 회계 연도 중에 극동동맹제국에 대한 군사원조를 총액7억8천2백20만불로 증액했다고 발표.
	• 「해리만」미극동담당차관보, 라오스 중립과 독립목표를 수행하되 라오스 정부를 원조할 용의있다고 통고.
	• 중동11개국 및 그리스 주재 미대사들은 미국무성 관리들과 이 지역에 대한 정책을 재검토하기 시작.
	• 유엔 외기권분위, 국제 로케트 시험 발사장을 설치하자는 미국측 제안을 예비적으로 승인.
6월 13일	• 미 원자력위, 「네바다」에서 제37차 지하핵실험을 실시.
	• 「드골」 불대통령의 유럽통합정책에 불 의원들 원내에서 퇴장소동.
	• OAS, 유럽인에 대한 보장을 협상 시도가 실패한다면 일체의 석유 및 가스 유정을 소각하고 댐을 폭파할 것이라고 경고.
	• 주멕시코 쿠바 대사관원 「페드로 로이그」씨가 미국으로 망명 공표.
	• 미 국제개발처, 62년도 일반원자비료자금중 천4백만불 구매승인.
	• 재미교포상사들, 모국상사의 직접거래를 희망.
	• 불·소 통상회담 결렬(유럽공동시장 공격이 원인)
6월 14일	• 라오스 「루앙 프라방」왕, 국회가 중립정부 구성을 승인하면 자기도 곧 중립정부를 승인하는 성명을 발표하겠다고 약속.

	• 군축회담 17개국, 만3개월만에 아무 성과없이 휴회.
	• OAS, 유럽인들에게 출국을 지령하고 15일부터 파괴행동을 개시하겠다고 선언.
6월 15일	• 버거 주한 미국대사, 우리정부가 제시한 한·미 행정협정 체결교섭안에 대한 미국정부의 새로운 제안을 제시.
	• 동독 경관5명이 서독으로 탈출.
	• OAS초토전격화(알지에 시청사 폭파하고 불병 50명 사상).
	• 시리아와 이스라엘 국경선 다시 소연
	• 라오스 국회, 연정수립을 승인.
	• 소련, 모스크바 주재 이란 대사 관리들은 평판이 나쁜 외교관들이라고 선언하고 출국령.
	• 불정부, 「살랑」장군이 수감후 OAS에 새 지령을 내렸다고 재심키로 결정.
6월 16일	• 카사블랑카 제국, 아프리카 공동시장을 수립하기로 합의.
	• 중공, 서방측에 의한 식량구제 제안을 거부.
	• 「해리만」미국무차관보, 소련이 「스카루노」대통령에 전쟁을 선동시키고 있다는 것을 근거있다고 단언.
6월 17일	• OAS·FLN양파, 7년에 걸친 살육과 파괴에 종지부를 찍는 협정을 발표하고 신알제리아건설에 협력 할 것을 서약.
	• 미 항공노조, 「트란스 월드 에어라인스」항공사에 파업을 지시.
	• 미국, 태평양상에서 제20차 핵폭발시험을 실시.
6월 18일	• 알제리아평화협정, 와해위기(OAS일부에서 반기를 들고 분열을 주장, 전투 계속도 선언).
	• 터어키, 정치위기수습 실패. (「이노누」대통령 연정조각을 포기).
	• 인도, 극보수파인「잔상」당이 데모(베이징과의 외교관계를 즉각 단절하고 변경중공군 축출을 요구)
6월 19일	• 불 관변, OAS와 FLN협정이 공식가치없다고 냉담.
6월 20일	• 미정부, 대월남 원조에 「바이 아메리칸」규정을 적용 않기로 결정. 「러스크」미국무장관과 「드골」 불 대통령, 미·불 핵전략협조에 합의하고 영국의 가입 중대성을 인식. OAS초토전 재개(「사하라」 가스 공급관 폭파하고 시청 등에 방화).
6월 21일	• 대만 해협긴장(중공군이 금문 마조대안의 복건성에 대규모 집결).
	• 서베를린을 방문한 「러스크」미국무장관, 베를린 수호를 약속.
	• 라오스 3파대표들, 「사방 바타나왕」에게 새로운 거족적인 임시정부를 임명하는 전권을 부여하는데 합의.
6월 22일	• 「러스크」미국무장관과 「아데나워」서독수상, 비공식회담을 갖고 베를린 유럽공동시장·서유럽방위 정책 등 주요문제에 의견일치.
	• 유엔 안보리의 카슈밀 문제토의에서 소련은 아일랜드의 카슈밀 결의안에 대해 백번째 거부권을 행사.
	• 월남, 전투 다시 격화(공산 게릴라 대규모 공세).
	• 옥중의 「살랑」장군, OAS=FLN휴전협정을 승인.
6월 23일	• 라오스 연정 취임. (「사방 바타나」왕은 중립주의자 「푸마」공이 영도하는 19명의 연립내각을 취임 시키고 정식선포).
	• 미·이태리 외상회담, 국제문제에 의견의 일치했다고 콤뮤니케 발표.
	• 280명의 교포를 실은 제95차 송북선이 출항.
	• 미국, 크리스마스 도에서 제23차 핵실험을 실시.
6월 24일	• 라오스 신연립정부, 라오스 전역에 휴전을 선포하고 제네바 회의대표단을 구성.
6월 25일	• 중공, ①마조 금문대안서 비전투원을 철수. ②금문 마조에 포격.
	• OAS, 초토작전 재개(학교건물에 「플라스틱」폭탄을 폭발.
	• 일본정부, 대한연체지불수출을 허가할 방침이라고 발표.
	• 「케네디」미대통령, 의회에 IMF에 대한 대부로 20억불을 요구하는 법안을 제출.
	• 미하원, 대공산권수출 반대운동을 전개하기로 가결.
6월 26일	• 백악관, 사상 최대 규모의 지하핵폭발이 될지도 모르는 실험을 허가했다고 발표.
	• 브라질, 내각이 총사직하고 「단타스」현외상에게 조각을 위촉.
	• 일본신호강철회사, 500만불의 시멘트 제조기를 연지불조건으로 대한수출하기로 일정부에 허가를

신청.

6월 27일
- OAS의 「폴 듀푸로」전대령, 비밀방송을 통해 초토파괴작전을 중지할 것을 명령. 「케네디」미대통령, 대만방위를 다짐.
- 유엔 총회, 루안다 · 우룬디의 개별독립을 가결.
- OAS, 알제리아전역에 평화가 수복되었다고 발표하고 유럽인들에게 알제리아에 돌아와서 회교도들의 국가재건을 호소.
- 미국, 태평양상에서 TNT 100만톤급의 최대의 핵실험을 실시.
- 미국, 제6회 우주비행사로 「월터 쉬라」해군중령을 선정.

6월 28일
- 미국, 「네바다」사막에서 제40차 지하핵실험을 실시.
- 미 하원, 「케네디」미대통령에게 유럽공동시장과 관세인하협상을 추진할 수 있는 광대한 권한을 부여하는 통상확장법을 통과.
- 제16차 유엔 총회 폐막.
- 「드골」불란서 대통령, 영국을 제외한 유럽통합을 지지한다고 중대선언.
- 미 양원합동회의, 대공산권 수출통제 1년연장법에 동의.

6월 29일
- 유럽공동시장 문제로 소 · 오 정면대립.(소는 중립주의위배, 오는 통상강화로 생활향상을 각각 주장)
- 「우 탄트」유엔 사무총장, 「콩고」통합협상이 결렬됨으로써 야기된 새로운 위기에 대비해서 유엔군에게 경계령을 하달.

6월 30일
- 「카스트로」수상, 쿠바에 반혁명봉기가 일어났다고 발표.
- 라오스 연립정부, 3개 휴전위원회를 설치.
- 통일「아랍」공화국, 국가헌장이 의회에서 만장일치로 승인.
- 소련, 무인인공위성 코스모스 제6호 발사 성공.

7월 1일
- 자유중국과 노르웨이, 독립한 부룬디 왕국과 루안다 공화국을 승인.
- 불란서 비밀군사단체(OAS)지도자「르네 드 라르미나」장군 권총자살.

7월 2일
- 라오스 왕국의 중립과 독립을 보장할 조약을 완결시키기 위한 「제네바」14개국 회의를 개막.
- 라오스 연정, 중공 · 동독 · 폴란드 · 체코 · 공산월맹과 외교관계를 수립하기로 결정하고 60만 상당의 소련의 물자적 원조를 수락.

7월 3일
- 알제리아 독립선포.(「드골」대통령이 정식공표)

7월 4일
- 「드골」 · 「아데나워」2차 회의에서 연내에 로마에서 서구 6개국의 정상회담을 개최하는데 합의.(영의 유럽공동시장 가입과 유럽통합을 토의키 위해
- 유럽공동시장 6개국과 18개국 아프리카 국가각료들, 브랏셀에서 회담하고 아프리가 제국의 경제문제에 관한 중대한 토의.

7월 5일
- 알제리아독립 이틀만에 오랑시에서 최대의 총격전이 벌어져 회교도 등 100여명이 사상.
- 알제리아해방군(ALN), 모로코내의 알제리아관청을 점령하고 행동을 선언.
- 일본 경금속협회, 알미늄 45톤 대한수출 발표.
- 리오데자네이로 시교에서는 수송업계의 총파업과 식량부족에 반대하는 항의가 유혈폭동으로 폭발.(40명이 사망, 천여명이 부상).

7월 6일
- 신생독립국가 부룬디, 유엔 가입을 신청.
- 모로코 군대가 알제리아영토 침입.
- 유엔 신탁통치위, 자유중국 대표들의 신임장을 승인.
- 미국, 백킬로톤급 수폭지하핵 실험.
- 「맥나마라」미국방장관, 미군해외구매감사를 명령.

7월 7일
- 미국, 네바다 근방 사막실험장에서 대기권 핵실험.

7월 8일
- 공산 게릴라 부대, 라오스를 경유하여 대거 월남침투.
- 시리아아레포서 친「낫셀」노동자들이 경찰과 유혈충돌.
- 미국, 네바다 사막에서 계속 2회의 핵실험을 실시.

7월 9일
- 14개국 라오스회의, 「수바나 푸마」수상의 라오스연립정부에 의한 중립선언을 승인.
- 버마혁명위, 랑궁 및 란다라이대학교와 그외 4개 단과대학을 폐쇄.
- 미국, 「죤」도 상공서 TNT백만톤급 고공핵실험을 실시.

7월 10일	• 미국, 통신위성을 발사 성공.
	• 미·영 고위회담, 대유엔 정책에 대체로 합의하고 중공의 유엔 가입문제만은 의견이 대립.
	• 「네윈」장군의 집권당 혁명위, 버마전대학을 폐쇄하고 학생 데모에 강경조치.
7월 11일	• 일본통상성, 한국해태 백만불어치를 구입하기로 결정.
	• 미하원, 외원법수정안 가결(공채매입 대유엔 차관을 금지)
	• 미국, 제27차로 TNT백만톤급 이상의 핵실험을 태평양 크리스마스도 근방에서 실시.
	• 미우주항공국, 공업계에 2인승 달여행차량의 개발을 위한 입찰을 공고.
7월 12일	• 「러스크」미국무장관과 「도브리닌」주미 소련대사, 제6차 회담을 갖고 동서간의 큰 문제를 토의.
	• 네델란드와 인도네시아, 뉴기니아 문제를 평화적으로 해결하기 위한 비밀회담을 개시.
	• 미·영 고위과학자들은 때때로 상반하는 양국의 방위정책에서 생기는 전략문제를 토의키 위해
	런던에서 회의를 개최
7월 13일	• 알제리아의 「벤 벨라」파(국민해방군), 「벤 케다」정부를 반대하고 신정부수립을 선언.
	• 인도외무성, 갈완계곡의 중공군이 더 진출하면 발포한다고 경고.
	• 미국무성, 효과적인 협정되면 핵실험종식할 용의있다고 성명.
	• 소정국, 핵금협정 중립국안에 수락용의 보도.
7월 14일	• 중공 외무성, 중공·인도 간 국경지역사태가 전례없이 긴장되어 있어 언제 전투가 발생할지
	모른다고 경고.
	• 동독, 초계에 전차 등을 동원함으로써 베를린경계 재긴장.
	• 미국, 두 마리의 원숭이와 네 마리의 쥐를 태운 거대한 기구를 발사.
7월 15일	• 「마카파갈」 필리핀 대통령, 약소국가들이 공산위협에 대항하기 위해 범 아시아 기구 창설을 제의.
7월 16일	• 영국, 2차 개각을 단행(각료 9명 해임, 소장파 11명 입각).
	• 「뽕비두」불 수상, 미국이 불란서를 핵보유국가로 승인했다고 발표.
	• GATT회의, 자유세계의 주요 통상국가들은 근50억불에 달하는 관세특권에 관한 협정을 체결.
	• 국제원자력위, 한국 등 7개국에 기술원조 계획조로 16만천5백불 상당의 미국기재를 공급키로 결정.
7월 17일	• 「케네디」 미 대통령, 베를린과 라오스 문제를 토의하기 위해 「도브리닌」소대사를 백악관으로 초치.
	• 월남의 지하공산지도층, 월남중립화를 제안.
	• 본, 내각 전면 개편(문교 및 행정담당상 2명만 유임).
	• 영국, 17개국 군축회의에 11개 토의 안건을 제의,
7월 18일	• 페루 군대는 군부 쿠데타를 일으켜 「프라도」대통령을 체포하고 정권을 장악.
	• 미국은 쿠데타로 합법정부가 전복된 페루와 외교관계 및 원조를 중단한다고 발표.
	• 이란, 예산분규로 내각총사직.
	• 라오스 14개국 회의, 라오스 중립 및 평화조약의 최종안을 승인.
	• 미국, 기구팽창실험에 성공(950리 상공서 팽창광경사진 송신).
	• 저개발국가회의, 선언문을 발표하고 선진국의 증원과 경제적 장벽제거를 촉구.
7월 19일	• 「파레비」 이란왕, 「아사둘라 아람」씨를 이란 수상으로 임명.
	• 제네바 군축회의, 「딘」미 대표는 우발전쟁위협제거에 군사이동 사전통고·사절교환 등 5개안을 제의.
7월 20일	• 「프랑크 마니차스」 페루 군사혁명위의장, 미국에 페루 군사정권을 승인해 줄 것을 호소.
	• 「딘」미대표, 핵실험 사찰안을 필요하면 변경할 용의있다고 3개국 핵분과위에서 언명.
7월 21일	• 14개국 최종전체회의에서 라오스 중립을 승인.
	• 「러스크」미국무장관과 「그로미코」소련외상, 제네바에서 첫 회담을 열고 베를린문제와 폭발성을
	띤 냉전문제를 토의.
	• 소련, 최신식무기로 핵실험재개를 발표
	• 통일 아랍공화국, 무전으로 조종된 로케트를 발사 성공.
	• 미핵잠수함 「죤 마샬」호, 수중「폴라리스 로케트」를 발사 성공.
7월 22일	• 말리공화국 정부, 정부전복음모로 252명을 체포.
	• 「러스크」미국무장관, 월남외상과 동남아사태를 토의.
	• 「러스크」미국무장관과 「그로미코」소련외상, 제2차 회담을 열고 베를린문제 토의.
	• 페루, 수도 리마에서 군정반대 부녀자들 데모

	• 미국, 금성우주선 발사 직후 실패.
7월 23일	• 중립주의 라오스, 세계강대국 진영간의 비동맹과 독립을 13개국이 보장함으로써 탄생.
	• 「텔스타」위성을 통한 TV중계는 미국에서의 대 유럽방송과 유럽에서의 대미국방송이 성공적으로 수행.
7월 24일	• 페루 대통령에 「리카도 페레즈 고디」장군을 임명(군사정부는 헌법상의 행정 및 입법권을 허용).
	• 제네바 군축회담, 소련이 두가지 문제에 양보(5년내 완전무장해제에 동의, 제1단계 미·소병력 190만 안을 수락).
	• 미외원액 총46억7천만불이 하원통과로 확정.
7월 25일	• 알제리아임시정부 「벨라」파, 임시정부국무상「라크라 벤 토발」씨를 체포.
	• 불 의회, 유럽연합군사령관「렘이쩌」장군 임명을 승인.
7월 26일	• 미국, 핵두를 실은 유도탄이 발사대에서 폭발되어 고공핵실험 실패.
	• 유엔 안전보리, 루안디와 부룬디의 유엔 가입신청을 승인.
7월 27일	• 도미니카 3개 향시에서 반정부소요(세금인상안에 반대).
	• 「라오스」혼성휴전감시위, 현전선 불변동 등 3개방안에 합의.
	• 「케네디」미대통령, 「푸마」공과 회담하고 라오스중립을 보장하는 14개국협정을 실천하는데 전력을 다하겠다고 다짐.
	• 조일신문, 일본이 한국에 15만6천5백톤의 유안비료를 수출하는 잠정계약이 한일상사 간에 체결 되었다고 보도.
	• 「푸마」라오스 수상, 미국은 라오스에 경제원조를 확약했다고 발표.
7월 28일	• 「벤 벨라」군, 알제리아동부 항구도시 필리프빌을 점령.
	• 「라만」말레이지아 수상, 말레이지아 연방창설협정에 영과 합의.
	• 페루 군사정권, 「프라도」대통령을 석방.
	• 오스트리아, 경찰관 3천5백명이 파업(봉급 수당인상을 내걸고).
	• 시리아 정부, 아랍 연맹리를 열고 아랍공 대통령의 흉악한 간섭에 대한 시리아 정부의 항의를 검토 조치해 줄 것을 요구.
	• 소련, 일곱 번째 무인지구위성을 성공적으로 발사(코스모스 제7호).
	• 소련, 핵유도탄을 장비한 핵잠수함 제작 발표.
7월 29일	• 「벤 벨라」군, 알지에 시에 입성하고 방송국을 점령.
	• 미 중농촌재건합동위, 현회계년도의 미국의 비군원총액은 1억불에 달한다고 발표.
	• 「네루」인도수상, 미국의 대인원조제공을 일절 막지 않겠다고 언명.
7월 30일	• 네델란드·인도네시아, 뉴기니아 분규에 협상타결.
	• 「벤 케다」알제리아임시정부 수상, 반목하고 있는 민족주의 지도자들에게 거국일치의 방법을 마련 하자고 각파에 호소.
	• 핀란드 반공청년, 공산후원하의 세계청년대회에 항의하고 연5일째 데모.
	• 영·벨·서독, 페루 군정을 승인.
7월 31일	• 뉴기니아 원주민 지도자, 만일 인도네시아가 네델란드로부터 서 뉴기니아의 관리권을 인수하게 된다면 유격전을 전개한다고 폭탄선언.
	• 「벤 벨라」부수상, 알제리아에서 자본주의체제의 존재를 허용한다고 약속.
8월 1일	• 미·일 합동 안전보장위원회를 개최하고 극동에 대한 공산위협을 토의.
	• 제64차 17개국 군축회의 개막.
	• 「우 탄트」유엔 사무총장, 104개국 유엔 가맹국들에게 만약 카탕카 분리주가 콩고와 다시 합치지 않는다면 그와의 모든 통상 및 재정관계를 단절하도록 촉구.
	• 「페론」지지파들이 지배하고 있는 아르젠틴 노동총연맹(CGT) 24시간 파업.
	• 미국, ①최신형대양횡단용 「아트라스」유도탄 지하발사에 성공. ②원숭이 쥐를 한 쌍씩 태운 외계 기구 발사.
8월 2일	• 영국정부, 영국에 도망해와 있는 소련간첩「로버트 소보렌」을 미국으로 송치하도록 명령.
8월 3일	• 알제리아임정 부수상, 「벤 벨라」씨, 열광적인 환영을 받으며 수도 알지에 시에 입성.
	• 인도정부 중공의 국경분쟁 협상제의에 거절.

8월 4일	• 쿠바에 반정부 데모 격화, 「카스트로」도 위험사태를 시인.
	• 「벤 벨라」부수상, 토지개혁과 봉건주의를 청산하겠다고 새정책을 천명.
	• 소련원자력연구소장 「야브린스키」참사.
8월 5일	• 유럽공동시장 각료회의, 영국가입 협상 결렬.
	• 미국정부, 중립을 표방하는 인도네시아에 경제원조를 배가하고 인도네시아의 8개년개발계획을 뒷받침할 수도 있을 일련의 건의안을 제시.
	• 미 원자력위, 소련이 40 메가톤급 핵실험을 시베리아 상공에서 재개했다고 확인.
	• 쟈마이카, 370년 동안의 영국속령에서 새로운 국가로 독립을 선포.
	• 마타오 통신, 중공내에서 국부계 태업자들이 석유 탱크와 탄약고를 폭파시켰다고 발표.
	• 유엔 군, 콩고 군 요청으로 「엘리자베스빌」국제공항을 폐쇄.
8월 6일	• 18개국 군축회의의 제66차 본회의를 개최하고 「딘」미대표는 핵금체결에 전력을 강조. (「조린」소 부외상은 미의 새 군축안을 거부).
	• 월남정부군 함탄 시를 탈환.
	• 중공, 국경분규 협상을 조건없이 재개하기로 인도네시아안을 수락.
	• 소련시민들 생활필품 부족에 항의하여 일대폭동.
8월 7일	• 알제리아 수상 「벤 케다」씨가 「벤 벨라」씨의 정치국에 임정실권을 완전 이양함으로써 「벤 벨라」파가 완전승리.
	• 국제법률가위원회, 버마의 신군사정권이 시민의 자유를 제한하고 국가헌법을 어기고 있다고 비난.
	• 인도네시아와 네델란드가 실무자회담을 개막.(뉴기니아 협정의 기술적 및 재정적 세목을 해결키 위해).
	• 영국과 통일 아랍 공화국, 「수에즈」동란 후 재산몰수를 당한 영국민에 대한 배상차관협정을 조인.
8월 8일	• 일 자민당의 한·일문제심의회, 금년말 이내에 한국과 외교관계를 정상화하기로 합의.
	• 「러스크」미국무장관, 소「도부리닌」대사와 회담하고 군축문제를 논의.
	• 「아르젠틴」육군내부의 암투가 반란으로 폭발.
	• 콜롬비아 「신대통령 발렌치아」씨, 수상과 내상에 「보테로」씨를 임명.
	• 소련 수천톤급 대기권핵실험을 실시.
	• 버마 7월 폭동 때 폐쇄된 제대학이 8월27일 다시 개교한다고 발표.
8월 9일	• 알제리아 임시행정부, 독립 알제리아 초대의회 선거에 유럽계인들의 투표를 일절 봉쇄하게 될 법규를 발표.
	• 17개국 군축회의의 미·영·소 3개국분위에서 소련은 핵무기실험을 불법화하는 핵실험금지조약의 서방측 신타협안을 전적으로 거부.
	• 1964년도 노벨 문학상 수상작가 「헤르만 헤세」씨, 스위스의 몽타뇨라에 있는 자택에서 뇌일혈로 사망.
8월 10일	• 부에노스 아이레스, 「몬테로」찡군이 「새노린스」육군장관 임명에 항거하여 바라을 선어함으로써 아르젠틴 정국 혼미일로.
8월 11일	• 소련, 세 번째 우주인 「안드리안 니코라이에프」소령을 실은 보스토크 3호를 발사.
	• 미국, 소련에 베를린긴장을 완화할 방도를 모색키 위해 4대국 회담을 제의.
	• 아르젠틴, 육군상에 「사라비아」장군을 임명함으로써 위기를 극복(「몬테로」장군의 출동 반군을 철수).
	• 미국, 페루의 군사정권을 외교상으로 승인할 용의 있다고 발표.
	• 알제리아 중립군, 「벤 벨라」지배하에 예속될 것을 거부.
8월 12일	• 소련, 네 번째 우주인 「포포비치」중령을 실은 보스토크 4호를 3호를 발사한지 24시간 내에 또 발사 (두개의 우주선 연결가능성을 실험).
8월 13일	• 신임 미국합동참모회의 의장 「테일러」대장, 미국은 그의 안전을 확보하는 제1차적 무기로서 전략적 핵무기에만 의존할 수 없게 되었다고 선언.
	• 베를린 시민들, 동서경계선 전역에서 반공시위 폭동화.
8월 14일	• 「네루」인도수상, 인도와 중공군간의 충돌은 전쟁으로 휩쓸어갈지도 모른다고 경고.
	• 「아르틴」군부, 「투로로」신임최고사령관에 불복하므로 내분 재연.(미국은 「기도」대통령 정부에 대한 군부 쿠테타를 반대한다고 통고).

	• 알제리아, 불의 사하라 사막 원폭실험을 불허.
8월 15일	• 소련, 「니콜라이에프」와 「포포비치」우주인 생환(3호는 4일간 64회, 4호는 3일간 48회 궤도 비행).
	• 네델란드와 인도네시아, 서부 뉴기니아를 10월부터 유엔 관할에 이양했다가 명년 5월까지 인도네시아에 예속시키게 하는 정식협정에 조인.
8월 16일	• 「러스크」미국무장관, 유엔 과 「콩고」문제로 「우 탄트」유엔 사무총장과 회담.
	• 소련국방상, 소련의 쌍동우주비행의 군사적 의의를 주시하도록 전세계에 경고 (미 국방성은 이에 군사적 의의 없다고 평)
8월 17일	• 미국, 페루 군정 승인(입헌정부 조건부로).
	• 알제리아 동부군, 「벤 벨라」영도하의 정치국에 굴복하고 정치 행정책임을 이양.
	• 유엔, 북부 카탕카에서의 카탕카군의 군사작전을 중지하라고 경고.
	• 17개국 군축회담 타개를 위해 브라질 · 스위스 대표가 두 개의 새 제안을 제시.
8월 18일	• 뉴기니아에 있어서 네델란드와 인도네시아 간에 공식적으로 휴전을 선포.
	• 「우 탄트」유엔 사무총장, 콩고 출병 12개국에 「뉴」도 파견을 요청.
	• 소련, 외기권 연구자료를 실은 코스모스 8호 무인위성을 발사.
	• 중공 육군비행기가 인공강우를 조성하는데 성공했다고 베이징방송이 보도.
8월 20일	• 서베를린 경찰, 베를린장벽으로 향해 밀려드는 5천명의 군중과 충돌.
	• 라오스 연정, 외군철수문제로 정면대립됨으로써 위기에 직면.
	• 미 · 소 군축대표, 핵금교착 타개에 직접협상을 개시하기로 합의.
8월 21일	• 미국방성, 소요경비 약5억불의 초대형 로케트 제작을 명령.
	• 소련, 북극에서 12메가톤급 핵폭발실험.
8월 22일	• 「케네디」미대통령, 베를린주재 소군사직 폐지는 연합국권리에 영향이 없다고 선언하고 「흐」수상이 유엔 총회에 참석하게 되면 그와 회담하기를 희망한다고 언명.
	• 「드골」불대통령, 동부 불란서의 향저로 가던 중 기관총사격을 받고 암살모면.
8월 23일	• 알지에 시, FLN의 정치국과 알지에 지방유격군사이의 반목이 공공연하게 표면화 한 군중들이 대규모로 시위.
	• 라오스 연정, 제네바 협정이 설정한 만3일로부터 24시간 후에 외국군대가 철수할 출발점에 관해 합의.
8월 24일	• 미 · 영 · 불 3국, 분규된 베를린위기의 악화를 방지하기 위해 베를린에게 4국 회담을 개최하도록 소에 요구.
	• 에콰도르 내각, 쿠아야윌 항구도시의 은행파업으로 인한 혼란에 뒤따른 위기로 총사직.
	• 미 항공우주국, 3개월내 달 로케트를 발사할 것을 비롯한 5년내 달 주위비행을 목표로 한 일련의 계획을 발표.
	• 소 우주비행사 「가가린」, 최초의 월세계탐험은 3, 4인이 한「팀」이 되어 해야 할 것이라고 피력.
	• 제4회 아시아경기대회, 자카르타에서 자유중국과 이스라엘이 불참한 가운데 화려하게 개막.
8월 25일	• 미국무성, 쿠바 망명단이 하바나 공격을 감행했다는 증거를 가지고 있다고 발표(포격사건의 여파로 미국과 하바나 간에 통신 두절).
8월 26일	• 알제리아, 「벨라」파가 유격군에 굴복함으로써 정국이 역전되어 구혁명의회의 긴급회의소집을 요구 (「벨라」는 오랑 시로 떠나고 정치국원들은 도주).
	• 「맥나마라」미국방장관, 30년내에 공산주의는 몰락할 것이라고 의회에서 증언.
	• 서유럽통합의 설계자인 불란서의 「장 모네」씨를 62년도 자유상 수상자로 지명.
8월 27일	• 알제리아유격군, 「알제」시 지배권을 위요하고 정치국의 지배자들로부터 무기를 압수하고 일부 정치 국 지지자 및 도발자들을 체포했다고 발표(수백명의 부녀자들은 체포 · 고문을 중지하라고 데모).
	• 미 · 영 양국, 대기권 수중 및 외계에 있어서의 일체의 핵실험을 금지하기 위한 사찰을 전혀 수반하지 않은 새로운 핵실험금지조약안을 소련에 제안.(소련은 거절).
	• 미국, 생명체 서식여부를 탐색하기 위한 금성위성을 발사.
	• 소련, TNT10만톤급 핵폭발실험을 실시.
	• 국제 아마추어 운동경기연맹(IAAF), 자유중국과 이스라엘 육상경기 팀에게 비자 발부를 거부한 인도네시아의 처사를 비난하는 성명을 발표.
8월 28일	• 「우 탄트」유엔 사무총장, 얄타에서 소련수상과 국제문제를 토의.

	• 통일 아랍공화국, 아랍연맹으로부터 탈퇴하기로 결정했다고 발표.
	• 중공경계선지대의 슘춘시 근처에 철도폭발사건이 발생했다고 당지 반공신문이 보도.
8월 29일	• 알제리아, 알지에의 카스바 지구서 「벨라」파와 유격군 교전.
	• 「맥밀란」영 수상, 영국이 서구의 정치적 통합운동에 참여하기를 희망.
	• 공산동독의 베를린 사령부, 추가적으로 만5천명의 군대에 대한 지휘권을 장악함으로써 「바르샤바」 동맹군은 서베를린 완전포위를 완료.
8월 30일	• 미극동군사원조계획 책임자, 상원 「하인즈」제독 예산위에서 한국에 계속 군원이 필요함을 지적하고 극동지역의 외원안 통과를 촉구.
	• 알제리아의 제3·제4군관구 군은 모든 수단을 다해서 여하한 공격도 격퇴시키기 위해 공동전선을 펴겠다고 발표.
	• 콩고 내에 전투 재연(카탕카서 양군격전).
	• 아르젠틴, 「환 게바타」대령, 「몬테로」장군에 반대하고 「환 로자」장군을 지지한다는 성명을 발표하고 반란을 선언.
8월 31일	• 알제리아의 친 「벤 벨라」과 정규군 2천명 이상이 돌연 「알제」로 행동(4군관 카스바 등지서 결전 준비).
	• 위기에 처한 모슬램인들은 알제리아의 평화와 통일을 외치며 반전 데모.
	• 백악관, 2척의 쿠바 함정이 공해상에서 미해군비행기에 사격을 가했다고 발표하고 재발시는 반격할 것이라고 성명.
	• 소련, 금성에 우주탐색 로케트 발사시도에 실패.
	• 제4회 아시아경기대회 조직위, 역도경기를 중지했다고 정식발표.
9월 1일	• 일 자민당부총재 오오노모노무쯔(大野伴睦)씨, 한·일회의의 전망은 명랑하며 11월에 기시노부스기 (岸)씨나 이시이(石井)씨가 한국에 파견되어 정치회담을 기도하게 될 것이라고 언명.
9월 2일	• 이란에 대지진으로 사망자 6천여명, 75개 부락이 전멸.
	• 알제리아내란 드디어 열전화(「벨라」군이 알지에 시에 진격하여 카스바 지구서 치열한 공방전).
	• 타스통신, 소련정부는 군사장비를 공급해 달라는 쿠바의 요청을 수락했다고 보도.
	• 소련국안보안경찰, 그자체가 가진 스탈린 시대 및 숙청시대의 모든 케케묵은 인원과 낡은 수법을 자가숙청했다고 발표.
	• 국제적십자연맹, 지진의 피해를 입은 이란에 구호물자를 급송하도록 회원들에게 호소.
9월 3일	• 알지에 시, 「벨라」군의 양면공격으로 치열한 전투 끝에 보가리 시를 점령.
	• 로스앤젤리스의 옥시렌덴탈대학과 남가주대학에서 숭실대학에 천권의 도서를 기증.
9월 4일	• 「케네디」미대통령, 쿠바와 소련에 대하여 서반구의 어느 부분에 대한 「카스트로」정권의 침략을 불허 한다고 선언.
	• 「드골」불대통령, 만일 유럽의 정치적 통합에 대한 과업이 계속 지연된다면 서독과 불간의 정치적 구축을 맺을 것을 제의.
	• 알제리아 「벤 벨라」부수상은 휴전에 합의하여 정치국의 집권이 회복되었다고 발표.
	• 미국의 우주선 마리너 2호는 외기권내의 150만리 떨어진 곳에서 중간진로운동을 성공적으로 수행했 다고 발표.
9월 5일	• 「드골」불란서 대통령과 「아데나워」서독수상, 본에서 서유럽의 경제적 및 정치적 장래에 관해 중요한 토의.
	• 알제리아 정치국, 정규군에게 전투를 중지하고 현재의 위치에서 대기하라고 유격군사 공동명령.
9월 6일	• 미국무성, 동독에서 미연락장교에 소련군이 총격을 가했다고 발표.
	• 알제리아 임시행정부, 알제리아 국민보안대의 창설안을 승인.
9월 7일	• 「케네디」미대통령, 쿠바 사태 등 긴급한 국제정세에 대응키 위해 15만명의 예비군을 현역으로 소집 할 수 있는 권한을 의회에 요구.
	• 국부, 라오스가 중공정권을 승인함에 외교관계를 단절.
	• 「드골」불란서 대통령과 「아데나워」서독수상은 양국의 협조를 강화할 실제적인 조처를 취한다는데 합의하고 유럽통합을 촉진.
9월 9일	• 알제리아 정규군, 「알지에」시 비무장화협정을 파기하고 동 수도에 무혈입성(시민들 열광적인 환영).
9월 10일	• 미 해군, 아시아공산권 위협에 대처하기 위해 명년말까지 「괌」도에 핵잠함 10척을 배치할 것이라고

발표.

- 미 원자력위, 9월 이후 어느 때 태평양상에서 대기권핵실험을 재개한다고 발표.
- 미 상원군사위, 악화되는 쿠바·베를린 사태에 대응키 위해 예비군 15만명을 소집하는 원권법안을 승인.
- 케네디 미대통령, 13일에 「우 탄트」유엔 사무총장을 백악관으로 초청하여 오찬회를 갖는다고 발표.

9월 11일
- 「조세프 커렌」미 해운노조위장, 전 자유세계선박에 소련의 보급물자와 기술자들을 쿠바로 수송하는 것을 금지하도록 호소.

9월 12일
- 뉴델리 소식통, 중공군이 투앙 북쪽의 인도 국경을 넘어 들어와 인도 국경 경비병을 포위했다고 보도.
- 「러스크」미국무장관, 쿠바가 공격을 위한 군사기지화하면 미국은 대쿠바 군사행동을 취할 것이라고 국회의원들에게 통고.
- 브라질의 국가안보리, 제3군사령관이 남부「브라질」에서 경계태세를 갖고 있는 산하부대들에 소요를 진압하도록 명령.
- 자유중국 공군, 현보유중인 F=86 세이버 제트기를 초음속 제트 전투기로 대체하는데 착수하고 미국이 이에 동의했다고 발표.
- 캄보디아 통신, 「시하누크」원수는 월남에 또 경계선 침범하면 단교하겠다고 최후통첩.
- 미국의 가장 강력한 군사용 로케트인 타이탄은 5회째 테스트 발사에 성공.
- 베이징방송, 라오스와 외몽고가 외교관계를 수립하고 대사를 교환하기로 합의했다고 보도.

9월 13일
- 미상원, 「케네디」대통령의 예비병 동원권한을 승인(명년 2월28일까지).
- 미 국방성, 쿠바 망명인들로 편성되고 서반아어만이 사용될 특수부대를 갖게 될 것이라고 정식발표.
- 중공군 또 인도 영토 침입(「네루」인도수상, 즉각 철수를 요구하고 대중공 강경항의를 지시).
- 브라질의 「다 로차」수상의 내각이 총사직함으로써 위기절정.
- 「에르하르트」서독경제상, 1주일간의 방미일정으로 「본」을 출발.

9월 14일
- 브라질, 내각이 총사직한 후 제1군·제2군·제3군은 비상사태에 돌입(노조에선 전국총파지령).
- 「케네디」미대통령과 「에르하르트」서독부수상, 백악관에서 회동하고 유럽공동체내에서의 앞으로 영국역할과 후진국에 대한 원조문제 등 국제적인 경제문제를 논의.
- 「제네바」에서 적십자연맹, 동부터어키에서 지진으로 10만명 이상의 이재민이 생겼다고 보고.

9월 15일
- 「로버트 케네디」미법무장관, 미국이 유엔 주재 소련인직원 2명의 간첩활동을 적발했다고 발표.

9월 16일
- 신화사통신, 인도군과 중공군이 서부접경지대에서 드디어 교전.
- 브라질 공산주의하의 제노동조합, 「구라르」대통령이 임금인상 및 기타요구조건을 고려하기로 함으로써 총파업을 취소.
- 서베를린 경찰, 동베를린 관청가에 2회의 대폭발사건이 발생했다고 발표.

9월 17일
- 미상원 외교 군사위 비밀회의를 열고 쿠바 정책토의를 재개.(쿠바 군, 미기지 부근에 포진).
- 소련, 서베를린에 있는 3개연합국사령관들과의 관계를 재개하지 않는다고 선언.
- 알제리아에 또 전운(제4군관구 유격대, 자타프 촌락을 점령하고 지방경비위회 지도자들을 체포).
- 시리아 각료21인으로 구성된 거국일치 연립내각을 조직.
- 불란서 국방상, 명년에 첫 핵공격력과 1970년에는 로케트가 운반하는 열핵폭탄을 보유하게 된다고 언명.

9월 18일
- 제17차 유엔 총회 개막 (세계104국 대표 열석).
- 소련, 북극실험장에서 수 메가톤 급 대기권핵실험을 실시.

9월 19일
- 「케네디」미대통령과 「러스크」미국무장관, 대외원조자금에서 10여억불을 삭감 건의한 하원세출위의 결의는 자유세계의 안전에 위협이라고 의회에 경고성명.
- 미 상원외위 군사위, 서반구의 공산침략을 격퇴하기 위해 필요하면 미국이 군대를 동원할 것을 선언하는 결의안을 가결.

9월 20일
- 미하원, 「케네디」대통령의 호소도 불구하고 외원액 14억불을 삭감하기로 가결.
- 아르젠틴, 라 프라타 근방에서 정부군과 반란군 격전.(정부군, 반군전차 셋 격파·56명 살상·반군측 휴전안 거부).
- 「스티븐슨」미수석대표, 유엔 총회에서 중대정책 연설(쿠바 도전행위규탄 군축안 수락과 강력한 유엔 건설을 촉구).

- 미 하원, 쿠바와 소련측에 대해 미안전보장을 위협하는 쿠바의 군사조처를 용인하지 않는다고 경고.
  (하원은 쿠바에 물자를 수송하는 나라에 외원을 중단한다는 3개수정안을 채택).
- 알제리아, 총선거에서 「벤 벨라」파가 승리.

9월 21일
- 아르젠틴 반란군, 「기도」대통령의 전투중지명령을 무시하고 수도에 입성 (「기도」대통령은 반군이
  반대한 두 장성을 파면하고 자신이 육군상에 취임 내각도 총사직).
- 알제리아 「벨라」의 정치국은 반란유격대 소탕명령으로 또 내전.
- 유엔 총회, 쿠바 문제로 미 · 소 설전 치열.

9월 22일
- 가나의 「가와에 엥쿠르마」대통령, 수도 아크라 일원에 비상사태를 선포.
- 미국, 소련으로 수송하는 쿠바 사탕을 몰수. (소련은 이에 항의각서)

9월 23일
- 「케네디」미대통령, 전국 TV방송을 통해 삭감한 외원액 14억불을 회복하도록 촉구하고 외원만이 대
  공승리의 길이라고 언명.

9월 24일
- 「러스크」미국무장관과 오히라(大平)일본외상, 뉴욕에서 실무오찬회를 열고 현안 한 · 일국교 정상화
  문제, 미일통상문제, 쿠바 · 베를린 군축 · 중공문제 등을 논의.
- 인도 · 중공, 「체 자오」교 서방에서 치열한 전투 재발.
- 쿠바에 반정부음모(150명의 해군장병을 체포).
- 미예비군을 소집하는 비상권한을 「케네디」대통령에게 부여할 것을 하원에서도 승인.

9월 25일
- 「카스트로」수상, 소련은 쿠바의 중요 항구를 소련의 대서양어로선단기지로 건설할 계획이라고 발표.
- 소련주재 미 · 영 · 소대사들, 대소 각서에서 베를린 긴장원인은 장벽과 동독경찰 만행으로 인한 소련
  의 책임이라고 비난.
- 알제리아, 첫 의회를 개원하고 「압바스」씨를 의장 겸 임시원수로 선출.

9월 26일
- 알제리아 국회, 「아메드 벤 벨라」를 독립알제리아 초대 수상으로 임명.
- 미 하원, 쿠바의 침략적인 군사력증강에 대항할 결의를 표명한 결의안을 통과.
- 스페인 폭우로 수천명의 사상자 발생.

9월 27일
- 미 상원세출위, 외원액 8억불을 회복하여 통과.
- 예멘에 군부 쿠데타(혁명군은 「바드로」왕을 주살하고 자유공화국을 선포함과 동시 전국에 통금령)
- 미국무성, 라틴 아메리카 외교관비밀회의를 소집하고 쿠바 독재정치에 대하여 경제 · 군사적 감시
  조치를 강화하도록 요청할 계획을 설명.

9월 28일
- 「맥나마라」미국방장관, 미국은 베를린시에 있어서의 서방측 권익을 위해 핵공격군을 동원할 것이라
  고 소련에 중대경고.
- 예멘, 아랍 공화국 통치기관을 설치하고 혁명의장과 수상에 「살랄」장군을 선임.

9월 29일
- 소련 · 아랍 공화국, 예멘 신공화국을 승인했다고 발표.
- 중공, 한때 중공정권의 제5인자로 득세했던 진운이 모택동에게 숙청.

9월 30일
- 「케네디」미대통령 · 「흄」영외상, 서베를린을 강력히 고수하려는 미 · 영양국의 결의를 재천명하고
  쿠바 대응책도 합의.
- 미주대학에서 흑백인공학분규로 학생들 폭동. (연방보안관들, 최루탄 세례).
- 쿠바 정부, 만일 미국이 쿠바를 침공하면 전력을 다해서 방위하겠다고 미국에 경고.

10월 1일
- 동경에서 한국 등 21개국이 참가한 가운데 아주반공대회 개막.
- 일본매일신문, 일방위청은 한 · 일외교관계가 수립되면 한국에 무관을 파견하기로 결정했다고 보도.
- 「막스웰 D 테일러」장군, 미합동본부의장으로 취임.
- 미국무성, 미 · 서반구회의에 앞서 미국정책은 「카스트로」정권과 쿠바의 소련공산주의세력을 제거
  하는데 목표를 두고 있다고 선언.
- 예멘의 혁명정부, 국내의 승리군 · 국군 · 방위군의 3군을 통합하기로 결정.
- 「흐루시초프」소련수상, 전면적인 핵금협상 진행중 지하핵실험을 중지해야 된다는 조건부로 핵금
  협정에 조인할 용의있다고 발표.
- 「나이지리아」연방수상, 반정부음모를 사전적발했다고 발표.

10월 2일
- 「케네디」미대통령, 중남미외상들과 쿠바로부터의 공산주의 위협에 대항하기 위한 장차 취할 미주의
  정치적 및 경제적 조치를 토의.
- 유엔에서 「말리」외상, 한국 · 독일 및 월남의 통일을 위해 유엔이 더 많은 노력을 해야 한다고 강조.

	• 미국 2개월 동안 중단한 태평양핵실험 재개.
	• 불란서 반 「드골」대통령파, 정부탄핵안제출로 제5공화국 중대위기.
	• 미 국제개발협조처, 한국신한제분회사에 추가자금 15만3천8백46불의 차관을 제공한다고 정식발표.
10월 3일	• 미국, 우주선 시그마 7호 발사, 제3우주인 「쉬라」중령 지구 6선회하고 귀환.
	• 미주 외상회의, 폐막선언문을 발표하고 대쿠바 강경책을 채택.
	• 영·소 양국, 모든 외국군대와 군사고문단들은 오는 13일까지 라오스를 철수한다고 공동공시.
	• 「러스크」미국무장관, 미주 외상회의에서 쿠바 취항 자유국선박 미항출입을 금지시킬 것이라고 경고.
10월 4일	• 재일한국교포 203명을 송북.
	• 미 상하양원협의회, 39억2천8백90만불의 외원법안에 잠정적인 합의(행정부 요구보다 8억불 감소)
	• 「케네디」미대통령, 공산진영과 쿠바 간의 해운수송을 중지시키기 위한 중요 경제봉쇄책을 명령.
	• 소련정부기관지 「리즈베스챠」지, 만일 서방측이 베를린문제 합의에 불응하면 소련은 동독과 단독
	평화조약을 체결할 것이라고 보도.
10월 5일	• 예멘 왕군, 반군으로부터 수도 사나를 탈환(반군장교 등 수명 체포).
	• 미하원, 베를린에 있어서의 연합국의 승리를 수호하기 위해 무력사용을 포함한 여하한 행동도 국회
	가 그를 지지하기로 결의안을 통과.
10월 6일	• 미하원, 상하양원이 합의된 총액39억의 외원지출법안을 압도적으로 통과.
	• 미 국립항공우주국, 미국은 10월 중순에 또하나의 달 로케트를 발사할 계획이라고 발표.
10월 7일	• 「케네디」미대통령의 저개발지역담당특별보좌관, 「보올즈」씨, 외원을 효과적으로 사용할 수 있는
	능력과 조직 및 결의가 없는 국가에서는 원조를 거부하자는 외원혁신정책을 제의.
	• 통일 아랍공화국, 예멘 반란을 지원(낙하산병 3천강하).
10월 8일	• 유엔 총회, 알제리아를 109번째 유엔 회원국으로 가입 승인.
	• 예멘 혁명군, 민병대 100명을 소집하여 국경선에 배치하고 국경경비를 강화.
	• 베네주엘라 정부군 좌익반도와 총격전(「베탕쿠르」대통령, 헌법상의 자유 효력을 정지).
	• 유럽공동시장, 영국의 유럽공동시장 가입조건에 대한 협상을 촉진시키기로 합의.
	• 미국 대심원, 버스 식당 변소 등 공공시설사용의 차별 일소를 위한 「루이지아나」 및 「조지아」주법원
	의 인종차별 혁신조치를 승인.
	• 라오스 국민의회, 「푸마」연립정부에 1년간 정권을 맡기기로 가결(국내외 제문제해결·국가통일
	성취·연정과업 추진 등을 위해)
10월 9일	• 예멘 혁명위의장 「살랄」대령, 소련에 필요할 경우 그의 의무를 수행할 준비를 갖추어 줄 것을 요청.
	• 사나방송, 신 예멘 정권이 현재 예멘에서 석유를 개발하고 있는 「아메리칸 오일 캄파니」대표들에게
	미국이 신정권을 승인하지 않는 한 석유채굴을 금지하겠다고 보도.
	• 터어키 멘데레스파 관리들을 특사하려는 정부계획에 반대한 7천여 대학생들이 데모.
	• 「아데나워」서독수상, 동독주민들이 원하는 생활양식을 마련하는 권리를 얻는다는 조건하에 대소
	회담을 제의.
	• 「벨라」알제리아 수상, 신생 알제리아는 중립노선을 지향한다고 선언.
	• 8일 독립한 아프리카의 우간다, 유엔 가입을 신청.
10월 10일	• 인도, 태평양지역 10차 수산이사회 조선호텔에서 개막. (양대양지역 17개국 대표 및 FAO관계관 등
	70여명이 참석).
	• 미국, 오는 14~15일경 「죤스톤」도에서 고공핵실험을 할 예정이라고 발표.
	• 국부 장총통, 쌍십절기념식에서 중국본토 수복을 위한 노력을 배가하라고 촉구.
10월 11일	• 국제개발행정차장, 미국은 저개발국가들의 기술자양성을 위한 특별훈련소 설립을 도와주겠다고
	제의(강사·자금 제공).
	• 쿠바망명단체, 쿠바행 선전포고.
	• 인도네시아 군중, 아주경기문제에 불만으로 일본대사관을 습격.
	• 요안23세, 카톨릭공의회에서 현핵무기 우주시대에 처하여 근대적인 기독교 단결을 호소.
10월 12일	• 서독국회, 독일문제 해결을 위한 4대국 상임위원회를 설치할 것을 요구하는 결의안을 채택.
	• 유엔 총회, 남 「로데시아」인민당 불법화해제를 요구하는 결의안을 가결.
	• 「네루」인도수상, 동북국경지구군에 중공군축출을 명령.

	• 미국 원자력위, ①네바다 실험장에서 저급의 핵지하폭발실험실시 발표. ②태평양의 「죤슨」도도 저성 능 저공핵무기실험장으로 선정되었다고 발표.
	• 미국, 타이탄 유도탄 발사에 네 번째로 또 성공.
10월 13일	• 「그로미코」소련외상, 베를린을 자유 비무장화하는 독일강화조약을 조인할 결심이라고 언명.
	• 소련, 새로운 위성을 발사(서독천문대에서 신호를 포착했다고 발표).
10월 14일	• 「러스크」미국무장관과 「슈뢰더」서독외상, 베를린위기에 대한 새로운 전략을 토의.
10월 15일	• 「케네디」미대통령, 「벨라」알제리아 수상과 백악관에서 회담하고 양국의 공동이익에 관해 검토했다 고 공동성명.
	• 「맥나마라」미국방장관, 하원군사위에 베를린사태로 인해 한국전이래로 전쟁이 급박해 있다고 증언.
10월 16일	• 「콩고」중앙정부군과 북부 카탕카에 있는 카탕카 군간의 휴전협정 조인.
	• 동남아시아조약기구(SEATO) 제17차 연례군사고문회의 개막.
	• 「어퍼 볼타」유엔 대표, 한국 및 독일과 같은 분할된 나라의 문제에 있어서는 민족자결원칙이 해결책 이 된다고 언명.
10월 17일	• 「슈뢰더」서독외상, 「케네디」미대통령과 회담하고 베를린문제에 어떤 사태도 대비책에 의견일치를 보았다고 언명.
	• 유엔 총회, 노르웨이·브라질·필리핀·모로코를 11개국 안보리의 비상임이사국으로 선출.
	• 소련「타스」통신, 소련은 인공위성「코스모스」10호를 발사했다고 보도.
	• 동독, 베를린에 제3철조망을 가설.
10월 18일	• 「케네디」미대통령, 「그로미코」소련외상과 독일문제의 평화적 해결방안을 토의.
	• 「벨라」알제리아 수상, 「카스트로」쿠바 수상과 양국간의 외교수립에 합의.
	• 62년도 「노벨」의학 및 생리학상을 영국과학자 「크리크」박사·「윌킨스」박사·미국의 「왓슨」교수 등 3명에게 공동수여.
10월 19일	• 「케네디」미대통령, 「흐루시초프」소련수상이 미국을 방문한다면 베를린위기 및 세계정세문제를 토의할 용의를 표명.
	• 예멘 왕당파, 「바드르」공을 왕으로 「핫산」공을 수상으로 하는 임시정부를 조직.
10월 20일	• 중공군, 두 국경선에서 인도군이 대규모로 공격을 가하여 중공군 다수가 사망했다고 발표.(7개 군사 거점을 점령).
	• 소련, 금주 두번째로 인공위성을 발사.
10월 21일	• 인도, 퇴역장교 전원을 현역으로 소집하고 미·영에 현대무기 제공을 요청.
10월 22일	• 「케네디」미대통령, 쿠바에 대한 해상봉쇄를 선언하고 소련은 쿠바를 미주국가들에게 핵폭탄의 비를 퍼부을 수 있는 공격적인 군사기지로 만들고 있다고 비난.
	• 미국, 전략공군과 그 밖의 군대에 전세계에서 경계태세를 취하도록 명령.
	• 미국, 유엔 안보리 소집을 요구
	• 인도, 「흐루시초프」소련수상에게 인도 중공국경서의 전투를 종식시키기 위해 개입할 것을 요청.
10월 23일	• 소련, 「케네디」대통령의 쿠바 봉쇄선언에 중대경고를 발하고 위선이라고 비난. 유엔 안보리를 개막 하고 미·소 논쟁 치열 (미=적화음모저지 호소, 소=봉쇄해제를 제의).
	• 인도 국방성, 중공군을 몰아낼 때까지 싸울 것을 선언하고 중공의 휴전제의를 「케네디」미대통령, 39억불의 대외원조법안에 서명.
	• 서독, 서방강대국으로서는 처음으로 예멘 신정권을 승인.
	• 인도 정부, 「살라」대령을 수반으로 하는 예멘혁명정부를 승인.
10월 24일	• 「케네디」미대통령, 소련수상으로부터 세계평화보장에 관한 서한을 접수.
	• 미 국방성, 쿠바에 30개 이상의 유도탄과 20대 이상의 소제 제트기가 존재하고 있다고 쿠바 군비를 공개.
	• 소련 군사도로호송대, 베를린으로 이동.
	• 미군, 베를린에서 대군사연습으로 베를린수호 결의를 과시.
	• 15개국 NATO상임이사회 주례회를 개최.
	• 인도정부, 중공군이 후퇴하면 제안한 휴전안을 수락하겠다고 발표.
10월 25일	• 쿠바 위기에 대한 「우 탄트」씨 제의에 미·소 회한 (「케네디」대통령, 평화적으로 해결할 용의 표명.

「흐루시초프」수상, 「탄트」안을 무조건 수락).

- 유엔 총회, 우간다를 110번째의 회원국으로 가입할 것을 승인.

10월 26일
- 백악관, 소련의 쿠바 기지 구축 계속에 성명을 발표하고 봉쇄이상의 새조치도 불사하겠다고 언명.
- 소련 정부, 모스크바주재 서방측외교관에 금족령.
- 인도대통령, 중공의 국경선공격으로 인도에 비상사태령을 선포하고 최후까지 승리를 다짐.

10월 27일
- 미국방성, 쿠바 상공에서「앤더슨」소령이 탄 정찰기가 실종되었다고 발표.
- 태국 남부에 태풍 하리에트의 엄습으로 138명이 사망했다고 발표.

10월 28일
- 소련수상 「흐루시초프」, 드디어 미국에 굴복하고 쿠바 기지철거를 명령.
- 「케네디」미대통령, 「흐」수상의 쿠바 철거지시에 정치가다운 결단이라고 환영하고 약속조치 조속 실천을 촉구.
- 소련, 서방외교관 여행제한을 해제.
- 불란서, 장차 대통령을 보통선거에서 선출하려는 「드골」장군안이 국민투표에서 승리.

10월 29일
- 「케네디」미대통령, 「탄트」유엔 사무총장 요청으로 「탄트」총장의 2일간 쿠바 방문동안만 봉쇄를 해제.
- 「케네디」미대통령, 쿠바 협상 3인위원회를 임명.

10월 30일
- 유엔 총회, 소련이 제의한 중공의 유엔 가입결의안 부결 (부=56 찬=42 기권=12표).
- 「탄트」유엔 사무총장, 「카스트로」쿠바 수상과 회담하고 소 기지 철거문제와 미·소간 위기해결책을 논의.

10월 31일
- 백악관, 쿠바에 대한 해군봉쇄를 1일 새벽을 기하여 재개하고 이에 따라 쿠바의 소련 미사일 기지의 공중감시를 다시 시작할 것이라고 발표.
- 「우 탄트」유엔 임시사무총장, 쿠바 평화협상 참석 후 모든 소련 미사일은 2일까지 철거될 것이라는 통고를 선언.
- 인도=중공군, 앗삼 요새서 접전.

11월 1일
- 소련, 화성으로의 로케트 발사에 성공.
- 인도「네루」수상, 인도와 중공간의 국경분쟁은 양국간에 장기적인 알력을 가져올 것임을 예언.

11월 2일
- 「케네디」미대통령, 쿠바의 소련 미사일 기지가 철거중임을 전국에 방송.
- 소련수상 「흐루시초프」와 동독공산당괴수발터 율브리히트」, 소련공산당본부에서 회동.

11월 3일
- 미 원자력위원회, 소련은 2차의 공중핵실험을 실시하였다고 발표.

11월 4일
- 미국, 현재의 일련의 태평양 대기권 핵실험은 끝났다고 발표.
- 요르단 국왕, 이집트공군이 예멘 내란에 관련하여 사우디아라비아 영토에 공침을 하고 있기 때문에 상호방위조약을 체결.
- 예멘 공화국대통령 「압둘 살라」준장, 사우디아라비아에 대하여 일대결전도 불사하겠다고 경고.
- 쿠바 수상 「피델 카스트로」와 소련 제1부수상 「아나스타스 미코얀」회담.

11월 5일
- 불가리아, 「안톤 유고프」가 수상직과 불가리아 공화당 중앙위원회에서 축출되었다고 발표.
- 유엔 정치위원회, 미·영의 반대를 무릅쓰고 일체의 핵실험을 내년 정월1일까지 금지할 것을 요구.
- 국제적십자위원회, 쿠바 정부가 동적십자사에 의한 쿠바행 선박감시에 동의하였다고 발표.

11월 6일
- 국제적십자사의 고위임원 2명, 적십자사가 쿠바로 가는 화물을 검색하는 문제를 논의하기 위해 유엔 사무총장서리 「탄트」씨와 회담.
- 콩고의 「카사부부」대통령, 적도주 동부에 비상사태를 선포.
- 「넬슨 A 록펠러」 뉴욕주지사, 민주당후보 「로버트 모겐소」씨를 물리치고 재선.
- 테네시주지사에, 민주당 출신인 「프렝크 크레멘트」가 당선.

11월 7일
- 중공수상 주은래, 인도측에게 만일 인도가 라다크에서 중공이 주장하고 있는 선을 인정한다면 인도와 중공간 경계선의 동부지구에서 그들의 군대를 「맥마혼」선까지 철수시키겠다고 통고.
- 「흐루시초프」소련수상, 「케네디」미대통령과 정상회담할 필요성이 없다고 언명.
- 미국, 소련이 만약 쿠바에서 공격용 무기들을 철수하겠다는 약속을 국제감시리에 이행하지 않으면 강력한 조치를 취하겠다고 경고.
- 미국방성, 쿠바의 소련 미사일 철거선을 검색하겠다고 발표.

11월 8일
- 미·소양국, 쿠바로부터의 소련의 제트 폭격기 철수문제 협상 실패.
- 인도, 중공수상 주은래의 20Km 철군안을 거부.

	• 중공군, 「히말라야」전선동단에 대해 새공격을 전개하였다고 인도국방성이 발표.
11월 9일	• 미국방성, 미국해군함선들은 쿠바에서 출항하는 소련선박에서 유도탄 및 유도탄장비가 탑재되었다고 발표.
	• 인도 국방성, 중공군이 라다크의 슈슐에 있는 인도의 전략적인 항공기지 근방에 집결시킨 증원군 속에 전차대를 동원하였다고 보도.
11월 10일	• 소련, 「피에르트 파데에비츠 로마코」를 소련 부수상겸 과학 · 경제국가회의(각료회의에 속함) 의장으로 임명.
11월 11일	• 서방동맹국, 베를린 통행로를 관리할 국제기구의 조직에 합의.
11월 12일	• 「케네디」미대통령, 쿠바 위기를 토의하기 위하여 국가안보위와 유엔 수석대표「아드라이 스티븐슨」씨를 백악관으로 소집.
	• 나토 15개국 회원, 나토 8차 연례회의 개최.
	• 유네스코 제12차 총회, 브라질 대표「파우로 E 데베레도」씨를 총재로 선출.
	• 유엔, 공격을 감행하는 카탕가 항공기들에 대하여 즉각적인 행동을 취하라고 지시.
11월 13일	• 국적, 쿠바 행 선박의 여하한 감시에도 참여하지 않겠다고 결정.
	• 「아데나워」서독수상, 「케네디」미대통령과 쿠바 위기 이후의 「베를린」정세 재검토차 워싱턴 도착.
11월 14일	• 미 · 서독 정상회담, 백악관에서 제1 · 2차 회담 개최.
	• 인도, 전략적인 국경보호령 시킴에 "중공 · 인도 국경전투에 비추어" 비상사태를 선포.
	• 인도, 국방상에「Y B 챠반」씨 경제국방연락상에는「T K 크리슈나 마차리」씨를 각각 임명.
11월 15일	• 월남, 명년의 아시아민족반공연맹 제9차 총회는 사이공에서 개최키로 되었다고 발표.
	• 「케네디」미대통령 · 「아데나워」서독수상, 서부 베를린의 자유와 통행권을 온갖 수단을 다하여 수호될 것이라고 선언.
	• 인도, 인도육군부대가 히마라야 전선의 소강상태를 깨뜨리고 중공장악 하의 일촌락과 중공진지에 대하여 공격을 가하였다고 발표.
11월 16일	• 미국, 「피델 카스트로」정권이 미국 정찰비행기에 대해 대공사격을 할 경우 적절한 조치를 취하겠다고 경고.
	• 미국 · 서독 고위관리, 베를린 및 북대서양동맹 제국에 대한 소련위협을 주요의제로 하는 4일간 회담을 개최.
	• 미국, 북대서양동맹의 유럽회원국들에 핵군창설의 원조를 제의.
	• 유엔, 쿠바 영공을 비행하는 미국비행기가 격추당할 위험을 각오하라는 쿠바 수상의 경고문을 발표.
11월 17일	• 미 원자력위원회, 소련은 대기층 핵폭발실험을 실시하였다고 발표.
11월 18일	• 불란서 내무성, 불란서 국민회의선거의 제1차 투표는 88석의 당선자를 확정시킴으로써 제2차 투표로 넘어가게 되었다고 발표.
11월 19일	• 「네루」인두수상, 「케네디」대통령에게 구원 호소.
	• 미국, 소련에 대하여 19일 또는 20일까지 쿠바로부터의 폭격기철수문제에 대한 회담을 촉구.
11월 20일	• 중공, 중 · 인 국경선상의 모든 중공군에게 베이징시간 11월22일 0시를 기하여 휴전명령을 발하였다고 발표.
	• 「케네디」대통령, 대쿠바 해상봉쇄해제를 선언.
	• 미국「로버트 맥나마라」국방장관, 쿠바 봉쇄의 미함대복귀를 지시.
	• 서독내각, 「아데나워」수상의 재조각으로 총사직.
11월 21일	• 인도, 중공 대인도침략휴전이 발효된 수시간 후 동휴전에 대하여 관망적인 태도를 취하고 있다고 명.
	• 미국, 인도 · 중공의 국경전투에 군대와 보급물자 수송을 인도에 제트 수송기 12대를 급파.
	• 영국, 인도「네루」수상의 파병요구가 있으면 파병하겠다고 발표.
11월 22일	• 「네루」인도수상, 중공의 국경전쟁은 사실상 휴전되었다고 의회에 보고.
	• 유엔 본부, 미 · 소 양국은 쿠바 사태에 대한 「흐루시쵸프」의 14개항 쿠바 수습책의 협상을 개시하였다고 발표.
11월 23일	• 「케네디」대통령과 그의 고위보좌관들, 완화된 쿠바 위기를 검토하기 위하여 회의를 개최.
	• 중공, 「반자력」을 신임 주소대사로 임명.
11월 24일	• 미국, 18개국 군축회담이 제네바에서 26일 재개된다고 발표.

11월 25일	• 주미 과테마라대사관,「미구엘 이디고라스 후엔테스」과테마라 대통령 정부에 대한 공군반란이 진압되었다고 발표.
11월 26일	• 17개국 군축회의 재개(11주일간의 휴회에 뒤이어)
	• 인도, 중공측이 제의한 휴전안중 주요부분 수락거부를 발표.
11월 27일	• 백악관,「케네디」미국대통령과「맥밀란」영국수상의 바하마스도 회담 12월19일부터 20일까지 개최 계획을 발표.
	•「케네디」대통령, 4개「아랍」국 원수에 서한을 보내어 예맨 동란 해결을 주선.
	•「케네디」미대통령·「스파크」벨기에 외상, 콩고 문제가 해결 안되면 단호한 경제적 조치를 취하겠다고 성명.
	• 인도, 중공측 휴전조건을 거부하는 성명을 발표.
11월 28일	•「케네디」대통령, 예산국장「데이비드 E 벨」씨를 AID처장으로 임명.
	•「러스크」미국무장관, 쿠바 위기 해소로 베를린문제 및 동서간 문제의 조속한 해결을 기대하여서는 안된다고 미국민에게 경고.
	• 라오스 연립정부, 좌·우·중립 군대를 단일 국방군으로 통합시킬 계획에 합의를 보았다고 발표.
11월 29일	•「케네디」미대통령,「윌리암 포터」씨를 신생독립국 알제리아 초대미국대사로 임명.
	•「케네디」미대통령·소련부수상「미코얀」, 쿠바 및 동서 문제에 대하여 회담.
11월 30일	• 유엔 총회,「우 탄트」임시사무총장을 만장일치로 3대 사무총장으로 선임.
	• 중공, 12월1일부터 인도·중공 국경지대에 있는 중공군을 59년 현재의 국경선에서 20Km 후방까지 철수시킬 것이라고 발표.
12월 1일	• 인도「네루」수상, 11월28일자 중공수상 주은래의 서한에 회답을 보냈다고 발표.
	• 알제리아민족해방전선(FLN)정치국, 전국숙청위원회 설치를 발표.
	• 라오스·소련 , 총 7백만불에 달하는 통상 경제원조협정을 체결.
12월 2일	• 인도,「파키스탄」에 대하여 불가침조약 체결을 제안.
12월 3일	• 미국방성, 쿠바의 소련폭격기들이 철수하기 시작하였다고 발표.
	• 유엔 본부, 미·소 외교관들 쿠바 위기를 토의하기 위하여 협상 재개.
12월 4일	•「맥나마라」미국방장관, 미육군예비역과 국민방위군(주군)의 대대적인 개편을 명령.
	• 미·영·불 서방3대국 외상회의, 오는 11·12 양일간 파리에서 개최.
	• 유엔 본부, 소련 부외상「바실리 쿠즈네초프」는 미국유엔 대표「아드라이 E 스티븐슨」에게 쿠바 내의 소련제트폭격기 철거의 일정을 제출.
12월 5일	• 유엔 총회의 경제위원회, 군축협정으로서 저개발국가 원조에 대한 미·소의 선언을 만장일치로 승인.
	• 군축회의, 영국차석대표「마이클 라이트」경은 핵실험금지조약체결을 위한 4개방안을 소련에 제시.
12월 6일	• 미국방성, 소련 제트폭격기가 쿠바에서 철거되어 소선으로 반송되고 있다고 발표.
	• 인도, 공산중공과의 완전한 국교단절에 일보다가서는 조치를 취하였다고 발표.
	• 소련수상「흐루시초프」와 유고 대통령「티토」는 크렘린에서 국제문제에 관한「소정상회담」을 재개.
12월 7일	• 서독「아데나워」수상, 명추에 사임할 것이라고 기민당이 발표.
	• 제네바군축회의, 소련은 자령내에 자동식 진동측정장치「검은상자」를 설치하고 국제감시원 검사를 제안함에 서방측선 즉각적으로 거부.
	• 영국 원자력위원회, 네바다에서 미국과 함께 저위급핵장치를 실험하였다고 발표.
12월 8일	•「사라와크」, 북부 보루네오의 영국보호령 브루네이에서 무장반란이 일어났다고 발표.
	• 브루네이 반란지도자「A·M·아자하리」4개 정책을 선언.
	• 불란서군대와 알제리아군인들이 오르레앙스빌에서 충돌.
12월 9일	•「사라와크」, 브루네이 지방에서 반란군과 정부군 간에 새로운 전투가 발생하였다고 발표.
12월 10일	•「딘 러스크」미국무장관, 나토 우방과 핵전략을 수립하고 있다고 언명.
	• 인도, 중공의 도전에 대항하기 위하여 새 육·공군을 창설하고 있다고 발표.
12월 11일	• 브루네이, 영국군은 세리아시를 탈환하고 보안군은 반도 소탕전을 계속중이라고 발표.
	• 미국무성, 브루네이 반란지도자「아자하리」추장의 미국입국을 거부하였다고 발표.
	•「아데나워」서독수상, 각료20명중 8명을 경질하여 신연립내각을 조직하였다고 발표.
12월 12일	•「케네디」미대통령, 공격용 소련식 무기의 쿠바 재반입 감시에 모든 조치를 취하고 있다고 언명.

	• 「흐루시초프」소련수상, 소련방최고회의 주요대외정책연설에서 소련의 평화공존정책이 핵전쟁을 모면시켰다고 발표.
12월 13일	• 미국, 3대륙간 통신위성을 발사.
	• 「딘 러스크」미국무장관, 쿠바 위기 완전해소시까지 대소협상에 불응하겠다고 언명.
12월 14일	• 워싱턴, 마니러 2호가 금성 2만리로 통과할 때 마침내 송신이 성공하였다고 발표.
	• 「로버트맥나마라」미 국무장관, 나토 각료회의에서 선언.
	• 「딘 러스크」미국무장관, 나토 회원국들이 참여하는 나토해상핵부대의 창설을 제의하였다고 언명 (나토 각료이사회에서).
	• 제네바 군축회의, 미국은 군축실현시까지 미해외 기지를 유지할 것이라고 언명.
	• 인도, 중공군이 와롱지역으로부터 철수하였다고 발표.
12월 15일	• 나토, 재래식 군사력을 증강하는데 합의를 보았다고 발표.
	• 나토 각료이사회, 15개국의 동맹체는 나토회원국의 적대행위에 대해 적절한 반격을 취할 결의를 천명.
12월 16일	• 영·불 정상회담, 영국의 유럽공동시장가입 협상을 계속하겠다고 발표.
12월 17일	• 「맥밀란」영수상, 「케네디」미대통령과 회담할 바하마의 나소로 출발하였다고 발표.
	• 유엔총회 정치위원회, 한국문제 토의를 재개.
12월 18일	• 미·영 정상회담, 「케네디」대통령과 「맥밀란」영수상은 쿠바 사태 이후의 세계정세 협의.
12월 19일	• 미·영 정상회담, 양국동맹관계를 대립시키고 있는 스카이볼트 분규를 논의.
	• 런던, 상해주재 소련무역사절단은 철수중이며 소련영사관은 폐쇄하였다고 발표.
	• 제네바 군축회의, 미국은 핵무기 실험 금지를 사찰하는 로봇 지진탐지소를 사용하자는 소련의 흑함 제안을 일축하였다고 발표.
12월 20일	• 미·영 정상회담 후, 미국은 영국에 대하여 스카이볼트 유도탄 포기의 대신 폴라리스 유도탄을 대체 하였다고 발표.
	• 미·영 정상회담, 인도에 대한 미·영·소방 공동무기 원조문제와 인·중공 분쟁을 토의.
	• 미국무성, 카탕가주재 미국영사관에 대한 대학생 투석사건에 대하여 카탕가 주 당국에 정식 항의.
12월 21일	• 미·영 정상회담, 나토내의 합동핵군에 우선 핵폭격기 및 폴라리스 탄도탄을 준비한 잠수함을 배치 하는데 합의하였다고 공동 성명.
	• 영국, 미·영 정상회담에서 이루어진 계획을 정식으로 승인.
12월 23일	• 소련, 유엔수석대표「바레리안 조린」은 해임되고 후임에 「니코라이 페도렌코」가 임명되었다고 발표.
12월 24일	• 「마이아미」, 쿠바 침공 당시의 쿠바 포로 전원이 귀환하였다고 발표.
	• 콩고, 에리자베스빌에서 카탕가군과 유엔군 소속의 에티오피아 부대간에 총격전이 발생하였다고 발표.
12월 25일	• 콩고, 유엔군은 에리자베스빌 시 봉쇄를 해제하였으며 유엔군 대부대도 철수하였다고 발표.
	• 예멘, 신정권 승인을 영국에 통첩하였다고 발표.
12월 26일	• 워싱턴, 자유세계안전강화위원회의 조사단장 「루이시우스 클레이」대장은 미국은 외국원조에 있어 서 피후원국에 안보상 필요한 한도까지 제한한다고 발표.
	• 소련, 11명의 부수상 중 농업전문가 「니코라이 G 이그나토프」부수상이 해임되었다고발표.
12월 27일	• 소련수상「흐루시초프」, 베를린에서 서방연합군 철수를 요구하며 베를린에 주둔하고 있는 미·영·불 3국 군대를 유엔군으로 대체할 것을 대서독 회한서 주장.
	• 「아데나워」서독수상, 「케네디」미대통령에 보낸 서한 중 나토 핵군에 대한 미국당국의 제안에 기본적인 동의를 표명.
12월 28일	• 콩고, 유엔군과 카탕가 보안군이 엘리자베스빌에서 치열한 전투를 재연하였다고 발표.
	• 유엔, 카탕가 군 공격에 에리자베스빌시의 유엔군은 자위를 위한 필요한 조치를 취할 것을 지시.
	• 파키스탄·인도 각료회의, 명년 1월 16일에 뉴델리에서 재개하기로 합의.

1963년

<table>
<tr><td>1월 2일</td><td>• 유엔, 카탕카 주에서의 휴전을 요구하는 「모이세 촘베」의 요청을 거절.</td></tr>
<tr><td></td><td>• 「케네디」미대통령 · 「맥밀란」영국수상 · 「흐루시초프」소련수상은 신년 메시지를 상호교환하여 동서관계의 개선을 위해 노력할 것을 맹세.</td></tr>
<tr><td></td><td>• 미국, 일주일 내로 콩고 주둔 유엔군에 트럭, 장갑병원 수송차 및 지뢰탐지장비를 공급하기로 하였다고 발표.</td></tr>
<tr><td>1월 3일</td><td>• 소련농민 약 30명은 종교탄압에 항의하고 주소 미대사관에 피난처 요구.</td></tr>
<tr><td></td><td>• 미 국방성, 소련의 종교박해에 심심한 실망을 표하고 망명을 허용할 처지가 못 된다고 발표.</td></tr>
<tr><td>1월 4일</td><td>• 「찰스 보렌」미대사, 「드골」대통령과 회견하고 나소협약 등 논의.</td></tr>
<tr><td></td><td>• 나토 사무총장 「더크 스티커」, 「아데나워」서독수상과 핵군문제 토의.</td></tr>
<tr><td></td><td>• 베트콩 게릴라 소탕전에서 쌍방 사상자수 100명을 내었다고 발표.</td></tr>
<tr><td></td><td>• 유엔군, 카탕가주 진군을 중지하고 자도트빌시 주변 점령지 강화를 언명.</td></tr>
<tr><td></td><td>• 「리레이」위성, 기능 회복하고 첫 중계방송 성공.</td></tr>
<tr><td>1월 6일</td><td>• 미국, 사우디아라비아 정부의 긴급요청에 의하여 제트기와 구축함 1척을 급파.</td></tr>
<tr><td></td><td>• 페루 군사정부, 전국에 계엄령을 선포하고 공산분자 수백명을 검거.</td></tr>
<tr><td></td><td>• 브라질, 라틴 아메리카 장래를 「조앙 구라르」대통령에게 맡기게 될 국민투표 실시.</td></tr>
<tr><td></td><td>• 인도 「네루」수상, 중공군이 9 · 8선을 철군 안하면 국제사법재판소에 제소하겠다고 천명.</td></tr>
<tr><td>1월 7일</td><td>• 미 · 소 양국, 쿠바위기에 외교상의 정식 종지부를 찍는 공동성명을 「우 탄트」유엔 사무총장에게 제출.</td></tr>
<tr><td></td><td>• 「칸」유엔 총회의장, 방소 초청 수락.</td></tr>
<tr><td>1월 8일</td><td>• 카탕가주 정부수반 「모이세 촘베」, 카탕가주의 콩고 중앙정부 귀속협상에 응하라는 유엔의 최후통첩을 수락.</td></tr>
<tr><td></td><td>• 쿠바 위기 협상을 종결 시키자는 미 · 소 합의를 OAS로 이관.</td></tr>
<tr><td>1월 9일</td><td>• 「모이세 촘베」가 엘리자베스빌에 있는 그의 관저에 연금 당했다고 유엔 본부에서 발표.</td></tr>
<tr><td></td><td>• 「모이세 촘베」대통령, 투쟁을 포기하겠다는 성명서 발표.</td></tr>
<tr><td>1월 10일</td><td>• 「모이세 촘베」연금을 해제</td></tr>
<tr><td>1월 11일</td><td>• 카탕가주 「촘베」대통령이 분리주 카탕가 수도 엘리자베스빌을 탈출하였다고 유엔 대변인 발표.</td></tr>
<tr><td></td><td>• 미국과 영국, 양국 「프라리스」협정이 나토 계획에 미치는 영향에 관하여 나토 맹방들에게 보고.</td></tr>
<tr><td></td><td>• 미 · 소 양국, 2월 중순 핵실험금지회담을 개최할 가능성을 모색중이라고 발표.</td></tr>
<tr><td>1월 13일</td><td>• 토고 대통령 「실바뷰스 올림피오」, 군부 쿠데타 발생으로 피살.</td></tr>
<tr><td></td><td>• 중국 신강성에 반공폭동 확대 (현지 중공군 사령관 피체)</td></tr>
<tr><td>1월 14일</td><td>• 「케네디」미대통령, 미 국회양원합동회의에 연두교서 제출.</td></tr>
<tr><td></td><td>• 「드골」프랑스 대통령 폴라리스 유도탄을 공여할 용의가 있다는 「케네디」미대통령의 제안을 거부.</td></tr>
<tr><td></td><td>• 미 · 소 양국, 핵실험 금지 · 군축협상 비공식 단독 회담 개최.</td></tr>
<tr><td>1월 15일</td><td>• 카탕카, 마침내 유엔에 굴복하고 항복문을 발표.</td></tr>
<tr><td></td><td>• 카탕카, 「모이세 촘베」대통령의 유엔 굴복에 미국무성서 환영.</td></tr>
<tr><td></td><td>• 「촘베」협상에 「우 탄트」유엔 사무총장 동의.</td></tr>
<tr><td></td><td>• 동독 공산당 제6차 회의 개최.</td></tr>
<tr><td>1월 16일</td><td>• 「흐루시쵸프」소련수상, 동독 공산당 6차 회의에서 백 메가톤급 핵폭탄 보유, 핵전쟁 발발하면 승리자 없다고 연설.</td></tr>
<tr><td>1월 17일</td><td>• 「아민토레 판파니」이탈리아 수상, 나토 다변적 핵군을 설치하자는 「케네디」미대통령 제안을 가장 진지하게 고려하도록 촉구.</td></tr>
<tr><td>1월 18일</td><td>• 동독 공산당 제6차 대회에서 중공대표 오수권, 유고를 비난</td></tr>
<tr><td>1월 20일</td><td>• 「흐루시쵸프」소련수상, 「케네디」미대통령에게 핵실험 금지협정에 소련영내 현장 감시를 연당 최고 3회 인정하겠다고 통고.</td></tr>
<tr><td></td><td>• 영외무성, 미 · 소 핵실험 금지회담에 영국대표도 합석한다고 발표.</td></tr>
<tr><td></td><td>• 「아데나워」서독수상, 독 · 불 양국간 조세를 항구화하기 위하여 파리 방문.</td></tr>
</table>

	•「케네디」미대통령, 경제교서를 의회에 제출.
1월 21일	•「아데나워」서독수상,「드골」프랑스 대통령과의 수뇌회담에서 제유럽국가에 문호개방하고 상호협조 조약에 합의.
	•「케네디」미대통령, 카탕가 분리 종식을 찬양하고 콩고 인민에게 통일기회 도래라고 언명.
	• 동독 공산당 제6차 대회 폐막.
1월 22일	• 미 국제개발처장「데이비드 벨」, 상원외교위에서 미국원조의 효율적 사용국에 집중원조를 제공할 방침이라고 언명.
	• 불 · 서독 양수뇌회담, 유럽연합의 진일보에 조인하고 공동목적 아래 국방 경제 문화 등 제휴에 공동 선언.
	• 미국무성에서 미 · 영 · 소 3개국의 핵실험금지회담을 개최.
	• 뉴욕 선박협회, 정부안을 수락하고 부두파업 종식키로 결정하였다고 발표.
1월 23일	• 미 · 영 · 소 제2차 핵금비밀회의 개최.
	•「아데나워」서독수상, 독 · 불조약은 통일유럽을 지향하는 진전을 위하여 필요조건이라고 언명.
1월 24일	•「케네디」미대통령, 감세특별교서를 의회에 제출.
1월 25일	• 공화당 상원의원「조지 D 아이컨」,「러스크」국무장관의 발언을 듣고 소련은 쿠바에 강력한 군사력과 정치적 기반을 증강하고 있다고 폭로.
	•「아데나워」서독수상, 영국의 유럽공동시장 가입을 프랑스가 지지토록 하는「드골」대통령 설득에 실패하였다고「케네디」대통령에게 서한.
1월 27일	• 미국, 서독에 대해 프랑스와 더불어 북대서양 동맹을 위태롭게 할 여하한 특별조약 조치도 취하지 말 것을 경고.
1월 28일	•「케네디」미대통령, 우주교서를 의회에 제출.
	•「드골」프랑스 대통령,「흐루시쵸프」소련수상에게 소 위성국을 비무장화시키고 대가로 주유럽 미군 철수의 〈응대한 계획〉협상을 제안.
	• 크렘슨 대학에 흑인 대학생 등록으로 남캐롤라이나 주에서 인종분쟁 발생
1월 29일	• 유럽공동시장 6개국 회담, 프랑스의 거부권 행사로 영국 가입 협상 좌절.
	• 서독 자민당 당수「에리히 멘데」박사, 유럽공동시장의 브랏셀 협상 결렬은 유감스러운 실책이라고 언명.
1월 30일	•「맥나마라」미국방장관, 하원에서 국동지구 원조액 삭감은 부당하며 한국은 미극동방위 중심지라고 언명.
1월 31일	• 서베를린에서 2만 학생이 반불 데모 기세.
	• 영국하원, 나소협정 승인.
	• 영국외상, 프랑스「드골」대통령이 영국의 유럽공동시장 가입을 봉쇄하였다고 비난.
2월 1일	•「러스크」미국무장관,「케네디」대통령은 소련과의 핵실험금지 협상이 결렬됨에 따라 네바다 지하 핵실험 준비를 명령했다고 발표.
2월 3일	• 영 · 이태리 양수상, 나토 핵군 지지 공동성명 발표.
	• 싱가포르 정부, 좌익분자 107명을 검거했다고 발표.
	• 월남, 침략시 즉각 반격 위해 미극동공군 증강.
	• 캐나다 국방상「하크니스」,「디펜베이」수상과 정책 차이로 돌연 사임.
2월 5일	• 캐나다 보수당 불신임안 가결(찬 142표, 반 111표)로 정부 퇴진(60일내 총선거 실시).
	• 카탕가 분쟁 종식 (카탕가 헌병사령관「무케」장관은 콩고 대통령에 충성 맹약).
	• 리베리아, 국민방위군 사령관을 포함한 쿠데타 음모 주모자 5명 구속하였다고 발표.
	• 미공군 5년간에 15억불 이상을 들여 해군의 F=4H 팬텀 제트기 1,000대 구입 발표.
	• 일 · 소 양국, 신규통상협정에 정식조인.
2월 6일	•「카스트로」고립책으로 쿠바 기항선에 선적금지령을 내렸다고 백악관 성명.
	•「맥」국방장관, 쿠바에 공경용 무기 전무하다고 언명.
	• 캐나다 의회, 6일 해산하고 4월 8일 총선거를 실시한다고 선포.
	•「케네디」대통령,「맥나마라」국방장관에게 쿠바 정세를 국민에게 알리라고 명령.
	•「아데나워」서독수상, 하원에서 영국의 유럽공동시장가입 협상은 결렬된 것이 아니고 재제기할 것이

	라고 언명.
2월 7일	• 네델란드 · 인도네시아 양국, 대리대사 교환에 합의.
	• 소련, 대불각서에서 서독의 핵무장은 모스크바의 사활에 대한 즉각적인 위협으로 간주한다고 경고.
	• 「길파토릭」미국방차관, 미국은 극동서 공산위협에 대처할 만한 핵무기를 보유하고 있다고 언명.
	• 「길파토릭」미국방차관 극동에 주둔하고 있는 미군사력을 감축시키지 않겠다고 언명.
	• 「도브리닌」주미소련대사, 「러스크」미국무장관과의 회담에서 소련은 불 · 독 협조조약에 우려를 가지고 있다고 언명.
	• 「무르빌」프랑스 외상, 영국이 유럽공동시장에 가입할 시기가 올 것이라고 언명.
	• 미국, 최신형 포라리스 A3호 유도탄 실험 발사 성공.
	• 「케네디」미대통령, 소련의 공격용 미사일이 철거된 것으로 가정되고 있으나 만약 쿠바에서 발견되면 미중유의 일대 위기를 조성하게 될 것이라고 언명.
2월 8일	• 친 「낫셀」군이 주동으로 이라크 군부 쿠데타 성공.
	• 미국, 지하 핵실험 재개.
	• 영국의 「토인비」박사, 프랑스의 유럽공동시장 반대는 공산세계의 이익만 초래한다고 「드골」 태도에 언급.
2월 10일	• 소 · 중공 간의 화해를 위하여 세계 공산당 대회를 개최하자는 중공 제안에 소련 수락.
	• 「흐」소련수상, 쿠바에 소련 무기 없다고 언명.
	• 이라크 신정권, 8개국서 승인.
	• 쿠바 베를린 핵실험금지 전망 등 대소정책을 협의하고자 미수뇌회담 개최.
2월 11일	• 17개국 제네바 군축회담 재개.
	• 미국, 지하 핵실험 재개(소련은 공식 비난 성명).
	• 「맥밀란」영국수상, 유럽공동시장가입 좌절에 새 대책수립 하고자 영연방통상회의 제안.
2월 12일	• 미 · 소 17개국 군축회담, 핵제어력의 제거를 강요함으로 인해 벽두부터 충돌.
	• 소련, 17개국 군축회담에서 영국의 핵제어력을 완전 말소시키게 하는 동서선언안을 제기.
	• 미국, 프랑스 주둔 미육군 병사수 4만명으로 감축계획이라고 발표.
	• 영국보수당 정부는 야당인 노동당의 공격을 물리치고 비상경제계획 의회 승인 획득.
	• 예멘정부, 영국공사관 철수령을 통고.
2월 13일	• 8개 중립국 대표들, 군축회담에서 핵실험금지 문제를 미국에 동조하기로 결의.
	• 「러스크」미국무장관, 쿠바에 주둔하고 있는 소련군대는 쿠바 평화를 보장해 주는 것이 아니라 분위기를 유독하게 하며 위험을 증가시킨다고 언명.
2월 14일	• 영국 노동당 당수에 「J 해롤드 윌슨」씨 당선.
	• 「케네디」미대통령, 프랑스 주둔 미군의 불감축을 언명.
2월 15일	• 제네바 군축회담, 소련은 우발적인 전쟁방지를 위한 「케네디」대통령안을 거부.
	• 「드골」프랑스대통령 암살모의사전 발각 장교 5명 구속.
	• 제네바 군축회담, 교착타개에 실패(소련, 계속적으로 핵분위 재개 거부).
	• 중공수뇌들, 중공과 소련간의 이념분쟁에 관해서 토의코자 평양에서 회담 준비.
	• 라오스 중립파 군사령부, 자르평원에 계엄령 선포.
	• 이라크 혁명위원회, 이라크 대통령 아리프 대령을 일약 원수로 승급.
2월 18일	• 군사회담의 「프스터」미수석대표, 「후」소련수상의 핵금지 감시안을 수락 거부.
	• 캄보디아 원수 「시아누크」공 사임 표명.
2월 19일	• 소련, 쿠바 내 소련군 3월 15일까지 철수시키겠다고 통고.(「케네디」대통령은 이 통고를 미 의회 지도자들에게 공개).
	• 「케네디」대통령, 제네바 군축회담에서 소련측 성의를 시험하기 위해 정책변경 언명.
2월 20일	• 미, 나토 핵군 구체안 결정.
	• 영국, 새 핵무기 제조중이라고 공표.
	• 소련, 제네바 군축회의에서 대서양 동맹체와 바르샤바 군사동맹체와의 불가침조약을 정식으로 제출.
2월 21일	• 쿠바주둔 소련 〈MIG〉 전투기 2호가 미국인 어선을 공격하였다고 발표.
	• 쿠바기 피격시 즉각 반격하라고 케네디 대통령 국방성에 지시.

	• 소련전략 로케트군 총사령관, 지상명령으로 로케트를 인공위성으로부터 발사할 수 있다고 호언.
	• 코메콘 회담 폐막.
2월 22일	• 「맥나마라」미국방장관, 「카스트로」주의와 공산주의를 쿠바에서 말살시킬 정책을 추진하고 있다고 상원군사위원회에서 증언.
	• 「말리노프스키」소국방상, 쿠바 공격하면 미본토에 보복한다고 소 육군일에 성명.
	• 소련최고회의청사에서 소련군 창설 45주년 기념식.
2월 24일	• 미 · 영 양국, 나토 핵군 창설을 촉구.
	• 버마 최고통치자 「네윈」 장군, 전은행을 국유화하는 행정혁명 공포.
	• 중부조약기구 센토 창설 8주년 기념식 거행.
	• 「윌슨」영노동당수, 동독 승인하기를 제창.
	• 미상원조사단, 동남아원조 재평가 요청.
2월 25일	• 라오스왕, 「케네디」대통령과 회담.
	• 미국무성 나토 사무총장이 오는 3일 방미한다고 발표.
2월 26일	• 나토 이사회, 핵군 창설을 협의.
	• 필리핀, 「케네디」대통령을 초청.
	• 「러스크」미국무장관, 쿠바 내 소련군의 주둔 불용납이라고 연설.
	• 미 · 소 문화교류협정에 조인.
2월 27일	• 「흐루시쵸프」소련수상, 중공 · 북한 · 쿠바 등 피침시 반격. 핵실험사찰 3회 이상은 불양보, 평화공존 정책 불변 등 요지의 연설.
	• 나토 핵군 창설에 미 · 영 이견 대두.
	• 소, 핵금지협상에 현장사찰 회피.
3월 1일	• 서독상원, 불 · 서독간 협조조약을 인준.
3월 2일	• 파키스탄, 중공과 국경협정을 체결.
3월 5일	• 유엔 극동경제위원회(ECAFE), 한국 등 48개 대표가 참석한 가운데 마닐라에서 개막.
3월 6일	• 「케네디」미대통령, 기자회견서 탐지보장 없는 핵금지협정을 반대하며 동남아에 대한 원조를 삭감 하지 않을 것이라고 언명.
3월 8일	• 일본정부, 대한연체수출을 해방 후 처음으로 결정.
	• 시리아, 아랍 노선을 지향하는 군부에서 쿠데타.
	• 중공, 홍콩과 마카오의 무력접수 않겠다고 서남해안정책 천명
3월 10일	• 이게다(池田) 일본수상, 어로 평화선 해결 안되면 합의된 재산청구권을 철회할 용의 있다고 언명.
3월 11일	• 에카페 총회, 아시아경제개발연구소 창설안을 의결.
3월 13일	• 「우탄트」유엔 사무총장, 네델란드와 인도가 국교 재개키로 합의했다고 발표.
	• 에카페 총회, 아시아공동시장을 위한 결의안을 채택.
3월 15일	• 영 · 이태리 외상, 자유민주적인 유럽 형성을 지지한다고 공동성명 발표.
3월 16일	• 제네바 군축회담, 8개 중립국 대표단 핵실험금지협상 재개를 위한 공동제안에 합의.
	• 「네루」인도수상, 원폭 제조를 않겠다고 언명.
3월 17일	• 영국, 소말리국과 외교관계를 단절했다고 발표.
	• 브라질 대통령, 미국 원조를 얻기 위한 협상 중단을 명령.
3월 18일	• 유고, 자주독립과 사회제도에 구애됨이 없이 각국과 우호관계를 유지하겠다고 외교정책을 천명.
	• 코스타리카 공화국, 「케네디」대통령과 중미6개국 정상회담 개막.
	• 영 · 서독 국방상, 국가별 공격부대로 구성된 나토 핵군 창설을 촉구.
	• 프랑스, 알제리아의 반대에도 불사하고 사하라 사막에서 또 핵실험 실시.
3월 19일	• 미국과 중남미 6개국, 공산분자의 침투를 봉쇄하자는데 합의하고 「산 호세」공동선언.
	• 쿠바 망명단체, 쿠바 내 소련 군사기지를 공격.
3월 20일	• 인도, 공산중국은 히말라야 산맥의 국경지대 전역에 새로운 부대 이동과 군사력 증강을 계속하고 있다고 발표.
	• 알제리아 「벨라」수상, 프랑스와 에비앙 평화협상에 관한 재협상과 프랑스 핵실험 금지를 요청.
	• 「흄」영외상, 나토 이사회에 다변적인 핵군 창설에 관한 계획을 제시.

	• 미 · 소 기상위성공동계획에 합의.
3월 21일	• 「케네디」미대통령, 기자회견에서 미국은 한국에서의 민주적 정부의 복귀를 희망한다고 선언.
	• 소련, 무인위성 코스모스 13호를 발사.
	• 미항공 우주국, 미국통신위성 리레이호는 색채 텔레비전 프로를 중계하는 최초의 인공위성으로 등장하게 되었다고 발표.
	• 미최대의 실용 로케트인 타이탄 12호 시험비행에 성공.
	• 바리도 통신, 아궁화산이 폭발하여 천여명이 사망했다고 보도.
	• 인도, 북부국경지대에서 중공위협에 대항할 게릴라군 창설에 착수.
3월 22일	• 태평양지역 관광협회(PATA), 65년도 PATA연차 회의를 한국에서 개최할 것을 승인.
	• 17개국 군축회의, 전쟁우발 위험성을 감소시키기 위한 조치들에 관해 매주 금요일에 회합키로 합의.
	• 「낫셀」대통령과 「비타르」수상, 아랍 연방안 합의 공동 성명.
3월 23일	• 미 국무성, 직경 19인치 이상의 강관이 전쟁물자에 속해 서방측에서 수년래 대소 금수를 시인.
3월 24일	• 소련, 핵실험 재개(일본 기상청에서 이상있다고 발표).
	• 쿠바 내 22개 반공집단대표, 지하정부를 조직수립하고 카스트로 정권에 선전.
3월 25일	• 미국무성, 대한정책 공식 발표(군정연장은 안정 위협, 합리적 민정 이양 희망).
	• 소련, 시리아 · 이라크 · 레바논에 있는 공산당 중앙위원회를 해체시킨 것으로 보도.
	• 「케네디」미대통령, 화산 폭발로 인한 바리도 재민 위해 인도에 특별 원조를 언약.
	• 과테말라 정부, 군대와 반도간의 충돌로 계엄령을 선포.
	• 「로디오 말리노프스키」소련국방상, 10일간의 친선 방문차 인도에 도착.
	• 중공과 몽골, 양국간 국경조약의 비준대회를 뻬이징에서 교환.
	• 시리아의 좌익사회당 지도자 「아크람 후라니」다마스커스 주재 소련대사관에 정치 피난처를 요구.
3월 26일	• 영국, 약 7,000여명의 실업자들이 의사당 앞에서 일자리를 달라고 시위하다 경찰과 충돌.
	• 터어키, 「세랄바야르」전대통령 석방을 둘러싸고 연4일째의 폭동과 데모가 터키전국으로 파급.
3월 27일	• 쿠바 망명소식통, 반카스트로 망명군이 쿠바 연안서 설탕을 실은 소련 화물선 1척을 격침했다고 발표.
	• 오스트리아, 4개월간의 정치위기에 종지부를 찍고 새 연립 정부를 수립.
	• 「흄」영 외상, 4일간의 일본공식방문차 동경향발
3월 28일	• 「맥나마라」미국방장관, 유럽에 천수개의 핵무기를 배치시켰으며 필요시엔 동무기를 사용하여 주요 권익을 보호할 것이라고 언명.
	• 미국, 유인 달 로케트의 선구자인 새턴 1호 시험비행에서 성공.
	• 프랑스 파업 28일째로 무해결된 채 계속 악화, 파리 교통 마비.
3월 29일	• 「케네디」미대통령, 로마를 에워싼 새로운 긴장이 발생한 가운데 국가안보리집행위의 회의를 소집.
	• 반「드골」파 지도자이며 전 프랑스 수상인 「조르쥬 비도」씨, 브라질에 정치적 피난처를 요구.
	• 「케네디」미대통령, 앞으로 4년간 미국이 징병제를 계속시킬 수 있는 법률안에 서명.
	• 미 원자력위, 네바다 시험장에서 저출력급 핵장치가 폭발했다고 발표.
3월 30일	• 「케네디」행정부, 침공방지 조치로 쿠바 망명자에 거주구역 제한.
	• 미 국방성, 폴라리스 핵잠함을 지중해에 배치했다고 발표.
3월 31일	• 과테말라, 무혈군사혁명(국방상이 전권을 장악, 「미구엘 이디고라스 푸엔테스」대통령은 니카라과로 망명).
4월 1일	• 「퀴님 풀세나」라오스 외상, 괴한에게 암살.
	• 시리아 정정 소연 (전국에 계엄령).
	• 이란에서, 강력한 지진으로 다수의 사상자가 발생했다고 이란 적십자사가 보도.
4월 2일	• 아르젠틴, 퇴역장성 2명이 주동이 된 반군무력혁명을 선언 (정부군에선 진압작전).
	• 소련, 달 로케트 4호를 발사.
	• 타스통신, 소련은 공산중국과의 현재의 이념 대립을 해결키 위해 5월 15일 회담에 모택동 방소 초청 수락했다고 보도.
	• 미국, 델타 로케트 연속시험발사에 성공.
4월 3일	• 미국방성, 금주내로 주독 불 전투폭격기 2개 대대가 핵무기로 장비될 것이라고 발표.
	• 아르젠틴 반란군, 「바히아 브란카」라는 항구 도시에 새로운 중앙정부를 수립할 것이라고 발표.

4월 4일	• 라오스, 외상 피살로 인한 감정 대립으로 중립 · 친공군간에 한때 교전.
	• 영국정부, 라오스의 긴장상태를 완화시키는데 협력하라고 소련에 요구.
	• 아르젠틴, 휴전협상 결렬로 반란군 다시 대결.
4월 5일	• 미국, 세계전쟁의 우발을 예상하기 위해 워싱턴과 모스크바간 직통전화 가설안에 소련측 수락을 환영.
	• 아르젠틴 반란 종식. (반군, 정부측 항복조건을 수락)
	• 영국, 남부 로데시아의 독립 요구를 재차 거부.
	• 「니콜라이 G 이그나토프」, 러시아공화국 대통령으로 재선.
	• 미 원자력위, 네바다 실험장에서 저성능 핵실험을 실시했다고 발표.
	• 러시아에서 공화국작가 동맹, 문학백과사전의 편집자들을 해체하고 판금을 요구
4월 6일	• 유고정부, 유고연방의회 티토 원수를 종신 대통령으로 삼고 공산당 통치를 보장하는 신헌법을 만장일치로 채택.
	• 소련 타스통신, 달 로케트 유니크 4호는 달에서 이탈하여 현재 지구 주변의 궤도로 진입하고 있다고 보도.
4월 8일	• 이게다(池田)수상, 오오사카(大阪)에서 기자회견을 갖고 힘있는 정부라면 군정이든 민정이든 일본으로서는 환영한다고 한 · 일문제에 언급.
	• 「맥나마라」미국방 장관, 하원에서 미국은 중공의 침략을 저지하는데 한국과 자유중국군의 전투능력에 큰 기대를 걸고 있다고 현대식 무기증강이 시급함을 강조.
	• 시토(SEATO)각료 공산위협에 대응책을 강구하고 특히 라오스 사태, 한국정국에 관심을 집중.
4월 9일	• 미 AID처장 「벨」씨, "우리는 말썽많은 클레이 보고서의 건의 내용을 채택한다"고 말하고 동보고서의 건의 내용을 속행할 것으로 기대한다고 증언.
	• 시토(SEATO)각료, 보다 대규모적이고 복합적인 합동군사연습 계획들을 승인함으로써 공침 위협에 새로운 결의를 표시.
	• 미국당국, 라오스 중립주의 정부가 친공군을 물리치기 위해 무기원조를 요청한다면 7함대 출동을 비롯한 군수에 즉시 응할 것을 시사
4월 10일	• 시토(SEATO) 각료, 폐막성명에서 4개항의 경제계획을 승인하고 동남아 안보를 위한 노력을 다짐.
	• 나토(NATO) 상임이사회를 개막하고 핵군 창설문제를 토의.
	• 미 해군당국, 미국의 핵잠수함 「스레셔」호가 승무원 129명을 태운 채 대서양에서 행방불명되었다고 발표.
	• 교황 「요한 23세」, 군축과 유엔의 강화로 인류세계를 핵무기의 파멸로부터 구제하도록 전 세계에 호소.
	• 과테말라 정부, 공산당을 정식으로 불법화 (범죄로 단정하는 법률 발효)
4월 11일	• 동경에서 한 · 일회담의 한국대표단, 오는 9월까지 오랫동안 끌어온 협상을 종결시키기 위해 노력하도록 일본측에 요청.
	• 미상부성, 1963년 중에 한국으로부터의 5개 종류의 면직물수입제한을 위한 조치에 관하여 완전한 합의를 보았다고 발표.
	• 「케네디」미대통령, 5억여불의 삭감을 제의하는 그의 64년 회계연도 예산수정안을 의회에 제출.
	• 「케네디」미대통령, 강철가격의 전반적인 인상을 절대 반대한다고 일강철업계에 강력한 경고.
4월 12일	• 동경에서 한 · 일 어로전문회담, 평화선은 추후 토의하고 어로자원을 공동으로 조사하자는 한국측 제의에 일측은 양국 어민간의 협력증진문제를 토의하자는 대안을 제출.
	• 비엔티안 소식통, 자르 평원에서 「라오스」의 중립파 군대와 친공군 사이에 전투가 벌어졌다고 보도.
4월 13일	• 모스크바 방송, 소련은 지구의 인공위성 코스모스 14호가 발사되었다고 발표.
	• 「리파이」요르단 수상, 요르단은 그의 "본질과 개성이 보장된다"는 전제하에 아랍연방에 "가맹할 용의가 있다"고 의회에 보고.
4월 14일	• 「푸마」수상, 중립 및 친공 「파테트 · 라오」양군이 잠정적 휴전에 합의했다고 자르 평원에서 언명
4월 15일	• 중립파 총사령관 「콩 레」장군, 중립파 가운데서의 이탈과 군대가 잠정적 휴전을 파기하고 자르 평원에서 사격을 가해왔다고 발표.
	• 사이공 소식통, 공산게릴라들은 강력한 월남 낙하산 중대를 기습함으로써 금년 들어 가장 치열한 전투를 벌였다고 발표.
4월 16일	• 「힐스맨」신임극동담당 미국무차관보, "미국은 군정연장계획을 연기시키기로 한 한국군사정부의

결정에 대해 고무되었다"고 언명.

- 런던 소식통, 미·영 양국 정부는 북대서양 동맹을 뒷받침하는 동맹국간 핵군의 구성형태에 관해서 합의했다고 발표.
- 다마스커스 통신, 이집트·시리아 및 이라크는 현안의 3개국연방의 공식결성선언을 오는 9월에 하기로 잠정적으로 합의했다고 발표.
- 열국의원동맹 63년도 연례회의, 군축·산아제한 등의 문제를 토의하기 위해 스위스에서 개막.
- 런던 소식통, 영국을 방문 중에 있는 소련의 저명한 피아니스트 「아슈케나지」씨는 영국에 망명하기로 결정했다고 발표.

4월 17일
- 미국, 극동방위부담경감책으로 일본의 군사력 증강을 촉구.
- 비엔티안 소식통, 자르 평원에서 친공군의 계속 공격으로 라오스는 전면 내란 위기에 처해 있다고 보도.

4월 18일
- 미국무부, 친공파로부터 막중한 압력을 받고 있는 듯한 라오스 중립정부를 계속 지원할 것이라고 선언.

4월 19일
- 아시아 상공회의소 회담, 한국·대만·홍콩·인도·필리핀·베트남·네팔·스리랑카·파키탄·일본 등 10개국과 옵서버로 캄보디아·태국·버마·인도네시아 대표가 참석한 가운데 동경에서 개막.
- 「드골」불대통령, 불의 핵무력 창설이 무용하고도 고가의 것이라는 비판을 일축하고, 독자적 핵무력을 창설하겠다는 결의를 재천명.

4월 20일
- 일 외무성, 일측이 제안한 12리영해원칙을 한국정부가 원칙적으로 시인한다는 서울보도를 극히 주목함과 동시에 반신반의.

4월 21일
- 암만 소식통, 요르단의 후세인왕이 새로이 과도정부를 임명하고 의회를 해산한 수도 암만에서는 친「낫셀」파의 아랍연 통합을 요구하는 데모대와 총격전.
- 라오스의 중립파와 좌파는 자르 평원의 전투를 중지하는 두번째의 결정적 휴전에 합의.

4월 22일
- 「맥나마라」미국방장관, 미국의 금과 달러화가 해외로 크게 유출되고 있는 현장을 극복하기 위해 세계 전역에 긴축조치를 취하라고 합동참모본부와 군부각성에 명령.
- 미국방성, 미제7함대가 위기의 위협을 받고 있는 동남아에서 모종의 경계조치를 취했다고 발표.
- 타스통신, 소련은 일련의 무인위성 가운데 최신형인 코스모스 15호를 발사했다고 보도.
- 「레스터 볼스 피어슨」씨, 캐나다의 제 14대 수상으로 취임.

4월 23일
- 미 「페이지」교수, 뉴욕 타임즈지에 게재한 서신 가운데 미의 대한정책을 환영.
- 반덴버그 미공군기지, 미니트맨 유도탄 지하발사 성공.
- 예루살렘 소식통, 이스라엘 대통령 「이사크 렌즈비」씨가 사망했다고 공식적으로 발표.
- 서독기민당 「에르하르트」교수를 수상후계자로 지명(찬 159표, 반 47표).

4월 24일
- 비엔티안 소식통, 휴전 사흘 만에 자르 평원서 전투 재연.
- 미국무성, 태국에 육군보병부대와 공정부대 및 제트전투기들로 구성되는 2개 전투단을 파견할 예정이라고 발표.
- 미·영 대사는 「흐루시쵸프」소련수상과 회담하고 군축회담 교착 타개책을 모색.
- 미국과 아시아제국 공군의 무기에 관한 회합인 〈1963년의 날으는 형제들〉 회의가 클라크 공군기지(필리핀)에서 개최.
- 서독의 「브란트」시장, 「드골」 대통령과 회담하고 베를린 문제를 토의.

4월 25일
- 타스 통신, 「흐루시쵸프」소련수상은 수상직이나 공산당 직책 중의 하나나 혹은 둘 다 내놓지 않으면 안될 것임을 공개 선언 했다고 보도.
- 국제감시위원단(ICC)의 휴전팀은 자르 평원에서 임의의 장소를 시찰.
- 이집트지 보도, 8만 6천명의 영국군이 비밀리에 요르단에 상륙했다고 발표.

4월 26일
- 「해리만」미국무차관과 「흐루시쵸프」소련수상, 라오스의 중립을 보장한다는 공동성명을 발표.
- 세계기상기구(WMO) 연차대회, 세계기상감시기구를 설치하기로 결정.
- 아르젠틴 정부, 4명의 체코슬로바키아인들을 공산간첩으로 경찰이 구속한데 항의한 체코 대사를 추방.

4월 28일
- 워싱턴 소식통, 도미니카 공화국은 하이티에 대해 군사행동을 취하겠다고 위협(하이티군은 도미니카 대사관을 강점).
- 하이티의 미주기구(OAS)대사, 하이티는 도미니카 공화국과 외교관계를 단절했다고 발표.
- 오스트리아 대통령 「세르프」씨, 선거에서 6년 임기의 대통령에 재선.

4월 29일	• 모스크바 방송, 소련은 일련의 코스모스 지구위성발사계획 중이며 16회째 위성을 발사했다고 발표.
	• 도미니카 정부, 「뽀르또쁘랭스」주재 도미니카 대사관의 외교특권을 회복시키는데 동의했다고 발표.
	• 미국, 재래식 또는 원자탄두를 최고 75마일 사정으로 발사할 수 있는 속사식 폭격무기인 「서전트」 미사일을 제공함으로써 서독군 증강에 본격화.
	• 쿠바수상 「카스트로」, 「흐루시쵸프」 소련수상과 크레믈린에서 회담.
4월 30일	• 카라치에서 중부조약기구(센토), 제 11차 각료회의를 개최하고 공침대비책 확립을 강조.
	• 중립적인 「푸마」수상, 공산지도자 「수파누봉」공과 회담을 마치고 효과적 휴전안을 작성하기 위해 〈혼성위원단〉이 설치될 것이라고 언명.
	• 「우탄트」유엔사무총장, 예멘의 평화를 보장하기 위해 사우디 아라비아와 예멘의 국경에 비무장지대를 설치할 것이라고 발표.
5월 1일	• 미 국제개발처(AID), 20개 외국(한국 포함)에서 사업을 하는 유자격 미국상사들에게 1억 8천만불의 외화를 대부할 수 있다고 발표.
	• 미국, 쿠바 무기 투입을 봉쇄, 하이티에 강경조치.
	• 영국 「윈스턴 처칠」경, 하원의원에 재출마하지 않겠다고 발표함으로써 정계 은퇴.
5월 2일	• 미합동참모본부의회장 「테일러」장군, 오는 4월 8일 하원외위 자문회에서 현 한국군대는 한국의 "직접적 방위에 아주 충분하다"고 증언했다고 공표.
	• 일경제신문, 일정부는 박장군의 현 한국정부와 국교정상화 회담을 계속 추진한다는 태도를 확인했다고 보도.
	• 알제리아의 「벤베라」수상과 프랑스의 「드브로이 알제리아」담당 국무상, 에비앙 협정을 수정하고 64년까지 프랑스군을 철수하기로 공동 콤뮤니케를 발표.
	• 「드골」불대통령, 모스크바 및 기타 소련의 중추부를 공격할 수 있는 핵방위군 설치 청사진을 작성.
	• 서독, 3단계 로케트를 발사 성공.
	• 미탐험대, 미국으로서는 처음이고 세계에서는 세 번째로 에베레스트 산을 정복.
5월 3일	• 아직 형성을 못 본 시리아 · 이라크 및 이집트의 아랍 연방은 시리아 혁명정부 내의 분열로 유산의 위기에 직면(친「낫셀」파들이 사퇴하고 바트당이 주권을 지배).
	• 친공군의 박격포가 자르 평원에서 3개국 국제감시단(ICC) 소속 헬리콥터 1대를 파괴 (매우 불행한 사태라고 미국무성 논평).
	• 「러스크」국무장관, 「네루」인도수상과 회담하고 라오스 사태, 인도 · 중공의 국제분쟁, 인도와 파키스탄의 캐쉬밀 협상 및 미국의 대인군사원조문제 등을 토의.
	• 「듀발리」에 대통령 정권, 하이티 왕국에 계엄령을 선포.
5월 4일	• 도미니카 공화국, 하이티에 침공 위협 (육군부대를 접경으로 급파하고 전차대는 해로 따라 수송).
	• 전미국 군축관 「스탓센」씨, 미국과 소련이 군축을 위한 첫 단계로서 알라스카와 시베리아에 중립 시내를 실시하다고 제의.
	• 「티토」유고 대통령, 「러스크」미국무장관을 데딘제에 있는 사저로 초청하고 회담.
	• 이집트, 이라크 및 시리아에 대하여 그들 3국의 군대통합회담을 무기연기할 것을 요청
5월 5일	• 국부계 공상일보, 중공본토 모처에 있는 소련 유도탄 기지는 일본 · 대만 · 필리핀에 중거리 유도탄을 발사할 태도를 갖추고 있다고 보도.
	• 비엔티안 소식통, 자르 평원에서 산발적인 전투가 재연되었으며 휴전회담도 결렬위기에 처해있다고 발표.
5월 6일	• 일본정부, 대만미 5만톤을 3년간 연불의 조건으로 대한수출을 결정.
	• 도미니카 공화국, 국경선에 수천 육군부대를 배치하고 「후앙 보슈」대통령의 하이티 공격명령을 대기.
	• 미주기구(OAS), 하이티와 도미니카 간의 위기를 토의키 위해 집행위원회를 소집.
	• 토고, 「니콜라스 그루니츠키」씨가 선거에서 대통령으로 확정.
	• 네델란드 · 인도네시아간 3년만에 수교.
	• 63년도 퓰리처 수상작품에 소설 「포크너」작〈약탈자〉선정.
5월 7일	• 미국무성, 한국정치문제에 성명을 발표하고 연내 공명선거 실시를 회구.
	• 「후앙 보슈」대통령, 하이티에 대한 공격 위협을 중지.
	• 유엔 안보리, 쿠웨이트를 111번째 유엔 회원국에 가입시킬 것을 건의.

5월 8일	• 소련, 영 실업인 간첩사건 공판을 개정 (「그린빌 윈」씨 공소사실 시인).
	• 미국, 유럽=미간 텔레비젼 중계를 하게 될 델스타 통신위성 2호를 궤도로 발사하는데 성공.
	• 미 인종 분규 더욱 확대 (알라바마주 버밍함시 흑인주민 지도자들은 휴전 깨뜨리고 다시 시위하기로 결정).
	• 시리아 알레포에서 친「낫셀」파와 총격전(북부 도시로서는 통행금지를 실시).
	• 미주기구(OAS), 하이티 및 도미니카 공화국간의 분쟁을 해결키 위해 양국으로 특별위원회를 들여 보낼 것을 가결.
	• 유엔 안보리, 도미니카 공화국의 침략위협에 관한 하이티의 제소를 심의키 위해 회의를 개최.
	• 하이티에 반정부운동으로 수도가 극도로 긴장 (지하 운동자들 매일 밤 듀발리에 민병을 공격).
5월 9일	• 하이티와 도미니카, 미주기구에 활동의 여지를 주기 위해 유엔 안보리 제소를 취하.
	• 신화사 통신, 소련과 중공간의 이념분쟁을 토의할 회담을 모스크바에서 개최하자는 소련 제안을 수락했다고 보도.
	• 유럽자유통상연합(EFTA), 각료회의를 개최하고 관세철폐를 토의.
5월 10일	• 북송선, 290명의 교포를 싣고 니가타(新潟)항을 출발.
	• 영 지방의회 선거결과 보수당이 대패.
	• 망명객 42명의 출국을 하이티 정부에서 허용한다고 미주기구(OAS)에 통고.
	• 「발잔」평화상, 요안 23세에 수여.
	• 유럽자유동상연합 7개국 회원국들 간의 공업품 관세를 1966년까지 철폐키로 합의.
	• 미흑백혼성시민위, 버밍함의 인종분쟁을 종식시킬 항목에 합의.
5월 11일	• 미국, 월맹파병 투입에 대비해서「라오스」에 무기 공급.
	• 「피어슨」캐나다 수상은 「케네디」미대통령과 회담하고 캐나다의 방위공약을 확인.
	• 시리아, 내각사퇴와 친「낫셀」파 학생시위로 정정 혼란.
	• 소련 5월25일부터 7월15일까지 새로운 자유 로케트를 실험할 것임을 발표.
5월 12일	• 미인종분쟁, 흑인지구 폭발사건의 발단으로 폭동화되어 FBI를 동원하여 투탄자 수색에 전력.
	• 「케네디」미대통령, 폭동진압의 특별훈련을 받은 정예부대를 알라바마주에 파견하고 만일 필요하면 알라바마 주군을 연방지시하에 둘 예비조치를 명령.
5월 13일	• 도미니카 정부, 하이티와의 국경연선의 지대에서 군대전차 및 군용비행기를 철수중이라고 보도.
5월 14일	• 미국, 「버뮤다」도 추적소 레이다 고장으로 「쿠퍼」우주비행 연기.
	• 쿠웨이트 111번째 회원국으로 유엔에 가입.
5월 15일	• 미국, 신의 7호 「고든 쿠퍼」소령 우주여행 성공 (지구 22회 선회).
	• 중공주석 류소기, 소련과 중공간의 분쟁에 있어 공산월맹에 중공지지를 호소.
	• 노스 캐롤라이나주 흑인들, 인종차별에 항의하는 대규모 시위.

양재윤(梁在允) 저자는 전북 남원 출신으로 전주고등학교와 중앙대학교 영어영문학과를 졸업한 후 서울대학교 행정대학원을 수료하였다.

1961년 국가재건최고회의 한국군사혁명사 편집담당관이 되어 혁명사를 편찬하였다.

1963년 민정이양이후 국회보사위원회, 국회운영위원회, 국회재무위원회 등 국회사무처 입법심의관으로 오래 재직하였으며 1972년 재무부를 거쳐 1978년 청와대에서 Washington D. C. 특사로 파견되었다가 1979년 12·6 사건후 미국에서 공직을 사임하고 Louisiana Univerity에서 명예법학 박사학위를 수여받았다.

1980년 미국공화당에 입당 미국공화당중앙위원으로서 Ronald W. Reagan 대통령과 George H. W. Bush 대통령 선거캠페인 멤버 그리고 자문위원을 역임하였으며 현재는 대한민국국회산하 한국의정연구회 이사로서 세계의회 정치제도연구에 참여하고 있으며 전직 국회출신들의 모임인 재미국회동우회 회장직을 맡고 있다.

초판1쇄 인쇄   2007년 11월 15일
초판1쇄 발행   2007년 11월 27일

펴낸이   양재윤
발행처   에스엠
발행인   오일근
편집인   김영애 이응석 임성희
디자인   sm기획
인 쇄   삼성인쇄사

등 록   2007년 10월 1일 제23-4714호

주 소   서울특별시 중구 을지로3가 295-4
전 화   02-2279-5033   **팩스**   02-2273-2541
ISBN   978-89-960390-6-8